JN157195

アーサー王神話大事典

DICTIONNAIRE DE MYTHOLOGIE ARTHURIENNE

フィリップ・ヴァルテール
Philippe Walter
渡邉浩司／渡邉裕美子 訳
Koji Watanabe Yumiko Watanabe

原書房

アーサー王
神話大事典

目 次

序文――アーサー王文学を読む

フィリップ・ヴァルテール

今日のフランス語圏の読者はとても恵まれている。事実、アーサー王と「円卓」の騎士たちの物語の大半を今に伝えているのは、中世フランス文学である。フランス語で書かれたアーサー王物語群は、量的にも質的にも比類ないほど豊かである。ヨーロッパで書きつがれてきたアーサー王物語群の総覧（パノラマ）を本書の巻末に掲載したので、これを見れば納得していただけることだろう。盲目的な愛国心を一切抜きにしても認めるべきなのは、作品をフランス語で著した作家たちこそが文字どおりアーサー王文学を作り上げたということである。彼らが作品を生み出すために依拠したのは、ブリテン諸島に由来する（ケルト起源で口承の）「ブルターニュの素材」である。アーサー王文学はフランス語で物語を著した作家たちによってたしかな成功をおさめた後、（アイスランドからポルトガル、イタリアからオランダにいたる）ほかの言語圏の作家たちを介して、ヨーロッパ全域に広まっていった。こうしてアーサー王文学は、ヨーロッパで最初のすぐれた文学とよぶにふさわしい地位をえた。そして着想源となった来歴の古いケルトの伝承を糧にして、12世紀から15世紀にかけて開花した。またこの文学が作り上げた知覚・行動・思考の様式により、西ヨーロッパ共通の文化領域が定着した。

しかしながら、アーサー王文学という驚異の宮殿の中に入りこむのはそれほど簡単ではない。四方に広がったインターネットの情報網をふくめ、ガイド類が限定的でかたよっていることが多いからである。アーサー王文学に登場する固有名詞のリストを参照しても当惑するばかりで、はかなく消え去っていく大勢の騎士たちを前に動揺さえ感じるのではないだろうか？　アーサー王物語群を扱った事典[1]からは、何度もくりかえされてきた記述を読んで漠然とした印象を受けるだけではないだろうか？　それどころか、あまりにも多くの疑問が答えのないまま残されている。「アーサー王物語群や登場人物たちの来歴はなにか？」「登場人物たちの名前はなにを意味しているのか？」「それぞれの物語の現代フランス語訳はどこで見つかるのか？」「各作品の学術的な校訂本はあるのか？」「アーサー王物語世界の探索をはじめるとすぐに、ケルト語圏（ウェールズとアイルランド）の典拠に関心をもつ必要が出てくるのはなぜか？」　こうした数多くの疑問に対して、本書はささやかながら答えを出すことを願って執筆された。アーサー王物語を読むことは、まずは字義どおりの意味を解読し、つぎにその精神を理解しようと試みることである。このふたつ目の作業は決して簡単ではない。あらゆる方法論を駆使して学術的な研究をつみかさねてきたにもかかわらず、導き出された解釈が矛盾しあっていることも多い。そのため本書の執筆にあたっては、新たな構想に依拠する必要があった。

1　アーサー王物語の想像世界のために

本書では、比較的新しい観点を重視している。それは神話と想像世界の観点である。わたしが思うに、この観点はアーサー王世界と関連したすべての疑問に学際的な立場から対応可能な、稀有な観点のひとつである。だがアーサー《神話》とは一体なにをさすのだろうか？　物事を性急にとらえ表面しか見ない人々にとって、神話は合理的な論拠をふりかざして反駁せねばならない誤った観念、常軌の逸脱、偏見である。ではなぜ神話に関心をよせる必要があるのだろうか？　ジルベール・デュラン［フランスの哲学者・文化人類学者、1921～2012年］[2]や（エルンスト・カッシラー［ドイツの哲学者、1874～1945年］[3]からクロード・レヴィ＝ストロース［フランスの文化人類学者、1908～2009年］[4]にいたるまでの）神話を専門に研究してきた人類学者たちは、文化・人間・諸文明をこのように退行的かつ貧弱な形でとらえることに異議を申し立てた。人類学者にとって神話とは、世界を独創的に思い描く方法をあきらかにしてくれるものであり、文明の証なのである。一時代の感受性、流行、ユートピアを明らかにしてくれる神話は、ルネ・ジラール［フランス出身の文芸批評家、1923～2015年］[5]の巧みな表現によれば《現実世界でないがしろにされる「声」》である。「アーサー王は実在したのか？」という問いは、作品群やその想像世界を分析から遠ざけてしまう、典型的なまちがった問いそのものである。なぜならアーサーの背後には、本書の項目でとりあげられているように、熊をめぐる古いユーラシア神話[6]が隠れているからである。熊の神話の文化上の豊かさは、今日ではシベリアからピレネー山脈[7]、ポルトガルから日本にいたる各地で認められ始めている。熊の神話は歴史の中に刻まれてはいるが、同時に歴史を超越している。そのため人類学や比較研究の方法をもちいて分析する価値がある。グルノーブルの「想像世界研究所」は世界中の文学作品や文化を対象に、こうした研究の方向性を提案しつづけている[8]［グルノーブルでは2015年1月に研究組織の再編がおこなわれ、「想像世界研究所」(Centre de Recherche sur l'Imaginaire、通称CRI）は「グルノーブル社会学研究所―情動・媒介・文化・認識」(Laboratoire de Sociologie de Grenoble：Emotion, Médiation, Culture, Connaissance、通称EMC2-LSG）と統合され、「想像世界と社会・人類学」(Imaginaire et Socio-Anthropologie、通称ISA）研究所が誕生した］。

空想の類にすぎないとの理由で、神話を誹謗するのはあまりにもたやすい。ところが実際には、神話はなによりも現実のさまざまな文化や社会によって保存されている。神話はなによりも「想像世界」[9]、つまりイメージによる思考を表わしたものである。そうした思考は、直観をはたらかせて世界を詩的にとらえるために象徴的な方法をもちいる（19世紀にジュール・ヴェルヌがSF小説で描いた月旅行が20世紀に実現したように、こうした詩的直観は現実のものとなることがある）。このように神話の詩学にそって考察するためには、さまざまな研究を考慮すべきであろう。歴史、民族学、文化人類学、文献学、哲学、社会学、比較神話学がそれぞれ、神話からなんらかの秘密を引き出してくれる。またこうしたすべてのアプローチを組み合わせてもちいれば、神話を作っている原初的なイメージ群から、より深い意味を浮かびあがらせることができるだろう。

しかしながら今日でも、中世神話に対する認知度はあまりにも低い。たとえばトリスタンについて、数多くの図版を掲載した立派な展示会カタログに「物語の大半のエピソード（ル・モロルトとの戦い、媚薬、見張られた密会、そのほか多くの波乱にとんだ展開）は、おそらく1160年あたりに、フランスの最初の作家によって創り出された」[10]といった驚くべき指摘が見つかるほどである。この主張はじつに浅薄で根拠を欠いたものであり、トリスタン物語群に記された字句を意図的に無視している。フランス語で書かれた最初期の『トリスタン物語』の作者ベルールとトマがみずから、彼らよりも前にこの悲恋物語を披露していた《語り部たち》から着想をえたとはっきり述べているからである[11]。このことは中世期の数多くの作品にもあてはまる。中世期の作品群は、想像力豊かな作家たちが《発明》したものではなく、長い歳月をかけてすでにでき上がっていた物語群の再録もしくは翻案である。こうした来歴の古い物語群は最も重要な物語遺産なのである。ギルガメシュの英雄譚、ホメロスの叙事詩、さらにはインド、イラン、北欧の有名な神話伝承もまた、口承で伝えられてきたさらに古い物語群から形成されている。最後に、アーサー王文学でもちいられている語りの図式が、フォークロアにもとづく世界中の民話に見つかることも忘れてはならない。ただし世界中の民話がかならずしも中世の作品群に直接由来するわけではない。要するに、400年間に書きとめられた中世《文学》よりも長きにわたり、先祖代々語りつがれてきた口頭伝承こそがアーサー神話を作り上げたのである。本書ではアーサー王世界の《起源》の問題を回避するわけにはいかない。この問題は《アーサー王神話》事典を執筆するさいに、その全体的な構想を左右すると思われるからである。

2　ケルト人をめぐる誤解の小史

本書は、「アーサー王物語は、ケルト（ウェールズやアイルランド）神話の力をかりなければ理解不可能である」という考えに依拠している。アーサー王物語に見られるテーマ、舞台、シンボル、固有名詞、文化的背景を理解するには、島のケルト（アイルランドおよびウェールズ）文明を実際に把握する必要がある。この文明が古い遺産を中世期まで（さらにはその後も）保持してきたからである。アルモリカ（フランスのブルターニュ地方）もまた歴史的に島のケルト文化に直接由来し、こうした伝承を継承してきた。

かつてフランスには、《ケルト研究》（études celtiques）がしかるべく進められていた輝かしい時代があった。《ケルト研究》の正当性については早くもナポレオンの時代から「ケルト・アカデミー」（Académie celtique）[12]によって認められていて、フランスをふくむ（ヨーロッパの）文化がたんなるローマやアテナイの後継ではないことはあきらかだと考えられていた。考古学の成果により、ガリアはすでに忘れ去られた文化ではなくなっていた。それにもかかわらず、ケルト文献学研究とよぶにふさわしい研究がフランスで開始されるには、『ケルト評論』(*Revue celtique*)(1870～1934年)の創刊をまたねばならなかった(これに対してイギリスとドイツでは、すでにずいぶん前からケルト研究は市民権をえていた[13])。『ケルト評論』は休刊をへて、1936年には『ケルト研究』(*Etudes celtiques*)と名をあらためて復刊した。この雑誌が2013年の時点で(77巻ではなく)39巻までしか出ていないのは、フランスで《ケルト主義》(celtisme)[ケルト文化(とくにガリア文化)がフランスに及ぼした影響の重要性を強調する国家観]が徐々に衰退したためである。たしかに「歴史」を記録するのはつねに勝者の側である。研究者の中にはジョゼフ・ベディエのように、ケルト人をすぐに《野蛮》で無教養かつ粗野な民族だと断じてしまう者もいた。今日でも多くの人は、ケルト人はおろか、ケルト文化さえ一度も存在したことがないと考えている。なにも見るべきものはないので、立ちどまらず先へ進みなさい！というわけである。こうして文化の大虐殺(ジェノサイド)がおこなわれ、何千年も続くヨーロッパの歴史に対するまちがった見方が作り出され、われわれの過去を決然と無視することが正当化されたのである。

1949年には「国際アーサー王学会」(Société Internationale arthurienne)が設立された。その目的は《アーサー王文学》と《ブルターニュの素材》の研究にあり、学会の設立者たちはこのふたつの分野が不即不離の関係にあると認めていた。すくなくとも20年間、この学会は年鑑を刊行したり定期的に国際学会を開催したりすることで、ケルト研究者の成果とアーサー王物語研究者の成果を必然的につなぐ役割をになっていた。アーサー王世界とその基盤としての(ウェールズとアイルランドもふくむ)《ブリテン世界》とを結ぶ臍帯(さいたい)の理解に役立つ可能性のあるものはなんであれ重視し、分析して公にした。ところがこうした理想的な学際性は、ジャン・フラピエの死 [1974年]とともに失われてしまった。ケルト研究者とアーサー王物語研究者はそれぞれが自分の専門分野に閉じこもり、アーサー王物語研究はケルト研究をまるきり扱わなくなったのである。さらにひどいことに、《ブルターニュの素材》の理解にケルト人がまったく重要ではないことが少しずつ《あきらかに》なったとして、ケルト研究をおとしめるようになってしまった。今日われわれが目を向けるべきなのは、じつに精力的な活動をしつづけている「ベルギー・ケルト研究学会」(Société belge d'études celtiques)とその機関誌『オロダゴス』(*Ollodagos*)である。またとくに定期刊行物の中では、[1986年に]廃刊となった学術誌『オガム』(*Ogam*)[フランス・レンヌの「ケルト伝承友の会」の機関誌、1948年創刊]、フランス国立科学研究所(CNRS)が刊行している『ケルト研究』(*Etudes celtiques*)、『ケルト文献学雑誌』(*Zeitschrift für celtische Philologie*)[1897年にドイツで創刊]、『エーリウ』(*Eriu*)[「ロイヤル・アイリッシュ・アカデミー」の機関誌、1904年創刊]、さらには「日本ケルト学会」(Japan Society for Celtic Studies)の機関誌『ケルティック・フォーラム』(*Celtic forum*)をも参照して、アーサー王世界とケルトの記憶をつなぐ生きた絆を認めなければならない。本書の目的は、アーサー王世界にひそむケルト的要素に焦点をあてることにある。(聖書、ギリシア＝ローマ世界など)アーサー王世界に影響をおよぼしたほかの分野については、決して軽視するわけではないが、副次的にとりあげるにとどめる。

今日われわれは、かつてモンテーニュ［フランスの思想家、1533～1592年］が述べたように、たがいに「注釈しあっている」(entregloser) だけである。たしかにそのとおりで、ときには最悪の注釈がつけられることもあり、興味深い場合もあるが大半はこじつけられた諸問題について延々と議論をつづけている。アーサー王物語研究はさまざまな方向へと分岐し、なにもかもが役立つという考え方をとりつづけた。言語学、精神分析学、単純な心理主義、物語論などがもちいられたが、こうした知の分裂が研究目的を破壊したことには思いいたらなかったのである。精密科学［数学・物理学など］と同じように、偽造という原理が人文科学の分野においても存在することが忘れられた。(時代錯誤的な見方については) 歴史の名目で、また (民族学的な文脈づけがなされていない文学的アプローチについては) 言語・物語・神話の通時的構造の名目で、特定の研究成果が出した結論を無効にすることが可能である。アーサー王世界については、民族学、文化人類学、宗教史、《比較文法》をもはや無視するわけにはいかない。本書ではこのことを銘記し、独自にその例証につとめた。

本書のおもな目的は、アーサー王物語の素材について、ケルト文化圏の《諸現象》(言語、文明、考古学、なかでも文学) へと焦点をもどすことにある。なぜなら現代の研究者たちがこうしたケルト文化圏の《諸現象》を忘れたり誤解したりして、もともと固有のものではない論理をアーサー王物語群へ頻繁に押しつけてきたからである。たとえば、抽象的な物語論、おめでたい心理主義、(文学作品は歴史の《反映》である！といった) 単純な歴史主義、(どこにでもオイディプスの影を認める) 簡略な精神分析学がこれにあたる。さらに忘れてならないのは、農村の暦にもとづくさまざまな信仰や伝承、口承にもとづくフォークロア (民話)、森や泉や野ざらしの礼拝堂にまつわる民衆のキリスト教の中に、ケルト世界の習俗が生きながらえてきたことである。モンテスキュー［フランスの政治思想家、1689～1755年］ならば、わたしは農婦の語り部たちが好きだ、なぜなら「斜めに解釈できるほど賢くはないからだ」というだろう。こうした理由からつぎのような原則を認めるだけで事たりるだろう。すなわちケルト世界と民間伝承とアーサー王世界とをつなぐ創造的な臍帯(さいたい)を無視した研究書 (あるいはそう表明している書物) はかならずどれも、無益な試みとして失敗に終わると考えられるのである。

3　アーサー王物語の文化考古学のために

アーサー王文学の研究にあたっては、もはや時代錯誤的な読み方や、恋愛と騎士道をめぐる古くさい考え方や、登場人物の心理描写、さらには著作家たちが作中で見せる哄笑と微笑といったテーマにとどまっていてはならない。アーサー王物語群にケルト神話の痕跡が見つかることは、今日では明白である (固有名詞の研究だけでも、こうした来歴を証明できるだろう)。そのため残された課題は、ケルト神話がどのような形でアーサー王物語群の中に残り、その文化上の記憶がどのような広がりを見せているのかを理解することである。比較研究はこうした課題にとりくむための重要な手段である。

しかしながら、中世期の作品群の中にケルト神話が《純粋な状態で》見つかると期待すべきではない。その第一の理由は、神話が決して現存するアーサー王物語群との比較が文字どおりに可能な、原初の《テクスト》ではないことである（それ以上に、修辞学や文体論の影響を受けた文学テクストでもない）。神話は、さまざまな異本（ヴァリアント）を扇状に広げていく物語である（こうした異本こそが神話の真の輪郭を描き出している）。第二の理由としてあげられるのは、中世の著作家たちが21世紀の碩学たちがいつの日か関心をもって研究してくれることを想定しながら、《原初の》ケルト神話を伝えようと意図していたわけではないことである。アーサー王文学は神話を伝説（《読まれるべきもの》）へと変えた。つまりケルト文化圏の語り部や詩人が披露していた、いにしえの口伝を独自に利用した。その目的は、いにしえの口伝を民族学的に調査することではなく、詩作品へとかえることだったからである。しかしアーサー王文学は、着想源となった古い物語群にそなわる神話の核を、とくに好んで保存していることが多い。そもそも中世のキリスト教は、西欧で先に根を下ろしていた古い異教神話を利用した。つまりキリスト教が異教神話にとけこみ、キリスト教は異教神話を《キリスト教化しながら》利用したのである。（ピエール・サンティーヴに倣って私が命名した）この《キリスト教神話》は、聖書のテーマと異教の信仰の混合物（アマルガム）である［原書房から2007年に刊行されたヴァルテール氏の著作『中世の祝祭』の原題は『キリスト教神話』である］。アーサー王文学も決してこうした文化変容の影響をのがれることはなく、「聖杯（グラアル）」伝承がその証左となっている。

相互にからまりあっていることの多いアーサー伝承の記憶を構成するさまざまな層を区別するためには、「神話分析」（mythanalyse）の力をかりて、構成要素となっているモチーフ群の研究をおこなう必要がある[14]。その際には、孤立した別個のモチーフではなく、モチーフの束を探しあてねばならない（なぜなら、神話はつねに物語をなしているからである）。アーサー神話へのアプローチには、かならず比較研究が必要となる。（ケルト世界に根づいている）アーサー神話は、なにもないところからできあがったわけではないからである。またこのケルトの基盤自体も原初のものではなく、（それを伝えるケルト諸語と同じく）広大なインド＝ヨーロッパ世界に属している。ほかの文化領域との比較をおこなうことによって初めて、ケルト的な特殊性を浮かびあがらせることができる。この点について留意すべきは、19世紀末からケルト＝アーサー神話と北欧神話・ギリシア神話・ローマ神話・カフカス神話とのあいだにさまざまな類似が認められたのは、アーサー神話がほかの神話群を着想源にしていたことや、アーサー王物語の作者たちがこうした多様な神話群を熟知していたことを証明するためでは決してなかった点である。こうした類似点によってむしろ、アーサー神話の構造にほかの神話群を織りなすモチーフ群と同じモチーフ群が見つかり、ほかの神話群のすべてが（それを伝える諸言語と同じく）共通の起源までさかのぼることがあきらかになる。だがここでは共通の起源というより、各神話の特徴やそれぞれがたどっていく変化をあらかじめ内蔵した母体といったほうがよいかもしれない。

拡散しながらも偏在する神話の本質をとらえるためには、神話を分析に適した定義にあてはめてみる必要がある。そのため著名な想像（イマジネール）世界研究者ジルベール・デュランが提起した「神話」の定義を思いおこすのが得策だろう。デュランによると、「神話」とは「（シンボル、エンブレム、アレゴリーなどとは異なる）物語（レシ）であり、（場所、人物、偉業など）その構成要素の大部分は想像世界（ナマジネール）に属し、含蓄にとむよう意図されており（つまり説得的で、民話や長編小説のように娯楽目的ではない）、論証に頼ることをしない（つまり「神話」は「寓話」や「たとえ話」の対局にある）。そのため、テーマ、登場人物、状況、構造の反復という、本質的な特徴を示すことになる（くりかえし反復される要素は「神話素」とよばれている）」[15]。

神話モチーフの本質的な特徴は、多様な文脈で（さまざまな異本（ヴァリアント）の形をとりながら）くりかえし出現するところにある。反復は決して、強調や剽窃（ひょうせつ）を表わす《修辞学的な》現象ではない。ましてや表現力のなさを示すものでもない。反復とは、特別な形で意味を表わす方法であり、あるテクストの中に「第二の」意味をしのびこませているのである[16]。たとえば天女が脱いだ羽衣を岸辺において水浴に向かう場面と、ある男が脱いだ服を石の下に隠して人狼に変身する場面を考えてみよう。これらは同じ神話のシークエンスをふたとおりで表わしたものであり、神的な存在が分身をそなえているという古代信仰［たとえば「人狼」は人間でありながら、狼という動物の分身をもっている］から解釈されなければならない。このように、あるテクストを神話的なレベルで理解するためには、字義的なレベルを超越する解読様式をかならずもちいて、隠喩的な図式をとらえなければならない。こうした図式は、宗教や信仰の歴史や諸言語や物語群の想像世界（イマジネール）の中で比較研究に根差した調査をおこなうことで、初めてあきらかになるのである。

以上の前提から、神話は（文学であれば、程度の差はあれ忠実に模倣するかもしれない）《原初の》固定した《テクスト》では決してないといえるだろう。神話はなによりもまず、たえず変化をつづける（絵画、言葉、音声などの）イメージからなる物語である。また神話から文学への変化とは、素材の移し替えがおきたものにすぎない。神話は、（《長編小説》、《叙事詩》、《詩》といった）すでに確立された文学形式の枠におさまることなく、永遠の詩学[17]の中にとけて消えることもなく、文学形式を後押しし、それを独自の目的に従って展開させる[18]。したがって、アーサー神話が「文学」の中にとけこんでいるのではなく、神話が文学を作り出しているのである。このことから、その土台となっている神話を無視するならば、《アーサー王文学》の解釈は不可能となる[19]。本書がつきとめようとしたのは物語を彩るイメージ群の基盤であり、そこには固有名詞の根が張りめぐらされている。

4　収録項目の選定

本書の収録項目は、全体としては分析に適した神話の定義によって選ばれたものである。本書は登場人物索引でも作品事典でもなく、アーサー神話を考察するための総合的な案内役となることをめざしている。そのため、（人名や地名などの）固有名詞のみならず、アーサー世界を人類学から理解するために必要不可欠なテーマや鍵となる概念[20]をも掲載した事典の形をとっている。

文学というのは、一群の名前が一時的にあるいは不規則に現れる平面ではなく、なによりもまず記憶である。アーサー王文学に登場する人物の多くには、ケルト語の響きをもった名前がつけられている。登場人物の名前とその登場人物に関連した物語群につけられた名前は、なにを表わしているのだろうか？　学術的な研究がその答えをもたらしつつある。フランス語、フランス文化、フランス文明の礎となっている作品群をより深く理解するには、これらの研究成果を考慮すべきだろう。名前は神話の支柱となっていることが多い。名前は伝播の過程で再解釈されたり《新たな動機づけがされたり》することがあるものの、神話はこうした名前によって伝えられているのである。たとえばトリスタン（Tristan）の名はまちがいなくケルト起源である（本書ではトリスタンの名の語源として、「3つ星」をさすコーンウォール語「トリ（tri-)」と「ステレンヌ（sterenn)」の組み合わせを提案した)。だがフランス語圏の人々の耳には、トリスタンという名の響きは中世期にはすでに「悲しみ（トリステス tristesse)」や「メランコリー」を思わせるものだった。そのためトリスタンは《一度も笑ったことのない者》と解釈された。こうした民間語源には注意をはらう必要がある。なぜなら、民間語源は異なる文化が古語を受容する現象であり、それにより文学素材が創り出されるからである。

本書では、アーサー王文学の登場人物を逐一とりあげて項目を作成したりはしなかった。そのような項目の山を見た読者はとまどってしまうことだろう[21]。収録項目の見出し語（特に登場人物）は、どちらかといえば《神話的な特徴》をはっきりとそなえていることを基準に選定した。つまりコーパス全体にくりかえし現れる神話的なモチーフ群（または神話素）とかかわる登場人物だけを選んだ。それによりただの固有名詞索引とならないようにし、基盤となる神話的意味の反復に目を向けた。ここで問題点をはっきりさせておかねばならないだろう。本書ではアーサー王文学の登場人物と、インド、ペルシア、ギリシア、カフカスなどの神話群に出てくる人物との対応関係を多く指摘している。だからといって中世期の著作家たちが、はるか昔に書かれた神話群をもとにしてアーサー王文学の登場人物を作り上げたというわけではない。中世期の作者たちはおもに口頭伝承から物語を継承したのであり（みずから創り出した物語を書きとめたのではない)、着想源となった口承の物語群はケルト起源だった(それは作品群に出てくる固有名詞が証明している)。ケルト諸語はインド＝ヨーロッパ語族に属し、神話は常に言語によって伝えられている。そのためジョルジュ・デュメジル［フランスの比較神話学者、1898～1986年］が証明したとおり、(ケルト起源ではない）インド＝ヨーロッパ起源の神話群が比較により、いくつかのケルト神話の意味を解きあかしてくれるのは当然のことである。実際にヨーロッパの神話群では、ギリシア、北欧、インド、ケルトはいずれも、共通の起源までさかのぼる。インドとヨーロッパのさまざまな民族がたがいに分化した時期に、ヨーロッパの神話群は諸言語の祖語と同じく、言語学的にも文化的にも多様化していった。だがヨーロッパの神話群には共通する古風な特徴がかなり残されているので、本書はその解明の助けとなるだろう。

中世期の物語について、文献学者たちは書かれたものだけに執着しているが、本書はこれとは違う立場をとるようつとめた。ふたつのテクストが似かよっている場合、文献学者たちはかならず一方が他方を《模倣》したと想定する。こうした見方では、ポール・ズムトール［中世フランス文学研究者、1912年～1995年］が中世期の《口承性》[22]とよんだ概念の恒常性、広がり、豊かさがないがしろにされてしまっている。

ほとんどの場合、ふたつのテクストが似かよっているのは当然、両者が口承に根差したまったく文字化されていない共通の起源にさかのぼるからである。民話の伝播の経験からあきらかなように、こうした口頭伝承は相対的に変化しやすく、どの時代の作家もこれを題材として大いに創意を発揮することができた[23]。しかし13世紀に散文という形式が出現したことで、韻文物語群が書きなおされたり《脚韻をとりのぞかれたり》するようになったことは明白である。文学はこのようにして、語り部たちの《声》から離れて独自の伝統を作り出し、文字やテクスト間での遊びをつちかった[24]。これらのテクスト群がさらに統合され、首尾一貫した物語となっていったのである。こうした現象は《サイクル》化とよばれている。

5　多色のパズル

アーサー王神話がケルト的であるとしても、ケルト神話だけに還元されるわけではない。なぜならケルト文学のすべてがアーサー伝承に対応しているわけではないからである。そのためケルト文学の中からアーサー王世界の理解にとって必要な要素をとりだし、モチーフ群を細分化しすぎないよう留意すべきである[25]。アーサー王伝承に属する要素とそうではない要素の峻別はここでは難しい。「短詩（lais）」（韻文による短編物語）は「ブルターニュの素材」のみから生み出された作品だと考えられているが、これらすべての「短詩」がアーサー王世界を舞台にしているわけではない（アーサー王とその騎士たちへの言及はまれである）。それにもかかわらず「短詩」を本書の中でとりあげたのは、その語りのモチーフの大部分が、典型的なアーサー王物語群にくりかえし認められるからである。アーサー王への言及が一度もない作品としてはほかにも、［アイルランドの「歴史物語群」に属する］『スヴネの狂乱』をあげることができる。この作品の主人公はメルラン［英語名マーリン］にとてもよく似ているため、本書の中でとりあげぬわけにはいかなかった。そのほかにも忘れてはならないのは、12世紀にプランタジネット朝［中世イングランドの王朝、1154～1399年］が政治的に利用した「アーサー神話」が、もともとはなんの関連もなかった伝説群を引きよせたことである。トリスタン伝承もまたアーサー世界とつながり、アーサー王がベルール作『トリスタン物語』に登場し、マルク王が支配するタンタジェル［英語名ティンタジェル］の居城がアーサー王の生まれた場所となっている。『散文トリスタン物語』になるとアーサー王世界とのつながりはいっそう明確になり、マルク王の甥（トリスタン）が「聖杯」の探索に向かい、それにより「円卓」騎士団への仲間入りを果たしている。しかしながらトリスタン物語の核心部分は、アーサー王世界の外側で形作られている。ブリテン島の偉大な王（アーサー）は、（長大な散文物語サイクルでは、ギリシア＝ローマ、なかでも聖書という）付属的な素材をつつみこむ役割を果たした。さらにアーサーは「ブルターニュの素材」に属するおびただしい数の物語にとって磁極となっていたが、もともとこの「素材」ではいかなる役割も果たしていなかった。いつの日か、アーサー王伝説を作っているさまざまな伝説の層を解きほぐし、そこから古いゲールの層と（ウェールズ、コーンウォール、アルモリカといった）ブリトニック語圏の影響と、さらにはキリスト教による文化変容をつきとめることができるかもしれない。そのためにはケルト諸語が研究され、比較され、正当に評価されつづける必要がある。しかしフランスではこうした流れがますます弱くなっている。

アーサー神話はフランスだけに限定されるものではない。本書では、とくに直接の証言をもたらしてくれたり、フランス語で書かれた作品群の欠落部分を補ってくれたりする場合には、ウェールズ、ドイツ、イタリア、カスティリャ、ポルトガルの文学作品についても言及する必要があった（たとえばランスロ［英語名ランスロット］については、中高ドイツ語作品『ランツェレト』をとりあげた）。事実、今日では各地域で書かれた作品の分析はどれも当該国だけの枠組みに限定されているため、見とおしを誤ったり見方をせばめたりしてしまっている。こうした悪習の典型例を提供してくれるのがアングロ＝サクソンの民衆文化で（それは映画作品に反映されている）、これによるとアーサー王伝説はトマス・マロリーに帰着する。ところが15世紀に英語で『アーサーの死』を著したマロリーは、（なかでもフランス語で書かれた）先行作品群を翻案しながら筋書きをかえた編纂者にすぎず、アーサー伝承の原初の典拠ではない。さらにこのことはフランス語をもちいた物語作家たちにもあてはまる。なぜなら12世紀から13世紀にかけてフランス語で書かれた作品の中には、マロリーがまったく知るよしもなかった失われた別の作品を翻案したものもあったからである。

6　作品解釈のための金科玉条

1980年代から、アーサー王物語群の校訂と現代フランス語訳の作業が数多くなされてきた。それにより多くの読者がさまざまな情報を手にし、かつては専門家の目にしかふれることのなかった原典に直接アクセスできるようになった。本書には、これまでに刊行された校訂本と翻訳の一覧を掲載した。この広範なリストには、ラテン語、フランス語、ゲール語、ウェールズ語、ネーデルランド語、ドイツ語、アイスランド語、英語、スペイン語、ポルトガル語、イタリア語で書かれた作品群がふくまれている。現代フランス語訳がある場合にはそれを、ない場合には現代英語訳を記した。さらに作品の推定成立年代一覧と、厳選した研究書の書誌情報もあわせて掲載した。研究書の書誌情報から意図的に除外したタイトルは、その内容に賛同できないか、あるいは（言葉の否定的な意味で）《文学的》すぎるためにアーサー神話やその想像世界（イマジネール）との接点がまったく見つからないものである。これは本書が文学の美学[26]ではなく、アーサー「神話」を独自に扱っているためである。

各項目の中には、神話学的な研究の成果に限定した、短い書誌リストがそえられたものもある。各項目に記した語源的解釈は、アーサー王物語研究者たちにもほとんど知られていない専門的な事典類にもとづくものである（その大半がこれまでに出されていない解釈である）。さらには矢印（⇒）で記した相関語から出発して、筋書きの上で重要な人物や、エピソードを作り上げている神話的モチーフのいくつかを横断的にたどれるようにした。またどの項目の記述も、言及した作品群の推定成立年代に配慮している。なぜならアーサー王物語の想像世界（イマジネール）は（韻文作品から散文作品にいたるまで）全体的に進展を見せており、そのさまざまな段階を区別しておかねばならないからである。

8世紀から15 世紀までの間に、アーサー王物語の想像世界(イマジネール)は、ヨーロッパで3段階の受容を経験し、3つの異なる表現形式を生み出した。すべての作品は同時期に生まれたのではなく、同じ筆から生まれたわけでもない。アーサー伝説（《読まれるべきもの》という語源的な意味での「伝説」）とよぶにふさわしいものは、西欧世界で3つの大規模な翻案の段階をたどった。アーサー王伝説が確立するまでには、こうした3つの段階をへたのである。そのため年代上最後にくる集大成（イングランド人トマス・マロリーの作品）を、（マロリー以前の作品群もふくめて！）そこからすべての物語が生まれた原初の物語だとみなすのは、常軌を逸している。実際におこったのは、その逆の動きだからである。マロリーは、彼以前に書かれたすべての物語（なかでもフランス語の作品群）の終着点であり簡略化である。マロリーは、首尾一貫した合理的な鋳型の中へ、もともとは相互に曖昧なつながりしかなかった物語群を流しこんでとけあわせたのである。中世期に《アーサー神話》がたどった3つの段階とは、つぎのとおりである。

第一段階　まずは年代記やいわゆる史実を記した文献であり、聖人伝文献もここに含まれる。8世紀から12世紀初頭にかけて王侯の依頼を受けて書かれたブリテン島の歴史は、《年代記》の形をとっている（これは史料編纂の試みである）。最初に登場したのは、（『ブリトン人史』のような）かなり概略的な骨組みであり、その後（ジェフリー・オヴ・モンマス作『ブリタニア列王史』のような）完成度の高い作品が生まれた。12世紀以降のキリスト教教会は、伝説上のアーサー王の人気の高さに不安をあおられていらだち、聖人伝の中でアーサーを笑い者にした。そのため聖人伝で描かれるアーサーは、決して立派な役を演じていない。

第二段階　12世紀の中頃になると、《学僧たち》（物語作家たち）の活躍により、アーサー王伝説は驚くべき発展の段階にいたる。《学僧たち》はアーサー伝説をもとに、韻文で数多くの作品を生み出した。これはアーサー神話の《宮廷風》受容である。トルバドゥール（南仏詩人）の影響のもとで、物語作家たちは宮廷風礼節と「至純愛（フィーヌ・アモール）」の理想をたたえる物語や冒険を探し求めた。古代物語の翻案（代表作は『エネアス物語』、『トロイ物語』、『アレクサンドル物語』、『テーベ物語』）にうみ疲れた彼らは口頭伝承（ブリトン人のフォークロアにもとづく民話）に目を向け、それをもとに短い物語（「短詩(レー)」）や長編物語（「円卓の物語」）を著した。フランス文学は（その最初期には主に韻文で）、ブリテン諸島の語り部たちが披露していたケルト（特にウェールズ）起源の物語を翻案する作業において、中心的な役割を果たした。フランスで生まれた流行は徐々にヨーロッパ全域へ広がった（早くも13世紀から、ドイツ、イタリア、イベリア半島でアーサー王文学が生まれ、14世紀以降には中英語による文学が生まれた）。それでもアーサー王物語を彩る数多くのエピソードは、宮廷風礼節という文学上のテーマ（恋愛と騎士道、宮廷風恋愛）の流行だけでは決して説明できない。風がわりなモチーフからなるアーサー王物語は、（地中海地域ではなく）ヨーロッパ北部の諸文化を理解するうえで興味深い、いにしえの口承性の証なのである。なぜなら（いうまでもないが）ヨーロッパ北部（ケルトと北欧）は、地中海地域のヨーロッパの文化遺産には還元できない、独自の文化遺産をそなえているからである。

第三段階　すでに韻文により翻案されていたアーサー神話は、13世紀以降、散文作品の形にととのえられる。散文作品は、アーサー神話の抜本的なキリスト教化に手をかしている。（13世紀初めに）散文が登場したため、先に韻文で書かれていた物語はすべて書きなおされた。韻文物語は（詩行の《韻律をとりはらわれる》ことで）新しい詩的形態にあわせられただけでなく、物語どうしが徐々につなぎあわされるようにもなった。こうした作業は「編纂」とよばれ、《大全の世紀》とよばれるのにふさわしい13世紀から一般化する傾向にあった。最も典型的なケース（このジャンルでは初めての例）は、ランスロの物語（ロマン）である。クレティアン・ド・トロワが韻文で作品（『荷車の騎士』）を著すのが第一段階で、その韻文物語が書きなおされ散文作品として生まれかわるのが第二段階である。この散文作品は後に生まれる物語群（サイクル）とは独立した版であり、いかなる別の作品もこの作品に後続することはない。この次の段階で生まれるランスロの散文物語は、後続作品である『聖杯の探索』と『アーサー王の死』へとつながっている（全体で『ランスロ＝聖杯』という物語群（サイクル）になる）。第三段階ではこの物語群（サイクル）が核となり、アリマタヤのヨセフからアーサー王の死、「円卓」の消失にいたるアーサー王伝説の一大絵巻が作られていく。複数の韻文物語をもとにして作られたこの物語群には、キリスト教にもとづいて騎士道の歴史を解釈しようというもくろみがある[27]。この時点まではまとまりに欠けて全体のプランがまったくなかった素材に、文学は独自の論理を適用させた。つまり登場人物の系統樹が見なおされ、新たな系譜が創り出されたのである。それ以来、文学の合理性は古代神話の非合理性をおぼろげなものとすることになった。

結果として、アーサー伝説を知るにはふたつの選択肢がある。ひとつは、（大半が韻文で書かれた）騎士たちの生涯を描く作品を読むという選択肢であり、得られる情報は必然的に断片的なものにとどまる。対象となる作品は、クレティアン・ド・トロワの物語群［『エレックとエニッド』、『クリジェス』、『イヴァンまたはライオンを連れた騎士』、『ランスロまたは荷車の騎士』、『ペルスヴァルまたはグラアルの物語』］や、主人公の名が冠せられた作品群（『イデール』、『フェルギュス』、『デュルマール』など）である。もうひとつは、長大な散文物語群（サイクル）[28]を読むことでアーサー王伝説の世界に入っていくという選択肢である。その場合には、散文という新しい形態へ移しかえられたことで、もとの韻文物語が平準化、転移や変形というプロセスをこうむったことを思いおこす必要がある。古い神話的モチーフ群は散文物語の中にも残ってはいるが、いっそう弱まっているからである。

実のところ本書は、読書ガイドとなることをおもにめざしている。それが唯一の目的といってもよいほどである。本書が今日の読者に伝えたいのは、ヨーロッパの文化遺産は実際には中世に花開いたのであって、（ときにそう信じこませようとする人がいるように）「啓蒙の文明」とともに18世紀に生まれたわけではないということである。現代には大衆化や「リメイク」によって中世期の偉大な詩作品を無味乾燥なもの

クレティアン・ド・トロワ

にしたり、意味をねじまげたりするという厄介な習慣がある。こうした習慣にさからって本書が提起したいのは、本物の文化に接したければ、過去の諸作品に直接ふれぬわけにはいかないという点である。こうした理由から、本書は典拠の信憑性を重要視している。中世期以降に書きなおされた作品や翻案は検討対象から除外し、できるかぎり古い時期に書かれた物語群のもとの形のみを扱っている[29]。今日では、文献学者たちによって称賛に価する《学術的な》校訂と翻訳の努力がなされており、その研究成果を記すのは重要である。こうした校訂本や翻訳はすぐれたものであることが多く、中世と現代のわれわれをつなぐのに必要不可欠な橋わたし役となっている。本書巻末の作品リストには、現在使われている校訂本と、参照可能なフランス語訳を記した。

神話事典の作成には、「学識（シアンス）」、「良心（コンシアンス）」、「予見（プレシアンス）」が求められることを明言しておきたい。「学識」が求められるのは、ひとつの短い項目の中に（大半が学術的論証を要する）濃密な情報を集中させ、（神話ではまさしくすべてが細部にかかわっているのに）同時に細部の中へ迷いこまぬようにする必要があるからである。「良心」が求められるのは、重量の分からないものを計測し、確証と仮説を峻別し、「豚の膀胱を提灯とまちがえない」［とんでもないまちがいをしない］ようにする必要があるからである。「予見」が求められるのは、読者の期待を見越し、読者が気づいてさえいないものの、いつの日か必要になるはずの情報を提供しなければならないからである。徹底性の追求も必要であるが、それによって本質をむだなものの中に埋没させることになってはならない。こうした事典の作成は不可能に近いというに等しいではないか！　それでもわたしは希望をすてずにこの作業をつづけることにつとめた。アーサー神話がインドからギリシアまでの有名な神話群とも比較可能であることを示すためである。また、今日の文化はたんに情報のみに還元されることはない（情報をえるだけならインターネットで事たりるからである）。今日の文化の存立はむしろ、人類を織りなしてきたすべての文明をよりよく理解するために、さまざまな分野の知識をまじわらせることにかかっている。ギリシアの奇跡がケルトの奇跡を忘却に追いやることになってはならない。ケルトの奇跡はギリシアの奇跡と同じく、ヨーロッパのアイデンティティーの一部をなしているからである。

本書が望んでいるのは、神話学を学ぶ機会がほとんどなかったり、こうした豊かな情報の山を前にとまどったりしている読者に手をさしのべることである（碩学の中には怠惰にまかせて、豊かな情報の山に対し無関心を決めこむ人もいる）。本書をきっかけにして新たな読者たちがアーサー王文学の謎解きに踏み出すことになれば、わたしが費やした時間もむだではなくなるだろう。本書で提案した神話学的な手がかりがその一助になれば、わたしの苦労はむくわれることになる。最後に忘れてはならないのは、研究は（「聖杯」の探索が終始一貫そうであったように！）踏みかためられた道ではなく、新しい道だということである。碩学たちの中で、中世研究をフランス語圏に限定している人々［たとえば中世フランス文学の作品とケルトの伝承との比較が無意味だと主張したり、アーサー王物語群は純粋なフランス文学であり、その背後に神話は存在しないと主張する人々］が退屈きわまりない存在となり、大学制度の中で瀕死の状態[30]におちいっている今、「ヨーロッパ中世」(Moyen Âge européen)[31]がわれわれに腕をさしのべている。寛大な心をもって「ヨーロッパ中世」を迎えようではないか！　結局のところ、ただちに蘇らせねばならないのはすぎ去った昔ではなく、むしろアーサー神話が宿している太古の神話の記憶なのだから[32]。

項目について

各項目の目的は、（登場人物、場所、鍵になる概念など）検討した観念の中にケルトの遺産を探しあてるところにあり、その試みの多くは語源解釈からおこなわれている。そのためケルト諸語の主要な事典類を参照して、さまざまな語源説を提起した。その大半はこれまでに出されていない説である。また民間語源説（たとえば「グラアル」の語源）も、特定の単語と関連した想像世界（イマジネール）に影響をおよぼした可能性があるため、適宜項目の中で指摘した。

登場人物や検討した観念は、いかなる点で《神話的》なのだろうか？　神話はイメージからなる物語だと考えられるため、登場人物とその人物の神話物語とのあいだには密接なつながりがある。こうしたつながりは、ウェールズやゲールの物語との直接の関係のように系統的なものだったり、古代ギリシア、北欧、あるいはインド＝ヨーロッパ語族のほかの文化に属する物語との関連のように並列的なものだったりする可能性がある。当然のことながら、場合によっては聖書（旧約・新約聖書）との対応も指摘した。

各項目の中には書誌情報をともなうものもあるが、それは今後の研究の理解を助けたり深めたりするための手がかりを提供してくれる［この日本語版では、項目の中に適宜、邦語文献を追加した］。アーサー王文学関連の出版物については、《新しさ》と《進歩》を混同しないように心がけた。ニーチェが述べたように、研究書の中には出版の時点で、《遺作》の形で誕生するものもあるからである。そのため研究書が特に神話的あるいは人類学的アプローチをまったくとりいれていない場合には、そのタイトルを記すのをひかえた。出版年代がはるかに古くとも提起された説の新しさがそこなわれていない研究書もあるため、そうした貴重な研究書のタイトルは書誌情報にふくめた。

最後に、矢印（⇒）で示した相関語リストを頼りに、テーマをしぼって横断的に事典全体をたどることができるようにした。

〈注〉

(1) ジュヌヴィエーヴ・アズノールとミシェル・ザンク監修による『フランス文学事典――中世』(*Dictionnaire des lettres françaises. Le Moyen Âge*)(publié sous la direction de G. Hasenohr et M. Zink, Livre de Poche, Paris, 1992)では、アーサー王文学だけが扱われているわけではないが、このジャンルに属する作品群の目録が提示されている。だが項目の選定方法が漠然としており、記載されている書誌情報も今後は使われなくなるかもしれない。

(2) G. Durand, *Champs de l'imaginaire*, ELLUG, Grenoble, 1996(巻末の書誌目録には、この書物の刊行時点までのジルベール・デュランの著作が網羅されている).

(3) E. Cassirer, *La Philosophie des formes symboliques. 2. La pensée mythique*, Minuit, Paris, 1972 [邦訳はエルンスト・カッシーラー(木田元訳)『シンボル形式の哲学(1)~(4)』岩波文庫、1989~1997年].

(4) C. Lévi-Strauss, *La Pensée sauvage*, Plon, Paris, 1962 [邦訳はクロード・レヴィ=ストロース(大橋保夫訳)『野生の思考』みすず書房、1976年]. *Anthropologie structurale*, Plon, Paris, 1958 et 1974 [邦訳はクロード・レヴィ=ストロース(荒川幾男・生松敬三・川田順三・佐々木明・田島節夫訳)『構造人類学』みすず書房、1972年].

(5) R. Girard, *La Voix méconnue du réel. Une théorie des mythes archaïques et modernes*, Grasset, Paris, 2002.

(6) J.-D. Lajoux, *L'Homme et l'Ours*, Glénat, Grenoble, 1996.

(7) Ph. Walter, *Arthur, l'Ours et le Roi, Imago*, Paris, 2002. M. Pastoureau, *L'Ours, histoire d'un roi déchu*, Le Seuil, Paris, 2007 [邦訳はミシェル・パストゥロー(平野隆文訳)『熊の歴史――〈百獣の王〉にみる西洋精神史』筑摩書房、2014年]. G. Issartel, *La Geste de l'ours. L'épopée romane dans son contexte mythologique (XIIe-XIVe s.)*, Champion, Paris, 2010.

(8) D. Chauvin, A. Siganos, Ph. Walter dir., *Questions de mythocritique. Un dictionnaire*, Imago, Paris, 2005.

(9) G. Durand, *L'Imaginaire. Essai sur les sciences et la philosophie de l'image*, Hatier, Paris, 1994.

(10) Ph. Ménard, «La fortune de Tristan», dans : Th. Delcourt, *La Légende du roi Arthur*, Le Seuil, Bibliothèque nationale de France, Paris, 2009, p. 172.

(11) トマ・ダングルテールは次のように記している。「そもそも昔からトリスタンの物語を世に語り伝える者たちは、さまざまに語っている。現にわたしは何人もの話を聞いた。彼らのそれぞれが語ったこともよく承知している。(中略)わたしがこの耳で聞いたかぎりでは、かつてブルターニュに存在したすべての王とすべての伯の忘れがたき武勲と、その物語を知るブレリの話にもとづいて語っているわけではなかった」(Thomas, *Roman de Tristan*, manuscrit Douce, Bodleian Library Oxford, éd. Ph. Walter, Livre de poche, Paris, 1989, vv. 843-853)。一方でベルールは、書かれた「ものの本」(estoire)をもとに執筆したと述べている(「ベルールがその目で見た、ものの本がそう述べているように」)(Béroul, *Roman de Tristan*, éd. Ph. Walter, Livre de poche, Paris, 1989, vv. 1789-1790)。

(12) H. Gaidoz, «De l'influence de l'Académie celtique sur les études de folklore», *Recueil du*

Centenaire de la Société nationale des Antiquaires de France 1804–1904, pp. 135–143.

(13) N. Belmont, «L'Académie celtique et George Sand. Les débuts des recherches folkloriques en France», *Romantisme*, 5, n. 9, 1975, pp. 29–38. N. Belmont et al. «L'Académie celtique», in :*Hier pour demain. Arts, Traditions et Patrimoine*, catalogue d'exposition du Grand Palais, Réunion des Musées Nationaux, Paris, 1980, pp. 54–77. *Aux sources de l'ethnologie française. L'Académie celtique*, édité et préfacé par N. Belmont, CTHS, Paris, 1995.

(14) Ph. Walter, «Les enjeux passés et futurs de l'imaginaire. Mythème, mythanalyse et mythocritique», *Pratiques*, 151–152, décembre 2011, pp. 39–48.

(15) G. Durand, «Theophania Occidentalis», *Iris*, 34, 2013, pp. 33–37（ici p. 34）.

(16) これはロラン・バルトが『神話作用』（*Mythologies*）の中でとりあげている、神話の記号論的な定義である。神話においてはすべてが言語学的なものとはかぎらないため、この定義はあきらかに不完全である。

(17) ここで述べる必要もないが、中世文学のような萌芽状態にある文学の分析には、《文学ジャンルの詩学》の根拠は薄弱なものでしかない。理論上この詩学を《正当化》できるのは、時代錯誤的な観点だけである。

(18) Ph. Walter, «Myth and regeneration of literature from a multidisciplinary perspective», *Trictrac (Journal of world mythology and folklore)*, University of South Africa, 1, 2006, pp. 1–21.

(19) したがってめざすべきなのは《神話の詩学》（poétique mythique）である。この概念については、ブランカ・ソラレスの論考を参照（Blanca Solares, «La poética mitica de Philippe Walter», postface de Philippe Walter :*Para una arqueologia del imaginario medieval*, UNAM (Universidad nacional autonoma de Mexico), Mexico, 2013, pp. 201–218。

(20) たとえば、「民話」、「驚異」、「似姿」などの概念、「恐ろしい接吻」、「苦しみの一撃」などのテーマがこれにあたる。

(21) この点については、G・D・ウェストが刊行した２冊の固有名詞事典を参照（G. D. West, *An Index of proper names in French Arthurian verse romances (1150–1300)*, University of Toronto Press, 1969 ; *An Index of proper names in French Arthurian prose romances*, University of Toronto Press, 1978）。

(22) P. Zumthor, *La Lettre et la Voix. De la «littérature» médiévale*, Le Seuil, Paris, 1987.

(23) 民話はペローやグリム兄弟が発明したものではなく、早くも中世期には民話が《文学》によって翻案されるという伝統が存在していたことを思い起こそう。中世期の民話についてはジャック・ベルリオーズ、クロード・ブレモン、カトリーヌ・ヴレ＝ヴァランタンが中心となって翻訳・紹介した『中世期の魔法民話』を参照（J. Berlioz et *alii*, *Formes médiévales du conte merveilleux*, Stock/Moyen Âge, Paris, 1989）。

(24) D. Poirion, «Écriture et réécriture au Moyen Âge», *Littérature*, 41, février 1981, pp. 109–118.

(25) スティス・トンプソンが作成した『モチーフ索引』（Motif-Index）は、物語素材を極度に細分化した典型例である。その結果、神話物語群の理解はことごとく浅くなってしまっている。

(26) たとえば、『ロマンス語学研究』(*Romanische Forschungen*) 第116号 (2004年) pp. 147–148および、『中世文明評論』(*Cahiers de civilisation médiévale*) 第47号 (2004年) pp. 215–217に掲載された、(ミレイユ・セギーの著作にかんする) 私の書評を参照。

(27) この一大物語絵巻は『聖杯の書』(*Le Livre du Graal*) のタイトルで刊行された (「プレイヤッド叢書」、3巻本)。

(28) 現在、対訳本 (古フランス語原文と現代フランス語訳) の形で全編が通読できる唯一の「聖杯物語群」は、ガリマール出版 (プレイヤッド叢書) から刊行された3巻本『聖杯の書』(*Le Livre du Graal*) である。トマス・マロリーによる集成『アーサーの死』の刊行も当初は考えられていたが、この集成はずっと後の時代のもので、あきらかにフランス語による物語群を雛形にしている。そのためマロリーの典拠となったフランス語による物語群の刊行が重視されたのである。

(29) 本書の神話学的な探求は、意図的に中世期に限定した (扱ったのは12世紀から15世紀までの時期であるが、中世初期に見つかるアーサー神話の最初期の証言も忘れずにふくめた)。したがって本書では、現代の文化に出てくるアーサー神話の人物たちは除外した。こうした現象は方法論上では、別のアプローチの管轄だからである。

(30) このあたりの事情をはっきりさせておこう。今日のフランスの大学では、中世フランス語・中世フランス文学の講座がなくなりつつある。その責任はだれにあるのだろうか？ 実利に結びつくカリキュラムを優遇しようとする実用主義的な大学であろうか？ それとも、自分たちのなわばりにしがみつき、人類学的および文化的な展望を気にかけることもない、および腰の中世研究者たちだろうか？ 結局のところ中世研究者たちは致命的に孤立し、みずからにとどめをさしてしまっている。この問いには歴史が答えてくれるだろう。

(31) 《ヨーロッパ中世》というのは、「グルノーブル大学の文学・言語学出版」(ELLUG) から1995年に刊行を開始した作品コレクションのタイトルである (この出版局のホームページw3.u-grenoble3.fr/ellug/を参照) [グルノーブル第一、第二、第三大学は2016年に統合し、グルノーブル・アルプ大学 (通称UGA) となった。それにともない大学出版局のホームページも変更された (http://ellug.univ-grenoble-alpes.fr/)。]。アイスランドからポルトガル、大ブリテンからスイスにいたるまでのヨーロッパの文学遺産に属する主要作品を現代フランス語訳で紹介し、ときに原文もそえて出版しているのは、フランスではこの大学出版局だけである。「文化現象としてのヨーロッパ」(l'Europe culturelle) という概念が (長きにわたって！)《フランス起源》だったことを思い出すべきではないだろうか？

(32) こころよくわたしの質問に答え、大変貴重な情報のみならず、ときにいくつかの項目の枠組みまで提供してくれた研究者仲間全員に感謝の意を表したい。なかでもお世話になったのは、渡邉浩司氏、アースディース・マグヌースドーッティル (Asdis Magnusdottir) 氏、ジャン＝シャルル・ベルテ (Jean-Charles Berthet) 氏、エルデル・ゴディーニョ (Helder Godinho) 氏、クロード・ルクトゥー (Claude Lecouteux) 氏、バウキェ・フィネット (Baukje Finet) 氏、カルロ・ドナ (Carlo Donà) 氏、平島直一郎氏、アンドレア・ランド・マルタン (Andréa Rando Martin) 氏 (『ペルスフォレ』)、オード・ラブロ (Aude Labrot) 氏である。

日本語版への序

アーサー王物語群は、中世ヨーロッパ文学の肝要な部分となっています。また量的にも質的にも、中世ヨーロッパから後世に残された最も重要な文学作品群でもあります。多くの場合、人々はあてもなくアーサー王物語の世界に踏みこみます。しかし、韻文や散文で書きつがれてきたこの豊かで多様な作品群の全体像が見えていません。しかもアーサー王文学は恐るべき問題を投げかけてきます。まずアーサー王文学の「起源」の問題です（イギリス諸島で話されていたケルト諸語という言語学上のルーツを考慮すれば、アーサー王文学が決して《フランス》起源ではなく《ブリテン島》起源、より正確には「ブリトニック」起源であることが分かります）。つぎは、「開花」したアーサー王文学が、ヨーロッパの主要言語により（12世紀から15世紀にかけて）徐々に「変貌」を遂げたという問題です。最後は、アーサー王文学の「解釈」の問題です。アーサー王文学の解釈の方向性には、当然のことながらキリスト教の浸透だけでなく、アーサー王文学の流布を後押しした宮廷の貴族階級の影響も反映されています。いうまでもないことですが、この『アーサー王神話大事典』はすべてのテーマを網羅することを意図してはいません。なぜなら数多くの問題についての研究が今も活発に続けられ、いまだ決着を見ていないからです。

ヨーロッパとその歴史や文化から地理的に遠く離れた国々では、当然こうした問題の扱いは一層難しくなるでしょう。文化と文学の優れた伝統を有する国である日本は、他国に先がけてアーサー王文学へ関心をよせてきました。しかしアーサー王世界の冒険の地に踏みこめば、ときには少々ためらうこともあるでしょう。この『アーサー王神話大事典』が、アーサー王と「円卓」の騎士、そして「聖杯」の探索に惹かれた日本のすべての読者にとって、こうした疑問を解決する一助となることを望んでいます。本書は、副次的な細部に迷いこむことのないよう全体の見とおしが必要だと感じる日本の読者にとって、発見の手助けとなるよう刊行されました。本書の巻末には、（ヨーロッパのさまざまな言語で書かれた）アーサー王物語の総覧を載せました。そこには参照可能な各作品の校訂本と（フランス語、英語、日本語による）翻訳の一覧を記しておきました。本書がアイウエオ順に並べた事典項目の中には、アーサー王神話と関連した名だたる人物や、彼らの冒険の舞台となった場所（固有名詞の語源にも触れています）、くりかえし出てくる典型的ないくつかのモチーフ、（民話の国際話型カタログが定義しているような）いくつかの語りの図式、さらにはアーサー王神話とインド＝ヨーロッパ神話との対応関係のほか、（浦島伝説のような）日本神話との思いがけない接点も見つかります。

『アーサー王神話大事典』は2014年にパリのイマゴ出版から、まずはフランス語で刊行されました。日本の読者が今後、本書を手にとって「聖杯」への道を記したこの《案内図》を利用できるようになったのは、渡邉浩司・裕美子夫妻の根気、綿密さ、

《勇敢さ》（アーサー王騎士団が称揚する大いなる美徳）のおかげです。ヨーロッパの大いなる文学伝統と極東の読者との架け橋となってくれた渡邉夫妻に、心から感謝の意を表します。中世フランス語のアーサー王物語のひとつ『クラリスとラリス』には、冒険好きな者たちのおこなう誓約が、カドール王を通じて次のように記されています。

この冒険がなにを意味するのか知りたいと、
カドール王は切に願った。
そこでみずからにいい聞かせ、はっきりと誓った、
自分がいかなる冒険に身をさらすのか
はっきりと分かるまで、
怖くても決して冒険をあきらめることはしないと。

本書の刊行により、こうした誓約が実現するよう願っています。

2017年の復活祭の日に

フィリップ・ヴァルテール

アアラルダン　Aalardin

（ランスロと同じく）《湖の》アアラルダンとよばれる騎士。ギニアカルク（Guiniacalc）の息子。『ペルスヴァル第一続編』に登場する。「異界」の人物であり、ほかの者（普通の人間たち）が嵐や雷の被害にあっていても、アアラルダンは雨に打たれることもない（同じ気象学的な奇跡は、『速歩（トロット）の短詩』の中に、冬と夏という季節の交替との関連で見つかる）。アアラルダンは明らかに太陽との結びつきが強い。カラドックを助けようとして思いがけず乳首のひとつを失ってしまったギニエのことを思い、アアラルダンはカラドックに楯を授ける。ギニエのもとに戻ったカラドックがその楯の突起部分でギニエの失った乳首にふれると、そこに黄金製の乳首ができあがったという。アアラルダンの名は、ハクチョウの名を想起させる。「ハクチョウ」はアイルランド語では「エラ」（ela）、ウェールズ語では「エライルフ」（eleirch、複数形）であり、これらはラテン語の「オロル」（olor）やギリシア語の「エローリオス」（elorios）と関連づけて考える必要がある。ケルト人によると、「異界」の存在は（男性も女性も）ハクチョウの姿で人間世界にやってくると考えられた。ハクチョウはルグ（Lug）神とも関連の深い鳥である。ルグはあらゆる技術を体得した神であるため、人工的な乳首の作成も技術の範囲内にふくまれる。さらにはフェルディナン・ド・ソシュールが指摘したように、北欧の鍛冶師ヴェルンド（Völundr）（ヴェーレントVelent、フランス語名ガランGalant）神話によると、雁（鵞鳥）（あるいはハクチョウ）は剣を鍛える行程で使われていた。こうした鳥たちに、やすりで粉にした鉄を小麦粉に混ぜて餌として与えると、炭素と窒素の多い鉄をふくんだ糞がえられたという（こうした鳥の糞を集めて火床に入れ、鉄の中から不純物をとりだし、剣を鍛えていた）。

【書誌情報】A. Ernout et A. Meillet, *Dictionnaire étymologique de la langue latine,* Klincksieck, Paris, 1967, p. 461 (olor). G. Le Menn, «La femme au sein d'or», *Skol-Dastum*, 86-88, 1985. F. de Saussure, «Véland le forgeron, éd. par B. Gicquel», *Le Nouveau Commerce*, 88-89, 1993, pp. 89-110.

P. Gallais, *L'imaginaire d'un romancier français de la fin du XIIe siècle (Description de la Continuation Gauvain)*, Rodopi, Amsterdam & Atlanta, 1989, vol 4, p. 2228 et passim.

⇒カラドック(2)、ギニエ、速歩(トロット)

アイルランド　Irlande

地理上に実在する国であるが、それ以上に不可思議の国。「金髪のイズー」、魔法の飲み物を調合できるその母、伯父ル・モロルトの祖国。アーサー王物語群にはアイルランドの王が複数登場するが、大半は不可思議な性質のもち主である。ギラルドゥス・カンブレンシス（Giraldus Cambrensis）は『アイルランド地誌』（*Topographia Hibernica*）（1188年の作）の中で、（ほとんどは中傷するために）島の魔術的な秘密をことごとく描いている。そもそも『リゴメールの驚異』のような物語の地理を理解することができるのは、ギラルドゥスの著作による。アイルランドの地名が、リゴメールに向かう騎士たちの途上にちりばめられている。その地名は、コナール（Conart、ギラルドゥス・カンブレンシスによればコナキア＝コナハト）、コルク（Corque、コルカギア＝コーク）、ヴリクヴルー（Vrikevreue、カストルム・クルケリ＝クルゲール）、デスモンム（Dessemomme、デスモニア＝デズモンド）、フレス・マール（Fres Mares、フェルナック＝ファーンズ）、ドゥムディイ（Demedii、メディア＝ミース、実際にはウェールズにある）、テュエスモンム（Tuësmomme、トゥヘトモニア＝ソモンド）である。リゴメールのアイルランドは、魔法、不可思議、妖術と化した驚異に満ちた国である。

【書誌情報】 J.-M. Boivin, *L'Irlande au Moyen Âge. Giraud de Barri et la Topographia Hibernica (1188)*, Champion, Paris, 1993.

⇒島、リゴメール

アヴァロン(1)　Avalon (1)

妖精モルガーヌが支配する国の名。アヴァロンは《リンゴ畑》を意味する（リンゴはブルトン語で「アーヴァル（aval）」、ウェールズ語で「アヴァル（afal）」、ドイツ語で「アプフェル（Apfel）」）。ギリシア神話に出てくる「ヘスペリデスの園」の黄金のリンゴと同じく、ケルト人にとってもリンゴは「常若の国」の果物であり、不死の象徴だった。リンゴは知恵、魔術、啓示とも関連しており、こうしたすべての力がモルガーヌには生まれつきそなわっている。モルガーヌの領国アヴァロンは、ケルト的な楽園の場所のひとつである。そこはアイルランド語で「シード」（síd）とよばれる場所であり、神々の「本拠地」（sedos）あるいは住まいにあたる。そこは海の彼方に位置する安らぎの地でもある。ジェフリー・オヴ・モンマス作『メルリヌス伝』によると、アヴァロンが「幸福の島」ともよばれるのは、あらゆるものが島の大地から人間の手をまったく借りることなく瞬時に生み出されるという奇跡的な特性のためである。マリー・ド・フランス作『ランヴァルの短詩』の主人公ランヴァルや王としてブリテン島に帰還することが待望されているアーサーも、この豊穣と再生の島に連れていかれる。クレティアン・ド・トロワ作『エレックとエニッド』に言及のあるガンガミュエールの国と、『デュルマール・ル・ガロワ』に出てくるバンゴン（Bangon）の国もアヴァロンである。

【書誌情報】 E. Faral, «L'île d'Avalon et la fée Morgane», *Mélanges Jeanroy*, Paris,

1928, pp. 243-253. T.-M. Chotzen, «Emain Ablach, Ynys Avallach, Insula Avallonis, Ile d'Avallon», *Études celtiques*, 4, 1948, pp. 255-274. C. Braga, *La Quête manquée de l'Avalon occidentale*, L'Harmattan, Paris, 2006. B. Rio, *Avallon et l'Autre Monde. Géographie sacrée dans le monde celtique*, Yorann Embanner, Fouesnant, 2008.

⇒アヌーヴン、9、シード島、モルガーヌ、リンゴ

アヴァロン(2)　Avalon (2)

『アーサー王の死』に登場する騎士の名。別名アヴァルラン（Avarlan）。ガウリエ・ド・カラウー（Gaheriet de Caraheu）殺害の首謀者。騎士アヴァロンはゴーヴァン殺害のために毒入りの果物を用意した。これを受け取った王妃は、なにも知らぬまま、果物をガウリエにわたしてしまった。この果物にそなわる性質は、毒を盛った人物の名から分かる。アヴァロンは《リンゴ畑》を意味するからである（「アヴァロン（1）」を参照）。アヴァロンは、妖精モルガーヌが支配する「異界」の国である。「異界」のリンゴは、人間界で口にすると恐るべき毒へと変貌する。

毒入りリンゴを口にするガウリエ

【書誌情報】Y. de Pontfarcy, «Source et structure de l'épisode de l'empoisonnement dans *La Mort le roi Artu*», *Romania*, 99, 1978, pp. 246-255.

⇒アヴァロン(1)

赤い騎士（赤褐色の騎士）

Chevalier Rouge (ou Roux)

「赤い騎士」とよばれる人物の特徴は、ただ単に身にまとう赤い甲冑だったり、赤色と関連のある地名だったりする（たとえばオック語による物語『ジョフレ』に登場するトーラ・ド・ルージュモンは、出身地ルージュモンRougemontが「赤い山」を意味している）。また、赤毛のために「赤い騎士」とよばれることもある。「赤い騎士」は、幽霊の一群を先導する「荒猟師」の化身である。「荒猟師」の原型は、（オルデリク・ヴィタリスOrderic Vitalisが『ノルマンディー教会史』*Historiae ecclesiasticae*で報告している）巨人エルカン（Hellequin）である。インドのヴェーダ神話で「赤い騎士」の雛形となっているのは、《赤褐色の》ルドラ（Rudra）である。ジョルジュ・デュメジルによると、ルドラはいまだ飼い慣らされていないものすべてを支配した。つまり文明化した世界の外側にとどまる野生の世界（怪物、動物、植物）、すなわち混沌の支配者だったのである。そのためルドラは君主が具現する確立された秩序と敵対した。アーサー王物語群では、「赤い戦士」と「王」との戦いは潜在的に社会の秩序全体を破壊するため、この世の終末をもたらすことになる。赤色あるいは赤褐色と結びつくのは火の象徴的な意味であり、その脅威は絶え間なく続く。赤い《神》の神話上のモデルは、古代ローマの神「ロビグス」（Robigus）に認められる［その名は「赤錆」をさす

「ロービーゴー（robigo）」に由来する］。ロビグスは、大麦を赤錆のように枯らして農産物を台無しにする、つまり「荒れ地」（この項目を参照）を生み出す元凶と考えられた。

【書誌情報】 G. Dumézil, *Mythe et Épopée*, t. 2, Gallimard, Paris, 1986, pp. 81-87. Ph. Walter, «La *Mesnie Hellequin*: mythe calendaire et mémoire rituelle», *Iris*, 18, 1999, pp. 51-71. M. Delcourt, *Pyrrhos et Pyrrha. Recherches sur les valeurs du feu dans les légendes helléniques*, Les Belles Lettres, 1965. G. Roheim, *Les Portes du rêve*, Payot, Paris, 1973, pp. 521-533.

⇒赤毛のエスクラドス、荒れ地、トーラ・ド・ルージュモン、パルティニヤル、ペルシヴェル、ローヘス

赤毛のエスクラドス
Esclados le Roux

クレティアン・ド・トロワ作『イヴァンまたはライオンを連れた騎士』に登場する、「バラントンの泉」の番人騎士。ジャン・フラピエ『イヴァン試論』によると、エスクラドスとアイルランドの神クー・ロイ（Cú Roí）にはいくつかの共通点が見つかる。太陽と嵐の神であるクー・ロイは巨大な体躯の持ち主で、暗い霧のマントをまとっており、とおりすがりに雷雨を引きおこす。雷雨につづいてエスクラドスは嵐のような騒音を立てながら速歩で現れる。クー・ロイは《戦場の「犬」》をさしている。エスクラドスは「夏の土用」（フランス語では「小犬」を意味する「カニキュール（canicule)」）を象徴する赤毛が特徴的である。泉の番人騎士については、ギリシアにも類例がある（テオクリトスの『エイデュリア』には、泉の番人アミュコスAmykosが登場する）。エスクラドスはとりわけ旱魃をもたらす精霊として現れ、雨を降らせて大地を潤そうとする者たち全員と戦う。エスクラドスの赤毛は、行きすぎた言動に及ぶことと、不毛な赤い土地に属していることを表わしている。つまり豊穣のサイクルをとりもどすためには、エスクラドスを犠牲にする必要があるのである。その任を負うのは（夏の土用を象徴するライオンを連れた騎士）イヴァンである。古代（ギリシア、エジプト）には、夏の土用に旱魃が起こらないように、赤毛の動物（ときには人間）が犠牲となった。エスクラドスにはエスカドック（Escadoc）という別名が見つかる。この名は聖カド（Cado）または聖カドック（Cadoc）の名と関連づけることができる。（ジャック・メルスロンによると）プルミリオー（Ploumilliau、ブルターニュ地方コート＝ダルモール県）近郊には、水が激しく沸騰することで有名な聖カド（Cado）の泉がある。カドック（Cadoc）の名は《戦い》をさすケルト語の語根「カト（kat)」や「カド（kad)」に由来するため、クレティアンの物語の中で猛然と攻撃を仕掛けるエスクラドスの姿とぴったり重なっている。

【書誌情報】 J. Frappier, *Étude sur Yvain ou le Chevalier au Lion de Chrétien de Troyes*, SEDES, Paris, 1969, pp. 91-93. Ph. Walter, *Canicule. Essai de mythologie sur* Yvain *de Chrétien de Troyes*, SEDES, Paris, 1988. J. Merceron, *Dictionnaire des saints imaginaires et facétieux*, Le Seuil, Paris, 2002, pp. 986-987.

⇒イヴァン、カドック、バラントン、ローディーヌ

アカロン　Accalon

ガリア出身の騎士。妖精モルガーヌの

恋人。アカロンが見せ場を作っているのは、後期流布本系『続メルラン物語』である。アーサー、ユリアンとともに狩りをしていたアカロンは川にたどりつき、そこにやってきた船に3人で乗りこんで一夜をあかす。ところが3人が目を覚ますと別々の場所におり、アカロンは牧場の中にいた。アカロンは妖精モルガーヌの使者を務める小人から、翌日に予定されている戦いで使うようにと魔剣エスカリボールをわたされる。アカロンの対戦相手はアーサーだったが、お互いに相手の身許が分からぬままだった。その時アーサーが手にしていたのは偽物のエスカリボールだった。決闘でアーサーが劣勢に追いこまれると、「湖の貴婦人」が現れ、魔法を使って本物のエスカリボールをアカロンの手から落とさせる。そこでアーサーは己の剣をとりもどし、アカロンに対して優位に立つ。このような事態に至ったのはすべてモルガーヌの差し金によるものだったと知ったアーサーは、アカロンを罰することはしない。だがアカロンは決闘で致命傷を負ってしまう。このエピソードは、モルガーヌ（アーサーの姉妹）とグニエーヴル（アーサーの妻）というふたりの妖精の謎めいた秘かな競合関係によるものであり、アカロンはその道具に使われたのである。名剣エスカリボールは勝者に与えられる支配権の象徴だった。ケルト語の語基「ケル」(*kel）に由来する古ブルトン語「アカール」(acal）は《隠された》を指す。アカロンの名はアヴァロン（Avalon）の名を示唆している可能性もある。

【書誌情報】 K. Wais, «Morgain, amante d'Accalon et rivale de Guenièvre», *Bulletin bibliographique de la Société internationale arthurienne*, 18, 1966, pp. 137-149. L. Fleuriot, *Dictionnaire des gloses en vieux breton*, Klincksieck, Paris, 1964, p. 51 (acal). L. Harf, *Les Fées au Moyen Âge*, Champion, Paris, 1984, pp. 230-231 et p. 310.

⇒エスカリボール、グニエーヴル、モルガーヌ

アグネード　Agneod

アグネド（Agned）という異本もある。ネンニウスが編纂した『ブリトン人史』によると、11番目にアーサー対サクソン軍の神話的な戦闘がおこなわれた場所。現実の地図上では、対応する地名は見あたらない。この場所はおそらく、母なる大地と結びつけられた支配権の聖性をになっていると思われる。ここで想起されるのは、アイルランドの女神アヌ（Anu）である。アヌのふたつの乳房を、（アイルランドの）マンスター地方にあるふたつの対になる丘が象徴している。『コルマクの語彙集』［900年頃に成立した語源論的な語彙集］によれば、アヌは《神々をしっかりと養う》母神である。アイルランドの人名や氏族名の語源的注解『名字義（コール・アンマン）』(*Coir Anmann*）によると、（アイルランドの）マンスター地方では「繁栄を司る女神がたたえられていて、ルアハル（Luachair）の上にあるふたつの《アナの乳房》という名前はこの女神に由来する」と記されている。この女神への献辞は、ヴァティカン写本に収録された『ブリトン人史』に登場するアグネードという名の異本によって確認される。事実、山は「ブレグイオン」(Breguion)、「ブレウオイン」(Breuoin)、「ブレギロイン」(Bregiloin）とよばれている。《上の、高い》をさす語幹「ブリグ」(*brig）は、山や丘をさす。ちなみにアイルランドの女神ブリギッド（Brigit）の名も、同じ語幹を共有している。ブリテン島で出土したブリガンティア（Brigantia）に捧げられた石柱群に一連の碑文が見つかるが、そのうちのひとつ「ウィクトリア・ブリガンティア」（Victoria Brigantia）は戦闘神マルスとの結びつきが強い勝利の女神である。ブリテン島の神話的地名を説明するためアイルランドに傍証を求めるのが正当であることは、『ブリトン人史』が3種類のアイルランドの文献をもちいたことからも証明される。このように、アーサー神話は部分的にアイルランドの伝承によってあきらかになる。

【書誌情報】 F. Le Roux, «Notes d'histoire des religions. XX», *Ogam*, 22-25, 1970-1973, p. 229.

⇒カーリオン、グウィニオン、グレイン、ケリドン、ドゥブグラス、トリブルイト、バッサス、バドニス

悪魔　Diable

悪魔は12世紀および13世紀には、固有のアイデンティティーをもつことがまれだった。そしてほとんどの場合、キリスト教によって制圧されたいにしえの異教の神々を覆い隠している。つまり悪魔は、純粋に神学的な存在というよりも、フォークロアに根づいた存在である。アーサー王物語群に登場する悪魔は、全能の存在ではない。通常は主人公たちの支配下にある。たとえばジェルベール・ド・モントルイユ作『ペルスヴァル第四続編』には、石の中に閉じこめられた悪魔の話（民話の国際話型331番「瓶の中の精霊」を踏襲した話）が見つかり、ほかの「続編」にはペルスヴァルが十字を切るだけで退散させるに至る「黒い手」のエピソードが見つかる。社会に悪が存在するのは、悪魔のせいではない。非難すべき脆さや弱さを自分のうちに抱えているのは常に人間だからである。悪魔とは、幻想的な悪霊以上に魅惑的で心を惑わす仮面なのである。馬の仮面は悪夢の神話や「地獄の狩猟」（あるいは「エルカン軍団」）の神話とつながっていることが多いが、民間伝承ではこうした神話に悪魔が入りこんでいる。（マネシエ作『ペルスヴァル第三続編』や作者不詳の『聖杯の探索』に認められるように）乗り物を持たない騎士の前にみずから馬具をつけた状態で現れ、騎士を乗せた途端とてつもない速さで川まで運んで溺死させようとする馬のエピソードは、マレ（Mallet）馬やほかの不可思議な馬が登場するフォークロアの物語に属している。悪魔をキリスト教徒にとっての脅威とみなす悪魔学が本格的に台頭するのは、1280年から1330年頃である。

【書誌情報】 R. Deschaux, «Le diable dans la *Queste del Saint Graal*», *Perspectives médiévales*, 2, 1976, pp. 54-60. J.-C. Schmitt, «Le masque, le diable, les morts dans l'Occident médiéval», *Razo*, 6, 1986, pp. 82-106. Ph. Ménard, «Le conte du diable emprisonné dans la *Continuation du Conte du Graal* de Gerbert de Montreuil», *Language and Culture* (Institute of language and culture, Meiji Gakuin University), 11, mars 1994, pp. 1-17. A. Boureau, *Satan hérétique. Histoire de la démonologie (1280-1330)*, Odile Jacob, Paris, 2004. D. Gutierrez Trapaga, *El diablo y lo diabolico en* El Baladro del Sabio Merlin *de 1498*, Mexico, UNAM, 2008.

⇒雄鹿、黒い手、交差路、墓地、メルラン

アグラヴァン　Agravain

英語名アグラヴェイン。円卓の騎士。ロットとモルカデス（またはモルゴーズMorgause、モルガーヌ）の息子。ユテル・パンドラゴンとイジェルヌの孫。アーサーの甥。兄弟にゴーヴァン、ガウリエ、ゲールエ、モルドレッド、妹にクラリッサンがいる。（ジェルベール・ド・モントルイユ作『ペルスヴァル第四続編』によると）「苦しみの山」へ赴いたアグラヴァンは、一時的にメランコリーの狂気に襲われてしまう。『散文ランスロ』ではアグラヴァンは勇敢な騎士であるのに、妬み深く残酷で、ほとんど情け容赦のない面を見せることが多い悪役として描かれている。こうした気質は、名前の最初の部分「アグル（Agr-）」（「けんか腰」という意味の形容詞《エーグル（aigre）》）によると考えられる［「酸っぱい」という意味の形容詞「エーグル（aigre）」には、「とげとげしい」「辛辣な」という意味もある］。アグラヴァンの名はアグレーヴ（Agrève）となんらかの形で関連している。アグレーヴのラテン語形はアグリパヌス（Agripanus）やアグリッパ（Agrippa）で、《逆子で生まれた者》をさす。こうした生まれ方については、プリニウスが《難産》と記述しているが、アグラヴァンの落ち着きのない気質を説明してくれるかもしれない。またアグリッパの名は動詞「アグリペ」（agripper）を示唆し、アグラヴァンの異名（《固い手を持つ高慢な者》）についてもあきらかにしてくれる。聖人伝によると、アグレーヴが熊の神話と関連しているため、その名はあきらかに《熊》アーサーの一族に連なる。ランスロが王妃グニエーヴルに抱いた不倫の恋が契機となった紛争において、アグラヴァンはゴーヴァンとその弟たちとともにアーサー王側についた。ランスロの不倶戴天の敵として、アグラヴァンはランスロを王に告発するためにはなんでもした。愛するランスロとの不義密通におよぶグニエーヴルを現行犯で捕えるためにアグラヴァンは罠を仕掛けるが、ランスロはいつも罠をかわしてしまう（『散文ランスロ』）。そのためアグラヴァンは王妃自身を非難し、王妃に火刑を宣告するにいたる。しかしランスロがグニエーヴルを助け出し、アグラヴァンとその兄弟ガウリエを殺める。この苛烈な戦いは、理想的な「円卓」騎士団に終止符を打つことになる（『アーサー王の死』）。

【書誌情報】 N. Belmont, *Les signes de la naissance*, Plon, Paris, 1971, p. 129 et suiv. (naissance par les pieds). J. Merceron, *Dictionnaire des saints imaginaires*, Le Seuil, Paris, 2002, pp. 531-555 (saint Agrappart). G. Issartel, «Une faribola de Saint Agrève : essai de mythologie ursine», dans : K. Watanabe et F. Vigneron éd., *Voix des mythes, science des civilisations*, Peter Lang, Berne, 2012, pp. 311-323.

⇒ガウリエ、ゲールエ、ゴーヴァン、モルカデス

アグラヴェイン　Agravain

⇒アグラヴァン

アーサー（起源とケルト文学）
Arthur (origine et littératures celtiques)

フランス語名アルテュール（Arthur）、ドイツ語名アルトゥース（Artûs）、ウェールズ語名アルシール（Arthur）、ラテン語名アルトゥールス（Arthurus）。6世紀に活躍したとされるブリトン人の神話上の王。アーサーはサクソン人の地からブリテン島へ来襲したゲルマン系の部族を撃退したとされるケルトの英雄である。このゲルマン系の部族はその後、イングランドのアングロ＝サクソン文明の礎を作り上げた。アーサーの名は、ブリテン島の歴史家ギルダス（6世紀）の

『ブリタニアの破壊と征服』や、ベーダ(Beda)(673～735年)の『アングル人教会史』(*Historia ecclesiastica gentis Anglorum*)には出てこない。アーサーの名が初めて見つかるのは、9世紀にまとめられた『ブリトン人史』である。この年代記の著者と考えられてきたネンニウスは、おそらく編纂者にすぎない。この年代記の中では、アーサーは「王」ではなく《戦闘隊長》(dux bellorum)とよばれている。5世紀末にサクソン軍と戦ったアーサーは、12の戦いで勝利をおさめたとされている。戦場が実在の場所だと推測されたため、考古学者たちは今もなお場所を特定しようとしている。これら12の戦場は実際には、ケルト人とサクソン人の境界地域を示し、ブリテン島の民族地図となっている。神話的に見れば、ヘラクレス(Herakles)の12功業のアーサー版(かつケルト版)といえるだろう。

アーサー王と30の王国(『ピーター・オヴ・ラングトフトの年代記』)

〈史的実在性〉 アーサーが実在したかどうかについてはなにかと取り沙汰されてきたが、議論の余地が残されている。アーサーが歴史上、アルトリウス(Artorius)という名のローマ＝ブリテンの将軍と混同されたと仮定しても、王位を譲って6世紀以上も経ってからのアーサーがテーマの不可思議な素材のすべてを、このアルトリウスに帰すわけにはいかない。さらに、こうした不可思議な物語群が中世期に創り出されたのではないことも考慮すべきである。なぜなら、物語を「一から十まで」創り出すことは、中世期の文化では慣例になかったからである。むしろ、アーサー伝承の素材が神話的(かつ口承)起源であることを認めるべきではないだろうか。こうした見方の正しさを証明する方法は、アーサー神話とヨーロッパの他の神話群とのあいだで、類似したテーマ群およびモチーフ群を比較することである。こうした神話群の大半は、かつてインドにあったと思われる太古の共通起源までさかのぼる。このほかにも、新石器文明までさかのぼる神話群もある。人名と地名から考えてみると、アーサー伝承の素材は、インド＝ヨーロッパ語族の言語や伝承のうち、ケルト語派に属している。

〈最初期の偉業〉 いくつかの古風な個別作品に、アーサーは英雄譚の主人公として登場する。英雄詩『ゴドジン』(*Gododdin*)(9世紀)の中に、「しかるに、その者は、アルシール(アーサー)ではなかりし」という、ある勇敢な戦士をたたえる一節がある。アーサーの名は(1056年頃に書かれたモン＝サン＝ミシェル年代記など)さまざまな編年史や年代記にも見つかるが、アーサーが活躍する物語はまったく出てこない。『アヌーヴンの略奪品』（9世紀または10世紀）によると、アルシール（アーサー）は異界（アヌーヴン）の頭目が所有する大釜（「聖杯（グラアル）」の祖型）を奪い取ろうとして、異界への旅に出る。その大釜はブリテン島を活気づけ、再び繁栄をもたらすものである。中世ウェールズの物語『キルフーフとオルウェン』（*Culhwch ac Olwen*）（最初の版は11世紀末の作）によると、主人公（キルフーフ）は麗しのオルウェンの探索を手助けしてもらえるようにアルシール（アーサー）に願い出る。キルフーフはオルウェンの父である巨人アスバザデン・ペンカウル（Ysbaddaden Pencawr）から課されたいくつもの試練を克服しなければならない。アルシールとその騎士たちが進んで試練へ立ち向かってくれたおかげで、キルフーフは望み通りオルウェンと結婚する。

〈アーサーと聖人たち〉　アーサーは、ラテン語で書かれたウェールズの聖人伝にも登場する。『聖カドクス（カドック）伝』（*Vita Cadoci*）によると、アーサーをこの聖人が笑い者にしている。『聖パテルヌス伝』（*Vita Paterni*）と『聖カラントクス（カラントーグ）伝』（*Vita Carantoci*）によると、アーサーは教会に属する人たちに協力的な態度をめったにとらなかった。数世紀をへても伝説上の人物であるアーサーの人気が少しも衰えなかったため、キリスト教の聖職者たちにはアーサーの評判を落とす必要があったと思われる。『聖エフラム伝』（*Vita Efflam*）（12世紀？）によると、聖エフラムの助けがなければ、アーサーはドラゴンを退治することができない。『聖ゴエズノウィウス伝』（*Legenda Goeznovii*）（1019年頃の作）では、ブリタニアやガリアでの戦いでアーサーが数多くの勝利をおさめたことがたたえられている。この伝記の中のアルモリカ（フランスのブルターニュ）の地についての記述に、初めてアーサーの名が出てくる。

〈アーサーといわくつきの石〉　アーサーの記憶は、いくつかの巨石建造物にも結びついている。1113年に、エルマン・ド・ラン（Hermann de Laon）は、コーンウォールの人々が彼に《アーサー王の椅子とかまど》を見せてくれたと述べている。こういったいわくつきの石は、実際にはアーサー王伝説よりもはるかに古く、後代になってケルトの伝承にとりこまれたものである。イタリアのモデナ大聖堂の北側面扉口上部の浮彫り（1120年頃の作）には、アーサー王と戦友たちの姿が刻まれている。またリーヴォーのアエルレドゥス（Ailred de Rielvaux）によると、1142年にヨークシャー州のある修練士は、教会で聞いた敬虔な説教にはまったく心を動かされなかったのに、アーサーの偉業を伝える物語を聞いて涙したという。

〈名前の流行は、口頭伝承の証〉　アルモリカ（フランスのブルターニュ）では、早くも814年からアーサーの名が使われていた。こうしたことすべてから、アーサー王物語群が民間伝承の中に存在したことが証明される。洗礼を受ける子供に、アーサーの名をつけることもあった。ジェフリー・オヴ・モンマスは1135年頃にラテン語で『ブリタニア列王史』を著しているが、この書物の中でアーサー王（ラテン語名アルトゥールス）に大きな章を割いた。しかしジェフリーは、この書物の読者として貴族や文人を想定していたため、アーサーにかんするすべての伝説上の証言を拾い上げたわけではない。

依頼を受けて執筆したジェフリーは、口頭伝承や（『ブリトン人史』などの）書承によるアーサー伝説のエピソードをいくつか選択し、プランタジネット朝のアングロ＝ノルマン王家をたたえるために、ブリテンの偉大な王たちの列伝の中に挿入した。ジェフリーがとりあげなかった口承によるアーサー伝説の素材のかなりの部分は、（早くも1150年から）古フランス語によりまずは韻文で書かれ、つづいて散文で書きつがれた《円卓の物語》とよばれる作品群の中に現れている。こうした豊かな口頭伝承は、長きにわたり現代の研究者たちから過小評価されてきた。それどころか否定されることもあった。だが中世の物語作家たちみずからが告白しているように、西欧中世の文化は純粋な創作ではなく、口承や書承による伝承への愛着から生み出されたものだと考えられる。一方で民話のルーツは、17世紀にフランスで活躍したペローや、19世紀にドイツで活躍したグリム兄弟にあるのではない。書き残された民話は、早くも中世期に見つかる。（アーサー王関連のものであれ、それ以外のものであれ）何世紀もつづくこうした口頭伝承は、いくつかが書きとめられるにつれて、揺るぎないものになっていったのである。

アーサーがサクソン軍を破った
12の戦場

（1はグレイン、2～5はドゥブグラス、6はバッサス、7はケリドン、8はグウィニオン、9はカーリオン、10はトリブルイト、11はアグネード、12はバドニス）このうち、第6と第11の戦場（バッサスとアグネード）は場所の特定ができない。他の戦場はいずれも、時の経過とともにアングロ＝サクソン世界とケルト世界との言語上の境界となり、南西部にはコーンウォールとウェールズ、北部にはスコットランドが位置する。アーサーは、来襲したサクソン軍に対するブリトン人（ケルト人）の抵抗を具現している。

【書誌情報】 F. Lot, «La table et la chaire d'Arthur en Cornouailles», *Romania*, 28, 1899, pp. 342-347. R. Bromwich et *alii* (dir.), *The Arthur of the Welsh*, University of Wales Press, Cardiff, 1991. E. Faral, *La Légende arthurienne,* Champion, Paris, 1929. Ph. Walter, *Arthur, l'Ours et le Roi*, Imago, Paris, 2002. A. Gautier, *Arthur*, Ellipses, Paris, 2007.

【邦語文献】 リチャード・バーバー（高宮利行訳）『アーサー王―その歴史と伝説』東京書籍、1983年；青山吉信『アーサー伝説―歴史とロマンスの交錯』岩波書店、1985年；森野聡子「ウェールズ伝承文学におけるアーサー物語の位置づけ」中央大学人文科学研究所編『アーサー王物語研究―源流から現代まで』中央大学出版部、2016年、pp. 33-80。

⇒アーサー王の椅子、アムル、エルカン軍団、カバル、カラス、グウェン、ゴスウィト、スラムライ、8月1日、プリドウェン

アーサー（フランス文学）
Arthur (littérature française)

アーサーの名は古フランス語では、「アルテュール」（Arthur）（ラテン語化した形）ではなく、かならず「アルテュ（ス）」（Artu(s)）と綴られている。

〈神話上の熊〉「アルテュ（ス）」（Artu(s)）という名は、《熊》をさすケルト語「アルト」（*art）に由来する。熊は、（野獣戦士をたたえる）古ヨーロッパの神話群では、戦士階級と特別な関係にあるトーテム獣である。こうした語源解釈は、『ブリトン人史』の写本の欄外に記された注記によって裏づけられている。その注記によれば、「アーサーは、ラテン語に翻訳されると、恐ろしい熊を意味する」。これは語源にもとづくたんなる言葉遊びではなく、ウェールズ語の「アルス」（arth）およびアイルランド語の「アルト」（art）と、（大熊座をさす）ラテン語の「アルクトゥス」（arctus）との類似から、このような神話が存在したのではないかという根拠を「遡及的に」裏づけるものである。アイルランドでは、上王（ハイ・キングHigh King）は「アルドリー」（Ard-Ri）、つまり《熊王》という称号でよばれていた。熊の神話は、アーサー神話の礎となっている。アーサーの父ユテル・パンドラゴン（英語名ユーサー・ペンドラゴン）はメルランの発案で（顔を黒く塗って）変装して、イジェルヌ（英語名イグレイン）とのあいだにアーサーをもうけた。このようにユテルが顔を黒く塗った話は、原史時代からヨーロッパ各地でおこなわれてきた熊祭り（2月2日）を思わせるものである［熊祭りでは炭で顔を黒く塗る慣例がある］。つまりアーサーは（「熊のジャン」のように）「熊」の息子なのであり、その神話は熊の季節暦と関連している。孤児として謎めいた幼少年期を送ったアーサーは、岩に刺さっていた剣を抜くという最初の偉業により、みずからにそなわる熊の怪力を実証する。またジェフリー・オヴ・モンマス作『ブリタニア列王史』とヴァース作『ブリュット物語』では、アーサーがモン＝サン＝ミシェルで巨人と戦う前に見た、奇妙な夢について語られている。

石の鉄床に刺さった剣を抜くアーサー

〈説明神話〉　この夢は、アーサーの名だけでなく、アーサー王文学において称揚される、重要な宮廷風神話の礎になった神話をもあきらかにしてくれる。夢ではまず1頭の熊が東方から飛来し、次に1匹のドラゴンが西方から飛来する。ドラゴンは熊に襲いかかり、最後には締めあげて大地に叩きつける。アーサーはドラゴンの息子（父はユテル・パンドラゴン）であるが、アーサーの名は熊を意味している。つまり、熊に勝利したことでアーサーは、自分の名に刻まれている熊の性質を手に入れるのである。熊を制圧することで、ドラゴンの息子アーサーは熊の性質を帯びる。これは制圧したネメアのライオンの力を、ヘラクレスが手に入れたのと同じである。このように、アーサーの夢にはアーサーの名を説明する神話がふくまれている。この偉業により、アーサーは戦士の王となる。またこの夢のエピソードは、アーサー（ドラゴン）と、女性たちを誘拐し凌辱していたモン＝サン＝ミシェルの（熊のごとき）巨人との戦いを予告している。この神話を《宮廷風に》読むと、この偉業を契機にしてはっきりと、アーサーと配下の騎士たちは女性が犠牲になる性的虐待と戦い、暴行されたり権利を愚弄されたりした乙女たちの敵をことごとく罰することを、つねに理想として掲げることになる。数多くのアーサー王物語で語られる「至純愛（フィーヌ・アモール）」という《フェミニズム的な》イデオロギーによると、貴婦人の意向はつねに絶対的なものである。アーサーは、ギリシア神話のヘラクレスと同じように、一連の功業（《偉業》）を果たす。それによりアーサーは大ブリテン（ブリタニア）と小ブリテン（アルモリカ、フランスのブルターニュ）、双方の支配権を手にすることになる。後に中世イングランドのプランタジネット朝［1154年～1399年］は、アーサーを政治的に利用し、アーサー文学の地位を高める契機となった。しかしながら、小ブリテンがプランタジネット朝に支配されたことは一度もない。

〈通過儀礼に関わる《北極の》英雄〉ヴァース以降に書かれたアーサー王物語の大半では、アーサーの姿は（ジェフリー・オヴ・モンマスやヴァースが描いた）征服王から、暇をもてあます消極的な王へと急速に変わっている。それにもかかわらず、アーサーはいわば「時」の支配者でありつづけ、その生涯は神話的な時間と地理の中に位置づけられている。2月2日から3日にかけての夜（熊祭りの時期）に母の胎内に宿ったアーサーは、（メルランの計算によると）6ヶ月後にあたる8月初めに誕生する。それはまさしく、アーサーが夢で熊とドラゴンの対決を目のあたりにした象徴的な日に相当する。アーサーは定期的に宮廷を開いて臣下たちを集めているが、決められた場所ではなく、太陽の運行に従っている。アーサー王宮廷を訪問することは、冒険への出立に必要不可欠な通行許可を獲得することに相当した。それは一人前の騎士として認めてもらうために重要な通過儀礼の一段階をへることでもあった。なぜなら、古代ギリシア人のあいだで定着していた考え方（アポロン信仰）においては、通過儀礼ではかならずヒュペルボレイオス（Hyperboreios）人の国、つまり極北で一定期間をすごさなければならなかったからである。熊の属性をそなえたアーサーは、空を眺めて方角を確かめるために使われる大熊座と同じく、北極に関係した人物であるといえる。ローマの著作家ルカヌス（Lucanus）作『内乱』（*De Bello Civili*）第五巻661によると、ケルト人は《北方の民族》であった。ギリシア世界では、「アルクトス」（Arktos）は大熊座と小熊座の両方をさす。こうした北極の星座から、アーサーが己の支配する世界の中心軸であることが示唆されている。決められた時期に騎士たちがアーサーの周囲に集まるのはそのためである。そしてこれこそが、大半の物語でアーサーの果たす唯一の役割なのである。ただし、ヴァース作『ブリュット物語』と作者不詳の『アーサー王の最初の武勲』は例外で、この2作品ではアーサーは積極的な活躍を見せる人物として描かれている。

〈救世主（メシア）待望論〉 サルズビ

エール（ソールズベリー）でくりひろげられた、不義の息子モルドレッドが率いる軍との最終決戦の後、アーサーが酒蔵長リュカンを両腕で抱きしめて圧死させてしまうさまは、まさしく熊の行動を髣髴とさせる。瀕死の重傷を負って息も絶え絶えになったアーサーは、冬眠をするかのごとく異父姉妹モルガーヌによりアヴァロン島へ運ばれていく。ブリトン人はアーサーが救世主（メシア）として帰還することを待ち望んだ。この救世主のテーマはヴァース作『ブリュット物語』では依然として明瞭だった。しかしキリスト教思想が浸透した13世紀の散文物語では覆い隠されてしまっている。

【書誌情報】 Ch. Guyonvarc'h, «La pierre, l'ours et le roi: gaulois ARTOS, irlandais art, gallois arth, breton arzh, le nom du roi Arthur. Notes d'étymologie et de lexicographie gauloise et celtique», *Celticum*, 16, 1967, pp. 215-238. J. Grisward, «Uterpendragon, Arthur et l'idéologie royale des Indo-Européens (structure trifonctionnelle et roman arthurien), *Europe*, 654, 1983, pp. 111-120. Ph. Walter, *Arthur, l'Ours et le Roi*, Paris, Imago, 2002. Du même auteur: «Arthur, l'ours-roi et la Grande Ourse. Références mythiques de la chevalerie arthurienne», dans: M. Voicu éd., *La Chevalerie du Moyen Âge à nos jours. Mélanges offerts à M. Stanesco*, Editura universitatii din Bucuresti, 2003, pp. 40-51.

【邦語文献】 渡邉浩司「クマをめぐる神話・伝承―アーサー王伝承を例に」天野哲也・増田隆一・間野勉編『ヒグマ学入門』北海道大学出版会、2006年、pp. 161-172。

⇒北、熊、マトゥーア、メシア思想

アーサー王の椅子

Chaire du roi Arthur

エルマン・ド・ラン（Hermann de Laon）が1113年に記したところによれば、コーンウォールの人々は自国がアーサー王の国だと主張し、ボドミン（Bodmin）でアーサー王の椅子とかまどを見せてくれたという。大ブリテンにはアーサー王と関連のあるいわくつきの石がほかにもあるが、中世の作品群にはその名が出てこない。アーサー王にまつわるこうした記憶をとどめてきたのは口頭伝承だけである。（ウェールズの）ガワー（Gower）の石は、アーサー王の靴から引き抜かれた（巨大な！）小石だといわれている。アーサー王はこの石をはるか遠くまで投げたため、ケヴン・ア・ブリン（Cefn-y-Bryn）に落ちたとされる。アーサーが引き抜いた魔剣エクスカリバーが刺さっていたのは、（ヘレフォードシャーの）ドーストーン（Dorstone）の石だという。「アーサーの椅子」はスコットランドの山のひとつにあるといわれ、王はその山の洞窟の中で騎士たちに囲まれて眠っているのだという。同様の巨石にまつわるフォークロアは大陸にも見つかる。ガルガンチュア（Gargantua）、ローラン（Roland）、聖マルタン（Martin）にまつわる、よく似た口承伝説が残っている。こうした伝説の石はケルト世界よりもはるかに古く、先史時代にまでさかのぼる。

【書誌情報】 F. Lot, «Nouvelles études sur la provenance du cycle arthurien. La table et la chaire du roi Arthur», *Romania*, 28, 1899, pp. 342-347. N. Lorre Goodrich, *Le Roi Arthur*, Fayard, Paris, 1991, pp. 609-616 (éd. originale en anglais: 1986). R. Coghlan, *Illustrated Encyclopedia of arthurian legends*, New York, Barnes and Noble

Books, 1993, p. 47 (avec photos) [ローナン・コグラン（山本史郎訳）『図説アーサー王伝説事典』原書房、1996年、pp. 52-53].

⇒アーサー、アーサーの境、巨人族の輪舞、メルランの墓

浅瀬　Gué

浅瀬は常にふたつの世界の境界となっている。たとえばベルール作『トリスタン物語』の「冒険の浅瀬」（Gué Aventureux）は、人跡未踏の世界と文明化された世界を分け隔てている。浅瀬は「異界」へ接近するための入口のひとつでもある。浅瀬を通過するには、（水域である）危険な境界を乗り越えて番人と戦わねばならない（番人は普通、『名無しの美丈夫』のブリヨブリエリスBliobliérisのように巨人である）。さまざまな文献が記すように、浅瀬はケルト人にとって、武者たちの戦いが慣例でおこなわれる場所だった。ジャン・マルクスによると、「浅瀬をめぐる戦いは、ケルト的な戦いの典型的なタイプである」。アイルランドの英雄クー・フリン（Cú Chulainn）は浅瀬で数多くの敵を倒している。クー・フリンは最後の戦いの最中に、みずからも浅瀬で（戦闘女神が取った束の間の姿である）ウナギに否応なく巻きつかれてしまう。同様に『散文ペルスヴァル』では、主人公ペルスヴァルが浅瀬で鳥女たちとの戦いに挑まなければならない。『サンザシの短詩』によると、ある騎士は「サンザシの浅瀬」で夏の聖ヨハネ祭の日に、「異界」の戦士と一騎討ちをおこなう。町の名の中には、浅瀬という単語をふくむものもある。クレティアン・ド・トロワ作『クリジェス』では、主人公クリジェスはオックスフォードで開催された馬上槍試合で、4人の騎士を相手に目覚ましい活躍を見せる。オックスフォード（Oxford）は、英語で「牛」（「オックス（ox）」）の「浅瀬」（「フォード（ford）」）という意味である。アイルランドの首都ダブリン（Dublin）に相当するゲール語名は、《柵のある浅瀬の町》という意味である。浅瀬には「異界」の至高神たちが（しばしば変身した姿で）登場する。通過儀礼の場としての浅瀬のモチーフは、聖書の伝承とも無関係ではない（『創世記』32、23－33では、「ヤボク（Yabboq）の浅瀬」でヤコブが天使と戦い、イスラエルの名を授かる場面が出てくる）。

【書誌情報】 R. S. Loomis, «The combat at the ford in the Didot-Perceval», *Modern Philology*, 43, 1945, pp. 63-71. R. Louis, «Une coutume d'origine protohistorique : les combats sur les gués chez les Celtes et chez les Germains», *Revue archéologique de l'Est et du Centre-Est*, 5, 1954, pp. 186-193.

【邦語文献】 渡邉浩司『クレチアン・ド・トロワ研究序説』中央大学出版部、2002年（オックスフォードでの馬上槍試合については pp. 267-271）。

⇒オルグイユー、慣例、巨人、ブラン(Brun)、ブリヨブレリス、ベンディゲイドヴラーン、ユリアン、リトン

アーサーの境　Bornes d'Arthur

日の出と日没にかかわる基本方位（東西南北）に対応する、地上世界の最果てを具体的に表わしたもの。ヘラクレス（Herakles）やアーサーをさすフランス語（「エルキュ（Ercu）」および「エルキュール(Ercule)」、「アルキュ（Arcu）」、「アルテュ（Artu）」）が音声上似ているため、古代の「ヘラクレスの境（または柱）」が中世期には「アーサーの境」とされた。ある地名伝説によると、ヘラクレスはゲリュオンの牛を奪うため、大岩を引き離してジブラルタル海峡を（西方に）作らねばならなかった。その場所はそれ以来、ヨーロッパとアフリカを隔てる海峡のふたつの岸となっている。中世期にはアーサーがヘラクレスの後継者とみなされた。アーサーがヘラクレスと同じく太陽英雄で、太陽の行程を極限までたどることができたからである。中世になると、《アーサーの境》という表現が最終的に「ヘラクレスの柱」に代わり、（『アリスカン』、『トロイ物語』など）数多くの作品で使われるようになる。「アーサーの境」は地理上、東方にある最果ての地を示している。プリニウスによるとこうした柱は祭壇（つまり立石）であり、「日時計」（gnomon）の形をした多くの巨石からなっていた。中世の『アレクサンドル物語』（*Roman d'Alexandre*）では、それはヘラクレスとリーベル（ディオニュソスDionysos）を象った黄金像だった。アーサーはみずからを死に追いやることのないよう、この境を越えぬよういわれる。クレティアン・ド・トロワ作『グラアルの物語』後半に登場する《ガルヴォワの境》（borne de Galvoie）は、《そこからだれももどることのない》最果ての地であるため、「アーサーの境」を想起させる。しかし太陽英雄であるゴーヴァンはあたり前のようにこの境を越え、人間界の最果ての地の彼方へと旅をつづける。

【書誌情報】 C. Jourdain-Annequin, *Héraclès aux portes du soir. Mythe et histoire*, Les Belles Lettres, Paris, 1988. L. Harf-Lancner, «Alexandre le Grand dans les romans français du Moyen Âge. Un héros de la démesure», *Mélanges de l'École française de Rome*, 112, 2000, pp. 51-63. S. Sasaki, «E si veira les bones, Que Artus aveit faites en Orient fichier», *Studia di storia della civilta litteraria francese. Mélanges Lionello Sozzi*, Champion, Paris, 1996, t. 1, pp. 1-21.

【邦語文献】 佐佐木茂美「最果てを劃すもの—樹と柱— アレクサンドル伝説とアルテュール伝説の水位」『竪琴』第30号、1992年、pp. 120-136。

⇒乙女たちの岩山、ゴーヴァン

アザンク　Addanc

ペレディールが自分の姿を見えなくする魔法の石を使って倒した、ウェールズの怪物の名。睨むことで相手の命を奪う怪物バシリスクも、これに匹敵する狡知（鏡の利用）を使って倒された。この「アザンク」（addanc）は語源的には、《ビーバー》をさすケルト語「アボナコス」（*abonakos、河を指す「アボナ（abona）」の派生語）に相当する。これはブリテン島の３つの傑作をテーマにしたウェールズの三題歌に登場する、怪物のようなビーバーのことである。この三題歌によると、ヒュー・ガダルン（Hu Gadarn）が角のある牛たちを使ってある池の「アザンク」を捕まえると、その後は池の水が空になることがなかったという。この文脈から、「アザンク」とは水を引きとめ呑みこんでしまう怪物だと考えられる。つまり水域の精霊である。アザンクは、アイルランド語で小人をさす語でもある。ウェナンティウス・フォルトゥナトゥス（Venantius Fortunatus）（６世紀）によると、パリの聖マルセル（Marcel）は同じような動物を退治したという。その奇跡がおきた場所は聖マルセル通りであり、そこにはビエーヴル（Bièvre）川が流れている（「ビエーヴル」は古フランス語で《ビーバー》をさす語である）。

【書誌情報】 J. Godefroy, *Dictionnaire de l'ancienne langue française*, Vieweg, Paris,

1881, t. 8, p. 324 (bievre). J. Vendryès, *Lexique étymologique de l'irlandais ancien*, Presses du CNRS, Paris, 1959, A-5 (afac). L. Fleuriot, *Dictionnaire des gloses en vieux breton*, Klincksieck, Paris, 1964, p. 82 (beuer «castor»). C. J. Guyonvarc'h, «Sur un nom du 'castor' (**abonako-s*) en breton et dans les langues celtiques», *Ogam* 20, 1968, pp. 368–374. B. Sergent, «Saint Marcel et le castor», *Bulletin de la société de mythologie française*, 164, avril 1992, pp. 5-8.

⇒怪物、小人、ペレディール

悪しき乙女　Mauvaise Pucelle

クレティアン・ド・トロワ作『グラアルの物語』の中で、「異界」に入りこんだゴーヴァンは、片側が海に通じる港になっている城の近くで、ある乙女に出会う［後にこの乙女はオルグイユーズ・ド・ローグル（Orgueilleuse de Logres）、すなわち「ローグルの傲慢女」と判明する］。乙女は１本のニレの木の下で、雪よりも白い顔と喉を鏡に映して眺めていた。乙女はゴーヴァンを罵り、災難が降りかかるのを見届けるために彼にずっとつきまとってやるといい放つ。乙女はすでに数多くの騎士の首を刎ねさせていたが、ゴーヴァンはそれを知らずにいた。遍歴騎士たちを破滅へと追いこむこの誘惑者は魔女であり、彼女が災難を予告すれば現実のものとなった。彼女が言葉を発すれば、それが悲運や死や恐怖を招いた。ゴーヴァンはこの魔女との出会いを無事に切り抜けるが、彼女のせいでゴーヴァンの探索はあやうく失敗するところだった。その後しばらくして、（ギリシア神話のカロンを思わせる）渡し守の船に乗って不思議な川をわたったゴーヴァンは、不可思議な宮殿への侵入に成功し、城にかけられていた不吉な魔法を遂に解除する。邪悪な魔女でもゴーヴァンを止めることはできなかった。鏡を手にした姿で描かれているこの女の図像モデルは、致命的な力をそなえたセイレン［半人半鳥の海の精］である。「悪しき乙女」は、ヨハネの黙示録を描いたタペストリー（代表例はフランス西部にあるアンジェ（Angers）城が所蔵するもの）のようなバビロンの大娼婦の表情をしている。

【書誌情報】 J. Leclercq-Marx, *La Sirène dans la pensée et dans l'art, de l'Antiquité et du Moyen Âge : du mythe païen au symbole chrétien*, Académie royale de Belgique, Bruxelles, 1997.

⇒妖精

アヌーヴン　Annwn

中世ウェールズの作品群でよく使われる「異界」の名称。中世ウェールズの『マビノギの４つの枝』の第一の枝「ダヴェッドの領主プウィス」（*Pwyll Pendefig Dyfed*）でアラウン（Arawn）王が支配する国の名。ピエール＝イヴ・ランベールによると、アヌーヴンの語源はおそらく《下の世界、地下世界》をさす「アンデ＝ドゥブノ」（*ande-dubno）である。アーサー王文学では、異界は（川、森、樹木、巨石など）自然が作る境界の彼方に位置づけられている。また突然どこにでも出現する可能性があるものの、どこにも見つからない国である（たとえば「グラアル」が出現する館は普段は人の目に見えない）。異界には、時間や空間の概念がまったくない。アーサー王文学は、こうした「異界」という重要な観念との対比で作られている。つまりアーサー王文学は「異界」との関連からしか理解できないものなのである。アヌーヴンは、キリスト教的な彼岸の表象とはっきり区別する必要がある。9世紀か10世紀に書かれたウェールズの詩編『アヌーヴンの略奪品』では、アーサー（アルシール）が臣下たちを連れてアヌーヴンへ向かい、そこから魔法の大釜をもち帰ろうとする。この探索から生還できたのは、わずかに7名だけである(その中には冒険を物語る詩人タリエシンがふくまれていた)。この探索は、アーサー王物語群に登場する他の不思議なオブジェの探索を予告している。『キルフーフとオルウェン』が描くアーサー（アルシール）一行の遠征は、大変よく似た語りの図式に従っている。

アヌーヴンに向かう魔法の船プリドウェン号（ミランダ・グレイ）

【書誌情報】O. Jodogne, «L'Autre Monde celtique dans la littérature française du XIIe siècle», *Bulletin de l'Académie royale de langue et de littérature françaises de Belgique*, 46, 1960, pp. 584-597. F. Le Saux, «Annwfn : le merveilleux et le quotidien», dans : *Dimensions du merveilleux. Colloque international d'Oslo* (23-28 juin 1986), Publications de l'Université d'Oslo, t. 2, pp. 40-52. F. Le Roux et C. Guyonvarc'h, *Les Druides*, Ouest-France, Rennes, 1986, pp. 280-299. Th. Saint Paul, «L'au-delà celtique. Quelques témoignages d'après les sagas anciennes, la littérature arthurienne et la tradition orale», *Tradition wallonne*, 10, 1993, pp. 117-132. F. Dubost, *Aspects fantastiques de la littérature narrative médiévale (XIIe-XIIIe siècle). L'Autre, l'Ailleurs, l'Autrefois*, Champion, Paris, 1989, 2 vol.

【邦語文献】ハワード・ロリン・パッチ（黒瀬保・池上忠弘・小田卓爾・迫和子訳）『異界—中世ヨーロッパの夢と幻想』三省堂、1983年。

⇒アヴァロン(1)

アポロ　Apollo

『散文トリスタン物語』に登場する人物。アポロに「運命の玩び児」(l'Aventureux）という異名があるのは、生後に遺棄された彼が拾われて養子として育てられたためである。サドールとケランド（Chélinde）の息子アポロは生後まもなく森の中へすてられるが、ニショラン（Nichorant）とマデュール(Madule）に拾われる。成長したアポロは「森の巨人」を倒すだけでなく、相手が自分の父とは知らぬままサドールも殺めてしまう。リュス（Luce）の後をついでレオノワ国王となったアポロは、相手が自分の母と知らぬままケランドと結婚する。その後アポロはグロリヤンド(Gloriande）と結婚し、カンダス(Candace）という名の息子をもうける。アポロはグロリヤンドに横恋慕していたクロドヴェユス（Clodoveus、クロヴィスClovisに相当する人物）の息子に捕らえられ、命を落とす。トリスタンの祖先にあたるアポロは、オイディプス神話の図式を忠実に再現している。予知夢、不幸をもたらすと考えられた新生児、子供の遺棄、見知らぬ人たちによる養育、謎かけをする怪物に対する勝利（ここでは古代神話のスフィンクスに代わって巨人が出てくる）、父親の殺害、王への即位、母親との結婚、（父殺しと近親相姦という）二重の罪の発覚、母親に下る天罰という筋書きをたどっている。中世の物語作家は（ラテン語による）書物から、オイディプス神話をあからさまに借用している。

【書誌情報】 J. H. Grisward, «Un schème narratif du *Tristan* en prose : le mythe d'Œdipe», dans : *Mélanges de langue et de littérature médiévales offerts à P. Le Gentil*, SEDES et CDU, Paris, 1973, pp. 329-339.

【邦語文献】 佐佐木茂美『「トリスタン物語」—変容するトリスタン像とその「物語」』中央大学人文科学研究所、2013年。

⇒巨人、近親相姦

アマンゴン　Amangon

別名アモーガン（Amauguin）。『メロージス・ド・ポールレゲ』によると、参加者たちの運命を決定する前兆を知るために、「1年の最初の日に」アマンゴンは騎士の祭りを開催する。そのため、土星（サトゥルヌスSaturnus）の影響下にあるこの人物は、（クリスマスから公現祭まで続く）「12日間」のサイクルと特別なつながりをもっているように思われる。「12日間」とは、もてなし好きの妖精たちが訪ねてくる特別な期間である。こうした妖精たちは、（「アボンド（Abonde）夫人」に代表される）豊穣を司る女神たちの属性を受け継いでおり、（サトゥルヌスが王位にあった）黄金時代を具現している。『釈義（エリュシダシヨン）』に出てくる同名のアマンゴンは、おそらく同一人物である。この物語によると、アマンゴン王はローグル王国のもてなし好きの妖精たちに乱暴をはたらき、乙女たちの盃を盗み去る。これは、ギヨーム・ドーベルニュ（Guillaume d'Auvergne）の『宇宙論』（*De Universo*）（II, 3, 24）で述べられている、真夜中に訪ねてくる妖精たちのために飲食物を用意しておく儀礼を怠ることに等しい。ティルベリのゲルウァシウス（Gervais de Tilbury）作『皇帝の閑暇』（*Otia imperialia*）第三部第60章では、イングランドのグロスター伯領で（小山に住む）酌人の盃が奪われた事件について報告されている。これは寛大な妖精たちの杯が強奪される話で、被害者を男性に変えたバージョンである。こうした杯の略奪が、クレティアン・ド・トロワ作『グラアルの物語』のプロローグとして後代に創作された『釈義』の筋書きに使われたのである。アマンゴンは、アワルギン（AmorgenまたはAmairgin）（《鉄の髪をした》）の名で、アイルランドの神話物語群に出てくる最初期の人物の中に見つかる。アワルギンは、複数の神話物語に登場する英雄クー・フリン（Cú Chulainn）のライバルにあたる、コナル・ケルナハ（Conall Cernach）の父である。「マンゴン」（mangon）は古フランス語で「金貨」を意味する。

【書誌情報】 F. Lot, «Celtica», *Romania*, 1895, pp. 326-327. Ph. Walter, «Récipients ouverts et découverts. Mythe et vaisselle au XIIIe siècle d'après Guillaume d'Auvergne», dans : D. James-Raoul et C. Thomasset éd., *De l'écrin au cercueil. Essai sur les contenants,*

P.U.P.S., Paris, 2007, pp. 173-188.
⇒メロージス

アミット　Amite

『散文ランスロ』に登場するペレス王の娘（本名はエリザベル）。ガラアドの母。ラテン語「アミタ」(amita) は「父の姉妹」、つまり父方の伯母（叔母）をさす。『メルランの予言』、『アーサーとマーリン』、トマス・マロリー作『アーサーの死』では、アミットに対応する名前は「美しいエレイン」(Elayne the fair) や「父なきエレイン」(Elayne sans père) である（ちなみに「父（ペール）」に対応する古フランス語の綴りはpairである）。

【書誌情報】 A. Ernout et A. Meillet, *Dictionnaire étymologique de la langue latine*, Klincksieck, Paris, 1967, p. 28 (amita).
⇒エリザベル、ガラアド

アムル　Amr

ネンニウスが編纂した『ブリトン人史』に登場するアーサーの息子。別名アニル（Anir）。アムルはアーサーによってアーケンフィールド（Archenfield、南ウェールズのエルギングErging）で殺害され、ある泉の近くに葬られた。その場所はリカト・アニル（Licat Anir）とよばれる、今日のハーフォードシャーのカンバー・ヘッドという塚である。この墓の長さは測るたびにいつも異なっていた。ある時は6フィート、ある時は9フィート、12フィートや15フィートのこともあった。中世ウェールズの物語『エルビンの息子ゲライント』（ゲラインドGereintのフランス語名はエレックErec）によると、アニルは《アルシール（アーサー）の息子アムハル（Amhar)》という名で出てくる。しかし『ブリトン人史』以降に書かれたアーサー王物語群では、姿を見せなくなる。「アムル」(Amr) の名は、《不思議な、感嘆すべき》をさすゲール語の形容詞「アヴラ」(amrae) によって説明できる。ジョゼフ・ヴァンドリエスによると、アイルランド語「アヴラ」(amra) は《偉大な人物の事績が記された作品をさすのに使われている》。アニル（Anir）の名（珍しい異名）は、アムル（Amr）の誤読によるものだと思われる。

【書誌情報】 Nennius, *British History and the Welsh Annals, éd.* J. Morris, Phillimore, Londres et Chichester, 1979, p.83 (§ 73). J. Vendryès, *Lexique étymologique de l'irlandais ancien*, Presses du CNRS, Paris, 1959, A-68.
⇒アーサー

アラン　Alain

ロベール・ド・ボロン作『聖杯由来の物語』に登場する、ブロンとエニジュスの息子。他の11人の兄弟が結婚したのに対して独身のままとどまったアランは、父ブロンから伯父アリマタヤのヨセフへ託され、伯父が「聖杯」に仕える場面に立ち会う。ヨセフの祈りに応えた神の声は、アランが「聖杯」王の父となることを告げる。クレティアン・ド・トロワ作『グラアルの物語』の「続編」群の中には（『散文ペルスヴァル』のように）、アラン・ル・グロ（Alain le Gros）という名のペルスヴァルの父として登場させている作品もある。それでも世代ごとの系譜をたどっていくと、名前がアランだとしても同一人物ではないことが分かる。しかし複数のアランが出てくるのは、名前の語源を考えるうえでは興味深い。なぜならアランの名はブラン（Blain）というケルト名が変化してできた名かもしれないからである。なかでもスコットランドで6世紀にキンガース（Kingarth）の司教を務めたブラーン（Blaan）またはブレイン（Blane）の伝説には、神話的な要素が数多くふくまれている。

【書誌情報】Bénédictins de Paris, *Vies des saints et des bienheureux*, Letouzey, Paris, 1956, t. 8, pp. 184-185.

⇒アリマタヤのヨセフ、エニジュス、ブロン

聖血を受け取るアリマタヤのヨセフ

アリス　Alis

クレティアン・ド・トロワ作『クリジェス』に登場するコンスタンティノープルの皇帝で、クリジェスの叔父にあたる。アリスが妻に迎えたフェニスに、甥のクリジェスは恋をしてしまう。『クリジェス』は、『トリスタン物語』が語るマルクとイズーとトリスタンによる三角関係を、アリスとフェニスとクリジェスに置き換えて描きなおしている。しかし『クリジェス』は『トリスタン物語』よりも明るい結末を用意している（『クリジェス』ではアリスが憤死して恋人たちが結婚するのに対し、『トリスタン物語』では恋人たちはともに落命する）。アリスの名は、アレクシス（Alexis）の縮約形である。

⇒クリジェス、フェニス

アリマタヤのヨセフ
Joseph d'Arimathie

聖書ではキリスト受難の折にわずかに言及される人物（『ヨハネによる福音書』19、38－42）。サンヘドリン［新約聖書時代のユダヤ人による司法・教会・行政上の最高会議］のメンバーであり、イエスの弟子でありながらそのことを隠していた（『ヨハネによる福音書』19、38）。そのためヨセフは十字架に架けられて亡くなったイエスの亡骸をピラト［ローマ帝国のユダヤ属州総督］に願い出て引きとり、新しい墓に埋葬した（『マタイによる福音書』27、57－60）。聖書には、ヨセフと関連した《聖杯》への言及はいっさい見つからない。キリスト教の伝承がヨセフを取り上げる契機となったのは、聖書外典（『ニコデモの福音書』または『ピラト行伝』）である。そして13世紀以降、ヨセフを「聖杯」の最初の所有者だとする「聖杯伝説」が大きな媒介となった。ロベール・ド・ボロン作『聖杯由来の物語』によると、「聖杯」とは十字架上での受難後に、キリストの脇腹から流れ出た血を受け取った杯のことである。異教（ケルト）の伝承がキリスト教的に再解釈されて、聖杯（グラアル）はキリストが「最後の晩餐」のときに弟子たちと子羊を食べたときに使った皿（「小さな器」）となった。古フランス語散文物語『アリマタヤのヨセフ』によると、ヨセフの後継者たちは何世紀にもわたって「聖杯」を受けついでいった。こうして「聖杯」はアーサー王の時代へもちこまれる。イングランドの地元の伝承では、ヨセフはイングランドの最初の福音伝道者であり、グラストンベリーを信仰上の首府にしたといわれている。典礼暦でのヨセフの祝日は

3月17日であり、聖パトリックの祝日と同じ日である。ヘブライ語でヨセフ（Yosseph）が《神が（子供を）加えて下さるように》を意味するのは、『トーラー』（*Torah*）によるとヤハウェがヨセフに別の息子を授けたからである。一方で、アリマタヤのヨセフは「聖杯」の守護者を生み出す一門の祖であり、その歴史は（アリマタヤのヨセフが活躍した）キリストの時代からアーサーの時代（5世紀）まで連綿とつづいている。ブリトニック諸語に慣れた人々の耳には、アリマタヤ（フランス語では「アリマティ（Arimathie）」）には、「熊」をさすウェールズ語のひとつが見つかる（中世ウェールズの『マビノギの4つの枝』の第四の枝の主人公の名は、「熊」をさすマースMathである）。13世紀後半に著されたアーサー王物語には属さない作品『ソーヌ・ド・ナンセ』（*Sone de Nansay*）では、アリマタヤのヨセフは漁夫王として登場し、貞節を守らなかったため罰として不具王になったと説明されている。

【書誌情報】 *Écrits apocryphes chrétiens*, t. 2, Gallimard (La Pléiade), Paris, 2005. V. M. Lagorio, «Pan-brittonic hagiography and the Arthurian grail cycle», *Traditio*, 26, 1970, pp. 29-61, «Saint Joseph of Arimathea and Glastonbury : a new panbrittonic saint», *Trivium*, 6, 1971, pp. 59-69 et «The evolving legend of saint Joseph of Glastonbury», *Speculum*, 46, 1971, pp. 209-231. M. Insolera, *L'Église et le Graal. Etude sur la présence ésotérique du Graal dans la tradition ecclésiastique*, Arché, Milan, 1997. A. Saly, «Joseph d'Arimathie Roi Pêcheur», *Travaux de littérature*, 5, 1992, pp. 19-36.

【邦語文献】 横山安由美『中世アーサー王物語群におけるアリマタヤのヨセフ像の形成』渓水社、2002年。

⇒アラン、ウェスパシアヌス、エニジュス、エブロン、グラストンベリー、サドール、聖血、聖杯、ブロン、ペトリュス、ペルレスヴォース、モイーズ、ロンギヌス

アルガンテ　Argante

ラハモン作『ブルート』に登場するアヴァロンの女王。アルガンテはモルガーヌ（英語名モーガンMorgan）の別名である。アルガンテの名は《輝く》をさす語根「アルグ」（arg-、《銀》をさすラテン語「アルゲントゥム（argentum）」はこれに由来する）から説明が可能であり、いくつかの河川名を示唆している（モルガーヌと水との関係はいたるところに見つかる）。

【書誌情報】 A. Carnoy, *Dictionnaire étymologique du proto-indo-européen*, Publications universitaires de Louvain, 1955, p. 89. J. D. Bruce, «Some proper names in Layamon's Brut not represented in Wace or Geoffrey of *Monmouth», Modern Language Notes*, 26, 1911, pp. 65-69. Y. Hemmi, «Morgain le fée's water connection», *Studies in medieval English and literature*, 6, 1991, pp. 19-36.

⇒モルガーヌ

アルシール　Arthur

⇒アーサー

アルテュール　Arthur

⇒アーサー

アルトゥース　Artûs

⇒アーサー

アルトゥールス　Arthurus

⇒アーサー

アルト・エーニャル　Art Aoinfhear

アイルランドの物語『コニール・クラリングニーの武勲』(*Caithreim Conghail Clairingnigh*) に登場する、アーサーの息子の名。この物語では、コン・ケードハタハ (Conn Cétchathach、百戦のコン) の息子で、コルマク (Cormac) 王の父にあたるアルト (Art) と混同されている。アルトは上王の地位にあった (「上王」にあたる英語名はハイ・キングHigh King、アイルランド語名アルドリー Ard-Riは「熊王」の意)。

【書誌情報】 *Caithreim Conghail Clairingnigh*, éd. P. M. MacSweeney, Irish texts society, Dublin, 1904.

⇒アーサー、熊

アルトグアルカル　Artgualchar

この人物は、ジェフリー・オヴ・モンマス作『ブリタニア列王史』156節で、ウァレウィック (ウォーリック) 伯として初めて登場する。この人物名は「熊」をさす「アルト」(art) と「斜めの姿」を意味するブルトン語「グウェルシュ」(guelch) の組み合わせからなり、全体で《人を欺く熊の姿》という意味である。

⇒熊

アルトフィラ (ユ) ス　Arthofila(u)s

ギヨーム・ル・クレール作『フェルギュス』に登場する、ロスボール (Roceborc) (おそらくスコットランドのロクスバラ) の居城にいるガリエンヌを攻囲した王の甥。アルトフィラ (ユ) スはフェルギュスとの一騎討ちで命を落とす。そのため、アルトフィラ (ユ) スの伯父は捕虜としてアーサー王宮廷へ送られる。キケロの著作に星座 (牛飼い座) を指すアルクトピラックス (Arctophilax) の名が見つかるが、このギリシア語名は《熊の番人》をさす。

【書誌情報】 A. Le Boeuffle, *Les Noms latins d'astres et de constellations*, Les Belles Lettres, Paris, 2010.

⇒熊

アルパン　Harpin

クレティアン・ド・トロワ作『イヴァンまたはライオンを連れた騎士』に登場する、《山の》アルパンとよばれる恐るべき巨人。アルパンはある律儀な騎士に、貢物として騎士の息子6人と娘ひとりを差し出すよう要求した。そのためこの騎士はイヴァンに子供たちを解放してほしいと願い出る。アルパンには暴力的な小人が仕えていた。アルパンは身につけると不死身になるという噂の熊の毛皮をまとっていたが、イヴァンはその毛皮を剣で貫いてアルパンを殺める。アルパンが先導する犠牲者たちの行列は、「エルカン軍団」のバリエーションである。「エルカン軍団」とは巨人 (エルカン) が先導する死者の軍勢であり、巨人は犠牲となった人間たちを彼方へ連れていく。ノルマンディー地方の民間伝承では、死者の行列の先導者は「アルピーヌおばさん」(mère Harpine) とよばれている。アルパンの名は武勲詩にも現れ、あるときには巨人、あるときにはサラセン軍の指揮官、またあるときには勇敢な戦士をさしている。アルパンの別名ユルパン (Urpin) は、神話的な次元ではユルガン (Urgan) に対応すると考えられる (いずれも巨人である)。ジェルベール・ド・モントルイユ作『ペルスヴァル第四続編』では、アルパンとユルパンの名が直接関連づけられている。イルーズ (Irouse) 山 (《アイルランドの》山) の領主ユルパンが、(ユルガンの名から派生した名を持つ想像上の聖人を祀る) 聖オルガーヌ（Organe）教会に埋葬されているからである。

【書誌情報】A. Moisan, *Répertoire des chansons de geste*, Droz, Genève, 1986, t. 1, vol. 1, pp. 559-560. C. Lecouteux, *Chasses infernales et Cohortes de la nuit au Moyen Âge*, Imago, Paris, nouvelle éd. 2013. Du même auteur : «Harpin de la Montagne», *Cahiers de civilisation médiévale,* 30, 1987, pp. 219-225. Ph. Walter, *Canicule. Essai de mythologie sur* Yvain *de Chrétien de Troyes,* SEDES, Paris, 1988, pp. 107-111 et pp. 231-232. A. Bosquet, *Légendes de Normandie,* Ouest-France, Rennes, 2004-2008, pp. 61-62.

⇒**イヴァン、エルカン軍団**

アレス　Arès

騎士トール（英語名トー）の養父で、牛飼いを生業とする人物。アレスの名前で登場するのは、後期流布本系『続メルラン物語』だけである。神話では、牛飼いは豚飼いと同じく軽蔑すべき存在ではない。ケルト人の間では文化の上で重視された動物たち（豚や牛）とのつながりから、豚飼いや牛飼いは通過儀礼をへた存在とされ（そのため動物と話すことができた）、同時に通過儀礼を授ける存在ともなった。北欧に伝わる伝説群によると、レース（Res）という名の牛飼いは、小屋で眠りにつこうとしたときに３人の超自然的存在（巨大な牛飼い、小姓、狩人）の訪問を受け、３人が差し出す3種類の乳清から小性のもつ白い乳清を選んだことから、「ジョデル」（Jodel）とよばれる（ティロル地方の）歌のテクニックを獲得する。注目すべきは、この伝説に出てくるレース（Res）の名がアレス（Arès）の名と似ている点である。マロリーの作品ではこの人物はアリーズ（Aries）の名でよばれている。これは、おひつじ座を指すラテン語名にあたる。

【書誌情報】L. Gerschel, «Sur un schème trifonctionnel dans une famille de légendes germaniques», *Revue de l'histoire des religions,* 150, 1956, pp. 55-92.

【邦語文献】　渡邉浩司『クレチアン・ド・トロワ研究序説』中央大学出版部、2002年（ジョデルについてはpp. 251-253）。

⇒**トール、豚飼い**

荒れ地　Terre *gaste*

古フランス語の形容詞「ガスト」（gaste）は《荒れ果てた、荒廃した》を意味する。「荒れ地」（テール・ガスト）とは、さまざまな不運が重なって荒れ果てて不毛になった王国のことであり、同時に王も不治の怪我を負っている。これは王が統治者としての義務に背いたり、責務を果たせなくなったりしたために、

聖女マルタとタラスク
（ニコラ・オルクス作版画、17世紀）

自然があまねく変調をきたした結果である。[11世紀頃に書き留められたアイルランドの神話物語]『マグ・トゥレドの戦い』(*Cath Maige Tuired*)によると、こうした終末論的な混乱は一連の災禍の形で現れる。その様子については、鳥の姿で戦場に現れて戦士たちの闘争心をあおる女神ボドヴ(Bodb)(またはモリーガンMorrígain)がつぎのように述べたとおりである。「夏には花が咲かず、牛たちは乳を出さず、女たちは慎みを失い、男たちは勇気を失い、木々には実がならず、海の魚は産卵せず、判事たちはまちがった判決を下し、男はだれもが裏切り者となり、少年はだれもが盗人になり、息子は父の寝台に潜りこみ、父は息子の寝台に潜りこみ、それぞれが父の義父となる。悪天候がつづき、息子は父を裏切るだろう」。こうした究極の大惨事がおこるという予言は、メルランのいくつかの予言を思わせる。「荒れ地」のモチーフによって、アーサー王伝説に宇宙論的な宿命という観念が導入されている。冬にこうした不毛な状態がおきるのは十分にありうるが、「荒れ地」を生み出すのはクロード・レヴィ=ストロースが《燃え上がる世界》とよんだ「夏の土用」という酷暑の時期である。「夏の土用」には、恵みをもたらす水が不足して大地や収穫物を損ない、男性原理と女性原理の区別を不明瞭にしてしまう。救世主的な英雄が《水を堰き止める》怪物を倒さねばならないのは、農作物の豊作のみならず子孫の繁栄をも司る、通常のサイクルを回復するためである。ヒンドゥー神話ではたとえば、英雄神インドラ(Indra)がこの使命を果たしている。中世のキリスト教聖人伝では、水を堰き止める怪物と聖人(聖女)の果てしなき戦いという形で、同じ神話的戦いが数多く語られている(たとえば聖女マルトMartheによる怪獣タラスクTarasque退治がこれにあたる)。オウィディウス(『祭暦』第五の書)によると、「ロビガリア祭」(Robigalia)の時期の空に浮かぶ「赤褐色の月」(復活祭の後にくる新月から、つぎの新月までの期間)が、大地の作物や武具に対して同じ破壊的な打撃を与えると考えられていた(「ロビガリア祭」は、《赤錆》を具現するロビゴ(Robigo)神を宥めるための祭りだった)。

【書誌情報】M. Delcourt, *Stérilités mystérieuses et Naissances maléfiques dans l'Antiquité classique*, Faculté de philologie de Liège et Droz, Paris, 1938. W. Nitze, «The waste land : a celtic arthurian theme», *Modern Philology*, 43, 1945-1946, pp. 58-62. C. Lévi-Strauss, *Mythologiques. Le Cru et le Cuit*, Plon, Paris, 1964, p. 295 et suiv[クロード・レヴィ=ストロース(早水洋太郎訳)『神話論理I　生のものと火を通したもの』みすず書房、2006年、p. 404〜]. F. Le Roux, «De la lance dangereuse, de la femme infidèle et du chien infernal : la fatalité de la mort dans une légende religieuse de l'ancienne Irlande», *Ogam*, 10, 1958, pp. 381-412. L. Dumont, *La Tarasque*, Gallimard, Paris, 1987. Ph. Walter, *Mythologie chrétienne, Fêtes, Rites et Mythes du moyen Âge*, *Imago*, Paris, (2003) 2011[フィリップ・ヴァルテール(渡邉浩司・渡邉裕美子訳)『中世の祝祭』原書房、第2版2012年(初版2007年)].

⇒**折れた剣、苦しみの一撃、クローダス、叫び、ジョフレ、血の滴る槍、ドラゴン、無人の城**

アントワーヌ　Antoine

『メルランの予言』によると、師ブレーズの後をついで、メルランが口述筆記を頼んだ写字生の1人(「師」アントワーヌとよばれている)。アントワーヌは最後にはウェールズの司教になった。アントワーヌという名前は、中世ヨーロッパにおいて土星のもたらすメランコリーと関連づけられていた聖人の名である[ラテン語名はアントニウス(Antonius)]。憂鬱質は土星の影響下にあり、土星は孤独な賢者、修道士、瞑想家、幻視者を生むとされた(天文学書の版画にはこうした「土星の子たち」が描かれている)。そのため師アントワーヌは、キリスト教化されたメルランの分身である。中世の図像では、エジプトのアントワーヌは1匹の豚とともに描かれている。また『おお、子豚よ』(*Yr Oianau*)と題された現存のウェールズ語の詩編でも同様に、メルランは豚(猪)とともに登場している。

【書誌情報】 M. Préaud, «Saturne, Satan, Wotan et saint Antoine ermite», *Les Cahiers de Fontenay*, 33, décembre 1983, pp. 81-102. A. Berthelot, «Merlin et les petits cochons» dans: Ph. Walter éd., *Mythologies du porc*, Millon, Grenoble, 1999, pp. 177-190.

⇒ブレーズ、メルラン

アンナ(またはエンナ)

Anna (ou Enna)

ジェフリー・オヴ・モンマス作『ブリタニア列王史』とヴァース作『ブリュット物語』によると、ユテル・パンドラゴン(ラテン語名ウーテル・ペンドラゴン)とイジェルヌ(ラテン語名インゲルナ)の娘。アーサーの妹にあたり、ロット王と結婚してゴーヴァンとその弟たちの母となる。900年頃に成立したアイルランドの『コルマクの語彙集』(31番目の注釈)によると、アナ(Ana)は「アイルランドの神々の母」である。つまり

「アナの両乳房」(アイルランド・ケリー州)

アナは神々を養う存在である(「アナ」は《豊穣》をさす)。ルアヒル(Luachair)西部にある双子山は、《アナの両乳房》とよばれた。この至高女神(または母神)は、アルモリカ(フランスのブルターニュ)のブルトン人たちによって、聖女アンヌ(Anne)の名で崇敬されている。アナの名は、ゲール語「アナ」(anae、《富、繁栄》)と関連している。また、《富》をさすウェールズ語「アナウ」(anaw)は、《詩的霊感》も意味している。すなわち、神の世界は豊穣の国であるだけでなく、詩的な創造活動(なかでも音楽)も豊かにしてくれるのである。これらの語は、サンスクリットの語根「アプナ」(ápnah、《生産物、所有物、富》)までさかのぼる(「力、財産」をさすラテン語「オプス(ops)」はこの系列に属する)。女神の世界とは、思いがけぬもの、超自然的なもの、不思議なものをもたらす、つねに完璧な場所である。こうした「異界」からやってくる使者は必ず、人間たちに愛と富と幸福を約束してくれる(マリー・ド・フランス作『ランヴァルの短詩』の妖精がこれにあたる)。ローマ=ブリテン系とガロ=ローマ系の言語が混ざりあっていく中で、ケルト起源のアナ(Ana)という名は《アヒル》をさすラテン語「アナス」(anas)

と出会い、「アナス」が古フランス語の「アーヌ」(ane) や「エンヌ」(enne) となった（クレティアン・ド・トロワの作品群では、「アーヌ」や「エンヌ」が《雌アヒル》の意味で使われている）。母神（アナAnaやダナDana）を象ったかなり古い彫像が（ハクチョウやアヒルなど）渡り鳥の姿をしているのは、ケルトの女神名に「アヒル」の語義が結びつけられたためである。古代ローマ期の彫像としては、（フランス・ブルターニュのフィニステール県）ケルギイ＝アン＝ディネオー（Kerguilly-en-Dinéault）で発見されてレンヌ美術館に展示されている、兜をかぶった女神像がその典型である。鳥女は『散文ペルスヴァル』のほか、ユーラシアに伝わるハクチョウ乙女の話にも登場する。

【書誌情報】 M. Blaess, «Arthur's sisters», *Bulletin bibliographique de la Société internationale arthurienne*, 8, 1956, pp. 69-77. I. Grange, «Métamorphoses chrétiennes des femmes-cygnes», *Ethnologie française*, 13, 1983, pp. 139-150. Ph. Walter, «Hagoromo et la blanche déesse des Celtes», *Mythes, Symboles, Littérature*, 3, 2003, pp. 17-30.

⇒雁、グエンロイ、グニエーヴル、ゴスウィト、シバの女王、ハクチョウ、モルカデス

アンフォルタス　Anfortas

ヴォルフラム・フォン・エッシェンバハ作『パルチヴァール』に登場する、主人公の伯父の１人。クレティアン・ド・トロワ作『グラアルの物語』の「漁夫王」に相当する。『グラアルの物語』を中高ドイツ語で翻案したヴォルフラムは、フランス語の原典が暗示するにとどめていた占星術と４体液説の影響を明示し、アンフォルタスが土星の影響で苦しんだと述べている。つまり土星によって凍えるような寒さになったため、アンフォルタスは悪寒に悩まされたのである。アンフォルタスは土星がもたらす宿命的な災いの犠牲者である。そのために彼は神聖な病を患い、同時に「グラール」(Grâl、聖石）の秘密をすべて握ることにもなった。アンフォルタスの名は、ラテン語「インフィルミタース（infirmitas)」(「虚弱」）が変形したものである。クレティアン作『グラアルの物語』に登場する「漁夫王」とは違って、アンフォルタスは下半身に負った傷を癒され、その後は「グラール」への奉仕に専念できるようになる。

【書誌情報】 J.-M. Pastré, «Errance romanesque et cours des astres : la carrière saturnienne d'un héros dans le *Parzival* de Wolfram», dans : B. Ribémont éd., *Observer, Lire, Écrire le ciel au Moyen Âge*, Klincksieck, Paris, 1991, pp. 241-252. Ph. Walter, «Mélancoliques solitudes : le Roi Pêcheur et Amfortas», dans : A. Siganos éd., *Solitudes. Écritures, représentations*, ELLUG, Grenoble, 1995, pp. 21-30.

【邦語文献】 伊東泰治「聖杯王アンフォルタスの傷―中世のNaturkunde」『名古屋大学教養部・名古屋大学語学センター紀要』第21号、1977年、pp. 85-102。

⇒漁夫王、パルチヴァール

アンブロシウス（アンブロシウス＝アウレリアヌス）

Ambrosius (Ambrosius Aurelianus)

歴史上実在したブリトン人の王侯「エムリス・ウレディーグ」(Emrys Wledig) のラテン語名（「エムリス」は「アンブロシウス」のウェールズ名)。ギルダスが『ブリタニアの破壊と征服』25章で唯一はっきりと名をあげている首領で、アーサーの前任者にあたる。458年、ブリトン人の王侯たちが宴の最中にサクソン軍の指揮官ホルサとヘンギストにより虐殺されたとき、生き残ったブリトン人たちはアウレリアヌスを筆頭にガリアへ亡命し、シュアグリウス（Syagrius）に仕えた。その地でブリトン人たちはフランク族や西ゴート族と戦う。470年頃、アンブロシウスは「リオティムス」（riothimus）（《フランク族とアルモリカのブルトン人の王》）という肩書きでブリタニアへ戻り、サクソン軍との数々の戦闘を制する。ネンニウスが編纂した『ブリトン人史』にアンブロシウスは伝説上の人物として初めて登場する。少年に過ぎなかった彼は、王位を簒奪したヴォルティゲルンに待ち受ける不吉な運命を予言する。その契機となったのは、ヴォルティゲルンが建設を命じていた塔が建てられる度に何度も崩壊したことである。少年は、地下でくり広げられた赤と白のドラゴンの戦いが塔の崩壊の原因であることを明かし、その戦いはブリトン軍と敵軍との戦いを表わしていると述べた。類例は中世ウェールズの物語『スリーズとスレヴェリスの冒険』（*Cyfranc Lludd a Llefelys*）にも見つかる。物語によると、２匹のドラゴンの戦いはスリーズ（Lludd）の王国を襲う３つの災禍のひとつだった。2匹のドラゴンは、スレヴェリス（Llefelys）の助言に従ってスリーズが用意した蜂蜜酒を飲み干すとおとなしくなる（蜂蜜酒は神々の飲み物であるアンブロシアに近い）。同じようにホメロス作『オデュッセイア』では、オデュッセウスがキュクロプスを酩酊させた上で退治している。これに対してジェフリー・オヴ・モンマスは『ブリタニア列王史』の中で、ブリトン人の王侯アンブロシウスと少年メルリヌス（メルラン）を融合させて１人の人物にしている。ヴォルティゲルンの没落を予言した少年は、メルリヌス＝アンブロシウスとなったのである。（４世紀のミラノ司教アンブロシウスをはじめとして）古代末期にアンブロシウスの名がよく見つかるのは、この名前がギリシア世界で神々の飲み物とされたアンブロシアとも関連していたからである。そのためこの名が示すとおり、アンブロシウス（フランス語名アンブロワーズAmbroise）は神の秘密に通じていた。

【書誌情報】G. Dumézil, *Le Festin d'immortalité*, Geuthner, Paris, 1924. C. Guyonvarc'h et F. Le Roux, *La Société celtique dans l'idéologie trifonctionnelle et la tradition religieuse indo-européenne*, Ouest-France, Rennes, 1991, p. 172.

⇒ヴォルティゲルン、ドラゴン、メルラン

イ

イヴァン　Yvain

クレティアン・ド・トロワ作『イヴァンまたはライオンを連れた騎士』の主人公。円卓の騎士。ユリアン王の息子で、ロット王の甥にあたる。クレティアン・ド・トロワがもちいた《ライオンを連れた騎士》という異名は無意味なものではない。この異名からイヴァンを神話的に解釈できるからである。クレティアンが著したこの物語の後半で、イヴァンが蛇（ドラゴン）につかまって死の瀬戸際にあったライオンを救ったため、ライオンはイヴァンに付き従うようになる。そもそもライオン（または熊）とドラゴンの戦いは決まった季節、すなわち星座では獅子座の時期にあたる８月１日におこる

イヴァンと戦友ライオン

イヴァンがライオンの助けを得て、奥方の臣下３人と戦う。クレティアン・ド・トロワ『イヴァン』の14世紀初頭の写本挿絵

（ジェフリー・オヴ・モンマスやヴァースによると、アーサーが夢で目撃した熊とドラゴンの戦いも同じ時期におきている）。獅子座生まれのイヴァンが実際に、太陽および「夏の土用」とつながっていることにより、自分の分身（ライオン）を連れていると考えられる。ライオンはイヴァンにそなわる王と戦士としての性質を表わしている（つまりイヴァンは野獣戦士なのである）。狂気におちいった後、イヴァンは生まれ変わって新たな人生を歩む。この蘇りがライオンとドラゴンの戦いの時期に対応しているため、その日が象徴的に生まれかわった主人公の誕生日になると思われる。16世紀のウェールズ語写本（ペニアルス147番）が収録する物語がまさに、イヴァン（ウェールズ語名オワイン）の誕生譚を伝えている。それによると、サウィン祭（11月１日）の夜に、オワインの父（イーリエン王）は夜の洗濯女と交わった。そして9か月後にあたる８月１日、獅子座の時期に子供が生まれる。このようにイヴ

イヴァン

ァンが「夏の土用」の時期に生まれる運命にあったことから、（クレティアンの作品の前半で）なぜイヴァンが不可思議な泉の番人（赤毛のエスクラドス）との戦いを制したのかが分かる。「夏の土用」には旱魃に見舞われる恐れがあり、大地が太陽の熱で干上がらぬようにしなければならない（「荒れ地」のモチーフ）。そのため恵みの雨によって大地に豊穣をもたらす必要があった（水域の番人である妖精と性的な関係をもつということが非常に重要である）。イヴァンには、旱魃をもたらす悪霊と対立する《天候（または気象）の支配者》としての役割がある。イヴァンの名はおそらく、ギリシア語エウゲノス（Eugenos、《生まれのよい》）に相当する。

【書誌情報】C. Lecouteux, «Les maîtres du temps : tempestaires, obligateurs, défenseurs et autres», dans : J. Ducos et C. Thomasset (dir.), *Le Temps qu'il fait au Moyen Âge*, P.

U.P.S., Paris, 1998, pp. 151-169. Ph. Walter, *Canicule. Essai de mythologie sur* Yvain *de Chrétien de Troyes*, SEDES, Paris, 1988.

【邦語文献】 神沢栄三「*Chevalier au lion (Yvain)*の «sen» について」『名古屋大学文学部研究論集』第64号、1975年、pp. 85-100；渡邉浩司「イヴァンの狂気と〈神話の時間〉」中央大学『仏語仏文学研究』第32号、2000年、pp. 1-18；渡邉浩司「土用の神話とイヴァンの狂気」『広島大学フランス文学研究』第24号、2005年、pp. 544-599。

⇒オワイン、8月1日、バラントン、ユリアン、ライオン、ローディーヌ

異界　Autre monde

⇒アヌーヴン、シード

イグレイン　Igraine

⇒イジェルヌ

イグレーヌ　Ygraine

⇒イジェルヌ

イザルデ　Isalde

⇒イズー

イジェルヌ　Ygerne

英語名イグレイン（Igraine）、ラテン語名インゲルナ（Ingerna）。アーサー王の母の名。この名は、別名イグレーヌ（Ygraine）から、《（野生の）雁》を意味する古アイルランド語「ギグレン」（gigren）と関連づけて考える必要がある。雁が渡り鳥であることから、イジェルヌがアーサーを身籠った時期は、雁がヨーロッパへもどってくる春に対応する。アイルランド神話によると、英雄クー・フリン（Cú Chulainn）が生を享ける前に、２羽の雁かハクチョウが姿を見せている。英雄が母の胎内に宿る時期に現れるこうした鳥の神話はもちろん、『糸巻き棒の福音書』（*Évangiles des quenouilles*）（15世紀）で語られているコウノトリの神話とつながっている。また、鳥に変身する妖精はすべて糸紡ぎ女でもある。クレティアン・ド・トロワ作『グラアルの物語』後半に出てくる「不可思議の城」では、イジェルヌは腰帯まで届く長い白髪を編んだ髪型で登場する。妖精が普通の髪をしていないのは、植物から姿を現して人間の姿をとらねばならないからである。妖精は糸紡ぎ女であり、作業にはなによりも繊維を使うが、妖精たちが紡いだり編んだり解きほぐしたりしているのは自分たちの亜麻の髪である。麻や亜麻を梳いて不純物をとり除き、とてもつややかな髪の糸を手に入れることは、植物が生命をえる過程でもある。古代ローマの運命の女神パルカエ（Parcae）と同じく、妖精はたえず紡いだり織ったりしている。『グラアルの物語』後半に出てくる「血の岩山（ロッシュ・サンガン）」という名の城（「不可思議の城」）で、イジェルヌは主に糸紡ぎや機織りに携わっている。見事な金襴を織る鳥女は、ユーラシア全域に流布する民話に登場している。

【書誌情報】 A. Paupert, «Le conte de la cigogne dans les *Évangiles des quenouilles*», dans : L. Harf-Lancner éd., *Métamorphose et Bestiaire fantastique au Moyen Âge*, Presses de l'ENS, Paris, 1985, pp. 137-162. Ph. Walter, *Arthur. L'Ours et le Roi*, Imago, Paris, 2002, pp. 106-110.

【邦語文献】 フィリップ・ヴァルテール（渡邉浩司訳）「雁と熊―想像世界での系譜と宇宙創世神話」『北海道立北方民族博物館研究紀要』第18号、2009年、pp. 9-28。

⇒雁、血の岩山、ハクチョウ

イソード　Isoud
⇒イズー

イゾルデ　Isolde
⇒イズー

イゾルト　Isolt
⇒イズー

イタチ　Belette
マリー・ド・フランス作『エリデュックの短詩』によると、昏睡状態におちいっていたギヤドンが意識をとりもどしたのはイタチのおかげである。王女ギヤドンは愛するエリデュックが既婚者であると知り、苦しみのあまり気を失っていた。寝台で動かぬギヤドンを前にエリデュックの本妻（ギルデリュエック）が涙を流していると、そこへ１匹のイタチが走り出てくる。そのイタチが死んだ仲間の口の中に１本の花を差し入れると、そのイタチはたちまち生き返る。ギルデリュエックは、この花をギヤドンの口の中に差し入れることで、意識をとりもどさせた。中世期には、イタチに備わる治癒力は有名だった。さらにギラルドゥス・カンブレンシス（Giraldus Cambrensis、フランス語名ジロー・ド・バリGiraud de Barri）は『アイルランド地誌』（*Topographia Hibernica*）の中で、治癒をもたらしてくれる花の名を記している。（マリー・ド・フランスは花の名を記してはいないが）ギラルドゥスによればクロッカス［アヤメ科サフラン属の球根植物］である。類話はギリシア神話（グラウコスGlaukos）、オセット神話（ソスランの妻ベドゥハBeduha）、ゲルマン神話（グリム兄弟『童話集』第16番「３枚の蛇の葉」）にも認められる。しかし民話の国際話型612番では、イタチの代わりに蛇が出てくる。数多くの言語でイタチを反語でよぶのは、直接名指して不幸を招くのをさけるためである。こうした遠回しのよび名が、イタチをさすフランス語「ブレット」（belette、《美しい小さな獣》の意）と似ていた。「イタチ」はもともと古フランス語で「ミュステル」（mustele）とよばれていたが、1267年頃にはこれに代わって「ブレット」が使われるようになった。美しい姿という概念はイタチの名とエリデュックの２人の妻に共通しているため、ギルデリュエックとギヤドンは古ブルトン語で「イタチ」をさす古い民衆語だったのではないかと考えられる。『眠れる森の美女』の異本のひとつ（14世紀のオック語版）にも治癒をもたらす花のモチーフが出てくるが、ここにはイタチは登場せず、鳥がイタチの役割を果たしている。

【書誌情報】 T. S. Duncan, *The Weasel in religion, myth and superstition*, Washington, 1924. E. Schott, *Das Wiesel in Sprache und Volksglauben der Romanen*, Tübingen, 1935. G. Dumézil, *Le Livre des héros. Légendes sur les Nartes*, Gallimard, Paris, 1965, p. 101. P. Grimal, *Dictionnaire de la mythologie grecque et romaine*, P.U.F., Paris, 1969, p. 167. J.-M. Boivin, *L'Irlande au Moyen Âge. Giraut de Barri et la Topographia Hibernica (1188)*, Champion, Paris, 1993, p. 189. S. Thiolier-Méjean, *Une Belle au bois dormant médiévale*. texte, traduction et commentaire, P.U.P.S., Paris, 1996. J. et W. Grimm, *Contes pour les enfants et la maison*, trad. N. Rimasson-Fertin, Corti, Paris, 2009, t. 1, pp. 105-109.

⇒エリデュック、ギヤドン、ギルデリュエック

一角獣　Licorne

アーサー王文学で唯一この伝説上の動物が出てくるのは、『パプゴーの物語』である。ベルナンが妻を亡くし、生まれたばかりの子供とふたりきりになったとき、一角獣がベルナンを助けにくる。一角獣は赤子に乳を飲ませたが、その乳にはセイレン（水の精）の乳と同じ特性がそなわっており、子供をとてつもなく大きく成長させた。そのためベルナンの息子は、「名無しの巨人」(Géant sans nom）となる。『トリスタン・ド・ナントゥイユ』（*Tristan de Nanteuil*）（14世紀の作）によると、（マルク王の甥とは別人である）トリスタンはセイレンの乳を飲んで育った。そのため体がカルタゴの馬に劣らぬ大きさになり、その後さらに背が伸びて、ついには野人になったという。

【書誌情報】 C. Ferlampin-Acher, *Fées, Bestes et Luitons*, P.U.P.S., 2002, pp. 303-304.

イデール　Yder

アーサー王に仕える騎士。カルドゥイユ（Cardeuil）生まれ。ニュット王の息子。作者不詳の物語『イデール』の主人公。イデールは会ったことのない父親を探すため、母親のもとを離れる。その旅の途中で、イデールは王妃グエンロイに出会って、惚れこむ。イデールは自分が王妃の相手としてふさわしい価値をもつ男であることを証明しようと、アーサー王の妃グニエーヴルを襲った熊を退治する（イデールによる熊退治は、ベルン本『トリスタン狂恋』、『ラギデルの復讐』、『イデール』に見つかる）。イデールは巨人も退治している（『イデール』ではふたりの巨人を倒し、ウィリアム・オヴ・マームズベリー作『グラストンベリー修道院古史』では３人の巨人を倒している）。これはインド＝ヨーロッパ神話に見られる通過儀礼の試練である（類例としては、ヴェーダ神話のインドラ（Indra）による３つ首怪物の殺害、ローマ神話のホラティウス三兄弟（Horatii）の末子がクリアティウス三兄弟（Curiatii）に勝利する話などがあげられる）。そもそも奇妙なことに、イデールの名はインドラの名に似ている。『イデール』では、巨人退治後にイデールは家令騎士クウに毒を盛られている［だが通りかかったアイルランド王とそのふたり息子に介抱され、健康をとりもどす］。イデールの冒険には近習リュガン（Luguain）が同行していた。そして最後には父との出会いを果たす。イデールが具現するのは理想的な君主であり、悪しき王であるアーサーは脇役に甘んじている（王妃グニエーヴルを攻撃する熊はアーサー自身にほかならない。なぜならアーサーの名はまさしく熊をさすからである）。こうしてイデールとグエンロイのペアはアーサーとグニエーヴルのペアを凌駕するばかりでなく、アーサーにそなわる熊の性質が明確なアーサー神話の古層を証明している。アルモリカ（フランスのブルターニュ）に残る聖エデルン（Édern）伝は、イデールの神話上の元型となる物語を補足してくれる。その聖人伝によると、エデルンは狩人たちに追われていた雄鹿を救った。その後、雄鹿はエデルンの乗り物として使われた。雄鹿（または雌鹿）は、妖精がみずから選んだ者に支配権を授けるときに見せる動物の姿である。エデルンの名はウェールズ語による『ブリテン島三題歌』（*Trioedd Ynys Prydain*）には現れないため、アルモリカ起源なのかもしれない。アルモリカではエデルンに対応するエディルヌ（Edyrn）という名が見つかるからである。イデールの名はラテン語「アエテルヌス」(aeternus、《永遠の》) を想起させるかもしれない。北イタリアのモデナ大聖堂には、王妃救出に向かうアーサーと戦友たちを描いた浮彫り群像がある。その中に見つかるイデール像には、ラテン語で「イスデルヌス」(Isdernus) の名が刻まれている。

雄鹿にまたがった聖エデルン

【書誌情報】 G. Hutchings, «Isdernus of the Modena archivolt», *Medium aevum*, 1, 1932, pp. 204-205. E. Southward, «The knight Yder and the *Beowulf* legend in arthurian romance», *Medium Aevum*, 15, 1946, pp. 1-47. J. Grisward, «Ider et le Tricéphale. D'une aventure arthurienne à un mythe indien», *Annales* ESC, 33, 1978, pp. 279-293. L. Morin, «De la souveraineté dans le Roman d'*Yder*: la déloyauté d'Arthur et l'excellence d'*Yder*», *PRIS-MA*, 11, 1995, pp. 185-198.

【邦語文献】 渡邉浩司「アーサー王物語とクマの神話・伝承」『中央大学経済学部創立100周年記念論文集』2005年、pp. 531-549。

⇒グエンロイ、熊、グラストンベリー、3、デュルマール、ニュット、幼少年期

イニョレ Ignauré

ルノー (Renaut) 作とされる『イニョレの短詩』の主人公。アルモリカ (フランスのブルターニュ) のリヨル (Riol) 出身の雅な騎士。12人の既婚婦人から同時に愛された。あるとき12人の貴婦人たちは自分たちの中から司祭役をひとり選び、残りの11人が司祭役に自分の恋人の名を打ちあけたところ、全員がイニョレに恋していると分かる。そこでイニョレは (夏の聖ヨハネ祭の日に) 12人の中から好きな女性をひとりだけ選ぶよう全員から命じられる。イニョレが選んだ貴婦人の夫は妻の不倫を知り、イニョレを幽閉して去勢し、ふたつの大切な部位 (男根と心臓) の料理をなにも知らない不実な12人の貴婦人たちに食べさせる。しかし事の真相を知った貴婦人たちは、今後亡くなるまで何も食べないと誓う。このように恋人の身体の一部を食べる話は、トルバドゥール (南仏詩人) のギヨーム・ド・カベスタン (Guillaume de Cabestanh) の「伝記」やトマ作『トリスタン物語』の中でイズーがふれる『ギロンの短詩』から後代の数多くの翻案作品にいたるまで、中世の伝承の中で確立されている。貴婦人のひとりの説明では、雷から身を守るためにはイニョレの名をよばなければならない。同じことは、フランスのブルターニュ地方・フィニステール県にあるプルイニョー (Plouigneau) の守護聖人イニョ (Igno) にもあてはまる。聖イニョは、雷雨、雷、炎から人々を守ってくれるとされている

(『黄金伝説』には、イニョの名と同系列のイグナティウス（Ignatius）と《火》を指すラテン語「イグニス」(ignis）との言葉遊びが見つかる)。イニョの名は、聖キニオー（Quiniau）の名が変化したものだという解釈もある。イングランドのコーンウォールの修道士だったキニオーは、６世紀に英仏海峡をわたり、フィニステール県に居を構えた。(「キニオーQuiniau」の名にふくまれている)「キーヌ」(quine）は、古フランス語では男根をさす。

【書誌情報】 J. Merceron, *Dictionnaire des saints imaginaires et facétieux*, Le Seuil, Paris, 2002, p. 844 (saint Igno). Ph. Walter, «Ignauré, saint Igno et Agni», dans : *Britannia Monastica (Mélanges offerts au professeur Bernard Merdrignac)*, 17, 2013, pp. 345-356.

【邦語文献】 岡田真知夫「《心臓を食べる話》―『イニョール短詩』の場合」東京都立大学人文学部『人文学報』139号、1980年、pp. 1-23。

⇒**ギロン**

犬　Chien

戦闘用の犬はアーサー王物語群には現れないが、アイルランドやウェールズの神話物語群には頻繁に登場する（アイルランドの英雄クー・フリンCú Chulainnの名に《犬》を指す語「クー（Cú)」が含まれているのは、クランCulannという名の鍛冶師の番犬を殺めてしまったため、みずからがクランの「犬」になると宣言したためである。また中世ウェールズの詩『何者が門番か』(*Pa Gur*）には、犬頭の戦士が出てくる)。宮廷風騎士道物語に現れるのは、小型のポインター犬やグレーハウンドといった猟犬だけである。魔法物語の文脈から見ると、こうした猟犬には不可思議なしるしがある。つまり毛並が白いことが多く、先触れとして主人公の前に姿を見せ、「異界」へ案内していく。アーサー伝承は（ほかの多くの点と同じく）この点でも、ウェールズの想像世界（イマジネール）に近い。中世ウェールズの『マビノギの４つの枝』の第一の枝「ダヴェッドの領主プウィス」(*Pwyll Pendefig Dyfed*）によると、主人公プウィス（Pwyll）は「異界」の王（アヌーヴンの王アラウンArawn）と出会う前に、１頭の雄鹿と赤い耳をした白い犬の群れに出会っている。この猟犬たちは「異界」の王のものだった。雄鹿と同じく、犬は霊魂導師である。犬は彼方の入口を守っている（類例としては、アジアの神殿の前に置かれた狛犬、「剣の橋」の向こう側に繋がれているようにランスロには見えた２頭のライオン、ギリシア神話に出てくる地獄の扉口に控えるケルベロスが挙げられる)。アジアのステップ地帯から西欧にいたるまで、「死の犬」の影がユーラシア神話につきまとっている。ウォルター・マップ（Walter Map）が『宮廷人の閑話』(*De Nugis Curialium*）の中で伝えるウェールズの物語は、霊魂導師や葬送との関連で犬が難解な象徴的意味を担っていることを裏づけてくれる。その物語ではブリトン人の王ヘルラ（Herla）が「異界」を訪ね、小人族の王の結婚式に参列する。そして小人族の王から引き出物として不可思議な小犬をもらう。小人族の王は別れ際、ヘルラ王一行にひとつの禁忌を課した。それはヘルラ王と随行員たちが人間界へ戻ったら、小犬がヘルラ王の腕から地上へ飛び降りるまで、だれひとり馬から降りて地面に足をつけてはならないというものだった。王の随行員の中にはこの禁忌を守れなかった者がおり、地面に足をつけた途端に雲散霧消してしまったという。そのためヘルラ王は小犬とともに馬上にとどまった。その後も、超自然的な小犬が決して地面に降り立つことがないため、ヘルラ王は馬に乗ったまま永遠にさまよい続けているのだという（民話の国際話型470番「この世とあの世の友」および471番「異界への橋」）。民間信仰では13世紀以降、1匹の猟犬が聖ギヌフォール（Guinefort）の名で崇敬の対象となった。それは主人が不当にも殺めてしまったグレーハウンドである。聖別されたこの犬は、病気の子供たちに霊験あらたかとされた。聖ギヌフォール信仰の拠点は、リヨン北方の森の中にあった。

【書誌情報】 A. de Gubernatis, *Mythologie zoologique,* Durand, Paris, 1874, t. 2, pp. 17-41. J. Bernolles, «À la poursuite du chien de la Mort d'Asie steppique en Occident et en Afrique noire», *Revue d'histoire des religions,* 173, 1968, pp. 43-84. J.-C. Schmitt, *Le Saint Lévrier. Guinefort, guérisseur d'enfants depuis le XIIIe siècle,* Flammarion, Paris, 1979.

【邦語文献】 ウォルター・マップ（瀬谷幸男訳）『宮廷人の閑話』論創社、2014年、pp. 30-33「ヘルラ王について」。

⇒プティクリュー、ユスダン

猪　Sanglier

クレティアン・ド・トロワ作『グラアルの物語』の続編群のひとつ『ペルスヴァル第一続編』によると、ある無人の小さな城へ入りこんだゴーヴァンは、大広間におかれたテーブルの上に銀製の「グラアル」（広口の深皿）を100個目撃する。それぞれの「グラアル」には猪の首が載せられていた。猪はケルトの図像に見られる動物である（ウフィニェEuffigneixの猪の神［フランス・シャンパーニュ地方オート＝マルヌ県ウフィニ

メリダの戦車

ーク・ユトランド半島ゴネストロップ出土］などがあげられる）。猪はまた、戦士のメタファーとして使われていることも多い（これにより、猪の首と人間の首がともに儀礼で使われたことが説明可能である。たとえば中世ウェールズの物語『ペレディール』には、人間の斬られた首が載せられた「グラアル」のような大きな金属製の盆が出てくる）。さらに、猪は魔術的な力で知られる動物でもある。『ペルスフォレ』では、ガディフェール

猪の男神（ウフィニェ出土）

リヨンのゴブレット

の怪我をなおすために、猪の骨髄から軟膏が作られている。サウィン祭（11月1日）では、猪料理が好んで出された。また鮭の身と同じく、豚の肉も占術をおこなうときに必要だとされていた。

【書誌情報】F. Le Roux et C. Guyonvarc'h, *Les Fêtes celtiques*, Ouest-France, Rennes, 1995, pp. 51-56. C. Sterckx, *Sangliers père et fils. Rites, dieux et mythes celtes du porc et du sanglier*, Mémoires de la Société belge d'études celtiques, Bruxelles, 1998. Ph. Walter (éd.), *Mythologies du porc*, Millon, Grenoble, 1999. Ph. Jouet, *Dictionnaire de la mythologie et de la religion celtiques*, Yoran Embanner, Fouesnant, 2012, pp. 885-886.
⇒**グラアル**

イーブリス　Iblis

ウルリヒ・フォン・ツァツィクホーフェン作『ランツェレト』に登場する、ベヒフォレト（Behforet、「美しき森」）の支配者イーウェレトの娘。求婚者はイーブリスを獲得するために、彼女の父との一騎討ちに挑まねばならない。ランツェレトがイーブリスの父を倒すエピソードの直後に、それまで知らされていなかったランツェレト自身の名があかされる。イーブリスの名は、シビル（Sibil、「巫女」）の綴りを並べ替えて作られたアナグラムである。したがってイーブリスは間接的に、ランツェレトが自分の名前と待ち受ける運命を知る手助けをしたことになる。泉の周囲でくり広げられるランツェレトとイーウェレトの一騎討ちは、（クレティアン・ド・トロワ作『ライオンを連れた騎士』で描かれる）「バラントンの泉」のエピソードを想起させる。「バラントンの泉」での戦いは、「泉の奥方」の運命を決するものだった。（イーブリスの父）イーウェレト（Iweret）の名は、イヴァン（Yvain）の名を思わせる（そのドイツ語名イーヴェインIweinは、ハルトマン・フォン・アウエが中高ドイツ語で著した翻案作品の主人公の名である）。

【書誌情報】R. S. Loomis, «Additional notes and introduction», dans : U. von Zatzikhoven, *Lanzelet*, trad. de T. Kerth, Columbia University Press, New York, 1951, pp. 196-198.
⇒**ランツェレト**

イムラヴァ　Immrama

⇒**航海**

イーリエン　Urien

⇒**ユリアン**

岩山の乙女　Demoiselle de la Roche

⇒**乙女たちの岩山**

インクブス　Incube

諸写本で「エキペッド」（équipède、「馬脚」）、「アンギペッド」（anguipède、「蛇脚」）などさまざまな名で呼ばれているメルランの父。これらの名は、「男性夢魔」をさす「インクブス」（フランス語では「アンキューブ（incube）」）という語が変化したものだと考えるよりもむしろ、悪夢の神話（英語の「ナイトメア（nightmare）」は《夜の雌馬》をさす）や、巨人の神話（普通は蛇脚として描かれる）の中の存在から推察すべきである。聖職者の世界では、反キリストは悪魔によって懐胎するという思想が広まっていた。その根拠はアドソン・ド・モンティエ＝アン＝デール（Adson de Montier-en-Der）（10世紀）の証言であり、アンリ・ダルシ（Henri d'Arci）がこの説を踏襲した。それによると「反キリストが懐胎した瞬間、悪魔がその母親の身体の中に入りこむことになる」。

【書誌情報】M. van der Lugt, *Le Ver, le Démon et la Vierge. Les théories médiévales de la génération extraordinaire*, Les Belles Lettres, Paris, 2004. F. Collin-Goguet, *L'Image de l'amour charnel au Moyen Âge*, Le Seuil, Paris, 2008. Ph. Walter, «Au pied de la lettre : les pieds de l'incube. Sur une leçon du *Merlin* de Robert de Boron (manuscrit de Bonn), dans : H. Godinho et C. Carreto éd., *Da Letra ao Imaginario. Homenagem à Professora Irene Freire Nunes*, Universidade Nova, Lisbonne, 2013, pp. 39-52.

【邦語文献】 フィリップ・ヴァルテール（渡邉浩司訳）「メルランの父親と２月３日のデーモンたち」（『鬼とデーモン』比較神話学研究組織GRMC第５回シンポジウム原稿集、2001年9月、pp. 52-59。

⇒ブレーズ、メルラン

インゲルナ　Ingerna

⇒イジェルヌ

隠者　Ermite

（ベルール作『トリスタン物語』のオグランや、クレティアン・ド・トロワ作『グラアルの物語』のペルスヴァルの伯父のように）初期の作品群に登場する隠者は、副次的な存在である。その後、13世紀に成立する散文「聖杯物語群」になると、隠者の果たす役割は重要性を増していく。『聖杯の探索』では、騎士の挑む冒険や待ち受ける運命の意味をことごとく解きあかすことにより、隠者は騎士に大きな影響を与えている。隠者が果す役割は、教え諭し、助言を与え、謎解きをし、仲介者として神の秘密を伝えることである。『グラアルの物語』に登場する森の隠者は、［もともと魚などを入れる深皿にすぎなかった］「グラアル」に聖体拝領に必要なオブジェとしての役割を担わせた。そしてキリスト教的な意味あいを示すことで、「グラアル」にまつわる謎の一部を解きあかしている（隠者によると「グラアル」に入っているのは聖体（ホスティア）のみである）。

【書誌情報】P. Bretel, *Les Ermites et les Moines dans la littérature française du Moyen Âge (1150-1250)*, Champion, Paris, 1995.

⇒アントワーヌ、隠者としての王、オグラン、怪物、ガディフェール、グラアル、ゴーヴァン、鮭、トレフリツェント、秘密の神名、ペルスヴァル、ペルレスヴォース、ペレス、ボオール、モロワ、ユリアン、リドワール、老王（「グラアル」の）

隠者としての王　Roi Ermite

「グラアル」から不思議な給仕を受ける《老王》は、クレティアン・ド・トロワ作『グラアルの物語』の中で初めて言及されている。「老王」は物語の表舞台には登場しない。ペルスヴァルは伯父にあたる森の隠者から、「老王」が漁夫王の父であり、「グラアル」からもたらされる聖体（ホスティア）だけを口にして生き長らえていることを教えられる。この人物はジェルベール・ド・モントルイユ作『ペルスヴァル第四続編』の中で、（モルドランという名の）禁欲的な老王の姿で再び現れる。この老王は人里離れた大修道院に引き籠り、聖体（ホスティア）だけを口にして生き長らえていた。しかも、戦いで負った傷口が決して閉じないという苦しみを味わっていた。『ペルレスヴォース』には、同じ老王がペレス王の姿で登場する。ペレスはペルレスヴォースの母方の伯父にあたり、息子のジョゼユス（Joséus）が犯したペレスの妻殺害の罪を、隠者の庵で贖っていた。いずれのケースでも、禁欲的な王が隠者としての王の姿に隠されている。このような姿は、インド＝ヨーロッパ語族の最古の王族神話を参照すればあきらかになる。こうした人物はたとえば、ヴァールミーキ（Valmiki）作とされる古代インドの叙事詩『ラーマーヤナ』（*Ramayana*）に見つかる。この伝承によれば、王になるための真の道は（戦士としての偉業ではなく）苦行の実践にある。「聖杯（グラアル）」伝説は至高の王権にそなわる苦行的な側面とつながっており、それを具現するのが「聖杯（グラアル）」の恩恵を受ける老王である。自己の鍛錬をおこなっていたペルスヴァルは、ある年の聖金曜日に伯父にあたる隠者から教えを受けた後、伯父を範として倣う。ジョルジュ・デュメジルはインドやヨーロッパの古い神話群を分析して分類をおこなったが、それによると（アーサーが典型となる）支配権にそなわる戦闘性の対極にくるのは、（隠者としての王が具現する）魔術性および宗教性である。

ペルスヴァルと伯父の隠者

【書誌情報】 A. Saly, «Roi hermite, roi ascète», *PRIS-MA*, 16, 2000, pp. 289-301.

【邦語文献】 佐佐木茂美『アーサー王伝説における聖域への舟と道』中央公論事業出版、1989年、pp. 61-86「〈聖域〉の営為・〈食〉と〈住〉（中世の隠者） 対比研究・試論—『方丈記』と『聖杯の物語』」。

⇒老王（「グラアル」の）

インド＝ヨーロッパ　Indo-européen

もともとは言語学上の概念である「インド＝ヨーロッパ」は、諸言語の分類に使われていた。

〈言語学上の仮説から…〉　早くも18世紀から、ヨーロッパの諸言語の大半のあいだに認められる語彙や文法や統辞や形態の類似が、比較言語学を専門にする言語学者たちの関心を惹いていた。彼らは、言語間で直接の影響関係がおこったというよりも、当該言語のすべてに共通する古い母胎が存在すると考えるにいたった。エミール・バンヴェニストが指摘したように、「インド＝ヨーロッパ語というのは、ひとつの共通言語に由来し、徐々に分離することで独立していった諸言語の語族として定義できる」。ラテン語から古フランス語への移行には、およそ1000年の歳月が必要だった。しかしラテン語自体もなにもないところから出現した原初的な言語ではなく、ラテン語もより古い別の言語に由来している。ラテン語よりも2000年以上前に存在した母胎となる言語が、ヨーロッパの大きな語族を徐々に生み出していったのである。しかしその当時、現代的な意味での書き言葉はまだ存在していなかった。そのため、実際に起きた言語分化の現象を正確に分析することは難しい。したがって《インド＝ヨーロッパ語》とよばれている言語は学者が復元を試みたものであり（文字による直接の証言は存在しない）、代数のような言語である（ユリウス・ポコルニーの『インド＝ゲルマン語語源辞典』が証明したとおりである）。それでもサンスクリット語が「インド＝ヨーロッパ語」の原型に近い姿をとどめている（「インド＝ヨーロッパ語」という用語が使われつづけているのはそのためである）。インド＝ヨーロッパ語族に属するさまざまな語派（ロマンス語、ゲルマン語、スラヴ語、ケルト語など）は分化により、ヨーロッパの主要な言語を生み出した。

〈…神話学的な仮説まで〉　比較にもとづくふたつ目の段階は、《比較文法》を駆使しながら、もともとは言語構造（音声、形態など）に適用されていたのと同じ推論を神話学にまで広げるところにあった。事実、《インド＝ヨーロッパ》諸語は、物語や叙事詩などの想像世界と神話をもたらしてくれた。ここでもまた、（たとえば）ジョルジュ・デュメジルの著作に代表される研究成果が、伝えられてきた神話の記憶の中で中央アジアが果した母胎としての役割をあきらかにした。20世紀初頭には、民話と神話の原郷がインドにあるという説が広がりを見せた。この説は議論の余地が大きいとはいえ、くりかえし出てくる語りの構造が偶然の産物として片づけられないことをあきらかにした。ところで、（神話学によると）インド＝ヨーロッパという用語を使えばかならず、比較の枠組みを想定する必要が出てくる。なぜならインド＝ヨーロッパ神話は、それ自体としては存在しないからである。インド＝ヨーロッパ神話が存在するとすれば、それはそれぞれに異なる複数のインド＝ヨーロッパ諸語の中に現れるはずであり、非インド＝ヨーロッパ諸語（セム語族、アフリカ諸語、アルタイ諸語など）には現れないはずである。比較神話学を実践すると、典拠の問題にも再考の余地が出てくる。ケルト神話（馬の耳をしたマルク）とギリシア神話（ロバの耳をしたミダスMidas）の類似は（ケルト人はおそらくギリシア人を模倣した！という類の）剽窃からはまったく説明がつかず、インド＝ヨーロッパ語族に共通する遺産から説明できるのである。その類例はインドのみならず、カフカス地方やペルシアにも見つけることができる。比較により正確な文化層が認識できるようになるのは、中世の伝承にはあきらかに前インド＝ヨーロッパ期に属する要素も残されているからである（たとえばユーラシアのシャマニズムがそれにあたる）。インド＝ヨーロッパという概念の意義は、ヨーロッパ諸文明の「長期持続」の中に時間区分を導入するところにある。

〈《インド＝ヨーロッパ人》は存在しない〉　インド＝ヨーロッパ期は紀元前4000年から紀元前3000年のあいだにはじまる。この時期に言語学上の大きな語族が分化を始める。言語学的事象としてのインド＝ヨーロッパ語からは、民族や人種に関わる事実はなにも想定できないし、想定すべきではない。なぜなら、諸文明が進展していく過程ではつねに、混血がたえ間なくおきてきたからである。インド＝ヨーロッパ諸語は存在するが、インド＝ヨーロッパ人はそれ自体としては識別できない。神話は想像世界（イマジネール）や表象世界に属しているため、いかなる場合でも、同じ諸文明の現実と混同されることはない。諸文明がモデルとして登場させている英雄たちを介して神話がとらえているのは、各個人の精神生活や想像上の生活だけなのである。したがってイメージ群が伝える証言を、現実の生活や歴史と混同するわけにはいかない。鏡に映る逆さ像のように、イメージは存在するものであるのと同時に、存在しないものでもある。

【書誌情報】 J. Pokorny, *Indogermanisches Etymologisches Wörterbuch,* Francke, Berne & Munich, 1958-1959, 2 vol. E. Benvéniste, *Le Vocabulaire des institutions indo-européennes,* Minuit, Paris, 1969［エミール＝バンヴェニスト（前田耕作監修、蔵持不三也ほか訳）『インド＝ヨーロッパ諸制度語彙集』I・経済・親族・社会、II・王権・法・宗教、言叢社、1986年・1987年］. B. Malmberg, *Histoire de la linguistique de Sumer à Saussure,* P.U.F., Paris, 1991, pp. 281-362. D. Éribon, *Faut-il brûler Dumézil ? Mythologie, science et politique,* Flammarion, Paris, 1992. A. Martinet, *Des steppes aux océans. L'indo-européen et les «Indo-Européens»,* Payot, Paris, 2004.

【邦語文献】 吉田敦彦『ギリシァ神話と日本神話―比較神話学の試み』みすず書房、1974年；吉田敦彦『小さ子とハイヌウェレ―比較神話学の試み２』みすず書房、1976年；吉田敦彦『ヤマトタケルと大国主―比較神話学の試み３』みすず書房、1979年；吉田敦彦編著『比較神話学の現在―デュメジルとその影響』朝日出版社、1975年；ジョルジュ・デュメジル＋ディディエ・エリボン（松村一男訳）『デュメジルとの対話―言語・神話・叙事詩』平凡社、1993年；ジョルジュ・デュメジル（丸山静・前田耕作編）『デュメジル・コレクション１～４』ちくま学術文庫、2001年；ジャン・オードリー（岩本忠訳）『印欧語』白水社、2001年。

⇒黒魔術、３、支配権

ウ

ヴィヴィアーヌ　Viviane

『散文ランスロ』にはニマンシュ（Nymenche）、ニニエーヌ（Niniene）、ニニーヌ（Ninine）、ヴィヴィエンヌ（Vivienne）、『メルラン』にはヴィヴィアーヌ、ニニアーヌ（Niniane）、ニニエーヌ、ニヴェンヌ（Nievenne）、ニヴィエーヌ（Niviene）という綴りで現れる。

〈水域の妖精〉「ブロセリヤンドの森」のはずれにあるニニアン（Ninian）という名の川は、ケルトの妖精と水域全般とを結ぶ原初的なつながりと、ニニナーヌ（Nininane）（ヴィヴィアーヌの別名）とアルモリカの森とを結ぶより現実的なつ

ランスロを連れ去るヴィヴィアーヌ

ヴィヴィアーヌがメルランを動けなくする

ながりを想起させる。しかしこの話がアルモリカで生まれたということには決してならない。もともとは独立したふたりの女が、妖精ヴィヴィアーヌの中でとけあっている（それはランスロの養母と、メルランを幽閉した女である）。『散文ランスロ』冒頭によると、「湖の貴婦人」はもともとランスロを育てた妖精であり、幼子だった彼を両親から奪って水中の国まで連れていった。中高ドイツ語版『ランツェレト』では、彼女は魔術に精通した水の精（オンディーヌ）として登場し、幼子ランツェレト（ランスロ）を海の国へ連れ去った。その国の《彼女が支配していた1万人の貴婦人は、だれひとりとして男を見かけたことがなく、男の抱擁を経験したこともなかった》。ヴィヴィアーヌがまずは「ディアーヌの湖」の近くに、次に同じ湖の中に身を落ち着けた

空気の牢に閉じこめられたメルラン

ことは、彼女が鳥女であることを示唆する。鳥女はケルトの大女神がみずから望むときに取る姿である。アイルランドの神話物語群には、鳥（なかでもハクチョウ）が水中に姿を消す話が頻繁に認められる。

〈魔法使いの女〉『散文ランスロ』によると、妖精は呪いや魔法をかけることができた。《妖精たちは言葉、石、薬草の力に精通しており、そのおかげで若さ、美貌、富を望むだけ保ちつづけている》。またヴィヴィアーヌとよばれるこの「湖の貴婦人」はメルランの弟子でもあり、メルランの知性と口づてに教えられた知恵のおかげで師匠よりも強い力をもつようになる。『アーサー王の最初の武勲』は、メルランがヴィヴィアーヌによって幽閉された経緯を語っている。彼女は魔術師メルランから習った呪文を使ってサンザシの木の近くでメルランを眠らせ、それから彼の周囲に魔法の円を描く。メルランは美しい塔の中の寝台で目を覚ますが、もはやその塔から外へ出られなくなっていた。それでもヴィヴィアーヌは、心の命ずるままに塔の牢番となることを約束し、メルランのもとを頻繁に訪れた。この《愛の牢》で、メルランは不幸ではなかったのである。

〈宿命の女〉　もうひとつのバージョン（『続メルラン物語』）には、墓が登場する。女神の処女性は不可侵のままでなくてはならない。ヴィヴィアーヌは、彼女に敢えて恋心を示した者を罰した。メルランもその例にもれず、ヴィヴィアーヌへの愛ゆえに高い代償をはらうことになった。『続メルラン続編』によると、ヴィヴィアーヌはメルランが生まれつき悪意ある存在だと信じていた。そしてメルランは結局のところ、悪へと傾いていった。魔術師メルランのうちに口にするの

もはばかられるような下心を感じると、妖精ヴィヴィアーヌはすぐに彼が抱く情熱恋愛に対して憎悪で応じた。13世紀の物語作家たちはキリスト教の影響で、伝統的な女性蔑視の視点からヴィヴィアーヌを描いた。彼らはヴィヴィアーヌのうちに、罪深きイヴの再来と呪われた処女を見たのである。

【書誌情報】 A. Berthelot, «Du lac à la fontaine : Lancelot et la fée amante», *Médiévales*, 6, 1984, pp. 5-18. «De Niniane à la Dame du Lac : l'avènement d'une magicienne», dans : *L'Hostellerie de Pensée. Études sur l'art littéraire au Moyen Âge offertes à Daniel Poirion*, P.U.P.S., Paris, 1995, pp. 51-57. L. Harf, «Lancelot et la Dame du lac», *Romania*, 105, 1984, pp. 16-33 et *Le Monde des fées dans l'Occident médiéval*, Hachette, Paris, 2003. M. Rousse, «Niniane en Petite Bretagne», *Bulletin Bibliographique de la Société internationale arthurienne*, 16, 1964, pp. 107-120.

⇒ディアーヌ、メルラン、メルランの墓

ヴイーヴル　Vouivre

マルセル・エーメ（Marcel Aymé）は『ヴイーヴル』（*La Vouivre*）（1945年）の中でこう述べている。《ヴイーヴルはフランシュ＝コンテ地方［フランス東部］の方言で、古いフランス語「ギーヴル」（guivre）と同義である。「ギーヴル」は「蛇」をさし、紋章用語として残っている。ジュラ県［フランス東部］の田舎に伝わるヴイーヴルは、実をいうと、蛇たちを連れた娘のことである》。「ヴイーヴル」という語はラテン語の「ウィーペラ」（vipera、「マムシ、蛇」）に由来する。しかしヴイーヴルは、普段は水中に住み、額に宝石（紅ざくろ石）をつけた妖精をさしている。「ヴイーヴル」が水辺に宝石をおいて水浴に向かうと、その間に宝石を盗まれてしまう（この筋書きは、空から地上に降りてきた鳥女が、水浴しようとして脱いだ羽衣を盗まれる場面を想起させる）。（ボージョレ地方出身の）ルノー・ド・ボージュー作『名無しの美丈夫』には、大蛇（ヴイーヴル）の姿に変えられた女が登場する。主人公が大蛇から口に接吻されるままに任せると、大蛇は人間の姿にもどる（「恐ろしい接吻」のモチーフ）。『ローランの歌』（*Chanson de Roland*）によると、ヴイーヴルはサラセン軍がフランク軍に向けて放つ、燃える（動物の？）発射物を指す。マルセル・エーメは『ヴイーヴル』の中で、ヴイーヴルのもつ紅ざくろ石を、プリニウスが『博物誌』（第29巻52）で話題にしている護符としての蛇の卵になぞらえている。

【書誌情報】 Ch. Beauquier, «Les animaux

ヴイーヴル（『ジョフレ』より）　フランス国立図書館フランス語写本2164番

fantastiques en Franche-Comté», *Revue des traditions populaires,* 23, 1908, pp. 305-322. F. Le Roux, «L'*ouum anguinum* et l'oursin fossile», dans : *Hommages à Marcel Renard,* Latomus, Bruxelles, 1969, t. 2, pp. 415-425. K. Appavov et G. Mougeot, *La Vouivre, un symbole universel,* La Table d'émeraude, Paris, 1993. Ph Walter, Le Bel Inconnu *de Renaut de Beaujeu,* P.U.F., Paris, 1996.

⇒**恐ろしい接吻、ガングラン、ハンセン病、ブロンド・エスメレ**

ヴィーガムーア　Wigamur

13世紀にドイツ語で書かれた物語『ヴィーガムーア』の主人公。フランスのガンガモール（Guingamor）に対応するケルト起源の名前。しかし物語の冒頭は、どちらかといえばランスロの物語に似ている。ランドリーエ（Landrie）国パルトリオト（Paltriot）王の息子ヴィーガムーアは、セイレン（水の精）にさらわれた後、海の怪物によって育てられる。その後、禿鷲の攻撃を受けていた鷲を救いに向かったことから、《鷲を連れた騎士》とよばれるようになった。これはイヴァンが《ライオンを連れた騎士》とよばれたのと同じである。ただし紋章学的にはライオンが王の象徴であるのに対し、鷲は皇帝の象徴である（鷲は唯一太陽まで到達することができる鳥だとされる）。

【書誌情報】 A. Boureau, *L'Aigle. Chronique politique d'un emblème,* Cerf, Paris, 1985. C. Lecouteux, *Au-delà du merveilleux,* P.U.P.S., Paris, 1998 (2e édition), pp. 22-26.

⇒**ガンガモール**

ヴィーガーロイス　Wîgâlois

ヴィルント・フォン・グラーフェンベルクが中高ドイツ語で著した『ヴィーガーロイス』の主人公。《車輪の騎士》という異名をもつ。ガーヴェイン（Gâwein）（フランス語名ゴーヴァン）と妖精フローリーエ（Flôrîe）の息子。ヴィーガーロイスが育てられた「異界」へは、魔法の帯がないと中に入ることができない。ヴィーガーロイスは12歳になると、アーサー王を除いてだれも座ることのできなかった魔法の石（「聖杯物語群」に登場する「危険な座席」の古めかしい類例）に難なく座り、アーサー王宮廷に迎え入れられる。ヴィーガーロイスの物語は、（ルノー・ド・ボージュー作『名無しの美丈夫』が伝える）ガングランの物語といくつかの共通点をもっている。グロイスのローアス（Rôaz von Glois）という異教徒によって不当に領土（コルンティーンKorntîn）を奪われ、ロイムント（Roimunt）の居城に逃れていた女性ラーリーエの失地回復を手助けするために、ヴィーガーロイスは一連の試練に立ち向かう（ドラゴン、怪物たち、扉に回転する車輪がある城の番人と相次いで戦う）。ヴィーガーロイスの楯には黄金の車輪の紋章が描かれているが、これは青銅の車輪に守られた城の中へ入りこんだ彼の偉業を表している。この車輪は鋭利な剣と棍棒に覆われ、城への通過を阻んでいた。

ヴィーガーロイス

こうした車輪の類例が、古代インドの大叙事詩『マハーバーラタ』（*Mahabharata*）に出てくる。それは夕暮れにならないと見つからない太陽の車輪と門である。このような車輪は、回転する城のモチーフとつながっている。ケルト神話に登場するクー・ロイ（Cú Roí）の城砦は、回転する城の原型である。このようにヴィーガーロイスの運命は、太陽の運行サイクルの中に位置づけられている。彼の名は自分がウェールズ起源であることを簡潔に示したものであり、名前の冒頭部分「ヴィー」（wi-、《白い》）は、『名無しの美丈夫』のガングラン（Guinglain）の名の最初の部分に対応している（「ガン（guin）」＝「グウェン（gwen）」＝「ヴィー（Wi-）」＝「白い」）。つまりヴィーガーロイスはガングランの役割を踏襲しているのである。

車輪と雷を手にしたユピテルの小像
（ガロ＝ローマ期、フランス北東部オート＝マルヌ県サン＝ディジエ村近郊で出土）

【書誌情報】A. K. Coomaraswamy, *La Porte du ciel. Essais sur la métaphysique de l'architecture traditionnelle*, Dervy, Paris, 2008, pp. 213-242.

【邦語文献】 渡邉浩司「『名無しの美丈夫』と『ヴィーガーロイス』―２つの世界」（中央大学『人文研紀要』第56号、2006年、pp. 109-149）。

⇒**回転する城、ガングラン、危険な座席**

ウィルリス　Willeris

『リゴメールの驚異』に出てくる、さえずったり人語を話したりする鳥の名。「異界」とのつながりのあるこの鳥は、「ロッシュ・フロリー」（Roche Florie、「花咲く」岩山）を支配する妖精ロリー（Lorie）のものである。妖精の居城の名は、ふたつの名（「フロリー」と「ロリー」）が似ていることを示唆している。話のできるこの鳥はシバの女王の使者であるヤツガシラを想起させるが、それ以上にツグミ（フランス語では「メルル（merle）」）の名をもち（岩山として描かれる）「エプリュモワール」へ逃げこむ占者メルラン（Merlin）その人を思わせる。古フランス語の「ギユリ」（guilleri）は、スズメやそのほかの鳥のさえずりをさしている。

【書誌情報】F. Godefroy, *Dictionnaire de l'ancienne langue française*, Bouillon, Paris, 1902, t. 9, p. 737 (guilleri). Y. Vadé, «Merlin, l'oiseau et le merlin», *Iris*, 21, 2001, pp. 41-56.

⇒**エプリュモワール、パプゴー**

ウィンロゲー　Winlogee

⇒**グニエーヴル**

ウェスパシアヌス　Vespasien

ロベール・ド・ボロン作『聖杯由来の物語』に登場する、アリマタヤのヨセフの時代のローマ皇帝。セザール（César）の息子。ウェスパシアヌス（Vespasianus、フランス語名ヴェスパジアン）はハンセン病を患っていたが、ヴェリーヌ（Verrine）という女が持参した（キリストの本物の顔が写し出されていた）「聖顔布」（ヴェロニック Véronique）を見ると、その病が癒える。そして聖地へ赴いて、牢につながれていたアリマタヤのヨセフを解放する。別のローマ皇帝コンスタンティヌス（Constantinus）と同じく、ウェスパシアヌスは中世期には、罪を犯したせいでハンセン病を患い、キリスト教に改宗しないかぎり救済をえられない王を具現する人物だった。

【書誌情報】 A. Micha, «La légende de l'empereur malade et de la vengeance du Sauveur dans les récits en prose française», dans : *Mélanges Jeanne Lods*, Presses de l'ENS, Paris, t. 1, 1978, pp. 433-446. S. Thiolier-Méjean, *La Prise de Jérusalem par l'empereur Vespasien : une légende médiévale*, L'Harmattan, Paris, 2012.

⇒聖顔布、ハンセン病

ヴェルティジエ　Vertigier

⇒ヴォルティゲルン

ヴォルティゲルン　Vortigern

古フランス語ではヴェルティジエ（Vertigier）ともよばれている。ギルダス作『ブリタニアの破壊と征服』の計算によると、ヴォルティゲルンは425年から459年にかけてブリテン島の王侯だった。そしてヘンギストとホルサが指揮するアングロ＝サクソンの傭兵を雇い入れ、スコット人やピクト人をブリテン島から追いはらおうとした。ノラ・チャドウィックが指摘したように、ヴォルティゲルンの名はローマ化されたブリタニア最後の支配者の名をもとにして作られた可能性もあるが、この人物は史実よりも神話に属している。何編かのアーサー王物語で彼が演じるのは王位簒奪者の役割であり、王位を約束された英雄に倒される運命にあった（ジェフリー・オヴ・モンマス作『ブリタニア列王史』では「ウォルティゲルヌス（Vortigernus）」、ロベール・ド・ボロン作『メルラン』では「ヴェルティジエ」とよばれている）。6世紀にギルダスは『ブリタニアの破壊と征服』第23章でヴォルティゲルンのことを「スペルブス・テュラヌス」（superbus

王に選ばれたヴェルティジエ

2匹のドラゴンの戦い

tyrannus）という間接的な呼称でよんでいる。この呼称は普通、《誇り高き王》と解釈されている。しかし「ヴォルティゲルン」（後代の形ではグォルティゲルンGuorthigern）は、「ヴォル」（vor-、《偉大な》）とケルト語の語幹「ティゲルノ」（tigerno-、《君主》）からなっている。そのため「スペルブス・テュラヌス」とは、古ウェールズ語「ヴォル＝ティゲルノ」（*uor-tigerno、「大君主」）をラテン語に翻訳したものだと理解すべきなのかもしれない。ラテン語「スペルブス」は「最高の」をさす形容詞で、価値の高さを表わすケルト語の接頭辞「ヴォル」（uor-）にほぼ相当する。ヴォルティゲルンはコンスタン王とその後継者モワーヌに仕えた家令だった。モワーヌを暗殺した後、ヴォルティゲルンがイングランド王になり、ブリタニアへ侵攻してきたサクソン人と同盟関係を結んだ（ヴォルティゲルンは自分の娘を、サクソン軍の首領ヘンギストと結婚させた）。ヴォルティゲルンは塔を建設させようとしたが、塔は建設するたびに崩壊してしまう。《父なし子》（メルラン）はヴォルティゲルンに塔が崩壊する原因を、土台部分で赤いドラゴンと白いドラゴンが戦いをくり広げているためだとあかしてみせる。ロベール・ド・ボロン作『メルラン』によると、ヴォルティゲルン（ヴェルティジエ）はその後コンスタン王の息子たちに追われてある塔に逃げこんだが、そこへ火を放たれて焼死した。そのためパンドラゴンが王位を受けついだ。

【書誌情報】 C. A. R. Radford, «Vortigern», *Antiquity*, 32, 1958, pp. 19-24. J. D. Bu'lock, «Vertigier and the pilar of Eliseg», *Antiquity*, 34, 1960, pp. 49-53. N. Chadwick, *Celtic Britain*, Thames and Hudson, Londres, 1967, pp. 42-44. D. P. Kirby, «Vortigern», *Bulletin of the Board of Celtic Studies*, 23, 1968-1969, pp. 37-59. L. Alcock, *Arthur's Britain*, Allen Lane, Londres, 1971, pp. 102-104 et pp. 357-359. J. Vendryès, *Lexique étymologique de l'irlandais ancien*, Presses du CNRS, Paris, 1959, T 62-63. M. Éliade, *Commentaires sur la Légende de maître Manole*, L'Herne, Paris, 1994.

【邦語文献】 青山吉信『アーサー伝説―歴史とロマンスの交錯』岩波書店、1985年、pp. 56-62。

⇒ヘンギストとホルサ

失われた岩山　Roche perdue

『クラリスとラリス』に登場する城の名。「ブロセリヤンドの森」にあるメルランが建立した城で、マティダス（Mathidas）が所有していた。この城は勇敢な騎士たちの前にしか現れない。マティダスは、配下の騎士たちとの戦いで槍を５本折ることのできた騎士にだけ入城を許した。

⇒ブロセリヤンド

渦巻島　Ile tournoyante

古フランス語散文物語『アリマタヤのヨセフ』や『聖杯の探索』によると、モルドラン王の義弟ナシアンが、大雲に乗って運ばれていった島（プレイヤッド版『聖杯の書』ではそれぞれ、第一巻pp. 243-248と第三巻p. 1089に「渦巻島」が出てくる）。これはアイルランドの航海譚だけでなく、ほかの神話物語群にも見つかる「異界」の島々のひとつである。アイルランド神話の中では、クー・ロイ（Cú Roí）王の「回転する城」が、「渦巻島」の原型にあたる。ギリシア神話では、アルゴナウテースたちが無事通過した後で動かなくなるシュムプレーガデス（Symplegades）岩が最も近い類例である。聖地への接近を阻むぶつかりあう岩はインドのヴェーダ神話にも見つかるが、これは実際には《太陽の扉》にあたる。

【書誌情報】A. K. Coomaraswamy, *La Porte du ciel. Essais sur la métaphysique de l'architecture traditionnelle*, Dervy, Paris, 2008, pp. 213-242.

⇒**回転する城、島、ナシアン**

美しい跳ね馬（ボー・ジュウール）
Beau Joueur

古フランス語では「ベル・ジョエオール」(Bel Joeor)。ベルール作『トリスタン物語』に登場する、トリスタンの馬の名。この名はトリスタンの持ち馬に本来備わる陽気な性格を示唆しているように思われるが、それ以上でなくとも同じくらい（「トリックスター」に近い）トリスタンの性格を表わしている。

【書誌情報】M. R. Blakeslee, «Tristan the trickster in the old French poems», *Cultura neolatina*, 1984, pp. 167-191.

⇒**馬、トリスタン**

ウーテル・ペンドラゴン
Ut(h)erpendragon

⇒**ユテル**

ウートルドゥーテ　Outredouté

『メロージス・ド・ポールレゲ』に登場する残忍な騎士。たんなる悪意から貴婦人たちや騎士たちを攻撃した。ウートルドゥーテの名（「極度に恐れられる者」）は、無節操、傲慢、邪悪さを示唆している。彼の紋章は、赤地に描かれた黒いドラゴンである。メロージスからの伝令としてラキスが送られてくると、ウートルドゥーテは伝令に保証されるはずの身の安全を無視し、ラキスに槍試合を強要してその右目をつき刺してしまう。その後メロージスは一騎討ちでウートルドゥーテを倒し、復讐を遂げた証拠に斬り落とした相手の右手をラキスに送った。

⇒**メロージス・ド・ポールレゲ**

馬　Cheval

ユーラシアの馬神話とそれに対応するケルトの神話伝承に注意を向けないかぎり、中世ヨーロッパの《騎士道》という制度を理解することはできない。フェルナン・ブノワの表現によれば、馬は《英雄化》のための媒介役をになっており、騎士道を正当化する存在である［「英雄化」とは騎手を英雄にするプロセス］。馬は権力の象徴である。馬と騎手というペアは馬上槍試合に不可欠であり、馬上で偉業を果たした騎手の記憶を不滅のものとした。ケルト文化圏とアーサー伝承に認められる馬の神話は、馬が人間の姿で描かれ、人間（特に女性）が馬の姿で描かれるという、対照的でありながら相補的なふたつの軸にもとづいて展開している。神話に出てくる馬は当然、人間的な特徴を持っている。（アキレウスの馬のように）人語を話すことがなくても、馬は予言のようなしるしを発する。また人間と同じように馬にも固有名がつけられることがよくある（それは常に馬の素晴らしさを表している）。また、「異界」の女神が馬の姿をとることもあり、英雄化は聖婚の形をとる（ベルール作『トリスタン物語』の「難所の渡場（マール・パMal Pas)」のエピソードでは、トリスタンがイズーを運ぶ馬の役割を果たしている。またマリー・ド・フランス作『ふたりの恋人の短詩』では、主人公の若者が恋人を背中に乗せて丘を登ろうとするが、頂に着いた途端息絶えてしまう）。馬の重要性は、クレティアン・ド・トロワ作『グラアルの物語』後半で描かれる、ゴーヴァンの「異界」への旅にも認められる。ゴーヴァンは（彼方へと続く川の通過や「異界」から人間世界への帰還といった）超人間的な行程をたどるが、愛馬がいなければ立ち塞がるこれらの試練を潜りぬけることはできなかったであろう。騎手と愛馬との特別なつながりは、神話では両者の同時出生から説明がつく（ギリシア神話の天馬ペガソスPegasosと《黄金の剣をもつ男》クリュサオルKhrysaorは、ゴルゴ三姉妹のひとりメドゥサMedousaの首から同時に生まれている）。『リゴメールの驚異』でゴーヴァンは制御不能といわれた馬を手なづけるのに成功するが、それはアレクサンドル大王がビュセファル（Bucéphale）という名の馬を手なづけるのと同じである。

【書誌情報】F. Benoit, *L'Héroïsation équestre*, Ophrys, Gap, 1954. F. Le Roux, «Le cheval divin et le zoomorphisme chez les Celtes», *Ogam*, 7, 1955, pp. 101-122. Ph. Walter, «Le cheval dans la mythologie arthurienne», dans : S. Cocco et F. Zambon éd., *«Sono alto un nitrito». Il cavallo nel mito e nella letteratura*, Pacini editore, Pise, 2012, pp. 121-133.

【邦語文献】 金光仁三郎『原初の風景とシンボル』大修館書店、2001年、pp. 74-93。

⇒美しい跳ね馬（ボー・ジュウール）、カバル、ガラン、グラエラン、グランガレ（号）、苦しみの山、魚の騎士、サグルモール、スラムライ、蹄鉄、ティドレル、ドーン、馬銜、バヤール、フェラン、ふたりの恋人、ヘンギストとホルサ、マルク、メリヨン、野人ドディネル

ウルガーン　Urgân

⇒毛むくじゃらのユルガン

ウルソー(1)　Ourseau (1)

『ペルスフォレ』第四の書に登場する人物。（スコットランド王）ガディフェールが（妖精女王）リドワールとのあいだにもうけた息子。悪しき星のもとに生まれて熊の毛に覆われた息子を、母は父から隠して乳母に預ける。ブリテン島へ侵攻したローマ軍の12人の騎士に発見されたウルソー(1)はローマへ連れていかれ、人々は毛むくじゃらでありながら美しい彼の姿に目を奪われる。ウルソー(1)は元老院議員ガイユス（Gaïus）の娘と結婚し、12人の息子をもうけた。12人全員がウルソーと名づけられたのは、父と同じく毛むくじゃらだったからである。リドワールがウルソー(1)を身ごもったのは、騎士エストネ（Estonné）を熊に変身させたあとだった。そのためリドワールの罪悪感が、生まれてくる子供にこうした熊の姿を与えたのである（マルシリオ・フィチーノMarsilio Ficino作『魂の不死について』（*De immortalitate animarum*）XII, 1および4を参照）。ウルソー(1)が生を享けた経緯はアーサーのケースと比較可能である。エストネが熊の姿でウルソーの実の父になったのは、ユテル・パンドラゴンがタンタジェル公の姿に扮してアーサーをもうけたのと同じである。このようにカルナヴァル（カーニヴァル）的なシナリオによって、ウルソーが母の胎内に宿ったのはおそらく（冬が終わり熊が巣穴を出る）聖燭祭（2月2日）の頃で、そのためウルソーは忌み日にあたる万霊節（ばんれいせつ）（11月2日）に誕生したと考えられる（カタロニアの諺によると《カルナヴァルで踊ると万聖節（ばんせいせつ）（11月1日）で洗礼を受ける》）。『ペルスフォレ』は、（たとえばヴァース作『ブリュット物語』やロベール・ド・ボロン作『メルラン』のような）初期のアーサー王物語、なかでも王の想像上の姿にほかならない《熊》としてのアーサーと関連した物語の中では潜伏状態にあった神話図式を、きちんと組織だった物語の形で詳細に語っている。熊の神話やフォークロアに依拠することでアーサー伝承の素材が神話的に読み解けることを、『ペルスフォレ』は「遡及的に」裏づけてくれる。

【書誌情報】Ph. Walter, *Arthur, l'Ours et le Roi*, Imago, Paris, 2002.

⇒リドワール

ウルソー(2)　Ourseau (2)

『ペルスフォレ』第四の書に登場する人物。ウルソー(1)の12人いる息子のうちの長男。ローマ軍が壊滅させた大ブリテン島へもどり、王族の祖先たちと再会する。ウルソー(2)は、騎士道と文明を徐々に復興させていく。ウルソー(2)は王族の戦士として王国を再建する英雄である。スコットランドの王族出身のウルソー(2)は、ギヨーム・イサルテルがいうところの《年の征服》というテーマと関連した熊＝王を具現している。この至高英雄は、豊作、豊穣、繁栄をもたらしてくれる。祖国への帰還は冬に海上を通過するところからはじまる。５月に大ブリテン島へ上陸したウルソー(2)は、１年のサイクルを再開させ、冬の闇を終わらせる。変化を象徴する熊は、一時的な姿（エストネの変身）からウルソー(1)とともに固定した姿（名前と姿が父から子へと受けつがれる）へと移る。ウルソー(2)は、（熊の姿をとおして）変化を具現し、変化をおこすことで騎士道と文明を再興させる。多産と関連する熊は、男性的な本能と戦闘力をあわせもっている。ウルソー(2)とドラゴンの戦いは、［ローマ軍と戦うためにブリテン島から大陸へ向かう船の上で］アーサーが見たドラゴンが熊を制圧する夢を想起させる。『ペルスフォレ』は象徴体系を反転させており、ウルソーと戦うドラゴンは文明を築き上げることと対立している。つまり（ユテル・パンドラゴンの息子）アーサーがドラゴンによって表わされ、アーサーから見ると女性に乱暴を働く熊は倒すべき存在であるのに対し、［「熊」の名を持つ］ウルソーは文化英雄なのである。支配権を象徴するウルソー(2)はスコットランドの王族に騎士叙任の平打ちを授けることのできる唯一の存在である。ウルソー(2)によって騎士に叙任されたガラフュールはアーサーの祖先にあたり、イングランド王国を継承する。このようにウルソー(2)は（その名が「熊」を指す）アーサーの一門を築き、その象徴となっている。イングランド王国の世つぎにあたるガラフュールの妻（アレクサンドル・ファン・ド・リエスAlexandre Fin de Liesse）は「２匹のドラゴンを連れた乙女」とよばれ、みずからのエンブレムにドラゴンをとり入れている。ウルソー(2)はふたりの王位継承者が出会いを果たすと、まもなくブリテン島を去る。アーサーの一門（つまり己の名前に刻まれた熊の一門）の始祖としてのウルソー(2)の役割は、こうして完結するのである。

【書誌情報】G. Issartel, *La Geste de l'ours : l'épopée romane dans son contexte mythologique, XIIe-XIVe siècle*, Champion, Paris, 2010.

⇒アーサー

エ

エヴァデアン　Évadeain

『アーサー王の最初の武勲』に登場する人物。エストランゴール（Estrangorre）国のブランゴワール（Brangoire）王の息子。エヴァデアン王子は、ある妖精の愛をはねつけたため、その報復として小人の姿にかえられていた。醜い小人の姿でエヴァデアンがアーサー王宮廷にやってきたとき、同行していたとても美しい乙女は自分の恋人である小人の騎士叙任をアーサー王に求める。するとこの願いを聞いた宮廷の人たちは、みなそろって嘲笑する。それでもアーサーは乙女の願いを聞き入れ、騎士となったエヴァデアンはその後、数々の武勇を見せる。

ある日のこと、メルランを探す旅に出ていたゴーヴァンは馬に乗った妖精に出会うが、物思いに耽っていたために挨拶を忘れてとおりすぎてしまう。すると妖精は引き返してきて、ゴーヴァンが最初に出会う人の姿になると予言する。その人こそエヴァデアンだった。ふたりがすれ違ったとき、小人がもとの姿にもどったのに対し、ゴーヴァンの方は小人になってしまう。ゴーヴァンに課されたこの懲罰は6か月つづくことになる。妖精の呪いのせいでできた醜い小人と美女という不釣りあいなペアは珍しいわけではない。たとえば『ディド＝ペルスヴァル』（『散文ペルスヴァル』）には、「悪しき美丈夫（ボー・モーヴェ）」（Beau Mauvais）と小人の女「金髪のロゼット」（Rosette la Blonde）という別のペアが登場する。

【書誌情報】V. Harward, *The Dwarfs of arthurian romance and celtic tradition*, Brill, Leyde, 1958, pp. 102-105.

【邦語文献】渡邉浩司「エナダンとゴーヴァンの小人への変身（『アーサー王の最初の武勲』824～836節）」篠田知和基編『神話・象徴・図像III』楽瑯書院、2013年、pp. 83-112。

⇒小人

エヴァラック　Évalac

古フランス語散文物語『アリマタヤのヨセフ』によると、サラス国を支配していた異教徒の王。妻はサラサント（Sarracinte）。出自が不明だったため、「メスコニュ」（Mesconnu、「見知らぬ者」）という異名でよばれていたが、貧しい靴屋の息子として（フランスの）モー（Meaux）で生まれたことをヨセフェ（Josephé）があきらかにする。青年期にトロメール（Tholomer）王が支配するバビロニアへ逃亡したエヴァラックは、サラス国のオロフェルヌ（Holoferne）王と戦っていたトロメールに加勢して敵王を倒した。そしてその褒賞としてサラス国を授かった。その後トロメールがサラス国へ攻め入ったとき、

モルドランの聖体拝領

エヴァラックが楯にかけていた布をとって十字架に祈りを捧げると、白馬の騎士が現れてトロメール軍を潰走させる。これを機にキリスト教に改宗したエヴァラックは、以後モルドラン（Mordrain）と名乗る。エヴァスラッハ（Efallach）やアヴァスラッハ（Afallach）は、アヴァロン（Avalon）島のウェールズ名である。

【書誌情報】R. Bromwich, *The Welsh Triads*, University of Wales Press, Cardiff, 1961, pp. 266-268. C. A. van Coolput, «La poupée d'Évalac ou la conversion tardive du roi Mordrain», *Mélanges J. Grigsby*, Summa publications, Birmingham (États-Unis), 1989, pp. 163-172.

⇒アヴァロン、サラス

エヴラン　Évrain

ルノー・ド・ボージュー作『名無しの美丈夫』に登場するマボンの兄弟。ガングランによって征伐される。クレティアン・ド・トロワ作『グラアルの物語』の「続編」群によると、マボナグランのおじにあたる。クレティアン・ド・トロワ作『エレックとエニッド』に登場するエヴランは、「宮廷の喜び」のエピソードがくり広げられるブランディガン城の所有者である。エヴランの名の意味をあきらかにしてくれる可能性があるのはケルト起源の名字や地名であり、なかでもエヴルー（Évreux）、エヴロン（Évron）、エヴリ（Évry）、イヴリ（Ivry）が参考になる。ガリアの一部族アウレルキ・エブロウィケス（Aulerci Eburovices）族はかつて、現在のフランス北部ウール（Eure）県（首府はエヴルー）を拠点としていた。「エヴル」（Evr-）の語源は、「イチイ」の名をさすケルト語の語根である。古アイルランド語では「イヴァル」（ibar）や「イヴォル」（ibor）のほか「イオ」（eo）、近代アイルランド語では「イウル」（iûr）、ガリア語では「イウォス」（iuos）、古高ドイツ語では「イーウァ」（îwa）、近代ドイツ語では「アイベ」（Eibe）という形をとる。ケルトの伝承ではイチイ信仰がとくに根強い。イチイの木は、盾や槍を作るのに使われた。つまり戦いにもちいられたのである。イヴァルシュキア（Ibarsciath）（《イチイの盾》）は、アイルランドの叙事詩に登場する英雄の名前である。一方でイチイはオークと同じく、薬効および占術でも知られていた。イチイはドルイド僧が好んで使った樹木のひとつであり、占いを行うためのオガム文字（ルーン文字に似た文字）を刻むのに使われた。ドルイドの伝承はイチイに、絶対的な優位を与えた。実際に驚くほど長い樹齢を誇るイチイは、（全部で３つある）この世のサイクルを測ることができる。ケルト人によるとイチイは武器として戦いで使われ、部族とその王の支配権を守ることでドルイド僧の持つ魔術的な力を高名にしている。アイルランドのすべての聖樹はイチイに由来する。その意味で（イチイの戦士）エヴランの役割は、『名無しの美丈夫』の中では魔術師マボンと相補的な関係にある。ふたりともガングランが王となる通過儀礼にかかわっている。

【書誌情報】C. Guyonvarc'h, «Notes d'étymologie et de lexicographie gauloises et celtiques. 4. Le nom des Eburones, Eburovices; irl. *ibar*, gallois *efwr*, bret. *evor* if», *Ogam*, 11, 1959, pp. 39-42. Ph. Walter, Le Bel Inconnu *de Renaut de Beaujeu. Rite, mythe et roman*, P.U.F., Paris, 1996, pp. 187-198.

⇒マボン

エクスカリバー Excalibur

⇒エスカリボール

エサスト Essyllt

⇒イズー

エスカノール Escanor

ゴーヴァンと敵対する人物で、作者不詳の『危険な墓地』とジラール・ダミアン作『エスカノール』に登場する。『危険な墓地』の中で《大きな山の》エスカノールという異名でよばれているように、巨大な体躯の持ち主である。『エスカノール』によると、父は巨人、母は魔女であり、ゴーヴァンと同時に生まれている。そのためエスカノールには生まれつき、自分の力が日中の太陽の運行に比例してかわるというゴーヴァン（アーサーの甥）と同じ性質がそなわっている。エスカノールがゴーヴァンを嫌っていたのは、一騎討ちで敗北を喫したためである。このエスカノールの甥にあたる同名の人物［異名は「美貌のエスカノール（Escanor le Bel）」や「白い山のエスカノール（Escanor de la Blanche Montagne）」］は、『エスカノール』にしか登場しない。「美貌のエスカノール」は愛馬グランガレ号を妖精エスクラルモンディーヌ（Esclarmondine）から授けられるが、ゴーヴァンに奪われてしまう。エスカノールの名は、名剣エスカリボール（Escalibor）が縮約してできたものだと考えられる。なぜならエスカリボールは、太陽の火により力をえていたからである。火を宿した剣というこの特徴は、名剣と太陽英雄が神話的には一体であることを裏づけてくれる（ギリシア神話での類例は、ゴルゴ三姉妹のひとりメドゥサの首から黄金の剣をもって生まれたクリュサオルKhrysaorである）。

【書誌情報】Ph. Walter, *Gauvain, le Chevalier solaire*, Imago, Paris, 2013.

⇒エスカリボール、グランガレ（号）、ゴーヴァン

エスカリボール Escalibor

英語名エクスカリバー（Excalibur）。アーサー王の剣の名。アーサーの甥ゴーヴァンが手にしていることもある。この剣を、ジェフリー・オヴ・モンマスはカリブルヌス（Caliburnus）、ヴァースはカリボルヌ（Caliborne）とよんでいる。剣のウェールズ語名はカレドヴルフ（Caledfwlch、《激しい雷》）であるが、エスカリボールの名はアイルランド語カラドボルグ（Caladbolg）に由来する。カラドボルグと関連づけられるゲール語の語根「カオト」（caot）や「カサウル」（callawr）は、「熱」をさすラテン語「カロル」（calor）に対応する（「カロル（calor）」は《熱い、燃えている》をさす動詞「カレオー（caleo）」に由来）。したがってエスカリボールは、スペイン中世の英雄シッド（Cid）が手にしていた炎の剣ティソン（Tizon）や、大天使聖ミカエルの燃えるように輝く武具と同じだと思われる。

〈剣の外観〉 エスカリボールは眩い光

エクスカリバーの返却

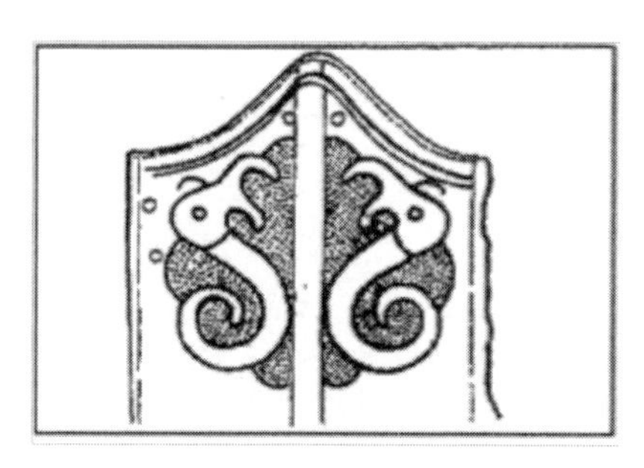

ドゥブニック（スロヴァキア）の剣の鞘に描かれた向かい合う2頭のドラゴン
（紀元前４世紀中頃）

を放ち、燃えるように輝く。雷鳴を轟かせることもある。中世ウェールズの物語『フロナブウィの夢』（*Breuddwyd Rhonabwy*）によると、アーサー（アルシール）の剣には黄金の２匹の蛇の姿が描かれており、鞘から抜くと、蛇の口から２筋の炎が立ち昇るのが見えたという。ドラゴンは、テムズ川からカルパティア山脈に至るケルト文化圏に繰り返し現れる、特別な図像モチーフのひとつである。特に剣の鞘に刻まれていることが多い。たいていの場合、蛇（ラテン語では「ドラコー（draco）」）の体をした複数の怪物が組み合わさってＳ字形を作っており、これは縛める神にそなわる魔法の力を示唆している。ドラゴンはその頭がグリフォンや雄羊の頭に似ていて、対で描かれることが多い。アーサーの剣は、トゥアタ・デー・ダナン族がアイルランドへもちこんだ４つの神器のひとつ、「ヌアドゥ（Nuadu）王の剣」を思わせるものである。

〈剣の消失〉　中世フランス語散文で書かれた『アーサー王の死』によると、致命傷を負ったアーサーはアヴァロン島へ向かう前に、エスカリボールを湖に投げ入れるよう家臣ジルフレに命じる。するとまもなく奇跡がおこる（湖から手が現れ、剣をつかむ）。ジョエル・グリスヴァルドが指摘したように、これによく似たエピソードが、オセット族の神話に見つかる（それは英雄バトラズBatradzが亡くなる前に、彼の剣が海に投げこまれるという話である）。エスカリボールはアーサーの支配権を象徴しており、王権の行使と不可分の関係にあった聖なるオブジェ、「レガリア」の範疇に属する。ケルトの戦士が埋葬されるときには、その戦士が生前もちいた剣も、かならず一緒に墓へ収めることになっていた（こうしたケルト文明の特徴は、考古学的な発掘品によってはっきりと証明されている）。アーサー王がアヴァロン島へ向かう前に、エスカリボールは（「異界」のひとつである）湖の中へ投げ入れられ、剣の製作者の許へ返された。

【書誌情報】 F. Lot, «Étude sur la provenance du cycle arthurien», *Romania*, 25, 1896, pp. 1-2. J. Grisward, «Le motif de l'épée jetée au lac : la mort d'Arthur et la mort de Batradz», *Romania*, 90, 1969, pp. 289-340 et pp. 473-514. Ph. Walter, *Arthur, l'Ours et le Roi*, Imago, Paris, 2002, pp. 175-182. *Eurasie* (revue), 21, 2011 («Regalia. Emblèmes et rites du pouvoir»).

【邦語文献】　吉田敦彦「オセットの〈ナルト叙事詩〉とアーサー王伝説」C・スコット・リトルトン＋リンダ・A・マルカー（辺見葉子＋吉田瑞穂訳）『アーサー王伝説の起源―スキタイからキャメロットへ』青土社、1998年（新装版2017年）、pp. 449-479；小路邦子「エクスカリバーの変遷」『続　剣と愛と―中世ロマニアの文学』中央大学出版部、2006年、pp. 69-91；福井千春「シッドの剣」同書、pp. 425-456；多ケ谷有子『王と英雄の剣　アーサー王・ベーオウルフ・ヤマトタケル』北星堂、2008年。

⇒アカロン、エスカノール、ジルフレ、ドラ

ゴン、不可思議な武具、ベドワイエ、魔剣

エスカロット（の乙女）
Escalot (Demoiselle d')

中世フランス語散文で書かれた『アーサー王の死』に登場する、名があかされない乙女。ランスロに恋をした「エスカロットの乙女」は、ウィンチェスターでの馬上槍試合で彼女の袖を兜につけて戦うようランスロに頼みこむ。その後、乙女はランスロに愛を懇願するが、王妃を愛するランスロにはそれを受け入れることができない。やがて乙女は悲しみのうちに息絶える。乙女の亡骸は魔法の船に乗せられ、アーサー王が宮廷を開いていたカムロットの塔の下に流れ着く。亡骸の傍にあった施物袋に入れられていた手紙には、彼女が亡くなった理由がしたためられていた。愛に殉じて落命した乙女の遺骸は、カムロットの主教会に葬られた（エスカロットの名は、ほぼカムロットCamelotの綴りを並べ替えたアナグラムに等しい）。トマス・マロリーの作品ではこの乙女は「白いエレイン」（Elaine the white）という名で登場し、アストラット（Astolat）に住んでいた。

ランスロに恋い焦がれて息絶える
エスカロットの乙女

【書誌情報】F. Le Nan, *La Demoiselle d'Escalot (1230-1978). Morte d'amour, inter-dits, temps retrouvés*, L'Harmattan, Paris, 2005.

【邦語文献】 高宮利行『アーサー王物語の魅力―ケルトから漱石へ』秀文インターナショナル、1999年、pp. 166-206；多ケ谷有子「アスコラットの乙女と有子内侍」関東学院大学国際文化学部『OLIVA』第23号、2016年、pp. 17-32。

⇒カムロット

エストゥー・ド・ヴェルフイユ
Estout de Verfeuil

オック語による物語『ジョフレ』に登場する人物で、数多くの騎士を殺傷した。この人物の名エストゥー（Estout）は、ラテン語「ストゥルトゥス」（stultus、《愚かな》）や「ストリドゥス」（stolidus、《気の狂った》）だけでなく、古高ドイツ語「シュトルツ」（stolz、《仰々しい、豪華な、大げさな》）とも対応している。それでも12世紀のオック語とフランス語では、エストゥーの語義はむしろ「傲慢な」という意味に近かった（トマ作『トリスタン物語』には「傲慢男エストゥー」が出てくるが、「傲慢男」をさす「オルグイユー（Orgueilleux）」は「エストゥ」と同義である）。『ジョフレ』では、エストゥーは主人公ジョフレとの戦いで敗れている。ジョフレは（熊のような怪力で）両腕で相手を窒息させ、相手が身につけていた武具を奪いとる。エストゥーの鎖かたびらと兜は、壊れることがない武具（つまり魔法の武具）として知られていた。

⇒ジョフレ

エニジュス　Énygeus

ロベール・ド・ボロン作『聖杯由来の

物語』に登場する、アリマタヤのヨセフの妹。エブロンまたはブロンの妻。エニジュスの名は、《生まれのよい、高貴な》をさすギリシア語「エウゲニス」(eugenis) の綴りの順番を入れ替えて作られたアナグラムとして解釈されてきた(ウージェニー Eugénieという女性名もこの仲間である)。エニジュスがもうけた12人の息子のうち、アランを除く11人が結婚する。

【書誌情報】 P. Imbs, «Enygeus», *Bulletin bibliographique de la société internationale arthurienne*, 6, 1954, pp. 63-73.

⇒ブロン

エニッド　Énide

クレティアン・ド・トロワ作『エレックとエニッド』のヒロイン。リコラン (Licoranz) とタルスネシッド (Tarsenesyde) の娘。ラリュット (Lalut(h)) の生まれ。エレックはエニッドの代理騎士としてハイタカをめぐる戦いに参加してこれを制し、エニッドを妻に迎える。結婚後にエニッドは、エレックが騎士としての本分を忘れたことを非難する。そこでエレックはエニッドを連れて冒険の旅に出るが、つねに前を騎行するエニッドが賢明にも危険を知らせたおかげで、エレックは何度も救われる。一連の冒険の果てに、夫婦はクリスマスに戴冠式を迎えることになる。エニッドの名は (中期アイルランド語「フィン (find)」、ウェールズ語「グウィン (gwyn)」、ブルトン語「グウェン (gwenn)」と同じく)《白い、輝かしい》を意味し、妖精 (白い貴婦人) をさしている。ケルト起源の伝説によると、「白」は支配権を象徴する色である。ケルト人にとって女妖精 (バンシー) がその代表である。

【書誌情報】 A. Adler, «Sovereignty as the principle of unity in Chrétien's *Érec*», *Publications of the Modern Language Association of America*, 60, 1945, pp. 917-936. R. Bezzola, *Le Sens de l'aventure et de l'amour (Chrétien de Troyes)*, Champion, Paris, 1968.

⇒エレック、ハイタカ

エピノーグル　Épinogre

この名の人物は複数いる。1. マネシエ作『ペルスヴァル第三続編』のエピノーグルは、パルティニヤル (またはパルティネルPartinel、パルティニエルPartiniel) の伯父にあたる人物で、母親ブラングモール (Branguemore) を殺害する。ゴオンデゼールがとどまっていたカングラガン (Quingragan) 城を攻囲した。2.『メロージス・ド・ポールレゲ』のエピノーグルはベルキスの息子で、メリヤン・ド・リス (Méliant de Lis) の甥にあたる。父はエピノーグルをリドワーヌと結婚させようとして失敗する。3.『危険な墓地』のエピノーグルは、ゴーヴァンの戦友のひとりである。4.『エスカノール』のエピノーグルは「円卓」騎士団に属し、カラエ (Carahez) (またはカルエCarhaix) のエピノーグルとよばれているが、おそらく『危険な墓地』のエピノーグルと同一人物である。エピノーグルの名は、「エピーヌ」(épine、《茨》) と「オーグル」(ogre、《人食い鬼》) の組み合わせとして読むことができる。なぜ「茨」が「人食い鬼」と関連づけられているのだろうか？　おそらく「茨」が境界を表していたからである。「茨」は (農村の所有地を画する境界と同じく)「異界」の入口だった。このことはギリシア神話のロクロスの移住話が裏づけてくれる (ロクロス

Locrosの名にも、「人食い鬼」をさす「オーグル（ogre)」が見え隠れしている)。息子オプス（Opous）に権力を譲り、新天地を求めて旅立ったロクロスは神託により、《木の雌犬》に噛みつかれた場所で立ち止まるよう命じられる。その後、ノバラの茨（ギリシア語で《犬の茨》）を誤って踏み、数日進めなくなったことが神託の実現だと悟り、そこに新たな町を作ったという。

【書誌情報】 Ph. Walter, «L'épine ou l'arbre-fée», *PRIS-MA*, V/1, 1989, pp. 95-108.

⇒オルグイユー、人食い鬼

エフラム　Efflam

アルモリカ（フランスのブルターニュ）で崇敬されている、アイルランド出身の聖人。祝日は11月2日。12世紀か13世紀にラテン語で書かれた『エフラム伝』（*Vita Efflam*）には、アーサーと関連したエピソードがひとつふくまれている。それによると、毎年クリスマス・イヴに「トリスタン物語」のル・モロルトを思わせるドラゴンが、人身御供を求めてやってきた。アーサーは棍棒を使って何度もドラゴンを退治しようとしたが、うまくいかなかった。ドラゴン退治に成功するのは、聖エフラムである。比較項としてあげることができるのは、（冬至に）雷神とドラゴンが戦うヒッタイト神話である。「フラーム」（flam）は、古ブルトン語では《赤》、中期・現代ブルトン語では《炎》をさす。古ブルトン語で固有名として使われると、「フラーム」（flam）は《燃えるような、輝かしい》を指す（ウェールズ語「フラム（fflam)」にも同じ意味がある）。これはラテン語「フランマ（flamma)」からの借用語である。神話的に解釈すれば、雷神の役割を演じているのはエフラムということになる。聖エフラムの命日にあたる11月2日は、太陽の火が衰える時期に対応している。エフラムに評判を落とされたアーサー自身も太陽との関連が深く、「夏の土用」の時期に生まれている。

【書誌情報】 L. Fleuriot, *Dictionnaire des gloses en vieux breton*, Klincksieck, Paris, 1964, p. 171 (*flam*). B. Sergent, «Le dragon hédoniste», *Bulletin de la Société de mythologie française*, 193, 1998, pp. 15-35.

⇒11月1日、ドラゴン

エプリュモワール　Éplumoir

古フランス語では「エスプリュモワール」（esplumoir）。メルランだけに関係する不思議な場所で、（『散文ペルスヴァル』をはじめとした）複数の物語に暗示的な言及がある。『メロージス・ド・ポールレゲ』によれば、「エプリュモワール」は（巨石のような）岩山に近いとされているが、いずれの作品にもこの場所についての説明はまったくない。「エスプリュモワール」は、「エス」（es）と「プリュモワール」（plumoir）の組み合わせからなっており（それぞれ接頭辞の「エクス（ex)」の異本と動詞「プリュメ（plumer)」の派生語にあたる）、メルランが羽毛を失う場所であることが示されている。古英語の「マーリン」（merlin）はコチョウゲンボウをさす（これに相当する古フランス語「エスメリル（esmeril)」は《狩猟に使われるまだ羽毛が抜けかわっていない小さな鷹》をさす）。したがって「エプリュモワール」は、鳥メルランの羽毛が抜け変わる（あるいは変身する）場所ということになるだろう。アファナシエフの有名な民話のひとつ「鷹フィニストの羽根」は、白い鷹の羽毛から鳥男が変身するさまを描いている。占者が部分的に持っている鳥の性質はケルト文化圏でもはっきり認められ、スヴネの物語がその典型例である。

【書誌情報】 Y. Vadé, «Merlin, l'oiseau et le merlin», *Iris*, 21, 2000, pp. 41-56. C. Sterckx, *Des dieux et des oiseaux. Réflexions sur l'ornithomorphisme de quelques dieux celtes*. Société belge d'études celtiques, Bruxelles, 2000. Ph. Walter, «Merlin en ses métamorphoses : le cor et la plume», dans : F. Pomel éd., *Cornes et plumes dans la littérature médiévale*, Presses universitaires de Rennes, 2010, pp. 73-90. Afanassiev, *Contes populaires russes*, t. II, trad. par L. Gruel-Apert, Imago, Paris, 2010, pp. 332-337 (contes n° 179).

⇒ヴィヴィアーヌ、ウィルリス、パプゴー、メルラン

エブロン　Hébron

アリマタヤのヨセフの義弟の別名。普通はブロン（Bron）とよばれている。ロベール・ド・ボロン作『聖杯由来の物語』では、漁夫王の役割をになっている。この作品はあきらかに「グラアル」の物語をキリスト教的に解釈したバージョンである。旧約聖書によると、ヘブロン（Hebron）はケハト（Kehat）の息子たちのひとりだった（『民数記』３、19）。ヘブロンは兄弟たちとともに、《契約の箱、供え物の机、燭台、祭壇、それらにもちいられる聖なる祭具、幕、およびそれにかかわる仕事》を任されていた（『民数記』３、31）。そのため、エブロンという名の男が中世の伝説の中で、「グラアル」とよばれる「聖杯」の守護者になったとしても驚くにはあたらない。ウィリアム・ニッツェによると、エブロン（Hébron）が縮約されてブロン（Bron）という名になったのは、ウェールズ神話に登場する「魔法の大釜」の所有者ブラーン（Brân）との類似によるものだという。またヘブロンは地名でもあり、聖書の中で何度も言及されている近東の最古の町のひとつである（ヘブロンHebronの名は、「エブルー」（hébreu、「ヘブライの」）と同じセム語の語根と関連づけられる）。ヘブロンの町には族長たち（アブラハム、イサク、ヤコブ）の墓があり、ユダヤ人にとって重要な巡礼地だった。族長たちの墓所が発見されたのは、1119年のことである。ホノリウス・アウグストドゥネンシス（Honorius Augustodunensis）作『教えの手引き』（*Elucidarium*）によると、神が人間を創ったのはエブロンの町においてであり、その後人間は天国へ移されたという。『教えの手引き』は12世紀初めに書かれた百科全書的な神学書であり、学僧たちの間で広く流布していた。アリマタヤのヨセフが「聖杯」信仰を制定したのはエブロンの町で、この地名は徐々に人名として使われるようになっていった。

【書誌情報】 W. A. Nitze, «The identity of Bron in Robert de Boron's metrical *Joseph*», *Medieval studies in honor of G. Shoepperle Loomis*, 1927, pp. 135-145.

⇒アリマタヤのヨセフ、ブロン

エリアヴレス　Éliavrès

『ペルスヴァル第一続編』に登場する、王にして魔術師。カラドック王（カラドック（１））の妻イザーヴ（Ysave）（またはイゼーヴYsaive）に恋をしていたため、結婚後の３日間にわたり毎晩、カラドックが妻と交われないようにした。この時エリアヴレスは魔法を使い、カラドックを順に雌のグレーハウンド、雌豚、雌馬と交わらせた。よく似たエピソードが、中世ウェールズの『マビノギの４つの枝』の第四の枝「マソヌウィの息子マース」(*Math Fab Mathonwy*) に見つかる。それによると、雄鹿、雄猪、雄狼がそれぞれ雌のパートナーと交わって、3人の息子をもうけている [グウィネッズ領主マースは、罪を犯した甥のグウィディオンとギルヴァエスウィを罰するため、ふたりを1年ごとに異なる動物のつがいに変身させた]。ジョルジュ・デュメジルが提唱したインド=ヨーロッパ語族の三機能図式に従ってこの動物たちを象徴的に解釈すると、猪は第一機能 (主権性)、狼は第二機能 (戦闘性)、鹿は第三機能 (豊穣性) に対応している。このように、動物変身をともなうエピソードを社会の誕生のメタファーとしてとらえることができるかもしれない。

【書誌情報】 F. Le Roux et C. Guyonvarc'h, *La Société celtique dans l'idéologie trifonctionnelle et la Tradition religieuse indo-européennes*, Ouest-France, Rennes, 1991, pp. 176-184.

⇒**カラドック(1)**

エリザベル　Hélizabel

『散文ランスロ』に登場するペレス王の娘。ガラアドの母。アミットという別名をもつ。『メルランの予言』でコルベニックの《白い雌蛇》とよばれていることから、エリザベルには「異界」の女という性質、つまり妖精メリュジーヌ (Mélusine) のような [人間的な性質と動物的な性質という] 二重の性質があったと考えられるのではないだろうか。この予言によると、ベノイックから来た豹 (ランスロ) が自分の心臓を、ローグル国の王冠を戴いた雌蛇 (グニエーヴル) に委ねる。その後、豹は白い雌蛇 (エリザベル) とのあいだにエヴァラックの国を支配する定めにある王 (ガラアド) をもうける。生まれた子供は長じて善行を積み、直接天へ導かれる。蛇と魚の属性を同時にそなえた妖精メリュジーヌは人知れずおこなっていた水浴で有名であり、その水浴には謎めいた運命が隠されていた。同じように、ランスロがエリザベルと枕をともにする前には、桶に入った女が姿を見せていた (その女は体の中程まで桶につかり、その両脚は隠されたままだったが、間違いなく人間の脚ではなかった)。桶に漬かっていたこの女とエリザベルは、《白い雌蛇》という名の神話的表象でつながっている。(聖書の人物を思わせる響きをもった) エリザベルの名は、(ヨルダン川で洗礼をおこなっていた) 洗礼者ヨハネの母エリザベトにもとづくものであり、キリスト教の影響がうかがえる。

妖精メリュジーヌ

【書誌情報】 L. A. Paton, *Les Prophéties de Merlin*, d'après le ms. 593 de la Bibliothèque municipale de Rennes, New York et Londres, 1926-1927, t. 1, p. 178. C. Gaignebet, *A plus haut sens*, Maisonneuve et Larose, Paris, 1986, pp. 148-149. Ph. Walter, *La Fée Mélusine, le serpent et l'oiseau*, Imago, Paris, 2008.

【邦語文献】 篠田知和基『竜蛇神と機織姫―文明を織りなす昔話の女たち』人文書院、1997年。

⇒アミット

エリデュック Éliduc

マリー・ド・フランス作『エリデュックの短詩』の主人公。エリデュックは、フランス・ブルターニュの地でギルデリュエックと結婚したが、王宮から不当に追いやられ、騎士としての手柄を立てるためブリテン島へ出立し、しばらく妻を国に残す。それからイングランドで大きな勢力を誇る王に仕えたが、その国の王女ギヤドンがエリデュックに惚れこんでしまう。エリデュックはできれば王女と結婚したかったが、妻帯者だったため結婚に踏み切ることはしなかった［それでも帰国にあたり、愛する王女を伴って船に乗り、イングランドからブルターニュに向かう］。船上でエリデュックが既婚者であることを知らされたギヤドンは意識を失い、いつ意識がもどるか分からない「眠れる森の美女」のようになってしまう。イタチのもたらす奇跡のおかげで、眠ったままの美女は意識をとりもどす［死んだイタチを生き返らせるのに仲間のイタチが用いた花を、ギルデリュエックがギヤドンの口の中に入れた］。妻が尼僧になり身を引いたため、エリデュックはギヤドンと再婚するが、その後みずからも修道士となり、ギヤドンを最初の妻に託す。文学的な観点から見ると、エリデュックはふたりの女性のあいだで葛藤する男の話となっており、ふたりのイズーに愛されたトリスタンの話に似ている。また神話的な図式から見ると、（人間界と「異界」で）太陽神が行う二重の結婚の話に属している。この神話はおそらく、季節の移り変わりを説明してくれるはずである（「異界」での結婚は、冬と自然の死に対応している）。

【書誌情報】 J. Batany, «Le mari aux deux femmes, les deux Bretagne et l'Irlande», *Iris*, 29, 2005, pp. 73-88.

【邦語文献】 ステファニー・ブリュノ（渡邉浩司訳）「双子の姉妹の誕生―母神の足跡を辿って　紫式部『源氏物語』とマリ・ド・フランスの短詩『とねりこ』『エリデュック』の比較から」中央大学『仏語仏文学研究』第34号、2002年、pp. 57-90。

⇒イタチ、ギヤドン、ギルデリュエック

エリー・ド・トゥールーズ
Élie de Toulouse

『散文ランスロ』に登場する賢者。ガルオーに助言し、ガルオーが見た夢を解読するためにアーサーのもとへ送られた学僧の一団を率いた。別の箇所では、エリーは『メルランの予言』という題名の本から、メルランが語った話を書きとっている。エリーの名は、太陽と錬金術の火を操る預言者エリヤ（フランス語名エリー Élie）の名を想起させる。エリー・ド・トゥールーズが操るのは、秘教的な知識全体である（中世期にはこうした知識は「黒魔術（ニグロマンシー nigromancie）」とよばれた。「降霊術師」を指す「ネクロマン（nécromant）」は「ニグロマンシー」の派生語である）。そのためエリーは、謎解きとして引っ張りだこになる。この書斎派エリーと同じ名の人物はほかにもおり、エリー・ド・ボロン（Élie de Boron）は自分が『ギロン・ル・クルトワ』の著者であるだけでなく、『叫びの書（または物語）』の著者でもあると述べている。『叫びの書（または物語）』のフランス語版は現存しないが、スペイン語で書かれた現存する『賢者メルリンの断末魔』(*Baladro del sabio Merlin*) がこの作品のあらましを伝えてくれる。エリー・ド・ボロンはロベール・ド・ボロンの戦友にして盟友という役柄で登場するが、この名はどちらかといえば作家のペンネームである。

【書誌情報】 F. Bogdanow, «The Spanish Baladro and the Conte du Brait», *Romania*, 83, 1962, pp. 383-389. M. Stanesco, *D'armes et d'amours,* Paradigme, Orléans, 2002, pp. 261-279 (Nigromance et université).

⇒ガルオー、黒魔術、叫び、予言

エルカン軍団　Mesnie Hellequin

古フランス語の「メニー」(mesnie) は、《高名な人物の一族郎党》をさす。巨人が先導するこの幽霊の群れ（あるいはさまよう魂の行列）の名が初めて現れるのはオルデリク・ウィタリス（Orderic Vitalis）が著した『ノルマンディー教会史』(*Historiae ecclesiasticae*)（12世紀初め）であり、エルカン軍団（ラテン語名「ヘルレキヌスの一党（familia Herlechini)」）とよばれている。そして この神話は、オルデリク以前も以後も、中世の想像世界（イマジネール）において広く知られていた。アーサー王物語群にはエルカンの名が出てこないものの、この神話のバリエーションが複数見つかる。棍棒をもったこの巨人（人食い鬼あるいは野人）には別の名称もあり、イタリアのオトラント大聖堂のモザイク画に描かれたアーサー王自身も同じ姿をしている。ティルベリのゲルウァシウス（Gervais de Tilbury）が語る騎士の群れは、正午か満月が輝く頃に狩りをおこなっていた。その騎士たちは人々から問いかけられると、《アーサーの一族郎党》の者だと答えたという。『散文ペルスヴァル』の結末でブルトン人が伝えるところによると、アーサー王はアヴァロン島へ旅立って姿を消した後も、ブルターニュの森で猟犬たちとともにさまよいながら狩りをつづける姿が見られたそうである。キリスト教はこうした彷徨を罰としてとらえた。このような解釈は、煉獄という発想が進展したことと軌を一にしている。（地獄と天国の中間に位置する）第三の場所である異界（煉獄）で、魂が生前の罪を贖っているのである。

【書誌情報】 C. Lecouteux, *Chasses fantastiques et Cohortes de la nuit au Moyen Âge*, Imago, Paris, 1999, pp. 74-75 (nouvelle éd. 2013, sous le titre *Chasses infernales et Cohortes de la nuit au Moyen Âge*). Ph. Walter, «La *Mesnie Hellequin*: mythe calendaire et mémoire rituelle», *Iris*, 18, 1999, pp. 51-71. K. Ueltschi, *La Mesnie Hellequin en conte et en rime. Mémoire mythique et poétique de la recomposition*, Champion, Paris, 2008.

【邦語文献】 蔵持不三也『シャリヴァリ―民衆文化の修辞学』同文館、1991年、第2章。

⇒アルパン、雄山羊

エレック　Érec

アーサー王に仕える騎士で、クレティアン・ド・トロワ作『エレックとエニッド』の主人公。（クレティアンの作品の中で、タイトルにカップルの名が記されている唯一の物語）『エレックとエニッド』を、ハルトマン・フォン・アウエはドイツ語で翻案した（『エーレク』）。ラック（Lac）王の息子エレックは、ハイタカをめぐる戦いを制し、エニッドを妻として獲得する。同じ年齢階層のライバルたちと対決し、鳥を賭けた儀礼的な戦いに勝利したため、エレックはその年の王または青年の王として認められる（賭けられていた鳥は『エレックとエニッド』ではハイタカだが、中世期の青年団では雄鶏だった）。結婚後に騎士としての本分を忘れたと妻から非難されたエレックは、（妻に助けられながら）一連の試練を制していく。これらの試練を、エレックが王として即位するまでに必要な同数の通過儀礼として理解する必要がある。通過儀礼を締めくくるのは、（冬至の時期に相当する）クリスマスの日にナント（Nantes）の町でおこなわれる戴冠式である。エレックにそなわる太陽英雄としての側面は、戴冠式において彼がまとったマントや、彼が座った玉座に施された刺繍の一連のエンブレム（なかでもトロワTroyesで行われる豊作祈願祭（ロガシヨン）のドラゴンをさすコカドリーユcocadrille）によってあきらかである。中世の学僧にとってエレックの名は、ヘラクレス（Herakles、フランス語名エルキュールHercule）の名を示唆する。ヘラクレスは、古代ローマの著作家（なかでもマクロビウス）によって太陽の化身と解釈されていたからである。

【書誌情報】 C. Gaignebet et J.-D. Lajoux, *Art profane et Religion populaire au Moyen Âge*, P.U.F., Paris, 1985, pp. 170-173. J.-P. Allard, *L'Initiation royale d'Érec, le chevalier*, Archè, Milan et Paris, 1987 (concerne Hartmann von Aue). Ph. Walter, «Chrétien de Troyes et Macrobe (*Érec et Énide*, v. 6730-6733)» dans : M. Courrent éd., *Transports. Mélanges offerts à J. Thomas*, Presses Universitaires de Perpignan, 2012, pp. 325-337. Du même auteur : «Érec et le cocadrille : note de philologie et de folklore médiéval», *Zeitschrift für romanische Philologie*, 115, 1999, pp. 56-64.

【邦語文献】 神沢栄三「〈couple courtois et royal〉の探索―*Erec et Enide*の世界」『名古屋大学文学部研究論集』第70号、1977年、pp. 153-176。

⇒エニッド、慣例、宮廷の喜び、群島のブリアン、ちびのギヴレ、ハイタカ、マボナグラン

エレーヌ(1)　Hélène (1)

スペインのオエル（Hoël）王の娘、アーサーの姪にあたる。巨人ディナビュックに連れ去られて凌辱された若きエレーヌは、トンブレーヌ島に聳えるモン＝サン＝ミシェルのすぐ近くに埋葬された。トンブレーヌ（Tombelaine）という名は、（ヴァースやそのほかの著作家たちによって）民間語源説から「エレーヌの墓（トンブ）」と解釈されていた（実際には、トンブレーヌの最初の部分「トゥム（*tum）」は《高み》や《丘》を意味し、つづくふたつの部分「エル（el-）」と「アン（an-）」はいずれも指小辞である。トンブレーヌは、「大きな山」であるモン＝サン＝ミシェルとの対比により「小さな山」を指している）。エレーヌの名は、《雄鹿》や《雌鹿》をさすインド＝ヨーロッパ語「エレン」（elen）と関連している（古スラヴ語では「イエレニィ（jeleni）」、アルメニア語では「エルン（eln）」、ギリシア語では「エラポス（elaphos）」、ウェールズ語では「エラインン（elain）」）。周知のとおり、「白い雌鹿」は大女神の化身のひとつである。

⇒白い雌鹿

エレーヌ(2)　Hélène (2)

バン王の妻で、ランスロの母。ダビデ王の一門に属する。夫が亡くなったとき、息子のランスロが「湖の貴婦人」に誘拐される。そのためエレーヌは《大きな悲しみを抱えた王妃》という異名でよばれるようになり、修道院で最期を迎える。

【邦語文献】 渡邉浩司「『ランスロ本伝』の「苦しみの砦」エピソードをめぐる考察」中央大学『仏語仏文学研究』第45号、2013年、pp. 1-33。
⇒バン（ベノイック王）、ランスロ

円卓　Table ronde

「円卓」への言及はジェフリー・オヴ・モンマスの著作にはなく、1155年頃にヴァースが書いた『ブリュット物語』に初めて登場する。（『ブリュット物語』によると）アーサーは「円卓」を、着席する騎士たちがすべて平等で、だれも上席を占めていると自慢できない場所にした（これは政治的でもっぱら世俗的な解釈である）。これに対しロベール・ド・ボロンはその半世紀後、「円卓」をキリスト教的に解釈した。ロベールは『メルラン』の中で、メルランがユテル・パンドラゴン王のために「円卓」を発明したと述べている。このように「円卓」が再び発明されたのは、他のふたつのテーブルとの象徴的な対応を重視したからである。そのふたつのテーブルのうちのひとつはキリストが使徒たちと最後の食事をとった「最後の晩餐のテーブル」であり、もうひとつは漁夫王がペルスヴァルと夕食をともにした「グラアルのテーブル」である。［普通の食器ではなく不可思議なオブジェとしての］「グラアル」が初めて姿を見せたのは、クレティアン・ド・トロワ作『グラアルの物語』である。散文物語群の描く「円卓」は、「聖杯（グラアル）」についてのキリスト教的な啓示と「聖杯」にそなわる異教の秘密をとけあわせている。また複数の作品に、天文学的かつ宇宙論的な「円卓」の解釈が見られる。ベルールは『トリスタン物語』の中で、「円卓」が惑星のように《回転する》姿を描いている。『聖杯の探索』の説明によれば、このテーブルが《円い》のは世界の球形と、惑星が循環する天球の球形を模倣しているからだという。つまり「円卓」は、黄道帯を地上に投影したものである。「円卓」は天の円盤であるのと同時に、「時」の車輪でもある（天の円盤についてはドイツ中央部で発見された青銅の円盤「ネブラ・ディスク」(Himmelsscheibe von Nebra)

ウィンチェスター城の円卓

アーサー王宮廷にガラアドが到着

を参照)。なぜならアーサー王配下の騎士たちは慣例で、「円卓」の周りに集まるからである。おそらくこうした象徴的な意味で「円卓」に相当するのが、十字架と回転する円を重ねあわせたケルト十字である。ケルト十字の4つの枝は、ケルト人の4つの大祭に対応している(この4つの大祭が開催される時期にアーサー王の宮廷は開かれている)。「円卓」を解釈するにあたって、実は「巨人族の輪舞」[メルランがアイルランドから運ばせた巨石を組み立てて作ったとされる環状列石]についてもあわせて考えなければならない。なぜなら(ロベール・ド・ボロンによれば)メルランがこのふたつを順に作りあげたからである。「円卓」と「巨人族の輪舞」というふたつの発明は双子の関係にある。考古学的・天文学的研究によると、ストーンヘンジ(Stonehenge)の主要な軸は夏至の時期の太陽の昇没を示しているという。『双剣の騎士』によると、「円卓」の周りに席を占めることができるのは366人の騎士(閏年の日数)である。また「円卓」の回転は、あきらかにヒンドゥー教の「チャクラ」(chakra)を想起させる。「チャクラ」という言葉はサンスクリット語で《車輪》や《円盤》をさす。これはギリシア語の「ディスコス」(diskos)と同義であり、ベルールの物語で「円卓」をさす「ドイス」(dois)はラテン語「ディスクス」(discus)に由来する。古代インドでは、黄金や銅や鉄でできた円盤が王権の象徴だった。「チャクラヴァルティン」(chakravartin、「転輪聖王」)は《人間の生成の車輪を回転させる者》のことである[「チャクラ」は「輪」、「ヴァルティン」は「動かす者」の意]。この平らな円盤はヴィシュヌの象徴的持ち物であり、ヴィシュヌは「アーディトヤ」(aditya、《太陽》)である。アーサー王伝説では「円卓」はアーサーの象徴的持ち物であり、アーサーもまた「夏の土用」の時期(8月1日)に生まれた太陽英雄である。そのため円盤(古フランス語では「ドイス(dois)」)はインド=ヨーロッパ的な、なかでもケルト的な「時」の表象となっている。「円卓」に着いたアーサー王は車輪をもつ神の化身、すなわちみずからは不動のまま車輪を動かす者であり、絶対的な中心かつ「時」の軸なのである。アーサーが車輪の回転にかかわることはないが、回転にはアーサーの存在が必要不可欠である。このことから、アーサーが果たしている実に奇妙な役割の意味が浮かびあがってくる。アーサーは自分の周囲で起きるすべてのことを、受動的に耐え忍んでいる。無気力なまま、冒険の主導権を他人に任せているのである。

【書誌情報】 M. Delbouille, «Le témoignage de Wace sur la légende arthurienne», *Romania*, 74, 1953, pp. 172-199. A. Micha, «L'origine de la Table du Graal et de la Table ronde chez Robert de Boron», *Romance philology*, 1955, pp.173-177. Du

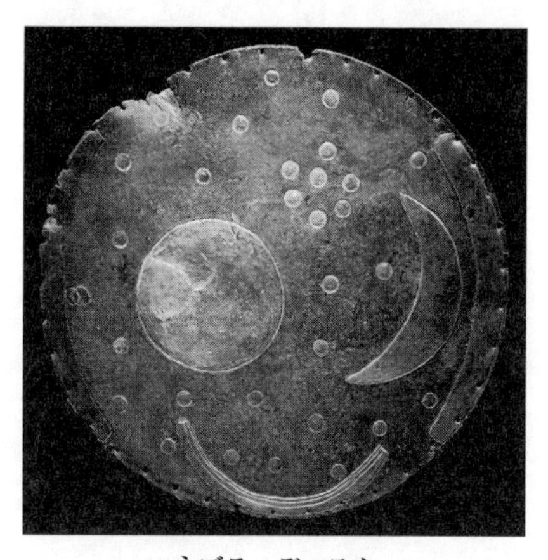

ネブラ・ディスク

même auteur: «La Table ronde chez Robert de Boron et dans la *Queste del Saint Graal*», *De la chanson de geste au roman,* Droz, Genève, 1976. J. Chocheyras, «Table Ronde et cercle zodiacal», *Les Temps médiévaux,* 15, 2004, pp. 18-25.

【邦語文献】 佐佐木茂美「アーサー王伝説のオブジェ「円卓」・その一考察」『流域』第15号、1984年、pp. 99-118；フィリップ・ヴァルテール（渡邉浩司訳）「『聖ブランダンの航海』（12世紀）が描くユダの劫罰―インド＝ヨーロッパ起源のモチーフ「輪廻の車輪」をめぐって」篠田知和基編『罪と贖罪の神話学』楽瑯書院、2012年、pp. 63-70。

⇒アーサー(フランス文学)、カラノーグ、危険な座席、巨人族の輪舞、暦、占星術、メルラン

「円卓」の騎士たち

Chevaliers de la Table ronde

物語群の中では、《アーサー王のテーブル》、《円卓》、あるいはもっと簡潔に《テーブル》という表現が使われている。「円卓」は、王の家臣たちが騎士団に所属していることを強調している（この騎士団は戦いよりも宮廷風礼節に重きを置いている）。12世紀に韻文で書かれた物語群では、「円卓」騎士団のしきたりは程度の差はあれ、にわか仕立てであった。しかし13世紀の散文作品（『アーサー王の最初の武勲』や『散文ランスロ』）で、騎士団の儀礼や道徳上の掟の成り立ちが「遡及的に」説明されるようになった。

〈騎士名のリスト〉『エレックとエニッド』の中でクレティアン・ド・トロワは、「円卓」騎士団に属する騎士たちの名を序列順にまず10名あげている。《すべての立派な騎士たちの筆頭に》くるのはゴーヴァンであり、2番目がエレック、3番目がランスロ、4番目がゴルヌマン・ド・ゴオール、5番目が「臆病な美丈夫（ボー・クアールBeau Couard）」、6番目が「勇敢な醜男（レー・アルディLaid Hardi）」、7番目がメリヤン・ド・リス（Meliant de Lis）、8番目が「賢人モーデュイ」（Mauduit le sage）、9番目が「野人ドディーヌ（ドディネル）」、10番目がゴードリュット（Gaudelut）である。これに続いて列挙される約20名には序列がない。列挙される名は順に、勇者イヴァン、庶子イヴァン、トリスタン、ブリヨブレリス、短い腕のカラドック、カヴロン・ド・ロベルディック（Caveron de Roberdic）、ケヌディック（Quenedic）王の息子、カンタレユス（Quintareus）の従僕、「苦しみの山」のイデール、ガウリエ、クー・デストロー（Keu d'Estraus）、アモーガン（Amauguin）、禿げ頭のガレ（Galet le Chauve）、ジルフレ、トーラ、ロオ、サグルモール、ベドワイエ、ブラヴァアン（Bravaïn）、ロット、ガルガンタン・ル・ガロワ（Galegantin le Galois）である。以上の人物の中には、端役にすぎない者や影が薄いままの者もいる。後に書きつがれていく物語群で主役の座を演じるのは、一握りの人たちにかぎられる（特筆すべき騎士は、ゴーヴァン、エレック、ランスロ、イヴァン、ジルフレまたはジョフレ、トリスタン、カラドック、イデールである）。このリストにペルスヴァルの名が出ていないのは、クレティアン・ド・トロワの作品群に彼が後から突如登場することを示唆しているように思われる（クレティアンが著したアーサー王物語の現存第一作は『エレックとエニッド』、最後の作品は『グラアルの物語』である）。

〈戦士団〉中世ウェールズの物語『キ

ルフーフとオルウェン』には、《アーサー（アルシール）の戦士たち》の名を伝える別のリストが登場する（この作品では「円卓」は出てこない）。このリストには260人の名が列挙されているが、その中には動物名もふくまれている。そのためリスト全体はあきらかに、「ベルセルク」（《熊皮をまとった戦士》）タイプや（アイルランドの）「フィアナ戦士団」タイプの野獣戦士団に一層近いものとなっている。フランソワーズ・ルルーとクリスティアン・ギュイヨンヴァルフはこうした戦士団を、《ひとりの指揮官が統率するプロの戦士軍団》であり、《さまざまな冒険に挑むことだけで生計を立てている軍人階級》だと説明している。このような戦士名の列挙は、叙事詩（ホメロスやウェルギリウスの作品など）で用いられた常套的な手法であり、武勲詩にも見つかる。

【書誌情報】 M. Éliade, *Initiation, Rites, Sociétés secrètes*, Gallimard, Paris, 1959［ミルチャ・エリアーデ（前野佳彦訳）『加入式・儀式・秘密結社』法政大学出版局、2014年］.

⇒**円卓**

オ

甥　Neveu

アーサー王文学に（武勲詩と同じく）伯父（叔父）と甥が頻出するのは、神話物語群が生まれた時期にケルト文化圏が背景にあったためである（叙事詩的な伝説についてはゲルマン文化圏の影響も考えられる）。ほとんど出てくることのない息子たちの代わりに登場するのが甥たちであり（たとえばゴーヴァンとモルドレッドはアーサーの甥であり、トリスタンはマルクの甥である）、伯父（叔父）たちはかならず母方の一族に属している。こうした文明の特徴をもつ古代（ケルトやゲルマン）の社会では、親族の構造は「家父長」（パテルファミリアース）を中心としたローマ法にもとづいて作られてはいなかった。ケルト人によくある母系タイプの家族では、姻戚関係の礎は母方の一門にあった。そのため、父親（生みの親）ではなく母親の兄弟が一族で重要な位置にあった。「里子制度」という慣例に従って、伯父（叔父）が甥に（主として）戦士になるための修業をさせた。このように、若者が雄々しい戦士になる手ほどきを母方の伯父（叔父）がおこなったのである。

【書誌情報】 W. A. Nitze, «The sister's son and the *Conte du Graal*», *Modern Philology*, 9, 1912, pp. 291-322. R. Bezzola, «Les neveux», dans : *Mélanges de langue et de littérature offerts à Jean Frappier*, Droz, Genève, 1970, pp. 89-114.

黄金島　Ile d'Or

ルノー・ド・ボージュー作『名無しの美丈夫』に登場する妖精「白い手の乙女」の国。「黄金島」は、中世アイルランドの「イムラヴァ」（航海譚）伝承に登場する「異界」の島々に似ている。人間の時間と諸現象の通常の因果関係とは無縁のこの島は、魔法に好都合な場所である。ある人間の周囲に（夢をもちいて）恐るべき別世界という幻影を作り出す魔法は、「白い手の乙女」が使うものである。このモチーフはフォークロアの伝承に属している（アイルランドには典型的な類例が見つかる）。また、ホメロス作『オデュッセイア』に登場するキルケの魔法も想起させる。妖精が主人公に課す一連の試練は、（民話の国際話型

313番のヒロインである）「悪魔の娘」が歓待への見返りとして主人公に課す多くの難題と関連している。

【書誌情報】A. H. Krappe, «Guinglain chez l'enchanteresse», *Romania*, 58, 1932, pp. 426-430. Ph. Walter, Le Bel Inconnu *de Renaut de Beaujeu. Rite, mythe et roman*, P.U.F., Paris, 1996, pp. 129-144. C. Guyonvarc'h, *Magie, Médecine et Divination chez les Celtes*, Payot, Paris, 1997, pp. 323-344.

⇒島、白い手

黄金の輪　Cercle d'Or

『トーレック』（ネーデルランド語による物語）や『ペルレスヴォース』で重要な役割を果たす装飾品。女性の登場人物がもっていることが多い。『ペルレスヴォース』に出てくる「黄金の輪」はキリストが被らされていた茨の冠をなぞったものにすぎないが、それでも支配権のエンブレムであることには変わりがない（こうした考え方とその象徴はケルト的である）。「黄金の輪」の役割は、ケルト人が身につけていた「トルク」の役割に似ている。トルクとは地位の高さを示す首環であり、螺旋状に撚った房をはじめとした原初的な神話モチーフが豪華に装飾されている。トルクはケルトの王侯たちの身分を象徴する物品（「レガリア」）のひとつだった。

【書誌情報】V. Kruta, *Les Celtes, Histoire et dictionnaire*, Laffont, Paris, 2000, p. 843. C. Sterckx, «Les *regalia* des Celtes», *Eurasie*, 21, 2011, pp. 187-232.

【邦語文献】　鶴岡真弓『ケルト美術』ちくま学芸文庫、2001年。

⇒トーレック、マリオール

雄牛　Taureau

古フランス語で「雄牛」は「トール」（taur）といわれていた。（オック語で書かれた唯一のアーサー王物語）『ジョフレ』の冒頭には、不可思議な雄牛が登場する。アーサーがその雄牛の角をつかむと、角にぶらさがったまま連れていかれる。雄牛は岩山の上から谷底へアーサーを投げすてるふりをするが、突如騎士の姿にかわる。それは技芸や魔法を体得したアーサー王宮廷で最良の騎士だった。この騎士の名はあかされていないが、「雄牛」をさす古フランス語とぴったり対応するトール（Tor、アレスの息子）なのかもしれない。雄牛に変身した騎士がアーサーを連れ去るエピソードがケルト神話の断片だと考えられるのは、物語で牛のモチーフが再び出てくるからである。物語の中盤では、ブリュニッサンに仕える牛飼いがジョフレから人々が叫び声をあげる理由を聞かれて激怒し、車を牽いていた4頭の牛を殺めてしまう。また物語の結末近くには巨大な怪鳥が現れ、アーサー王を連れ去る。この怪鳥をおびきよせるには、5頭の牛を犠牲にしなければならなかった。物語の大団円では、「ジベルの妖精」がゴダントール（Godentaur）という名の家令に命じ、恩人ジョフレのお供たちに金銀財宝を分配させる。牛と関連したエピソード群と物語自体の意味は、ピレネー地方に伝わる民話『牛の木』（*L'Arbre du boeuf*）によってあきらかになる。この民話には、（豊穣の角と神聖な食べ物をもった）原初的な雄牛のモチーフのほか、牛飼い、森での通過儀礼、「異界」への旅といった、『ジョフレ』にもくりかえし出てくる多くのエピソードが見つかるからである。

オエル　Hoël

⇒ホエルス

財宝を配るガリアの神。両側にはアポロンとメルクリウスがおり、足下に控える1頭の雄鹿と1頭の雄牛の上に硬貨が流れ落ちている。(ランス美術館所蔵、ガロ=ローマ期の石碑)

【書誌情報】 G. Maugard, «Tarvos Trigaranus. Du taureau primordial et de l'arbre de vie», *Ogam*, 11, 1959, pp. 427-433. M.-R. Jung, «Lecture de Jaufré», *Mélanges offerts à Ch. T. Gossen*, Francke, Berne, 1976, pp. 427-451.

⇒ゴダントール、ル・トール

大ぼら　Gab

古フランス語「ガブ」(gab) は普通、《嘲笑、冗談、冷やかし》を意味する。フレデリック・ゴドフロワは『中世フランス語辞典』の中で、17世紀の歴史家の例を引用している。この歴史家は『アマディス・デ・ガウラ』[16世紀のスペインで人気を博した騎士道物語] で、「大ぼら」が貴族社会ではからかいと絶妙な風刺を混ぜあわせた言葉遊びとして使われることを示している。事実『アマディス・デ・ガウラ』はこうした言葉遊びを、「大ぼら」が戦士階級の専有物として出てくるアーサー王物語や武勲詩から受けついでいる。「大ぼら」には儀礼的な性質がありコード化されているため(家令騎士クウがこれを得意としている)、アイルランドの神話物語に出てくる口論との比較が可能になる。たとえば [アイルランドのアルスター物語群に属する]『ブリクリウの饗応』(*Fled Bricrenn*) では、食卓についた戦士たちが自慢話や挑発をぶつけあっている。シケリアのディオドロス (『神代地誌』第五巻、28章) によると、ケルト人は「宴が進むあいだにも、なんらかの主題をきっかけにいい争いに入り、挑発をたがいにくりかえした上で一騎討ちにいたるのがつねだった」。こうした慣習の古い来歴は、ヴェーダ期のインドでおこなわれた論戦までさかのぼることができる。

【書誌情報】 F. Godefroy, *Dictionnaire de l'ancienne langue française*, Vieweg, Paris, 1881, t. 4, pp. 197-198. F. B. J. Kuiper, «The ancient Aryan verbal contest», *Indo-iranian journal*, 4, 1960, pp. 217-281. J. L. Grigsby, *The «Gab» as a Latent Genre in Medieval French Literature: Drinking and Boasting in the Middle Ages*, Medieval Academy of America, Cambridge (USA), 2000. W. Sayers, «Germanic *gabben*, old french *gaber*, English *gab*: heroic mockery and self-promotion», *Selim*, 17, 2010, pp. 79-90.

【邦語文献】『アマディス・デ・ガウラ』「第一の書」冒頭から第10章 (福井千春訳) 中央大学『中央評論』通巻第286号〜第294号、2014年1月〜2016年1月で連載。

⇒クウ

オクトール　Auctor

家令クウの父、アーサーの養父。メルランは生まれたばかりのアーサーの養育をオクトールに託した。オクトールには、アントール（AntorまたはEntor）という別名がある。トマス・マロリーはこの人物をエクター（Ector）とよんでいる（しかし『アーサーとマーリン』ではアントールの形が残されている）。《コールの》オクトールとよばれることもある（「コール（Cors）」は地名）。『アーサーの書』や『アーサー王の最初の武勲』によると、オクトールはアーサーの側で戦っている。オクトールの名は、ラテン語「アウゲオー」（augeo）に由来する「アウクトル」（Auctor）からきちんと解釈できるが、これは《大きくする者、または発育させる者》という意味である。この名により、オクトールの養父としての役割が明確になっている。

【書誌情報】A. Ernout et A. Meillet, *Dictionnaire étymologique de la langue latine*, Klincksieck, Paris, 1967, pp. 56-57 (augeo).

⇒クウ

オークニー　Orkney

⇒オルカニー

臆病な美丈夫（ボー・クアール）Beau Couard

クレティアン・ド・トロワ作『グラアルの物語』のふたつの続編作品（『第二続編』とジェルベール・ド・モントルイユ作『第四続編』）に登場するゴーヴォワ（Gauvoie）伯の息子。醜いロゼット（Rosette）を愛するこの気障な男は、怪我をしたり容貌を損なわれたりすることを恐れていたので、騎士として武勇を見せるよりも臆病者だと非難されることを選ぶと宣言した（クレティアン・ド・トロワの続編作家の説明によると、「円卓」に席を占めることができるのは、顔に切り傷のある騎士だけだったという）。最初はなよなよとしていたこの騎士は、驚くべき真価を徐々に発揮し、「勇敢な美丈夫（ボー・アルディ Beau Hardi）」という異名をもつまでになる。類例として想起されるのは、民話によく登場する素朴な少年が一連の試練を通じて驚くべき能力の持ち主であることが判明するというものである。『クラリスとラリス』によると、「臆病な美丈夫（ボー・クアール）」は騎士に変装した３人の乙女たちとの戦いを余儀なくされる。「臆病な美丈夫」は、美貌の騎士は必然的に勇士であるという、貴族社会の先入観を裏づけている。さらには「良い血は嘘をつかない」という中世の諺を具現している。高貴な生まれは必然的に高貴な美徳を当事者に求め、身体が美しければ必ず心も美しいというのが、この諺の意味するところである。

【書誌情報】E. Brugger, «Der schöne Feigling in der arthurischen Literatur», *Zeitschrift für romanische Philologie*, 61, 1941, pp. 1-44; 63, 1943, pp. 123-173 et pp. 275-328 et 65, 1949, pp. 121-192 et pp. 289-433.

オグラン　Ogrin

ベルール作『トリスタン物語』に登場する、「モロワの森」に住む隠者。オグランの名は、「異界」の主として途方もない財宝をもっている人食い鬼（「オーグル（ogre）」）の名を想起させる（民話の国際話型328番「少年が巨人の宝を盗む」を参照）。オグランは（すべての聖職者と同じく清貧の誓いを立ててはいるが）、粗末な服をまとっていたイズーのためにコーンウォールのモン＝サン＝ミシェルの市場で（どんなお金を使ったのか分からぬものの）豪華な服を買いそろえるだけの財力をそなえている。「人食い鬼（オーグル）」というのは、「野人」をさす呼称のひとつである。２月26日は、オガン（Ogan）あるいはオグリン（Ogrin）という名のアイルランドの司教（聖人）の祝日となっている。オガン（Ogan）の名は、北欧のルーン文字に匹敵するケルトの文字をさす「オガム」（ogam）というケルト語に由来する。オガム文字は基本的に魔術や占術にもちいられ、これを（刻みつけるために）木材がよく使われた。またオガム文字にはそれぞれ、さまざまな種類の樹木の名がつけられていた。またベルールの物語によれば、オグランは文字を上手に操ることができた。彼の書いた手紙は奇跡的にトリスタンとイズーをマルク王と和解させるが、これは（《方便としての嘘》と述べられている）嘘をもちいた見事なレトリックが功を奏するからである。オグランの背後に隠されているのはケルトの雄弁の神であり、オガム文字（書くための文字）の発案者とされる神オグマ（Ogma）である。

オガム文字
（アイルランド、ケリー州）

【書誌情報】 Ph. Walter, *Le Gant de verre. Le mythe de Tristan et Yseut*, Artus, La Gacilly, 1990, pp. 209-212.

【邦語文献】 渡邉浩司「ベルール『トリスタン物語』における隠者オグランの謎」中央大学『仏語仏文学研究』第33号、2001、pp. 1-16。

⇒隠者、野人

雄鹿　Cerf

ケルト文化圏とアーサー伝承に出てくる動物の中で鍵になる動物。こうした動物に、雄鹿と並んで猪や鮭も同じように属している。雄鹿は原初的な動物と考えられ、天地開闢の頃から存在したドルイド僧とのつながりがあり、古代ローマ人もこうした伝承を知っていた。プリニウス（『博物誌』第八書第50章）によると、雄鹿が長生きすることは紛れもない事実だった。プリニウスの説明によると、アレクサンドロス大王の時代の雄鹿たちが大王の死後100年以上経った頃に捕らえられたとき、大王が雄鹿たちの首につけた金の首飾りがそのまま見つかったという。

〈神の示現〉　ケルト人が崇拝する神々は決して人間の姿で描かれることはなく、雄鹿は神々の取る姿のひとつだった。ガロ＝ローマ期の浅浮彫り（たとえばフランス北東部の町ランスで出土したもの）には、雄鹿姿の神が豊穣神として描かれている。アイルランドの占者トゥアン・マク・カリル（Tuan mac Cairill）は、雄鹿、猪、鷹、鮭へ順に変身する。フィン（Finn、《白》）の息子は、オシーン

5つの枝角を生やした雄鹿の姿で
ローマ皇帝の前に現れたメルラン
（ボン大学図書館526番写本）

雄鹿　ガロ＝ローマ期の青銅像

ケルヌンノス（ゴネストロップの大釜）

鹿の耳を持った後期旧石器時代の
「野獣の主」的な男神

トロワ・フレール（南フランス　アリエージュ県）の洞窟の岩壁に描かれたこの男神は、トナカイの角、フクロウの目、馬の尻尾を持っている。

（Oisín、《小鹿》）という名である。『ティヨレの短詩』では、雄鹿に変身した騎士が主人公の若者の前に姿を見せる。彼はおそらくティヨレの父である。短詩やケルト語圏の物語に数多く出てくる「異界」の白い雄鹿は、同一の神話的土台から派生している。

〈神聖視された角〉　ガリアでは、雄鹿の角が護符として使われた。ケルヌンノス（Cernunnos、「角が生えた者」）は、角を生やした姿で描かれたケルトの神の名を復元したものである。「ゴネストロップの大釜」（占星術および神話の象徴がちりばめられた祭祀用の器）に描かれたケルヌンノスは、雄鹿の角を生やした「動物たちの主」である。このように角が生えた神の来歴は、インド＝ヨーロッパ期よりも古い。その証拠に［後期旧石器時代のものとされる］モンテスキュー＝アヴァンテス（南フランス・アリエージュ県）のトロワ・フレール（Trois-Frères）の洞窟の岩壁には、（変装したシャマンを思わせる）後脚で立ち上がった雄鹿が描かれている。メルランはケルヌンノスの属性を受けついでいる可能性がある。なぜなら古フランス語作品に認められるメルランの唯一の動物への変身は、『アーサー王の最初の武勲』が伝えるように、５つの枝角を持つ、足のひとつが白い雄鹿への変身だからである。キリスト教は、１月の仮装行列（カルナヴァル）のときにおこなわれていた雄鹿への変装を厳しく断罪し、先祖代々つづくこの風習を《魔女の宗教》のうちに数え、辺鄙な地域に住む人々のもとへ追いやった。こうして「角が生えた者」は悪魔と同一視されるようになってしまったのである。

【書誌情報】A. de Gubernatis, *Mythologie zoologique*, Durand, Paris, 1874, t. 2, pp. 87-94. M. Meslin, *La Fête des calendes de janvier dans l'Empire romain*, Latomus, Bruxelles, 1970, pp. 87-89. C. Ginzburg, *Le Sabbat des sorcières*, Gallimard, Paris, 1992［カルロ・ギンズブルグ（竹山博英訳）『闇の歴史―サバトの解説』せりか書房、1992年］. C. Donà, *Per le vie dell'altro mondo. L'animale guida e il mito del viaggio,* Rubbettino, Soveria Mannelli, 2003. C. Goudineau, *Religion et Société en Gaule*, Errance, Paris, 2006, pp. 53-77 (vase de Gundestrup). D. Gricourt et D. Hollard, *Cernunnos, le Dioscure sauvage*, L'Harmattan, Paris, 2010. Ph. Walter, «Merlin en ses métamorphoses : le cor et la plume» dans F. Pomel éd., *Cornes et Plumes dans la littérature médiévale. Attributs, signes et emblèmes*, Presses Universitaires de Rennes, 2010, pp. 73-90.

【邦語文献】 渡邉浩司「《グリザンドールの話》におけるメルランの雄鹿への変身（『アーサー王の最初の武勲』422～454節）」篠田知和基編『神話・象徴・図像I』楽瑯書院、2011年、pp. 337-367。

⇒イデール、犬、エリアヴレス、エレーヌ⑴、雄鹿の石板、カメル・ド・カモワ、慣例、ギジュマール、グウェンドレーナ、車の乙女たち、ゴダントール、魚釣り、叫び、白い雄鹿、ジルフレ、ティヨレ、変身、魔法の杖、メリヨン、メルラン、ル・モロルト

雄鹿の石板　Perron du Cerf

後期流布本系『続メルラン物語』に言及のある大理石の塊。この近くでは「聖杯」の奇跡がおこる。優れた騎士がこの石板でおこる異常な出来事すべてに終止符を打たないかぎり、その場に居合わせた人々はだれもが怪我をしたり手足の自由を奪われたりする。ル・モロルトとその恋人、さらには近習が、この石板の冒険の犠牲者となる。石板で最初におこる出来事はふたりの騎士による壮絶な戦いで、最後にふたりは抱きあって別れる。その次におきる出来事は１頭の雄鹿に関係し、不意に現れた雄鹿が大理石の塊の上で眠っていると、４頭の白いグレーハウンドが雄鹿を攻撃し、かみ殺してその血を吸う。そこへドラゴンが現れ、４頭のグレーハウンドを貪り食ってしまう。それからドラゴンは雄鹿の上に横たわり、雄鹿の負った怪我を舐め、息を吹きかけてやる。するとドラゴンの身体がこわばり、死んだようになってしまう。そしてドラゴンの口から4頭のグレーハウンドが飛び出し、雄鹿自身も生き返る。雄鹿は森の中へ逃げこむが、またしてもグレーハウンドに追われる。この奇跡は、すでに古代の著作家たちに知られていた信仰と関連づけて考えるべきである。それは雄鹿が蛇の敵だという信仰である（古フランス語の「ドラゴン（dragon)」は、《蛇》をさすラテン語「ドラコー(draco)」に由来する)。雄鹿あるいはその身体のいくつかの部分は、蛇の噛み傷への解毒剤だとされる。こうした信仰がアーサー王物語では反転している。つまり雄鹿は、仇敵にあたる蛇＝ドラゴンの介入によって生き返っている。雄鹿と蛇（ドラゴン）の昔からの敵対関係は、ケルト文化圏でも見つかる。その証拠に「ゴネストロップの大釜」(紀元前1世紀の作）の図像の1枚にはそうした場面が描かれており、雄鹿の角を生やした人物の右側に1頭の雄鹿が、左側に1匹の蛇が描かれている（角を生やした人物は片手で、その蛇を握っている)。ケルトの信仰によれば、神聖な動物である雄鹿には再生能力がほぼ無限にそなわっている。雄鹿がまず犬たちに、ついでドラゴンに対して挑む儀礼的な戦いは、季節神話に由来する可能性がある（犬たちは「鳴きたてる獣」を想起させる)。

【書誌情報】 J. L. Le Quellec, «Jacques de Fouilloux et l'ophiophagie du cerf», *Bulletin de la Société de mythologie française*, 161, avril 1991, pp. 19-31. V. Kruta, *Les Celtes. Histoire et dictionnaire*, Laffont, Paris, 2000, pp. 650-652.

⇒雄鹿

雄山羊　Bouc

イタリアのオトラント大聖堂の敷石に描かれたモザイク画（1163～1165年の作）には、アーサー王の姿が見つかる（絵の傍にはラテン語で「アーサー王（Rex Arturus)」と記されている)。このアーサーは手に棍棒を握り、雄山羊にまたがっている。この図像モチーフの意味は、アイルランドのフォークロアになじみのカルナヴァルの行列に出てくる動物たちを考慮すれば理解できるようになる。[ケリー州キローグリンの「パック縁日（フェア)」に出てくる]「プーカ」（puca、ゲール語で《雄山羊》の意）はその典型例であり、「エルカン軍団」と関連した幽霊動物の伝承に連なっている。ハインリッヒ・フォン・デム・テュールリーン作『王冠』によると、雄山羊にまたがった小人が宮廷にやってきて、集まっていた人々に貞節の試練を提案する。コンラート・フォン・シュトフェル作『ガウリエル・フォン・ムンタベル』（13世紀末）によると、主人公には雄山羊がつき従っている。さらに雄山羊は、カルロ・ギンズブルクが『闇の歴史』で指摘しているように、魔女集会（サバト）に参加する動物の仲間である。古代ローマのプリニウスまでさかのぼり、ヴォルフラム・フォン・エッシェンバハ作『パルチヴァール』に認められる中世の信仰によると、雄山羊の血はダイヤモンドをとかすことができるという。コルシカ島には「マッツェリ」（mazzeri)（《棍棒》をさす「マッツァ（mazza)」に由来）とよばれる幽霊の伝承があるが、これはヨーロッパで広く知られる「荒ぶる軍勢」または「荒猟（ワイルド・ハント)」の伝承とつながっている。こうした伝承に登場するアーサーは、「荒猟」の先導者の1人である。コルシカ島では、「マッツェリ」

は８月１日に登場する（この日付はアーサー伝承の暦の上で鍵になる）。「マッツェリ」は通常、雌山羊か雄山羊の足をしている。

荒猟師としてのアーサー
（イタリア・オトラント大聖堂のモザイク画）

【書誌情報】C. Ginzburg, *Le Sabbat des sorcières*, Gallimard, Paris, 1992, pp. 121-122 et pp. 318-321［カルロ・ギンズブルグ（竹山博英訳）『闇の歴史－サバトの解説』せりか書房、1992年、pp.176-178, pp.195-198］. V. Guibert de la Vaissière, «Puca et Picart ou l'animal processionnel en Irlande et Languedoc», *Tradition wallonne* (Géants, dragons et animaux fantastiques en Europe), 20, 2003, pp. 315-328. D. Carrington, *Mazzeri, finzioni, signadori. Aspects magico-religieux de la culture corse*, Piazzola, Ajaccio, 2008.
⇒エルカン軍団、プフェターン

恐ろしい接吻　Fier Baiser

嫌悪感をもよおさせるような外見の人物がある男から接吻を受け、美しい人間女性の姿に戻り、恩人にあたる勇士を称えて支配権を授ける。「野獣」の仮面の下から「美女」を出現させるこのモチーフは、ルノー・ド・ボージュー作『名無しの美丈夫』、イタリアの歌物語（カンターレ）に属する『カルドゥイーノ』だけでなく、中英語による『ガウェインの結婚』、イタリアの歌物語『プルツェッラ・ガイア』、中高ドイツ語による物語『ランツェレト』にも認められる。同じモチーフがアイルランドの複数の物語にも見つかるが、代表的な例はエオヒドの５人の息子が登場する話『エオヒド・ムグメドーンの息子たちの冒険』（*Echtra Mac nEchach Muigmedóin*）である。このモチーフの典拠になっているのは、女神がアイルランドの支配権をふさわしい男に授けるというケルト神話である。聖人伝のフォークロアに出てくる《ハンセン病患者への接吻》というテーマは、「恐ろしい接吻」のバリエーションのひとつである。

【書誌情報】A. Coomaraswamy, «L'épouse hideuse», dans : *La Doctrine du sacrifice*, Dervy-Livres, Paris, 1997, pp. 139-161. R. S. Loomis, «The Fier Baiser», *Studi medievali*, 17, 1941, pp. 104-113. Y. Carré, *Le Baiser sur la bouche au Moyen Âge. Rites, symboles, mentalités (XIe-XVe siècle)*, Le Léopard d'or, Paris, 1992. Ph. Walter, Le Bel Inconnu *de Renaut de Beaujeu. Rite, mythe et roman*, P.U.F., Paris, 1996, pp. 267-294. M. Bendinelli Predelli, «The Fier Baiser Motif between literature and folklore», dans : F. Fido et *alii*, *Essays for Dante*, Cadmo, Fiesole, 1998, pp. 467-484.
⇒ヴィーヴル、ブロンド・エスメレ、醜い乙女

乙女たちの岩山　Roche aux Pucelles

後期流布本系『続メルラン物語』に出てくる巨石。マルトロル（Marterol）の城の近くに位置している（フランス中央部のピュイ＝ド＝ドームPuy-de-Dôme

県によく似た地名がある)。ここで暮らす12人の妖精は、メルランの勧めでこの場所に居を定めていた。最年長の妖精(「岩山の乙女」)は魔術と占術の秘密に通じていた。そのため、アーサー、ル・モロルト、ゴーヴァンとその弟たちの死を予言した。「岩山の妖精」は魔術を駆使してル・モロルトとゴーヴァンを連れ去り、「異界」の入口にあった岩山へと運んだ。フランス文化省の建築遺産データベース、いわゆる「メリメ・ベース」(base Mérimée)に複数出てくる「妖精たちの岩山」は、ドルメンや羨道墳[通路を天井石で覆った形のドルメン状巨石墓]に慣例でつけられている名前である(フランス文化省のサイト www.culture.gouv.fr/culture/inventai/patrimoineを参照)。基本方位(東西南北)や太陽の運行を考慮して立地が選ばれていることから、こうした巨石群は宇宙と暦に関連した象徴体系を司るものだと考えられる(こうした象徴体系は、年や太陽の運行サイクルを指す目印に集中していた)。そのため(1年の月の数にあたる)12人の妖精が時間全般と、とりわけ人間の運命についての秘密に通じていたのは当然のことである。「乙女たちの岩山」と『ラギデルの復讐』に出てくるメルランの「エスプリュモワール」には、いくつかの共通点がある。アーサー王物語群に登場する神話的な岩山はどれも神託をもたらしてくれるものであり、岩山からは声が聞こえてくることもある。

【書誌情報】 E. Ettlinger, «Oracular and speaking stones in Celtic Britain», *Ogam*, 14, 1962, pp. 485-492. B. Wahlen, «Les enchantements de l'oubli. La Roche aux Pucelles», dans : P. Romagnoli et B. Wahlen dir., *Figures de l'oubli (IVe-XVIe siècle)*, Études de lettres, Université de Lausanne, 2007, pp. 139-160. J.-L. Le Quellec, *Dragons et Merveilles*, Errance, Arles, 2013, pp. 279-320 («La voix des mégalithes : une histoire de calendrier»).

「乙女たちの岩山」に到着した
ゴーヴァンとル・モロルト

⇒エプリュモワール、苦しみの山、シード

オリ　Orri

ベルール作『トリスタン物語』に登場する、トリスタンとイズーがマルク王の追跡から逃れられるよう匿った森番の名。オリの住む洞穴あるいは地下室は、ベルールの描写によると「積石塚(ケルン cairn)」である可能性が高い。またオリ王はマン島の神話上の人物として知られており、その墓はマン島の海岸ぞいにある。それは長さ12メートル、幅6メートルの積石塚(ケルン)で、新石器時代のものである。歴史上の人物ゴッドレッド・クローヴァン(Godred Crovan)[1095年頃没]がオリ王の神話を受けついだが、もちろん自分をオリ王と同一視していたわけではない。森番オリの背後には、天体神話と関連のある、来歴がさらに古い神話上の人物が隠れている。マン島語（ケルト語）で、《オリー（Orry）王の大きな道》は「天の川」をさしている。このことは、トリスタン物語群での天体への言及が重要であることを裏づけてくれる。

【書誌情報】*Prehistoric sites in the isle of Man*, Manx national heritage, Douglas, 2005.

オルカニー　Orcanie

ゴーヴァンの父ロット王の国。オルカニーは、オークニー（Orkney）諸島という英語名をほぼそのままフランス語に移したものである。オークニー諸島はおそらく、宗教と通過儀礼との結びつきが強い《鮭の島》である（ゲール語で「オルク（orc）」は「鮭」の意）。12世紀に著されたアイルランドの神話物語『マイル・ドゥーンの航海』（*Immram Curaig Maíle Dúin*）には、謎めいた鮭の島が出てくる。古代と中世の地誌によると、オークニー諸島は（大）ブリテン島にある群島の中で最も北に位置していた。この群島は《世界の北方の島々》を伝えるゲール神話に属し、ギリシア神話のヒュペルボレイオス（Hyperboreios）のケルト版にあたる。12世紀に（ラテン語で書かれた）珍しい文献を信じるなら、この群島は通過儀礼の一環として研鑽を積むための重要拠点だった。この文献は、群島生まれの名の知れぬ賢者と、フランス北部出身の修道僧（ランベール・ド・シー Lambert de Sy）との論争を記したものである。この文献は半ばソクラテス風の対話形式で書かれており、型通りの論争形式をとったゲール語の『二賢者の対話』（*Immacallam in dá Thuarad*）［800年頃に成立した、ふたりの詩人ネーデNédeとフェルヘルトネFerchertneの対話］に似ているように思われる。だがこのラテン語文献が伝える内容は、中世期の学僧が普段扱っていた素材とは何の関連もない。この書物におさめられているのは、秘教的な知識にもとづいているため謎めいており、おそらく暗号化された話のよせ集めである。オルカニーはゴーヴァンが生まれた場所である。そのためゴーヴァンにそなわる（治癒力に代表される）さまざまな特徴は、彼が極北でアポロンがおこなったような通過儀礼を経験したことを示唆している。

【書誌情報】F. Le Roux, «Les îles au nord du monde», dans: *Hommage à Albert Grenier*, Latomus, Bruxelles, 1962, t. 2, pp. 1051-1062. *Dispute de Lambert de Sy et de l'Anonyme des Orcades*, texte traduit et présenté par J.-D. Bruliant, SELD, Paris, 2002.

⇒北、ゴーヴァン、鮭、島、ロット

オルグイユー（傲慢男）　Orgueilleux

アーサー王物語群に決まって登場する人物。敵意をもった恐るべき相手であり、馬上槍試合にも登場し、アーサーに仕える騎士たちによってかならず制圧される。単独の人物というよりも、あるタイプの人物をさしている。その証拠にオルグイユーは、実にさまざまな場所と結びつけられている。クレティアン・ド・トロワ作『グラアルの物語』に登場するオルグイユー・ド・ラ・ロッシュ（Orgueilleux de la Roche、「大岩のオルグイユー」）は「ガルヴォワ（Galvoie）の境」の番人であり、「危険な浅瀬」の近くでゴーヴァンとの戦いに敗れる。このオルグイユーは、「悪しき乙女」とよばれるオルグイユーズ・ド・ローグル（Orgueilleuse de Logres、「ローグルの傲慢女」）の恋人だった。『危険な墓地』に登場するオルグイユー・ファエ（Orgueilleux Faé、「不可思議な傲慢男」）は、「不可思議な岩山（ロッシュ・フェ Roche Fée）」の領主であり、殺めた者を蘇らせる魔法の力をもっていた。トマ作『トリスタン物語』にも別のオルグイユーが登場し、アーサーに倒されている。アフリカからやってきたこの巨人は王たちとの一騎討ちに挑み、打ち負かした王たちのひげを引きむしったという。『グラアルの物語』に登場するオルグイユー・ド・ラ・ランド（Orgueilleux de la Lande、「広野の傲慢男」）は、５月祭の頃にペルスヴァルが出会って接吻をした若い女の恋人で、ペルスヴァルに戦いを挑んで敗れる。『ペルレスヴォース』ではオルグイユーズ・ピュセル（Orgueilleuse Pucelle、「傲慢な乙女」）がランスロ、ゴーヴァン、ペルレスヴォースの首を刎ねようとする。これらのリストに、「オルグイユー」を異名に持つ登場人物たち（たとえばトマ作『トリスタン物語』に出てくる「傲慢男（オルグイユー）エストゥー」）も追加しなければならない。オルグイユーという名前は、オグルヴラーン（Ogrfran、グニエーヴルの父にあたる巨人の名）や、毛むくじゃらのユルガン（Urgan、「トリスタン物語」に登場する巨人）のような、ケルト起源の名字をフランス語化したものである。それだけでなくオルグイユーはおそらくオルカニー（オークニー）とも関連している。オルグイユーの神話上の原型は人食い鬼の巨人であり、時のサイクルと関係のある「異界」の君主である。また、オルグイユーはローマ神話のオルクス（Orcus）やウルグス（Urgus）の縁者にあたる。

【書誌情報】J. Heurgon, «Le lemme de Festus sur Orcus», dans : *Hommages à Max Niedermann*, Latomus, Bruxelles, 1956, pp. 168-173. N. Morcovescu, «Orgueilleux de la Lande, Orgueilleuse de Logres, Château Orgueilleux», *Australian Journal of french Studies*, 3, 1966, pp. 113-128. Ph. Walter, *Le Gant de verre. Le mythe de Tristan et Yseut*, Artus, La Gacilly, 1990, pp. 187-212 (Urgan l'ogre).

⇒オルカニー、傲慢男エストゥー、人食い鬼、誇り高き城

オルフェ　Orphée

ギリシア語名オルペウス（Orpheus）に対応するフランス語名。ギリシア神話に登場する詩人・楽師。中世期には、名前の綴りにいくつかのバリエーションがあった。ラテン語で書かれた作品群では「オルペウス」（Orpheus）、『サンザシの短詩』では「オルフェ」（Orphei）、『フロワールとブランシュフロール』（*Floire et Blancheflor*）では「オルフェ」（Orphey）、『サー・オルフェオ』では「オルフェオ」（Orfeo）と綴られている。オルペウスは長いあいだ伝統的に、キリスト教のアレゴリーから解釈されてきた。初期ギリシア教父アレクサンドリアのクレメンスが３世紀に著した『ストロマテイス』（*Stromateis*）（V, IV, 12）から、作者不詳の『寓意オウィディウス』（*Ovide moralisé*）をへて、14世紀のベネディクト会修道士ピエール・ベルシュイール（Pierre Bersuire）の『神々の形と姿について』（*De Formis Figurisque Deorum*）にいたるまで、オルペウスはキリストの予型とされている（『神々の形と姿について』L.XV, cap.1によると、オルペウスによる亡き妻の探索はキリストの地獄下りを意味し、オルペウスの竪琴の７本の弦はキリスト教の７つの徳にあたる)。オルペウスは「雄弁」のアレゴリーでもあり、古代末期のラテン作家フルゲンティウス(Fulgentius)は『ミトロギア』(*Mitologia*) III, 10で、オルペウスの名を「オライア・ポネー」(Oraia-Phonê、《極上の声》)と結びつけている。この語源解釈を、ベネディクト会修道士オーセールのレミギウス(Rémi d'Auxerre、10世紀)、シャルトル学派を代表する思想家ギヨーム・ド・コンシュ(Guillaume de Conches、12世紀)、英国生まれの神学者・歴史家ニコラス・トリヴェット(Nicolas Trivet、13世紀末～14世紀初め)も踏襲している。14世紀に中英語で書かれたブルターニュの短詩のひとつ『サー・オルフェオ』によると、妻が誘拐された後、オルフェオ王は正気を失い、荒れ野で隠遁生活を送る。この短詩にはギリシア神話には属さない数多くのモチーフが出てくるが、これはギリシア起源のオルペウスとその神話がケルト(アイルランドやウェールズ)の民間伝承と混ざりあったことを証明している。

【書誌情報】M.-T. Brouland, *Le Substrat celtique du lai breton anglais Sir Orfeo*, Didier, Paris, 1987. J. B. Friedmann, *Orpheus in the Middle Age*, Harvard University Press, Cambridge (États-Unis), 1970. J. K. Atkinson et A. M. Babbi, *L'Orphée de Boèce au Moyen Âge*, Fiorini, Vérone, 2000.

【邦語文献】 辺見葉子「妖精に襲われた王国」柴田陽弘編『ユートピアの文学世界』慶應義塾大学出版会、2008年、pp. 159-180。

⇒誘拐

オルフェオ　Orfeo

⇒オルフェ

オルペウス　Orpheus

⇒オルフェ

折れた剣　Épée brisée

王朝や王族の血を引く英雄が手にする剣はかならず、神のごとき鍛冶師によって「異界」で鍛えられたものである。これにあてはまるのが、アイルランド神話の鍛冶師ロホラン(Lochlann)が鍛えたフィン(Finn)の剣や、鍛冶師トリボエット(Triboët、トレビュシェの別名)が鍛えたペルスヴァルの剣である。剣が折れる状況は、剣を鍛えた鍛冶師だけが知っている。折れた剣をなおすことができるのも、剣を鍛えた鍛冶師だけである。こうした剣は普通の武具ではない。その鍛え方は、宇宙のバランスに注意しながら通過儀礼でもちいられる魔術的・宗教的な技法に従っていた。剣が折れる場合、それはひとつのサイクルの完了を表わす。折れた剣の修理には、宇宙の火の再生が前提となる。しかし宇宙の火が現れるのは夏至か冬至にかぎられている。キリスト教の暦には至点の時期に、聖エロワ(Eloi、ラテン語名エリギウス)の祝日が記載されている。教会が列聖した唯一の鍛冶師であるエロワの祝日は(夏の太陽が終わる)6月25日と、(無敵の太陽の火が再生する)冬至に近い12月1日である。北欧神話では、暗殺された父から名剣グラム(Gramr)を折れた状態で受けついだシグルズ(Sigurdr)は、これを鍛冶師レギン(Reginn)に託して鍛えなおしてもらう。主人公がつなぎあわせなければならない「折れた剣」のモチーフは、クレティアン・ド・トロワ作『グラアルの物語』の4つの「続編」にくりかえし出てくる。『第一続編』では、ゴーヴァンが「荒れ地」を生み出す原因の「折れた剣」の接合に挑むが、失敗に終わる。『第二続編』で「グラアル」の行列に登場した剣と向き合うのはペルスヴァルであり、剣の接合に成功するものの亀裂がひとつ残ってしまう。マネシエ作『第三続編』でペルスヴァルは剣の接合に完全に成功するが、ゴーヴァンは洗礼者聖ヨハネの首を刎ねた剣を探しに向わねばならない。ジェルベール・ド・モントルイユ作『第四続編』では、ペルスヴァルが楽園の扉を剣で叩いたところ、剣が折れてしまう。その剣を鍛えなおしてくれるのは、鍛冶師トレビュシェである。しかし接合後にトレビュシェは死ぬ定めにあった（神話では、剣の素材となる金属はかならず神や殺された超自然的な存在の体の一部だった）。戦士と剣が運命をともにするという思想はケルト文化圏に深く浸透しており、埋葬儀礼がその証左となっている（ケルト文化圏の墓からは死者とともに武具が見つかっている）。武具とその所有者が運命を共有するという思想は、戦士の体が武具と同じ金属を使って鍛えられたという、より深遠な神話思想にもとづくものである（鋼の筋肉にまつわる民間神話を参照）。早くもクレティアン・ド・トロワ作『グラアルの物語』から、漁夫王がペルスヴァルに授けた（３本のうちの３番目にあたる）剣は、ペルスヴァルのものとなるべく《運命づけられて》いたと明示されている。この剣は終末思想を反映しており、終末のときにこの世を救う最後の可能性を握っている。

【書誌情報】 Y. Vadé, «Métal vivant. Sur quelques motifs de l'imaginaire métallurgique», *Eurasie*, 12, 2003, pp. 37-61. K. Watanabe, «Trébuchet, Wieland et Reginn», F. Bayard et *alii* éd., *Formes et Difformités médiévales. Hommage à Claude Lecouteux*, P.U.P.S., Paris, 2010, pp. 233-243.

【邦語文献】 渡邉浩司「クレチアン・ド・トロワ作『聖杯の物語』におけるトレビュシェットの謎―「続編」群およびヴェーレント伝説との比較から」中央大学『人文研紀要』第62号、2008年、pp. 233-272。

⇒鍛冶師、トレビュシェ、魔剣

オワイン　Owain

イヴァンのウェールズ名。オワインは、フランスのイヴァンとは著しく異なっている。中世ウェールズの物語『オワイン』（1200～1225年頃の作）は、形式の点ではクレティアン・ド・トロワ作『イヴァンまたはライオンを連れた騎士』の影響を受けている。しかし内容の点では、『イヴァン』よりも古いモチーフ群をふくんでいる。なかでも特筆すべきは、泉の近くに住む森の動物たちの主にして嵐を操る存在の描写である。オワインは、中世ウェールズの物語『フロナブウィの夢』（*Breuddwyd Rhonabwy*）の主人公でもある。この物語では、アーサー（ア

カラスの群れとアーサー軍の戦い
（アラン・リー作の挿絵）

ルシール）とオワインがチェスの試合をおこなう。二人の対局中、オワインが所有する巨大なカラスの群れはアーサーの臣下たちから攻撃を受け、その後に反撃する。チェスの試合でアーサーは最終的にオワインに負ける。この物語はふたつのタイプの支配権を対置させている。ひとつは（アーサーが具現する）魔術的・法的なタイプで、もうひとつは（オワインが代表する）戦闘にかかわるタイプである。ここに登場するカラスの群れは戦士を表わす神話的なメタファーであり、カラスは戦闘女神ボドヴ（Bodb）が見せるさまざまな姿のうちのひとつである。［後期流布本物語群の『メルラン続編』によると］イヴァンの母はモルガーヌとされているが、この女性はボドヴと同一視されるモリーガン（Morrígain）のフランス版にあたる。

【書誌情報】R. Bromwich, *The Welsh Triads*, University of Wales Press, Cardiff, 1961, pp. 479-483. J.-C. Lozachmeur, *La Genèse de la légende d'Yvain : essai de synthèse*, Rennes, 1979, 2 volumes (thèse pour le doctorat ès lettres). F. Le Roux et C. Guyonvarc'h, *Morrigan-Bodb-Macha. La Souveraineté guerrière de l'Irlande*, Ogam-Celticum, Rennes, 1983, pp. 89-93. Ph. Jouet, *Dictionnaire de la mythologie et de la religion celtiques*, Yoran Embanner, Fouesnant, 2012, pp. 785-787.

⇒イヴァン、モルガーヌ

カイ　Kei
⇒クウ

カイウス　Kaius
⇒クウ

回転する城　Château tournant
アーサー王文学によく出てくるモチーフで、古代ケルトの考え方を踏襲している。『ブリクリウの饗応』（アイルランドの神話物語）に登場するクー・ロイ（Cú Roí）の城は、回転する砦となっている。この城は宇宙のリズムと結びついているため、太陽の車輪と関連づけて考える必要がある。《水車小屋の引き臼》と同じくらい早く回転しているために、日没をすぎると城の入口が決して見つからない。この城は当然、神や太陽が訪れる「異界」の住まいのひとつである。そのためいくつかの条件を満たさないかぎり中へ入ることはできず、この使命を果たすべく選ばれた者が扉の開かれる（暦上の）決まった時期を知っている必要がある。フォークロアでは、このモチーフは「回転石」のテーマに残されている。こうした石は（夏至と冬至に）回転し、［普段は隠されている］財宝を一時的に見せてくれる。しかし財宝を盗み出そうとすれば、命を奪われてしまう。概して巨石というものは、程度の差はあれ、1年の決まった時期に入口が開く地下世界のテーマと関連している。フォークロアにもとづく民話では、このモチーフは雄鶏の一本足の上で回転する家という形で受けつがれている。

【書誌情報】G. Huet, «Le château tournant dans la *Suite du Merlin*», *Romania*, 40, 1911, pp. 235-242. G. Roheim, *Les Portes du rêve*, Payot, Paris, 1973, pp. 263-269. C. Guyonvarc'h, *Magie, Médecine et Divination chez les Celtes*, Payot, Paris, 1997, pp. 345-346. C. Ferlampin-Acher, «Château tournant», dans : *Dictionnaire des lieux et pays mythiques* (sous la direction d'O. Battistini et *alii*), Laffont, Paris, 2011, pp. 292-294. P. Sébillot, *Le Folklore de France*. t. 7, *Les Monuments*, Imago, Paris, 1985.

⇒ヴィーガーロイス、渦巻島、巨人族の輪舞、タンタジェル

怪物　Monstre
ラテン語から借用されたフランス語。

もともとは宗教的な語彙だった。
〈語源〉 キリスト教的な世界観によると、怪物はもともと神が「天地創造」のときに示した奇跡であり、なにかをあきらかにしたり、人間に警告したり、人間に熟考を促したりするはたらきをもっていた（《警告する》という意味のラテン語の動詞「モネーレ（monere）」に由来する「前兆、前触れ」をさす「モンストルム（monstrum）」が、「怪物」を指すフランス語「モンストル（monstre）」の語源である）。語源的に見れば、怪物の背後にはつねに熟考に値する有益な教訓が隠されている。怪物とは解読すべき記号なのである。その意味では、アーサー王物語群に登場する騎士たちが目のあたりにする、普通は怪物のような動物が出てくる幻視や夢は《奇跡》である。そして神意を読み解く権威である隠者たちが、これをキリスト教的に解釈するのである。
〈混合体〉 それでも「モンストル（monstre）」というフランス語には、12世紀にはすでに《幻想的で神話的な存在》という現在の意味もあった。エーモン・ド・ヴァレンヌ（Aimon de Varennes）が1118年に著した物語『フロリモン』（*Florimont*）では、巨人ガルガネユス（Garganeüs）は《怪物》とよばれている。ガルガネユスが怪物とよばれたのは、さまざまな動物の混成体だったためである。豹の頭と空飛ぶ大蛇（ギーヴル）の体をもち、腿のあたりは蛇と魚のようだった。キリスト教的な世界観は、その論理をガルガネユスに押しつけている。怪物は神に似せて作られたのではない。逆に自然に反するものとして、神が天地創造のときにはっきりと区別を行った動物たちの組み合わせからなっている。怪物にそなわる主な神話的特徴はその混成体にあり、あらゆる形の度をすぎた行動（ギリシア語「ヒュブリス（ubris）」がさす概念）をおこしてしまうのはそのためである。怪物が具現するのは、「天地創造」のときの無秩序、変調、混乱である。（ケルト人には無縁だった）キリスト教の二元論に従えば、怪物は神から逃れたため悪の側へ追いやられていく。前キリスト教世界では、当然のことながら怪物はまったく異なる存在であり、聖性を剝奪された神の姿だった（ギリシアの神々が怪物と戦ったのは、怪物が聖なるものを具現していたからであり、それを奪いとろうとしたのである）。
〈文化の指標〉 悪魔の図像やその神学的意味も同じ原則に従っており、零落した異教の神々を悪魔が覆い隠している。後代になると「怪物（モンストル）」という語の持つ意味が拡大し、（小人、巨人、野人など）不恰好でおぞましい奇形の存在すべてにも使われるようになる。宮廷風礼節にもとづく騎士道の世界では、怪物の醜さは悪意ある存在であることを意味した。実は怪物は、中世期に異教の伝承におよんだキリスト教化の度合いを測るための重要な指標である。ある怪物に肯定的な意味が与えられると、その程度がいかに小さくとも、そこにはキリスト教に吸収されずに残された異教の痕跡が見つかる。『メルラン』では、火や炎を吐く空飛ぶ複数のドラゴンが怪物とよばれているが、このドラゴンは敵軍に恐怖を与えることでブリトン軍に貢献している。このように、キリスト教的な先入観を免れている怪物は、古代ケルト人の宇宙創成神話に即して考えると理解が可能である。12世紀や13世紀にキリスト教の影響を受けて書かれた作品群に異教の痕跡がひとつも見つからないと主張するのはまったくの誤りである。

ピュティニー（モゼル県）の聖女ユルシュル（ウルスラ）礼拝堂の彫刻（ローマ時代）

【書誌情報】 C. Lecouteux, *Les Monstres dans la pensée médiévale européenne*, P.U.P.S., Paris, 1999. C. Ferlampin-Acher, «Le monstre dans les romans des XIIIe et XIVe siècles», dans : L. Harf éd., *Écriture et Modes de pensée au Moyen Âge (VIIIe-XVe siècles)*, Presses de l'ENS, Paris, 1993, pp. 69-87. Ph. Walter, «Le géant Garganeüs dans le roman de *Florimont* par Aymon de Varennes (1188)», *Mémoires du Cercle d'études mythologiques* (Lille), 5, 1995, pp. 59-81. C. Sterckx, *Éléments de cosmogonie celtique*, Éditions universitaires, Bruxelles, 1986. Du même auteur : «Le mal et les démons dans la mythologie celte», dans : M. Delespesse éd., *Le Diable et les Démons*, Labor, Bruxelles, 2005, pp. 81-90.

【邦語文献】 キャロル・ローズ（松村一男監訳）『世界の怪物・神獣事典』原書房、2004年；蔵持不三也監修・松平俊久著『図説ヨーロッパ怪物文化誌事典』原書房、2005年。

⇒ドラゴン

ガーヴァーン　Gâwân

⇒ゴーヴァン

ガウェイン　Gawain

⇒ゴーヴァン

ガウリエ　Gaheriet

オルカニーのロット王の末子。ゴーヴァン、アグラヴァン、ゲールエの実弟、モルドレッドの異父兄弟。ゴーヴァンはガウリエに目をかけていた。古フランス語散文物語『アーサー王の死』によれば、ランスロが誤ってガウリエを殺めてしまい、それが契機となってアーサーおよびゴーヴァンの一門と、ランスロの一門が敵対関係になる。『散文トリスタン物語』では、母親が愛人（ペルスヴァルの兄弟ラモラLamorat）と同衾していた現場をとり押さえたガウリエは、母親を殺めてしまう。ゴーヴァンとその弟たちの名はどれも同じGという子音をもとに作られており、ガウリエ（Gaheriet）とゲールエ（Guerrehet）のように同じ子音と母音の順番をかえて作られているケースもある（そのためふたりの名は写本によっては混同されていることもある）。この現象は、インド＝ヨーロッパ神話に出てくる、頭韻を踏む神名の存在から説明できる（北欧神話のアース神族では、オーディンOdinの兄弟ヴィリViliとヴェーVéがこれにあたる）。北イタリアにあるモデナ大聖堂の扉口に描かれた浮彫りの群像には、同じようにガルヴァギヌス（Galvaginus）とガルヴァリウン（Galvariun）の名が見つかる。こうした人名の二重語は武勲詩にも出てくる（たとえばアミAmiとアミルAmile）。トマス・マロリー作『アーサーの死』ではガウリエはガレス（Gareth）とよばれており、別の兄弟ガヘリス（Gaheris）の名と混同されているように思われる。ガレスはボーメイン（Beaumayns、「美しい手」）ともよばれているが、これはゴーヴァンを形容するウェールズ語である。

【書誌情報】 E. Vinaver, «A romance of Gaheret», *Medium Aevum*, 1, 1932, pp. 157-167. R. S. Loomis, «Malory's Beaumains», *Publications of the modern language association of America*, 54, 1939, pp. 656-668.

⇒アグラヴァン、ゲールエ、ゴーヴァン

帰らずの谷　Val sans retour

『散文ランスロ』に出てくる魔法の谷。「不実な恋人たちの谷」(Val des Faux Amants) ともよばれる。物語によると、妖精モルガーヌはある日のこと、恋人（騎士ギュイヨマールGuyomar）がこの谷で別の女と仲良くしているところに出くわした。嫉妬で気が変になったモルガーヌは谷に呪いをかけ、ふたりが永久にそこから出られないようにした。ふたりは見つめあってたがいに欲情を抱くものの、妖精モルガーヌによって石のように動けなくされたため、決して相手にふれることができなかった。意中の女に不実な振舞いをしたことのある男がこの谷へ入りこむと、ことごとく同じように幽閉されてしまった。この魔法に終止符を打つことができるのは、意中の貴婦人に対して完全に誠実な騎士だけだった。ランスロには魔法がまったく効かなかったので、モルガーヌがかけた魔法から谷を解放できた。「帰らずの谷（ヴァル）」という名はあきらかにアヴァロンという神話的な名を移し替えたものであり、アヴァロン（Avalon）の綴りのうち第二シラブル（ヴァルVal）だけを残している。そもそもアヴァロンは妖精モルガーヌの領国である。「異界」に属するため、ひとたび入りこめば帰還が許されぬ国でもある。アイルランドの航海譚の最古の例『フェヴァルの息子ブランの航海』(*Immram Brain mac Febail*) が伝えるケルトの信仰では、海の彼方にあるこの島国は完全に女人たちの支配下にあった。後代になって「帰らずの谷」はフランス・ブルターニュ地方のパンポン（Paimpont）の森に位置づけられた。これは、教養のある愛好者たちがお気に入りの物語に言及のある伝説上の場所を実際の地理上に見つけ出そうと躍起になった、ロマン派の時代（19世紀）の空想や熱狂の賜物であり、それ以前にさかのぼるものではない。ブランシャール・ド・ラミュッス（Blanchard de la Musse）はロマン派の詩人クルゼ・ド・レッセ（Creusé de Lesser）が1811年に書いた詩編『円卓』(*La Table ronde*) を読み、ラ・マレット（La Marette）渓谷こそが「帰らずの谷」だと考えた。1850年には、「帰らずの谷」の位置がトレオラントゥック（Tréhorenteuc）近郊のローコ（Rauco）の谷へと移された。数多くの神話的な場所と同じく、「帰らずの谷」はつねに彼方に位置している。

【書誌情報】 L. A. Paton, *Studies in the fairy mythology of arthurian romance* (version revisée et mise à jour par R. S. Loomis), Burt Franklin, New York, 1960, pp. 81-103. M. Calvez, «Brocéliande et ses paysages légendaires», *Ethnologie française*, 19, 1989, pp. 215-226. L. Harf-Lancner, «Le val sans retour ou la prise du pouvoir par les femmes», dans : D. Buschinger et A. Crépin éd., *Amour, Mariage et Transgressions au Moyen Âge*, Kümmerle, Göppingen, 1984, pp. 185-193.

【邦語文献】 梁川英俊「魔術師メルランのブルターニュ―近代フランスにおけるフォークロア学の誕生」鹿児島大学『人文科学論集』第53号、2001年、pp. 167-188。

⇒ブロセリヤンド、モルガーヌ

カエルダン　Kaherdin

「白い手のイズー」の兄で、トリスタンの義理の兄。トリスタンがフランスのブルターニュで流謫の身となったとき、カエルダンは彼の忠実な仲間となる。古ブルトン語「カエルディン」(caerdin)

はウラジロナナカマド（「アリズィエ（alisier）」、学名「ソルブス・アリア（sorbus aria）」）をさす。ドルイド伝承では、ウラジロナナカマドは普通のナナカマド（sorbier）と同様に、災いを遠ざけてくれる神聖な樹木の仲間である（「アリズィエ（alisier）」の語源上の語根にあたるギリシア語の動詞「アレクソー（alexo）」は《防ぎ守る》の意）。これは少なくともトリスタン伝説の「宮廷風本系」で、カエルダンが見せる主要な役割である。カエルダンはトリスタンを守り、打ちあけ話を聞き、どんな状況でも助ける（特筆すべきはトリスタンが瀕死の重傷を負ったとき、怪我を癒してもらうために「金髪のイズー」を迎えにいく場面である）。カエルダンの名は、トリスタン伝説全体に認められる植物の象徴的意味と関連づけて考える必要がある。カエルダンがウラジロナナカマドであるなら、民間語源にもとづく言葉遊びから［トリスタンの古名］ドリスタン（Drystan）の名はまさしく《オーク》と関連していると思われる。オークはアイルランド以上にガリアで、知識や知恵を具現する樹木だった。アイルランドではイチイ、ナナカマド、ハシバミが、ドルイドの樹木とされた。

【書誌情報】 C. Guyonvarc'h, «Les noms du chêne, du druide et du roitelet», *Ogam*, 12, 1960, pp. 49-56. L. Fleuriot, *Dictionnaire des gloses en vieux breton*, Klincksieck, Paris, 1964, p. 93 (caerdin).

⇒白い手のイズー、トリスタン

輝く木　Arbre illuminé

クレティアン・ド・トロワ作『グラアルの物語』のふたつの続編（『第二続編』とマネシエ作『第三続編』）および他の２作品（『散文ペルスヴァル』と『デュルマール・ル・ガロワ』）に登場する不思議なモチーフ。以上の４作品はふたつの主要バージョンに分類可能であり、『第二続編』と『第三続編』が代表する異教バージョンは、『デュルマール・ル・ガロワ』が代表するキリスト教バージョンとすぐさま競合する形になっていく。『第二続編』が伝える異教バージョンでは、ペルスヴァルはある木の中に１個のリンゴを手にした子供の姿を認める。その後、月明かりを頼りに夜の旅をつづけると、突然ペルスヴァルの眼前に生い茂った木が現れる。その木には千本以上のロウソクの灯りが輝き、まるで同じ数の星のように見えた。しかしペルスヴァルが木に近づけば近づくほど、光は暗くなっていく。『第三続編』で漁夫王みずからが説明するように、これは妖精たちの集う魔法の木だった。これに対して『デュルマール・ル・ガロワ』が伝えるキリスト教バージョンでは、木の中の子供は両足と両手と右の脇腹に怪我を負っていた。ロウソクは人間を、明るい炎は選ばれし人々の魂を、それよりも弱い炎は地獄行きの人々の魂を表わしていた。子供は「最後の審判」をおこなうキリストだった。リンゴの木はまさしく「異界」（アヴァロン）の木であり、宇宙軸を表わしている（ちなみにプラトンは『国家』第10巻、616 b-cで「上方から天と地の全体を貫いて延びている、柱のような真っ直ぐな光」について述べている）。輝くリンゴの木をめぐる神話的な物語は、５月の儀礼（５月１日に切り出されて飾りとして使われる木や枝）と関連づけて考える必要がある。クリスマスのモミの木はおそらく、家々の前に《５月の木》を立てる春の儀礼を冬に反復したものにすぎない。年末には、冬至の木を飾りつけて輝かせる。「輝く木」は１

年のふたつの軸、つまり5月1日（夏の初め）とクリスマス（冬の初め）に姿を見せる。神話では「ヘスペリデスの園」にある黄金のリンゴのテーマが有名である。「ヘスペリデス」とは《夕べの娘》（「夕べ」に相当するギリシア語は「ヘスペラ（hespera）」）のことであり、ニンフたちの住むこの国は夜に支配されている。アーサー王伝承に出てくる「輝く木」は、「ヘスペリデスの園」のケルト版にあたる可能性もあるだろう。中央ヨーロッパのフォークロアには、黄金の果実がなるリンゴの木の表象が同じほど多く見つかる。たとえば、ルーマニアの伝統的なクリスマス・キャロル（「コリンデ」）に、こうしたリンゴの木が出てくる。このように「輝く木」のテーマは、慣例で「異界」の扉が開く日付をさしている。「輝く木」に灯るロウソクは、生命の炎を想起させる。（グリム童話44番に対応する、民話の国際話型332番「死神の名づけ親」によると）「死神」は死に際にある名づけ子に、こうした「異界」の灯りを見せている。

【書誌情報】 E. Brugger, *The illuminated Tree in two arthurian romances*, New York, Publications of the Institute of french studies, 1929. O. Buhociu, «Thèmes mythiques carpato-caucasiens et des régions riveraines de la mer Noire», *Ogam*, 8, 1956, pp. 259-276. A. Saly, «L'arbre illuminé et l'arbre à l'enfant», *Senefiance*, 34, 1994, pp. 171-186.

⇒**リンゴ**

家系　Généalogie

アーサー王物語が書きつがれていくとき、とくに韻文作品が散文で書き改められるときには、登場人物どうしの親子関係がかならずしも明瞭ではなかった。ひとつの物語が書き直される際に、新たな筋書きで求められる要請に応える形で、親子関係にはさまざまな変化が起きた。筋書きを膨らませたり、受けつがれた語りの図式に付け加える新たな展開を創り出したりするためには、新たな作中人物を補充しなければならなかった。そのため登場人物がほかの作品群から借用されたり、新たに創り出されたりした。こうして主人公たちの両親も、作中に姿を見せるようになる。こうした両親の存在は、それまでは知られぬままだったり、たんにそれとなくふれられるにとどめられたりしていた。クレティアン・ド・トロワ作『グラアルの物語』では名があかされなかったペルスヴァルの父が、後の物語群で名を与えられて登場するケースがこれにあたる。ペルスヴァルの父は作品ごとに、ブリヨカドラン、ペリノール、アラン・ル・グロ（Alain le Gros）という名でよばれている。兄弟姉妹、従兄弟、伯父（叔父）や伯母（叔母）も、物語群をつないだり、未完と考えられた話を作りなおしたり補足したりするのに一役買っている（たとえば、『グラアルの物語』の続編群がこれにあたる）。

こうした家系は（母系出自や、伯父・叔父と甥の関係の重要性といった）支配的な神話上の図式に従うこともあるが、逆にそうした図式と食いちがうこともある。このようにして創り出された家系の例は、系統樹の形で表わすことができる（「トリスタン」の項目を参照）。これにより、物語群を結ぶ血族関係があきらかになるからである。こうした家系図によってとくにあきらかになるのは、アーサー王伝説が物語作品の題材として使われ、口頭伝承への依存度が弱まるとすぐにたえ間なく変貌を続けたという事実である。作品群を総合的に解釈する際には、こうした変貌を考慮に入れる必要がある。

【書誌情報】G. D. West, *An index of proper names in french arthurian verse romances 1150-1300*, University of Toronto Press, 1969 et *An index of proper names in french arthurian prose romances*, University of Toronto Press, 1978. H. Bloch, *Étymologie et Généalogie : une anthropologie littéraire du Moyen Age français*, Le Seuil, Paris, 1989.
⇒甥

鍛冶場、鍛冶師　Forge, Forgeron

ケルト人は卓越した職人芸で知られ、なかでも冶金術を得意とした。彼らの技術力の高さは実際に群を抜いており、技量は比類なきものだった。西欧文明における（銅と青銅に続いて鉄が対象となった）金属加工は、先史時代から原史時代［歴史時代の前］への移行を画するものである。原史時代の（紀元前10世紀に始まる）「鉄の時代」はまさしく、中央ヨーロッパおよび西ヨーロッパのケルト民族が見せた技術・軍事・文化上の飛躍と軌を一にしている（ハルシュタット文明からラ・テーヌ文明にいたる時期にあたる）。そのためケルト神話では、ケルト人の行った金属加工が高く評価され、ケルト人にとって鍛冶師が職人たちの中で最も名声が高かったとしても驚くにはあたらない。アーサー王物語の想像世界（イマジネール）には、この遺産を受けついだ数多くの魔剣やほかの魔法の武具だけでなく、「グラアル」以外にも戦闘用装備、馬具、装身具に必要な金属製のあらゆるオブジェも登場する。

大プリニウスは（『博物誌』第12巻5で）、スイス生まれの鍛冶師ヘリコ（Helico）の名を挙げている。この名は奇妙にも、トロイア人アンテノル（Antenor）の息子ヘリカオン（Helikaon）の名と響きあっている。ヘリカオンが奉献したという短刀がデルポイに保存されていた。神話的な伝説で描かれるケルトのヘリコには鍛冶師と魔術師の特徴があるため（魔術が火を操る技術と無関係ではないからである）、アーサー王物語に登場する《太陽の》属性をそなえた人物たちを喚起する。該当するのは「エリ」（Héli- または Eli-）で始まる名前の人物たちであり、（太陽神）ヘリオス（Helios）と火の車に乗せられて天へ連れていかれた預言者エリヤ［フランス語名エリー Élie］を同時に想起させる。ケルトの鍛冶師は職人であっただけでなく、判事、治療師、医者、生薬師、占者、語り手、楽師をも兼ねていた。

【書誌情報】M. Eliade, *Forgerons et Alchimistes*, Flammarion, Paris, 1977［ミルチャ・エリアーデ（大室幹雄訳）『鍛冶師と錬金術師』せりか書房、1973年］. V. Kruta, *Les Celtes. Histoire et dictionnaire*, Laffont, Paris, 2000. V. Guibert, «Le forgeron irlandais : de Goibhniu à Gobnait, le Gabha irlandais», *Eurasie*, 11, 2002, pp. 155-206.
⇒**アアラルダン、犬、エリアヴレス、折れた剣、ガラン、グラエラン、ティドゴラン、トレビュシェ、ヨネック**

カッシアの城　Château de la Casse

『散文ランスロ』に登場する、ペレス王が所有する城の名。この城でランスロは、相手をグニエーヴルだと信じてペレス王の娘と枕をともにし、ガラアドをもうける。カッシア［熱帯に多く見られるカワラケツメイ属の植物の総称］はシナモンと同様に、不死鳥（フェニックス）神話と関連のある植物である（カッシアについては、初期キリスト教の著述家ラクタンティウスLactantiusが不死鳥について歌った詩編「フェニックスについて」の中で言及されている)。それによると不死鳥は、カッシアなどの香りの強い植物でできた巣に身を置いて、燃え尽きると再生する。ランスロが生まれたときにはガラアドの名でよばれていたこと、さらには(不死鳥が用いる植物である)「カッシアの城」でランスロがもうける子供もガラアドという名であることに注意する必要がある。父子の名が同じである(ガラアドがガラアドをもうける)ことを説明するには、不死鳥がもちいる植物とその再生神話ほど説得的な例はほかにないだろう。

【書誌情報】Ph. Walter, *Galaad, le Pommier et le Graal*, Imago, Paris, 2004, pp. 86-87.

⇒ガラアド、ペレス、ランスロ

ガディフェール　Gadiffer

『ペルスフォレ』第一の書から第六の書に登場する人物。アレクサンドル大王から冠を授けられ、スコットランド王となる。猪狩りの時に怪我を負うが、ある老女のせいでその怪我が悪化し、治らなくなってしまう。そのためガディフェールは「不具王」となる。後に子孫にあたるオロフェール(Olofer)が猪を仕留め、その猪の骨の髄から作った膏薬を使って「不具王」の怪我を治す。ガディフェールはローマ軍の侵攻がつづくあいだに、妻のリドワールによって「生命の島」へ連れていかれた(第四の書)。その後ガディフェールは、ひ孫のアルファザン(Arfasen)が説いた《福音》を耳にし、弟ペルスフォレ、ひ孫ガラフュール、妻リドワール、隠者ダルダノン(Dardanon)とともにイングランドへ帰還する(第六の書の結末)。ガディフェールをふくむこの5人はいずれも、大ブリテン島の地を踏んでから亡くなる。フランスの武勲詩にもガディフェールという名の人物が複数出てくるが、これはサラセン人につけられた名前である。

⇒ペルスフォレ、漁夫王、猪

カドクス　Cadocus

⇒カドック

カドック　Cadoc

ラテン語名カドクス(Cadocus)。ウェールズの聖人。カドックの伝記は、ノルマン人の修道士リフリス・オヴ・スランカルヴァン(Lifris of Llancarfan)によってラテン語で著されている。カドックが創設者とされている複数の修道院学校には、スランカルヴァンの学校だけでなくカーリオン=オン=アスク(Caerlion-on-Usk)やスランイルティッド(Llaniltud)の学校もふくまれている。そのためカドックは、ブリテン島の3大賢者の1人とみなされている。『聖カドクス伝』(*Vita Sancti Cadoci*)には、(7つの大罪のひとつ)羨望に捕えられたアーサーの姿が二度描かれている。まずひとつは、アーサーがカドクス(カドック)の母に一目惚れし、略奪しようとしたことである。もうひとつは、アーサー王の3人の兵士を殺めたブリトン人に法外な賠償(100頭の雌牛)を求めたことである。カドクスは[アーサーが強要した上半身が赤で下半身が白の]牛を用意すると、それをシダの束にかえてしまう(このモチーフは民話の国際話型717番「盗まれた食べ物がバラの花にかわる」に出てくる)。そのためアーサーはどうすることもできなかった。キリスト教と異教の混交は、当時の聖人伝承に合致したものだった(「神の人」として登場する聖カドックが「罪」を具現するアーサーと敵対する構図はキリスト教的要素であり、聖カドックがドルイド的な魔術と変身術に通じているのは異教的要素である)。アーサーの記憶は聖人伝承によってブリテン島(ウェールズ)の脈絡に整然と根づいたのである。

【書誌情報】 E. Faral, *La Légende arthurienne*, Champion, Paris, 1929. J. Rider, «Arthur and the saints», dans : V. Lagorio et M. L. Day, *King Arthur through the ages*, Garland, New York et Londres, 1990, t. 1, pp. 3-43.

⇒赤毛のエクスラドス

カドワラドル　Cadwaladr

7世紀後半の(北ウェールズ)グウィネッズの王。カドラワドルの名は、文字どおりには《戦い(カドcad)の指揮官(グワラドゥルgwaladr)》をさす。カドワラドルが亡くなったのは『カンブリア年代記』によると682年、『ブリトン人史』によると671年とされるが、信憑性は後者の方が高い。『タリエシンの書』や『メルリヌス伝』(967～968行)のような予言的性格をもったさまざまな作品では、カドワラドルは(アルモリカの)コナン・メリヤドゥック(ラテン語名コナヌス・メリアドクス)と結びつけられており、いつの日か帰還して、自国の民をサクソン人の軛から解放する定めにあるとされている。カドワラドルはアーサーと同じように、ブリテン島の救世主的な王のひとりである。

【書誌情報】 R. Bromwich, *Trioedd Ynys Prydein*, University of Wales Press, Cardiff, 1961, pp. 292-296. L. Fleuriot, *Dictionnaire des gloses en vieux breton*, Klincksieck, Paris, 1964, p. 98 (cat).

⇒メリアドクス

ガニエダ　Ganieda

ジェフリー・オヴ・モンマス作『メルリヌス伝』に登場する、メルリヌス(メルラン)の妹の名。ウェールズ名グウェンジーズ(Gwenddydd)をラテン語にしたもの。1100年以前に書かれたウェールズ語の詩編『マルジンとグウェンジーズの対話』(*Cyvoesi Myrddin a Gwenddyd y Chwaer*)で、グウェンジーズはマルジン(メルラン)の妹とされている。ジェフリーが1150年頃に著した『メルリヌス伝』では、ガニエダはロダルクス(Rodarchus)王の妻である。メルリヌスを主人公として描いたこの韻文作品では、王妃ガニエダは兄のためにケリドンの森に天文観測所を建ててやり、兄が星の運行を観測できるようにした。夫である王の死後、ガニエダは兄メルリヌスと詩人テルゲシヌス(T(h)elgesinus、タリエシンのラテン語名)とともに森で暮らし、女予言者となった。

【書誌情報】 A. O. H. Jarman, «Lailoken a llallogan», *Bulletin of the Board of Celtic Studies*, 1937, pp. 8-27. Charles Méla, «Le temps retrouvé dans la *Vita Merlini*», dans : *Le Nombre du temps, Hommage à Paul Zumthor*, Champion, Paris, 1988, pp. 171-193.

ガハムレト　Gahmuret

ヴォルフラム・フォン・エッシェンバハが中高ドイツ語で著した『パルチヴァール』に登場する、アンショウヴェ(フランスのアンジュー)王ガンディーン(Gandîn)の次男。兄ガーローエス(Gâlôes)が王位を継承したため、ガハムレトは東方へ冒険の旅に出て、バルダクのバルク(バグダードのカリフ)に仕える。その後ガハムレトはツァツァマンク(Zazamanc)王国へ行き、敵軍に攻囲されていた女王ベラカーネを救って結婚し、フェイレフィース(Feirefîz)という名の息子をもうける。ひとりで西方にもどったガハムレトはヴァーレイス(Waleis)の国で開催された槍試合で勝者となり、女王ヘルツェロイデ(Herzeloyde)と結婚し、パルチヴァールをもうける。その後、かつての主君バルクの援軍に向かうが、敵王イポミドーンの槍がガハムレトの兜を突き破り、命を失う(ガハムレトの兜は敵の騎士の奸智により、海綿のように柔らかくされていた)。ガハムレトの名は、クレティアン・ド・トロワ作『グラアルの物語』冒頭に出てくる地名ゴモレ(Gomoret)が変形したものである(ペルスヴァルのふたりの兄のうちのひとりは、ゴモレの町でバン王のために戦った)。『パルチヴァール』に登場する特定の人物たちと東方とのつながりは、この宮廷風物語を決して異国趣味ではなく、むしろ新たな知的好奇心へと向かわせている。その痕跡は、作品の数多くの箇所に(占星術、錬金術などへの言及の形で)認められる。

【書誌情報】 J. Bumke, *Wolfram von Eschenbach*, Metzler, Stuttgart, 1991 (plusieurs rééditions).

⇒パルチヴァール

カバル　Cabal

アーサーの猟犬の名。ここでは犬の名として使われているが、「馬」をさすケルト語のひとつ「カバッルス(*caballus)」に由来する(「カバッルス」は規則的に変化し、フランス語では「シュヴァル(cheval)」となる)。「異界」の島々に棲息する馬と同じく、カバルも犬の足をした馬だったのだろうか(たとえばアイルランドの航海譚のひとつ『マイル・ドゥーンの航海』(*Immram Curaig Maíle Dúin*)によると、「異界」の島のひとつに「体は馬で足が犬のような怪物がいる島」がある)。ネンニウスが編纂した『ブリトン人史』によると、ウェールズのビエスト(Buelt)にある「石塚」のてっぺんに置かれた石のひとつに、カバルの足跡が残っているという。こうした先史時代のフォークロアの特徴は、大陸側ではエーモン(Aymon)の4人息子の持ち馬バヤール(Bayart)に認められる。中世ウェールズの物語『キルフーフとオルウェン』では、アーサーの犬(カヴァス)は猪トゥルッフ・トルウィス狩りに参加している。

【書誌情報】 R. Bromwich, *Trioedd Ynys Prydein*, University of Wales Press, Cardiff, 1961, p. CI. J.-L. Duvivier de Fortemps et B. Stassen, *Charlemagne et les Quatre Fils Aymon*, Weyrich, Neufchateau, 2012.

⇒アーサー、馬

ガヘリス　Gaheris

⇒ガウリエ

カムロット　Camelot

英語名キャメロット。アーサー王宮廷が定期的に開かれる居城のひとつ。考古学的な観点から、サマセット州のキャドベリー＝カースル(Cadbury Castle)やコーンウォールのキャメル(Camel)川沿いの城市がカムロットに相当する場所だと考えられた。カムロットの名を、ウェールズ語「カンボランダ」(*cambolanda、《円形の囲い地》)や「カンボグランナ」(*camboglanna、《湾曲した岸、または囲い地》)と関連づける説も出されている。『カンブリア年代記』(10世紀)によると、537年のカムラン(Camlann)の戦いでアーサーとメドラウド(Medrawd)(モルドレッド)は戦死したという。戦場として名のあがるこのカムランが、アーサー王物語に出てくるカムロットに相当するのかもしれない。

カムロットの名におそらくふくまれている戦神カムロス（Camulos）の名を、アイルランドの人名クワル（Cumhall）と関連づけて考える必要がある（クワルはさらってきた麗しのミレンMuirennとの間にフィンFinnをもうけた）。アーバン・ホームズによると、カムロドゥヌム（Camulodunum）は、コルチェスターをさすブリテン＝ローマ名だった。マロリーによると、キャメロットはウィンチェスターに相当するという（マロリーはキャメル川にも言及している）。

【書誌情報】 U. Holmes, «Old french Camelot», *Romanic review*, 20, 1929, pp. 231-236. C. A. Ralegh Radfort et M. Swanton, *Arthurian sites in the West*, University of Exeter, 1975, pp. 49-57. J. Vendryès, *Lexique étymologique de l'irlandais ancien,* Presses du CNRS, Paris, 1959, C-28-29. Ph. Jouet, *Dictionnaire de la mythologie et de la religion celtiques,* Yoran Embanner, Fouesnant, 2012, pp. 197-198 et p. 288.

⇒エスカロット、ペルレスヴォース

カメル・ド・カモワ　Camel de Camois

フロワサール作『メリヤドール』に登場する、馬上槍試合に熱中した騎士。森での狩りで、果敢に雄鹿を追い続けた。カメルは物語の主人公メリヤドールとの戦いで落命する。カメルは愛する女性を誘惑しようとしたが、夢遊病の発作に襲われたため、無気味で不可解な人物だと思われてしまった。ミシェル・ザンクはカメルを熊の化身だと考えている。カモワはウェールズの町である。この地名は同じフロワサールの『年代記』にも見つかり、ふたりのイングランド人騎士が《カモワ出身》とされている。また、1357年にスコットランド王から人質としてイングランド王へ引きわたされたギヨーム・カモワ（Guillaume Camois）についての言及もある。カメル・ド・カムロス（Camulos）は、ケルトの地名に属している。カムロ＝ドゥヌム（Camulo-dunum、《カムロス（Camulos）の城塞」》は、（ブリテン島・エセックス州の）コルチェスター近郊にあった城塞都市の名である。このカムロスは、ローマ神話の戦神マルスと同一視されている。アイルランド神話に出てくるクワル（Cumhal）またはクウィル（Cumaill）もカムロスと同一視されているが、この人物もまた戦士として活躍している。こうした語源解釈は、戦いに夢中になっていたこの騎士にぴったりあてはまるように思われる。

【書誌情報】 W. Roscher, *Ausführliches Lexikon der griechischen und römischen Mythologie*, Olms, Hildesheim et New York, 1886-1890 (réédition : 1978), t. I-1, p. 850. M. Zink, «Froissart et la nuit du chasseur», *Poétique*, 41, 1980, pp. 60-77.

⇒メリヤドール

カユ　Cahu

『ペルレスヴォース』に登場するアーサー王宮廷の近習。庶子イヴァンの息子。アーサー王から聖オーギュスタン礼拝堂参詣への同行を命じられた日の夜（その時期はケルト人がルグLug神に捧げた8月にあたっていた）、眠りについたカユは夢の中である礼拝堂に入り、棺の近くにあった金の燭台をかすめとる（クレティアン・ド・トロワ作『グラアルの物語』によると、「グラアル」の行列には複数の燭台がふくまれていた）。カユはアーサー王に贈るための燭台を手にしていたが、そこへ醜悪な黒い巨人が現れ、カユの右脇腹をナイフで刺す（中世ウェールズの『マビノギの4つの枝』の第四の枝「マソヌウィの息子マース」(*Math Fab Mathonwy*) によると、アイルランドの神ルグのウェールズ版にあたるスレイLleuは、カユと同じように槍で横腹を貫かれて1羽の鷲に変身する)。カユがびっくりして目を覚ますと、夢は現実のものとなっていて、本当に脇腹を刺されていた。カユは奪ってきた燭台をアーサーに贈り(この燭台をアーサーは後に、当時創建されたばかりのロンドンの聖パウロ教会に寄贈する)、まもなく死んでしまう。よく似たエピソードは、アイルランドの航海譚(イムラヴァ)にも見つかる(ある「異界」の島で、修道士が貴重品を盗むエピソード)。カユのエピソードは、ルグの神話と関連づけて考える必要がある。『聖エルヴェ伝』(*Vie de saint Hervé*) には、ルグがユカン(Huccan) という名の悪霊の姿で登場しているからである(この悪霊は、カユに怪我を負わせた醜悪な黒い巨人を想起させる)。アイルランドからやってきたユカンは、自分は鍛冶師で、大工でも石工でもあると述べる。つまりさまざまな技芸を体得した職人の典型である(ルグには「サウィルダーナハ(百芸に通じた)」という異名がある)。ルグはその名前から「光(ルクス)」(lux) およびロウソクと関連している。ユカン(Huccan) という巨人の名は、カユ(Cahu) の名のふたつの音節を反転させたものである。さらに注目すべきは、武勲詩の中でカユがサラセンの神とされていることである。(アポリンApollinに取って代わることの多い) カユは、マオン(Mahon) およびテルヴァガン(Tervagant) とともに三者一組の男神となっている。カユは散文「聖杯物語群」にも登場する。悪霊としてのカユは、中世期によく見られるように、いにしえのケルトの神を覆い隠している。おそらくその雛形はルグである。

【書誌情報】 G. D. West, *An Index of proper names in French Arthurian prose romances*, University of Toronto Press, 1978, p. 56 (Cahu 1). A. Moisan, *Répertoire des noms propres de personnes et de lieux cités dans les chansons de geste françaises*, Droz, Genève, 1986, t. 2, vol. 3, p. 185. B. Merdrignac, *Les Vies de saints bretons durant le haut Moyen Âge*, Ouest-France, Rennes, 1993, pp. 114-116.

【邦語文献】 天沢退二郎『エッセー・オニリック』思潮社、1987年、pp. 20-29「カユスの夢」。

⇒鍛冶師

ガラアド　Galaad

英語名ガラハド(Galahad)。この世で最良の騎士で、《すぐれた騎士》(Bon Chevalier) とよばれることが多い。『聖杯の探索』の主人公ガラアドにより騎士道の思想は完成され、神秘的な理想へと転換された。またこのようにしてガラアドにより、世俗的な誤謬を重ねていた宮廷風騎士道は失墜した。ガラアドはランスロが漁夫王の娘とのあいだにもうけた息子である。ガラアドの名が喚起するのは、預言者エリヤの出身地として聖書に出てくるギレアド(Gilead) である。そのためガラアドは間接的に、(天の火を操る、完璧な預言者) エリヤを思わせる人物となっている。ヘブライ語の「ギレアド」(gilead) は、「円、球、紡錘体、回転するもの」もさす(ほかにも「頭蓋骨」をさすが、キリストが十字架に掛けられた場所ゴルゴタ(Golgotha) は《頭蓋骨の山》であり、「カバラ」[中世ユダヤ教の神秘思想] に出てくる「ギルグル(gilgul)」は「輪廻の輪」である)。「円

聖杯を前にしたガラアドの死

卓」で空席だった「危険な座席」に腰かけながら懲罰の炎につつまれることのなかったガラアドは、騎士たちの輪を完成させ、「円卓」の冒険を終わらせる。ユダヤの祭りでは、エリヤのためにいつも空席をひとつ残しておく慣例だった。神の使者が地上にやってくると、その空席は満たされるのだった。ガラアドはまさしくアーサー騎士団にとっての「新しい救世主（メシア）」であり、「聖杯」を永遠に見つめる資格を持った唯一の人物である。ガラアドは「聖杯」の探索と、それを特徴づけるあらゆる悪しき慣例（不可思議な試練）に終止符を打つ。（天上の騎士道との対比で）霊的な騎士道を完璧なまでに具現するガラアドは完全な純潔のうちに自己を完成させたため、地獄の劫罰を受けることなく瞑想的な聖性の高みへと向かっていく。探索の最後に、ガラアドは「聖杯」を前にして息を引きとる。ガラアドは人の凝視を許さぬ絶対的なものを目にして亡くなったのである。その後まもなく天使たちに魂を運び去られたガラアドは、聖母マリアの身におきたのとまったく同じように眠りについたか、あるいは純潔の身のまま昇天した。聖ガラクトワール（Galactoire）の祝日7月27日は、ガラアドの魂が神秘的な形でこの世を離れた当日ではないとしても、少なくともその時期を示している。それはガラアド（Galaad）の名が喚起する「天の川（ガラクシー）」（Galaxie）が現れる時期である。民間伝承によると、聖母被昇天のときに、マリアはまさしく天の川をとおっていったという。『聖杯の探索』については昔から、シトー会の聖性が重要な影響をおよぼしていると指摘されてきた。しかしシトー会とマリア信仰との関連で、「聖母の乳」のテーマがもつ重要性についてふれられることはなかった。特にこのテーマと結びついているのはクレルヴォーの聖ベルナール（Bernard de Clairvaux）（祝日は8月20日）であり、伝説によると、ベルナールは聖母マリアの乳を数滴口にしたとされる。ガラアド（Galaad）の名の最後の子音dの前に母音aが連続して並んでいるため、この名前には聖書の響きがある。一方で「ガラアド」には世俗的な意味もあり、その証拠にガラティア人（Galatae）の名を想起させる。紀元前3世紀以来、ギリシアの著作家たちがケルト人をガラティア人とよんでいたのは、ガラティア人がケルト人と何らかの関係をもっていたからである。

ガラアドの騎士叙任

ガラアドの家系（『聖杯の書』による）

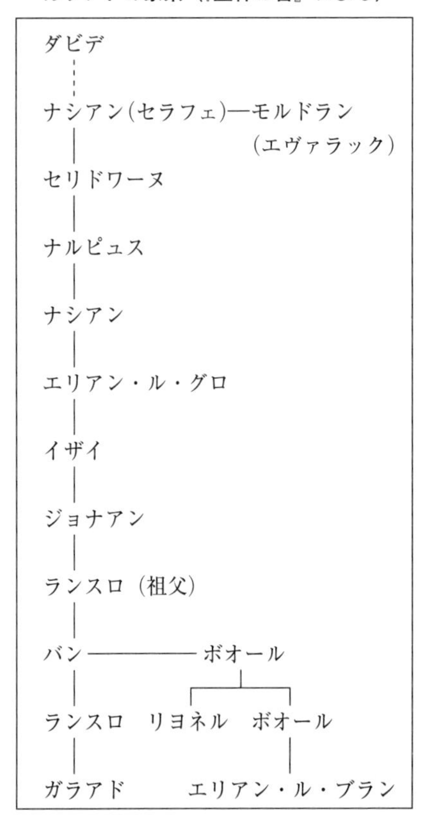

【書誌情報】R. Bromwich, *The Welsh Triads*, University of Wales Press, Cardiff, 1961, pp. 353-354. P. Béterous, «À propos d'une des légendes mariales les plus répandues. Le "lait de la Vierge"», *Bulletin de l'Association Guillaume Budé*, 1975, pp. 403-411. V. Kruta, *Les Celtes. Histoire et dictionnaire*, Laffont, Paris, 2000, p. 632. Ph. Walter, *Galaad, le Pommier et le Graal*, Imago, Paris, 2004.

【邦語文献】 天沢退二郎『エッセー・オニリック』思潮社、1986年；天沢退二郎「《宮沢賢治》と《アーサー王・聖杯》—禁欲思想の帰趨」『明治学院論叢』第543号、1994年、pp. 1-21。

⇒アミット、エリザベル、カッシアの城、慣例、危険な座席、サラス、聖霊降臨祭、バルウアイ、沸騰する泉、ブラシーネ、ブリザーヌ、メシア思想

カーライルのカール　Carl of Carlisle

中英語で書かれた『カーライルのカール』の主人公。残虐非道なこの巨人は、動物たちの主だった（雄牛、猪、ライオン、熊に囲まれていた）。訪ねてくる騎士たちを殺めていたカールには、（物語の鍵となるエピソードに出てくる）斬首のモチーフを軸として、「緑の騎士」といくつかの類似点もある。カールは魔法をかけられて巨人となったが、ガウェインに首を刎ねられたおかげで魔法から解放された。惨めな境遇にあったカールはこうして普通の人間にもどり、素行を改める。ガウェインはカーライルの領主カールの娘と結婚する。カールは神への感謝のしるしに教会を建設し、これがカーライルの大聖堂の起源だとされている。

⇒ベルティラック、緑の騎士

ガラガンドレイス　Galagandreiz

ウルリヒ・フォン・ツァツィクホーフェン作『ランツェレト』に登場するモーレイス（Môreiz）城主で、森の支配者。結婚適齢期の娘がいた。ランツェレトはふたりの仲間（クラーウスKurâusとオルピレトOrphilet）をともなってモーレイス城へ赴き、一夜の宿を願い出る。別々に用意された寝台に身を横たえた3人のもとへ、ガラガンドレイスの娘がやってきて、オルピレトとクラーウスへ順に自分の身を捧げようとするが、いずれからも拒まれる。しかしランツェレトだけは姫君を受け入れ、ともに抱きあって夜を過ごす。翌朝、寝室の扉を蹴破ったガラガンドレイスは、ランツェレトが結婚前の娘と同衾したことに憤慨し、ランツェレトに短剣の投げ合いによる決闘を命じる。ランツェレトはガラガンドレイスが投げた短剣を楯で受け止めると、相手のもとへ突進して短剣でつき刺して殺めてしまう。ランツェレトは姫君を妻とし、モーレイス城主になる。民話の国際話型313番（「悪魔の娘」）を踏襲して新たに作られたこの《もてなし好きの主人》の話は、中世ウェールズの物語『キルフーフとオルウェン』を想起させる。ガラガンドレイスの名は、神話上の巨人ガルガン（GarganまたはGalgan）と、「王」をさす古フランス語「レイス」(reis）の組み合わせからなっている。物語の作者ウルリヒはエピローグで、モルヴィルのフーク（Hûc von Morville）殿が持参したフランス語（アングロ＝ノルマン語）の書物からランツェレトの筋書きに接したと述べている。そのため、ノルマンディー地方にあるモン＝サン＝ミシェル（聖ミカエル山）、別名モン＝ガルガン（Mont-Gargan、ガルガン山）が、この種本への言及の謎を解く鍵になるかもしれない。

【書誌情報】 R. S. Loomis, «Additional notes and introduction» à U. von Zatzikhoven, *Lanzelet*, trad. de T. Kerth, Columbia University Press, New York, 1951, pp. 171-173. H. Dontenville, *Histoire et Géographie mythiques de la France,* Maisonneuve et Larose, Paris, 1973.

⇒巨人、ランツェレト

カラス　Corbeau

古いウェールズ名には、アルスヴォズー（Arthbodu）（聖ドゥブリキウスの弟子）やアルトブラナン（Artbranan）のように、熊の名［アルスArthやアルトArt］とカラスの名［ヴォズーboduやブランbran］を組み合わせたものがある。セルバンテス［スペインの小説家、1547～1616年］がおこなった指摘を見逃してしまうと、この奇妙な組み合わせは神話的次元でもほとんど説明がつかない。『ドン・キホーテ』第一編第13章によると、「あの大ブリタニアの王国で昔から伝わる、あまねく知られたいい伝えによると、アーサー王は死なずに、魔法の力によって１羽のカラスに身を変じられた。あまつさえ時がくればふたたび王国を治め、王国と王笏とをその手におさめると申すのじゃ。さればこのことがもとで、あのとき以来これまで、いやしくもイギリス人で１羽でもカラスを害めたものはないということは、確かだと申すではござらぬか。」（会田由訳『ドン・キホーテ』前篇I、ちくま文庫、1987年、pp. 187-188）　アーサー王が最後にとったカラスの姿は、（循環するタイプの）終末論的な観点からアーサーを王・戦士・予言者の役割を兼ねそなえたルグ神になぞらえているばかりか、16世紀の時点でもアーサー神話が人気を博していたことを証明している。カラスは魂がとる形態のひとつでもある。『ペルレスヴォース』では、悪魔たち（の魂）はハシボソガラスの姿で騎士たちの体から離れていく。

【書誌情報】 F. Delpech, «Arthur en corbeau. La souveraineté chez les Celtes», *Iris,* 29, 2005, pp. 103-128. Du même auteur : «Arthur en corbeau : le dossier ibérique», *Cahiers de linguistique et de civilisation hispaniques médiévales,* 25, 2002, pp. 421-450.

⇒アーサー（起源とケルト文学）、オワイン、チェス、ハイタカ、ブラン、ブラングミュエール

ガラス　Verre

ガラスは「異界」との結びつきが強い物質とされている。その理由は希少性やさらには派生的な鉱物である「水晶」に代表される貴重な外観によるだけでなく、教会のステンドグラスにも使われたからである。『ペルスヴァル第二続編』によると、ペルスヴァルは「異界」へたどり着く前に「ガラスの橋」をとおらねばならなかった。この橋の通過を許された騎士は、後に馬上槍試合を制する勇者だけだった。馬上槍試合に参戦したペルスヴァルは身許を知られることなく、アーサー王に仕える騎士の中の精鋭と対戦する。中高ドイツ語による『ランツェレト』では、湖の妖精が赤子のランツェレトを「水晶の山」の近くにあった「異界」の城へ連れ去る（この山は民話の国際話型530番「ガラスの山」に相当する）。ペルスヴァルを思わせる素朴な少年が主人公の民話『ペロニック』（*Péronnik*）では、魔術師ロジェアール（Rogéar）が、ケルグラス（Kerglas）の居城に黄金の盥とダイヤモンドの槍をもっていた。クレティアン・ド・トロワ作『エレックとエニッド』によると、「ガラスの島」（île de Voirre）には雷鳴が響いたり、雷が落ちたり、嵐に見まわれたりすることはなく、夏も冬もないという。『トリスタン狂恋』では、狂人を演じるトリスタンがマルク王に、イズーと幸せに暮らすことのできる空の高みにあるガラスで作られた大広間の話をする。アイルランドの「航海譚（イムラヴァ）」のひとつ『マイル・ドゥーンの航海』（*Immram Curaig Maíle Dúin*）の主人公は、ガラスに似た海の上を船で進む。アイルランドの歴史物語群に属する『コンラの異界行』（*Echtrae Chonnlai*）によると、妖精は「水晶の船」に乗ってコンラ（Connla）を迎えにやってくる。またグラストンベリー（Glastonbury）の名の最初のシラブル「グラス」（glas）は「ガラス」をさしている。グラストンベリーはケルト期にはおそらくガラスの生産地だった。（ケルト語に由来する）ラテン語「グラストゥム」（glastum）は、ウェールズ語「グレシン」（glesin）と同じく「タイセイ」［青色染料のもとになる草木］をさす。ラテン語「ウィトルム」（vitrum）が（《ガラス》と《タイセイ》という）ふたつの意味をもつのは、（くすんだ緑色で透明ではなかった）古代のガラスの色だけでなく、ガラス製造に特定の植物が使われたことから説明可能である。

【書誌情報】 A. Ernout et A. Meillet, *Dictionnaire étymologique de la langue latine*, Klincksieck, Paris, 1967, p. 276 (glastum), p. 742 (uitrum).

⇒**グラストニア、グラストンベリー**

カラドック(1)　Caradoc (1)

ヴァンヌとナントの王。アーサーの忠臣。『ペルスヴァル第一続編』によると、アーサーの姪にあたるイザーヴ（Ysave）（またはイゼーヴYsaive）と結婚するものの、夫婦として交わることができない。それは結婚後3夜にわたって毎晩、魔術師エリアヴレスが雌のグレーハウンド、雌豚、雌馬を順に寝台へ送りこみ、カラドックはこれらをイゼーヴだと信じて交わってしまったからである。カラドックは、自分と同名の子供を実子だと信じていたが、後に魔術師エリアヴレスのおこなった奸策を本人から知らされる。同名の息子カラドックは実父エリアヴレスを懲らしめるため、同じ3種類の動物と交わるように仕向けた。

【書誌情報】 G. Le Menn, *La Femme au sein*

d'or. Des chants populaires bretons aux légendes celtiques, Skol, Saint-Brieuc, 1985.
⇒**エリアヴレス**

カラドック(2)　Caradoc (2)

円卓の騎士。アーサーの又従兄弟。表向きの父とされたカラドック（1）から王位を継承するが、実際にはイザーヴ（Ysave）（またはイゼーヴYsaive）と魔術師エリアヴレスの息子である。カラドックに対応するウェールズ神話の人物は、（アイルランドのルグLug神に相当する）スレイ（Lleu）である。なぜなら（スレイが魔術師グウィディオンGwydionとその姉妹アランフロッドAranrhodの息子であるのとまったく同じように）、カラドックは魔術師エリアヴレスと王妃イザーヴの息子だからである。ふたりの魔術師はいずれも、動物たちと三度交わらざるをえなくなる。『角杯の短詩』と『マントの短詩』によると、カラドックはそれぞれの短詩に出てくるだれもが失敗した試練のどちらにも成功した。これは彼の恋人（または妻）が貞節を守っていただけでなく、カラドックの名が示すように、おそらくは本人の美徳のおかげでもある。古ブルトン語では、「カラントッグ」（Carantoc）は《献身的な、心のこもった》を意味する。これに対応するアルモリカ出身の聖人（カランテックCarantec）は、ウェールズではスラングラノッグ（Llangrannog）修道院のカラノーグ（Carannog）の名で、コーンウォールではクラントック（Crantock）の名で崇敬されていた。この聖人はアイルランドの聖ケルナハ（Cernach）と同一視されている。『ペルスヴァル第一続編』には、息子に幽閉された母イゼーヴが息子に報復するエピソードが見つかる。イゼーヴがカラドックに戸棚を開かせると、そこから蛇が出てきてカラドックの片腕に巻きつき、彼の血を吸い始める。そのためカラドックは死を待つ身となっていたが、親友カドール（Cador）の妹ギニエに助けられ、蛇をはらいのける。カラドックが酢の桶に入ると、ミルクの桶に入っていたギニエが彼の腕に巻きついていた蛇に向けて自分の胸をさし出した。カラドックの腕を離れてギニエの方へ飛び移った蛇を、ギニエの兄カドールが退治する。このエピソードゆえに、カラドックは「ヴレックヴラス」（Vreichvras、「太い（大きい）腕の」の意）の異名をもつことになる。この異名は再解釈されて「ブリエブラス」（Briebras、《小さな腕の》または《腕が委縮した》）となる。このモチーフはインド神話のインドラ（Indra）とその腕に巻きついた蛇ヴリトラ（Vritra）の戦いに見つかり、「サルパバンダ」（sarpabandha、《蛇の綱》）のモチーフとよばれる。

【書誌情報】 B. Tanguy, *Dictionnaire des noms de communes, trèves et paroisses du Finistère*, Chasse-Marée, Douarnenez, 1990, pp. 47-48 (sur le nom). A. Coomaraswamy, *La Doctrine du sacrifice*, Dervy, Paris, 1997, pp. 187-189 (chap. 5, Sarpabandha). P. Lajoye, «Lug, Caradoc, Budoc», *Ollodagos*, 19, 2005, pp. 51-116.
⇒**エリアヴレス、カラノーグ、蛇**

カラノーグ（またはカラントーグ）
Carannog (ou Carantog)

ラテン語名カラントクス(Carantocus)。ウェールズの聖人。6世紀のカーディガン司教。祝日は5月16日。アーサーはカラノーグが天から授かった祭壇を横取りして、普通の食卓として使う（この祭壇は「円卓」のモデルのひとつと考えられた）。アーサーの国を荒らし回っていた蛇をカラノーグが制圧したため、アーサーは祭壇をカラノーグに返さざるをえなくなる。蛇＝ドラゴンのエピソードは、豊作祈願祭（ロガシヨン）という神話的な儀礼の文脈から説明可能である（豊作祈願祭は作物に被害をおよぼすドラゴンを手なづけるための祭りであり、カラノーグの祝日は移動祝日であるこの祭日の枠内にある）。カラノーグの名は、ケルト語で「石」をさす語（karra）と関連している。

【書誌情報】 S. Kelly, «A note on Arthur's Round Table and the Welsh *Life of saint Carannog», Folklore*, 87, 1976, pp. 223-225. E. R. Henken, *The Welsh Saints : a study in patterned lives*, Brewer, Cambridge, 1991, pp. 189-190. Ph. Walter, «L'or, l'argent et le fer. Étiologie d'une fête médiévale : les Rogations», *Le Moyen Âge*, 99, 1993, pp. 41-59.

⇒カルリオース、ドラゴン、蛇

ガラハド　Galahad

⇒ガラアド

ガラフュール　Gallafur

『ペルスフォレ』第四の書から第六の書に登場する、（スコットランド王ガディフェールの長男である同名の）ガディフェールの息子。ガラアドを予示する人物。騎士ガラフュールがもつ「不思議なしるしのついた楯」は、赤い十字架が描かれた白い楯だった。ガラフュールが成し遂げる複数の偉業は、（『ランスロまたは荷車の騎士』に出てくる）「剣の橋」の通過や、（『エレックとエニッド』に出てくる）「喜びの角笛」の獲得など、アーサー王物語の主人公たちがおこなう偉業と共通している。祖父の血を受けつぐ騎士からしか騎士叙任の平打ちを受けることができなかったガラフュールは、「不思議な若者」（Damoisel Merveilleux）と名乗って大ブリテン島を遍歴し、やがて従兄弟にあたるウルソー(2)から平打ちを受けて騎士になる。ガラフュールの騎士叙任の日には、アーサー王物語になじみのエピソードがふたつ出てくる。ひとつは（『メルラン』や『聖杯の探索』に出てくる）「不思議な石板」に刺さった剣を抜くエピソードで、もうひとつは（『メルラン』や『ブリタニア列王史』に出てくる）２匹のドラゴンが戦うエピソードである。スコットランド王国の後継者としてガラフュールはダルナン（Darnant）の森での冒険を終わらせ、ペルスフォレの孫娘に愛される資格をえて彼女を妻に迎えた。イングランド王国の世つぎにあたるその女性は、アレクサンドル・ファン・ド・リエス（Alexandre Fin de Liesse）という名だった。こうしてガラフュールはブリテン島の王となる。ガラフュールの娘イジェルヌの血筋からアーサー王が生まれた。また息子オロフェール（Olofer）はガディフェールが負った不治の怪我を治した。もうひとりの息子ガラフュール(2)はキリスト教を奉じた最初の王となり、アルファザン（Arfasen）と名乗るようになった。ガラフュールの名は、武勲詩に出てくる巨人アゴラッフル（Agolaffre）や、サラセンの王ガラフル（Galafre）の名を想起させる。

【書誌情報】 J. Lods, *Le Roman de Perceforêt : origines, composition, caractères, valeur et influence*, Droz, Genève, 1951. A. Moisan, *Répertoire des noms propres*, t. 1, vol. 1, p. 116 et p. 441.

⇒ウルソー(2)、ガディフェール、ペルスフォレ

ガラン（ガルラン） Gallan (Garlan)

後期流布本系『続メルラン物語』に登場する、人の目には見えないこともある人物。この騎士にはペルアンという名の兄弟がいる。《赤毛のガラン》(Gallan le Roux) という異名をもち、《双剣の騎士》とよばれるバラエンの仲間たちを気づかれることなく、たいていは正午に殺める。ガランが人の目に見えなくなるのは、馬にまたがっているときである。そのため死者の軍勢を先導するエルカン (Hellequin) と同じ神話的特徴がいくつか見られる。ガランはその名により鍛冶師ガラン (Galant) と混同されている（ガランは北欧の伝承に出てくるヴェルンドVölundrに相当する）。ガランは兄弟のペルアンとともに、「聖杯」と「復讐の槍」の城に住んでいる。インド＝ヨーロッパ語族の神話に出てくる鍛冶師たち（ギリシア神話のヘパイストスHephaistos、北欧神話のヴェルンドまたはヴィーランドWeland、アイルランド神話のゴヴニウGoibniu）と同じく、ガランは酌係を務めている。こうした鍛冶師たちは神々を老いや死から守る不死の飲み物を醸造している。

【書誌情報】Ph. Walter, «Galant le forgeron dans la *Suite du Roman de Merlin*», dans : F. Bayard et A. Guillaume éd., *Formes et Difformités médiévales. En hommage à Claude Lecouteux*, P.U.P.S., 2010, pp. 223-231.

ガリエンヌ Galienne

ギヨーム・ル・クレール作『フェルギュス』のヒロイン。ロエノワ (Loënois)（またはロディアンLodien）の姫君で、リデル (Lidel) 領主の姪にあたる。ロスボール (Roceborc)（おそらくスコットランドのロクスバラ）の居城でアルトフィラスとその伯父によって包囲されていたガリエンヌは、助け出してくれたフェルギュスと最終的に結婚する。ロディアンまたはロエノワは現在のスコットランド南部に相当し、これらの名は「ルグ＝ドゥヌム」(lug-dunum、「ルグの要塞」) という語根と関連している可能性がある（この語根はほかにも、ルーダンLoudunやランLaonといった町の名の語源でもある）。

カーリオン Carlion

ネンニウスが編纂した『ブリトン人史』によると、九番目にアーサー対サクソン軍の神話的な戦闘がおこなわれた場所。カーリオンは、《カストルム・レギオーヌム》(Castrum Legionum) が縮約してできた名であり、語源的には《レギオン（軍団）の町》をさしている。『ブリトン人史』の別の章（66節a）では、列挙されているブリタニアの町の中に見つかる。アーサーが住んでいたこの町（アーサー伝承に登場する聖なる町のひとつ）は、12世紀および13世紀にフランス語で書かれた物語にもしばしば登場する。アーサー王はこの町に宮廷を構え、キリスト教の暦に記載された大祭を祝っている。ヴァース作『ブリュット物語』によれば、アーサーはこの町で二度目の戴冠式をおこなった。ジェフリー・オヴ・モンマスによれば、この町の創建者はベリヌス (Belinus) 王（ベレノス神の化身、「ベレノス (*Belenos)」は《輝く者》の意）である。ブリテン島にあった最初期の３つの司教区のひとつは、カーリオンに置かれていた。ほかの場所と同じく、この町でもキリスト教は、先に根づいていた異教の聖性をキリスト教の伝承へと移し変えた（町にはケルトのディオスクロイ信仰が存在したが、ペアをなす町の守護聖人ふたりによってキリスト教化がなされたと考えられる）。ジェフリー・オヴ・モンマスの記述を文字通り踏襲したヴァースの証言によれば、カーリオン（フランス語名カルリヨン）には「とても権威ある教会がふたつあった。ひとつは殉教者聖ジュール（Jules）に捧げられており、修道女たちが神に仕えていた。もうひとつの教会は、ジュールとともにいた聖アアロン（Aaron）に捧げられていた（司教はこの教会を拠点とした）。そこには天文学の知識のある有能な教会参事会員たちがいた。彼らは天体を観察して、アーサー王が思いめぐらしていた計画がどのような結果になるか、王に伝えていた」。カーリオンはウェールズの南東ウスク（Usk）河畔にあり、モンマスに近かった。そこでは円形劇場などの古代ローマの重要な遺跡が発掘されている。7月1日が祝日の聖ジュール（ラテン語名ユリウスJulius）については、7月の名とのつながりは自明である（フランス語で7月をさす「ジュイエ（juillet）」は「ユリウスの月」という意味である）。アアロンは（ジュールと同じ日が祝日であるが）、「旧約聖書」に出てくるモーセの兄アロン（フランス語名アアロン）とはなんの関係もない。アアロンの名は、アヌーヴン（異界）の王アラウン（Arawnn）というケルトの神名と類似しており、ウェールズ神話のスレイ（Lleu、「光」の意。アイルランド神話のルグLug神に相当する）や、ジェフリー・オヴ・モンマス作『ブリタニア列王史』に登場するウリアヌス（Urianus、フランス語名ユリアンUrien）とのつながりをもった名前である。ジェフリー作『ブリタニア列王史』に並んで名前があがるロット（Loth）、ウリアヌス、アングセルス（Anguselus）という三者一組の固有名（それぞれルグ、ユリアン、アラウンに相当）に照らしてみれば、ジュールとアアロンのペアがもつ意味もより明瞭になるだろう。ベーダ（Beda）『アングル人教会史』（*Historia ecclesiastica gentis Anglorum*）第一巻第七章によれば、ジュール（ユリウス）とアアロンは4世紀に、ほかのキリスト教徒たちとともに「さまざまな拷問にかけられ、聞いたこともないような残酷な方法で唇を引き裂かれて」殉教した。この聖人たちは、神託となる言葉とのつながりが深い（ドルイドの属性を備えた）異教の神々の後継者である（だからこそふたりは、唇を引き裂かれたのであろう）。マリー・ド・フランス作『ヨネックの短詩』によれば、ヨネックが実父ミュルデュマレックを死にいたらしめた義理の父の首を刎ねたのは、聖アアロンの祝日（7月1日）のことだった。

【書誌情報】 M. Delbouille, «Carlion et Cardeuil, sièges de la cour d'Arthur», *Neuphilologische Mitteilungen*, 66, 1965, pp. 431-446.

⇒**アグネード、グウィニオン、グレイン、ケリドン、ドゥブグラス、トリブルイト、バッサス、バドニス、ユリアン**

ガルオー　Galehaut

『散文ランスロ』に登場する人物。ブリュノール（Brunor）（ブランBrunは「熊」を指す名前のひとつ）が、「美しい巨人女」とのあいだにもうけた息子。ガルオー自身も巨人として描かれている。「遠島国」の領主ガルオーの恋人になるのは、マロオー（Malohaut）の貴婦人である。怪力のもち主で武勇好きなガルオーは、世界中を支配下におくことを夢見ていた。そこでアーサー王国へ侵攻するが、ランスロが驚くべき武勇を重ねるのを目のあたりにし、その熱情に負けて

ガルオー軍とアーサー軍の出会い
(ロンコロ城、14世紀末、フレスコ画)

ランスロの親友になることを望む。アーサー王へ臣従を誓うようランスロから求められ、ガルオーはすぐに実行に移す。ガルオーはこうして「円卓」の騎士になる。ガルオーは奇妙な夢を見た後に、自分が亡くなる日を知る。その夢説きをするのは、学僧エリー・ド・トゥールーズ

ガルオー（中央）に促されてランスロが王妃（右端）に初めてのキスをする

である。ランスロはガルオーの亡骸を「喜びの砦」へと運ばせ、後にみずからも彼の隣に埋葬される。（無理やり人々や動物をさらう、熊のごとき巨人）ガルオーにもともとそなわっていた神話的な特徴は、文学上の人物として作りなおされていく過程で失われた。ガルオーが親友ランスロに対して人知れず抱いていた同性愛は、古代さらには中世の戦士たちがたがいに抱いていた特別な友情を想起させずにはおかない。ガルオーが同性に恋心を抱いたのは、彼自身が憂鬱質だったことによる。アイルランド語で「ガル」(gal) という音節が《勇敢、武勇、価値》をさし、ウェールズ語では《エネルギー、大胆》をさすため、「ガル」は固有名詞に頻繁に使われている（ランスロ自身も生まれたときはガラアド (Galaad) とよばれており、この洗礼名はガルオー (Galehaut) の語頭音と響きあっている)。レオン・フルリヨによると、《力》を指す語根「ガル」(gal) の語源は、《胆汁、怒り》をさすギリシア語「コレー」(cholè) と関連したケルト語である可能性がある。この説が正しければ、ガルオーを《気質》から解釈する上で、言語学的な根拠となる。

【書誌情報】L. Fleuriot, *Dictionnaire des gloses en vieux breton*, Klincksieck, Paris, 1964, p. 173. J. Frappier, «Le personnage de Galehaut dans le *Lancelot* en prose», *Romance Philology*, 17, 1964, pp. 535-554. Du même auteur : «La Mort Galehaut», *Mélanges de langue et de littérature du Moyen Age offerts à Teruo Sato*, Centre d'études médiévales et romanes, Nagoya, 1973, partie 1, pp. 21-33. J. Roubaud, «Galehaut et l'éros mélancolique», *Bulletin de l'Association Guillaume Budé*, 41, 1982, pp. 362-382 (repris dans : *La Fleur inverse*, Ramsay, Paris, 1986.)

⇒巨人

カルドゥイーノ　Carduino

イタリアの歌物語（カンターレ）に属する『カルドゥイーノ』の主人公。この作品は、ルノー・ド・ボージュー作『名無しの美丈夫』と多くの点で似ているが、字義通りの翻案作品ではない。カルドゥイーノの父ドンディネッロ(Dondinello)は、アーサー王に寵愛されたために、これに嫉妬したほかの臣下たちによって毒殺されてしまう。寡婦となった母に森で育てられたカルドゥイーノは、成長してからアーサー王宮廷へ赴き、貴婦人ベアトリーチェ（Beatrice）の助けに向かうことを許される。ベアトリーチェは妖術師により、大蛇（ヴイーヴル）の姿に変えられていた。カルドゥイーノは大蛇姿のベアトリーチェを見つけると、『名無しの美丈夫』のガングランと同じように、大蛇に「恐ろしい接吻」をおこなうことで魔法を解除し、ベアトリーチェを救い出す。カルドゥイーノの名は、カエルダン（Kaherdin、トリスタン物語に登場する「白い手のイズー」の兄）のイタリア語形であるように思われる。

⇒ヴイーヴル、恐ろしい接吻、ガングラン

カルメリッド　Carmélide

『アーサー王の最初の武勲』に出てくる大ブリテンにある想像上の王国で、グニエーヴルの父レオダガン（Léodagan）が支配していた。アーサーはカルメリッドで最初の偉業を果たす。ローマ軍とサクソン軍と「テール・デゼルト」の領主による同盟軍の脅威にさらされていたカルメリッド国は、アーサー、ベノイック国王バン、ゴーヌ国王ボオール、さらには身許を隠していた複数の騎士によって守られる。攻囲軍を撃退し、思いがけず加勢してくれた盟友たちへ、レオダガン王は感謝の気持ちを表わす。[アーサーの父ユテル・パンドラゴン王の封臣だった] レオダガンは、実際には彼らと知己の間柄にあった。レオダガンはアーサーの封臣となり、娘をアーサーの妻とすることになんら異存はなかった。アーサーとグニエーヴルはそれまでに相思相愛の仲にあったからである。カルメリッドの名は実際の地理上には見つからないが、この国が大ブリテンの北方に位置するという（正当な）説が出されている。この地名はおそらく、アルメル（Armel）の名をもとにして作られている（ブルトン語の聖人名アルメル（Armel）に相当するウェールズ語は、「アルスヴァエル」(Arthfael、《熊（アルスArth）の王（マエルMael)》である)。そのためカルメリッドはまさしく、神話的な《熊の国》なのである。この見方が正しければ、「熊」の属性をもつアーサーがこの国で妻となる女性と知りあうのは当然である。カルメリッドの名はほかにも、まさしく熊が登場するエピソードと関連した「旧約聖書」のカルメル（Carmel）山の名を示唆している。『列王記下』によると、預言者エリシャは町から出てきた小さな子供たちから罵られる。[そこでエリシャが主の名によって彼らを呪うと、森の中から] 2頭の熊が現れ、子供たちのうちの42人を引き裂く。その後エリシャはカルメル山に行く。カルメリッドの名は「理屈抜きに」、互いに無関係だった熊にまつわるふたつの神話を対応させ、とけあわせたのである。

【書誌情報】E. Brugger, «Beiträge zur Erklärung der arthurischen Geographie», *Zeitschrift für französische Sprache und Literatur*, 28, 1905, p. 57. C. Guyonvarc'h, «La pierre, l'ours et le roi : gaulois ARTOS, irlandais *art*, gallois *arth*, breton *arzh*, le nom du roi Arthur. Notes d'étymologie et de lexicographie gauloise et celtique», *Celticum*, 16, 1967, pp. 215-238.

⇒グニエーヴル、熊

カルメンテ　Karmente

ドイツ語で書かれた物語『ゼグレモルス』(*Segremors*) の断片に登場する、魔法の島に住む妖精の名。ガーヴァーン（フランス語名ゴーヴァン）が幽閉されていたこの島へ、ゼグレモルス（フランス語名サグルモール）が恋人のニーオベ (Nyobe) とともに向かう。ローマ神話によると、カルメンタ (Carmenta) は（イタリアの文化英雄）エウアンドロス (Euandros) の母である。カルメンタの名は、ウェルギリウス作『アエネイス』にも出てくる［第八歌にローマのニンフとしてカルメンティスCarmentisの名で現れる］。カルメンテの名の語源「カルメン」(carmen) は《聖なる歌》をさし、「魔法」と同義である。

【書誌情報】 P. Grimal, *Dictionnaire de la mythologie grecque et romaine*, P.U.F., Paris, 1969, p. 79 (Carmenta).

⇒サグルモール

カルリオース　Karriôz

ヴィルント・フォン・グラーフェンベルク作『ヴィーガーロイス』に登場する小人の名。カルリオースという名は、「カール」(Kar-) または「コール」(Kor-)（古ブルトン語で《小人》の意）という語根をもとにして作られている。この語根から、コリガン (korrigans、フランス・ブルターニュ地方の小人) という語が生み出されている。この名が石の名とも関連があるのは、ケルト人にとって巨石群が「異界」の位置する場所だからである。カルリオースは母が野人だったために毛深く、小柄な割にがっしりしていた。彼の骨には髄がなかった。怪力を誇る彼は、（ヘラクレスのように）自分で殺めたライオンの毛皮をまとっていた。ヴィーガーロイスとの戦いで劣勢に立つと、ねばねばした霧が立ちこめ、身体一面に松脂がついたカルリオースは姿を消してしまう。こうした霧はドルイドの伝承で知られており、「異界」の住人が人間たちから逃れたり、人間たちの追跡を阻んだりするために使う策略である。「異界」の住人が魔術で作り出したこうした霧は、分け入ることのできない「異界」との境界となっている。霧は一方で、重要な季節のかわり目（冬のはじまりと終わり）を示している可能性もある。

【書誌情報】 G. Alessio, «La base pré-indo-européenne *KAR(R)A/*GAR(R)A, "pietra"», *Revue celtique*, 47, 1930, pp. 1-43. L. Fleuriot, *Dictionnaire des gloses en vieux breton*, Klincksieck, Paris, 1964, p. 119. C. Guyonvarc'h et F. Le Roux, *Les Druides*, Ouest-France, Rennes, 1986, pp. 171-174.

⇒小人、シード

ガルルース　Galerous

ベルン本『トリスタン狂恋』で（変装したトリスタンにほかならない）狂人の話に出てくるトリスタンの父の名。この言葉の語源は古アイスランド語であり、「フヴァルル（またはクヴァルル）」(hvalr、《クジラ》) および「フロッス」(hross、《馬》) と関連している。もともと「セイウチ」をさした言葉であるが（ドイツ語「ヴァルロス (Walross)」、英語「ウォーラス (walrus)」を参照)、ほかにも「クジラ」をさした（狂人を演じたトリスタンは母がクジラだったとも述べている)。トリスタンは神話学的に見ると、《魚の王さま》(民話の国際話型303番)の息子として登場している。これはクジラが「魚の王さま」の化身だからである。そのためマルク王の問いかけに対するトリスタンの返答はまったくのでたらめではなく、固有名による神話物語の暗号化である。

【書誌情報】K. Baldinger, *Dictionnaire étymologique de l'ancien français,* Presses de l'Université Laval, Niemeyer et Klincksieck, Québec, Tübingen et Paris, 1974, Lettre G1, col. 89-91. Ph. Walter, *Tristan et Yseut. Le Porcher et la Truie,* Imago, 2006, pp. 116-128.

⇒**トリスタン**

ガレス　Gareth

⇒**ガウリエ**

カログルナン　Calogrenant

アーサー王に仕える騎士。クレティアン・ド・トロワ作『イヴァンまたはライオンを連れた騎士』では、イヴァンの従兄弟。ロベール・ド・ブロワ作『ボードゥー』では、イヴァンの甥。ジェルベール・ド・モントルイユ作『ペルスヴァル第四続編』では、カログルナンはリヨネルとボオールとの一騎討ちの仲裁に入り、リヨネルに殺されてしまう。『クラリスとラリス』では、幽霊の城に入りこんだとき最初に出会った人の姿になる定めにあり、カログルナンは娘に変身させられてしまうが、その後もとの姿にもどる。『イヴァン』では、カログルナンは「バラントンの泉」の冒険に初めて挑み、冒険の途上で野人と出会う。ロジャー・シャーマン・ルーミスによれば、カログルナンの名は《ぶつぶつ不平をいうカイ》を意味する「カイ・ロ・グルナン」(Cai lo grenant)が変形したもので、毒舌で有名な執事騎士クウ(Keu)の分身のような存在だという[「ぶつぶついう」に相当するウェールズ語は「グルグナッハ(grwgnach)」であり、カイはクウのウェールズ語名]。しかしこの解釈は、来歴の古いケルト名をロマンス語から(大雑把に)再解釈したものでしかない。『イヴァン』のウェールズ語版『オワインの物語、あるいは泉の女伯爵』では、カログルナンはカノン(Kynon)とよばれ、カイ(KeiまたはCai)とは別人である。カノンは語源から見ると《大きな犬》または《神の犬》(*Kunonos)をさす。そのためおそらく夏の土用の時期に(大犬座のもとで)雷雨をよぶ泉の試練と関連があると思われる。

【書誌情報】R. S. Loomis, *Arthurian tradition and Chrétien de Troyes,* Columbia University Press, New York, 1949, pp. 273-277 et p. 480. Ph. Walter, *Canicule. Essai de mythologie sur* Yvain *de Chrétien de Troyes,* SEDES, Paris, 1988. Ph. Jouet, *Dictionnaire de la mythologie et de la religion celtiques,* Yoran Embanner, Fouesnant, 2012, p. 596.

⇒**イヴァン、バラントン**

雁　Oie

クレティアン・ド・トロワ作『グラアルの物語』でのペルスヴァルは、旅の途上で出会ったブランシュフルールを敵軍から救った後、漁夫王の館を訪ねて「グラアル」と「血の滴る槍」を目撃する。その後ペルスヴァルは、ある平原で奇妙な夢想に没頭する。そして抑えきれないメランコリーに捕らわれ、雪の上に残されていた3つの血の滴を何時間も眺めてすごす。3つの血の滴は、鷹に襲われた雁の頸から平原に降り積もった雪の上に流れ出たものである(「雁」をさす古フランス語「ジャント(gente)」は、ドイツ語の「ガンス（Gans）」に相当する）。

呆然自失したペルスヴァルの姿は、鳥女たちに槍を投げつけた後のクー・フリン（Cú Chulainn）（アイルランドの「アルスター物語群」に属する『クー・フリンの病』）や、『白鳥の湖』の主人公に似ている。純白の（雪の）上に落ちた真紅の血で、ペルスヴァルはブランシュフルールの顔を思い出す。同じ赤と白のコントラストは、「白雪姫」（民話の国際話型709番）にも見つかり、ヒロインの《顔は雪のように白く、唇は血のように赤かった》。雁はほかの渡り鳥（ハクチョウ、コウノトリ）と同じく、動物の姿をした「異界」の女神である。こうした渡り鳥が決まった季節に姿を消すときは、異界を旅していると考えられている。こうした細部から、ブランシュフルールは暗黙のうちに「白い貴婦人」と呼ばれる妖精

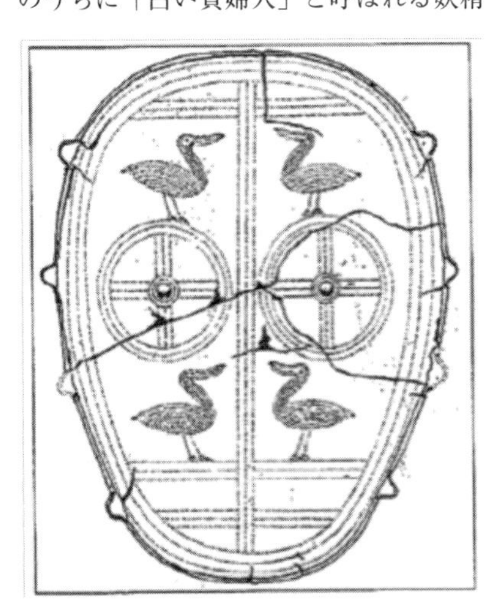

リニャセントキラーイ（ハンガリー）から出土した脛あて（紀元前1200年頃）

それぞれが4つのスポークを備えたふたつの車輪の上に置かれた雁たち（宇宙的時間の表象）は、車輪を回転させているように思われる（季節移動のサイクルを表している）。

と同一視されている。民話でこうした妖精に相当するのは、主人公の妻になる妖精である。

【書誌情報】 E. Cosquin, *Les Contes indiens et l'Occident*, Champion, Paris, 1922, pp. 218-256.

⇒**アンナ、イジェルヌ、グエンロイ、グニエーヴル、シバの女王、ハクチョウ**

ガンガモール　Guingamor

作者不詳『ガンガモールの短詩』の主人公。不可思議な動物（白い豚）に導かれるまま「異界」へと入りこんだガンガモールは、そこで3日間すごしただけだと思っていた。ところが実際に人間界にもどってみると、3世紀もたっていた。「異界」を離れるとき、妖精の恋人からどんな空腹を覚えても飲食せぬよう忠告されていたにもかかわらず、野生のリンゴの木からリンゴを3つとって食べ、瞬く間に老いさらばえてしまう。この短詩は、民話の国際話型470番「この世とあの世の友」の図式を踏襲している。この話型では、主人公は「異界」の使者（天使や妖精など）の後を追い、3世紀後に故郷へもどってくる。日本では浦島伝説が同じ図式にあてはまり、人間世界と「異界」とで時間の流れ方が異なると語られている。ガンガモールの名は《さまよう大きな白い影》を意味する［「ガン（guin）」は「白い」、「ガ（ga）」は「影」、「モール（mor）」は「大きい」をさす］。またガンガモールを「異界」へ導いた「白い豚」は、ウェールズ語による『ブリテン島三題歌』に言及のある雌豚ヘンウェン（Henwen、《白い老女》）と関連づけることができる。この種の白い動物はつねに、支配権を具現する乙女が変身した姿として描かれる。ガンガモールの名は、神話の可逆性により、自分の運命

を決定づける存在の名なのである［「白い豚」によって「異界」へ導かれ、生者の世界へもどることのないガンガモールは、「呪われた狩人」や「さまよう精霊」にほかならず、「荒猟（ワイルド・ハント）」の伝承とつながっている］。禁じられた果物は、古代ギリシアのペルセポネ（Persephone）神話にも見つかる。ペルセポネは冥界の王ハデスの庭になっていたリンゴを口にし、ハデスの妻として冥界にとどまりつづけねばならなくなる。禁じられた果物の話は、さまざまな民話のほか、武勲詩『オジエ・ル・ダノワ（デーン人オジエ）』（*Ogier le Danois*）にも登場する。

【書誌情報】 G. Paris, «Lais inédits», *Romania*, 8. 1879, pp. 50-51. F. Lot, «Le blanc porc de Guingamor», *Romania*, 25, 1896, pp. 590-591. K. Watanabe, «Le séjour dans l'Autre Monde et la durée miraculeuse du temps : essai de rapprochement entre le *Lai de Guingamor* et la légende d'Urashima», dans : *Voix des mythes, Science des civilisations. Hommage à Philippe Walter*, Peter Lang, Berne, 2012, pp. 43-55.

【邦語文献】 渡邉浩司「浦島伝説の日本語版とフランス語版の比較―中世フランスの短詩『ガンガモール』と８世紀の浦島譚」吉村耕治編『現代の東西文化交流の行方第２巻―文化的葛藤を緩和する双方向思考』大阪教育図書、2009年、pp. 41-79；山田仁史『新・神話学入門』朝倉書店、2017年、pp. 59-61。

⇒ヴィーガムーア、リンゴ

ガングラフ　Guinglaff

ブルトン語で書かれた現存する唯一のアーサー王物語（『ブルトン人のアーサー王とガングラフの対話』）に登場する、ブルターニュの伝説上の詩人（バルド）。1450年頃書かれたこの作品は、1710年に筆写された写本によって伝えられている。アーサーはある日ガングラフ（別名はギクランGuiclanやグウェンフランGwenc'hlan）に出会い、さまざまな質問をする。ガングラフは、自分たちそれぞれの死以外の、どんなテーマの質問でも王に答える。ガングラフはさらに、世界の終末までにおこる一連の出来事についてさまざまな予言をおこなう。そのうちのいくつかは、1470年から1476年、1486年から1488年の時期、イギリス人がおこなう戦争に関するものだった。こうした予言の大半は後代になって「遡及的に」作られたものであり、メルランに代表されるような占者との結びつきが強い、予言と謎をテーマにした文学伝承に即したものである。ガングラフはメルランの化身ではないとしても、少なくともメルランのブルターニュ版であり、アイルランドのスヴネやスコットランドのライロケンに相当する。ガングラフの名は《祝福された病人》をさす（《白い、聖なる、祝福された》をさす「ガン（guin）」と、《病人》をさす「クランヴ（claff）」の組み合わせだと考えられる）。これが意味する病とは狂気のことであり、すべての占者に認められるように、狂気には通過儀礼的な意味がある。ガングラフの名は変形や誤解により、グウェンフラン（《祝福された純真な人》）という形をとるにいたった。

【書誌情報】 E. Ernaut, «Sur le prophète Guinclaff», *Annales de Bretagne*, 39, 1930, pp. 18-30. L. Fleuriot, *Récits et Poèmes celtiques. Domaine brittonique VIe-XVe siècles*, Stock, Paris, 1981, p. 78. Y.-B. Piriou, «Un texte arthurien en moyen breton : *Le Dialogue entre Arthur roi des Bretons et Gynglaff*», *Actes du XIVe Congrès international* *arthurien*, Rennes, 1984, t. 2, pp. 473-499.

【邦語文献】 梁川英俊「〈グウェンフランの予言〉について―『バルザス＝ブレイス』の冒頭の歌が語るもの」『ケルティック・フォーラム』第18号、2015年、pp. 49-50。

⇒スヴネ・ゲルト、メルラン、ライロケン

ガングラン Guinglain

ルノー・ド・ボージュー作『名無しの美丈夫』の主人公。ゴーヴァンと妖精ブランシュマルの息子。最初は《名無しの美丈夫》とよばれていた少年は、複数の冒険をへた末にようやく自分の名前を教えてもらう。ガングランは、立ちよった「黄金島」の妖精「白い手の乙女」に一時的に魅了される（「白い手（ブランシュ・マンBlanches Mains)」の名は、ガングランの母の名ブランシュマルBlanchemalと響きあっている）。その後「荒廃した町」へ行き、「恐ろしい接吻」により大蛇の姿に変えられていたブロンド・エスメレを人間の姿にもどす。ガングランが最終的に妻に迎えるのは、ブロンド・エスメレである。ガングランの名には、「ガン」(guin-、《白い》）と「グラノ」(glano）というふたつの語がふくまれている（このうち「グラノ（glano)」は、《光る、きらきら輝く、きらめく》を意味するインド＝ヨーロッパ語*ghel-h /*ghl-ehと関連づける必要がある）。名前にふくまれている「白」は聖なるものの色であり、母親ブランシュマル（Blanchemal)（「ブランシュ」は「白い」の意）から受けついだものである。聖人伝に出てくる聖ゲノレ（Guennolé)（またはウィンウァレーウスWinwaloeus）は、ガングランの分身のような存在である。ゲノレの母が聖女グウェンヌ（Gwenn)、つまり《白い女》だからである（これはガングランの母がブランシュマルまたは「白い手の乙女」であるのと同じである)。ランデヴェネック（Landévennec）の聖ゲノレは、ハンセン病患者に接吻をすることで病を治したという。ガングランも同じように、大蛇（ヴイーヴル）に変身させられていた王女に接吻をして、魔法を解除している。

【書誌情報】Ph. Walter, Le Bel Inconnu *de R. de Beaujeu. Rite, mythe et roman*, P.U.F., Paris, 1996. G. Pennaod, «Le sacré chez les Celtes», *Études indo-européennes*, 11, 1992, pp. 81-89 (sur glano-). D. Barbet-Massin, «Le miracle du lépreux dans l'hagiographie bretonne et irlandaise», dans : *Britannia monastica*, 17, 2013, pp. 27-52.

【邦語文献】 渡邉浩司「『名無しの美丈夫』におけるゴーヴァン」中央大学『仏語仏文学研究』第38号、2006年、pp. 77-91。

⇒ヴイーヴル、恐ろしい接吻、白い手、ブランシュマル、ブロンド・エスメレ

カンクロワ Quinqueroi

⇒真紅の騎士

慣例 Coutume

アーサー王文学に登場する「慣例」は儀礼的な性格をもち、普通は決まった季節に行われる大祭と関連したしきたりや伝統をさしている（たとえば、クレティアン・ド・トロワ作『エレックとエニッド』では、復活祭の月曜日に「白鹿」狩りの慣例が行われた)。こうした際にはトーテム獣の肉が祭りの食事に出され、贈り物が配られたりした。慣例には古い神話的なモチーフが隠されていることが多く、文学はこれを異教世界の古風な痕跡として再解釈した。文学では異教世界が、キリスト教優位の文化により変容をこうむった。アーサーは（『エレックとエニッド』が描くように）さまざまな慣例の番人であるばかりか、ケルトの記憶の番人でもある。騎士の冒険を保証する慣例はどれも、昔の祭りでおこなわれた儀礼やしきたりに由来する。またこうした儀礼やしきたり自体は、キリスト教とはまったく無関係な神話的な物語やモチーフと関連している。キリスト教的な意味合いが強い物語群では、新しい宗教［キリスト教］が排除すべき異教信仰の古い土台を解体する試みとして、《悪しき慣例》の告発がなされている。《悪しき風習》に終止符を打つのは、敬虔なキリスト教徒である《すぐれた騎士》ガラアドだった。

【書誌情報】 Ph. Walter, *La Mémoire du temps*, Champion, Paris, 1989, pp. 230-235 et pp. 522-577.

⇒浅瀬、饗宴、ガラアド、ギュルギュラン、斬られた首、ジルフレ、ハイタカ、パプゴー、ル・モロルト

ギーヴル　Guivre

『クラリスとラリス』に登場する巨大な蛇。７匹の子供をともなっている。化け物のようなこの獣たちは、挑んでくる騎士をことごとく殺めていた。ギーヴルの毒を避けるには、象牙の角笛を吹かなければならなかった。巨大なギーヴルは、ルノー・ド・ボージュー作『名無しの美丈夫』に出てくる愛らしいヴイーヴル（大蛇）よりも、南仏タラスコンの怪獣タラスク（Tarasque）に似ている。ギーヴルを仕留めた者は、穢れを負うことになる（ル・モロルトの毒槍を受け、穢れた身となったトリスタンのケースが想起される）。ギーヴルの毒は悪臭により広がっていく（ヤコブス・デ・ウォラギネがまとめた『黄金伝説』で言及されている、「豊作祈願祭（ロガシヨン）」の時期のドラゴンが蔓延させる、鼠蹊部を襲うペストがこれに当たるのかもしれない）。ギーヴルの7匹の子供は、ギリシア神話のヘラクレスが退治するレルネの水蛇ヒュドラの複数の頭を想起させる。クラリスとラリスは、象牙の角笛に助けられて毒の感染を免れ、ギーヴルたちを制圧する。結果的に穢れを招くことになるこうした《複数の》怪物との戦いのタイプは、ジョルジュ・デュメジルが検討した３つ首怪物との戦いに似ている。

【書誌情報】 G. Dumézil, «Les transformations du troisième du triple», *Cahiers pour l'analyse*, 7, 1967, pp. 39-42.

⇒ヴイーヴル、ドラゴン

危険な座席　Siège périlleux

「円卓」が作られたとき、空席のまま残された座席。この世で最良の騎士が座ることになっていた。この座席を占めることができるのはただ、円（ヘブライ語では「ギレアド（gilead）」）を閉じることのできるガラアド（Galaad）だけである。「危険な座席」は、［アイルランドの「歴史物語群」に属し、11世紀頃に成立した］『幻の予言』（*Baile in Scáil*）に出てくる「ファール（Fál）の石」を想起させる。この石は「支配権」を約束された者が両足で踏むと大きな叫び声を上げる霊石で、アイルランドのタラ（Tara）の王宮にあった［物語では「百戦のコン（コン・ケードハタハConn Cétchathach）」王が踏むとこの石が叫ぶ］。「危険な座席」は、座るのにふさわしい資格を証明することなく大胆にも座ろうとする者を、雷で撃ち殺してしまう。

「危険な椅子」上のガラアド

【書誌情報】F. Le Roux et C. Guyonvarc'h, *Les Fêtes celtiques*, Ouest-France, Rennes, 1995, pp. 146-147.

⇒**円卓、ガラアド、モイーズ**

ギジュマール　Guigemar

マリー・ド・フランス作『ギジュマールの短詩』の主人公。この短詩の冒頭では、女性からいいよられてもまったく心を動かされない騎士として登場する。ある時、狩猟の最中に、ギジュマールは雄鹿のような角を生やした白い雌鹿を見つけて捕えようとする。ギジュマールはその雌鹿を弓で狙ったが、矢が雌鹿に命中して跳ね返り、ギジュマールの腿に突き刺さってしまう。彼の怪我を治すことができるのは、彼のせいで恋に苦しむ女性（妖精）だけである。不可思議な動物に向けて放ったものが跳ね返り、もどってきて狩人に怪我を負わせるというモチーフは、『黄金伝説』にも見つかる（聖ミカエル伝では角が生えた別の動物が登場し、モン＝サン＝ミシェルで牛飼いガルガンが雄牛に矢を射る）。魔術的な動物は妖精にほかならず、白い雌鹿の姿のもとに自分の姿を隠していた。ギジュマールは不可思議な船に乗って波間を漂い、「異界」でこの妖精と出会う。この短詩で描かれている通過儀礼の観点から見ると、真の恋愛が存在するのは人間界ではなく、「異界」ということになる。ギジュマールと妖精はこの上なく強い愛で結ばれるが、やがて別離を余儀なくされる。別れる直前、妖精はギジュマールの上衣に、彼女以外のだれにも解くことのできない結び目を作る。後にふたりは再会し、この結び目を解くことが結婚という絆への序曲となる。

【書誌情報】P. Gallais, *La Fée à la fontaine et à l'arbre*, Rodopi, Amsterdam-Atlanta, 1992, pp. 59-62 et passim. C. Donà, «La cerva divina. Guigemar o il viaggio iniziatico», *Medioevo Romanzo*, 20, 1996, pp. 321-377.

⇒**驚異、白い雌鹿、ノガン、８月１日、魔法の枕、ロール・ド・カラディガン**

義足の男　Échassier

クレティアン・ド・トロワ作『グラアルの物語』後半のゴーヴァンの冒険物語に登場する、名の知れぬ人物。片脚しかなく、「木製の義足」（échasse）をつけている。この人物が歩行困難になったのは、もはやおこなわれなくなった死者の世界への旅をふくむ儀礼にかかわったためである。「異界」へ往来する者の特徴は、このような均衡のとれない歩き方である。他界の秘密に通じた「義足の男」は、跛行の鍛冶師に似ている。

【書誌情報】K. Ueltschi, *Le Pied qui cloche ou le lignage des boiteux*, Honoré Champion, Paris, 2011. Ph. Walter, *Gauvain, le Chevalier solaire*, Imago, Paris, 2013, pp. 263-264.

【邦語文献】　渡邉浩司「クレチアン・ド・トロワ『聖杯の物語』における〈義足の男〉の謎」篠田知和基編『神話・象徴・文化II』楽浪書院、2006年、pp. 135-158。

⇒**鍛冶師、トレビュシェ**

北　Nord

ギリシア人が（ヨーロッパとアジアの北方にある）ヒュペルボレイオス（Hyperboreios）を原初の霊的中心だと認めていたのと同じく、ケルト人も一連の通過儀礼がかならずおこなわれる原初の中心を世界の北方に位置づけていた。

重要なのはドルイド的な通過儀礼がおこなわれるのが《世界の北方の島々》だということであり、ゴーヴァンにとってはオークニー諸島、メルランにとってはカレドニアの森がこれにあたる。また北方での通過儀礼は騎士道や《アーサー》王国にもかかわっている。なぜなら《騎士叙任をおこなう》アーサーの名（「熊」をさす）は、同じく熊の名を冠した星座、すなわち北の「大熊座」と関連しているからである。クレティアン・ド・トロワ作『グラアルの物語』では、ペルスヴァルが漁夫王の館を訪ねた直後に雪が野原に降り積もるが、これもまた通過儀礼と関連した北方の象徴的意味を表わしている。（ギリシアやケルトが代表する）伝統的な諸文明において、北は太陽が日中に唯一向かわない方角であることから、特別な神話的意味をになっている。逆に夜間には北は太陽が再生するために通過する地下の場所であり、そこに広がる宇宙の特別なエネルギーこそが世界誕生の秘密なのである。

北極の空
りゅう座と大熊座（16世紀の天球図）

【書誌情報】 Ph. Walter, «Arthur, l'ours-roi et la Grande Ourse. Références mythiques de la chevalerie arthurienne», dans : M. Voicu éd., *La Chevalerie du Moyen Âge à nos jours. Mélanges Michel Stanesco*, Editions de l'Université de Bucarest, 2003, pp. 40-51. Ph. Walter, *Perceval, le Pêcheur et le Graal*, Imago, 2004, pp. 131-157.

⇒アーサー、アーサーの境、オルカニー、カルメリッド、熊、ケリドン、交差路、島、トレビュシェ、ノルサンベルラント、ブリュニッサン、モレーヌ

ギニエ　Guinier

『ペルスヴァル第一続編』に登場するコルヌアーユの王女。カラドック（2）の恋人で、後にその妻となる。ギニエは、カラドックの片腕に巻きついた蛇をはらいのける手助けをする［酢の桶に入ったカラドックの腕に巻きついた蛇に、ミルクの桶に入ったギニエが乳房を見せると、蛇がギニエの方へ飛び移る］。そのときギニエの兄カドール（Cador）は、蛇を退治しようとしてギニエの乳首のひとつを切り落としてしまう。その後、カラドックはアアラルダンのもとを訪ねたときに楯を授かる。その楯の突起部分でギニエの失われた乳首にふれると、黄金の乳首ができ上がったという。乳首の切断は、聖女アガタ（祝日は２月５日）の殉教を想起させる。アルモリカ（フランスのブルターニュ地方）では、聖女アガタは聖ヴニエ（Venier）（聖グウィニエGwinierや聖ギニエGuinierと同名）をめぐる古い信仰をキリスト教化するのに利用された。聖ヴニエはレンヌ

(Rennes) とルドン (Redon) のあいだに位置するランゴン (Langon) で崇敬されていた。

【書誌情報】G. Le Menn, «La femme au sein d'or», *Skol-Dastum*, 86-88, 1985, pp. 138-139. G. Le Scouezec, *Le Guide de la Bretagne*, Beltan/Breizh, 1989, pp. 282-285. I. Bianquis-Gasser, «Le temps d'Agathe. Un mythe européen de sang et de lait», *Revue des sciences sociales de la France de l'Est*, 20, 1992-1993, pp. 178-183.

⇒アアラルダン、カラドック(2)

貴婦人　Dame

「貴婦人」というのは普通は「異界」の女、つまり妖精のことである。とくに作者不詳の短詩群には「貴婦人」が決まって登場する。「貴婦人」という言葉は、実に長きにわたり地名や民間信仰に残った (「貴婦人たちの道」とよばれる場所は先史時代の遺跡の近くにあることが多く、ジャンヌ・ダルクは女友だちといつもドンレミの森にある「貴婦人たちの木」へ踊りに行っていた)。同じ信仰はさらに、クリスマスから公現祭 (1月6日) までつづく「12日間」の夜に《善良な貴婦人たち》が家々を訪問するという伝承を想起させる。トルバドゥール (南仏詩人) やトルヴェール (北仏詩人) の影響を受けた宮廷風物語に描かれる「貴婦人」は、尊大で情け容赦がなく恋愛において主導権をにぎるようになった。こうした「貴婦人」像はやがて、ケルト起源の物語群に出てくる妖精と重なりあう (たとえば王妃グニエーヴルは「白い貴婦人」の典型である)。このように「貴婦人」は、自分の神話的な出自を消し去ることができない。「貴婦人」は三者一組の姿で現れることもあり、ガロ=ローマ人やローマ=ブリテン人が彫像の形で表わしていた至高女神の組み合わせを想起させる。イギリス諸島では妖精は「バンシー」(banshee) とよばれているが、これはアイルランド語名「バンシード」(bansid) を英語で転記したものである。この名前には、住処を指すアイルランド語「シード」(síd) がふくまれている。「シード」に対応するラテン語「セーデース」(sedes) は、《所在地、住まい、住居》を意味する。「シード」は「異界」の神々の住処をさし、転じてケルト人が慣例で「異界」があると考えていた (陸上または海底の) 地下の居住空間である塚 (または土墳) の住人たちをさすようになった。

【書誌情報】C. Guyonvarc'h et F. Le Roux, *La Légende de la ville d'Is*, Ouest-France, Rennes, 2000, pp. 17-60. E. Sorlin, *Cris de vie, cris de mort. Les fées du destin dans les pays celtiques*, Academia Scientiarum Fennica, Helsinki, 1991. L. Harf-Lancner, *Le Monde des fées dans l'Occident médiéval*, Hachette, Paris, 2003.

⇒ヴィヴィアーヌ、グニエーヴル、シード、モルガーヌ、妖精

ギヤドン　Guilladon

マリー・ド・フランス作『エリデュックの短詩』に登場するイングランド南部の王女で、エリデュックに恋をする。フランスのブルターニュへ向かう途中、船が激しい嵐に見舞われる。妻帯者のエリデュックが王女と不倫関係にあったため (ふたりの女に愛される男のテーマ)、船員たちは悪天候に見舞われた責任をギヤドンに押しつける。船員たちがギヤドンを船から海に放り出そうとする (民話の国際話型973番「嵐をなだめる」) が、エリデュックはこれを押しとどめる。エリデュックが既婚者であることを知ったギヤドンは、長いあいだ気を失ったままになる。エリデュックの妻ギルデリュエックがイタチの運んできた花をギヤドンの口に差し入れると、ギヤドンはようやく目を覚ます。ギルデリュエックの名と似た響きをもつギヤドンは、神話的に見れば分身のような人物だといえる。

【書誌情報】 A. Nutt, «The lai of *Éliduc* and the Märchen of Little Snow-White», *Folklore*, 3, 1892, pp. 26-48. J. Matzke, «The lay of *Éliduc* and the legend of the husband with two wives», *Modern Philology*, 5, 1907-1908, pp. 211-239. F. Sautman, «Une femme à la mer : articulation d'un thème méconnu», *Cahiers du Cermeil*, 2, juillet 1984, pp. 21-33.

【邦語文献】 岩瀬ひさみ「ゲール語圏の白雪姫の類話（AT709）」『昔話―研究と資料』第25号（昔話と呪物・呪宝）三弥井書店、1997年、pp. 161-185。

⇒イタチ、エリデュック、ギルデリュエック

キャメロット　Camelot

⇒カムロット

9　Neuf

聖数。３の２乗、つまり三者一組の神がとる完全な形態。モルガーヌとその妹たちは全部で９人であり、その数はセナ（Sena）島（フランス語ではサンSein島）に住む巫女の数と同じである。セナ島の巫女については、ポンポニウス・メラ（Pomponius Mela）作『世界地理』（*De chorograhia*、第三巻６の４８）が伝えるところによると、「セナ島はブリタニア海にあり、オッシミス族（現フィニステール県にあたるアルモリカの一角にいたガリア民族）の住む沿岸と向きあう場所に位置している。ガリア族の神霊の神託所で名高い。ここの女祭司は生涯純潔を守って尊敬を受けていて、その数は９人と伝える。これらの女人は「ガリゼナエ（Gallizenae）」とよばれ、それぞれが生まれながらに霊力をそなえ、呪歌を歌って海や風を動かすと考えられている。どんな動物にも思いどおりに変身し、ほかの誰も癒すことのできない人々を健康にし、未来の出来事を知って予言する。ただし、予言は舟乗りにしか授けることはない。しかもそれも自分たちにお伺いを立てるためだけに来た場合にかぎっていた」。９は子供が生まれるまで母の胎内ですごす月の数に相当する。また「異界」は９番目の波の向こう側にあるといわれているため、その場所を特定する上で鍵になる数でもある。妖精たちは波から、とくに彼方との境界を画する９番目の波から生まれるという。ウェールズの詩人タリエシンは、９番目の波から生まれたことで有名である。

【書誌情報】 C. Sterckx, «Lugus et la neuvième vague», *Klask*, 10, 2011, pp. 35-81. Ph. Jouet, *Études de symbolique celtique. Rythmes et nombres*, Label LN, 2012, pp. 84-89. Du même auteur : *Dictionnaire de la mythologie et de la religion celtiques*, Yoran Embanner, Fouesnant, 2012, pp. 732-733.

⇒島

宮廷の喜び　Joie de la Cour

クレティアン・ド・トロワ作『エレックとエニッド』の主要なエピソード。主人公エレックはこの最後の冒険を制し、王に即位する資格をえる。エヴラン王の居城ブランディガン（Brandigan）を訪ねたエレックは、《宮廷の喜び》とよばれる冒険に挑戦しないようにいわれる。その冒険の舞台は奇妙な果樹園である。その果樹園の果物はどこにももち出せないようになっており、果樹園をとり囲む杭ひとつひとつに兜をかぶった騎士の生首がかけられていた。ただひとつだけ生首ではなく角笛がかけられた杭があったが、それはつぎの犠牲者（エレック）を待ち受けていたからだった。この角笛を吹き鳴らすことができる者は、その名声があまねく知れわたり、「宮廷の喜び」であたりを満たすことができる（古フランス語では「宮廷（cort）」と「角笛（cor）」が同音異義語［いずれも「コール」］だったため、「宮廷の喜び」は《角笛の喜び》と言葉遊びになっている）。角笛の音は、（『フェヴァルの息子ブランの航海』が代表作である）アイルランドの航海譚（イムラヴァ）で描かれているような）、「異界」に響く心を和ませる音楽を暗示している。不思議な庭園はそれ自体が、こうした神々しい音楽に支配された「異界」の典型である。庭園の番人は、巨大な体躯をしたとても美しいマボナグランという名の騎士で、愁いを帯びた乙女とともにいた。エレックは冒険に挑むために、マボナグランと戦わねばならなくなる。戦いを制したエレックが角笛を吹き鳴らすと、あたりは「喜び」で満ちあふれる。（庭園という）エピソードの舞台、１年の決まった時期に慣例でその音を響かせる角笛、エレックとマボナグランとの決闘（マボナグランの名は、太陽神《グランヌス（Grannus）の息子マボン（Mabon）》を意味する）により、このエピソードの時期は夏の到来を寿ぐ（５月初めに行われた）ベルティネ（Beltaine）祭の頃だと考えられる。エレックは初夏の《宮廷の》喜びを、王国全体に行きわたらせるのに成功したのである。

【書誌情報】 W. A. Nitze, «The romance of Érec, son of Lac», *Modern philology*, 11, 1914, pp. 445-489. Du même auteur : «Érec and the Joy of the Court», *Speculum*, 29, 1954, pp. 691-701. J.-C. Lozac'hmeur, «A propos des origines de l'expression *La Joie de la Cour* dans *Érec et Énide*», *Études celtiques*, 18, 1981, pp. 245-248. W. Sayers, «*La Joie de la Cort* (*Érec et Énide*), Mabon, and Early Irish síd [“peace; otherworld”», *Arthuriana* 17, 2007, pp. 10-27.

【邦語文献】 佐佐木茂美「*Erec*の１つの謎・その一考察（クレティアン・ド・トロワにおける一挿話）」『竪琴』第9号、1981年、pp. 98-114。

⇒シード、マボナグラン

ギュルギュラン　Gurguran

『ペルレスヴォース』に登場する、名もなき国の異教徒の王。洗礼者聖ヨハネの首を刎ねた剣を保持していた。名前にふくまれるGRGという子音は、（ガルガンGarganのような）巨人の名を想起させるだけでなく、ギュルギュランが出てくるエピソードで重要な飲み込むという観念（「喉」をさすフランス語「ゴルジュ（gorge）」にも同じ子音が見つかる）を示唆している。ギュルギュランは息子を巨人にさらわれた。そこでゴーヴァンに、息子を助けに向ってくれるなら、ヨハネの首を刎ねた剣を差し上げてもよいと言う。ゴーヴァンは若者と巨人に出会い、巨人を相手に戦う。しかし助かる見こみがないと悟った巨人は、王子を殺めてしまう。ゴーヴァンは剣をもらい受けるが、息絶えた王子の亡骸は沸騰した湯の入った鍋の中へ投げこまれる。ギュルギュランはそれを細かく切り刻んで、王国のすべての人たちに食べさせる。その直後、ギュルギュラン王はキリスト教に改宗する。こうした儀礼上の人食い（カニバリズム）は、聖体の秘跡（息子の生贄）を移し替えたものである。またギラルドゥス・カンブレンシス（Giraldus Cambrensis）が述べているアイルランド人についての古い風習を想起させる（雌馬が煮られて細切れにされ、人々に食べられたという風習）。飲みこむ神というテーマは、古代神話によく出てくる。たとえばウェールズ神話の魔女ケリドウェンはグウィオン・バッハ（Gwion Bach）を飲みこんでタリエシンを出産するし、ギリシア神話のゼウスはメティス（Metis）を飲み込んでアテナ（Athena）を宿している。（元来ひとりだった巨人が二重化して、ギュルギュランと巨人自身になっている）『ペルレスヴォース』のこのエピソードは、ケルト神話の断片である。これにより首を刎ねられた者と細切れにされた者が登場するインド＝ヨーロッパ神話が認められる（北欧神話には、首を刎ねられた巨人ミーミルMimirや、殺されてその血から密酒が作られたクヴァシルKvasirが出てくる）。

【書誌情報】 Ph. Walter, *Gauvain, le Chevalier solaire*, Imago, Paris, 2013, pp. 223-225.

⇒巨人

驚異　Merveille

「驚異」をさす古フランス語「メルヴェイユ」（merveille）は、《驚くべきこと》をさすラテン語「ミーラービリア」（mirabilia）に由来し、中世ドイツ語では「メルウンデル」（merwunder）がこれに対応する。アーサー王物語群の中ではほとんどの場合、「驚異」は特別な分析を必要とする神話的な文脈を表わしている。事実「驚異的なもの」とは、物語作家たちが気の向くまま手当たり次第に利用する《幻想的な》テーマの貯蔵庫ではない。そもそも中世期にかんするかぎり、（「驚異的なもの」を説明するために）《幻想的なもの》（fantastique）という概念をもち出すのは不適当である。なぜなら「幻想的なもの」は、超越という観念をすっかり失った神なき世界にしか存在しえないからである。

〈神話群の移し替え〉「驚異的なもの」は、物語作家がもちいる文体上のたんなる手法でもない。なぜなら「驚異的なもの」には神話的な内容がふくまれているからである。アーサー王物語群には「驚異的なもの」が偏在している。「驚異的なもの」は紛れもなくアーサー王文学を特徴づけるものとして、神話が文学でとる仮面の役割を果たしている。文化的な観点から見ると「驚異的なもの」は、キリスト教の文脈の中へ移し替えられたときに、異教（ケルト）の神話テーマが受けた変容の段階とみなすことができる。中世の「驚異的なもの」は、キリスト教による古代の異教の《受容》が生み出したものである。異教的な世界観は、その整合性の一端を保ってはいるものの、存在をめぐる別の哲学にもとづくキリスト教とは不協和音を奏でる。同じ語りのシークエンスの中でこうしたふたつの世界観がぶつかりあうときに生まれる驚きこそ、「驚異的なもの」が求めている効果なのである。

〈文化変容の作業〉マリー・ド・フランス作『ギジュマールの短詩』で主人公ギジュマールに話しかける白い雌鹿が（同時代に書かれたキリスト教の伝説に出てくる）聖ウスターシュ（Eustache、ラテン語名エウスタキウスEustachius）に話しかける枝角に十字架のついた雄鹿に似ているからといって、ギジュマールに話しかけた白い雌鹿が聖ウスターシュに話しかけたキリストの化身としての雄鹿《にほかならない》と結論することはできない。なぜならいずれの鹿の雛形も、同じ異教の表象だからである。これらふたつの作品を生み出した異教神話では、いにしえのケルトの神々は人間の前に姿を見せるときに必ず動物の姿を取っている（このことは決してキリストにはあてはまらない）。さらに、こうした神々は両義的な存在であり、幸福と死を同時にもたらす（『ギジュマールの短詩』がこのケースにあてはまる）。「驚異的なもの」を分析する際には、「層を成すさまざまな文化」にいくら注意してもしすぎることはない。ダニエル・ポワリヨンによると、「層をなすさまざまな文化というのは文化変容が生み出したものである。文化変容とは、風俗習慣・心性・霊性の歴史を、つねに持続的で段階的ではないとしても、少なくともつねにバランスが不安定なまま変遷させる過程である」。

【書誌情報】C. Lecouteux, «Le merwunder : contribution à l'étude d'un concept ambigu», *Études germaniques*, 32, 1977, pp. 1-11. Du même auteur : «Introduction à l'étude du merveilleux médiéval», *Études germaniques*, 36, 1981, pp. 273-290. «Paganisme, christianisme et merveilleux», *Annales ESC*, 37, 1982, pp. 700-716. D. Poirion, *Le Merveilleux dans la littérature française du Moyen Âge*, P.U.F., Paris, 1982. C. Lecouteux, *Au-delà du merveilleux. Essai sur les mentalités du Moyen Âge*, P.U.P.S., Paris, 1998. F. Dubost, *Aspects fantastiques de la littérature narrative médiévale (XIIe-XIIIe siècle). L'Autre, l'Ailleurs, l'Autrefois*, Champion, Paris, 1989, 2 vol.

【邦語文献】 山中由里子編『〈驚異〉の文化史—中東とヨーロッパを中心に』名古屋大学出版会、2015年。

驚異の泉　Fontaine des Merveilles

『双剣の騎士』に登場する、「異界」のはずれにある不可思議な場所。数多くの宝石を身につけた小人が野獣の群れを先導し、夜毎にこの泉へ出かけることにしていた。人間が見たり話しかけたりしようとすると、この野獣たちはすぐに姿を消してしまう。この泉の傍には、運命の剣がおかれていた。メリヤドック（「双剣の騎士」）は、怪我を負わせると同時に癒すこともできるこの剣を手にし、手負いの騎士（ゴー・ド・ノルヴァル）の傷口にこの剣を刺しこむことで怪我を治す。こうした『双剣の騎士』の神話的背景と、物語中で相関関係にある複数のモチーフは、グリム童話の「鉄のハンス」や『悪魔のロベール』のような、民話の国際話型314番「馬に変身させられた若者」に出てくる類例を想起させる。剣から流れる血のモチーフは、鉄から流れる血、すなわち「赤錆」の神話に由来する。

【書誌情報】M. de Marmier, *La Mystique des eaux sacrées dans l'antique Armor. Essai sur la conscience mythique*, Vrin, Paris, 1947. Ph Walter, «L'or, l'argent et le fer. Étiologie d'une fête médiévale : les Rogations», *Le Moyen Âge*, 99, 1993, pp. 41-59. J. Berlioz, «Les versions médiévales de l'histoire de Robert le diable», dans : *Le Conte. Tradition orale et identité culturelle*, Association Rhône Alpes Conte, Lyon, 1988, pp. 149-165.

⇒魔剣、メリヤドック

驚異の寝台　Lit de la Merveille

クレティアン・ド・トロワ作『グラアルの物語』後半（ゴーヴァンの部）で、「異界」にある不可思議の宮殿のエピソードに登場する。この寝台はすべて金でできていて、銀の紐がつけられ、天蓋を支える柱のそれぞれに紅ざくろ石がはめこまれていた。寝台を支える4つの車輪の上には4つの怪獣像が載せられていた。宮殿の主にふさわしくない者がこの寝台に座れば、だれであれ命を落とすことになっていた（その意味では「驚異の寝台」は、「円卓」に設けられた「危険な座席」と無関係ではない）。

この寝台は天文現象に通じた学僧によって作られているため、実際には宇宙時計である。車輪の上に載せられているため、「驚異の寝台」は太陽の車に似ている。またこのことから、この寝台のある宮殿全体は太陽の住まいだと考えられる。この寝台に座る者に向けて飛来してくる矢の雨は、太陽光線のメタファーである。寝台に腰かけたゴーヴァンは、太陽光線が1年で最も危険になる夏至の時期（6月24日の聖ヨハネ祭の頃）に、太陽光線に身をさらした。しかしゴーヴァンには太陽の属性がそなわっているため、この太陽の炎に対しても無傷のままだった。つまりゴーヴァンは王族にふさわしい役割をになう運命にあり、「寝台」の試練は太陽英雄を見つけ出すためのものだったのである。

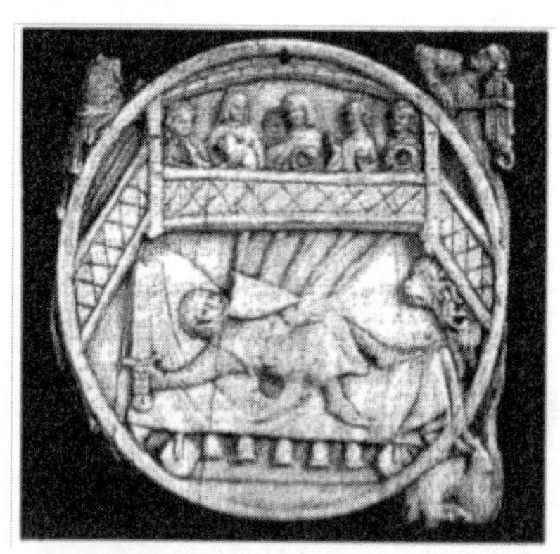

「驚異の寝台」上のゴーヴァン
（ボローニャ市立博物館蔵、14世紀の鏡の蓋）

【書誌情報】 T. Miguet, «L'escarboucle médiévale, pierre de lumière», *Marche romane*, 29, 1979, pp. 37-60. Ph. Walter, *Gauvain, le Chevalier solaire*, Imago, Paris, 2013, pp. 262-263.

【邦語文献】 渡邉浩司「ゴーヴァンの異界への旅―クレティアン・ド・トロワ作『聖杯の物語』後半再読」『アーサー王物語研究―源流から現代まで』中央大学出版部、2016年、pp. 145-194（「驚異の寝台」についてはpp. 165-167）。

⇒宝石

饗宴　Festin

アーサー王の家臣たちが勢揃いする大祭の折に、打ち解けた雰囲気をもたらしてくれる重要な機会。祭りで食事をはじめるのに先立ち、かならず守るべき慣例があった。それは宮廷にある人物が現れて冒険の名に値する話を語る（あるいは冒険を引きおこす）まで、アーサー王が食事をはじめないというものだった。キリスト教の影響を受けてもなお、アーサー王宮廷で行われる祭りはつねに始原の時とつながりをもっていた。なぜならどんな祭りもなにかの記念日だったからである（祭りは隠された記憶をとりもどしたり、呼び覚ましたりする）。こうした記憶を思いおこしたり、社会の基盤を生み出した始原の時に思いを馳せたりすることがなければ、騎士社会の存続や革新は不可能である。祭りは、共同体を団結させるに至った神話的な偉業の記憶をよび覚まさねばならない。そのためアーサーは、王宮での生活に新たな意味を与えるために、定期的に神話へと立ち返る必要があった。食事を分かちあう前に、（経験された、あるいは語られた）神話を共有しなければならなかったのである。オック語による物語『ジョフレ』では、聖霊降臨祭の饗宴の前にアーサーは冒険を探しに向かう決意を固め、水車小屋の中におかれていた麦を貪り食う雄牛と戦っている。物語の冒頭で、雄牛は神話上の動物およびトーテム獣の役割を果たしている。フロイトによれば、最初期に行われた祭りでは人々はトーテム獣の料理を囲んでいたという。つまり生贄に捧げたトーテム獣をともに食べることにより、集団の結束力を固めていたのである。

アーサー王宮廷での饗宴

【書誌情報】 S. Freud, *Totem et tabou*, Payot, Paris, 1975, pp. 153-161［フロイト（門脇健訳）『トーテムとタブー』（『フロイト全集12』岩波書店、2009年、pp. 170-179）］. M. Eliade, *Aspects du mythe*, Gallimard, Paris, 1963. Ph. Walter, *La Mémoire du temps*, Champion, Paris, 1989, pp. 457-463.

⇒猪、慣例、鮭、聖霊降臨祭

狂人（道化） Fou

もともとはフォークロアの典型的な人物だったが、物語の世界では独自の性格をそなえた人物となっている［フランス語の「フー（fou）」は英語の「フール（fool）」に対応し、「狂人」のほかに「道化」もさす］。宮廷の道化は、神話が覆い隠している真実を白日のもとにさらす（クレティアン・ド・トロワ作『グラアルの物語』では、アーサー王宮廷の道化がペルスヴァルに英雄となる定めにあることを予告する）。道化（狂人）は挑発的な言葉をもちいることが多いが、それにより罰せられることはない。それだけでなく、『トリスタン狂恋』で狂人を演じた主人公トリスタンが披露した話のように、挑発的な言葉は公にできない過去と現在の秘密との関りを持っている。道化（狂人）の起源がカルナヴァルにあることはほぼ疑いがない。なぜなら道化（狂人）を象徴する服装やもち物は、冬の行列行進や仮装のときに使われるものと同じだからである。狂人になりすましたトリスタンは、髪の毛を刈り上げ、棍棒を手にし、破れた服をまとっていた。実際には狂人は「野人」の姿をしており、両者は共通点をひとつならずもっている。社会の周辺に追いやられ、社会上の規範を意図的に無視し、倒錯的な振舞いにおよび、話を逆転させて支離滅裂にすることで、極めて重要な真実をあきらかにする（支離滅裂な話としては、トリスタン（Tristan）が逆さ言葉の考案者にふさわしく、タントリス（Tantris）と名乗っている例をあげることができる）。事実、狂人が発する妄言によって隠された深い意味がかならずあきらかになっている。トリスタンの妄言と同じようにメルランの予言も［フランソワ・ラブレー流に］《一段と高い意味で》理解する必要がある。つまり、メルランの予言は人々に通常の論理を忘れさせ、神話的かつ象徴的な読みを重視するよう求めるのである。狂人は逆説的ながら、神話の語る真実に最も近い人物となる。ジェフリー・オヴ・モンマス作『メルリヌス伝』によると、メルラン（メルリヌス）が狂人となったのは、アイルランド軍との戦いで彼の臣下たちが虐殺されるのを目撃したためである。こうして狂気におちいったメルランは「野人」へと変貌し、獣のごとくに森の中で暮らすようになる。聖なる狂気を経験したメルランは占者となり、その力は衰えることがない。イヴァン（クレティアン・ド・トロワ作『ライオンを連れた騎士』の主人公）であれランスロであれ、英雄は普通、成長過程の中で狂気に襲われる。このように英雄が経験する狂気は、神話的な次元では、ギリシア神話のヘラクレスが戦士として一連の罪を犯した後に経験する狂気に似ている。こうしたケースでは、度を越した狂気は浄化（カタルシス）のはたらきをもつ発作的な興奮に相当し、通過儀礼的な役割を果たしている。「狂人（道化）」をさすフランス語「フー」(fou) は、《ふいご、空気で膨れ上がった袋または風船》をさすラテン語「フォリス」(follis) に由来する。こうした語源にもとづく解釈は、（気息と関連した）メランコリーの《気体学的》観念に依らなければ理解できない。メランコリーの起源は古代および中世の医学に見つかる。生理学的に見た場合、狂人が空気で満たされているのは、過剰にもっている黒胆汁（メランコリー）がこうした気息の氾濫を助長しているからである。そして氾濫した気息は脳髄に達し、精神錯乱を招いてしまう。

【書誌情報】 C. Gaignebet et J. D. Lajoux, *Art profane et Religion populaire au Moyen Âge*, P.U.F., Paris, 1985, pp. 174-191. J. Pigeaud, *Aristote. L'homme de génie et la mélancolie. Problème XXX, 1*, Rivages, 1988. J.-M. Fritz, *Le Discours du fou au Moyen Âge, XIIe-XIIIe siècle*, P.U.F., Paris, 1992.

⇒毛むくじゃらのユルガン、苦しみの山、ダグネ、タントリス、ピクース、ブランチェフルール、ブリュヌホルト

強制的贈与　Don contraignant

アーサー王物語群にくりかえし現れるモチーフ。ある人物が（普通は自分よりも身分の高い）別の人物に、内容をあかさぬまま贈与を求める。相手が承諾するとすぐに、贈与を求めた人がその内容を知らせるというものである。《強制的贈与》あるいは《贈与者を拘束する内容があかされぬ贈与》とよばれるこのモチーフは、発せられた言葉が最優先されるという慣習法が背景になければ理解できない。このモチーフは経済的な論理からは外れており、より広い視点から見れば、マルセル・モースが検討した贈与の慣例に属している。贈与は歓待、饗宴、さまざまなプレゼントと同じように貴族階級が気前よくおこなうべき義務だと考えられ、階層化された社会の基礎となっている。贈与が魔術とも関連があるのは、自分の裁量権がすべてにおよぶと贈与者が確信できないかぎり贈与は可能にならないからである。定義上、贈与者は富や権力が無尽蔵の者、つまり神的なあるいは半神的な存在でなければならない。アントワーヌ・メイエによると、インド＝ヨーロッパの神々は、彼らをさす典礼上のすべての定式によると《不死で、天に属し、富を授けてくれる》存在である。つまり、内容があかされぬ贈与は、贈与者が《王としての》さらには神のごときカリスマをそなえていることを証明するテストだと解釈できる。「強制的贈与」は、ケルト文化圏に典型的な概念である「ゲシュ」(geis) と比較して考える必要がある。「ゲシュ」とは、［ないがしろにすると破滅的な結果を招く］命令や義務のことである。「ゲシュ」の語源はゲール語の「グイジズ（またはグイディド）」(guidid、《彼は祈る》) や「グス」(guth、《声》) であり、この語源にあてはまるとおり、「ゲシュ」とは生きた言葉のもつ力にもとづいた《呪文》である。

【書誌情報】A. Meillet, «La religion indo-européenne», *Revue des idées*, 4, 1907, pp. 689-698. M. Mauss, *Sociologie et Anthropologie*, P.U.F., Paris, 2004, pp. 143-279 (essai sur le don)［マルセル・モース（有地亨・伊藤昌司・山口俊夫訳）『社会学と人類学I』弘文堂、1973年、pp. 219-400（第二部「贈与論」］. J. Frappier, «Le motif du don contraignant dans la littérature du Moyen Age», *Travaux de linguistique et de littérature*, VII-2, 1969, pp. 7-46. D. Boutet, «Sur l'origine et le sens de la largesse arthurienne», *Le Moyen Âge*, 89, 1983, pp. 397-411. F. Le Roux et C. Guyonvarc'h, *Les Druides*, Ouest-France, Rennes, 1986, p. 394 (geis).

【邦語文献】横山安由美「好きなものを与えるという約束—中世フランスにおける強制的贈与のモチーフ」フェリス女学院大学『国際交流研究』第11号、2009年、pp. 57-90。

⇒**慣例**

巨人　Géant

数多くのアーサー王物語にくりかえし登場する神話的表象。もともとは《地霊》だった（「地霊」についてはクロード・ルクトゥーの著作を参照）。巨人の住処は決まった場所にある（普通は山中

巨人ガルガネユス（右）と戦うフロリモン

であるが、人跡未踏の地、浅瀬、境界のはずれのこともある）。巨人を立ち退かせるには、必ず壮絶な戦いをおこなわねばならない（『アーサー王の最初の武勲』ではアーサーがモン＝サン＝ミシェルの巨人と戦っている）。巨人が属する野生の世界は、文化や文明の世界と対立している。（棍棒に代表される）巨人の武器は原始的であり、その身なりは（獣の毛皮をまとうなど）粗野である。イングランド南部ドーセット州の州都ドーチェスター北部の丘に描かれた「サーン・アバス（Cerne Abbas）の巨人」のように、巨大な男根を持つ巨人もいる。

巨人は人を連れ去ることが多く、たいていは女性に目をつける。巨人は「野人」に似ているため、両者はよく混同される。巨人は決まってアーサー王に仕える騎士と敵対する。そして宮廷風礼節に反する振舞いを具現している。戦う巨人のモチーフは、規範に対する違反であることが多い。巨人が好んでおこなう残忍な行為や性的な暴力に対して騎士が擁護するのは、意中の「貴婦人」への敬意にもとづく「至純愛」（フィーヌ・アモール）の原則である。巨人の姿には、アーサー王世界の掟よりも古くから存在する人食い鬼の姿も重なりあう。人をよせつけない未開の地を住処とする巨人は制圧すべき反逆者であり、原初の世界の証人としてその世界の大いなる秘密を握っている（巨人は己のうちに、熊と関連した古いシャマニズム信仰の記憶を留めている）。アーサー王物語群が書かれた時代のキリスト教的な文脈は、異教に由来するこの古風で神聖な巨人像をおとしめる傾向にあった。しかしながら、アーサー王物語に登場する異教的存在の化身としての巨人は、見かけよりも両義的な存在である。（巨人との戦いが暦の上で節目

になる時期におこなわれることが多いことから）季節のサイクルとの結びつきが強い巨人は、世界の終末と関連した霊魂導師としての役割も果たしている（異界のことをよく知っている巨人は異界への案内役である）。（アーサー王物語に属さない）『フロリモン』（*Florimont*）（1188年）という作品に登場する巨人ガルガネユス（Garganeüs）の名は喉音が特徴的であり、同じ音が数多くの巨人の名にも見られる。確かに巨人の名の多くは、「ゴル」（Gor）、「ガル」（Gar）、「ギュル」（Gur）、「ガル」（Gal）、「ゴル」（Gol）

ドーセット州（イングランド）の白亜の丘に描かれた巨人像（紀元後1世紀の作と推定される）

アーサーとモン＝サン＝ミシェルの巨人との戦い
ジェフリー・オヴ・モンマス作『ブリタニア列王史』
（ドゥエー市立図書館880番写本）

という音節で始まっている。アーサー王世界では、騎士が一人前になるための通過儀礼の過程で、巨人は鍵になる存在である。

【書誌情報】C. Sterckx, «Le géant de Cerne Abbas», *L'Antiquité classique*, 44, 1975, pp. 570-580. Ph. Walter, «Un archétype mythologique du *Tristan en prose*: le géant», *PRIS-MA*, t. VII/1, 1991, pp. 119-131. C. Lecouteux, *Démons et Génies du terroir au Moyen Âge*, Imago, Paris, 1995. Du même auteur: «Le géant allemand au Moyen Âge: typologie et mythologie», dans: *Les Géants processionnels en Europe*, Ministère de la communauté française de Belgique, Bruxelles, 1983, pp. 47-60. P. Gordon, *Le Géant Gargantua*, Arma Artis, La Bégude de Mazenc, 1998. Ph. Jouet, *Dictionnaire de la mythologie et de la religion celtiques*, Yoran Embanner, Fouesnant, 2012, pp. 486-488.

⇒**アルパン、一角獣、インクブス、エルカン軍団、ガラガンドレイス、ガルオー、巨人族の輪舞、グエンガスアン、熊、毛むくじゃらのユルガン、ゴグマゴグ、魚の騎士、ディウルナッハ、ディナビュック、マボナグラン、モリアーン、野人、リトン、ローグル**

巨人族の輪舞　Carole des Géants

ロベール・ド・ボロン作『メルラン』で、メルランがアイルランドから運ばせた巨石を組み立てて作ったとされる環状列石（クロムレック）の名前。

『メルラン』によると、これはソールズベリー（古フランス語では「サルズビエール（Salesbieres）」）平原で起きたサクソン軍との戦いで命を落としたブリトン軍の指揮官たちを祀るために、ユテル王の命で作られた墓所の記念碑だった。ギラルドゥス・カンブレンシス（Giraldus

ストーンヘンジ

Cambrensis）は早くも1188年に（『アイルランド地誌』*Topographia Hibernica* 第二部第18章）、同じような積石（「巨人族の舞踏」）がアイルランドのキルデア平原にあったことを記している。これは巨人たちがアフリカの果てからアイルランドに運び、その後メルランがイングランド南部のソールズベリー近郊へ移動させたものだとされている。記念碑の名も重要である。「カロル」（carole）とは、1年の決まった時期（なかでも夏至と冬至）におこなわれていた、輪になって踊ることの多い踊りである。これは、ケルト期よりもはるか昔には、ストーンヘンジの環状列石が天文観測台であったという説を裏づけている。この建造物の主要軸が、日の出の方角に向けられているからである。また巨人は中世期以降、大岩やメンヒルやほかの立石と関連した伝説に多く登場する。

メルランが建設したサルズビエールの記念碑（ストーンヘンジ）

ヴァース『ブリュット物語』、大英図書館エジャートン写本3028番

【書誌情報】 R. S. Loomis, «Arthurian tombs and megalithic monuments», *Modern language review*, 26, 1931, pp. 408-426. Ph. Walter, *Arthur, l'Ours et le Roi*, pp. 65-67. P. Sébillot, *Le folklore de France*. t. 7. *Les Monuments*, Paris, Imago, 1985, p. 29 et suiv. J.-M. Boivin, *L'Irlande au Moyen Âge. Giraud de Barri et la Topographia Hibernica (1188),* Champion, Paris, 1993, pp. 210-211. M. Philibert, *Stonehenge et son secret*, Le Rocher, Monaco, 1994.

⇒円卓、乙女たちの岩山、メルラン

漁夫王　Roi Pêcheur

クレティアン・ド・トロワ作『グラアルの物語』によれば、「グラアル」の起源と密接なつながりをもった鍵になる人物。「漁夫王長者」（Riche Roi Pêcheur）ともよばれる。不可思議なオブジェとして「グラアル」が初めて登場する『グラアルの物語』によると、漁夫王は「グラアル」の守護者かつ所有者であるため、その秘密をすべて知っている。呪われた漁夫王の領国が繁栄をとりもどすためには、ペルスヴァルが王にふたつの質問をしてその答えをえる必要があった。腰に怪我を負っていた漁夫王は、狩りをおこなうことができなくなっていた。そのため魚釣りだけが、王に許された唯一の楽しみだった。漁夫王は下半身に負った怪我のせいで《不具王》とよばれていた。漁夫王の身体はずっと不自由のままだったが、ペルスヴァルが正しくふたつの質問をしていれば治ることになっていた（ふたつの質問は《なぜ槍から血が流れ出ているのか？》、《グラアルはだれのために使われているのか？》というものだった）。（頬杖をつく）「メランコリー」の姿勢で描かれる漁夫王には、土星の影響が顕著な人の特徴がすべてそなわっている。孤独、疎外、たえ間ない苦しみに悩まされ、言葉にできないほどの痛ましい秘密も抱えている。クレティアンの『グラアルの物語』以降、漁夫王は「聖杯物語群」のいたるところにくりかえし姿を現す。しかし物語群での漁夫王の名前はさまざまであり、ほかの登場人物との関連で血縁関係も異なっている。早くもクレティアン・ド・トロワの物語から、漁夫王はキリスト教的な色あいをまとっている。すでに古フランス語においても、「漁夫」（pêcheur）と「罪人」（pécheur）は同音異義語となっており［いずれも発音は「ペシュール」］、漁夫王は「罪を負った」王とされていたからである。漁夫王には個人的な罪の神話があり、その罪がさらに広がってペルスヴァルまでもが犠牲になっている。しかしながら（「罪（péché）」に由来する）同音意義語の「罪人」から「漁夫」（Pêcheur）を読み解くことは副次的な解釈であり、魚釣りについてケルト神話が伝える原初の筋書きが通過儀礼としての魚釣りだという解釈のほうがより重要だと思われる。その根拠としてアイルランドの「フィアナ物語群」に、賢者の釣り上げた鮭を口にしたフィン（Finn）が知恵をえる話が見つかる。

【書誌情報】J. Marx, *La Légende arthurienne et le Graal*, P. U. F., Paris, 1952, pp. 182-204. Ph. Walter, *Perceval, le Pêcheur et le Graal*, Imago, Paris, 2004. Du même auteur : «Mélancoliques solitudes : le Roi Pêcheur et Amfortas», dans : A. Siganos éd., *Solitudes. Écritures, représentations*, ELLUG, Grenoble, 1995, pp. 21-30.

【邦語文献】 フィリップ・ヴァルテル（渡邉浩司訳）『漁夫王あるいは鮭の王？　クレチアン・ド・トロワ「聖杯の物語」の一登場人物をめぐって』中央大学「人文研ブックレット」12、2000年。

⇒ガディフェール、魚釣り、血の滴る槍、ペリノール、ペルアン、ペルスヴァル、ペレス

斬られた首　Têtes coupées

この不気味なモチーフは、いくつかのアーサー王物語やゲール神話に登場する。

『デルブハインへの求婚』（*Tochmarc Delbchaime*）によると、ある城をとり囲んでいた柵に多くの杭があり、杭のひとつひとつに斬られた首がかけられていた。杭の中に1本だけなにもかかってい

ロクペルチューズの門

ないものがあり、最後に城を訪ねてくる人の頭蓋骨がそこへかけられる定めになっていた。実際には、その来訪者がこの野蛮な慣例に終止符を打つことになる。このモチーフはその後も、中世ウェールズの物語『キルフーフとオルウェン』、ルノー・ド・ボージュー作『名無しの美丈夫』、クレティアン・ド・トロワ作『エレックとエニッド』に認められる。頭蓋骨をかけた同じような柵がシベリアの文化でも確認されており、これは熊信仰と結びついている。熊は、毎年の時の制御を司る動物だと考えられていた。斬首儀礼はさらに、ケルト世界でもよく知られていた。征服した敵兵の首を刎ねて戦勝碑としてもち帰ると、1本の木やその他の場所に吊したり壁龕の中に安置したりした（こうした例は、[南仏ブッシュ＝デュ＝ローヌ県ヴロー村にある] ロクペルチューズRoquepertuseの門や [南仏エクス＝アン＝プロヴァンスの北方にある] アントルモンEntremontに見つかる)。『サー・ガウェインと緑の騎士』では、斬首のモチーフは特定の季節（冬至）と結びつけられており、宇宙論的な意味を帯びている。斬首を受けた者がなお生き長らえる場合、この儀礼が隠喩的に例証しているのは、死を迎えた冬至の太陽が再生するさまである。

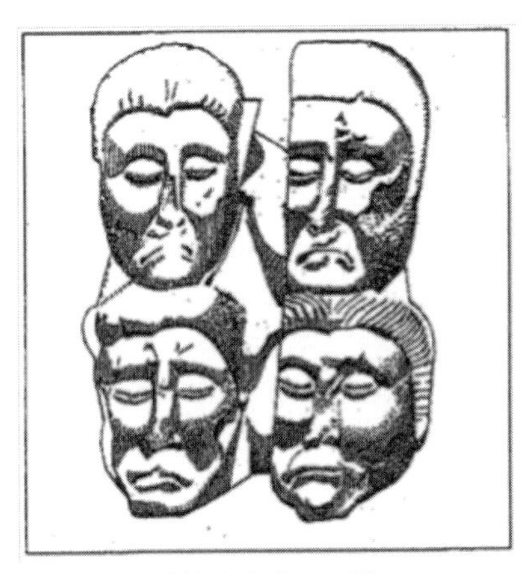

斬られた首の一群
（エクス＝アン＝プロヴァンスのグラネ美術館） アントルモン遺跡から出土した彫像。この「要塞都市」にあった神殿の一部だった。同じような斬られた首の一群を描いた柱頭彫刻が、エクス＝アン＝プロヴァンスの聖ソヴール修道院の回廊にも見つかる。

【書誌情報】 A. Reinach, «Les têtes coupées et les trophées en Gaule», *Revue celtique*, 34, 1913, pp. 48-60 et pp. 253-286. Du même auteur : «Le rite des têtes coupées chez les Celtes», *Revue de l'histoire des religions*, 67, 1913, pp. 41-48. F. Benoît, «L'Ogmios de Lucien, la tête coupée et le cycle mythologique irlandais et gallois», *Ogam*, 5, 1953, pp. 33-42. R. I. Best, Édition et traduction de la *Courtise de Delbchaem, Eriu*, 3, pp. 149-173.

【邦語文献】 山田仁史『首狩の宗教民族学』筑摩書房、2015年；アントルモン考古学協会（渡邉浩司・渡邉裕美子訳）『要塞都市アントルモン見学ガイド』アントルモン考古学協会、2003年；渡邉浩司「要塞都市アントルモン」中央大学『中央評論』通巻第243号、2003年、pp. 100-107。

⇒首を運ぶ乙女たち、車の乙女たち、ベルティラック、緑の騎士

ギルデリュエック　Guildeluec

マリー・ド・フランス作『エリデュックの短詩』に登場する主人公の妻の名。このブルトン語名は、《謙虚な、控えめな、愛想のいい》をさす語基「グウィル」(guil) と、(《かたち、様子》をさすウェールズ語「デルゥ (delw)」と関連づけられる)「デリュオック」(deluoc) を組み合わせたものである。つまりギルデリュエックは、《控えめで誠実な様子をした》女性である。ギルデリュエックは、イタチがやっていた処置を真似して、恋敵であるにもかかわらず王女ギヤドンを長い昏睡状態から救い出した。

【書誌情報】L. Fleuriot, *Dictionnaire des gloses en vieux breton*, Klincksieck, Paris, 1964, p. 191.

⇒イタチ、エリデュック、ギヤドン

キルフーフ Kulhwch

ウェールズ語による最古のアーサー王物語『キルフーフとオルウェン』(11世紀末)の主人公で、アーサー(アルシール)の甥。キルフーフは、巨人アスバザデン(Ysbaddaden)の娘オルウェン(ウェールズ語で《白い足跡》の意)を妻に迎えたいと考えた。そこでアーサーに願い出て、麗しのオルウェンとの結婚に必要な魔法の品々を獲得するための手助けをしてもらう。豚の飼育場で生まれたキルフーフ(名前の後半部分「フーフ(hwch)」は「豚」の意)は、不可思議な猪トゥルッフ・トルウィス狩りに挑まねばならなくなる。キルフーフの物語は、ケルト人にとって豚神話が重要だったことを示している。物語の図式は民話の国際話型313 A(「巨人の娘」または「悪魔の娘」)に属し、フランス語で書かれた複数のアーサー王物語に見つかる。

【書誌情報】P. Ni Chathain, «Swineherds, seers and druids», *Studia celtica*, 14-15, 1979-1980, pp. 200-211.

【邦語文献】 中野節子「『キルーフとオルウェン』の物語―ウェールズのアーサーと妖精たち」『児童文学研究』第14号、1983年、pp. 25-33;木村正俊「『キルフッフとオルウェン』における語りの構造と様式」『ケルト―口承文化の水脈』中央大学出版部、2006年、pp. 113-151。

⇒民話、トゥルッフ・トルウィス

ギロン Guiron

トマ作『トリスタン物語』の中で、イズーが作る愛の短詩に出てくる悲劇の主人公。ギロンはある伯爵の奥方と恋仲にあったが、嫉妬した伯爵に殺され、その心臓を不倫相手だった伯爵の奥方に食事として出されてしまう。これはフランス文学に登場する《心臓を食べる話》の最初期の例である(ほかにも後になって書かれたトルバドゥール(南仏詩人)のギヨーム・ド・カベスタンGuillaume de Cabestanhの「伝記」や、『クーシー城代とファイエルの奥方の物語』(*Roman du châtelain de Couci et de la dame de Fayel*)をはじめとした有名な例がある)。ギロンの名はギュラン(Gurun)の形で出てくることもあり、中期ウェールズ語「ゴリン」(gorun、《騒音》)や、古ブルトン語「ギューリュン」(gurun、《雷鳴》)と関連している。

【書誌情報】J.-J. Vincensini, «Figure de l'imaginaire et figure du discours : le motif du "cœur mangé" dans la narration médiévale», *Senefiance*, 30, 1991, pp. 439-459. Du même auteur : *Pensée mythique et Narrations médiévales*, Champion, Paris, 1996, pp. 335-372. L. Fleuriot, *Dictionnaire des gloses en vieux breton*, Klincksieck, Paris, 1964, p. 203.

⇒イニョレ

近親相姦 Inceste

アーサーとその姉妹が犯した近親相姦(インセスト)は、アーサー王文学の筋書きの大半に大きな影響をおよぼしている。モルドレッドはこの近親相姦から生まれた息子であり、アーサー王の死とアーサー王国崩壊の直接の原因である。つまり、アーサーはこの許されぬ罪を贖うために、みずからの命を差し出したことになる。こうした解釈は少なくとも、13世紀の散文「聖杯物語群」から導き出される。ところが実際には、アーサーの姉妹については作品ごとに大きな混乱が生じている。ジェフリー・オヴ・モンマス作『ブリタニア列王史』、ヴァース作『ブリュット物語』、ラハモン作『ブルート』によればアーサーに妹はひとりしかおらず、その名はアンナ（Anna）である。アンナはロットと結婚し、ふたりの息子ゴーヴァン（ラテン語名グワルグアヌスGualguanus）とモルドレッド（ラテン語名モードレドゥスModredus）をもうけている。クレティアン・ド・トロワの作品ではアーサーには姉妹がふたりおり、ひとりはモルガン（Morgain）、もうひとりはゴーヴァンの母にあたる人で名前はあかされていない。『ペルスヴァル第一続編』では、アーサーの姉妹は3人いる（ひとり目はゴーヴァンの母で、ロット王の妻、その名はノルカデスNorcadèsまたはモルカデスMorcadès。ふたり目はイヴァンの母にあたる人で名はあかされていない。3人目も名があかされない別の姉妹）。『メルラン』とその『続編』にも同じく3人の姉妹が出てくる（ひとり目はロット王の妻、ゴーヴァンの母で名前はあかされない。ふたり目はヌートルNeutresの妻。3人目はイヴァンの母でユリアンの妻、その名はモルグMorgueまたはモルガーヌMorgane）。この3人の姉妹のうち、名前があがるのはモルガーヌとアンナのふたりだけである。またロットの妻にあたるアンナはモルカデスともよばれ、その名がモルガーヌに酷似している（中間的な形態として、モルガデスMorgadesやモルゴーズMorgauseという名前も見つかる）。こうした表面的な矛盾は、作品群の背後に神話上の同一の表象が認められた途端に氷解する。それは三者一組の姿をとりながらも同時に単独神であるケルトの大女神アナ（Ana）にほかならない。女神アナは世代を超越する存在であり、男神たちにとって母であるのと同時に娘でもありうる。だからこそ数多くのケルトの神話物語に、近親相姦の状況が内在しているのである。中世のキリスト教は、大女神だけにそなわるこの属性を聖母マリアに移し替えた。『ギヨーム・ダングルテール』（*Guillaume d'Angleterre*）（プレイヤッド版『クレティアン・ド・トロワ全集』、496―498行）をはじめとしたいくつかの物語が記しているように、聖母マリアは息子と父を同時に産んだため神の母であるのと同時に神の娘であり、さらには息子の妻でもある（大聖堂を飾る彫刻には、息子イエスによる母マリアの戴冠やふたりの結婚というテーマが見つかる）。これに似た話がヴォルフラム・フォン・エッシェンバハ作『パルチヴァール』にも出てくる。

【書誌情報】 C. Lévi-Strauss, *Le Regard éloigné*, Plon, Paris, 1983, pp. 291-299［クロード・レヴィ=ストロース（三保元訳）『はるかなる視線2』みすず書房、1988年、pp. 312-324「神話=文学のある小さな謎」］.

【邦語文献】 新倉俊一「中世の〈近親相姦〉伝承」『ヨーロッパ中世人の世界』ちくま学芸文庫、1998年、pp. 135-156；フィリップ・ヴァルテール（渡邉浩司訳）「シャルルマーニュと妹の近親相姦―中世史に残る「噂」をめぐる解釈学試論」中央大学『仏語仏文学研究』第44号、2012年、pp. 191-210。

⇒モルガーヌ、モルドレッド

金髪のイズー　Yseut la Blonde

英語名イゾルト（Isolt）またはイソー

ド（Isoud）、ドイツ語名イザルデ（Isalde）またはイゾルデ（Isolde）、ウェールズ語名エサスト（Essyllt）。イズー（Yseu(l)tまたはIseu(l)t）の名はおそらく、ゲルマン語「イスヒルド」（Ishild）に由来する。なぜなら「ヒルデ」（-hilde）という語尾は古フランス語では「ウー」（-eultまたは-eut）になることが多く（たとえば「マティルディス（Mathildis）」は「マウー（Maheut）」になる）、アイルランドの沿岸帯は（9世紀に）ノルウェーからきたヴァイキングによって植民地化されているからである。

〈アイルランドの魔法使い〉　またこれとは別に、イズーの名が《魔法使い》をさすアイルランド語の「シリッド」（sillid）に由来する可能性も否定できない。《目》をさす「シェル」（sell）に由来する「シリッド」には《邪眼》があり、ジャック・ショセラスの表現をかりれば《術策を弄する女》の意味での用例が見つかる。イズーにそなわる最も古い特徴

トリスタンとイズーの最初の出会い

はまちがいなく、魔法使いとしての役割である。イズーには魔術、医術、占術の力が結びつけられているが、この3つの領域はケルト世界では密接に結びついていて、不可思議な人物の神話上の軸となっている。イズーの不変的な特徴はその美貌にあり、魅惑する力の一部となっている。ギリシア神話のメデイア（Medeia）と同じく薬草の魔力に通じたアイルランド王妃の娘として、イズーは母から治療術の手ほどきを受けていた。イズーはトリスタンがル・モロルトから受けた運命的な怪我を治すことで、後に恋人となる男との出会いを果たす。ケルト神話において島々はつねに、知識を得るための通過儀礼の場である。こうした島々は、占術、医術、詩にかんするあらゆる知識の源泉である。そのためイズーは、ドルイド的で神的なタイプの聖なる知恵の継承者である。こうした古代の魔術は中世の世界に適合させられ、《賢女》イズーのもつ不思議な力の中で生きつづけている（《賢女（sage）》をさす古フランス語は「アビル（habile）」）。イズーは知恵と欺瞞を組み合わせて操ることができる。ギリシア人が「メティス」（mètis）とよんだ女神アテナに備わるこうした創意と狡知の精神を、イズーは身をもって示している。イズーが予知夢を見たり、あるいはただ単に虫の知らせを感じたりしても、それはかならず現実のものとなる。イズーのもつ予知能力は、女占者としての彼女にそなわる秘密の才能の証であるように思われる。言葉の魔術師であるイズーは狡知を駆使した話を次々と思いつき、鋭い洞察とともに披露することができる（ベルール作『トリスタン物語』の「難所の渡場（マール・パMal Pas）」のエピソードでは、ハンセン病患者に扮して待ち受けたトリスタン

に跨って浅瀬をわたり切ったイズーは、裁きの場で夫のマルク王とハンセン病患者以外に「だれひとりとして股のあいだに入った者なし」という宣誓をして裁きを無事に切り抜けている）。イズーはトリスタンに妙案を授けるだけでなく、恋愛の分野もふくめた指南役でもある。

〈大女神〉「異界」の女たちと同じように、イズーには変身能力がそなわっている。その裏づけを提供してくれるのが、ゴットフリート・フォン・シュトラースブルク作『トリスタンとイゾルデ』に出てくる１本の金髪のエピソードだろう。マルケ（マルク）王は結婚の意思を固めるが、その相手として望んだのは見知らぬ女で、２羽の鳥がマルケのもとへ運んできた１本の金髪の持ち主だった（２羽の鳥はイゾルデ（イズー）親子にあたる）。イズーにはアイルランドと鳥神話とつながりがあることから、ケルトの大女神にほかならない守護女神ブリギッド（Brigit）とも接点があると考えられる。11世紀にアイルランドで書かれた『コルマクの語彙集』（*Sanas Chormaic*）の一節では、ブリギッドはつぎのように神話的に定義されている。《女流詩人ブリギッドはダグダ（Dagda）の娘である。詩人たちがたたえたのは、女流詩人、あるいは聡明な女であるこのブリギッドである。（中略）医術に通じたブリギッドと鍛冶工芸に通じたブリギッドという姉妹がいた》。古代ケルト世界のブリギッドは、詩人、楽師、歌人（バルド）のみならず、医者や鍛冶師の守護女神だった。詩（すなわち音楽）とのつながりにより、ブリギッドはイズーを予告する存在である。アイルランドの竪琴弾きのエピソードで、イズーは音楽に魅了されている。イズーとマルクの結婚後、マルク王の宮廷へアイルランドから竪琴弾きがやってきたため、王は竪琴の演奏を求める。しかしそのアイルランド人楽師は、内容をあかさぬまま返礼を要求する（マルクはアイルランド人楽師が望むものを与えることに、あらかじめ同意しなければならなくなる）。実際にアイルランド人楽師が報酬として求めたのはイズーだったため、イズーは楽師とともに出立を余儀なくされる。こうして楽師に連れ去られた王妃を解放してマルクのもとへ返すのがトリスタンである。このエピソードでは、楽師は音楽の素養のあるこの王妃に対する所有権をもっているように思われる。ゴットフリート・フォン・シュトラースブルクが著した物語では母と娘は同名となっているが、これは秘密の力が母から娘へと受けつがれるからである。こうした女性にそなわる魔術こそが神話世界の証であり、そこでの女性の登場人物は多岐にわたる力をもった大女神という元型に近い存在となっている。ケルト世界では、女神は１柱のみである。ほかの男神たちにとって同時に母、妻、娘にあたる１柱の女神だけが実際に存在する。この大女神は、女性がになうすべての機能や役割を同時に具現している。トリスタンにとってのイズーは、理想的な形で母、恋人、姉妹の役割をすべてひとりで果たしている。古代の神話伝承を暗唱するための押韻詩集成であるウェールズの『ブリテン島三題歌』（*Trioedd Ynys Prydain*）の《ブリテン島の不実な３人の妻》の中に、金髪のエサスト（Essyllt）（イズーのウェールズ語名）の名が見つかる。

〈ふたりの男に愛された女〉　イズーの恋愛譚は、グニエーヴルの恋愛譚と同じように、古代アイルランド神話になじみのジャンルのひとつ「アテド」（aitheda）、すなわち「駆落ち譚」に由来する。『ディアルミドとグラーネの追跡』（*Tóraigheacht Dhiarmada agus Ghráinne*）に代表されるこうした作品群は、（森での逃避生活、主人公を助ける犬、恋人たちの悲劇的な死など）トリスタン物語を織りなすエピソードのいくつかとあきらかに類似している。イズーはふたりの男から同時に愛されている。このモチーフには宇宙論的な解釈が可能である。女＝妖精を連れ去る神話上の人物は、太陽英雄である（トリスタンはあきらかに、大犬座で３つ星によって表わされるオリオンのような犬を連れた狩人、「夏の土用」生まれの人物として定義できる）。女＝妖精が若き太陽とつながりのある「曙」であるのに対し、裏切られる王は影の国の君主である（マルクは馬の耳をしている）。来歴がはるかに古い伝承までさかのぼるモチーフ群をふくんだ16世紀のウェールズの作品『トリスタン物語（アストリア・トリスタン）』（*Ystoria Tristan*）は、古代ギリシアのペルセポネ（Persephone）神話を想起させる、こうした解釈を裏づけてくれる。この作品でマルクとトリスタンは長きにわたって争いをつづけた末に、ふたりでイズーを共有することに決める。マルクは冬のあいだイズーをそばにとどめ（つまりマルクは夜と冬の恋人である）、トリスタンが夏の間イズーとすごすことになる。イズーにそなわる太陽の特徴は、金髪と輝かしいと形容されることの多い容貌である。こうした特徴から、イズーはグラーネ（Gráinne, アイルランド語「グリアン（grian）」は《太陽》の意）という名のアイルランドのヒロインを想起させる。アイルランドの魔法使いイズーは、本質的に両義的な存在である。イズーは魔術を駆使することができ、トリスタンと彼女自身に襲いかかる不幸の一部はそのせいでもあるが、トリスタンに恋愛のこのうえない幸福を教えてもいる。媚薬を契機にして生まれたトリスタンとイズーの恋愛は、このうえない幸福であるが、このうえない不幸という代償を払うことにもなっている。

【書誌情報】 P. Jonin, *Les Personnages féminins dans les romans français de Tristan et Yseut*, Ophrys, Gap, 1956. Ph. Walter, *Le Gant de verre. Le mythe de Tristan et Yseut*, Artus, La Gacilly, 1990. J. Chocheyras, *Tristan et Yseut. Genèse d'un mythe littéraire*, Champion, Paris, 1996.

【邦語文献】 渡邉浩司「西欧中世の韻文〈トリスタン物語〉におけるイズー像とその原型をめぐって」佐藤清編『フランス―経済・社会・文化の位相』中央大学出版部、2005年、pp. 97-112。

⇒**アイルランド、傲慢王グルムーン、至純愛、スイカズラ、竪琴弾き、トリスタン、ハシバミ、プティクリュー、ブランジアン、ペリニス、マリョドー、マルク、モロワ、薬草酒、誘拐、ル・モロルト**

ク

クウ　Keu

英語名ケイ（Kay）、ドイツ語名ケイエ（Keye）、ラテン語名カイウス（Kaius）。アーサー王の執事騎士で、アーサーの乳兄弟でもある。クウの父アントール（Antor）（別名オクトール）は、生まれたばかりのアーサーの養育をメルランから任されると、アーサーを引きとって妻に乳を与えさせた。そのためクウは自分の母の乳を奪われ、身分の低い乳母の乳で育った。クウは毒舌と怒りっぽい性格ゆえにいつも嫉妬深く不満をもっ

執事騎士クウ

た後ろ向きな人間となり、乳兄弟（アーサー）と張りあおうとする。クウは身分の高い母の乳をアーサーに奪われてしまったため、無作法者の振舞いをするようになった。このように一緒に育てられたクウとアーサーは、二卵性双生児の成長を再現している。最終的にはアーサーがクウに対して優位に立ち、競合関係にあったクウを犠牲にして支配権を獲得する（ローマ神話の双子の兄弟ロムルスRomulusとレムスRemusと同様である）。不器用で挫折をくりかえすものの、クウはアーサーに忠実でありつづける。

〈ケルトの英雄〉 ウェールズ文学ではクウはカイ（Kei）とよばれ、その人物像は大きく異なっている。カイの父「カニル・カインヴァルヴァウク」（Kynyr Keinvarvawc、「美髭のカニル」）は妻に、カイの両手と心臓はつねに冷たく、頑固な性格になると予言した。カイには生まれつき特別な才能があった。カイが担いだ荷物は人の目に見えなくなった。またカイと同じほど長く火や水に耐えられる者はいなかった。カイが特異な力をそなえた英雄だと思われるのは、『何者が門番か』（*Pa Gur*）という詩編で犬頭の怪物（カンビンCynbyn）たちや9人の魔女と戦っているからである。カイにはほかにも珍しい力があり、背丈を森で一番高い木の天辺まで伸ばしたり、鮭の背に乗って旅をしたり、9日9晩水中で呼吸せずにすごしたり、9日9晩眠らずにいたりすることができた。カイの体から発する熱は雨を蒸発させることができ、寒さに震える周囲の人たちを温めることができた。戦いでは、アーサー（アルシール）の戦友の中で最も見事なはたらきをした。こうした才能は、戦いの魔術と（極度の）怒りを体得した証である。カイは実のところ、（魔術、戦い、物質的繁栄という）3つの分野の特徴をそなえている。カイのもつ力はすべてドルイド僧に通ずるものである。中でも門番としてのドルイド僧がかつて持っていた、アイルランドの王宮を訪ねてきた者たちの《力量を試す》力は特筆に値する。しかしカイが本来もっていたはずのこうした才能はクレティアン・ド・トロワの作品群では影を潜め、すぐに興奮する怒りっぽい気質だけが残されている。

ドルイド僧（20世紀中頃の歴史教科書）

〈アーサー王世界での価値の低下〉 アーサー王物語群のクウは、騎士道の観点(戦士としての役割)から見るとその価値が低下している。しかし本来果たすべきほかのふたつの役割(風刺を行うドルイド僧、および配膳係としての役割)をもちつづけている。クウはアーサー王宮廷では執事としての役割ゆえに、酌係のベドワイエを補佐し、使用人たちの管理をまかされている。クウには騎士として卓越したところを見せる機会がない。一方でクウが見せる毒舌は、アイルランドの王宮で慣例によりドルイド僧にまかされていた風刺詩人としての役割に由来する。王とその近親者たちを称賛したり非難したりする任を負ったドルイド僧は、どんな話をしようとも決して罰せられることはなかった。この機能の点でクウは王に仕える道化の先駆的存在である。こうした道化は後の18世紀まで慣例により王宮で活躍の場を与えられていた。ヴァース作『ブリュット物語』によると、クウはアーサーから軍役への報償として、アンジェ(Angers)の町をふくむアンジュー(Anjou)地方を封土として授けられたという。クウが埋葬された町シノン(Chinon)の名は、クウの名に由来するとされている(これは誤った語源解釈である)[Chinonが「キノン」と発音されていたことになる]。アルモリカ(フランスのブルターニュ)のモルレー(Morlaix)地方には、コーンウォール出身のケ(Ké)かケナン(Kénan)という名の聖人がいた。イングランドのコーンウォールにある小教区の名「キー」(Kea)は、聖ケ(またはケナン)の名に由来する。この聖人によって「ブルターニュの素材」が独自の形で大陸へ移動したことが分かる。

【書誌情報】 B. Tanguy, *Dictionnaire des noms de communes, trèves et paroisses du Finistère*, Chasse-Marée, Douarnenez, 1990, p. 52. J. Grisward, *Archéologie de l'épopée médiévale*, Payot, Paris, 1981, pp. 263-271. A.-F. Garrus, *Arthur, Keu et l'Initiation*, Paradigme, Orléans, 2006. F. Le Roux et C. Guyonvarc'h, *Les Druides*, Ouest-France, Rennes, 1986, pp. 199-216 («La prédiction et la satire» en Irlande). L. Gowans, *Cei and the arthurian legend*, Brewer, 1988. J. Merceron, «De la mauvaise humeur du sénéchal Keu. Chrétien de Troyes : littérature et physiologie», *Cahiers de civilisation médiévale*, 41, 1998, pp. 17-34. W. Sayers, «Kay the Seneschal, Tester of Men : The Evolution from Archaic Function to Medieval Character», *Bulletin Bibliographique de la Société Internationale Arthurienne* 59, 2007, pp. 375-401.

【邦語文献】 馬場勝弥「『パルチヴァール』ノート(1)—宮内卿ケイエ」名古屋大学教養部『紀要(外国語・外国文学)』第16号、1972年、pp. 124-138;馬場勝弥「『パルチヴァール』ノート(2)—宮内卿ケイエ・続き」名古屋大学教養部『紀要(外国語・外国文学)』第19号、1975年、pp. 124-133;小宮真紀子「乳兄弟と兄弟愛—トマス・マロリーの『アーサー王の死』におけるケイの描写」『アーサー王物語研究—源流から現代まで』中央大学出版部、2006年、pp. 83-108。

⇒イデール、大ぼら、オクトール、カログルナン、サグルモール、ダグネ、バゴメデス、ログラン

グウィニオン　Guinnion

ネンニウスが編纂した『ブリトン人史』によると、八番目にアーサー対サクソン軍の神話的な戦闘がおこなわれた場所。[2世紀前半のギリシアの天文学者]

プトレマイオス（Ptolemaios）の『地理学』（*Geographia*）によると、この町は「アントニヌスの旅行ガイド」［ローマ軍が征服したブリタニアの町を記した地図］に「ウィノウィウム」（Vinnovium）や「ウィノウィア」（Vinovia）の形で名前があがっている。『ブリトン人史』の中のブリタニアの町リストには、グウィントグウィック（Guinntguic）の名で見つかる。この町はダラム（Durham）司教区にあるウィンチェスターに相当する。ここでの戦いで、アーサーは聖母マリア像を肩にかついでいた。マリア像は、ケルトの至高女神をキリスト教の文脈でおき換えたものである（ケルト人にとって、戦闘を司るのは女神であり、モリーガンMorrígain、ボドヴBodb、あるいはマハMachaとよばれていた）。行列行進で彫像を運ぶという慣例は、古代後期から知られている（この儀礼は異教起源だった）。さらに、ジョルジュ・デュメジルがあきらかにしたように、色についてのインド＝ヨーロッパ語族の考え方によれば、白（グウィニオンGuinnionは《白》をさす「グウィン（guinn-）」に由来）はつねに、主権性と神聖性を表わす第一機能と結びついている。ウィンチェスターでは、ローマ＝ブリテンの母神信仰をはっきりと示す、「イタリア人、ゲルマン人、ガリア人、ブリトン人のマトレス（母神たち）に（捧ぐ）」という碑文が見つかっている。これは碑文に刻まれているさまざまな地方出身の人々が共同で母神（マトレス）によせた崇敬の証であり、この町では複数の民族が混在していたことを証明している。キリスト教神話に属するこの碑文は、早くも中世初期からケルトの母神信仰が聖母マリアへと移されていたことをあきらかにしてくれる。

【書誌情報】R. Bromwich et *alii* (éd.), *The Arthur of the Welsh*, University of Wales Press, Cardiff, p. 27. J. De Vries, *La Religion des Celtes*, Payot, Paris, 1963, p. 46. G. Dumézil, «Albati, russati, virides», dans : *Rituels indo-européens à Rome*, Klincksieck, Paris, 1954, pp. 45-61.

⇒アグネード、カーリオン、グレイン、ケリドン、ドゥブグラス、トリブルイト、バッサス、バドニス

グウィネヴィア　Guinevere

⇒グニエーヴル

グウィン　Gwyn

中世ウェールズの物語『キルフーフとオルウェン』に登場するニーズ（Nudd）の息子。麗しのクライザラド（Creiddylad）［銀の手のスリーズLluddの娘］をめぐってグウィシール（Gwythyr）［グレイドルGreidolの息子］と敵対した。クライザラドはグウィシールに恋をしていたが、グウィンによって力ずくで連れ去られる。この大罪につづいてグウィンはさらにふたつの大罪を犯す（不当な戦いと不敬の罪）。そのため、宿命により、インド＝ヨーロッパ戦士の３つの罪を犯した。仲裁に入ったアーサー（アルシール）は、調停案を示す。こうしてふたりの恋敵は毎年５月１日に戦い、勝者がクライザラドをもらい受けると決められた。グウィンの名が《白》を意味することから、グウィシール（「グウィス（gwyth）」は《怒り、憤慨》をさす）と対立している。この物語によって、５月１日という転換期に季節が交替するという神話が説明されている。

【書誌情報】L. Fleuriot, *Dictionnaire des gloses en vieux breton*, Klincksieck, Paris, 1964, p. 192 (guinn). G. Dumézil, *Heur et malheur du guerrier*, Flammarion, Paris, 1985, pp. 115-

126. N. Stalmans, *Les Affrontements des calendes d'été dans les légendes celtiques*, Société belge d'études celtiques, Bruxelles, 1995.

⇒5月1日

グウェン　Gwen

中世ウェールズの物語『フロナブウィの夢』(*Breuddwyd Rhonabwy*) に言及のある、アーサー (アルシール) 王の魔法のマントの名前。地面の上に広げられたこのマントの上に両足をおくと、マントの上の人の姿はだれにも見えなくなるが、当人からは引きつづき人々を見分けられる。このマントの上に座ったまま、アーサーはオワインとチェスの試合をする。このマントは、『ニーベルンゲンの歌』に出てくる小人アルベリヒ (Alberich) のもつ「タルンカッペ」(Tarnkappe、身につけた者の姿を見えなくするマント) と同じ種類である。グウェンはウェールズ語で《白》をさす。ジョルジュ・デュメジルが明らかにしたインド=ヨーロッパ世界の色の象徴的意味によると、この色は支配権を表わす色である。また、中期ブルトン語「グウェエン」(gueenn) が《偽りの顔、仮面》を意味することから、マントに備わる人や物を隠すはたらきが想起される。

【書誌情報】 L. Fleuriot, *Dictionnaire des gloses en vieux breton*, Klincksieck, Paris, 1964, p. 181 (guann). C. Lecouteux, *Dictionnaire de mythologie germanique*, Imago, Paris, 2005, p. 24 (nouvelle éd. 2014).

グウェンゾレイ　Gwenddoleu

フルネームはグウェンゾレイ・マプ・ケイディオー (Gwenddoleu Map Keidyau)。ウェールズ語文献で簡潔に言及されたり、それとなくふれられたりしている、ブリトン人の戦闘指揮官。『カンブリア年代記』(*Annales Cambriae*) によると、(573年にカーライル近郊にある) アルヴデリーズ (Arfderydd) の戦いでグウェンゾレイが戦死し、メルリヌス (メルラン) は狂気におちいったという。マルジン (Myrddin、メルランのウェールズ語名) の作とされる詩編から、メルリヌスがグウェンゾレイ陣営で戦っていたことが分かる。ジェフリー・オヴ・モンマス作『メルリヌス伝』(1150年) 第31～32行によると、(ウェールズ北部の) ヴェネドティア人の指揮官ペレドゥルス (Peredurus) は、スコティア (スコットランド) 王国のグウエンノルス (Guennolous) 王に戦争をしかけた。メルリヌスはカンブリア族 (ウェールズ人) のロダルクス (Rodarchus) 王が味方したペレドゥルス王の側につき、ダル・リアダ (Dal Riada) 王国のアイルランド軍はグウエンノルス王の側についた。

【書誌情報】 R. Bromwich, *The Welsh Triads*, University of Wales, Cardiff, 1961, pp. 379-380.

⇒メルラン

グウェンドレーナ　Guendoloena

ジェフリー・オヴ・モンマス作『メルリヌス伝』に登場するメルリヌス (メルラン) の妻の名。ウェールズ語名をラテン語化したものである。この名に対応するフランス語グウェンドリーヌ (Gwendoline) は、《白い雌鹿》をさすウェールズ語「グウェンデライン」(gwendelain) (「白い」をさす「グウェン (gwen)」と「雌鹿」をさす「エライン (elain)」の組み合わせ) から説明できる。この名は、ジェフリーが『メルリヌス伝』で語るエピソードのひとつと関連づけて考える必要がある。この話によると、スコットランドの森に引きこもっていたメルリヌスは、天体の運行を見て妻の再婚が迫っていることを知る。雄鹿にまたがったメルリヌスは、森の動物たちを引き連れて妻の宮殿へ向かう（『アーサー王の最初の武勲』のメルランは雄鹿に変身する）。グウェンドレーナとそのフィアンセは、この奇妙な一行を目のあたりにして爆笑する。激怒したメルリヌスはまたがっていた雄鹿の角を引き抜き、それをフィアンセに投げつける。すると雄鹿の角が頭に命中し、フィアンセはすぐさま息絶える。この場面は季節の変化（カルナヴァル）を表わしている。春の擬人化である鹿男が異界（森）から突然姿を現し、地下世界の競争相手を殺して儀礼的に（寝取られ亭主のしるしである）角を渡し、明るい季節に妻をとりもどすのである。

【書誌情報】W. Deonna, «Du divin au grotesque. Cernunnos et le cocu», *Revue d'ethnographie*, 7, 1926, pp. 28-37. C. Gaignebet, *Le Carnaval. Essai de mythologie populaire*. Paris, Payot, 1974, pp. 135-136. Ph. Walter, «Sous le masque du sauvage», dans: *Le Devin maudit*, ELLUG, Grenoble, 1999, pp. 35-36.

⇒雄鹿、白い雌鹿、メルラン

グウェンフィヴァール　Gwenhwyfar

⇒グニエーヴル

グウェンワル　Guennuvar

⇒グニエーヴル

グエンガスアン　Guengasouain

ラウール作『ラギデルの復讐』に登場するグレヴィロイーヌ（Greviloïne）の父。ラギデル殺害の張本人。スコットランドのアギゼ（Aguisait）王の甥にあたる。グエンガスアンは森の中で、巨大で獰猛な熊とともに暮らしていた。グエンガスアンはゴーヴァンへの恨みを晴らそうともくむが、ゴーヴァンと同行していたイデールに飼い熊を仕留められたうえに、みずからも一騎討ちでゴーヴァンに首を刎ねられてしまう。グエンガスアンの類例は中世ウェールズの物語『キルフーフとオルウェン』に見つかり、猪トゥルッフ・トルウィスがこれにあたる。そもそもグエンガスアンの名は、《白い》をさす「グエン」（guen-）と、《豚》をさす語根「ス」（su-）の組み合わせからなっている。この人物は適齢期の娘をもつ「異界」の巨人に相当する（民話の国際話型513番A「6人が世界中を旅する」）。巨人の娘と結婚するためには父親を殺め、ピレネーの熊祭りでおこなわれているように、父親の髭を剃らなければならない。（不可思議な人物が所有する）魔法の武具や品々を奪いとることができれば、恐るべき父親をかならず制圧することができる。

【書誌情報】C. Sterckx, *Sangliers père et fils. Rites, dieux et mythes celtes du porc et du sanglier*, Société belge d'études celtiques, Bruxelles, 1998.

⇒猪、巨人、熊、トゥルッフ・トルウィス

グエンフウァラ　Guenhuuara

⇒グニエーヴル

グエンロイ　Guenloie

この人名は、作者不詳の物語『イデール』だけに登場する。騎士イデールの恋人となり、その後イデールと結婚する王妃の名である。グエンロイの名は、「グエン」と「ロイ」からなる合成語である。このうち「グエン」（guen-）は《白い》を意味するケルト語であり、「ロイ（ロワ)」(loie) は《雁》をさす「オワ」(oie) に定冠詞がつけられた形である。したがって、グエンロイは《白い雁》である。「雁」(oie) と「グエン」(guen-) の同じ組み合わせは、フランソワ・ラブレー作『第三の書』第八章にも見つかり、パンタグリュエルの科白《神聖なるオワ・グネ》(dive oye guenet) がこれにあたる。ここで思い出されるのは、フランス語では民衆語の中で、ディアナ (Diana) と接尾辞「イスカ」(-iska) の組み合わせから、「産婆」や「魔女」をさす「グノッシュ」(genoche)、「グノイス」(genoisse)、「グネッシュ」(genaiche) などのさまざまな合成語が作り出されたことである。北イタリアのモデナ大聖堂の扉口には、アーサーが戦友とともに救出に向かう王妃像の上にウィンロゲー (Winlogee) という名が刻まれている。グエンロイはこのウィンロゲーに対応しているにちがいない。『イデール』の中ではグエンロイとグニエーヴルがふたりの人物としてはっきりと区別されてはいるが、グエンロイがグニエーヴルに相当する古名である可能性も十分にある。しかし古い名前がその神話的な文脈とともに残されたままである (『イデール』では、熊が雁=女を連れ去ろうとする)。そもそも熊はアーサーにほかならず、「白い雁」はグニエーヴルを表わしている (ちなみにこのペアは『イデール』に登場する)。

【書誌情報】 M. Delbouille, «Guenièvre fut-elle la seule épouse d'Arthur ?», dans : *Mélanges Gardette*, Strasbourg, 1966, pp. 123-134. D. Lesourd, «Diane et les sorcières, étude sur les survivances de Diane dans les langues romanes», *Anagrom*, 1, décembre 1972, pp. 55-74.

⇒イデール、グニエーヴル

クジラの城　Château de la Baleine

『ペルレスヴォース』に登場する、ゴアール (Gohart) が所有する城。しかしこの物語にはクジラは一頭も出てこない。この城の周囲に広がる肥沃な土地には、火を吐く蛇が棲んでいた。「クジラ」をさす「バレーヌ」(Baleine) の名は、ケルト語「ベレーヌ」(Belen) が変化したものであると思われる (「ベレーヌ (Belen)」は、アーサー王物語に登場するバラエンBalainをはじめとした人名にも見つかる)。《輝かしい》や《光り輝く》をさすガリア語「ベレノス」(*belenos) は、ガリアのアポロンの異名である。なかでも5月1日に行われたアポロンをたたえる祭りは、「ベルティネ祭」とよばれていた。「ベルティネ」(Beltaine) が《ベレノス (Belenos) の火》をさすのは、この祭日に清めの篝火が焚かれたからである。ペルレスヴォースはまさしく、贖罪を果たす役割をしている。複数の島の住人たちを幽閉して苦しめていたゴアールを倒し、光を取り戻すからである。

【書誌情報】 C. Gaignebet, postface à l'ouvrage de P. Gordon, *Le Géant Gargantua*, Arma Artis, La Bégude de Mazenc, 1998, p. 254, n. 2.

⇒ペルレスヴォース

グニエーヴル　Guenièvre

英語名グウィネヴィア (Guinevere)。中世期にウェールズ語やフランス語で書かれた物語群に登場するレオドガン (Leodegan) 王の娘で、アーサー王の妃になる人物。ウェールズ語名はグウェンフィヴァール (Gwenhwyfar、《白い幽霊》) であり、アイルランド語名はフィンダヴィル (Findabair、《白い魔術師》、アイルランド神話のメドヴ女王の娘の

アーサーとグニエーヴル

名）である。現代英語名ジェニファー（Jennifer）。グニエーヴルの名には、妖術、欺瞞、悪しき力という概念が結びついている。グニエーヴルは何よりもまず、外見の美しさで人々を魅了する力をそなえた妖精と定義できる。アーサー王伝説の中で、グニエーヴルは悲運をもちこむ存在である。

〈人食い鬼女にして悪魔の娘〉『マヴィル版古代中世ウェールズ文学作品集』（*Myfyrian Achaiology of Wales*）が収録する諺に、《巨人オグルヴラーン（Ogrfran）の娘グウェンフィヴァールは、子供の頃から意地悪で、成長してさらにひどくなった》というものがある。実のところ、グニエーヴルの幼少年期についてはなにも分かっていない。物語群では、アーサーとの結婚の場面以外では、ほとんど姿を見せないからである。ウェールズ語による『ブリテン島三題歌』では彼女は巨人の娘だとされていて、しかも巨人の名が「オーグル」（ogre、「人食い鬼」）と酷似している点に注目すべきだろう。中世フランス語散文「聖杯物語群」が伝える偽グニエーヴルのエピソードからは、王妃に邪悪な分身（《幽霊》）がいると考えられていたように思われる。もともとは神話上の単独の存在がもっていたふたつの側面を、アーサー王文学はふたりの対照的な人物に仕立て上げたのではないだろうか。15世紀に英語で書かれた物語『アーサーのワズリン湖奇譚』によると、王妃ゲイノー（Gaynor、グニエーヴルに相当）の母はワズリン湖（Terne Wathelyne）の水中から現れ、むごたらしい拷問を受けている恐るべき亡霊の姿で娘の前にやってくる。娘は母の魂をしのんでミサをおこなうと約束した。グニエーヴル王妃には、《白い雁》をさすグエンロイ（この項目を参照）という別名もある。この名が示すように、鳥に変身する能力から「異界」の貴婦人としてのグニエーヴルの性質が明確になっている（ハクチョウの姿に変身してレダLedaを誘惑したゼウスの話を参照）。クレティアン・ド・トロワ作『荷車の騎士』の物語では、ヒロインが妖精の女（または悪魔の娘）である民話の話型が踏襲されている。この話型によく見られるのは、妖精が鳥に変身し、「異界」（天上の城やガラスの山）へ向かう旅を強いられ、超人的な難題を課された英雄（『荷車の騎士』ではランスロ）によって助け出されるという筋書きである。これは民話の国際話型313番（「悪魔の娘」）に当てはまる。グニエーヴルが「異界」の人物であることは、別の特徴からも分かる。『アーサー王の最初の武勲』によると、彼女の肩には生まれつき王冠の形をした痣がついていたが、これは女王になる運命を予言するしるしである。（フォークロアの中に生き残った）中世の信仰では、特定の人物の肌にある痣は、「異界」の悪霊たちがつけたものだと考えられていた。

〈支配権を握る女〉 ジェフリー・オヴ・モンマスは『ブリタニア列王史』の中で、グニエーヴル（グエンフウァラGuenhuuara）とアーサーの王の甥モルドレッド（モードレドゥスModredus）との不倫関係について短く記している。この年代記にはランスロはまだ登場していない。グニエーヴル像が詳細に描かれるようになるのは、クレティアン・ド・トロワ作『荷車の騎士』においてである。不実な王妃グニエーヴルが不義密通の関係をもつことでアーサー王国を危機に追いこむというテーマは、13世紀に成立した『散文ランスロ』の核になっている。最初にランスロがグニエーヴルを救い出したのは、彼女が誘拐され、偽グニエーヴルが王妃の座に収まったときのことである（「すり替えられたフィアンセ」という伝統的なテーマ）。ゴール国の王子メレアガンに誘拐されたときにも、ランスロはグニエーヴルを助けている。『アーサー王の死』でもランスロは、殺人事件の首謀者として告発されたグニエーヴルの無罪を証明し、不倫があきらかになり火刑台へ連行されたときにも助け出している。モルドレッドによりロンドン塔に幽閉されたグニエーヴルは、最後には修道院へ逃げこみ、そこで生涯を終える。こうした結末には当然のことながら、キリスト教的な道徳観が感じられる。グニエーヴルをめぐる神話物語の要は、彼女の誘拐である。『荷車の騎士』によると、「異界」の王子メレアガンは、「だれもそこからもどってくることのない国」（ゴール国）へとグニエーヴルを連れていく。クレティアン・ド・トロワ以前には、同じ場面が北イタリアのモデナ大聖堂北側面扉口上部に、浮彫り群像の形ですでに描かれている（1120年頃の作品）。そのほかにも王妃誘拐はラテン語による聖人伝にも記されていて、カラドック・オヴ・スランカルヴァン（Caradoc of Llancarvan）作『聖ギルダス伝』（*Vita Gildae*）によると、グウェンワル（Guennuvar）（グニエーヴル）はサマセットの王メルワース（Melvas、メレアガンに相当）に誘拐されたという。アーサー王は1年以上にわたって王妃を探し、ついに彼女の幽閉先をつき止める。そして複数の軍隊の助けを借りて、幽閉先であるグラストニア（Glastonia）、つまり《ガラスの島》（ウルブス・ウィトレア Urbs Vitrea＝グラストンベリー）の包囲作戦を開始する。賢者ギルダスと修道士たちを引き連れたグラストンベリー修道院長の執り成しが功を奏し、流血沙汰は回避され、王妃はアーサー王のもとへ返された。クレティアン作『荷車の騎士』とはちがい、『聖ギルダス伝』ではアーサーみずからが王妃を解放している。グニエーヴルの誘拐譚は、束の間の支配権というケルト神話に頻出するモチーフを説明している。ケルト人の信仰では、いかなる支配権も女性が握っている。権力の基盤も女性を介してのみ固めることができ、王は妖精である女との結婚をへてようやく実際に権力を行使できるようになる。このようにグニエーヴルはアーサーの支配権を象徴している。アーサーは、グニエーヴルとの結婚により、王としての正当性を獲得するのである。そのためアーサーは当然、グニエーヴルを失えば権力を手放すことになる。ケルト世界では、いかなる支配権も不安定で一時的なものである。王が死すべき存在であるのに対し、女の握る支配権は永久不変であるため、妖精との結婚は一時的なものにすぎない。だからこそ、妖精はいつも年老いた王を捨てて、より年の若い夫を選ぶのである。「異界」の人物による王妃の誘拐は、インド＝ヨーロッパ神話に特有の物語群に属している。たとえば、アイルランドの戦士クー・フリン（Cú Chulainn）が「異界」の神クー・ロイ

(Cú Roí) と戦う話がこれにあたる。クー・フリンは、クー・ロイに連れ去られた若い女ブラートナド (Blathnat) を取り戻そうとした。王妃誘拐のテーマは、ほとんどの主要な神話群で中心的な位置を占めている。

〈誘拐の神話〉 これと同じ図式に従っているのは、ホメロスの叙事詩で描かれるスパルタ王メネラオス (Menelaos) の妃だった麗しのヘレネ (Helene) をトロイアの王子パリス (Paris) が誘拐する神話である。インドの叙事詩『ラーマーヤナ』では、ラーマ (Rama) の妻シーター (Sita) が羅刹(らせつ)の王ラーヴァナ (Ravana) に誘拐されている。誘拐されたり不貞をはたらいたりする至高神的な女性の神話は、つねに運命や宿命のいたずらに委ねられた、もともと不安定な状態にある支配権のテーマを例証している。王妃誘拐の神話は、アーサー王世界の中核を占める、王国の絶頂と没落という周期的な概念の礎となっている。グニエーヴル誘拐の神話は、古代の季節神話なのかもしれない (誘拐はキリスト昇天祭に起きている)。ゲザ・ローハイムが指摘したように、グニエーヴルは5月の女王である。グニエーヴルの物語は徐々に形を変えて終末論的な神話になり、中世のキリスト教世界では黙示録的な神話になる。なぜなら最終的に王妃がアーサー世界を没落へと追いこみ、王を失墜させることになるからである。ケルト人 (アイルランドおよびウェールズ) のすべての神話伝承において、王妃は不義密通を行うときに計略をめぐらせ、王と戦士と臣民をつねに大惨事に落し入れる。妖精である女は、決まって破滅をもたらす存在なのかもしれない。

【書誌情報】Ch. Guyonvarc'h, *Magie, Médecine et Divination chez les Celtes,* Payot, Paris, 1997, pp. 380-392. R. Bromwich, *Trioedd Ynys Prydein. The Welsh Triads,* University of Wales Press, Cardiff, 1961, pp. 380-385 (Gvenhvyuar). C. Matthews, *Arthur and the Sovereignty of Britain. King and Goddess in the Mabinogion,* Arkana, Londres, 1989. G. Roheim, *L'Animisme, la Magie et le Roi divin,* Payot, Paris, 1988, pp. 308-309.

【邦語文献】 不破有理「運命の車輪は止まれるか―ソーントン写本における中英語作品『アーサーのワズリン湖奇譚』再考」松田隆美・原田範行・高橋勇編『中世主義を超えて』慶應義塾大学出版会、2009年、pp. 53-90；渡邉浩司「グウィネヴィア」松村一男・森雅子・沖田瑞穂編『世界女神大事典』原書房、2015年、pp. 384-386。

⇒イデール、グエンロイ、グラストニア、5月1日、5月の女王、 支配権、妖精

首斬り試合 Jeu du Décapité

ジャン・マルクスは、アーサー王物語群やアイルランドの前キリスト教的な神話群にくりかえし出てくる神話的モチーフのひとつを「首斬り試合」とよんだ。このモチーフは、(刎ねられた首を、自分でもち去る聖人たちの話として) 聖人伝文学の中にも見つかる。これは聖人伝文学が古い異教の神話テーマをキリスト教化した証である。もともと季節神話に内在するこの斬首儀礼に (ゴーヴァン、ランスロ、カラドックなど) 数多くの英雄たちが挑んでいる。それによると、最初に「異界」に属する騎士がアーサー王の宮廷へやってきて、王に仕える騎士たちの勇気を試そうとする。騎士のひとりが「異界」の騎士の首を刎ねるが、1年後の同じ日に、逆に首を刎ねられる順番になる。謎めいた客は、首を刎ねられるとすぐにそれを拾い上げて立ち去る。しかし予定の期日になると、挑戦者の首を刎ねるという約束を果たすために実際に姿を見せる。しかし普通は、「異界」の者が挑戦者の首を刎ねたりはしない。「首切り試合」の挑戦者を、世間一般の男たちよりも勇敢な男だと認めるからである。この神話的なテーマから、文学では数多くのバリエーションが生まれた。そのバージョンが神話的であるほど、神話的な時間と空間、つまり季節暦と聖なる舞台との結びつきの記憶が一層強くとどめられている。初期中世の聖人伝によると、聖人の斬られた首には水の信仰との関連があることが多い。たとえば、フランス北東部ヴォージュ県のグラン（Grand）に根づいている聖女リベール（Libaire）信仰がそのひとつである。グランは、アポロン・グランヌス（Apollon Grannus）信仰の拠点である。4世紀に羊飼いをしていた少女リベールは、異教の神々を崇めようとしなかったために首を刎ねられた。するとリベールは、刎ねられた己の首を両手で抱えて近くの泉へ出かけた。リベールが自分の首を洗った泉の水は、すぐさま奇跡をもたらすようになったという。

【書誌情報】 J. Marx, *La Légende arthurienne et le Graal*, P.U.F., Paris, 1952, pp. 288-294. P. Saintyves, «Les saints céphalophores», *Revue de l'histoire des religions*, 99, 1929, pp. 158-231. H. Fromage, «Légende et paysage», dans: *La Légende*. Casa de Velasquez / Editorial Universidad Complutense, Madrid, 1989, pp. 133-154 (pour l'espace mythique de la décapitation). Ph. Walter, *Gauvain, le Chevalier solaire*, Imago, Paris, 2013, pp. 112-115 (pour le temps mythique).

⇒斬られた首

首を運ぶ乙女たち
Demoiselles céphalophores

『ペルレスヴォース』に登場する、騎士の生首をひとつか複数運ぶ娘たち。彼女たちがこのように死の証を携えているのは、復讐を果たしてもらうためだった。モチーフの本来の形は鞍の前輪やベルトで吊り下げられたり箱の中に入れられたりした生首であるが、さまざまなバリエーションが生まれた。斬首はエピソードの形で物語の中にくりかえし認められ、ギロチンをもった「傲慢な乙女」だけでなく、洗礼者聖ヨハネの首を刎ねるのに使われた剣までもが登場する。ケルト神話には斬首の場面がよく出てくる。たとえば、中世ウェールズの『マビノギの4つの枝』の第二の枝「スリールの娘ブランウェン」（*Branwen Ferch Llŷr*）によると、祝福されたブラーン（ベンディゲイドヴラーン）は、もともと戦死者を蘇らせる大釜の所有者だったが、アイルランド軍との戦闘で深手を負うと、戦友たちに自分の首を斬らせて埋葬させる。それでもブラーンの首はなおもしゃべりつづけたという。同様に、中世ウェールズの物語『ペレディール』の中で「グラアル」に対応するオブジェは、実際には大量の血が流れる生首が載せられたお盆だった。聖人伝神話によると、斬られた首のモチーフと直接の関連をもっているのは、聖ドニ（Denis）［ラテン語名ディオニュシウス（Dionysius）］のような複数の重要な聖人である（ドニは首を刎ねられると、自分の首を小脇に抱えたまま歩き続けた後、ある女に首を託したという）。自分の首を運ぶ聖人たちを取り上げている複数の聖人伝には、こうした殉教者たちの斬られた首を受けとる貴婦人たちが登場する（たとえば、聖ドニや聖トロペTropezのケースがこれにあててはまる)。頭は魂の宿る場所である。そのため首を奪われたり失ったりすると、「異界」へたどり着く可能性をなくすことになる。したがって運ばれる生首は、復讐が果されないかぎり安らぎを見出すことのできない故人たちの聖遺物ということになるだろう。アイルランドの医術神ディアン・ケーフト(Dian Cécht)は、どんな死者であれ亡骸がそっくりそのまま残っていれば、蘇らせることができた。そのため死んだ敵の首を盗めば、敵は生き返ることができなくなった。首を運ぶ乙女たちは、霊魂導師の役割を演じている。現世で不遇だった魂の群れを運ぶ任を負った乙女たちは、魂の群れを解放して「異界」へ旅立たせるのである。

【書誌情報】 C. Sterckx, *Les Mutilations des ennemis chez les Celtes préchrétiens. La tête, les seins, le Graal*, L'Harmattan, Paris, 2005.

【邦語文献】 フィリップ・ヴァルテール(渡邉浩司・渡邉裕美子訳)『中世の祝祭』原書房、第2版2012年(初版2007年)、pp. 251-257「聖ドゥニとイヌ婦人」。

⇒宮廷の喜び、斬られた首、首斬り試合、ディオニーズ

熊 Ours

アーサー神話で鍵になる動物。なによりもアーサー自身の名がケルト諸語で「熊」をさす語と対応している(「熊」はアイルランド語では「アルト(art)」、ウェールズ語では「アルス(arth)」)。アーサーの名は古フランス語ではつねに「アルテュ」(Artu)または「アルテュス」(Artus)であり、「アルテュール」(Arthur、ラテン語形)ではない。数多くの叙事詩の戦士が野獣をさす姓によりほかの戦士と区別されているが、なかでも特に頻繁に使われている野獣は熊、狼、犬である。こうした慣例は野獣戦士団と関連している。アングロ=サクソンの叙事詩では、ベオウルフ(Beowulf、《蜜蜂にとっての狼》をさすこの名は、「熊」をさす遠回しな表現)がこれにあてはまる。武勲詩にはオルソン・ド・ボーヴェ(Orson de Beauvais)、アイルランドの神話物語にはコン・ケードハタハ(Conn Cétchathach、百戦のコン)の息子アルト(Art)、ウェールズの伝承にはマソヌウィ(Mathonwy)の息子マース(Math、マースは「熊」をさす別のケルト語)という名が出てくる。北欧神話に出てくるビョルン(Björn、《熊》)は、野獣戦士を束ねる神オーディン(Odin)の異名である。これらの名は単なるあだ名ではなく、ユーラシア全域でおこなわれる祭礼(熊祭り)とつながりのある物語群と結びついている。すぐれた予言者にして時の調整役である熊は、宇宙的な時間の中で鍵となる時期を見張っている(中世キリスト教の暦では、重要な季節のかわり目に「熊の」をさすユルサン(Ursin)という名の聖人たちの祝日がある)。熊の神話の中心は2月2日である。この日には逆転の論理に従い、空が曇っていれば熊が春の訪れを宣言する。反対に天気がよければ、冬がつづくことを予告する。熊は遠回しな表現でよばれることが多いが、こうした習慣はおそらく古代の狩猟の禁忌に由来している。熊は、「毛深い者」、「(森の)伯父さん」、「褐色の者」、「野人」、「毛皮をつけた人間」、「膨れた足」、「舐める者」、「蜜の匂いがする者」、「山の老人」などとよばれた。これらの名称のいくつかが登場するアーサー王物語群では、たいてい謎めいている作中人物の背後に数多くの熊の化身が隠れている。かつては百獣の王だった熊は、ライオンにその座を譲る羽目になった。その交代劇は12世紀後半におきている。「ライオンを連れた騎士」の異名を持つイヴァンはおそらく、もともとは《熊を連れた騎士》だった。そもそも13世紀に作られた『ライオンを連れた騎士』の古アイスランド語版は、イヴァンをはっきりと「ベルセルク」(berserkr、《熊皮をまとった戦士》)としている。熊の神話はまちがいなく前インド=ヨーロッパ起源であり、ユーラシア全域に認められる。(フランス中南部アルデッシュ県ヴァロン=ポン=ダルクVallon-Pont-d'Arcにある)装飾洞窟に描かれた熊の絵や、意図的に並べられた熊の頭蓋骨の重要性が示しているように、熊の神話は旧石器時代までさかのぼる。人々はすべての神々の原初の姿を熊のうちに認めようとしたのである。

【書誌情報】M. Praneuf, *L'Ours et les Hommes dans les traditions européennes*, Imago, Paris, 1989. J.-D. Lajoux, *L'Homme et l'Ours*, Glénat, Grenoble, 1996. Ph. Walter, *Arthur, l'Ours et le Roi*, Paris, Imago, 2002. Du même auteur : «L'ours déchu : Arthur dans la *Demanda do santo Grial*», *Cahiers de linguistique et de civilisation hispaniques médiévales*, 25, 2002, pp. 319-328. et «Le crâne de l'ours : relique, idole, masque», *Bulletin of the Hokkaido Museum of northern peoples*, 12, 2003, pp. 15-35 [フィリップ・ヴァルテル(渡邉浩司訳)「熊の頭蓋骨—聖遺物・偶像・仮面」『北海道立北方民族博物館研究紀要』第12号、2003年、pp. 15-35]. M. Pastoureau, *L'Ours, Histoire d'un roi déchu*, Le Seuil, Paris, 2007 [ミシェル・パストゥロー(平野隆文訳)『熊の歴史—〈百獣の王〉にみる西洋精神史』筑摩書房、2014年]. J. Pentikaïnen et M.-L. Le Foulon, *L'Ours, le Grand Esprit du nord*, Larousse, Paris, 2010.

【邦語文献】 渡邉浩司「アーサー王物語の中に動物神話の痕跡を見る—アーサーと熊の神話をめぐって」大修館書店『言語』第29号No.12、2000年、pp. 1-10;天野哲也『クマ祭りの起源』雄山閣、2003年;天野哲也・増田隆一・間野勉編『ヒグマ学入門』北海道大学出版会、2006年。

⇒アーサー、ウルソー(1)、ウルソー(2)、北、巨人、メルラン、野人

グラアル　Graal

「グラアル」とは、(13世紀初めの修道士エリナン・ド・フロワモン(Hélinant de Froidmont)がラテン語で著した年代記の一節によると)《食卓で使われる広口でやや深めの皿》である。

〈語源〉「グラアル」は民衆語(つまり聖書とは関連のない語)であり、その語源は謎につつまれたままである。エリナン・ド・フロワモンは《ガリア語で》(gallice)、つまり《ラテン語ではなく》《民衆の言葉で》、「グラアル」とよばれていると述べている。「グラアル」の用例はクレティアン・ド・トロワ以前にもあり、『アレクサンドル物語』(*Roman d'Alexandre*)(1150年頃)では《広口の深い皿》という意味で使われている。また中世ラテン語では、1010年に「グラダリス」(gradalis)という形で見つかる。語源解釈に異論が多いのは、(フランス南部や北部の方言に見つかる)この民衆語が書き記された形で残されていないためである。「グラアル」が「容器」という意味の「クラタリス」(cratalis)(《簀子》をさす「クラティス(cratis)」に由来)から派生した語だと考える場合には、これに対応するアイルランド語「グレデル(greidell)」やウェールズ語「グラデス(gradell)」が傍証となる。

〈用途〉　クレティアン・ド・トロワ作

『グラアルの物語』ではペルスヴァルの伯父にあたる隠者が、この皿には《カワカマスやヤツメウナギや鮭》が入っていると思われるかもしれないが、実際に入っているのは《聖体(ホスティア)だけ》と述べている。キリスト教化されて聖盃(カリス)（または最後の晩餐で使われた器）になる以前は少なくとも、「グラアル」は魚を載せる皿で、会食者たちが複数で使う食器だった（12世紀には個人が使う小皿はなかった)。「グラアル」は「漁夫」王の館に現れるが、この王が主な趣味にしていたのはまさしく魚釣りだった（この王は「罪人(pécheur)」というよりも「漁夫(pêcheur)」である［「罪人」と「漁夫」をさす語は発音が同じで「ペシュール」］)。『ペルスヴァル第一続編』によると、およそ100個の「グラアル」それぞれに猪の頭が入っていたという。事実ケルト人にとって猪と鮭は、祭祀的な意味をもつ食べ物にふくまれていた。

〈外観〉 食器として実際に使われていた「グラアル」は、儀礼でも使用された。儀礼での「グラアル」自体は、ケルト起源のいくつかの容器（ゴネストロップの大釜やブルノの壺）に星のモチーフが見られるように、おそらく星辰のモチーフで飾られていたと思われる。クレティアン・ド・トロワが強調する「グラアル」の眩い輝きは、はめこまれた宝石によるものである。ヴォルフラム・フォン・エッシェンバハによると、「グラール(Grâl)」（「グラアル」に対応する中高ドイツ語）自体がまるごと宝石でできており、まさしく天使が空から地上にもち運んだものだという。また「グラール」にそなわる特別な性質は、占星術と関わりの深い宝石鉱物誌において確認できるという。

〈神話的機能〉 クレティアン・ド・トロワ作『グラアルの物語』では、「グラアル」が単独ではなくほかのオブジェ（「血の滴る槍」と銀の「肉切台」）とともに現れることに注意する必要がある。クレティアン以降にこの伝説を翻案したさまざまな人たちは、筋書きの構想に応じてこれらのオブジェを引き立たせたり、あるいは逆に背景に追いやったりした。クレティアンの物語に出てくる《グラアル》を神話的に解釈するならば、このオブジェが現れる文脈だけでなく、一緒に出てくるオブジェをかならず考慮に入れるべきである。ジョエル・グリスヴァルドは、「槍」と「グラアル」と「肉切台」からなる三者一組の品と、スキタイ王家の神器との比較を試みた（「盃」、「斧」、「犂」および「軛」からなるスキタイ王家の神器は、インド＝ヨーロッパ語族に特有の３つの社会的機能を象徴するものであり、それぞれ第一機能＝主権性・神聖性、第二機能＝戦闘性・力強さ、第三機能＝生産性・豊穣性に対応している)。異教的な「グラアル」が登場するおもな作品は、『グラアルの物語』、『ペルスヴァル第一続編』、『釈義（エリュシダシヨ

食事用の大皿としての「グラアル」
（レンヌ市立図書館写本255番）

ン)』である。

【書誌情報】 A. Ernout et A. Meillet, *Dictionnaire étymologique de la langue latine*, Klincksieck, Paris, 1967, p. 147 (cratis). *Scènes du Graal*, textes traduits et présentés par D. Buschinger, A. Labia et D. Poirion, Stock, Paris, 1987. E. Burnouf, *Le Vase sacré et ce qu'il contient dans l'Inde, la Perse, la Grèce et dans l'Église chrétienne*, Bibliothèque de la haute science, Paris, 1896. J. Marx, *La Légende arthurienne et le Graal*, P.U.F., Paris, 1952. M. Roques, «Le nom du Graal», dans: *Les Romans du Graal dans la littérature des XIIe et XIIIe s.*, Presses du CNRS, Paris, 1956, pp. 5-14. G. Dumézil, «Les trois trésors des ancêtres dans l'épopée narte», *Revue de l'histoire des religions*, 157, 1960, pp. 141-153. C. T. Gossen, «Zur etymologischen Deutung des Grals», *Vox romanica*, 1960, t. 18, pp. 177-219. J. Frappier, *Chrétien de Troyes et le Mythe du Graal*, SEDES, Paris, 1972, pp. 1-12 (sens du mot *graal*) [ジャン・フラピエ（天沢退二郎訳）『聖杯の神話』筑摩書房、1990年、pp. 1-14]. J. Grisward, «Des talismans fonctionnels des Scythes au cortège du Graal», dans: J.-C. Rivière et *alii*, *Georges Dumézil à la découverte des Indo-Européens*, Copernic, Paris, 1979, pp. 205-211. Ph. Walter, *Perceval*, le *Pêcheur et le Graal*, Imago, Paris, 2004, pp. 11-35.

【邦語文献】 渡邉浩司「ペルスヴァルに授けられた剣と刀鍛冶トレビュシェットの謎—クレチアン・ド・トロワ作『聖杯の物語』再読」『続　剣と愛と—中世ロマニアの文学』中央大学出版部、2006年、pp. 169-217。

⇒漁夫王、グラアルの謎、鮭、聖杯、血の滴る槍、肉切台

グラアルの謎　Mystère du Graal

いわゆる《グラアルの謎》は存在しない。実際に存在するのは、明確な提起が必要な諸問題と、その解決を試みるときに指針となる方法である。

1．翻訳ではなく原典から出発すること。翻訳は中世の作品群の字句と精神を、必然的にゆがめてしまっているからである。神話学的な研究をはじめるにあたっては、まず初めに文献学に依拠しなければならない。なぜなら、後代には図像としても描かれるようになる「グラアル」も、もともとは文献の中でしか見つからないからである。したがって、典拠を記していなかったり、中世の作品群の翻訳や翻案を根拠に議論を展開していたり、この事典で数えあげられている作品群にふれていないような「グラアル」神話に関する著作は、参照しなくても構わない。

2．作品群の推定成立年代を考慮すること。半世紀の間（1180年から1230年）に複数の「グラアル物語群」が書きつがれてきたが、作品ごとに作者も、その文化上（および言語上）の背景も異なっている。作品群は相互におき換えられるものではなく、それぞれが「グラアル」というオブジェのこうむった変化の過程を描いている。そのため複数の「グラアル」いずれもが、キリストの血を受けた神聖不可侵の盃というただひとつのオブジェに還元されることはない。こうした聖遺物（いわゆる「聖杯」）としての「グラアル」の定義は、伝承の出発点というよりも伝承の終着点として表われている。伝承が文字で書きとめられたことから生じた「グラアル」の意味の変化の過程では、完全に異教のオブジェ（大皿）からキリストの聖遺物へと移行したこと、さらには文学自体がこうした変貌の動因だったこと（聖書文献やそれに準ずる文献には、「グラアル」という言葉はまったく出てこない）を忘れてはならない。

3．中世の著作家たちは、書き記した物語を自分たちで創り出したのではない。そのため、現代のさまざまな学問の成果に助けを求めながら、彼らが利用することのできた典拠にできるだけ近いものを探さなければならない。そのためには物語論のほか、とりわけフォークロアに関係する労作（民話の国際話型カタログ）や、比較神話学関連の労作といった現代の研究成果の助けを借りながら、さまざまな伝承や想定される（あるいはされない）借用に認められる対応、類似点や相違点を考慮しなければならない。こうした分析が困難を極めるのは、アーサー王物語群の大半（特に韻文物語群）の典拠が口承に由来するため、ふたつの作品が類似している場合にそれを一方が先に書かれた作品を模倣したと想定する、たんなる間テクスト性の現象だと機械的にみなすことができないからである。アーサー王物語群が相互に似通っているのは、口承の典拠にさかのぼるからである。そうした口承の典拠はじかに書きとめられた形では残っていないが、民話の国際話型を念頭におけばほとんどの場合、規則的な筋書きの再構成が可能になる。

【邦語文献】 渡邉浩司「古フランス語散文〈アーサー王物語〉の〈サイクル化〉―プレイヤッド版『聖杯の書』所収『アーサー王の最初の武勲』を手がかりに」佐藤清編『フランス―経済・社会・文化の諸相』中央大学出版部、2010年、pp. 93-132。

⇒グラアル、聖杯、民話

グラエラン　Graelent

作者不詳『グラエランの短詩』の主人公。グラエランは森の中で真っ白な雌鹿を見かけ、追いかけていくうちに泉にいたる。そこではひとりの乙女が水浴びの最中で、ふたりの娘が彼女に仕えていた（3人の女は妖精の化身）。グラエランは水浴中の乙女の衣服を奪いとる。その乙女は、ふたりの関係をだれにも教えないことを条件に、グラエランと愛を交わしてもよいと言う。聖霊降臨祭に、王は王妃の美貌を認めさせるため、諸侯たちを召集する。王は宮廷に集まった人々の前で、王妃に服を脱ぐよう命じる。だれもが王妃の完璧な美しさを称える中で、グラエランだけは口を閉ざし、王妃よりも美しい女を知っていると断言する。グラエランはその言葉を証明するよう命じられる。1年の間、妖精たちが姿を見せなかったため、グラエランは不敬罪で死刑にされそうになる。しかし「ぎりぎりのところで」乙女たちがようやく到着し、グラエランの無実を証明すると、すぐさまその場をあとにする。グラエランも一緒に行こうとするが、川をわたろうとして、馬もろとも溺れそうになる。乙女たちはもう一度グラエランを救い、一緒に連れていく。その後、彼の姿を見かけた者はいない。毎年、決まった日になると、グラエランの馬は、姿を消した主人を恋しがっていななたという。この物語はマリー・ド・フランス作『ランヴァルの短詩』、北欧の鍛冶師ヴェルンド（Völundr）（ヴィーラントWieland）神話、ユーラシアの鳥女の話（民話の国際話型400番「ハクチョウ乙女」）を連想させるものである。物語の中で、水浴している妖精から衣服を奪うのは、不思議な力を手に入れる手段である。また羽衣を奪うのは、天女を地上に引きとめておくための手段でもある。グラエランの名は、9世紀に書かれた『聖ゲノレ伝』（*Vie de saint Guénnolé*）に出てくる王グラドロン（Gradlon）の名に似ている。グラドロン王はイス（Is）の町とかかわりがある。イスの町を水没させた洪水神話とグラドロン王とのあいだに明確なつながりがあるわけではないが、ケルトの「異界」はたいてい水底の世界である。そのため短詩の終盤でグラエランが溺れそうになるのは、彼が水底にある「異界」、すなわち女性の楽園へたどり着いた証である。歴史で語られる王たちの中には、グラエランの名をもつ者が何人もいる。この名はウェールズ語「グレズヴ」(gredff、《本能、本性、力、不変》)に由来するのかもしれない(古ブルトン語の固有名詞に見られる「グレート」(gred、《熱意、勇気》)を参照)。

【書誌情報】L. Fleuriot, *Dictionnaire des gloses en vieux breton*, Klincksieck, Paris, 1964, pp. 179-180. C. Lecouteux, *Mélusine et le Chevalier au cygne,* Payot, Paris, 1982, pp. 61-66 (nouvelle éd. Imago, Paris, 1997). P. Gallais, *La Fée à la fontaine et à l'arbre*, Rodopi, Amsterdam, 1992. C. Guyonvarc'h et F. Le Roux, *La Légende de la ville d'Is*, Ouest-France, Rennes, 2000, pp. 17-60. Y. Berezkin, «Sky-maiden and world mythology», *Iris*, 31. 2010, pp. 27-39.

グラストニア　Glastonia

カラドック・オヴ・スランカルヴァン(Caradoc of Llancarvan)作『聖ギルダス伝』(*Vita Gildae*)(1120～1130年頃)によると、「グラストニア」の最初のふたつの音節は「イニスグトリン」(Ynisgutrin、ケルト語で「イニス(ynis)」は《島》、「グトリン(gutrin)」は《ガラス》の意)を英語に翻訳したものだという。この神話的な《ガラスの島》は、実際には「異界」をさす名前のひとつだと考えられる。それでもこの(ケルトの)ガラスが、完全に透明なものだと考えてはならない。クロード・ゲニュベが指摘したように、アイルランド語の「グラス」(glas)は「青緑」をさし(12世紀から13世紀にかけて制作されたステンドグラスに特徴的な青色を想像してほしい)、おそらくは青色染料を採る大青(タイセイ)に相当するからである。グラストニアの地がいにしえのガラス工場だった可能性も否定できない。『聖ギルダス伝』によると、グラストニアとはメルワース(Melwas)王が支配していた《ガラスの町》である(クレティアン・ド・トロワ作『荷車の騎士』に登場するメレアガンはメルワースに相当する)。メルワースはアーサー王の妃グウェンワル(Guennuvar、グニエーヴルに相当)を誘拐して乱暴をはたらき、グラストニアに幽閉した。そこでアーサーは妻を解放するためにグラストニアを包囲した。これを見た町の修道院長とギルダスが調停役を買って出て、アーサーは妻をとりもどした。こうした筋書きはもちろん『荷車の騎士』には認められない。『聖ギルダス伝』が強調している季節的な要素(グラストニアは熱い地方に位置するため「夏の国(aestiva regione)」である)は、夏の朔日にくり広げられる戦いという点から、アーサーとメルワースの競合関係をあきらかにしてくれる。

【書誌情報】L. Fleuriot, *Dictionnaire des gloses en vieux breton*, Klincksieck, Paris, 1964, p. 176 (glas). Gildas Le Sage, *Vies et Œuvres*, trad. de C. Kerboul-Vilhon, Sautron, Éditions du Pontig, 1997, p. 169. N. Stalmans, *Les Affrontements des calendes d'été dans les légendes celtiques*, Société belge d'études celtiques, Bruxelles, 1995. C. Lloyd-Morgan, «From Ynys Wydrin to Glasynbri : Glastonbury in welsh vernacular tradition», dans : L. Abrams et James P. Carley éd., *The Archaeology and History of Glastonbury*

Abbey, The Boydell Press, Woodbridge, 1991, pp. 301-315. C. Gaignebet, «Glastonbury dans la littérature médiévale» dans : *Dictionnaire des lieux et pays mythiques*, Laffont, Paris, 2011, pp. 556-558.
⇒アヌーヴン、メレアガン

グラストンベリー　Glastonbury

この英語名に対応するフランス語には、グラスタングビエール(Glastingebiere)、グランダングスビエール(Glandingesbieres)、グラタングビエール（Glatingebieres）といった別名がある。(「ベリー（bury)」で終わる）グラストンベリーは、古代ケルト語を英語化した形である。アーサー伝承にまつわる重要な場所であるが、フランス語で書かれた物語群の中でこの地名への言及が見られるのは『デュルマール・ル・ガロワ』だけである。ロベール・ド・ボロン作『聖杯由来の物語』で、アリマタヤのヨセフはイングランドの地へ「聖杯」を運び、《アヴァロンの谷》(vaus d'Avaron）にとどまったとされるが、この谷がグラストンベリーだと考えられている。しかしこれはあくまでも推測にすぎず、作品の中に裏づけがある訳ではない。グラストンベリーは（伝説では)、ブリタニアにキリスト教が初めて伝えられた場所とされている。この地名は、「グラス」(glas、《ガラス》)、「トン」(ton = town、《町》)、「ベリー」(bury、《墓地》）という3つの英語の組み合わせからなっている。1190年から1191年にかけてアーサーとグニエーヴル（グウィネヴィア）の遺骨の「発見」が喧伝されて以来、グラストンベリーは神話上の町アヴァロン（Avalon）と同一視されるようになった。しかし遺骨の「発見」は、アーサー王の伝説的な威光を専有しようとプランタジネット朝の君主が広めた政治上のプロパガンダにすぎない。後代になると、グラストンベリーの名は中英語で書かれた物語群にはっきり出てくるようになる。この場所にはアリマタヤのヨセフが埋葬されたと考えられている。早くも12世紀前半から年代記作者たちは、アーサー王と関連づけることでグラストンベリー修道院の名声を高めようと務めた。そのためにウィリアム・オヴ・マームズベリーは、騎士イデールが挑んだ通過儀礼神話をもちいている。ウィリアムが著した『グラストンベリー修道院古史』によると、アーサー王はクリスマスの日にイデールを騎士に叙任した後、その勇武を試すべく3人の凶悪な巨人との戦いへ向かわせる。イデールは独力で巨人たちを倒すが、疲れ果てて気を失う。そこへ到着したアーサーは、イデールが落命したと考えてその場に残していく。イデールは実際に息絶えてしまう。己の責任を感じたアーサーはグラストンベリーに80人の修道士を置き、亡くなったイデールの魂の供養をつづけるよう依頼したという。

グラストンベリー修道院のアーサー王の墓跡

【書誌情報】G. Paris, «Études sur les romans de la Table Ronde», *Romania*, X, 1881, pp. 465-496. F. Lot, «Études sur la provenance du cycle arthurien», *Romania*, XXIV, 1895, pp. 497-528. W. W. Newell, «William of Malmesbury on the *Antiquity of Glastonbury*, with especial reference to the equation of Glastonbury and Avalon», *Publication of the Modern Language Association*, 18, 1903, pp. 459-512. E. Faral, *La Légende arthurienne*, Champion, Paris, 1929, t. 2, pp. 452-453. W. Nitze et T. Jenkins, *Le Haut Livre du Graal, Perlesvaus*, Chicago Universty Press, 1937, t. 2, pp. 45-72. C. A. Raleigh Radford et M. Swanton, *Arthurian Sites in the West*, University of Exeter, 1975, pp. 37-48.
【邦語文献】 青山吉信『グラストンベリ修道院　歴史と伝説』山川出版社、1992年。
⇒アヴァロン(1)、アリマタヤのヨセフ

クラリッサン　Clarissant

ロット王とモルカデスの娘。ユテル・パンドラゴンとイグレーヌ（イジェルヌ）の孫。アーサーの姪。兄弟にゴーヴァン、アグラヴァン、ガウリエ、ゲールエがいる。恋人のギロムラン（Guiromelant）と結婚する。クラリッサンはケルト起源ではなく、ラテン語起源の名である（《明るい、輝く》をさす形容詞「クラールス（clarus）」の最上級「クラーリッシマ（clarissima）」に由来）。ゴーヴァン自身が《騎士道の太陽》とよばれていることから、彼の妹クラリッサンも当然太陽のように美しい。クレティアン・ド・トロワ作『グラアルの物語』の後半（ゴーヴァンの部）では、クラリッサンはイグレーヌおよびアーサー王の姉妹とともに三者一組をなしている。つまりこの3人の女性が一体をなして「異界」を支配する三者一組の母神を作り上げているため、ゴーヴァンは自分の祖母、母親、妹と対面したことになるのである。

【書誌情報】Ph. Walter, «Les divinités de l'abondance : des déesses-mères celtiques aux fées médiévales», *Bulletin des Amis des études celtiques*, 16, 1997, pp. 3-8.
⇒ゴーヴァン、モルカデス、ロット

グランガレ号　Gringalet (Le)

ゴーヴァンの愛馬の名前（常に定冠詞「ル（le）」をともなう）。現代フランス語の形容詞「グランガレ」（gringalet）は《ひ弱な》をさすが、この語義が18世紀以前には見つからないため、ゴーヴァンの馬の名とはまったく関連がないと思われる。12世紀のウェールズ語では、対応する馬の名は「カインカレッド」（Keinkaled）である（「カイン（kein）」は《美しい》、「カレッド（kaled）」は《強靭な》の意）。グランガレの別名に「ガンガレ」（Guingalet）があることから、「ガリエ」（galier、フランス西部の方言に残る「馬」を指す古語）と「ガン」（guin-、《白い》）の組み合わせともと考えられる。ゴーヴァンの愛馬の名が「白い跳ね馬」（Blanc Joueur）として登場する『ペルスヴァル第一続編』がこうした見方を裏づけてくれる。まさに騎手の分身であるグランガレ号は、クレティアン・ド・トロワ作『グラアルの物語』の最後の場面でゴーヴァンが「異界」へ入りこんでいくときに、渡し守として重要な役割をしている。中世英語で書かれた『サー・ガウェインと緑の騎士』には、この馬についての詳細な描写がある。

【書誌情報】Ph. Walter, *Gauvain, le Chevalier solaire*, Imago, Paris, 2013, pp. 125-154.
【邦語文献】 渡邉浩司「ゴーヴァンの異界

への旅―クレティアン・ド・トロワ作『聖杯の物語』後半再読」『アーサー王物語研究―源流から現代まで』中央大学出版部、2016年、pp. 145-194（グランガレ号についてはpp. 151-152）。

⇒馬、エスカノール、ゴーヴァン

グリグロワ　Gliglois

作者不詳の物語『グリグロワ』の主人公で、この作品にのみ登場する。グリグロワの経歴はゴーヴァンの近習としてはじまり、ゴーヴァンの鳥の世話をした。美貌の鳥番だったグリグロワは、アーサー王宮廷にやってきて王妃の侍女となったボーテ（Beauté、「美」の意）に恋をする。しかしボーテは、グリグロワが武勇により目覚ましい活躍を見せるまで、彼との結婚を認めない。グリグロワは（ボーテの姉の配慮で）騎士に叙任され、馬上槍試合で一番の活躍を見せた後で、ようやくボーテと結婚する。グリグロワの名は、《グラジオラス》、または《鳴き声》や鳥の《さえずり》を意味する古フランス語「リ・グロイス」（li glois）から作られたものであり、５月祭でたたえられる「新緑」に特徴的な植物と春（鳥のさえずり）という象徴的意味が結びつけられている。物語全体の展開は、トルバドゥール（南仏詩人）が５月祭との関連で作った抒情詩で扱われるような有名なテーマをもとに、アーサー王物語として仕上げられたものである（物語は５月１日から聖霊降臨祭にかけて進む）。この物語の主題は、妖精ボーテが具現する「５月の女王」にふさわしいパートナー、《５月の王》の選出にある。

【書誌情報】 J. Bédier, «Les fêtes de mai et les commencements de la poésie lyrique au Moyen Âge», *Revue des deux mondes*, 135, 1896, pp. 146-172. G. Roheim, *L'Animisme, la Magie et le Roi divin*, Payot, Paris, 1988, pp. 287-316. Ph. Walter, *La Mémoire du temps*, Champion, Paris, 1989, pp. 262-273.

【邦語文献】 渡邉浩司「《伝記物語》の変容（その２）―『グリグロワ』をめぐって」中央大学『人文研紀要』第59号、2007年、pp. 47-80。

⇒至純愛

グリザンドール　Grisandole

『アーサー王の最初の武勲』に出てくる、アヴナーブル（Avenable）という名のドイツの王女が（男に）変装していたときの偽名。近習に変装した彼女は、皇帝ジュール・セザール（Jules César）の宮廷にやってきて立派な働きをしたため、やがて皇帝の家令となる。夢を見た皇帝はグリザンドールに、夜の幻の中で皇帝に話しかけた「野人」を探しにいくよう求める。この野人はメルランにほかならなかった。グリザンドールは「野人」を捕まえて、宮廷へ連れ帰る。すると「野人」は、皇妃に仕えていた12人の乙女と、男（グリザンドール）に変装していた女の正体を暴露する［12人の乙女は皇妃に仕える変装した男娼たちで

鎖で縛られた野人＝メルラン
（グリザンドールの話）

あり、皇帝の家令はアヴナーブルだった]。メルランはジュール・セザールにアヴナーブルとの結婚を勧める。

【書誌情報】L. A. Paton, «The story of Grisandole», *Publications of the modern language association of America*, 22, 1907, pp. 234-276. A. Berthelot, «Merlin et Grisandole», *L'Esplumoir,* numéro spécial (Actes du colloque d'Amsterdam), janvier 2004, pp. 19-24.

【邦語文献】 渡邉浩司「《グリザンドールの話》におけるメルランの雄鹿への変身(『アーサー王の最初の武勲』422～454節)」篠田知和基編『神話・象徴・図像I』楽瑯書院、2011年、pp. 337-367。

⇒メルラン

クリジェス　Cligès

クレティアン・ド・トロワ作『クリジェス』の主人公。アレクサンドル(Alexandre) とソルダムール(Sordamour) の息子。ゴーヴァンは母方の伯父であり、父の死後コンスタンティノープル皇帝となるアリスは父方の叔父にあたる。アリスはフェニスと結婚するが、クリジェスとフェニスは相思相愛の仲だった。つまり『クリジェス』は、(甥が伯父の妻と恋仲にあるという) トリスタンの物語を念頭において書かれたものである。フェニスをすぐに手に入れることができなかったクリジェスはイギリスのアーサー王宮廷を訪ね、武勇を重ねて栄誉をえようとする。クリジェスが最も華々しい武勇を見せたのは、オックスフォードで開催された4日間の馬上槍試合である。クリジェスは身許を知られることなく試合に参加し、毎日色の異なる武具甲冑をもちいた。初日には黒い甲冑をまとってサグルモールを、2日目には緑の甲冑をまとってランスロを、3日目には赤の甲冑をまとってペルスヴァルを、4日目には白の甲冑をまとってゴーヴァンを倒した。4という数字は、黙示録に登場する4人の騎手 (東西南北の象徴) を想起させる。また身許を知られずに戦うというモチーフは、民話の国際話型314番 (「黄金の髪の少年庭師」) を思わせる。アリスの死後、クリジェスはフェニスと結婚し、コンスタンティノープルの帝国を継承する。『リゴメールの驚異』の「悪しき墓地」のエピソードでクリジェスは円卓の騎士として活躍し、『クラリスとラリス』ではアーサー王の旗もちとして登場する。

【書誌情報】M. Stanesco, «Cligès, le chevalier coloré», dans: *D'armes et d'amours*, Paradigme, Orléans, 2002, pp. 67-78. Ph. Walter, notices et commentaires pour l'édition de la Pléiade: Chrétien de Troyes, *Œuvres complètes*, Gallimard, Paris, 1994, pp. 1114-1170. P. Sauzeau, «Les cavaliers de l'Apocalypse et les fonctions indo-européennes», *Lalies*, 15, 1995, pp. 301-314.

【邦語文献】神沢栄三「Chrétien de Troyesにおけるトリスタン神話―*Cligès*について」『名古屋大学文学部研究論集』第73号、1978年、pp. 163-185；渡邉浩司『クレチアン・ド・トロワ研究序説』中央大学出版部、2002年、第II部第2章・第3章および第III部第3章・第4章；根津由喜夫『夢想のなかのビザンティウム』昭和堂、2009年、第3章。

⇒浅瀬、アリス、ジャン、庭園、テッサラ、フェニス、幼少年期

グリテン、グリトネア、グリトン
Gliten, Glitonea, Gliton

アヴァロン島で妖精モルゲン(Morgen) (フランス語名モルガーヌ) が一緒に暮らしていた8人の妹のうちの

3人の名（ジェフリー・オヴ・モンマス作『メルリヌス伝』、第927～928行）。モルガンをふくむ9人姉妹は、数の上でも役割の上でも、セナ（Sena）の処女たちに似ている（セナはフランス・ブルターニュのコルヌアーユ地方の沖合にあるサンSein島に相当する）。セナの処女たちについては、ポンポニウス・メラ（Pomponius Mela）作『世界地理』（第三巻、6）で言及されている。それによると、セナ島には生涯純潔を守る9人の巫女が住んでいた。この巫女たちは霊力をそなえていて、歌を歌うと風をおこして海をもち上げることができるとして人々から崇められていた。また不知の病をなおし、会いにきた船乗りたちに予言を授けた。こうしたさまざまな霊力は、ジェフリー・オヴ・モンマスが描くモルゲンとその姉妹たちの霊力と似ている。（GLとTとNをふくむ）3人の名前は、頭韻により三者一組となっている。頭韻による同じ種類の三者一組は、アイルランドの神話物語『マグ・トゥレドの戦い』（*Cath Maige Tuired*）に登場する3人の酌係、「グレイ」（Glei）、「グラン」（Glan）、「グレイシ」（Gleisi）にあてはまる。古ブルトン語「グレートニ」（glethni、《大食》）は、ラテン語「グルットー」（glutto）からの借用語であるウェールズ語「グルゥス」（glwth、《大食漢》）に由来する。同じように、古フランス語「グロトン」（gloton）は、ラテン語「グルットゥス」（glut(t)us、《喉》）に由来する俗ラテン語「グルットー」（*glutto、《大食漢》）までさかのぼる。このように語源から見ると、3人の妖精（グリテン、グリトネア、グリトン）は《呑み込む女》、《大食漢女》、《貪り喰う女》」なのかもしれない。隠喩として見れば、死をもたらす存在である。名前がGではじまる三者一組（死と関連した、呑み込む妖精たち）は、名前がTではじまる三者一組（子供の誕生と養育に関わる妖精たち）と対照的な存在になっていると考えられる。

【書誌情報】S. Reinach, *Cultes, Mythes et Religions*, Leroux, Paris, 1905, t. 1, pp. 195-203 (Les Vierges de Sena). L. Fleuriot, *Dictionnaire des gloses en vieux breton*, Klincksieck, Paris, 1964, p. 176 (glethni).

⇒ティテン、マゾエ、モルガーヌ、モロノエ

グリフィ　Griffi

ウェールズの人名グリフィズ（Gruffudd）の別名。『カンブリア年代記』（*Annales Cambriae*）には、グリフィの名が複数出てくる。たとえば8世紀から9世紀にかけては、（北ウェールズの）ポウィス（Powys）王朝のとり巻きにグリフィの名が見つかる。11世紀の項（1055年）で言及されているフラゼルフの息子カラドックには、グリフィス（Griffith）という名の兄弟がいた。13世紀にラテン語で書かれた『カンブリア王メリアドクスの物語』によると、カンブリア王カラドクスの弟グリフィヌス（Griffinus、グリフィに相当）は、家臣に命じて兄王を暗殺し、王位を簒奪している。その後、兄王の息子で正式な王位継承者メリアドクスを殺めようとしてあらゆる策を講じるが、失敗に終わる。

クリンショル　Klingsor

ヴォルフラム・フォン・エッシェンバハ作『パルチヴァール』に登場する魔術師。「魔法の城」（シャステル・マルヴェイレSchastelmarveile）に、鏡のような床、魔法の寝台、殺傷能力のある投石棒や石弓、魚の皮の上衣を着た巨人、恐るべきライオンなど、あらゆる魔法をしかけた。こうした一連の妖術に終止符を打つのは、ガーヴァーン（フランス語名ゴーヴァン）である。クリンショルはもともと、ナーペルス（イタリアのナポリ）のウェルギリウスの血を引く、テルレ・デ・ラーブール（Terre de Labur）の公だった。ジチリエ（シチリア島）の王妃イーブリス（Iblis）との不倫が発覚すると、クリンショルは王により去勢されてしまう。そのため、体に受けた恥辱を晴らそうとして、クリンショルは（ペルシアの）ペルジダー（Persida）という町へ赴き黒魔術を学んだ。クリンショルを介して『パルチヴァール』が育んだ神秘学（オカルト）の命脈は、13世紀の西欧人の好奇心の中にも根強く残っていた。

【書誌情報】L. Thorndike, *A history of magic and experimental science during the first thirteen centuries of our era*. vol. 2 : *XII*[e] *et XIII*[e] *siècle*, Mac Millan, Londres et New York, 1923.

グルシダラン　Glecidalan

グレオダラン（Gleodalan）、グロドアラン（Glodoalan）という別名もある。クレティアン・ド・トロワ作『エレックとエニッド』に登場する、小人たちの王ビリ（Bili）の封臣にあたる小人。中世ウェールズの物語『キルフーフとオルウェン』には、グウィドルウィン・ゴル（Gwyddolwyn Gorr）という名の小人が登場する。この小人がもっている不思議な瓶に飲み物を入れると、東から西まで熱いまま運ぶことことができる。

【書誌情報】V. Harward, *The Dwarfs of arthurian romance and celtic tradition*, Brill, Leyde, 1958, pp. 35-36.

⇒小人

苦しみの一撃　Coup douloureux

（流布本系「聖杯物語群」以降に成立した）後期流布本系『続メルラン物語』で語られているエピソード（《不忠な一撃》ともよばれる）。漁夫王（または不具王）が負った不治の怪我の原因と「聖杯」の王国を襲った荒廃が、このエピソードによって「遡及的に」説明されている。ペルアン王は、バラエンの「復讐の槍」による《苦しみの一撃》を受けて怪我を負った。この一撃で槍はペルアンの両腿を刺し貫いた（これは百人隊長ロンギヌスが槍でキリストの脇腹を貫いたことを、バラエン流に再現したものである）。王が生殖能力を失ったことで、王国全体も不毛な状態におちいる。荒廃した土地（または「荒れ地」）のモチーフはまさに神話的思考に属している。これは王の敗北によってもたらされた結果としてはありきたりなものではない。災いをもたらす不毛が生殖能力という運命の掟を破壊する、魔術的な種類の行為によって引き起こされている点が重要である。こうして、世界を救うために「聖杯」を探し出さねばならないという根拠が生まれたのである。贖罪をになう英雄を待ち望むメシア思想は、災いをもたらす不毛をめぐる異教神話の古い筋書きを、キリスト教的な次元へ移し替えたものである。

「苦しみの一撃」を腿に受ける漁夫王

【書誌情報】 A. C. L. Brown, «Balin and the Dolorous Stroke», *Modern Philology*, 7, 1909, pp. 203-206. J. Marx, «Le thème du coup félon et le roman de Balain», *Le Moyen Âge*, 72, 1966, pp. 43-57.
⇒荒れ地、バラエン、ペルアン

苦しみの砦　Douloureuse Garde

⇒喜びの砦

苦しみの山　Mont douloureux

クレティアン・ド・トロワ作『グラアルの物語』ではこの場所の名前が出てくるだけだが、その後ふたつの「続編」(『第二続編』とジェルベール・ド・モントルイユ作『第四続編』) に再び登場する。この山に対応する可能性のある現実の場所としてあげられたのは、スコットランドのスターリング (Stirling) やドラー (Dollar)、さらにはエディンバラ城である。ギヨーム・ル・クレール作『フェルギュス』によると、「苦しみの山」のひとつは「マロス」(Maros) 山または「マロイス」(Marois) 山にある。これはメルローズ (Merlose) 修道院をさしているように思われるが、ロジャー・シャーマン・ルーミスはメルローズ司教区にあるトリモンティウム (Trimontium) の古い砦の方を有力視している。このように現実の地理上で場所の特定を行う作業は、常に注意が必要である。

〈語源〉　ジェルベール・ド・モントルイユは「苦しみの山」の由来を、メルランの実の姉妹 (つまり妖精) にあたる「大きな山の乙女」を介して説明している。ユテル・パンドラゴン (アーサー王の父) が王位にあった頃、メルランは15本の十字架 (赤が5本、白が5本、青が5本) で飾られた魔法の柱を造った。その柱には魔法がかけられていて、騎士たちはそこへ持ち馬をつながねばならなかった。この試練に失敗した者たちは一時的に狂気におちいったが、とくに勇敢な騎士だけが成功した。メルランはこの柱を使って、良き騎士と悪しき騎士を峻別することができたのである。この場所が「苦しみの山」とよばれたのは、運命に《選ばれる》見こみのなかった騎士の中に、精神的な苦痛や狂気に襲われた者がいたからである。このエピソードは、選ばれし騎士たちを指名するというアーサー王物語になじみの試練のひとつである。「聖杯(グラアル)」の英雄ペルスヴァルは特別な運命をたどる。魔法の柱に持ち馬をつないでも、彼の身にはなにもおこらないからである。メルラン自身は異界の住人たちと同じく《狂人》であるが、その狂気により思うままに予言ができる。「異界」のすべての住人と同じように、メルランは彼の住む禁じられた領域に近づきすぎた人間をだれであれ、こうした《狂気》の状態におちいらせることができた。メルランの住処は、石の下、さらには石の「中」、あるいは「メルランのエスプリュモワール」といった場所にあった。

〈オンパロス〉　その頂上に立石あるいは聖なる柱のある「苦しみの山」は、複数の十字架をそなえた「オンパロス」(omphalos、世界の中心) である。また複数の十字架はおそらくオガム文字の代わりにおかれたものである [オガム文字の多くは小さな杖の形をしており、十字架に似ている]。アイルランド最大の叙事文学『クアルンゲの牛捕り』(*Táin Bó Cuailnge*) に、こうしたオガム文字の機能をあきらかにしてくれる一節がある。シェーダンタ (Sétanta、後のクー・フリンCú Chulainn) は、御者のイヴァル (Ibar) とともに冒険に出発する。そしてネフタ（Nechta）の3人の息子が住む城の近くへやってくる。3人とも恐るべき戦士だった。そこにあった立石にはオガム文字で碑文が刻まれていて、やってきた者に戦いを命じていた。シェーダンタはその立石をもち上げ、近くの川へ投げすてしまう。御者はシェーダンタに、その場所で命を落とすことになると警告する（この予言は後に実現する）。だが、シェーダンタは向かってきたネフタの息子たちをつぎつぎに殺める。同じ叙事物語の中で主人公は、アリル（Ailill）王に対しても力を見せつける。クー・フリンはアリル王のふたりの密使と、王女（フィンダヴィルFindabair）と道化を、ふたつの立石の近くの地面に沈める。それ以来ふたつの立石は「フィンダヴィルの石」と「道化の石」とよばれるようになった。フランスのフォークロアでも、近づくと狂気を惹きおこす、いわゆる《狂気の》石がほかにも知られている。またシェーダンタが持ち上げて投げ捨てた柱は、クレティアン・ド・トロワ作『荷車の騎士』でランスロがもち上げる「未来の墓」の墓碑板を想起させる。こうした《石担ぎ》（リトポリー、lithophorie）は、英雄が自分の運命と向きあうことに等しい。「石担ぎ」は、救世主（メシア）的な英雄を指名する神話的な偉業のひとつなのである。

〈地名〉「苦しみの」（douloureux）という形容詞は、フランスのブルターニュ地方やそのほかの場所に数多く残る巨石群を念頭におくことで解釈することが可能である。たとえば、ドル＝ド＝ブルターニュ（Dol-de-Bretagne）にあるシャン・ドラン（Champs Dolent、「悲しみの野原」）のメンヒルや、モン＝サン＝ミシェルの西方にあるモン・ドル（Mont-Dol、「悲しみ山」）があげられる。アイルランドの重要な神話物語のひとつは『マグ・トゥレドの戦い』（*Cath Muige Tuired*）というタイトルであるが、文字どおりには《列柱の平原》での戦いである（この列柱はおそらく巨石群をさしている）。「ドル」（Dol）という地名はゲール語「ドルブ」（dolb、《妖術、魔法の幻影、魔法の姿》）を想起させるため、「モン・ドル」（Mont Dol）は「魔法の山」だと考えられる。中世の物語作家たちは後に、もともと「妖術」をさした「ドル」（dol）を、（「精神的な苦痛を引き起こす魔法」が原因となる）「苦しみ」をさす形容詞「ドルルー」（dolereus）として再解釈したのである。

【書誌情報】 G. Huet, «Roman arthurien et récits irlandais. Un nouveau rapprochement», *Romania*, 38, 1909, pp. 129-131. Ph. Walter, «Merlimont ou le Mont Douloureux de Merlin (folklore et littérature arthurienne)», *Mémoires du Cercle d'études mythologiques de Lille*, 2, 1992, pp. 5-59.

車の乙女たち　Demoiselles du Char

『ペルレスヴォース』に登場する、陰謀をめぐらす3人の乙女。ひとり目の乙女は禿げ頭で片腕を骨折しており、かつて「聖杯」を運んでいた人物にあたる。単独で姿を見せることもあるが、他のふたりの乙女とともに現れるときには、三者一組をなすケルトの母神を想起させる。禿げ頭で醜いが、豪華な身なりをしたこの乙女は、白い雌ラバにまたがっている。ふたり目の乙女は、ひとり目の乙女ほど身なりは豪華ではなく、《近習のように》馬にまたがっている。3人目の乙女は一番美しいが、《少年のように腕まくりをし》、移動は徒歩でおこなっている。3人の多様な所有物（白い雌ラバ、犬、3頭の雄鹿が曳く車、鈴）は、3人の出自が「異界」にあることを示している。車が豪奢だが不気味なのは、斬られた首が150個も載せられているからである（黄金の首、銀の首、鉛の首がある）。いずれも、女たちの裏切りにあって戦いに敗れた騎士たちの首だった。ペルレスヴォースが救世主的な試練をなし遂げてすべての首がとりもどされると、魂を運ぶ車はすぐに姿を消す。三者一組をなす「車の乙女たち」と「エルカン軍団」には密接な関連がある。いずれも死者の行進であり、不吉な仮装行列を思わせる（「禿げ頭の乙女」の頭巾は仮面に似ており、斬られた首を載せた車は『フォーヴェル物語』（*Roman de Fauvel*）の写本挿絵に出てくる）。さらには登場する時期がいずれも決まっている（乙女たちの車が宮廷に入るのは夏至の日の正午であるため、「真昼の悪魔」のテーマを想起させる）。

【書誌情報】H. Rey-Flaud, *Le Charivari. Les Rituels fondamentaux de la sexualité*, Payot, Paris, 1985. A. Saly, «Le roi Arthur dans le *Perlesvaus* : le mauvais roi et la chauve au bras bandé», *PRIS-MA*, 11, 1995, pp. 199-209.

⇒**エルカン軍団**

グレイン　Glein

ネンニウスが編纂した『ブリトン人史』によると、アーサーとサクソン軍の神話的戦闘が初めて行われた場所。この地名に似ているアイルランド語「グラン」（glain、《ガラス、水晶》）は、ウェールズ語「グライン」（glain、《宝石》）に対応する。グレインの名はまた、アイルランドの神話物語『マグ・トゥレドの戦い』（*Cath Maige Tuired*）に登場する泉の名前「グラン」（Glan、《純粋な》の意）や、トゥアタ・デー・ダナン族の「健康の泉」を連想させる（この泉の水は、戦死した武者たちを生き返らせる）。しかしながら比較対象としてふさわしく思われるのは、古アイルランド語「グレン」（glenn）とウェールズ語「グリン」（glyn）である。ベーダ（Beda）は『アングル人教会史』（*Historia ecclesiastica gentis Anglorum*）第二巻で、司教パウリヌスが民衆に「グレン川で」（in fluvio Gleni）贖罪の洗礼を施したと述べている。中世ウェールズの物語『キルフーフとオルウェン』によると、グリン・ナヴェール（Glynn Nyver）は木々に覆われ、水が流れる狭い谷である。中期ブルトン語「グレーン」（Glen）は、空との対比で《大地、世界》をさす（聖母マリアを称える聖歌の1節に出てくる《涙の谷》という表現を参照）。このようにグレインという地名は、宇宙論的な意味を暗示している可能性がある。

【書誌情報】C. Guyonvarc'h, «Notes d'étymologie et de lexicographie celtiques et gauloises. 6. Le nom de *GLANVM* Saint-Rémy-de-Provence; irlandais, gallois, cornique, breton glan "pur"», *Ogam*, 11, 1959, pp. 279-284. Bède, *Histoire ecclésiastique du peuple anglais*, Gallimard, Paris, 1995, chap. 2, 14［ベーダ（長友栄三郎訳）『イギリス教会史』創文社、1965年、第2巻第14章］. P. Y. Lambert, *Langue gauloise,* Errance, Paris, 1994, p.88, cf. *Glanum*.

⇒**アグネード、カーリオン、グウィニオン、ケリドンドゥブグラス、トリブルイト、バッサス、バドニス**

グロアダン　Groadain

『散文ランスロ』に登場する高貴な小人。「ロエストック（Roestoc）の奥方」に仕える家臣。グロアダンの名は、「ゴル」（Gorr、ケルト諸語で《小人》の意）

と接尾辞「イヌ」(-inu、《小さい》)の組み合わせからなっている。《松の泉》でゴーヴァンは、見知らぬ騎士がサグルモール、クウ、ジルフレ、イヴァンを順に打ち負かすのを目のあたりにする。そこへとても醜い小人が現れ、見知らぬ騎士を鞭で打ち据えて捕まえる。騎士が小人を前にして防戦しなかったという奇妙な事態の理由を知ろうとして、ゴーヴァンは騎士と小人の後を追う。そしてゴーヴァンは、(エクトールHectorにほかならない)騎士が熱烈に恋する乙女が小人グロアダンの姪であることを知る。小人は乙女の後見人だったからこそ、騎士に対しこれほど大きな力をもっていたのである。こうした事情をゴーヴァンに話していたとき、小人は「ロエストックの奥方」から伝言を受けとる。それはゴーヴァンに馬上槍試合への参戦を求めるものだった。ゴーヴァンは馬上槍試合を制するが、もてなしの悪かった城を後にしてしまう。奥方はゴーヴァンに感謝の気持ちを伝え忘れたことに気づくが、それも後の祭で、小人がゴーヴァン出立の原因だと考えた奥方は小人を罰することにする。馬の尻尾に縛りつけられた小人は、荷運び用の動物のように馬の後ろを速歩で進まねばならなかった。ゲルマン神話の小人たちのように地下に住処をもっていたのは、フランスの小人ではグロアダンだけである。グロアダンは、『アーサーの書』に登場する小人マボナグランと密接な関係をもっている。もともと「ロエストックの領主」だったグロアダンが、「ロエストックの奥方」の家臣に成り下がる過程は、小人たちがたどった変遷をあきらかにしている。物語(ロマン)が書きつがれていく中で小人たちは、妖精に代表されるほかの不可思議な人物たちの台頭により、本来もっていた力を奪われていったのである。

⇒マボナグラン

黒い手　Main noire

(『グラアルの物語』の「続編」群や『聖杯の探索』という)「グラアル」の物語群に登場する、悪魔がとりついた礼拝堂から現れる不思議な手。「黒い手」は3千人もの騎士の命を奪っていた。該当する物語群がキリスト教的な視点から書かれているため、「黒い手」は悪魔の化身とされ、十字を切ると逃げ出す。ペルスヴァルは炎、雷、稲妻混じりの嵐の中で「黒い手」と戦う。「黒い手」は異教の《神》を悪魔の姿にかえたものであるが、もともとは夏の土用と関連しており、おそらく閃光を放つ性質をそなえていた。「黒い手」の所有者の顔は決して分からない。腕の出現が幻想的であり、(ロウソクの出現をふくむ)補足的な状況が認められることから、「黒い手」の雛形はおそらくルグ(Lug)の手だと考えられる。アイルランド神話では、ルグには実際に「ラーウファダ」(Lámfada、《長い手の》)という異名がある。ルグはとても長い己の腕を使って[かがむことなく靴の紐を結ぶなど]驚くべき技を見せ、その手を必要に応じて長く延ばすことができる。『リグ・ヴェーダ』によると、太陽神サヴィトリ(Savitr)もしなやかで長い黄金の腕をもち、それは天の両端にまで達する長さである。スウェーデンからカフカス山脈にいたる各地に残る数多くの洞窟壁画には、とてつもなく長い腕や体に不釣りあいな手をした神の姿が描かれている。それはケルト文化圏全域で崇拝されていた、ルグに似た神の表象である。

【書誌情報】J. Gricourt, «L'oronyme "Soleil-Bœuf", les cultes solaires et le soleil, patron des cordonniers», *Ogam*, 7, 1955, pp. 65-78 (avec illustrations). S. Sasaki, «Le mystère de la lance et de la chapelle à la main noire», dans : *Actes du XIVe Congrès international arthurien*, Université de Haute Bretagne, Rennes, 1985, pp. 536-557.

【邦語文献】 フィリップ・ヴァルテール（渡邉浩司訳）「アイルランド神話のルグとガリア神話のルグスたち―中世の聖人伝に残るケルト神話」『ケルティック・フォーラム』第15号、2012年、pp. 12-21。

クローダス（テール・デゼルト王）
Claudas (de la Terre déserte)

（フランス中央部にあるベリー地方の）ブールジュ（Bourges）の王。デゼルト国、またはテール・デゼルト国の支配者。ドラン（Dorin）という名の嫡出子がひとり、クローダン（Claudin）という名の私生児がひとりいた。クローダスの領国の名は、地方名ベリー（Berry）が普通名詞として解釈されてできたものである（古フランス語の普通名詞「ベリー（berrie）」または「ブリー（brie）」は《人けのない、平地》を指す）。神話学的に見ると、「人けのない地（テール・デゼルト）」は、アーサー王物語に馴染みの「荒れ地（テール・ガスト）」（terre gaste）と響きあっている。クローダスは（ベノイック国の）バン王や（ゴーヌ国の）ボオール王と両王の息子たちのみならず、アーサー王とも敵対していた。攻撃的かつ独裁的なクローダスの名は、ギリシア神話に登場する残虐非道な暴君が、現実と象徴のレベルで足が不自由だということを表している［クローダスの名は、「足の不自由な」をさすラテン語「クラウドゥス（claudus）」に近い］。

【書誌情報】A. Ernout et A. Meillet, *Dictionnaire étymologique*, Klincksieck, Paris, 1967, p.126 (claudus). J.-P. Vernant et P. Vidal-Naquet, «Le tyran boiteux» dans : *Œdipe et ses mythes*, Complexe, Bruxelles, 1988, pp. 54-78.

⇒パスリヨン、バン（ベノイック王）、ボオール、ランスロ

黒魔術 Nigromanc(i)e

「黒魔術（ニグロマンシー）」は、12世紀以降に魔術をさした言葉である。語源となるラテン語は「ネクロマンティーア」（necromantia、《降霊術》）であり、その冒頭部分「ネクロ」（necro-）が「ニグロ」（nigro-、《黒》）として再解釈された。白魔術と対立する黒《魔術》をさす言葉は、こうして生まれた。白魔術はどちらかといえば、自然にかんする深い知識を前提とした自然科学に由来する。キリスト教は魔術的な信仰や実践を独自に選別し、悪しきことに使われる魔法や呪いを悪魔崇拝とみなして、程度の差はあれ秘教的であっても良きことに使われるおこないを奇跡として扱った。インド＝ヨーロッパ語族の考え方では、魔術は最上位の機能（支配権の機能）と結びつけられていた。ケルト文化圏において、魔術はドルイド僧（語源的には《博識この上ない人》）や「異界」の神々（女神も含む）の専有物で、妖精はこうした女神の化身である。（クリスティアン・ギュイヨンヴァルフが指摘したように）多くの魔術の領域は、医術や占術の領域と重なりあっている。12世紀や13世紀の妖精は寛大であったり邪悪であったりするが、中世末期の妖精は魔女との対比からむしろ善行を施すようになる。西洋においては妖術が、ユーラシアのシャマニズムに特徴的な古代のアニミズム信仰が存続する助けとなった。

【書誌情報】R. L. Wagner, *Sorcier et*

Magicien, Droz, Paris, 1939. N. Cohn, *Démonolâtrie et Sorcellerie au Moyen Âge : fantasmes et réalités*, Payot, Paris, 1982［ノーマン・コーン（山本通訳）『魔女狩りの社会史―ヨーロッパの内なる悪霊』岩波書店、1983年］. C. Ginzburg, *Le Sabbat des sorcières,* Gallimard, Paris, 1992［カルロ・ギンズブルグ（竹山博英訳）『闇の歴史―サバトの解読』せりか書房、1992年］. C. Guyonvarc'h, *Magie, Médecine et Divination chez les Celtes*, Payot, Paris, 1997. M. Stanesco, *D'armes et d'amours,* Paradigme, Orléans, 2002, pp. 261-279 (Nigromance et université).

⇒ヴィヴィアーヌ、エリアヴレス、エリー・ド・トゥールーズ、鍛冶場、カドック、カルリオース、金髪のイズー、クウ、クリンショル、交差路、白い手、ダニエル、テッサラ、トリスタン、豚飼い、変身、ペンタグラム、マドワーヌ、魔法の杖、魔法の枕、魔法の指輪、メルラン、モルガーヌ、モロノエ、薬草酒、妖精、ラリス、リゴメール、ローヘス

グワルグアヌス　Gualguanus

⇒ゴーヴァン

群島のブリアン　Brian des îles

別名ブリュアン（Bruant)。クレティアン・ド・トロワ作『エレックとエニッド』によると、この騎士はアーサー王に、象徴的で異国風の豪華な飾りつけがなされた象牙製の肘掛椅子をふたつプレゼントした。エレックの戴冠式のとき、そのふたつの肘掛椅子にアーサー王とエレックが座った。アイルランド神話には別のブリアンが登場する。それはトゥレン（Tuirenn）の３人息子のひとりで、他の兄弟とともに不思議な品々を探しに「異界」へ行かされる（ルグLugは自分の父キアンCianを殺害した三兄弟に、報復として複数の難題を課したのである)。アーサー王物語に登場するブリアンがケルトの島嶼出身であるため、アイルランド神話のブリアンと同じくあきらかに彼方と密接に結びついている。『グラアルの物語』の「続編」群では、ブリアンと不可思議な世界とのつながりが認められ、ブリアンは群島の貴婦人の恋人である。また『エスカノール』では、ブリアンは妖精エスクラルモンド（Esclarmonde）の恋人である。『ペルレスヴォース』の中では、ブリアンは敵対するアーサーの王国へ攻め入るが、戦いに敗れてアーサーに仕えるようになる。

【書誌情報】 B. Sergent, «Les travaux de Brian», *Ollodagos*, 5, 1993, pp. 69-129.

⇒エレック、島

ケ

ケイ　Kay

⇒クウ

ケイエ　Keye

⇒クウ

毛むくじゃらのユルガン
Urgan le Velu

オックスフォード本『トリスタン狂恋』によると、ティンタジェルの住人は宮廷にやってきた狂人をこうよんだ。その正体はトリスタンにほかならなかったが、城の門番は狂人に身をやつしたトリスタンを《毛むくじゃらのユルガンの倅殿》とよんだ。ユルガンとよく似た巨人が、ゴットフリート・フォン・シュトラースブルク作『トリスタンとイゾルデ』（第25章）にも登場する。この巨人（ドイツ語名ウルガーンUrgân）は、（おそらくウェールズに相当する）スワーレス（Swales）国から定期的に貢ぎ物として多くの牛と羊と豚を奪った。トリスタンは巨人との一騎討ちで相手の右手を切り落とし、その後の戦いで巨人を殺めた。ユルガンは熊や野人と同じく毛むくじゃらで、巨人ガルガン（Gargan）との間に神話上のつながりがはっきりと認められる。ユルガンという名前自体は、「人食い鬼」を指す「オーグル」（Ogre）という言葉の語源核となっている。古代ローマの文法学者フェストゥス（Festus, 2世紀）によれば、「オルクス」（Orcus）と「ウルグム」（Urgum）は同じで、同一の死者の神をさしている［これらふたつのラテン語名はそれぞれ、「オーグル（Ogre）」と「ユルガン（Urgan）」というフランス語に対応している］。

【書誌情報】 Ph. Walter, *Le Gant de verre. Le mythe de Tristan et Yseut,* Artus, La Gacilly, 1990, pp. 187-212. J. Heurgon, «Le lemme de Festus sur Orcus», dans : *Hommages à Mac Niedermann,* Latomus, Bruxelles, 1956, pp. 168-173.

⇒巨人、トリスタン、人食い鬼

ケリドウェン　Ceridwen

モールヴラーン（Morfran）の母親（モールヴラーンの異名アヴァグジーAfagdduは、「アザンク」とよばれる怪物の別称である）。ケリドウェンは息子のために、薬草をベースにした魔法の飲み物を大釜で準備する。それは詩的霊感をもたらす大釜である。火を焚く番をしていたグウィオン・バッハ（Gwion Bach、「ちびのグウィオン」）は、大釜から飛び出してきたいくつかの滴を口にし、なにごとにも慧眼を見せるようになる。体得した能力には変身術も含まれていた。［ケリドウェンとグウィオンはたがいに変身をくりかえし］グウィオンが小麦の粒になると、雌鶏に変身したケリドウェンがこれを飲みこむ。このようにしてみずから妊娠したケリドウェンが産み落とすのが、すべての占者の祖となるタリエシンである。ケリドウェンの名はおそらく《鉤のように曲がった女》をさす。この見方は、鉤爪のある手をした女という伝統的な魔女像につながっている。

【書誌情報】 R. Bromwich, *The Welsh Triads,* University of Wales Press, Cardiff, 1961, pp. 308-309.

⇒アザンク、タリエシン、ハイタカ、変身、薬草酒

ケリドン　Celidon

ネンニウスが編纂した『ブリトン人史』によると、七番目にアーサー対サクソン軍の神話的な戦闘がおこなわれた場所。カレドニア（コイド・ケリゾンCoit Celidon）に位置し、12回の戦いの中で唯一、森が戦場となっている。ケルト（ウェールズ）神話では、木々の戦いはよく知られている。中世ウェールズの詩編『木々の戦い』は、シェイクスピアの『マクベス』に登場する動く森の着想源である。『木々の戦い』は、木々の戦いを伝える本編（25～149行）と、さまざまな植物に変身する詩人のとるさまざまな姿の列挙（1～24行、150～最後）という2部構成になっている。『ブリトン人史』と『木々の戦い』は、ある地名によって直接つながっている。『ブリトン人史』では、アーサーの活躍した戦場のひとつとしてカレドニアの名があげられているが、カレドニアとはスコットランドの古名である。（『木々の戦い（カド・ゴザイ *Kat Godeu*）』という題名中の）ゴザイは、クライド（Clyde）川近郊にある、スコットランドのある地域を指す古名である。さらにクライド川は、グラスゴーの中心部を流れ、アイルランド海に注ぐスコットランドの川である。最後に特記すべきは、『木々の戦い』にアーサーの名が直接登場し、「賢者のドルイドよ、アルシール（アーサー）に予言を語るべし」（236～239行）という一節が見つかることである。カレドニアの森への言及はまさに暗示の詰まったものである。そしてここで暗示されているものは、アーサーを中心に展開する最古のウェールズ神話まで遡るものである。この戦いはまさしく、通過儀礼を伝える物語である。カレドニアの森でアーサーが挑んだ戦いについては、ジェフリー・オヴ・モンマスが『ブリタニア列王史』第145節でさらに詳しく伝えている。それによると、サクソン軍は木々の後ろに身を隠し、ブリトン軍の攻撃をかわしていた。アーサーは部下に木々を切り倒し、木の幹を円形状に配置して敵軍の動きを阻止するように命じる。それから森を包囲するよう命じ、3日間にわたって敵軍を兵糧攻めする。疲労困憊したサクソン軍は投降し、命と引き換えに金銀をすべて引きわたし、ゲルマニアへ戻っていく。サクソン軍は人質も残した。しかし船で海上へ出た途端にサクソン軍は考えを変えて引き返し、バドニス山でアーサーを攻撃したという。このカレドニアの森は、魔術師メルランの祖型ウェールズのマルジン（Myrddin）が《発狂》した後に住処とした森としても有名である。ジェフリー・オヴ・モンマスは『メルリヌス伝』の中で、このエピソードについて語っている。カレドニアは北部に位置しているため、アーサーの神話暦を神話の地理と結びつけて考える必要も出てくる。ケルト人の考えでは、王都は太陽の運行にあわせて移動していた。さらに北という方角は、ケルト文化圏ではつねに、通過儀礼の行われる土地をさしている。また、ケルト人にとって森は決して中立的な場所ではない。森にいくつもの聖域が作られたのは、森が知恵とも結びついた聖地だからである。ケルト諸語全般で、「森」と「知識」をさす語は同形異義語である。古アイルランド語「フィズ（またはフィド）」（fid）、ウェールズ語「グウィズ」（gwydd）、ブルトン語「グウェース」（gwez）は《木》と《知識》を同時に指しており、その推定祖語は°vidu-である。ケリドンの戦いはあきらかに、（スコットランドのピクト人と、南部のサクソン軍を分け隔てていた）ブリテン島北部の前線でおこなわれたと考えられる。

【書誌情報】 J. Loth, «La forme celtique du nom des Calédoniens : Caledo, Caledon-es, gallois Celydon», *Revue celtique*, 47, 1930, pp. 1-9. Traduction française du *Combat des arbrisseaux* par C. Guyonvarc'h dans : J.-C. Polet éd., *Patrimoine littéraire européen*, Bruxelles, De Boeck, 1992, pp. 310-316. P. Le Roux, «Les arbres combattants et la forêt guerrière», *Ogam*, 11, 1959, pp. 1-10 et pp. 185-205. C. Guyonvarc'h, «*Nemos, nemetos, nemeton* : les noms celtiques du "ciel" et du "sanctuaire"», *Ogam*, 12, 1960, pp. 185-197. C. Guyonvarc'h, «L'initiation celtique», *Connaissance des religions*, 8, 1993, pp. 340-351.

⇒**アグネード、カーリオン、北、グウィニオン、グレイン、ドゥブグラス、トリブルイト、バッサス、バドニス、メルラン**

ゲールエ　Guerrehet

円卓の騎士。ロットとモルカデスの息子。ユテル・パンドラゴンとイジェルヌの孫。アーサーの甥。兄弟にゴーヴァン、アグラヴァン、ガウリエがいる。『リゴメールの驚異』では、旗もちの役割を果たしている。写字生の中には、ゲールエをガウリエ（Gaheriet）と混同している者もいる。ゲールエには数多くの別名が存在する。『ペルスヴァル第一続編』ではゲールエは重要な役割をになっており、ブラングミュエールの仇討ちを果たす。この騎士は槍の断片で体を刺し貫かれたまま、ハクチョウの曳く船に乗せられてアーサー王宮廷にやってきたのだった(この筋書きは「ハクチョウを連れた騎士」の伝説を想起させる)。ブラングミュエールの復讐を果たすには、彼の命を奪った槍の断片で殺人犯を攻撃するしかなかった。ゲールエは「異界」へ入りこんだ後、この使命を完遂して死者に報いる。

【書誌情報】J. Marx, «L'aventure de Guerrehet», dans : *Nouvelles Recherches sur la littérature arthurienne*, Klincksieck, Paris, 1965, pp. 273-280.

⇒ブラングミュエール、ハクチョウ

ケルト的　Celtique

いかなる点で、アーサー世界はケルト的なのだろうか？

〈言語学的な証拠〉　アーサー王伝説を彩る人物名の大半は、ケルト語に由来する（ラテン語やゲルマン諸語からは説明ができない)。地名については、ブリテン島の地名がもとになっている（ウェールズ、コーンウォール、スコットランドのほか、中世期にケルト諸語が依然として話されていた地域がこれにあたる)。「ケルトの」(celtique）という形容詞は総称であり、インド＝ヨーロッパ語族に属する語派のひとつをさしている。この語派はそれ自体もふたつの系統に分かれ、ひとつはアイルランド語、スコットランド語、マン島語をふくむゴイデル語（ゲール語）系、もうひとつはウェールズ語、コーンウォール語、アルモリカ（フランスのブルターニュ地方）のブルトン語をふくむブリトン語系である。固有名詞に現れるアーサー伝説関連のケルト語はウェールズ語であることが多く、ときにアイルランド語やブルトン語も現れるが、ガリア語（中世期よりもずっと前に消滅した言語）は認められない。しかしこれらすべての言語は、語彙に類似する部分が存在する。

〈歴史的な証拠〉　大ブリテン島と大陸とのつながりは来歴が古い。このつながりは12世紀に強まったが、それはプランタジネット朝の君主たちがブリテン諸島とフランスの西半分全域を同時に支配下におさめていた時期に相当する。島のケルト起源の物語（ブリトン人の初期の英雄たちをたたえるウェールズのフォークロアにもとづく口頭伝承）は大陸でも（翻訳を介して）流布し、古フランス語をもちいる物語作家たちがこれを翻案した。こうしたケルトのフォークロアは(口頭伝承により)、歴史時代あるいは原史時代（紀元前４世紀）のケルト人がもっていた民族・宗教的な古い神話にまでさかのぼる。こうした神話は、ウェールズだけでなくアイルランドといったケルトの伝承を保持してきた地域で受けつがれた。アイルランドでは、キリスト教の修道士たちがゲール人の古い神話物語を文字で書き留めた。アーサー王伝説は島のケルト人が先祖代々伝えてきた遺産のうちブリトン語系のものにあたるが、ゲール語系のものと重なりあうこともある。

〈神話学的な証拠〉《ケルトの》物語群は、中世の物語作家たちが創り出したものではない。ケルトの物語群は、ヨーロッパの有名な神話群（ギリシア神話、北欧神話、ローマ神話）に重要性の点で匹敵する、独創的な神話を作っている。丹念に比較検討をおこなえば、こうしたケルトの物語群とヨーロッパのほかの神話群とのあいだに、テーマや構造上の共通点を見つけることができる。ケルト人は全体として、インド＝ヨーロッパ語族の一派をなしている。（その時期まで口承で伝えられた）彼らの古い神話は（修道士たちによって）後代に文字で書きとめられたため、キリスト教の影響と翻案者たちがもちいた修辞学（レトリック）の影響を受けた。それでも書きとめられた神話には、ほかの形では永遠に知られることのなかった来歴の非常に古いテーマや人物たちが残された。

【書誌情報】V. Kruta, *Les Celtes,* P.U.F., Paris, 1976 (plusieurs rééditions)［ヴァンセスラス・クルータ（鶴岡真弓訳）『ケルト人』白水社、1991年］. P.-Y. Lambert, *Les Littératures celtiques,* P.U.F., Paris, 1981. F. Le Roux et C. Guyonvarc'h, *La Civilisation celtique,* Ouest-France, Rennes, 1990. V. Kruta, *Les Celtes. Histoire et dictionnaire. Des origines à la romanisation et au christianisme,* Robert Laffont, Paris, 2000.

【邦語文献】　バリー・カンリフ（蔵持不三也監訳）『図説ケルト文化誌』原書房、1998年；鶴岡真弓・松村一男『図説ケルトの歴史—文化・美術・神話を読む』河出書房新社、1999年（新装版2017年）；渡邉浩司「アーサー王物語の淵源をケルトに探る」ジャン・マルカル（金光仁三郎・渡邉浩司訳）『ケルト文化事典』大修館書店、2001年、pp. 83-111；金光仁三郎『ユーラシアの創世神話—水の伝承』大修館書店、2007年、pp. 56-78；原聖『ケルトの水脈』講談社、2007年；フィリップ・ヴァルテール（渡邉浩司訳）「ケルト神話」篠田知和基・丸山顯徳編『世界神話伝説大事典』勉誠出版、2016年、pp. 66-73。

⇒インド＝ヨーロッパ

剣の橋　Pont de l'Épée

クレティアン・ド・トロワ作『荷車の騎士』に出てくるこの橋は巨大な剣でできており、流れる水が黒く泡立つ恐るべき川の上に架けられていた。ゴール王国へ行くにはかならずこの橋をとおる必要があったが、ランスロは剣の刃の上を素手と裸足でわたらねばならなかった。（民話の国際話型313番によると）悪魔の娘は勇者に一連の不可能な試練を課すが、「剣の橋」の通過もこうした試練のひとつである。「剣の橋」は、ゾロアスター教の経典に出てくるチンワト（Tchinvat）橋を想起させる。地獄の上に架けられたこの橋は、良き魂がわたると広くなり、悪しき魂がとおると狭くなる。

【書誌情報】M. Molé, «Daena, le Pont Cinvat et l'initiation dans le mazdéisme», *Revue de l'histoire des religions,* 157, 1960, pp. 155-185; A. Saly, «Le Pont de l'épée et la tour de Baudemagu», *Medioevo Romanzo,* 3, 1976, pp. 51-65. Du même auteur : «Li fluns au deable», *Senefiance,* 6, 1979, pp. 495-505. X. L. Salvador, *Le Pont des âmes. De Zoroastre à*

剣の橋
（フランス・カン、聖ピエール教会）

剣の橋
（中世フランスの写本挿絵）

l'imaginaire médiéval, Signatura, Saint-Martin-de-Castillon, 2012.

【邦語文献】 渡邉浩司「剣の橋を渡るランスロ」中央大学『中央評論』通巻第241号、2002年、pp. 96-102。

⇒北、交差路、氷結した海、ランスロ

コ

ゴーヴァン　Gauvain

英語名ガウェイン（Gawain）、ドイツ語名ガーヴァーン（Gâwân）、ラテン語名グワルグアヌス（Gualguanus）やワルウアニウス（Waluuanius）、ネーデルランド語名ワルウェイン（Walewein）。オルカニーのロット王の息子。アーサー王の甥。慣例で「円卓」騎士団の筆頭騎士とされており、アーサー王宮廷では王についで最も重要な人物。（『ペルスヴァル第一続編』、『ゴーヴァンの幼少年期』、『馬銜のない雌ラバ』、『剣の騎士』、『ラギデルの復讐』、『アンボー』、『危険な墓地』など）数多くの物語で中心人物となっている。（クレティアン・ド・トロワ作『グラアルの物語』後半のほか、13世紀の散文作品群など）主役として扱われていない作品でも、かならずどこかに登場している。

〈太陽英雄〉　ゴーヴァンが太陽英雄という特性をそなえているのは、その出生による。ゴーヴァンの出生譚は、比較神話学により古くからあきらかになっている古典的な図式を想起させる。それはオットー・ランクが検討した《英雄誕生の神話》であり、異常出生、（水辺での）遺棄、養子縁組、謎めいた幼少年期、数々の偉業、高貴な身分の発覚という筋書きをたどる（同じ運命を経験した英雄の典型は、カルナKarna、ペルセウスPerseus、ディオニュソスDionysos、ロムルスRomulusである）。日中の太陽が徐々に天頂へ向かうように、ゴーヴァンは太陽英雄としてなんの支障もなく力を増してゆく。生涯にわたってゴーヴァンは、太陽の特徴を背負い続ける。つまり、正午になると肉体の力が最高点に達し、太陽が正午を過ぎると戦闘力が徐々に衰えていく。古代インドの大叙事詩『マハーバーラタ』によると、クンティー

騎士と戦うゴーヴァン（左）

(Kunti）と《太陽》神スーリヤ（Surya）の息子カルナ（Karna）にも、同じ力が宿っている。ゴーヴァンが果たす偉業の大半は神話伝承と関連しており、太陽と結びついた神話的な時間（昼と夜、さらには1年）と空間（四方位）へ位置付けることができる。そのためゴーヴァンは、アーサー王世界の礎となっている象徴的な時間と地理をさし示してくれる。ゴーヴァンは「グラアル」を目撃した最初の英雄だと思われる（その経緯は『ペルスヴァル第一続編』にも描かれているが、それ以上にピエール・ベルシュイール（Pierre Bersuire）が著した年代記の記述の方が重要であり、ゴーヴァンは湖の中で巨人に出会い、その近くには斬られた生首の入った皿があったと書かれている）。ゴーヴァンを通じて中世文化の中で浮かび上がってくる古代ケルトの思想は、（たとえば）古代ギリシア文化の思想と類似していることが多く、前キリスト教時代の伝統的な（民話にも認められる）信仰をあきらかにしてくれる。

〈威信の低下〉　キリスト教教会の教父たちが太陽をめぐる古代信仰を押しのけるのに成功し（たとえば、冬至の「不滅の太陽」信仰は、クリスマスにとって代わられた）、古代の太陽英雄たちの上にキリストを据えてしまったため、古代の太陽英雄たちがになっていた象徴的な地位は低下した。このことはゴーヴァンにもあてはまる。13世紀に成立した（キリスト教化された）散文「聖杯物語群」になると、ゴーヴァンは急速に威信を失っていく。正午に力が強くなるという特性も、もはや出生にもとづく神話的な宿命の産物ではなく、あろうことか敬虔な隠者が正午にゴーヴァンへ洗礼をおこなったおかげだと説明されてしまう。（無敵を誇ること、正午に力が強くなること、妖精馬をもつことなど）本来ゴーヴァンにそなわる複数の神話的特徴やゴーヴァンの活躍する神話的なエピソード群は、アーサー王世界に登場するほかの騎士たちや敵対する騎士たちに移されていく。ゴーヴァン独自の要素がこのように分散されたのは、物語作家たちの不手際によるものではなく、それどころかアーサー神話を理解するのにゴーヴァンが重要で必要不可欠であることを示している。

〈再評価〉　14世紀になるとイングランドでゴーヴァン（ガウェイン）を主人公とする一連の物語が中英語で書かれ、ゴーヴァンは再び称賛の対象となる。（ハインリッヒ・フォン・デム・テュールリーン作『王冠』に見られるように）ドイツ語圏では13世紀から、ゴーヴァン（ガーヴェイン）は中高ドイツ語による膨大な「アーサー王物語」集成が生まれる契機を作った。中世の「キリスト教神話」（つまり聖人伝がとりこみ、キリスト教的に再解釈した異教神話）では、少なくともイタリアのふたりの聖人に、ゴーヴァンの神話的祖先にあたる存在の痕跡が残されている。そのひとりはシエナの聖ガルガーノ（Galgano、祝日は12月3日）であり、もうひとりはサルディニアで崇敬されている聖ガヴィーノ（Gavino、祝日は10月25日）である。クレルヴォーの伝説集によれば、聖ガヴィーノはリュクソール（Luxor）という「光」を喚起する名をもつ別の聖人とも関連している。聖リュクソールは「反対推論により」、ゴーヴァンが太陽英雄の性質をもっていることと、元来は双子であったことを裏づけてくれる。

【書誌情報】 J. Weston, *The Legend of sir Gawain*, David Nutt, Londres, 1897. R. Bromwich, *The Welsh Triads*, University of Wales Press, Cardiff, 1961, pp. 369-375. K.

Busby, *Gauvain in old French literature*, Rodopi, Amsterdam, 1980. Ph. Walter, *Gauvain, le Chevalier solaire*, Imago, Paris, 2013.

【邦語文献】 池上忠弘『ガウェインとアーサー王伝説』秀文インターナショナル、1988年；多ケ谷有子「〈ガウェインの結婚〉における三相―バラッド、ロマンス、チョーサー」『ことばと文学―池上昌教授記念論文集』英宝社、2004年、pp. 219-234；渡邉浩司「クレチアン・ド・トロワ以降の古仏語韻文作品におけるゴーヴァン像」篠田知和基編『神話・象徴・文学III』楽浪書院、2003年、pp. 481-518；渡邉浩司「動かぬ規範が動くとき―13世紀古仏語韻文物語『アンボー』の描くゴーヴァン像」『剣と愛と―中世ロマニアの文学』中央大学出版部、2004年、pp. 67-92；渡邉浩司「ゴーヴァンの異界への旅―クレティアン・ド・トロワ作『聖杯の物語』後半再読」『アーサー王物語研究―源流から現代まで』中央大学出版部、2016年、pp. 145-194；沖田瑞穂「比較神話学から見たゴーヴァンの諸相」『続英雄詩とは何か』中央大学出版部、2017年、pp. 171-196。

⇒アグラヴァン、アンナ、猪、ヴィーガーロイス、馬、エスカノール、エスカリボール、円卓の騎士たち、オルカニー、ガウリエ、カーライルのカール、ガングラン、ギュルギュラン、驚異の寝台、首斬り試合、クラリッサン、グランガレ(号)、グリグロワ、クリジェス、グロアダン、ゲールエ、ゴギュロール、トルコ人、ベリセント、ベルティラック、ペンタグラム、墓地、ボードゥー、ブランシュマル、緑の騎士、もてなし好きの主人、モルカデス、幼少年期、ライオン、ラギデル、リゴメール

航海　Navigation

アーサー王物語群には、「イムラヴァ」(immrama、単数形は「イムラウ(immram)」）とよばれるケルトの航海譚と、構成およびテーマの点で著しい類似が認められる。「イムラヴァ」は、ホメロス作『オデュッセイア』になぞらえることができる。アーサー王物語が描く騎士の探索は、「イムラヴァ」が描く海上の彷徨を地上に移し替えたものである。『ペルレスヴォース』や『アリマタヤのヨセフ』のように、島から島へとわたる海の航海が物語の構造に実にはっきりと記されている場合もある。アーサー王物語群の舞台はたいてい、クレティアン・ド・トロワ作『グラアルの物語』のように、地上と海上の並置からなっている。しかしもともと存在した海という舞台をすべて消し去っているわけではない。事実、まさに「イムラヴァ」の礎となっている海上探索という語りの図式は、長きにわたってアーサー王物語群に影響を与えつづけ、『聖杯の探索』のテーマを発展させている。

【書誌情報】 M. Szkilnik, *L'Archipel du Graal. Étude de l'*Estoire del Saint Graal, Droz, Genève, 1991. I. Olivier, «Les navigations dans le *Joseph d'Arimathie* et dans le *Perlesvaus*», *Senefiance*, 52, 2006 (Mondes marins au Moyen Âge), pp. 353-365. Du même auteur : «La relecture de deux scènes du Graal à la lumière de la mythologie marine des Celtes», dans : K. Watanabe et F. Vigneron éd., *Voix des mythes. Science des civilisations. Hommage à Philippe Walter,* Peter Lang, Berne, 2012, pp. 233-244.

⇒渦巻島、島、ペルレスヴォース、ベンディゲイドヴラーン、メロージス・ド・ポールレゲ

交差路　Carrefour

探索の途上で、２本道または３本道の交差路が、ひとり（または複数）の騎士の前に現れる。クレティアン・ド・トロワ作『荷車の騎士』に出てくるふたつの橋、つまり（ゴーヴァンが選択する）《水中の橋》とその対照をなす《剣の橋》がこのケースにあてはまる。幽閉された王妃グニエーヴルの救出を急ぐランスロは、ゴール王国へ向かうために危険な《剣の橋》をとおる。あらかじめ選ばれし英雄に方角を選択させる交差路は、神話起源のテーマである。このテーマは、ホメロスの作品やピュタゴラスの思想で有名な右・左の対立軸とつながっている。《ヘラクレスの選択》のエピソードをケオス島出身の哲学者プロディコス（Prodicos）が語る話としてクセノポーン（Xenophon）（『ソクラテスの思い出』II, 1）が伝えているが、この伝承はキケロ（『義務について』第一巻32章）をはじめとして何度もとりあげられている。それによると、ヘラクレスはふたつの道のどちらかを選ばねばならなくなる。ひとつは「快楽」が勧める簡単な道で、これを選ぶと堕落が待ち受けている。もうひとつは「徳」が提案する困難な道で、これを進めば名誉がえられる。このテーマは古代ギリシアの時代から、哲学的な教えとして使われた（ピュタゴラスのYと存在のふたつの道は美徳と悪徳をさす）。そしてその後、中世期にキリスト教的に再解釈された（彼岸へ向かう旅を語る物語群には地獄への道と天国への道が出てくる）。しかしこのようにキリスト教化を受ける前には、複数の道は聖なる地理と関連していた（尊者ベーダが伝える「ドリセルム（Drythelm）の幻視」によれば、１本の道は夏至の日の出の方を向き、もう１本の道は冬至の日の出の方を向いていた）。『荷車の騎士』の中の（太陽英雄として生まれた）ゴーヴァンが《水中で》太陽の運行に従ったと仮定すれば、「水中の橋」も東西の方向に位置することになる。またランスロが通過する「剣の橋」は、北の方角をさしている（この橋はギリシア神話が伝える極北の果てヒュペルボレイオスのケルト版である）。民間信仰では、交差路が魔女集会（サバト）を開くのに好都合な、幽霊の出没する場所であることも忘れてはならない。［中世ネーデルランド語韻文で書かれた物語］『モリアーン』に出てくる２本の道が分かれていく交差路には、十字架が置かれている。左の道を選べば悪党たちの国へ、右の道を選べば悪霊の国へ行きつく。交差路にかならず危険な魔術がつきものなのは、その魔術が運命を左右するものだからである。英雄たちは交差路で、自分の命を賭けているのである。

【書誌情報】J. Cuillandre, *La Droite et la Gauche dans les poèmes homériques en concordance avec la doctrine pythagoricienne et la tradition celtique*, Paris, 1944. A. Micha, *Voyages dans l'au-delà d'après des textes médiévaux (IVe-XIIIe siècles)*, Klincksieck, Paris, 1992, pp. 51-57 (vision de Drythelm). E. Mozzani, *Le Livre des superstitions*, Laffont, Paris, 1995, pp. 301-304.

傲慢王グルムーン
Gurmûn Gemuotheit

フランス語名ゴルモン・クール・フィエール（Gormon Coeur Fier）。ゴットフリート・フォン・シュトラースブルク作『トリスタンとイゾルデ』に唯一現れるイゾルデ（イズー）の父の名（イズーの父の名は、フランス語による物語にもアイスランドのサガにもまったく言及がない）。グルムーンの名は、武勲詩『ゴルモンとイザンバール』(*Gormont et Isembart*)(1068年作)からの借用である。この武勲詩で描かれるゴルモンは、フランク族と戦うサラセンの王である。数多くのサラセン人と同じく、ゴルモンには巨人という特徴がある。またこうした意味は、ケルト語のふたつの語根「グル」(gur、ウェールズ語で《男》の意)と「モン」(mon、《卓越した》)の組み合わせから生まれたものである。つまりイゾルデの父はモーロルト(ル・モロルト)と同様に巨人であり、両者にはいくつかの共通点がある。

【書誌情報】L. Fleuriot, *Dictionnaire des gloses en vieux breton*, Klincksieck, Paris, 1964, p. 198 (guor) et p. 259 (mon). I. Arnold et H. Lucas, «Le personnage de Gormont dans la chanson de *Gormont et Isembart*», dans : *Mélanges Hoepffner*, Paris, 1949, pp. 215-226.

⇒金髪のイズー、ル・モロルト

傲慢男エストゥー
Estout l'Orgueilleux

トマ作『トリスタン物語』に登場するフランス・ブルターニュの領主で、6人の兄弟がいた(ローベルト作『トリストラムとイーセンドのサガ』や『サー・トリストレム』では名前があかされない)。エストゥーは「小人のトリスタン」の恋人を力ずくで奪う。「恋するトリスタン」(イズーの恋人)は同名の小人とその恋人を助けに向かったが、エストゥーの毒槍に刺されて致命傷を負う。したがってエストゥーは、トリスタンの死を招いた張本人である。インド=ヨーロッパ神話では、複数の首をもつ怪物(レルネの水蛇とその9つの首、エストゥーと6人の兄弟)はつねに毒をもっている(それは怪物が神的存在である証である)。ヘラクレスはもっていた矢をレルネの水蛇の血に浸したため、その矢が負わせた怪我は治癒できなかった。エストゥーの槍もまた、犠牲者にとっては致命的なものとなった。

【書誌情報】Ph. Walter, *Tristan et Yseut. Le Porcher et la Truie,* Imago, Paris, 2006, pp. 114-116.

⇒トリスタン

ゴオンデゼール　Goondésert

マネシエ作『ペルスヴァル第三続編』に登場する人物。「デゼール(Désert)王の領主」や「ル・デゼール(le Désert)の領主」という肩書をもっていた。ゴオンデゼールは漁夫王の兄弟で、ペルスヴァルの伯父にあたる。「聖杯(グラアル)」の行列で銀の肉切台を運ぶ役目をしていたのは、ゴオンデゼールの娘である。エピノーグルによって攻囲されたカングラガン(Quingragant)城は、ゴオンデゼールが所有する城だった。ゴオンデゼールを殺害したのは、エピノーグルの甥パルティニヤルである。パルティニヤルが使った剣は砕け散ったが、残された複数の破片は「聖杯」の最後の儀式でつなぎあわされる運命となっていた。

5月1日　Premier mai

これは夏の始まりを寿ぐ祭りの日で、アイルランドではベルティネ祭(Beltaine)がおこなわれていた。トルバドゥール(南仏詩人)やトルヴェール(北仏詩人)が(恋愛詩の中で)賛美し、《5月柱》(葉のこんもり茂った木の枝)を摘み取る儀礼でたたえられた「新緑」の時節である。クレティアン・ド・トロワ作『グラアルの物語』の筋書きは、この象徴的な時期からはじまっている(「木々に花開き、森に葉が萌える季節でした」)。「異界」の扉が開き、さまよう精霊たちが地上世界と彼方とを集中的に往来することのできる時期でもある(『速歩(トロット)の短詩』にこうした場面が見つかる)。この信仰は、ユーラシアに伝わる最古のアニミズム信仰までさかのぼる。5月1日には魔女集会が好んでおこなわれていた。4月30日から5月1日にかけての「ヴァルプルギス(Walpurgis)の夜」は、6ヶ月後の(冬のはじまりに相当する)11月1日の夜に対応している。5月1日には慣例でドラゴンたちが戦いをくり広げていて、こうしたドラゴンが豊作祈願祭(ロガシヨン)の行列行進に似姿やハリボテの形で姿を見せるようになった(メルラン伝説では赤いドラゴンと白いドラゴン、中世ウェールズの物語『スリーズとスレヴェリスの冒険』*Cyfranc Lludd a Llefelys* では2匹のドラゴンが戦う)。この戦いは(冬と夏の対立が支配する)宇宙的な時間のふたつのサイクルの戦いを劇的に表現したものである。(5月1日という儀礼的な日付が示唆されていることから)季節神話の物語とよべるものが、中世ウェールズの物語『キルフーフとオルウェン』に挿入されている。これによると、毎年5月1日にはグウィンとグウィシール(Gwythyr)が麗しのクライザラド(Creiddylad)を手に入れるために戦いをおこなったという(クライザラドは「5月の女王」を表わしており、彼女を手に入れようとして「美しい季節」と「悪しき季節」が争う)。

【書誌情報】 G. Dumézil, *Mythe et Épopée*, t. 1, Gallimard, Paris, 1986, pp. 613-623. M.-F. Gueusquin, *Le Mois des dragons*, Berger-Levrault, Paris, 1981［マリ=フランス・グースカン(樋口淳訳)『フランスの祭りと暦―五月の女王とドラゴン』原書房、1991年］. N. Stalmans, *Les Affrontements des calendes d'été dans les légendes celtiques*, Société belge d'études celtiques, Bruxelles, 1995. C. Guyonvarc'h et F. Le Roux, *Les Fêtes celtiques*, Ouest-France, Rennes, 1995, pp. 99-111. V. Guibert de la Vaissière, *Les Quatre Fêtes d'ouverture de saison de l'Irlande ancienne*, Armeline, Crozon, 2003, pp. 233-349.

⇒**ウルソー(2)、オルグイユー、輝く木、カラノーグ、宮廷の喜び、グウィン、クジラの城、グニエーヴル、グリグロワ小人(『ジョフレ』)、5月の女王、叫び、ブランシュフルール、ブリヨカドラン、フロリヤン、マボナグラン、メレアガン、モルドレッド、ラギデル、ラベル、ロロワ**

5月の女王 Reine de mai

5月初めにおこなわれる儀礼や祭りに登場する伝承上の人物。《野人女》は神話では妖精と魔女を兼ねた姿で登場し、フォークロアでは「5月の女王」となる。そして慣例では、4月30日から5月1日にかけての夜に姿を見せる。「5月の女王」はフレーザー［イギリスの人類学者、1854～1941年］以来、春になると自然界に生命と豊穣をもたらす《植物の聖霊》の化身だと考えられてきた。「5月の女王」が身につけている神話的な飾りは枝や葉でできており、今日カルナヴァル(カーニバル)のフォークロアに登場する《フェイユー》(Feuillus、木の葉で覆われた男)も同じものを身につけている。(カルロ・ギンズブルグがあきらかにしたように)昔はユーラシア全域に広く見られたシャマニズム儀礼と関連していた儀礼を、中世文学は宮廷風の形へと洗練させた。トルバドゥール(南仏詩人)の詩編に「セッラーナ」(serrana)の名ですでに登場することもあった「5月の貴婦人」は、妖精と関連づけられていることが多く、13世紀以降にアーサー王物語群にも再び頻繁に姿を見せるようになった。15世紀にトマス・マロリーが著した『アーサーの死』では、5月になるとグウィネヴィア（グニエーヴル）が「5月の花摘み」(maying、葉のこんもり茂った枝「五月柱」を摘み取る儀礼）をおこなうために、円卓の騎士たちを従えて森へ出かけた。この儀礼では、フォークロアの「フェイユー」と同じように、だれもが緑色の服をまとったまま葉や花を持ち帰らなければならない。『グリグロワ』で「5月の美女」役を演じるボーテ（Beauté）は、宮廷風抒情詩と春の農耕儀礼においてたたえられている。8世紀か9世紀にアイルランド語で書かれた作者不詳の詩（『ベア（Beare）の老女の嘆き』）では、暗に5月1日の祭りにふれられている。その祭りでは若い娘たち（春の女王たち）が楽しみ、冬を具現する老女がすてられて自分の境遇を嘆くのである。

【書誌情報】 C. Ginzburg, *Le Sabbat des sorcières*, Gallimard, Paris, 1989［カルロ・ギンズブルグ（竹山博英訳）『闇の歴史—サバトの解読』せりか書房、1992年］. C. Gaignebet et J.-D. Lajoux, *Art profane et Religion populaire au Moyen Âge*, P.U.F., Paris, 1985. G. Roheim, *L'Animisme, la Magie et le Roi divin*, Payot, Paris, 1988, pp. 287-316. Ph. Walter, *La Mémoire du temps*, Champion, Paris, 1989, pp. 262-274. *Lamentations de la vieille femme de Beare*, trad. par D. O'Sullivan, J.-Y. Bériou et M. Joulia, Llaüt, Barcelone, 1992.

⇒5月1日

ゴギュロール　Gogulor

ジェルベール・ド・モントルイユ作『ペルスヴァル第四続編』の中で、ある馬上槍試合に登場する騎士［「百騎王」の仲間］。短い断片しか現存しないある一編の物語では、ある乙女との結婚を望み、対戦する騎士をことごとく殺めてはその兜を木の枝に吊るしていた騎士がゴギュロールとよばれている（ゴギュロールは、乙女の救出を目論む若き騎士との対戦に敗れる）。ゴーヴァンと同じく、ゴギュロールの力は正午になると倍増する。そのほかの特徴（たとえば斬首儀礼への暗示）からも、ゴギュロールは太陽との関連が深い人物のひとりだと考えられる。

【書誌情報】 Ch. Livingston, «Fragment d'un roman de chevalerie», *Romania*, 66, 1940, pp. 530-531. L. F. Flutre, «Gogulor, personnage de romans bretons», *Romania*, 66, 1940, pp. 85-93.

⇒ゴグマゴグ

ゴグマゴク　Gogmagog

ヴァース作『ブリュット物語』に登場する、巨人族の王の名。［かつてはアルビオンAlbionとよばれた］ブリテン島に住んでいて、ブルートゥス（Brutus）を相手に戦った。巨人族を倒したブルートゥス（フランス語名ブリュットBrut）はアーサーの祖先であり、ブリテン島最初の王となった。ジェフリー・オヴ・モンマスは『ブリタニア列王史』（21節）で、ブルートゥスがブリテン島を征服した話をとりあげている［島の名ブリタニアはブルートゥスの名に由来する］。もともとブリテン島に住んでいた巨人族をめぐる話は、13世紀に書かれた作者不詳の韻文短編物語『巨人たち』（*Les Grands Géants*）に再録されている。それによると、ブルートゥスはゴグマゴグの命を助け、ブリタニアの起源を語らせている。

ゴグマゴグの名はまちがいなく聖書からの借用である。もとになっているのはゴグ（Gog）とマゴグ（Magog）という神に逆らう勢力であり、彼らは北方からやってきた疫病神的存在だった。またゴグマゴグの名には、ケルト起源の名前の影響も考えられる。事実『メルランの予言』によると、予言のひとつに出てくるギュグ（Gug）は巨人ガルガン（Gargan）の別名だと考えられる。病気を患っていたギュグには人食い鬼のような特徴があり、病気を治すために42人（または12人）の子供たちを貪り食っていた。ギュグの死後にその首をガルガン山に埋葬すると、ギュグの口から煙が出てきたという。ギュグにぴったり対応するのは「老人としての時」であり、ギリシア神話では「時（クロノス）」（Chronos）を司る神クロノス（Cronos）がこれにあたる（ローマ人はクロノスをサトゥルヌスSaturnusとした）。クロノスは若返るために、自分の子供たちをつぎつぎに食べた。

【書誌情報】 *Les Prophéties de Merlin*, éd. L. A. Paton, New York et Londres, 1926-1927, t. 2, pp. 28-31. C. Gaignebet, «Gug, un nouveau nom du géant Gargan», *Bulletin de la société de mythologie française*, 83, 1971, p.176. E. Panofsky, *Essais d'iconologie*, Gallimard, Paris, 1979, pp. 105-150 (Le Vieillard Temps)［エルヴィン・パノフスキー（浅野徹ほか訳）『イコノロジー研究（上）』ちくま学芸文庫、2002年、pp.139-186「時の翁」］. P. Lajoye, «Histoire d'un pseudo-mythe celte : Gog et Magog», *Bulletin de la Société de mythologie française*, 220, 2005, pp. 10-15.

【邦語文献】 フィリップ・ヴァルテール（渡邉浩司・渡邉裕美子訳）『中世の祝祭』原書房、第２版2012年（初版2007年）、pp. 260-265。

ゴスウィト　Goswhit

ラハモン作『ブルート』によると、アーサーの兜の名。もともとはアーサーの父ウター（フランス語名ユテル）のものだった。ゴスウィト（Goswhit）の名は、「ゴス」（gos、《雁》）と「ウィト」（whit、《白い》）を組み合わせたものだと考えられる。実際に鳥の飾りが兜の上につけられていたことは、考古学的に証明されている。たとえば、フランス・ブルターニュ地方フィニステール県のケルギイ＝アン＝ディネオー（Kerguilly-en-Dinéault）村で発見された女神像には、雁を象った飾りのついた兜がかぶせられていた。このブロンズ像は、紀元後1世紀の作と考えられており、現在ではフランスのレンヌ考古学博物館に収蔵されている。

【書誌情報】 R. Sanquer, «La grande statuette en bronze de Kerguilly-en-Dinéault (Finistère)», *Gallia*, 31, 1973, pp. 61-80.

鳥の飾りがついた兜を被った女神

⇒アーサー、アンナ、ハクチョウ

ゴダントール　Godentaur

オック語による物語『ジョフレ』に登場する、ジベル山の妖精の家令の名。ゴダントールは、妖精の贈り物を配達していた。ゴダントールの名には「雄牛」をさす言葉（「トール（taur）」）がふくまれているため、豊穣と関連した牛のケルト神話までさかのぼることができるかもしれない（ヒンドゥー教の聖なる雌牛も同じ系列に含まれる）。パリのノートルダム大聖堂の下から発掘された、パリの船乗りたちがユピテル神に奉献した装飾柱（1世紀の作）の一角には雄牛が描かれている。周知のとおり、ケルト人たちは崇拝する神々を人間の姿では描かなかった。そのためこの雄牛は神の化身だと考えられる。雄牛は中世アイルランド最大の叙事詩『クアルンゲの牛捕り』（*Táin Bó Cuailnge*）でも、中心的な役割を果たしている。それはアルスター地方のクアルンゲにいた褐色の雄牛（ドン・クアルンゲDonn Cuailnge）である。ガロ＝ローマ期の石碑の中には、角を生やした神の膝の上におかれた袋から硬貨（または穀粒）があふれ出て、角を生やした2頭の動物（雄鹿と雄牛）の上にふり注がれているさまを描いたものがある[フランス・ランス、サン＝レミ博物館が所蔵する石碑]。さらには雄牛が、古代インドの神話に出てくる太陽神話と豊穣の神話と関連していることもあきらかになっている。ケルト人の神話は、こうした古代の考え方を受けついでいる。武勲詩には、「ゴダントール」によく似た「ゴードブフ」（Godeboeuf）や「ゴンドブフ」（Gondeboeuf）の名が見つかる（これはシャルルマーニュに仕える臣将の名である）。

【書誌情報】A. de Gubernatis, *Mythologie zoologique*, Durand et Pedone Lauriel, Paris, 1874, tome 1. A. Moisan, *Répertoire des noms propres*, Droz, Genève, 1986, t. 1, vol. 1, pp. 506-507.

⇒雄牛、ジベルの妖精

ゴー・ド・ノルヴァル　Gaus de Norval

『双剣の騎士』に登場する円卓の騎士。ノルヴァル王の息子。魔剣で受けた不治の怪我で苦しんでいた。それ以降その魔剣が鞘から抜かれると、刃から鮮血が流れつづけた。「双剣の騎士」はゴーの怪我をなおすため、怪我を招いた同じ剣を傷口に刺し入れる。するとすぐに刃に残されていた鮮血が消え去り、怪我をなおした騎士の名（メリヤドック）が現れる。このエピソードの類例はギリシア神話に見つかる。ヘラクレスとアウゲ（Auge）の息子テレポス（Telephos）がアキレウスの槍で怪我を負うが、アポロンの神託によって怪我を負わせた者が怪我を招いた武器を使わぬかぎり治らないと告げられる。テレポスが戦友として必要だったアキレウスは、その怪我をなおすために己の槍に錆をつける。そしてそれをテレポスの傷口に載せたところ、たちまち傷口が閉じたという。ゴー（Gaus）というケルト名は、《情熱、腕力、活力、勇気》をさす語根「ガル」（gal）と関連づけて考えねばならない。「ガル」（Gal）は、古ブルトン語の固有名にも頻繁に出てくる。アイルランド語の「ガル」（gal）は、《勇敢、偉業、価値》を意味している。

【書誌情報】L. Fleuriot, *Dictionnaire des gloses en vieux breton*, Klincksieck, Paris, 1964, p. 173 (gal).

小人　Nain

小人はアーサー王物語の作者たちが創り出した存在ではない。物語の作者たちは、すでに確立していた小人伝承をケルトの伝承から再録したにすぎない（もちろん小人がケルト人の専売特許というわけでもない）。ウェールズ語で「小人」をさす「アザンク」（Addanc）は水域の怪物で、ビーバーと混同されている（「アザンク」という言葉には、小人を地下世界や水域と関連づける神話起源の痕跡が残されている可能性がある）。アーサー王物語の作者たちの中で、初めて作中に小人を登場させたのがクレティアン・ド・トロワである。小人のタイプは２種類しかなく、とても富裕な小人（普通は王侯）と騎士たちに仕える小人である。後者のタイプの方がはるかに広く流布している。初期の作品群では不気味な存在だった小人たちも、瞬く間に笑い者になり、ときに屈辱的な扱いをうけることもあった。小人の大半は男性であり、太っていて醜く、高齢なのに頑健である。けんか早い小人たちも主君の言いなりで、その忠誠ぶりは変わることがない。どんな仕事でもこなす小人は、料理人や従僕役で出てくることが多い。鞭の扱いにもたけているが、決して生来の悪意を満たすためではなく、おそらく何らかの古い儀礼に由来する鞭打ちをおこなうためだった。これらすべての要素が、フォークロアになじみの「小さな人々」（petit peuple）に共通している。アーサー王物語が書きつがれていく中で小人の肖像は合理化され、元来の神話的属性がゆがめられていった。地下の住まいは彼らが見せた「異界」へ愛着の証だったが、小人たちはもはや地下には住まなくなった。魔術的な力もほとんどもたなくなるが、小人のもつ驚くべき力や超自然的な素早い動きについて言及されることもある。アーサー王物語で描かれる小人には、古代神話に登場するヘルメス（メルクリウス）の属性がいくつか見つかる。ヘルメスのごとき役割ゆえに、小人は騎士たちが通過儀礼として挑む探索の途上で、無視できない敵対者か援助者のような存在となっている。

【書誌情報】S. Reinach, «La flagellation rituelle», dans : *Cultes, Mythes et Religions*, Leroux, Paris, 1905, t.1, pp. 173-183. V. Harward, *The Dwarfs of arthurian romance and Celtic tradition*, Brill, Leyde, 1958. C. Verchère, «Périphérie et croisement. Aspects du nain dans la littérature médiévale», *Senefiance*, 5, 1979, pp. 251-265. C. Lecouteux, *Les Nains et les Elfes au Moyen Âge*, Imago, Paris, (1988) 2013. A. Martineau, *Le Nain et le Chevalier. Essai sur les nains français du Moyen Âge*, P.U.P.S., Paris, 2003.

⇒アザンク、エヴァデアン、カルリオース、グルシダラン、グロアダン、小人のトリスタン、ちびのギヴレ、ティドゴラン、トロン、ピクース、プティクリュー、ベリ、ベルナン、フロサン、マボナグラン

小人（『ジョフレ』）Nain (dans *Jaufré*)

オック語による物語『ジョフレ』によると、ある醜悪な小人（唇は分厚く、巨大な歯をはやし、髪はとても長く、顎髭と口髭が垂れ下がり、両腕は小さく、ヒキガエルの手をしていた）が白い槍の番を任され、１日に二度槍の穂先を磨いて、輝きをとりもどすという仕事をしていた。作中で示される説明は現実味が乏しいが、それを越えて神話上の比較をおこなってみる必要がある。古代ローマでは、（油で磨くことで、クイリヌスQuirinusの武具をよい状態で保つという）同じ役割をポルトゥヌスの祭司（フラーメン）が担当した。そしてこのポルトゥヌス（Portunus）とは、「門」や「港」の守護神であり、『ジョフレ』の小人もまた門番である。そのため小人の役割を、暦の観点から理解する必要がある。ローマでは、ポルトゥヌスをたたえる「ポルトゥナリア祭」(Portunalia）は、夏の土用にあたるに8月17日におこなわれていた［「夏の土用」をさすフランス語「カニキュール（canicule)」は「小犬」の意]。また犬と関連する時期はもうひとつあり、古代ローマでは「ロビガリア祭」(Robigalia)、それに対応するフランスの祭りは「豊作祈願祭（ロガシヨンRogations)」(「赤褐色の月」が空に出るキリスト昇天祭の時期）である［ロビガリア祭では赤錆の神ロビグスRobigus（またはロビゴRobigo）をなだめるため、生贄として赤毛の犬を1匹捧げた]。4月末から5月初めにおこなわれるこのふたつの祭りに対応するのは、（フランス・モゼル地方にある）聖キラン（saint Quirin）参詣である。キランとは、古代ローマのクイリヌスを受けつぐ聖人である。こうした季節的な文脈を考慮すると、『ジョフレ』の小人が槍を磨いていたのは、まさしく赤錆の危険がせまっていることを表していた。犬と関連する1年のふたつの時期（「夏の土用」と「ロビガリア祭」=「豊作祈願祭」）には、赤錆が武具の鉄を襲うだけでなく、赤錆病が作物を枯らす危険があった。ほかにもティルベリのゲルウァシウス（Gervais de Tilbury）がさまざまな伝承や伝説を集めた『皇帝の閑暇』(*Otia Imperialia*)の中で、いたずら好きの小人として「ニュイトン」(nuitons)（または「リュイトン（luitons)」）や「ポルタン」(portuns）をとり上げている。

【書誌情報】G. Dumézil, *La Religion romaine archaïque*, Payot, Paris, 1974, p. 273. Du même auteur: *Fêtes romaines d'été et d'automne*, Gallimard, Paris, 1975［ジョルジュ・デュメジル（大橋寿美子訳)『ローマの祭　夏と秋』法政大学出版局、1994年]. G. de Tilbury, *Le Livre des Merveilles*. 3e partie, trad. d'A. Duchesne, Les Belles Lettres, Paris, 1992, p. 74［ティルベリのゲルウァシウス（池上俊一訳)『皇帝の閑暇』講談社学術文庫、2008年、pp. 128-129].

⇒**ジョフレ、白い槍**

小人（『デジレの短詩』）

Nain (dans *Désiré*)

作者不詳『デジレの短詩』に登場する門番のような小人。主人公デジレの母方の一族が住む森の「異界」へと通ずる隠された道をデジレに教える。この小人の任務は、デジレが聖なる世界へ入りこむのに必要な、予備試練としての通過儀礼をとり仕切ることだった。小人はオークの木の下で、猪の肉を焼いていた。この小人にそなわる（とても学識のある）ドルイド僧のような側面は、知恵の木の下で供犠に使う食べ物を準備していたことから分かる。この小人は喋ることが禁じられていたが、心を尽くしてデジレをもてなす（漁夫王の館でペルスヴァルに出された食事が想起される)。いくつものたらいと、純金製の杯、焼肉を乗せる銀製の皿、完全な静寂は、（アイルランドの神話物語）『幻の予言』(*Baile in Scáil*）が伝えるルグ（Lug）神のそばで行われたコン（Conn）王の即位儀礼の場面を思わせる。礼儀正しい振舞いをわきまえていたデジレは、（自分が食事をはじめる前に、小人に焼肉を差し出し）予備試練をうまく切り抜ける（実際にデジレが行ったのは、死者たちへの捧げ物である）。これによりデジレは「異界」へと迎えいれられる。小人は生きている死者であるため、ふたつの世界を自由に往来し、その入口を守ることができるのである。

【書誌情報】J. Marx, *La Légende arthurienne et le graal*, P.U.P., Paris, 1952, pp. 275-277.

⇒デジレ

小人（『荷車の騎士』）

Nain (dans le *Chevalier de la Charrette*)

クレティアン・ド・トロワ作『荷車の騎士』によると、王妃グニエーヴルを連れ去ったメレアガンの後を追っていたランスロは、１台の荷車を曳く小人に出会う。小人は王妃の消息をすぐに知りたければ、荷車に乗るようランスロに勧める。この場面の小人は、特に霊魂導師としての役割を見せている。ジャン・フラピエは小人の曳く荷車を、フランス・ブルターニュ地方の伝承に出てくるアンクー（Ankou）の曳く「死の車」と関連づけている。しかしながら小人が「死の車」を曳く例は見つからない。「小人」と「荷車」の組み合わせは「大熊座」をさす古い民衆語「シャール・プーセ」（Char Poucet）を思わせるものであり、ガストン・パリスがこの民衆語の来歴について検討している。それによると、「大熊座」を表わす天の「車」（シャール）を小人（プーセ）が曳いているのだという。「荷車」をさすこの象徴的な呼称は、通過儀礼が行われるゴール王国が世界の北方にあることを示している。ランスロが自分の名前を《発見する》のは、まさしくゴール王国でのことである。北欧神話には、基本方位（東西南北）との関連をもつ小人が登場する。同様に『荷車の騎士』では、メレアガンに買収されたゴール王国の別の小人がランスロを拉致し、アーサー王宮廷へもどれなくしてしまう。これらふたりの小人の役割は相補的であり、いずれも「異界」の入口の番人である。荷車を曳く小人はランスロがゴール王国を見つけるのに手を貸すのに対し、もうひとりの小人はランスロが王国から出られないようにしている。

【書誌情報】G. Paris, *Le Petit Poucet et la Grande Ourse*, Franck, Paris, 1875. C. Lecouteux, «Trois hypothèses sur nos voisins invisibles», dans: *Hugur. Mélanges Régis Boyer*, P.U.P.S., Paris, 1997, pp. 289-297.

⇒ゴール、ランスロ

小人のトリスタン　Tristan le Nain

トマ作『トリスタン物語』だけでなく、ローベルト作『トリストラムとイーセンドのサガ』や『サー・トリストレム』にも登場する人物。フランス・ブルターニュ地方の領主だった彼は、恋人が傲慢男エストゥーに力ずくで連れ去られたため、トリスタンに助力を求めに行った。エストゥーとの戦いでトリスタン（マルク王の甥）は毒槍によって重傷を負い、結果的にそれが命とりとなる。このエピソードは、トリスタンがル・モロルトを相手に行った最初の戦いで経験した悲劇的な要素を（神話の異本として）反復することで、物語を結末へと向かわせている（貢物として若者たちをも要求していたル・モロルトは、エストゥーと同じく毒槍を使ってトリスタンに重傷を負わせた）。鏡像のごとき「小人のトリスタン」は、主人公トリスタンの分身である。運命に翻弄され、背丈が縮小して（小人となった）マルク王の甥の影のような存在である。「小人のトリスタン」はまた、幽霊のように主人公の死を予告している。このエピソードは、天体神話からも読むことができる。占星術に通暁した小人フロサンは、トリスタンのうちに（狩人）オリオンの姿を認めていた。またオリオンは（とくにキケロCiceroやヒュギヌスHyginusにより中世期にも流布していた天体伝説によれば）さそりにかまれたせいで全身を毒に侵された。（人間の身体を宇宙と対応させた）黄道帯が人体におよぼす影響によると、さそり座は鼠蹊部を支配している（エストゥーの毒槍が刺さったのはトリスタンの鼠蹊部である）。つまりこのエピソード全体が必然的にさそり座の影響下で展開し、エストゥーとその兄弟たちがさそり座を具現しているのである。

【書誌情報】L. Aurigemma, *Le Signe zodiacal du Scorpion dans les traditions occidentales de l'Antiquité gréco-latine à la Renaissance*, Mouton, Paris & La Haye, 1976. Ph. Walter, «Orion et Tristan ou la sémantique des étoiles», *Senefiance*, 13, 1983, pp. 438-449. J.-M. Renaud «Le catastérisme d'Orion», dans: *Les Astres* (Actes du Colloque de Montpellier, 1995), Université Paul Valéry, Montpellier, 1996, t. 1, pp. 85-93.

⇒**傲慢男エストゥー**

固有名詞　Nom propre

クレティアン・ド・トロワ作『グラアルの物語』の冒頭でペルスヴァルは母から《人というものは、名前で相手を知るのです》と教えられる。この考え方はたんなる処世術的な信条ではなく、（エルンスト・ローベルト・クルティウスが『ヨーロッパ文学とラテン中世』で述べているように）《語源はひとつの思考形態である》という中世文化に深く根づいた確信にもとづくものである。セビリャのイシドルス［560頃～636年］が著した『語源』（*Etymologiae*）の影響により、さまざまな事物や存在を知るために、それに対応する名前の分析がおこなわれた。文学において語源は、（学問の現代的な意味での）言語学的な分析以上に、修辞学的な手法のひとつだった。《語源的な》手法は、固有名詞を構成する音節の分解にもとづいていた。たとえばペルスヴァル（Perceval）の名は、《谷（ヴァル）》（val）の秘密を《つき止める（ペルス）》（perce）者と読むことができる（ペルスヴァルが訪ねた漁夫王の館が《谷（ヴァル）の中に》位置していたからである）。『グラアルの物語』の続編作家たちは、ペルレスヴォース（Perlesvaus）やペルスフォレ（Perceforêt）という名を生み出した（「谷（レ・ヴォースles vaux）」を《失う（ペールperd）》者をさす「ペルレスヴォース」は、父方の遺産として「谷」を主張できる立場にあったがこれを失ったからである。また「森（フォレforêt）」を「とおり抜ける（ペルスperce）」者をさす「ペルスフォレ」は遠回しな表現で、特に熊をさす）。こうした偽・語源的な言葉遊びによって筋書きが展開し、さらに筋書きとは無関係な脱線も描かれた（「意のままに（ア・グレà gré）」会食者たちに食事を供する「グラアル（graal）」がこうした言葉遊びの一例である）。（たいていの場合、ケルトの語基にもとづいて行われる）アーサー王物語の固有名の語源解釈は、（言葉遊びや文字遊びに基づく）民間語源とは区別する必要がある。さらに物語の中で固有名があかされなかったり、変化したり、突然判明したりするモチーフ（クレティアン・ド・トロワの作品ではランスロやペルスヴァルのケース）や、戦いを終えるまで名前が隠されているモチーフ（名前を明かすことは当該人物のアイデンティティーを社会的に認めることになる）

は語りの手法の基盤をなし、その象徴的な意味あいが強調されている。ペルスヴァルがそれまで知らなかった自分の名前を《言いあてる》のは漁夫王の館で「グラアル」を目撃した直後のことであり、ランスロが初めて自分の名がよばれるのを耳にするのは拉致された王妃の救出に赴いたゴール国でのことである。

【書誌情報】E. R. Curtius, *La Littérature européenne et le Moyen Age latin*, P.U.F., 1956, pp. 783-792［E. R. クルツィウス（南大路振一・岸本通夫・中村善也訳）『ヨーロッパ文学とラテン中世』みすず書房、1971年、pp. 723-731「思考形式としての語源」］. P. Guiraud, «Étymologie et ethymologia (motivation et remotivation)», *Poétique*, 11, 1972, pp. 405-413. Ph. Walter, «Das romanische Gedächtnis. Réécriture, Intertextualität und Onomastik in der französischen Literatur des Mittelalters», dans: G. Haßler éd., *Texte im Text. Untersuchungen zur Intertextualität und ihren sprachlichen Formen*, Münster, Nodus, 1997, pp. 113-127 (en allemand).

【邦語文献】 渡邉浩司『クレチアン・ド・トロワ研究序説』中央大学出版部、2002年、第III部第2章。

暦 Calendrier

数多くの神話に民族・宗教的な起源があることが、宗教史、比較神話学、人類学によって証明されている。1編の神話は、典礼と宗教で果たすはたらきにより、儀礼や場所だけでなく特定の日付とも関連している。特定の日付は、例年の暦に（季節ごとに）認められる。神話は、それぞれの宗教における大気現象の起源、昼と夜の交替、季節の存在などを説明してくれる。神話群はこうした宇宙論的な側面だけに還元されることはないものの、こうした現象を象徴的に解釈していることが多い。アーサーという神話上の人物との結びつきが強い「熊」の季節暦を始めとして、アーサー王伝説の（古）層のひとつは《縁起譚》（生物や無生物の世界に見られるいくつかの特徴の起源を象徴的に語る話）によって説明される。キリスト教の暦にはこうした古代信仰の痕跡が残されており、そのため1年の決まった時期に複数の聖ウルス（Ours、「熊」）の祝日が配置されている。方法論上、神話群は暦との関連から分析することが可能である。クロード・ゲニュベが指摘したように、「クリスマスというのは、同時に、図像、テクスト、俚諺、歌謡、福音書、典礼、儀礼学（身振り）、日付を表わしている。クリスマスという問題を解くことは、これらすべての要素を総合的に考察することであり、それぞれの要素が形態（あるテクストをイメージで表すことも文彩のひとつである）と物語からなにを借用しているのかに留意する必要がある」。アーサー神話を暦から読み解くには、（宗教史、民族学、民俗学、比較神話学、文化人類学など）複数の学問分野の研究成果が必要である。

【書誌情報】G. Dumézil, «Temps et mythes», *Recherches philosophiques*, 5, 1935-1936, pp. 235-251. M. Eliade, *Le Sacré et le Profane*, Gallimard, Paris, 1965. C. Gaignebet, «Le chauve au col roulé», *Poétique*, 8, 1971, pp. 442-446. C. Gaignebet et J.-D. Lajoux, *Art profane et Religion populaire au Moyen Âge*, P.U.F., Paris, 1985. Ph. Walter, *La Mémoire du temps*, Champion, Paris, 1989. Du même auteur: *Mythologie chrétienne. Fêtes, Rites et Mythes du Moyen Âge*, Imago, Paris, (2003) 2011［フィリップ・ヴァルテール（渡邉浩司・渡邉裕美子訳）『中世の祝祭』原書房，第2版2012年（初版2007年）］.

⇒円卓、回転する城、5月1日、11月1日、

聖霊降臨祭、2月1日、8月1日、誇り高き城

ゴール　Gorre

クレティアン・ド・トロワ作『荷車の騎士』に出てくる、ボードマギュ王が支配する国。《何人たりともそこからもどれない》国とよばれている。フェルディナン・ロットは「ゴール」(Gorre) の綴りを、「ガラス」を意味する古フランス語の「ヴォイル」(Voirre)(現代フランス語では「ヴェール (Verre)」) が崩れた形だと考えた。そうだとすれば、この「ガラスの国」を「異界」と同一視することができる。この国は、ランスロが「剣の橋」を通過することでたどり着く彼方の国である。国の名ゴール (Gorre) は、《深淵》だけでなくより通俗的には《喉》もさすラテン語「グルゲス」(gurges) と同じインド=ヨーロッパ語に属している。これはいわば死者たちの魂を飲みこんでしまう地獄の口である(ロマネスク美術には、こうした地獄がよく描かれている)。王妃グニエーヴルがメレアガンに連れていかれたり、他の人々が囚われたりしているのはこの国であり、後にランスロはこの国でメレアガンを倒して王妃と人々を解放する。アイルランド神話に登場する北方の島々のうちのひとつに、ゴリアス (Gorias) という名の通過儀礼のために向かう島がある(ランスロが自分の名を知ることになるのも、ゴール王国でのことである)。

【書誌情報】A. Ernout et A. Meillet, *Dictionnaire étymologique de la langue latine*, Klincksieck, Paris, 1967, p. 285 (pour les analogues indo-européens). F. Lot, «Études sur la provenance du cycle arthurien», *Romania*, 24, 1895, pp. 497-528. E. Brugger, «Beiträge zur Erklärung der arthurischen Geographie. II. Gorre», *Zeitschrift für französische Sprache und Literatur*, 28, 1905, pp. 1-71.

⇒島

ゴルヴァン・カドリュ
Gorvain Cadrut

『メロージス・ド・ポールレゲ』に登場する騎士。美しいリドワーヌ (Lidoine) をめぐってメロージスの恋敵となる。カドリュ (Cadrut) はウェールズ語カドロッド (Cadrodまたは Cadrawd、《勇者、英雄》をさす「カドゥル (cadr)」の派生語) に由来し、ゴルヴァン (Gorvain) は『キルフーフとオルウェン』に登場する人物グルヴァン (Gwrvan) に由来する。

【書誌情報】F. Lot, «Celtica», *Romania*, 24, 1895, p. 326.

ゴルゴル　Gorgol

中世ラテン語による物語『アーサーとゴルラゴン』に登場する、ゴルラゴン王のふたりの弟のうちの末弟。ゴルラゴンとふたりの弟は伝統的な民話になじみの三者一組をなしている。ウェールズ語で「ギルギオル」(gurguol) は「人狼」を指す(《狼》をさすペルシア語「ゴルグ (gorg)」を参照)。

【書誌情報】A. H. Krappe, «Arthur and Gorlagon», *Speculum*, 8, 1933, pp. 209-222.

ゴルヌマン・ド・ゴオール
Gornemant de Gohort

クレティアン・ド・トロワ作『グラアルの物語』に登場する、ペルスヴァルに《騎士道》の教えを説いた老練の騎士。(民話の国際話型910番「賢明な教え」と同じく) ゴルヌマンは3つの忠告を与えている。この忠告を守れば、ペルスヴ

ァルは「グラアル」城で彼を待ち受けていた通過儀礼に成功できるはずだった。しかしペルスヴァルは勇士ゴルヌマンによる忠告のひとつを誤解してしまう。ゴルヌマンが話しすぎないよう忠告したため、ペルスヴァルは「グラアル」を前に口をつぐんでしまい、つぎの王位継承者が慣例で発すべき、有資格者であることを示す質問をしなかった。ゴルヌマン・ド・ゴオールという名は、「ゴル」(Gor-)という頭韻からなっている。この「ゴル」は（巨人ガルガンGarganを介して）「喉」（フランス語では「ゴルジュ(gorge)」や「言葉」を連想させる。また言葉遊びにより、ゴルヌマンの名の後半部分「ヌマン」(-nement）が、「嘘をつく」を意味する動詞「マンティール」(mentir）の否定形（否定辞「ヌ（ne)」と「マンティール（mentir)」の活用形の組み合わせ）に対応している。つまりゴルヌマンは「嘘をつかない人」であるため、ペルスヴァルは彼から言葉を慎むようにいわれたとき、その忠告の意味をよく理解すべきだったのである。

【書誌情報】 P. Le Rider, *Le Chevalier dans le Conte du Graal*, SEDES, Paris, 1978, pp. 17-68 (Le conte des bons conseils). M. Stanesco, *D'armes et d'amours*, Paradigme, Orléans, 2002, pp. 163-179 (Le secret du Graal et la voie interrogative).

コルベニック　Corbénic

13世紀のフランス語散文物語群に登場する、「聖杯」が現れる城。この城の名は、［フランス北部ピカルディー地方］エーヌ県にあるコルベニー（Corbény）の名と無関係ではない。コルベニーは聖マルクー（Marcoul）参詣が大がかりにおこなわれた町である。ルイ7世（1081年～1137年）以降のフランス王はことごとく、戴冠の折にコルベニーを訪れた。エーヌ県にあるコルベニーの教会には、瘰癧（るいれき）［結核性頸部リンパ節炎］を治した聖マルクーの聖遺物が保管されていた（この聖人が瘰癧と関連づけられたのは、「マルクー（Marcoul)」の名が言葉遊びにより「マルク・オ・クー（marques au cou、首についた病のしるし)」と解釈されたためである)。ノルマンディー地方の町バイユーで5世紀末に生まれたマルクー（マクルーMaclouやマロMaloともよばれた）は、最初はクータンス(Coutances）近郊にあるナントゥイユ(Nanteuil）で崇敬されていた。しかしノルマン人修道士たちはノルマンディーを離れざるをえなくなり、ラン（Laon）近郊にあるコルベニーへ逃れた。「単純王」の異名をもったシャルル3世（879年～929年）は修道士たちに土地を与えた。聖マルクーがフランスの歴代の王た

コルベニックのランスロ

(『レオノワのトリスタン』の写本挿絵)

ちに瘰癧を治す力を授けるようになった

のは、コルベニーに信仰の場が授けられて以降のことである。歴史家マルク・ブロックがあきらかにしたように、王たちの手に宿る瘰癧を治す力は聖マルクー崇敬に由来していた（あるいはこの聖人崇敬により「遡及的に」裏づけられた）。「聖杯物語群」では、コルベニックはまさしく治癒を待つ不具王の居城である。病気の王は、治癒をもたらしてくれる者を待ちわびていた。不具王を癒す者は、次の王になる定めにあった（治癒能力は王や聖人だけにそなわっているからである）。したがって必然的に卓越した、いわば神聖な王権を手にすることになる。『聖杯の書』によると、コルベニックは（想像上の）カルデア語で《いとも聖なる杯》をさしている。

【書誌情報】M. Bloch, *Les Rois thaumaturges*, Gallimard, Paris, 1983 (2e éd.) avec une préface de J. Le Goff［マルク・ブロック（井上泰男・渡邊昌美訳）『王の奇跡』刀水書房、1998年］. Jean-Pierre Poly, «Le capétien thaumaturge : genèse populaire d'un miracle royal» dans : R. Delort, *La France de l'an Mil*, Le Seuil, Paris, 1990, pp. 282-308. Ph. Walter, *Album du Graal*, Gallimard, Paris, 2009.

⇒エリザベル、聖杯

ゴルラゴン　Gorlagon

中世ラテン語による物語『アーサーとゴルラゴン』に登場する王。異教の国の王子に思いをよせていたゴルラゴン王の妻は、その王子と結婚するために夫を厄介払いしようとして、魔法の杖を使って夫を人狼へ変身させた［ゴルラゴン王は、誕生したときに芽を出した王と同じ背丈の若木の枝で頭を叩かれると、狼に変身する運命にあった］。ゴルラゴンは女性の心や本性について聞きにきたアーサーにこの話を語り聞かせ、妻が夫に対して不実な振舞いに及ぶ可能性があることを明らかにした。この人狼の話は（マリー・ド・フランス作）『ビスクラヴレットの短詩』の話に似ており、民話の国際話型449番（「皇帝の犬」）の構成を踏襲している。この物語の枠組みは（クロード・ステルクスによると）、ルグ神と関連した前キリスト教時代の神話までさかのぼる。

【書誌情報】G. Milin, «Pour une lecture ethnologique d'Arthur et Gorlagon», *Kreiz*, 2, 1993, pp. 163-199. C. Sterckx, «Lleu et Gorlagon», dans : K. Watanbe et F. Vigneron, *Voix des mythes, Science des civilisations. Hommage à Philippe Walter*, Peter Lang, Berne, 2012, pp. 245-255.

⇒ゴルゴル、ゴルレイル

ゴルレイル　Gorleil

別名トルレイル（Torleil）。中世ラテン語による物語『アーサーとゴルラゴン』に登場する、ゴルラゴン王のふたりの弟のうちのひとり。アーサーは女性の心や本性を教えてもらおうとして、ゴルレイル王のもとを訪ねて相談する。しかしゴルレイル王は何も答えることができず、兄ゴルラゴン王のもとへアーサーを送り出す。

⇒ゴルゴル、ゴルラゴン

ゴルロイス　Gorlois

ジェフリー・オヴ・モンマス作『ブリタニア列王史』とヴァース作『ブリュット物語』によると、ゴルロイスはコーンウォール（ラテン語名コルヌビア Cornubia）公であり、後に王妃となるイジェルヌ（ラテン語名インゲルナ Ingerna）の最初の夫である（ヴァース以降でゴルロイスの名が出てくるのは

『ペルスヴァル第二続編』とラハモン作『ブルート』のみであり、『メルラン』には《タンタジェル公》という肩書きで登場する）。ゴルロイスが亡くなるのは、ユテル・パンドラゴン（ラテン語名ウーテル・ペンドラゴンUt(h)erpendragon）が（ゴルロイスの姿に変装して）イジェルヌとのあいだにアーサーをもうけたときである。アーサーの神話的懐胎は、ヘラクレス懐胎のケースと酷似している。ギリシア神話では、アルクメネ（Alkmene）に恋したゼウスが彼女の夫アムピトリュオン（Amphitryon）の不在中にその姿になり、アルクメネとのあいだにヘラクレスをもうける。これに対してアーサー懐胎のケースでは、ゴルロイスはその姿に変装したユテルに妻のイジェルヌを寝とられてしまうため、ギリシア神話のアムピトリュオンの役割を演じていることになる。

【書誌情報】 Ph. Walter, *Arthur, l'Ours et le Roi*, Imago, Paris, 2002, pp. 102-106.

ゴロン　Goron

マリー・ド・フランス作『トネリコの短詩』に登場する勇敢な騎士の名。ドル＝ド＝ブルターニュ（Dol-de-Bretagne）の領主で、「トネリコ」に恋をする。「トネリコ」の素性がはっきりしなかったため結婚できず、双子の姉妹「ハシバミ」と結婚してしまう。「トネリコ」が高貴な生まれであることが証明され、「ハシバミ」との結婚が無効となり、ゴロンは「トネリコ」を妻に迎える。「ゴーロン」（goron）という語は、（ヴァンヌ地方の）古ブルトン語で《雷》を意味する。そのため、ゴロンはユピテルのような雷神に似た人物である可能性も否定できない。また彼と相次いで結婚したふたりの妻は、ディオスクロイ［ギリシア神話に登場する双子の兄弟カストルKastorとポリュデウケスPolydeukes］の女性版という特徴をそなえている可能性もある（ただし双子のうち一方は死すべき存在で、もう一方は不死の存在という非対称の性質をしている）。生後まもなくトネリコの木の枝にすてられて通過儀礼をへたため、「トネリコ」には不可思議で超自然的な力がそなわっていた（中世期には子供によく行われた治療の儀礼である）。これに対して「ハシバミ」は、普通の人間としての性質をもっている。当然のことながらゴロンが選んだのは、支配権を授けてくれる妖精の方である。フランス語で書かれた別の短詩（今日では亡失）にゴロンという人物についての言及があったことが、13世紀にアイスランド語で翻案された作品から判明している。北欧版のゴロンはある貴婦人に恋をするが、その思いを打ちあけることができない。竪琴弾きに執り成してもらい、ようやくその美女の愛を手に入れている。

【書誌情報】 L. Fleuriot, *Dictionnaire des gloses en vieux breton*, Klincksieck, Paris, 1964, p. 203 (gurun). J.-L. Olive, «Le passage à travers l'arbre», *Bulletin de la Société de mythologie française*, 188, 1997-1998, pp. 1-29.

〈サ〉

魚釣り　Pêche

クレティアン・ド・トロワ作『グラアルの物語』に登場する漁夫王には、魚釣りと漁夫にかかわる神話的な意味が本来そなわっている。このことは［アイルランドの「フィアナ物語群」の中心人物］フィン（Finn）とその師匠フィネガス（Finnegas）の神話と比較することでよく理解できるようになる。フィネガスは（アイルランドの）ボイン川の岸辺で暮らしていたドルイド僧である。フィネガスは全知の鮭を釣りあげようと待ちわびて暮らしていた。ゲール人たちの話によると、ボイン川の水源にはハシバミの木が9本聳えていた。そしてその木々から川に落ちたハシバミの実を、1匹の鮭が食べていた。つまりその鮭は、この上ない知識をもたらすという噂のハシバミの実に隠された知恵を受けとっていたことになる。フィネガスは7年ものあいだ、知恵の鮭を釣ろうとしたがうまくいかなかった。ところが、若き弟子フィンが彼のもとにやってくると、フィネガスは知恵の鮭の捕獲に成功した。そこでフィネガスはフィンに鮭を焼き、決してふれたり食べたりしないよう命じた。フィンはそのいいつけを守った。しかし鮭を焼きはじめたところ、その魚の皮に気泡がひとつできた。フィンはそこを親指で押して火傷してしまい、痛みを和らげようとして親指をなめた。こうしてフィンは、聖なる鮭の肉を最初に口にしたことになり、至高の奥義の啓示を受けた。フィネガスから名前を尋ねられた少年は、デウネ（Deimhne）だと答えた（デウネは、アイルランド語で《雄鹿》や《ダマシカ》をさす）。フィンの息子オシーン（Oisin、またはオシアンOssian）の名は、《小鹿》を意味している（ケルト人は雄鹿を原初の動物の仲間だと考えていた）。フィネガスは少年に、フィンという別の名を名乗るようにいう（フィンは《白い》、《美しい》、《神聖な》をさす）。フィンの神話と、ペルスヴァルと漁夫王の出会いを比較してみると、漁夫王はその異名のとおりまさしく漁夫である。聖なる食事が用意された場面では、ペルスヴァルは漁夫王と（知恵の鮭が入れられていた）「グラアル」との出会いを果たした後で、従姉に名を聞かれそれまで知らなかった自分の名前（「ペルスヴァル・

ル・ガロワ（Percevax li Galois、ウェールズ人ペルスヴァル）」）をいいあてる。しかし従姉から「ペルスヴァル・ル・シェティス（Percevax li chetis、みじめな人ペルスヴァル）」と名前をいい換えられてしまう。こうした筋書きはふたつの物語に共通しており、いずれも通過儀礼としての性質を帯びた展開になっている。聖なる肉（知恵の魚の肉）を口にすることで、将来占者となる若者が霊的に目覚めたのである。漁夫王の館での記念すべき夕食の席で「グラアル」に入れられていた魚（鮭、カワカマス、あるいはヤツメウナギ）を食べていれば、おそらくペルスヴァルの知性も目覚めていたにちがいない。

【書誌情報】 C. Sterckx, *Les Dieux protéens des Celtes et des Indo-européens*, Société belge d'études celtiques, Bruxelles, 1994. J. Vendryès, *Lexique étymologique de l'irlandais ancien*, Presses du CNRS, Paris, 1959, D-19 (s. v. *dam*).

⇒雄鹿、漁夫王、鮭、ブロン

魚の騎士　Poisson chevalier

『パプゴーの物語』に登場する、激しい嵐のさなかに現れてアーサー王と対決した怪物的な存在。（象のように大きな）馬と魚の混成体で、同じく巨体であった騎士姿の上半身が動物の部分にくっついていた。この騎士にほぼそっくりな存在が、中高ドイツ語で書かれた物語『ヴィーガーロイス』に見つかる。13世紀以降に描かれた、動物誌にもとづく中世の絵画では、こうした混成体は珍しくない。また、ガロ＝ローマ期に作られた、騎馬上のユピテルと蛇身の怪物を象った彫像も想起させる。魚の姿をした人物は、複数の神話に出てくる。もちろん水の精（セイレン）の姿の女性版の方が有名で

ユピテル騎馬像と蛇身の怪物

（フランス・メッス、ラ・クール・ドール美術館所蔵）

あるが、男性版もそれに劣らず見つかる。漁夫王自身も元来は「魚の王さま」だった可能性が十分にある。

【書誌情報】 J. Fronty, *Un poisson dans le plafond. L'étrange bestiaire médiéval du musée de Metz,* Éditions Serpenoise, Metz, 2007. C. Ferlampin-Acher, *Fées, Bestes et Luitons,* P.U.P.S., Paris, 2002, pp. 297-304.

⇒怪物

サグルモール　Sagremor

《無鉄砲男》（ル・デスレエle Desréé）という異名をもつ「円卓の騎士」。この異名は（ジェルベール・ド・モントルイユ作『ペルスヴァル第四続編』の「苦しみの山」のエピソードに見られるように）、サグルモールが精神錯乱に近い衝動的な振舞いを見せることに由来する。

『リゴメールの驚異』でのサグルモールは、リゴメールの魔法の犠牲者にもなっている。(『名無しの美丈夫』によると)クラリ(Clarie)という姉妹がおり、(ジェルベール作『ペルスヴァル第四続編』によると)リモール(Limor)司教とリュメリ(Lumeri)司教が彼の兄弟にあたる。フロワサール作『メリヤドール』では、サグルモールは重要な役割を演じている。モレル(Morel)という名の駿馬の持ち主である。サグルモールは、ゴーヴァンと同じく正午になると力が最大になる(つまり太陽英雄の側面をもっている)。また『散文ランスロ』によると、サグルモールが空腹にとても弱いのは、腹が減ると自分を抑えられなくなるからだという。クウがサグルモールを「すきっ腹の死者」(Mort Jeun)とよんだのは、空腹で死にそうになったからである。このようにサグルモールが空腹に弱い原因は彼の幼少年期までさかのぼり、母親がある出来事の後で息子に母乳を与えなくなったためである。サグルモールが登場する中世ドイツ語による詩(『ゼグレモルス』)の断片が現存しており、これはおそらく失われたフランス語詩編の翻案作品である。しかしながらこの中世ドイツ語による詩の典拠が『メロージス・ド・ポールレゲ』であった可能性もある。両者の間には驚くべき共通点がいくつも見つかるからである(中世ドイツ語の詩では、ゼグレモルス(Segremors)が恋人とともにガーヴァーン(Gâwân、フランス語名ゴーヴァン)探索へ向かい、幽閉されていたガーヴァーンを発見するが、この筋書きは『メロージス・ド・ポールレゲ』にも出てくる)。アリス・プランシュが指摘したように、サグルモールの名が「イチジク」の名(フランス語では「シコモール(sycomore)」)と混同されているのはおそらく偶然ではない。新約聖書の『ルカによる福音書』第19章に登場する徴税人ザアカイ(フランス語名ザシェ Zachée)と同じく、サグルモールはイチジクと特別な関係をもっているからである[並外れて背が低かったザアカイは、イエスを見たいと思いイチジクの木に登ったが、降りてくるようにイエスから求められた]。そしてまたザアカイはフランスではキリスト教の影響を受けてシルヴァン(Sylvain)という名前になり、「野人」(樹木人間)と競合する存在になった。狂気と「野人」との結びつきはあまりにも有名なので、サグルモールにも生まれつき狂気がそなわっていたのではないかと考えられる。サグルモールの名は、語根「サケル」(sacer、《聖なる、呪われた》)と、形容詞「モール」(mor、《大きな》と《亡霊》の両方を指す可能性がある)の組み合わせからできているように思われる。通過儀礼にも似たサグルモールの見せる常軌を逸した振舞いは、シャマニズムを思わせるものである。

【書誌情報】A. Ernout et A. Meillet, *Dictionnaire étymologique de la langue latine*, Klincksieck, Paris, 1967, pp. 585-587. A. Planche, «La dame au sycomore», dans : *Mélanges Jeanne Lods. Du Moyen Age au XXe siècle*, t. 1, Presses de l'ENS, Paris, 1978, pp. 495-516. C. Gaignebet et J.-D. Lajoux, *Art profane et Religion populaire au Moyen Âge*, P.U.F., Paris, 1985, pp. 107-108 (Sylvain-Zachée). P. Gallais, «Scénario pour l'affaire Sagremor», *Mélanges Rita Lejeune*, t. 2, Duculot, Gembloux, 1969, pp. 1025-1038. M. Pastoureau, «Formes et couleurs du désordre : le jaune avec le vert», *Médiévales*, 4, 1983, pp. 62-73. C. Roussel, «L'art de la suite : Sagremor et l'intertexte», *Annales ESC*, 41, 1986, pp. 27-42.

⇒苦しみの山

鮭 Saumon

クレティアン・ド・トロワ作『グラアルの物語』に登場する隠者（ペルスヴァルの母方の伯父）の証言によると、普通「グラアル」には3種類の魚が入っている可能性があるという。鮭は、隠者がカワカマスやヤツメウナギとともに名をあげる魚のひとつである。そもそも「グラアル」が出てくるのは漁夫王の館であり、漁夫王が好んでおこなっていたのはまさしく魚釣りだった。これにより裏づけられるのは、（キリスト教化を受ける前の）「グラアル」が大型の魚を入れるための広口の皿だったという説である（大型の魚をまるごと食卓まで運ぶにはそれ相応の大皿が必要だった。なぜなら当時は個人用の小皿がまだなかったからである）。ゲールの信仰によると、知恵をもたらす「異界」の生き物だと考えられた鮭は原初的な存在であり、ギリシア神話の「海の老人」に対応している。つまり鮭は万物の誕生に立ち会っている。あるアイルランド神話によれば、たまたま鮭の身を口にしたフィン（Finn）はすべてを見きわめる知恵を獲得している（この神話は、たまたまファヴニール（Fafnir）が変身したドラゴンの血を口にした後で、鳥の囀る予言が理解できるようになったシグルズ（Sigurd）の神話を想起させる）。このように、鮭はケルト人の本来の伝承と秘かに結びついている。事実アイルランド神話によると、フィンが直感的に占術を獲得したのは「知恵の鮭」を口にしたからだった。大型の魚（鮭、カワカマス、ヤツメウナギ）が入った皿「グラアル」を目撃したペルスヴァルも、同じ力を獲得することになっていたのかもしれない。ペルスヴァル少年は直感的に「グラアル」と「血の滴る槍」についての質問をすべきだったが、そうはしなかった。なかば魔術的なこのふたつの質問を発していれば、漁夫王の病が癒えることになっていた。したがってペルスヴァルは、いわばフィンの裏返しである。フィンが人生についてのあらゆる問いに対する答えを秘かにもっているのに対し、ペルスヴァルは同じ問いを推察しなければならないからである。このようにケルトの神的な鮭は聖なる食べ物だったため、キリスト教の伝承の中へ簡単に移された。なぜなら魚（ギリシア語の「イクテュス(ichthys)」）は、初期キリスト教時代からキリストの象徴だったからである。クレティアン・ド・トロワは聖なる食事の儀礼で、（キリスト教的な解釈により）「知恵の鮭」の代わりに《聖体（ホスティア）》をおくという代替をおこなった。しかし聖アウグスティヌスがキリストを「イクテュス」（ギリシア語で《魚》の意）として示したことはだれもが知っていた。「イクテュス（IKTUS）」は、《イエス（Jesu）、キリスト（Kristus）、神の（Theou）、子（Uios）、救世主(Sôter)》という5つの語の頭文字を並べた折り句（アクロスティッシュ）である。魚は、聖アウグスティヌスが注解した初期キリスト教の象徴のひとつであり、神をさす秘密の名のひとつでもあった。クレティアン・ド・トロワの典拠にふくまれていたはずの異教の祭礼については、『コルマクの語彙集』（*Sanas Chormaic*）（10世紀）があげているアイルランドの文献がその古い構成要素を再現してくれている。その要素の中には、鮭をもちいた供犠の食事がふくまれていた。

【書誌情報】 F. Le Roux et C. Guyonvarc'h,

article «Saumon», dans : J. Chevalier et A. Gheerbrant, *Dictionnaire des symboles*, Seghers, Paris, 1974［ジャン・シュヴァリエ+アラン・ゲールブラン共著（金光仁三郎ほか訳）『世界シンボル大事典』大修館書店、1996年、p.420「サケ」］. J.-F. Nagy, *The Wisdom of the outlaw. The boyhood deeds of Finn in Gaelic Narrative,* University of California Press, Berkeley and Los Angeles, 1985. Ph. Walter, *Perceval, le Pêcheur et le Graal*, Imago, Paris, 2004, pp. 181-200. Du même auteur : «A la recherche d'une mythologie de la vieille Europe. Le sang du dragon : Siegfried, Finn, Taliesin, Tirésias», *Cahiers de l'Echinox*, 10, 2006, pp. 325-334［フィリップ・ヴァルテール（渡邉浩司・渡邉裕美子訳）「ドラゴンの血（ジークフリート、フィン、タリエシン、テイレシアス）―古ヨーロッパの神話を求めて」中央大学『中央評論』通巻第301号、2017年11月、pp. 98-110。

【邦語文献】 フィリップ・ヴァルテール（渡邉浩司訳）『漁夫王あるいは鮭の王？クレチアン・ド・トロワ『聖杯の物語』の一登場人物をめぐって』中央大学人文科学研究所、2000年、人文研ブックレット12。

⇒雄鹿、オルカニー、漁夫王、クウ、グラアル、魚釣り、タリエシン、ティドレル、肉切台、ハシバミ、ペルスヴァル、モルガーヌ

叫び Brait

古フランス語「ブレ」（brait）は泣き声や叫び声を意味するが、なかでも（雄鹿を含む）特定の動物の鳴き声をさす。《叫びの物語》（conte du brait）は原初の形が失われた作品だが、メルランに関連した作品群（『続メルラン物語』のほか、とくにイベリア半島で書かれた『聖杯の探索（デマンダ）』）の中でくりかえし言及されている。中世カスティリャ語によるメルランの話は『断末魔（バラードロ）』（*Baladro*）と題されているが、これは「ブレ」のイベリア語形である。この作品名は、占者メルランがヴィヴィアーヌによって幽閉された牢で亡くなる前に発したとされる叫び声を暗示している。この叫び声は不思議な出来事を引きおこした。ウルリヒ・フォン・ツァツィクホーフェン作『ランツェレト』には、唸り声をあげる沼が出てくる。この叫び声は「聖ヨハネ祭」前の３日間つづき、それを耳にする動物たちに死をもたらす。この現象は正当にも、中世ウェールズの物語『スリーズとスレヴェリスの冒険』（*Cyfranc Lludd a Llefelys*）に出てくる毎年５月１日に響きわたる叫び声と比較された。この叫び声は「ブリテン島の３つの災厄」のひとつに数えられていた。これを耳にした男たちは力を失い、誕生寸前の子どもたちは母親の腹の中で息絶えたという。『ディド＝ペルスヴァル』によると、「ブレ」はブルターニュの魔法のはじまりを告げるものだった。『アーサーの書』では「ブレ」は空中に響きわたり、これを耳にする人たちをことごとく落下させて死に追いやったという。

【書誌情報】 W. von Wartburg, *Französisches Etymologisches Wörterbuch*, Klopp, Bonn, 1928, 1, 490-492 (brag-). F. Bogdanow, *The Romance of the Grail,* Manchester University Press, 1966, pp. 42-49. G. Dumézil, «Triades de calamités et triades de délits à valeur trifonctionnelle chez divers peuples indo-européens», *Latomus*, 14, 1955, pp. 173-185. Du même auteur : *Mythe et épopée 1*, Gallimard, Paris, 1986, pp. 613-623. R. S. Loomis, Notes et commentaires à la traduction de T. Kerth, U. von Zatzikhoven, *Lanzelet*, Columbia University Press, New York, 1951, pp. 219-

220 (note 211).
⇒荒れ地、メルラン

サドール　Sador

『散文トリスタン物語』に登場する、ブロン（Bron）の12人の息子のひとり。兄弟のエラン・ル・グロ（Helain le Gros）とナビュザルダン（Nabuzardan）と同様に、アリマタヤのヨセフの甥のひとりにあたる。サドールは難破したケランド（Chélinde）を救い出して結婚し、彼女との間にアポロをもうける。ナビュザルダンがケランドを力づくで連れ去ろうとしたため、サドールはケランドをとりもどしてナビュザルダンを殺める。その後、夫婦は離ればなれになり、夫の死を信じこんだケランドはカノール（Canor）と再婚してしまう。サドールはカノールから妻をとりもどすが、重傷を負ってしまう。そのため息子のアポロがカノールを殺める。サドールはサドック（Sadoc）の名で現れることもある。聖書によると、ツァドク（Tsadoq、フランス語名サドックSadoc）はダビデ王の時代にエルサレムの初代祭司を務めた。その後ダビデ王の死の間際に王位継承をめぐって混乱が生じたとき、ツァドクはソロモンの側についた（『サムエル記下』15, 24-29）。ツァドクの子孫はマカベア家の時代まで、祭司職の任についた［マカベア家は前168年から前37年まで、シリア王国支配下のユダヤ人を指導した一族］。
⇒アリマタヤのヨセフ

サラス　Sarras

「サラセン人」の出身地とされる中東の町。「サラセン人」（Sarrasins）とは、中世期にはキリスト教徒と戦う異教徒全般の総称だった。中世フランス語散文物語『アリマタヤのヨセフ』によると、サラスの住人たちはトロメール（Tholomer）王が敗北した後、キリスト教へ改宗する。トロメール王を倒したモルドランがブリテン島へ向けて出発すると、トロメールの仇討ちをするためにエジプト軍がサラスの町へ侵攻する。町はエジプト軍により焼き払われるが、後にエリエゼール（Élyezer）とグリマル（Grimal）によって再建される。『聖杯の探索』では、ガラアド、ペルスヴァル、ボオールの3人が「聖杯」、「聖槍」、「聖杯のテーブル」をサラスの町へ運んでいる。当時のサラスは異教の王エスコラン（Escorant）（「コーラン（Coran）」という語から作られた名）に支配されていた。ガラアドはサラスの王として君臨した後、この町で亡くなる。サラスが空想上の町だとは思えない。十字軍について記したギリシアの歴史家たちによると、サラ（ス）（Sarra(s)）は、レバノン南西部にある町ティルス（Tyrus、フランス語名ティールTyr）の別名である。かつてこの港湾都市では船大工たちがはたらいていた。ガラアドとふたりの仲間は「聖杯」を携えて船で「聖地」へ向かったが、（物語の想像世界では）ソロモン王に仕える大工たちがその船をサラスで建造した可能性もある。

【書誌情報】 H. Leclercq, article «Sarrasins», dans : *Dictionnaire d'archéologie chrétienne et de liturgie*, Letouzey, Paris, 1950, t. 15-1, col. 905-906. C. Gaignebet, article «Sarras», dans : O. Battistini et *alii, Dictionnaire des lieux et pays mythiques,* Laffont, Paris, 2011, pp. 1082-1087.
⇒エヴァラック、聖杯

サルズビエール　Salesbières

（イングランド南部）ウィルトシャー

(Wiltshire)の州都ソールズベリー(Salisbury)に相当する古フランス語名。巨石からなるストーンヘンジ(Stonehenge)の遺跡は、ソールズベリーの北西約10キロにある。サルズビエールは、アーサー王伝説に戦場としてくりかえし出てくる。まずロベール・ド・ボロン作『メルラン』によると、(ユテルとパンドラゴンが率いる)ブリトン軍がサクソン軍と初めて激突する戦場として名があがる。この戦いの後、メルランは戦死者を祀る「巨人族の輪舞」を建設する。『アーサー王の最初の武勲』では、サクソン軍との戦いでアーサーが指揮を執るのを認めなかった王たちをアーサーが迎え撃つのもサルズビエールである。また『アーサー王の死』によると、サルズビエールはとりわけアーサー王世界でおこる最終決戦の舞台となり、「円卓」騎士団が仲間どうしで殺しあう。アーサーはこの合戦で不義の息子モルドレッドから致命傷を負わされ、アヴァロン島へ運ばれていく。ストーンヘンジ遺跡に巨石記念物があることから、サルズビエールの合戦をアイルランド神話に出てくるマグ・トゥレド[コナハト地方北西部にある平原]での神話的戦いと関連づけて考えることもできるだろう(「マグ・トゥレド(Mag Tured)」はゲール語で《列柱の平原》をさすが、この列柱は巨石に他ならない)。ストーンヘンジ遺跡が天文観測台として知られていたため、サルズビエールの合戦は重要な季節のかわり目におこなわれたとも考えられる(物語によるとサルズビエールの合戦は11月におきている)。

【書誌情報】 J. Frappier, «La bataille de Salesbières», dans : *Mélanges R. Lejeune*, Duculot, Gembloux, 1969, pp. 1007-1023. Repris dans : *Amour courtois et Table Ronde*, Droz, Genève, 1973, pp. 209-223.

⇒巨人族の輪舞、パンドラゴン、ユテル

3 Trois

数多くのエピソードやオブジェや登場人物たちをまとめ上げるための、鍵となる数。ジョルジュ・デュメジルが《インド=ヨーロッパ語族の三機能イデオロギー》と名づけようと提案した概念にふくまれることが多い。デュメジルによれば、「インド=ヨーロッパ語族の世界や社会を支配する主要な要素や組織は、調和よく釣りあいのとれた3つの領域に分割されている。そのうち最も威厳が高いのは支配権であり、魔術的かつ法的な面をそなえ、いわば聖なるものの最高の表現である。つぎにくるのは身体能力と雄々しさであり、その最も顕著な形は戦争での勝利である。最後に豊穣と多産がくる」。しかしながらこれは「イデオロギー」、つまり「想像上の」世界の姿であって、「現実の」社会の記述ではない。こうした三重の性格が神話の上で正当化されるためには、内的な一貫性をもった均質な文脈の中で、必然的に結びつきうる諸要素を分析の対象にしなければならない。さらに比較神話学的な分析により、三重の性格がくりかえし認められる必要がある。

ジョルジュ・デュメジルによると、こうした三重性は(サンスクリット語がその古い形をとどめている)インド=ヨーロッパ諸語をもちいていた諸民族に支配的だった思考習慣を特徴づけるものである。民話においては、こうした三重性が三機能体系を反映したオブジェと結びつけられていることが多く、3つのオブジェはひとつ目が支配権、ふたつ目が戦争、3つ目が多産と関連している(たとえば、マリー・ド・フランス作『ヨネックの短詩』の不可思議な騎士が愛する奥方に授けた3つのオブジェがこのケースにあてはまる)。三重性は三重のエピソードとして表現されることもある。たとえば3日間の馬上槍試合や、三重の敵との戦いがこれにあたる（ウィリアム・オヴ・マームズベリー作『グランストンベリー修道院古史』でイデールは3人の巨人と戦い、クレティアン・ド・トロワ作『荷車の騎士』でランスロはメレアガンと三度戦っている)。『リゴメールの驚異』には、実に古風な「3つの武具をもつ騎士」が出てくる。文学では三重の戦いが弱められて二重の戦いになったり（クレティアン・ド・トロワ作『グラアルの物語』でペルスヴァルはクラマドゥーおよびその家令と戦う)、逆に強められて4重の戦いになったりする（クレティアン・ド・トロワ作『クリジェス』の主人公クリジェスは、オックスフォードで4日間の馬上槍試合に参加する)。ウェールズの『ブリテン島三題歌』はそれぞれの歌の中で詳しい神話の内容を語らぬまま、3つの単位にまとめる思考の鋳型を残している。ウェールズの三題歌は、（しばしばアーサー伝承と関連する）ひとつの共通点をもった人物、場所、名前を3つの文章で結びつけている（3人の戦士、3人のふしだらな女、3頭の馬など)。しかし三題歌の記憶しやすい形態は、古代ケルト人の神話的思考が昔から反射的に生み出したものであり、アイルランドやウェールズの神話物語にも頻繁に出てくる。

グラアルに似た皿を抱えた、
三者一組の母神または至高女神
（ガロ＝ローマ時代の石碑、リヨンのガロ＝ローマ文明博物館蔵）

【書誌情報】 R. Bromwich, *Triodedd Ynys Prydein. The Welsh Triads*, University of Wales Press, Cardiff, 1961. G. Dumézil, *La Religion romaine archaïque,* Payot, Paris, 1987 (2e éd. revue et corrigée), p. 173. Du même auteur : «Les objets trifonctionnels dans les mythes indo-européens et dans les contes», dans : *Mythes et Dieux de la Scandinavie ancienne*, Gallimard, Paris, 2000, pp. 293-307. J. Grisward, «Objets magiques et trifonctionnels dans le roman médiéval et les contes populaires de Lorraine», *Perspectives médiévales*, 14, 1988, pp. 89-99.

⇒インド＝ヨーロッパ

三重死　Triple mort

ロベール・ド・ボロン作『メルラン』で、メルランがおこなった予言のひとつ。メルランの前に同一人物が三度、毎回変装して異なる姿で現れると、メルランから馬からの転落、宙吊り、溺死という3通りの死因を告げられる。メルランに敵対する人たちは、彼の予言にはあきらかに一貫性がないことを利用して、占者としての彼の信用を落とそうとする。しかし予言を受けた当人が実際に、メルランが述べた3つの状況を順にへて死亡する。供犠としての三重死という神話的テーマは、アイルランドの作品群にも見つかる。たとえば［アイルランドの伝説上の王］エルカ（Erca）の息子ムルヘルタハ（Muirchertach）王は、供犠としての三重死に見舞われる（王は槍の一撃を受けてワイン樽の中で溺れ、宮殿の火事で焼死する）。ホメロス作『イリアス』の中では、戦いの神アレス（Ares）が同じように三度死にそうな目にあっている。またこのテーマはキリスト教化された殉教譚の中では、同一の聖人が何度も死を経験するかたちをとる。三重死の犠牲者の名はフランス語で著された物語群ではあかされていないが、イタリア語で著された物語群ではアルジステス（Argistes）とよばれている。

【書誌情報】C. Guyonvarc'h, «La mort de Muirchertach, fils d'Erc. Texte irlandais du très haut Moyen Age : la femme, le saint et le roi», *Annales ESC,* 1983, pp. 985-1015. T. O Cathasaigh, «The threefold death in early irish sources», *Studia celtica japonica,* 6, 1994, pp. 53-75. M. Meulder, «Les trois morts fictives d'Arès au chant V de *l'Iliade*», *Gaia,* 8, 2004, pp. 13-27.

⇒3、メルラン

サンソン（聖） Samson (saint)

6世紀にフランス・ブルターニュのドル（Dol）で司教を務めた聖人の名で、トリスタン伝説に何度か現れる。クレティアン・ド・トロワ作『エレックとエニッド』によると、トリスタンがアイルランドからやってきたル・モロルトを倒したのは、聖サンソン島でのことだという。『散文トリスタン物語』では、トリスタンは聖サンソンの祝日にル・モロルトを殺めている。聖サンソンの祝日は7月28日であり、「夏の土用」の最中に位置している。中世の聖人伝説ではサンソンみずからがドラゴン退治をおこなっていることから、トリスタンとサンソンはドラゴンを倒す英雄の属性を交換しあっている。トリスタンとサンソンはこのドラゴン退治により、「夏の土用」神話と強く結びついた人物になっている。

【書誌情報】Ph. Walter, *Le Gant de verre. Le mythe de Tristan et Yseut,* Artus, La Gacilly, 1990, pp. 51-57. B. Merdrignac, *Les Vies de saints bretons durant le haut Moyen Âge,* Ouest-France, Rennes, 1993, pp. 95-102.

⇒ドラゴン、8月1日

シ

司祭ヨハネ（プレスター・ジョン）
Prêtre Jean

12世紀に初めて言及された伝説上の君主。ドイツ皇帝（フリードリッヒ・バルバロッサ）や法王に手紙を送ったとされる。この王はキリスト教徒だと思われ、手紙の中で自分の不思議な王国について描写している。その王国は（エデンの東にある）楽園の近く、インドの方角に位置していた。司祭ヨハネ（プレスター・ジョン）の神話はもともと「グラール」（Grâl、聖石）とは別物だった。しかし『新ティトゥレル』になると、「聖なるグラール」はインドの不思議な国にわたり、キリスト教の信仰を見すてたヨーロッパの地を離れている。パルチヴァール、フェイレフィス（Feirefiz、またはフェラフィスFerafiz / Ferafis、パルチヴァールの異母兄）、ティトゥレルが「グラール」を運んでいく。司祭ヨハネの死後、純潔を守ったティトゥレルは「グラール」のおかげで、みずからが司祭ヨハネとなることができた。ティトゥレルの死後、「グラール」に秘密の銘文が現れ、フェイレフィスの子孫たちを新たな司祭ヨハネとして指名する。司祭ヨハネはその名によって、キリスト教の暦に記載されているふたりの聖ヨハネの祝日と関連している。それは洗礼者ヨハネ（祝日6月24日は夏至に近い）と福音史家ヨハネ（祝日12月27日は冬至に近い）である。そのため司祭ヨハネは象徴的に、1年のふたつの扉と、彼方の世界にある（地理と星辰どちらもの）入口におかれている。

【書誌情報】 C. Lecouteux, «Géographie mythique : le royaume du Prêtre Jean», dans : K. Watanabe et F. Vigneron éd., *Voix des mythes, science des civilisations,* Peter Lang, Berne, 2012, pp. 195-207.

【邦語文献】 逸名作家（池上俊一訳）『東方の驚異』（講談社学術文庫、2009年）所収「司祭ヨハネの手紙(1)(2)」; 渡邉浩司「2人の聖ヨハネをめぐる神話学的考察」『中央大学経済研究所年報』第47号、2015年、pp. 495-508。

⇒ティトゥレル

至純愛（フィーヌ・アモール）
Fine amor

「フィーヌ・アモール」（《絶対的な愛》、《至純愛》）は「ブルターニュの素材」とは無縁であり、12世紀初めにトルバドゥール（南仏詩人）が生み出したものである。この恋愛観はアーサー王世界に深く入りこみ、ケルト起源の物語群では知られていなかった感情表現を導入した。「至純愛」は冒険を求める騎士にとっての動因となった。アーサー文学には多くの点で、トルバドゥールやトルヴェール（北仏詩人）が抒情詩の中で描いた、空想的なテーマと調和したイメージや物語の状況が認められ、その重要な原則がたたえられている。すなわち、意中の「奥方」の優越、愛の奉仕（と奉仕する騎士）、奥方の愛を獲得するために恋する男が耐え忍ぶ試練や偉業などである。こうしたテーマ群が理想的な形でつながっているのがクレティアン・ド・トロワ作『荷車の騎士』であり、そこから13世紀で最も有名な物語群『ランスロ＝聖杯』が生み出されている。宮廷風イデオロギーは、アーサー王物語の素材に隈なく浸透している。クレティアン・ド・トロワが大なり小なり手際よく「ブルターニュの素材」を南仏のトルバドゥールの精神と融合させたのに対し、ほかの物語作家たち（『グラアルの物語』の続編作家たち）は古いケルトの民話群からとり出したケルトの荒々しい詩情を作品中に残した。その詩情は、ケルトの民話群を生み出した古代神話の精神にかなり近いものである。

【書誌情報】 Ch. Camproux, *Le Joy d'amour des troubadours,* Montpellier, 1965. R. Bezzola, *Les Origines de la formation de la littérature courtoise en Occident (500-1200),* Champion, Paris, 1960-1967. Ph. Walter, «La *fine amor* entre mythe et réalité», *L'Ecole des lettres* (Le mythe de Tristan et Yseut) 83, 1992, pp. 5-24.

【邦語文献】 新倉俊一「愛、12世紀の発明」『ヨーロッパ中世人の世界』ちくま学芸文庫、1998年、pp. 159-189。

⇒アーサー、貴婦人、巨人、トリスタン、ボードゥー、ランスロ

嫉妬深いマラン　**Marin le Jaloux**

『ペルレスヴォース』に登場する不忠の人物。「ゴモレ（Gomoret）城のマラン」ともよばれる。メリヨ・ド・ローグル（Méliot de Logres）の父。召使いの小人が彼を探しに小島へやってくることから、マランはおそらく「異界」の存在である。この小島へは、マランの居城の大広間の後ろを流れる川を船でわたっていくとたどり着く。「海の」をさす彼の名（マラン）と、彼が引きこもった場所（釣り場）、さらには渡し守としての小人の存在は、マランが「異界」の存在だという説を裏づけてくれる。マランが不在のとき、彼の妻がゴーヴァンをもてなした。邪悪な召使いだった小人は、ゴーヴァンの悪い評判を利用して主人に嘘をついた。ゴーヴァンがマランの妻と枕をともにしたと述べたのである。マランはその異名が示すとおり嫉妬に燃え、妻を罰するため凍てつく泉に裸のまま浸からせて鞭で打った。詳しく描かれたこの場面は、川の水で自分の洗濯物を叩いて洗う、洗濯女の姿を転用したものである。マランは《神の裁き》を受けるために、ゴーヴァンとの一騎討ちを余儀なくされる。しかし土壇場になって投げる槍の軌道を変え、妻を撃ち殺してしまう。残忍で怒りっぽい性格から、マランは人食い鬼も想起させる（息子の名メリヨ・ド・ローグルの「ローグル」には、「人食い鬼（オーグルogre）」が見つかり、さらに同じ「オーグル」に近い音をふくんだマランの居城の名《ゴモレ》（Gomoret）は旧約聖書に出てくる町ゴモラ Gomorrha（フランス語名ゴモール Gomorrhe）と響きあっている）。

シード　Síd

「異界」をさすアイルランド語。もともと《安らぎ》を意味するこの語は、古代アイルランドで彼方の国の所在地とされた《小高い山》や《丘》や塚も意味していた。人間は単独ではシードへ近づくことができない。「異界」の女（バンシー banshee、つまり《シードの女》）が迎えにやってきて、人間たちをシードへ連れていくのである。こうした《異界》へ赴くときには必ず水域（海、湖、泉、河）を通過したり、《9番目の波》を越えたりしなければならない。そのほかにも、マリー・ド・フランス作『ヨネックの短詩』の貴婦人のように、大地（丘、土墳、山）の中をつき進んでいく場合もある。文学作品が描くケルトのシードは、庭園や不思議な島に対応していることが多い。

【書誌情報】 C. Guyonvarc'h, «Notes d'étymologie et de lexicographie gauloises et celtiques. XIII. 47. irlandais SID, gaulois *SEDOS, "siège, demeure des dieux"», *Ogam*, 14, 1962, pp. 329-340. F. Le Roux et C. Guyonvarc'h, *Les Druides*, Ouest-France, Rennes, 1986, pp. 280-299.

⇒アヴァロン(1)、アヌーヴン、ヴィヴィアーヌ、貴婦人、9、ジベルの妖精、島、庭園、バラントン、沸騰する泉

支配権　Souveraineté

古代ケルト世界の重要な概念であり、アーサー王文学にも見つかる。「支配権」というのは絶対権力のことである。ヒンドゥー教でこれに相当する概念は神々の「シャクティ」（shakti）であり、男神が行動するのに必要なエネルギーや原理をさす。ケルト世界の「支配権」は、女神（アーサー王物語では《妖精》）の姿で現れる。大地のアレゴリーである女神は、大地の発現であるのと同時に大地の母である。女神（または妖精）は王を必要としており、王に束の間の権力を授ける。数多くのアーサー王物語が「支配権」の獲得をテーマにしている。「支配権」を手にするには、大地（＝国）の継承者である高貴な女性と結婚しなければならない。その女性は大地（＝国）とそこに住む人々の平和と繁栄を約束する存在である。グニエーヴルはアーサーの「支配権」を保証している。したがって王妃グニエーヴルが不貞に及べばたんなる恋愛沙汰では済まされず、政治上のゆゆしき問題となる。グニエーヴルがアーサー王を捨ててランスロのもとへ走ったことが、アーサー王国の崩壊を招くのである。

【書誌情報】 P. Saintyves, «Les mariages princiers dans les contes de fées», *Revue anthropologique*, 36, 1926, pp. 461-469. A. Adler, «Sovereignty as the principle of unity in Chrétien's *Érec*», *Publications of the modern language association of America*, 60, 1945, pp. 917-936. C. Guyonvarc'h, *Les Druides*, Ouest-France, Rennes, 1986, pp. 418-419. Du même auteur : «La souveraineté celtique. Questions préliminaires de définition», *Connaissance des religions*, 60, 1999, pp. 1-9.

【邦語文献】 渡邉浩司「フラシウス―アイルランド神話の王権女神」篠田知和基編『神話・象徴・儀礼III』樂瑯書院、2016年、pp. 89-92。

⇒グニエーヴル

シバの女王　Reine de Saba

シバの女王は『聖杯の探索』に登場するが、この名でよばれてはいない。ソロモン王の妻として彼女はさまざまな技芸や技術を実際に熟知しているだけでなく、同時に未来のことを見事に察知する。彼女がソロモンに授けた３つの忠告は、大工と鍛冶にかんするものだった。ひとつ目の忠告は、船の建造だった（この船は後に、「聖杯（サン・グラアル）」を聖なるサラスの町へ運ぶのに使われる）。ふたつ目の忠告は、エルサレムの神殿にあったダビデ王の剣をとり、柄の部分を作りかえ、この上なく美しい鞘をこしらえることだった（こうして作りなおされたダビデの剣は、「不思議な帯革の剣」となる）。３つ目の忠告は、船に載せる寝台の上に紡錘形の３つの木片をとりつけることだった。シバの女王は大工たちに命じ、入念に選ばれた３つの木のそれぞれから木片を切りとらせた（この箇所はおそらく、「十字架の木」の伝説を踏まえている）。12世紀になると、シバの女王はロマネスク様式の教会の扉口に鵞鳥（雁）の足をした女として描かれることがあった（たとえば、ディジョンの聖ベニーニュ Saint-Bénigne教会、ヌヴェールNeversの聖ピエール教会、サン＝プルサンSaint-Pourçainの聖女マリア教会、ネール＝ラ＝ルポストNesle-la-Reposte修道院など）。これらの彫像は、フランス革命の時代にとり壊されてしまった。実際には、中世のシバの女王は古代ケルトの女神の属性を受けついでいた。その女神とはアイルランドの万能女神ブリギッド（Brigit）であり、神的な知恵をそなえていた。雁の姿をとることのできた女神ブリギッドは、『コルマクの語彙集』（*Sanas Chormaic*）によると、鍛冶、手工芸、占術とのつながりが深かった。シ

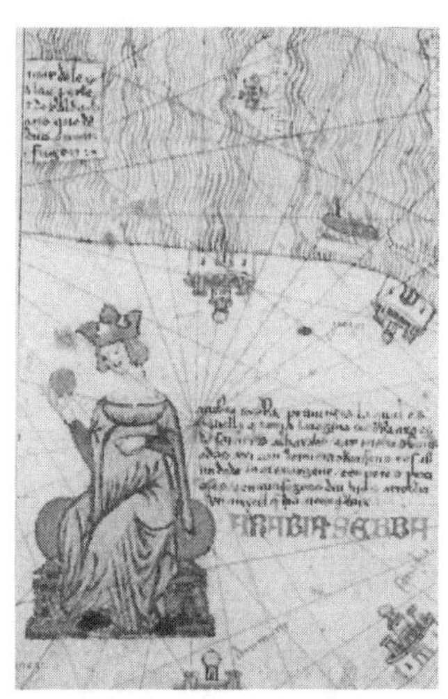

シバの女王
（『カタロニア地図』の挿絵）

バの女王は、《鵞鳥（雁）の足》（ベドック）の持ち主として有名だった。彼女がわれ知らず、鳥としての本性をソロモン王にあかしてしまうエピソードが知られている。女王の到着を伝えられたソロモンは、水晶の広間で待機していた。広間に入ったシバの女王は、王が水中にいると思いこんでしまった。そして先へ進むため、女王はドレスをたくしあげた。ソロモンはそのとき、王妃の醜い両足を目にしたのだという（ロバの脚や、鵞鳥の脚など、バージョンによって異なる）。

【書誌情報】 A. Chastel, *Fables, Formes, Figures 1,* Flammarion, Paris, 2000, pp. 53-122. Ph. Walter, «Un navire nommé *La Reine de Saba.* Traditions apocryphes et ésotérisme dans un épisode de la *Quête du Saint Graal*», dans : M. Léonard et *alii, Le Lent Brassement des livres, des rites et de la vie. Mélanges offerts à James Dauphiné,* Champion, Paris, 2009, pp. 61-75.

⇒雁

ジベル山　Mont Gibel

オック語による物語『ジョフレ』によると、ジベル山（モン・ジベル）の妖精が住む城へ行くには、ある泉の水の下をとおらねばならない。この城が想起させるのは、ウルリヒ・フォン・ツァツィクホーフェン作『ランツェレト』で語られる、生まれたばかりのランツェレト（フランス語名ランスロ）が連れていかれた水中の国である。『パプゴーの物語』によると、《モンジベルの妖精》（fée de Mongibel）はモルガーヌにほかならない。『フロリヤンとフロレット』では、フロリヤンは妖精たちによってモンジベルへ連れていかれている。ティルベリのゲルウァシウス（Gervais de Tilbury）作『皇帝の閑暇』（*Otia Imperialia*）第二部第12章によると、（シチリア島の）エトナ山は民衆に「ジベル山」とよばれていて、そこはアーサー王が埋葬された場所だと考えられていた。武勲詩に出てくるジベル山は、《サラセンの》国にある（ここでは「妖精たちの国にある」と理解すべきである）。ジベルは《山》をさすアラビア語「ジャバル」（jabal）に由来する。「ジベル山」という冗語的な表現から、場所がはっきりと特定できない神話的な場所がもとになっていると推測できる。ジベル山とジブラルタル（Gibraltar、『ジョフレ』ではギバルダル Guibaldar またはジバルダック Gibaldac という綴りで出てくる）とのつながりは、中世期の想像上の地理を念頭におけば理解できる。ジブラルタル海峡は、西の最果てを画する「ヘラクレスの柱」の近くに位置づけられており、そこは太陽が沈み水中に入っていく場所だった。ジブラルタルは対蹠地と、彼方にある不可思議な世界の扉だと考えられていた。『ジョフレ』に出てくる妖精の国は、まさしく（対蹠地にある）水中に位置している。

【書誌情報】 Gervais de Tilbury, *Le Livre des merveilles (Divertissements pour un empereur,* 3e partie*)*, trad. d'A. Duchesne, Les Belles Lettres, Paris, 1992, pp. 151-152 (Arthur dans l'Etna). A. Graf, *Miti, Leggende e Superstizioni del Medio Evo,* Loscher, Torino, 1893.

⇒アーサーの境

ジベルの妖精　Fée de Gibel

オック語による物語『ジョフレ』に登場する貴婦人で、フェロン・ダルバリュに攻撃されて、アーサー王宮廷に助けを求めてやってきた。ジベル（Gibel）は、《山》をさすアラビア語「ジャバル（jabal）」が、音声上変化してできた語である。同じ物語に奥方の城の名として出てくるジブラルタル（Gibraltar）は、「異界」への入口を示唆している。ジブラルタルは、アメリカ大陸発見以前の古代と中世には、地上世界の境となっていた「ヘラクレスの柱」と対応していた。妖精の国へ行くには、必ず泉の水の下をとおらねばならなかった。妖精は（アイルランドの神話物語に特有の意味での）《求婚》［アイルランド語で「トホマルク（tochmarc）」］の対象である。「求婚」とは、妖精の具現する支配権を獲得するために（戦いで）勝利をおさめようとすることである。ジョフレは妖精の味方につき、不忠の騎士との戦いを制する。類話はアイルランド文学に見つかる。フィン（Finn）の幼少年期では、毎年サウィン祭（11月1日）になると、ブリー・エレ（Bri Ele）の「シード」（「異界」）へアイルランドの武者がひとり攻撃しにやってきたが、その攻撃者は毎年殺されていた。その場へやってきたフィンが「シード」へ向けて槍を投げつけ、妖精の嫉妬深い求婚者の命を奪う。『エーダインへの求婚』（*Tochmarc Étaíne*）によると、泉の近くにあったブリー・レイト（Bri Leith）の「シード」に住んでいた妖精（エーダインÉtaín）を、エオヒド・アレウ（Eochaid Airem）王が妻に迎えた。ミディル（Midir）という名の神がエーダインを連れ去ろうとすると、エオヒド王はエーダインをとりもどすために臣下たちを召集し、「シード」へ侵入する。

⇒フェロン・ダルバリュ

島 Ile

現代フランス語で「島」をさす「イル（île）」は、古フランス語ではかならずしも海に浮かぶ島ではなく、陸上の内部での境界も意味していた（たとえばパリ盆地を中心とする地方は「イル＝ド＝フランス（Ile-de-France）」とよばれている）。このように昔の聖人伝作者たちは、ケルトの修道院を島の名でよんだ。そのため（クレティアン・ド・トロワによるとペルスヴァルの父の故郷にあたる）《海の群島》（Iles de mer）という表現は、古フランス語では決して冗語なのではない。（海の）群島は、ケルトの想像世界（イマジネール）では地理上の現実であるだけでなく、最も重要な象徴空間である。この点では古代ギリシアのホメロスが描く世界とつながっている。「イムラヴァ」とよばれるアイルランドの航海譚が中核をなす探索の物語は、アーサー王物語群の原型として使われている。ホメロスの『オデュッセイア』と同じように、アイルランドの航海譚が依拠しているのは細分化された不連続の空間群であり、それは「異界」の神秘への侵入や運命の秘密へと向かう通過儀礼の行程となっている。彼方へと向かう旅程の中で、島はひとつの停泊地である。探索の物語であるアーサー王物語群には、「イムラヴァ」の特徴である不連続の語りが受けつがれている。そこでは（古フランス語散文物語『アリマタヤのヨセフ』のように）海上のルートについて語られたり、あるいは騎士たちが（城から城へと）たどる地上のルートが体系的に描かれたりしている。

島の神話は、通過儀礼とも結びついている。「イムラヴァ」は、海上の探索であればだれもがめざす世界の北方の島々の方角を重要視している。アイルランド神話の至高神たちはまさしく、北方の島々での通過儀礼を経て、高度な知識を獲得している。北方にある4つの島はそれぞれ、ファリアス（Falias）、ゴリアス（Gorias）、ムリアス（Murias）、フィンディアス（Findias）とよばれている。古代アイルランド人はこれらの島の痕跡を海上で探し求め、現実の神話とつなげることもあった。その証拠に、（アイルランドの北方にある島）アイスランドの最初の住人はアイルランド人だった。ケルト人が思い描いた島のすべての側面を最も理想的に凝縮したのが、アヴァロン島である。

【書誌情報】M. Blaess, «Perceval et les illes de mer», dans : *Mélanges J. Lods,* Presses de l'ENS, Paris, 1978, t. 1, pp. 69-77. L. Gernet, *Anthropologie de la Grèce antique,* Flammarion, 1982, pp. 181-200 (La cité future et le pays des morts). F. Le Roux, «Les îles au nord du monde», dans : *Hommage à Albert Grenier,* Latomus, Bruxelles, t. 2, pp. 1051-1062. Ph. Walter, «Les îles mythiques de l'Autre Monde dans *La Navigation de la barque de Maelduin,* texte irlandais du XIIe siècle», dans : L. Boia, A. Oroveanu et S. Corlan-Ioan (éd.), *Insula. Despre izolare si limite în spatiul imaginar,* Bucarest, Centrul de istorie a imaginarului si Colegiul Noua Europa, 1999, pp. 41-56. Ph. Jouet, *Dictionnaire de la mythologie et de la religion celtiques,* Yoran Embanner, Fouesnant, 2012, pp. 556-559.

⇒**アヴァロン⑴、イズー、渦巻島、黄金島、オリ、オルカニー、ガラス、ガルオー、カルメンテ、北、９、グラストニア、群島のブリアン、航海、白い手、角笛の城、庭園、ドゥブグラス、人食い鬼、ブサンソン、ブラングミュエール、ブルターニュ、ペリノール、ベルナン、ペルレスヴォース、ベンディゲイドヴラーン、マリオール、メルラン、メレアガン、メロージス、モルガーヌ、モレーヌ、ランシュマル、リドワール、リンゴ、ローグル**

シャパリュ　Chapalu

［アンドレ・ド・クースタンス（André de Coutances）作とされる］『フランス人の物語』（*Roman des Français*）（1204年以前の作）によると、シャパリュという名の怪物は、戦いを挑んできたアーサー王を殺めてしまったという。『カエルヴァルジン（カマーゼン）の黒書』（10世紀または11世紀）に登場する、ペン・パラッハ（Pen Palach、「棍棒のような頭」）という名の魔女との戦いでは、アーサーは魔女を仕留めている。「パラッハ」（Palach）や「パリュ」（Paluc）というシラブルを含むこの固有名が変形した語が、アーサーとネコ科の怪物（「シャ・パリュ（chat palu）」）との《戦い》を生み出したのかもしれない（《戦い》をさすアイルランド語は「カト（cat）」で、同じ綴りは英語で《猫》をさす）。中世期になると、フランス語で「猫」をさす「シャ」（chat）にそえられていた「パリュ」（palu）が《毛むくじゃらの》を指す形容詞「プリュ」（pelu）として再解釈されるようになった。シャパリュにはもうひとつ根拠がよりはっきりしている語源解釈がある。これは、ウェールズ語による『ブリテン島三題歌』の26番目に名があがる雌豚ヘンウェン（Henwen）が生んだ、怪物的な猫の名である。ある豚飼いが海へ投げ捨てた子猫を、パリグ（Palug）という名の男の子供たちが拾って育てる。すると子猫は怪猫となり、アングルシー島の３つの災禍のひとつになったという。人食い鬼のようなこの怪猫は、『アーサー王の最初の武勲』（プレイヤッド版『聖杯の書』第一巻、787節以下）では、ローザンヌ湖近郊で再び姿を見せている。恐るべき体躯のこの猫は国中を荒らし回っていたが、アーサー王によって退治される。ア

ーサーによる複数の怪物退治は、ヘラクレスの「12功業」に匹敵する、英雄による一連の偉業を想起させる。

【書誌情報】 R. Bromwich, *Trioedd Ynys Prydein*, University of Wales Press, Cardiff, 1961, pp. 45-46. E. Freymond, «Arthur's Kampf mit dem Katzenungetüm. Eine Episode der Vulgata des *Livre d'Artus*, die Sage und ihre Lokalisierung in Savoyen», *Festschrift G. Gröber*, Halle, 1899, pp. 311-396. Ph. Walter, *Arthur, l'Ours et le Roi*, Imago, Paris, 2002, pp. 140-143.

【邦語文献】 辺見葉子「アーサー王の怪物猫とNightmare退治」名古屋仏文学論集『フランス語フランス文学研究Plume』第4号、1999年、pp. 72-81；渡邉浩司「アーサー王によるローザンヌ湖の怪猫退治とその神話的背景（『アーサー王の最初の武勲』787～794節）」中央大学『仏語仏文学研究』第46号、2014年、pp. 1-35。

⇒怪物、ドラゴン

ジャン　Jean

クレティアン・ド・トロワ作『クリジェス』に登場する建築家。この類まれな職人は、トリスタンとイズーを髣髴とさせるクリジェスとフェニスがだれにも見つからずに禁じられた愛を自由に育めるよう、特別な塔を建設した。その塔には同心円状の部屋が連なっていた。全体が囲いによって覆い隠され、秘密の部屋がいくつかあり、中央の扉は人の目には見えないように作られていた。入れ子状になっているこの建造物は、衆目から隠された通過儀礼の中心だと考えられる。ジャンはこの建物の秘密を知る唯一の人物である。エルサレムの神殿を作ったヒラム（Hiram）を思わせる建築家ジャンは、建物の秘密に精通した大工職人である。ジャンという人物をとおして閉鎖的な建築者の同業組合の姿が示されていると考えられるが、それもありえない話ではない。ポール・ノドンによると、石工の同業組合は12世紀後半頃にヨーロッパで生まれたという。エティエンヌ・ボワロー（Étienne Boileau）作『職業の書』（*Livre des métiers*）（1268年）には、石切り、大工、石工といったさまざまな同業組合の守護聖人が記されている。石工は聖ブレーズ、大工は聖ニコラと聖ヨセフ、金属加工職人は洗礼者聖ヨハネ［フランス語名ジャン］が守護聖人となっている。エルサレム神殿では、福音史家聖ヨハネが特別に崇敬されていた。福音史家ヨハネはそもそも、1118年の創設以来テンプル騎士団の守護聖人でもあった。

【書誌情報】 P. Naudon, *Les Loges de Saint Jean et la Philosophie ésotérique de la connaissance*, Dervy-Livres, Paris, 1957.

⇒黒魔術

11月1日　Premier novembre

この日にはケルトのサウィン祭（Samain）がおこなわれた。サウィン祭の名残を現代にとどめているのがハロウィンである。中世期に行われたキリスト教の祭りの中には、異教の祝祭までさかのぼるものがある。異教の祝祭自体が古いケルトの信仰の名残でもあり、キリスト教はこれを利用した。こうした祭りをともなう神話は、元来ケルト民族にとって宗教的信仰の礎をなしていた。アーサー王文学には、こうした神話の記憶がはっきりと残されている。ブルトン人が11月を「ミース・デュー」（miz du、《黒い月》）と呼ぶのは、日が短くなり夜が長くなるのが「明るい季節」の終りと冬のはじまりを示しているからである。このふたつの季節の移行期（11月1日）

に、アイルランド人がサウィンとよんだ祭りがおこなわれた。サウィン祭は中世に万聖節になり、その翌日（11月２日）には万霊節（すべての死者の祭り）がおかれた。11月１日から11月２日にかけての夜は、古代ケルト人にとって新年のはじまりを意味した。この夜に「異界」の扉が開くと考えられていたため、生者は問題なく彼方へ入りこむことができ、幽霊や妖精も一時的に人間界へ押しよせてきたのである。こうしたふたつの世界の交流や魂の往来は万聖節の数多くの伝説にも認められ、ケルトの想像世界全体の中心にある。『ペルスヴァル第一続編』（写本L）によれば、ハクチョウの曳く舟がやってくるのは万聖節のことである。この舟の中には、槍で貫かれた騎士の亡骸があった。

古フランス語散文物語『アーサー王の死』によると、万聖節にはアーサー王世界を崩壊させる大きな合戦がおこなわれた。この戦いの最中にアーサー王は瀕死の重傷を負う。女たち（妖精たち）の乗った船がアーサー王を迎えにきて、アヴァロン島へと連れていく。アーサー王物語群に出てくる葬送の舟は、ブルターニュ地方の民間伝承によく出てくる万聖節の「死の車」と見事に対応している。アナトール・ルブラース（Anatole Le Braz）の『アルモリカのブルトン人の死の伝説』（*La Légende de la mort chez les Bretons armoricains*）には、この不思議な車をめぐる民話、伝説、逸話が数多くおさめられている。道に迷った旅行客が、運転手も乗客もいないのに轟音を立てながら進む「死の車」に遭遇してしまうと、不幸な目にあったという。事実ブルトン人の話によれば、この車は「死」（ブルトン語では「アンクー（Ankou）」）の車であり、道中でこれを目撃した人たちをことごとく連れ去るといわれている。

さまよう魂の間を騎行するアンクー

【書誌情報】 M. L. Sjoestedt, *Dieux et Héros des Celtes*, Terre de Brume, Rennes, 1998, pp. 81-92. C. Guyonvarc'h et F. Le Roux, *Les Fêtes celtiques*, Ouest-France, Rennes, 1995, pp. 35-82. V. Guibert de la Vaissière, *Les Quatre Fêtes d'ouverture de saison de l'Irlande ancienne*, Armeline, Crozon, 2003, pp. 33-148. A. Le Braz, *La Légende de la mort chez les Bretons armoricains*, Champion, Paris, 1928［アナトール・ル=ブラース（後平澪子訳）『ブルターニュ 死の伝承』藤原書店、2009年］.

【邦語文献】 多ケ谷有子「ガウェインの出立：『サー・ガウェインと緑の騎士』における11月１日と11月２日」『関東学院大学文学部紀要』第95号、2002年、pp. 41-62；フィリップ・ヴァルテール（渡邉浩司・渡邉裕美子訳）「さまよう霊魂、カボチャと幽霊―ハロウィンのイマジネール」中央大学『中央評論』通巻第289号、2014年11月、pp. 126-131；鶴岡真弓『ケルト　再生の思想―ハロウィンからの生命循環』ちくま新書、2017年。

⇒イヴァン、エフラム、占星術、ドゥブリキウス、船、ブランダン、メルラン、モルガーヌ、野人ドディネル、ユリアン

庶子イヴァン　Yvain le Bâtard

「庶子」にあたる古フランス語「アヴートル」(avoutre) は、もともと「姦通」をさす言葉だった。「庶子」イヴァンは、ユリアン王が家令の妻とのあいだにもうけた私生児である。「庶子」イヴァンは義理の兄にあたる同名のイヴァンとともに円卓騎士団に属し、アーサーのためにいくつもの戦いで華々しい活躍を見せる。(父も名前も同じ) 義理の兄の不思議な分身であるこの人物は、奇妙な (あるいは恥ずべき) 懐胎という負い目を抱えている。これとは対照的に、同名の義理の兄は非の打ちどころのない出自に恵まれている。神話的な次元では、「庶子」イヴァンは三兄弟が弱められた形の名残だと思われる。神話に登場する三兄弟 (3つ子) の典型例は、ローマ神話のクリアティウス三兄弟 (Curiatii) と戦ったホラティウス三兄弟 (Horatii) である (イヴァンのケースでは、三人兄弟がふたり兄弟になっている)。「庶子」イヴァンは、カユの父にあたる。

【書誌情報】 G. Dumézil, *Horace et les Curiaces*, Gallimard, Paris, 1942.

⇒イヴァン、カユ、ユリアン

ジョフレ　Jaufré

オック語による作者不詳の物語『ジョフレ』の主人公。天分に恵まれていたこの騎士は、アーサー王宮廷でトーラ・ド・ルージュモンがおこなった侮辱の仇を討つ決意を固める (トーラは王妃の前でひとりの騎士を惨殺した)。ジョフレはトーラ追跡の旅で、さまざまな試練を経験する。壊れることのない鎖かたびらをまとったエストゥー・ド・ヴェルフイユとの戦い、木に吊りさげられたトネリコの槍の所有者だった騎士との戦い、殺害した7人の子供たちの血に体を浸して病を治そうとしていた吸血鬼のごときハンセン病患者との戦いなどである。その後、ジョフレは麗しのブリュニッサンと出会うが、彼女の領国ではいつも陰鬱な叫びや嘆く声が聞こえた。ジョフレはその原因を突き止める。トーラ・ド・ルージュモンが定期的に、ブリュニッサンに仕える騎士のひとりに鞭打ちを行い、拷問を加えていたのである。ジョフレが黒い騎士との魔術的な戦いを制すると、魔法にかけられていたその騎士は、雷鳴が鳴り響く中で姿を消す。つづいて巨人との一騎討ちを制したジョフレはトーラの支配する国へ入りこみ、ついにはトーラ本人と戦って勝利をおさめる。その後ジョフレは魔法の泉へ連れていかれ、途方に暮れる妖精 (ジベルの妖精) の領域である「荒れ地」を解放するために、非道な騎士フェロン・ダルバリュと対決しなければならなくなる。フェロンとの一騎討ちを制したジョフレは、妖精から危険な獣たちを遠ざけてくれる魔法の呪文を教わる。物語はジョフレとブリュニッサンの結婚で幕となる。物語の筋書き全体は、ひとりの騎士が王になるための通過儀礼に従って進んでいる。(アーサーが称賛した円卓の騎士) ドヴォン (Dovon) の息子ジョフレは、ほかの有名なアーサー王物語群に出てくる、ドー (Do) の息子ジルフレに対応している。実はジルフレとジョフレは、中世ウェールズの『マビノギの4つの枝』の第四の枝「マソヌウィの息子マース」(*Math Fab Mathonwy*) に出てくるドーン (Dôn) の息子ギルヴァエスウィ (Gilvaethwy) の化身である。「ドーンの息子」というのは《ダナ (Dana) の息子》、つまり大女神の息子という意味である (アーサー王物語の作者たちやその典拠は、父の名の代わりに神話上の母の名を選んだので

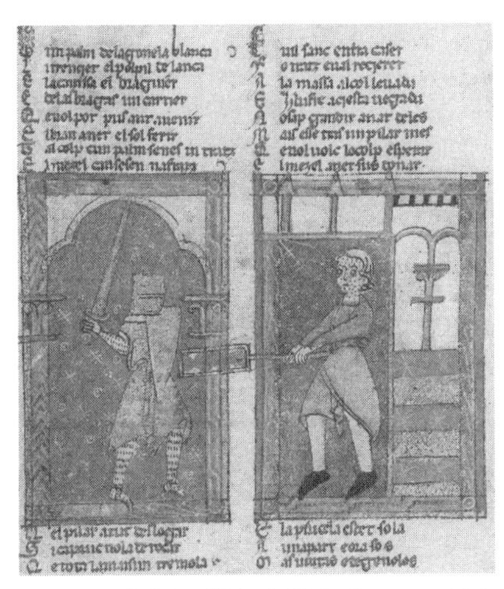

ハンセン病患者（右）と戦うジョフレ（左）

ある）。

【書誌情報】G. Dumézil, «La quatrième branche du Mabinogi et la théologie des trois fonctions», dans : *L'Oubli de l'homme et l'Honneur des dieux*, Gallimard, Paris, 1985, pp. 93-111. A. Saly, «Jaufré, lo fil Dozon et Girflet fils de Do», *Studia occitanica in memoriam P. Remy*, vol. 2, Medieval Institute Publications, Kalamazoo, 1986, pp. 179-188. G. Gouiran, «L'initiation dans le roman de Jaufré», dans : *L'Initiation*. t. 1. *Les Rites d'adolescence et les mystères*, Presses Universitaires de Montpellier, Montpellier, 1992, pp. 199-217.

【邦語文献】 中内克昌「ジョウフレ物語」(I) (II)『福岡大学人文論叢』第6巻第1号、1974年、pp. 105-127；第6巻第2・3号、1974年、pp. 801-861。

⇒エストゥー・ド・ヴェルフイユ、トーラ・ド・ルージュモン、ブリュニッサン

シルセ　Circé

ギリシア神話に登場する魔女キルケが中世後期に書かれた物語『ペルスフォレ』でシルセとして再び登場し、ローマ人をブリテン島へ導く役割を果たしている。シルセとは「ハイタカ」をさす名である。ハイタカはアーサー王物語群にも登場する。13世紀や特に14世紀以降、アーサー王物語の素材にギリシア＝ローマ神話への言及が増えてくる。これは物語作家たちがギリシア＝ローマ文化に精通していたためである。この現象は16世紀にかけて広がりを見せ、フランスの古典主義時代にはアーサー伝承を完全に周辺に追いやるまでになった。

【書誌情報】C. Franco, *Le Mythe de Circé*, Belin, Paris, 2013.

⇒ハイタカ

ジルフレ　Girflet

ドー（Do）の息子。オック語による物語『ジョフレ』ではドゾン（Dozon）（ドーの別名）の息子ジョフレの名で登場する。ジルフレが初めて姿を見せるのはクレティアン・ド・トロワ作『エレックとエニッド』で、アーサー王に《慣例》を遵守するよう忠告している。同じクレティアン作『グラアルの物語』で「誇り高き城」へ向けて出発したジルフレは、『ペルスヴァル第一続編』ではその城で囚われの身となり、その後ゴーヴァンによって解放される。ルノー・ド・ボージュー作『名無しの美丈夫』によると、ジルフレはこの世で最も美しい女性に与えられる不思議なハイタカのもち主である。そのため、自分の恋人こそ最も美しい女性だといって挑戦にくる騎士がいれば、だれとでも戦った。古フランス語散文物語『アーサー王の死』によると、ジルフレはサルズビエール（ソールズベリー）での合戦の後、瀕死のアーサー王から名剣エスカリボールを湖へ投げ入れる役割をまかされる騎士である。ジルフ

湖にエクスカリバーを投げるジルフレ
（大英図書館、14世紀初頭の写本挿絵）

レは、ジェラール・ダミアン作『エスカノール』でも重要な登場人物である。このジルフレという人物については、中世ウェールズの『マビノギの4つの枝』の第四の枝に登場する、ドーン（Dôn）の息子ギルヴァエスウィ（Gilfaethwy）がその原型だと考えられる。ギルヴァエスウィは伯父にあたるマース（Math）王を幻覚によって欺いた後、王の足支え役をしていたゴエウィン（Goewin）の処女を無理やり奪った。そのため王から罰せられ、まずは雌鹿、次には雄猪、最後には雌狼に変身させられた。「異界」との結びつきが強いギルヴァエスウィは、驚異、魔法、変身の支配下にある。

【書誌情報】 A. Saly, «Jaufré, lo fil Dozon et Girflet, fils de Do», dans : *Studia occitania*, Western Michigan University, Kalamazoo, 1986, t. 2, pp. 179-188.

⇒ジョフレ

白い雄鹿　Blanc Cerf

ブルターニュの短詩によると、騎士が森の中で「白い雄鹿」に出会って追跡すると、かならず「異界」へ入りこみ、妖精と知りあうことができるという。

〈異教バージョン〉『散文ペルスヴァル』や『ペルスヴァル第二続編』では、ペルスヴァルは「白い雄鹿」の首をもち帰るようにいわれている。雄鹿が見つけられるよう、妖精はペルスヴァルに（不可思議な）白い犬を託す。「白い雄鹿」はおそらく妖精みずからが変身した姿であり、妖精は動物の姿のままで自分が選んだ男を異界へとよびよせている。白色は妖精が「異界」の住人であることだけでなく、動物にそなわる神聖でドルイド的な意味も表わしている。雄鹿にそなわる霊魂導師および案内役としての性格は、ケルト人がこの動物に感じとっていた古代の聖性から説明できる。「白い雄鹿」の追跡というテーマは、カフカス山脈に住むオセット人の伝承にも見つかる。ソスリュコ（Sosryko）は追い詰めた雄鹿が黄金の羽をつけた見事な美女に変身するのを目のあたりにする。ソスリュコは相手が魔女なのではないかと考えるが、美女は侮辱されたと思いこみ、《バルセグの車輪》を送りこんで彼の命を奪う。アーサー王物語の想像世界（イマジネール）にも、このエピソードのキリスト教バージョンが見つかる。

〈キリスト教バージョン〉『聖杯の探索』第313～314節によると、4頭のライオンが先導する「白い雄鹿」が、「聖杯」を探し求めていたガラアドとそのふたりの仲間（ペルスヴァルとボオール）の前に姿を現す。隠者の住まいの中の礼拝堂に到着した「雄鹿」は人間に変身し、4頭のライオンはそれぞれ、人間、鷲、ライオン、雄牛の姿になる。これはキリスト教神学の「テトラモルフ」のモチーフである（聖ウスタッシュ Eustache（ラテン語名エウスタキウス）伝には、雄鹿に変身したキリストという聖人伝のモチーフが組み合わされて出てくる）。動物をもちいて4人の福音史家を象徴的に表現する「テトラモルフ」の伝統は、エゼキエルの最初の幻視（『エゼキエル書』I, 10）に始まる。この幻視は『ヨハネの黙示録』でもとりあげられている（「黙示録」に相当するギリシア語「アポカリプス」は《啓示》を意味するが、この意味は「聖杯」にまつわる重要な啓示がなされる直前の『聖杯の探索』の場面にぴったりあてはまる）。福音史家たちを表す動物の象徴を考え出したのは、聖ヒエロニムスである。ヒエロニムスは、各福音書の冒頭の場面から出発し、それをエゼキエルの幻視に出てくる動物と関連づけた。マタイ（人間）はキリストの系譜から、マルコ（王を象徴するライオン）はキリストの王国への言及から、ルカ（生贄の動物としての雄牛）はザカリアが神殿へ生贄を捧げる場面から、ヨハネ（鷲）は受肉した「み言葉」の光というモチーフ（鷲は太陽を直視することができる唯一の動物であるため）からそれぞれの福音書をはじめている。雄鹿とライオンたちの変身は、ケルト神話に出てくる重要なモチーフと共鳴している。それはケルト人たちがよく知っていた神聖な原初的動物たちと関連したモチーフであり、その中で雄鹿は重要な役割をになっている。

白鹿狩り（クレティアン・ド・トロワ『エレックとエニッド』）

【書誌情報】W. Deonna, «Talismans en bois de cerf», *Ogam*, 8, 1956, pp. 3-14. F. Le Roux et C. Guyonvarc'h, *Les Druides*, Ouest-France, Rennes, 1986, pp. 322-329 (animal primordial).

⇒白い雌鹿

白い手（の貴婦人または乙女）

Blanches Mains (La Dame ou Pucelle aux)

ルノー・ド・ボージュー作『名無しの美丈夫』に登場する妖精。「黄金島」に住み、魔術と占星術に通じていた。ガングランに恋をした彼女は、（変身、幻覚、不可視といった）「異界」に特有の技巧から着想をえた通過儀礼的な試練をガングランに課す。「白」は聖なるものの色であるが、それ以上に不可思議を表わしている。この妖精は《白い貴婦人》である。《白い手の》という遠回しな表現は、アイルランドの神話物語群に登場する「異界」の女たちの性質を表す形容語である。たとえば異界（シード）の女がやってきて眠っていたコルマク（Cormac）王を目覚めさせる場面で、おき上がった王は女を目にして「これは白い手をした絶世の美女、この世で最も美しい女だ」

と述べたという。

【書誌情報】 Ph. Walter, Le Bel Inconnu *de Renaut de Beaujeu. Rite, mythe et roman*, P. U. F. Paris, 1996, pp. 129-157. C. Guyonvarc'h, *Magie, Médecine et Divination chez les Celtes*, Payot, Paris, 1997, p. 391.

⇒黄金島、ガングラン、ブランシュマル

白い手のイズー Yseut aux Blanches Mains

「金髪のイズー」は決してトリスタンと結婚することができない。「金髪のイズー」の分身となるもうひとりのイズー(「白い手のイズー」)がトリスタンの妻となるが、嘘をついたせいでトリスタンの死を招く。瀕死の重傷を負ったトリスタンは「金髪のイズー」による最後の治療を必要とした。しかし「白い手のイズー」はトリスタンに「金髪のイズー」が助けにこなかったと信じこませた。このようにトマ作『トリスタン物語』には、太陽の化身(「金髪のイズー」)と月の化身(「白い手のイズー」)との対立が認められる。ふたりの女に愛される男という反転した図式は、ふたりの男(マルクとトリスタン)に愛される女という図式に呼応したものである。フランス・ブルターニュのオエル(Hoël)公の娘「白い手のイズー」は、アイルランドの王妃イズーとその娘イズー(この母娘は同じ姓である)とともに、三者一組の女性像となっている。これは運命の女神であるローマ神話のパルカエ(Parcae)を想起させずにはおかない。3人のイズーはトリスタンに対し、それぞれ決まった役割を果たしている。ひとり目[アイルランド王妃のイズー]は媚薬を調合している(ラケシスLachesisのように運命を定める)。ふたり目[金髪のイズー]は母親のようにトリスタンの怪我をなおして恋愛への導き手となり、最後まで恋人でいる(クロトKlothoに対応する)。3人目(白い手のイズー)はトリスタンの死を招いている(アトロポスAtroposに対応する)。

【書誌情報】 U. Nanz, *Die Isolde-Weisshand-Gestalten im Wandel des Tristanstoffs. Figurenzeichnung zwischen Vorlagenbezug und Werkkonzeption*, Winter, Heidelberg, 2010.

⇒カエルダン、3

白い雌鹿 Biche Blanche

「雌鹿」をさすフランス語「ビッシュ」(biche)はラテン語「ベスティア」(bestia)に由来し、もともとは野生でも家畜でもあらゆる種類の動物をさした。その後、特定の地域で支配的な動物(羊、なかでも雌鹿)をさすようになった。ガリアの女神ダモナ(Damona)は、雌鹿であった可能性が高い。ケルト語で角の生えた動物をさす重要なカテゴリーの語根はdamであり、「ダマジカ」をさすフランス語「ダン」(daim)はこの語根をもとにしている。アイルランド語「ダヴ・アリズ(またはアリド)」(dam allaid)は雄鹿をさす(しかし「ダヴ(dam)」単独では《牛》をさし、これに対応する古高ドイツ語「タム(tam)」やアングロ＝サクソン語「ダー(da)」は「鹿」をさす)。雌鹿が白いことはとりわけ、「異界」に属していることを示している。なぜなら「白い雌鹿」はフォークロアや民話に馴染みの動物だからである。「白い雌鹿の嘆き」という伝承民謡によると、狩人の妹は昼間は人間の姿をしていたが、夜間は白い雌鹿の姿になった。兄は妹を雌鹿の姿のまま捕えて貪り食ってしまい(近親相姦と人肉食い)、後になって雌鹿の正体を知る。マリー・

ド・フランス作『ギジュマールの短詩』に登場する「白い雌鹿」は、雄鹿のような「角」を生やしていた。つまりこの鹿は両性具有的な存在である。これは妖精が変身した姿であり、追跡してきた者（ギジュマール）に呪いをかけた。その呪いは（短詩の中では）《愛の病》そのものだった。ギジュマールは「異界」で妖精と再会し、ともに理想的な愛を育む。ギジュマールと別れる直前に、妖精は2種類の結び目を用意する。そのひとつは妖精がギジュマールの上衣の裾に作った結び目であり、もうひとつはギジュマールが妖精の体のまわりに巻いた1本の帯である。この帯には愛の魔法がかけられており、ギジュマール以外の誰にも解くことができなかった。こうして作られた結び目は、（結婚の絆に先立つ）婚約の象徴である。さらに妖精が作った結び目は、彼女が魔術的な力をそなえていることの証である。ラテン語「ファスキヌム」（fascinum、《呪文、魔法》）は「ファスキア」（fascia、《帯、包帯》）と関連しており、《結ぶ》や《魔法をかける》をさすのは同じ動詞である。縛める神と同じく、妖精は糸（機織り）や結び目の秘密に通じている。解くのが難しい結び目のモチーフは、偉大な運命をになうべく選ばれた英雄たちにしか解くことができない「不思議な帯革の剣」のモチーフとつながっている。こうしたタイプの象徴は、北欧神話に出てくるヴァルクヌート（Valknut、「戦死した兵士たちの結び目」）や、ゲール美術で有名なトリスケルの一種「トリケトラ」（triquetra）と結びついている。

【書誌情報】A. Ernout et A. Meillet, *Dictionnaire étymologique de la langue latine*, Klincksieck, Paris, 1967, p. 163 (damma). R. I. Illingworth, «Celtic tradition and the lai of *Guigemar*», *Medium Aevum*, 31, 1962, pp. 176-187. Y. de Pontfarcy, «La souveraineté:du mythe au lai de *Guigemar*», *Acta litteraria Academiae Scientiarum Hungaricae*, éd. G. Tolnai, 32, 1990, pp. 153-159. B. Charnier, *La Blanche Biche : poétique et imaginaire d'une complainte traditionnelle*, thèse de doctorat, Université de Grenoble 3, 2008.

⇒イデール、エレーヌ、驚異、グウェンドレーナ、グラエラン、ジレ、ティヨレ、デギジュマール、ノガン、不思議な帯革の剣

白い槍　Blanche Lance

オック語による物語『ジョフレ』に出てくる武具。トーラ・ド・ルージュモンの追跡途上にあった主人公ジョフレはある丘にさしかかったとき、立派な木の枝にトネリコの槍が吊りさげられているのを見つける。ジョフレが槍を取ろうとすると、槍の見張り番で穂先を磨く任にあった小人が叫び声を上げ、完全武装した騎士が駆けつける。騎士はこれまで、槍に手をかけた者を一騎討ちでことごとく倒しては、同じ木の枝に吊るして殺めていた。そのため木には33人の騎士の遺骸がすでにつながれていた。騎士の許しをえるためには、複数の禁忌を守る必要があった。それは、二度と馬に乗らず、二度と髪や爪を切らず、二度と小麦のパンを食べず、二度と他人が織った衣服を身につけないというものだった。この禁忌を拒んだジョフレは騎士と戦って勝利を収めると、相手を木の枝に吊るして殺める。一方で小人には、アーサー王の許へ「白い槍」を代わりに届けに行くよう命じる。槍の色は、（絞首刑に使われた）トネリコの木に特徴的な、光沢のある白色から説明できる。〔11世紀のドイツの年代記著述者〕アダム・フォン・ブレーメン（Adam von Bremen）が記しているところによれば、ウプサラ神殿の傍にあった巨大な木の上で絞首儀礼がおこなわれていたという（この木はユグドラシルとよばれたトネリコを再現したものである）。

ルカヌス（Lucanus）作『内乱』（*De Bello Civili*）の注釈書『ベルン・スコリア』（*Scholia Bernensia*）は、『内乱』第1巻445～446行に施した注釈で、ガリア人が生贄となる人間をその四肢が身体から解き放たれるまで木に吊るしたと記している。北欧神話によれば、トネリコの木は絞首刑に使われた。オーディン（Odin）はみずからトネリコの木に吊りさがり、ルーン文字という魔法の文字を見出した。一方でローマには、フォルムの王宮（レギア）にかつて、軍神マルスに捧げられたトネリコの槍があった。開戦前にこの槍にお伺いを立てる必要があったのは、槍がひとりでに動き、予兆を示したからである。戦いへと繰り出す前に、槍に触ることも許された。クレティアン・ド・トロワ作『グラアルの物語』に出てくる「血の滴る槍」が、《白い槍》とよばれているのも重要である。トネリコの木材は、ケルト人だけでなく古代ギリシア人のあいだでも、槍を作るのに好んでもちいられた（勇士アキレウスの槍は、トネリコで作られていた）。

絞首刑に使われた木
（ノルウェー、オーセベリの壁掛け）

【書誌情報】 G. Dumézil, *La Religion romaine archaïque*, Payot, Paris, 1987, pp. 40-45 (lance de Mars).W. Deonna, «Les victimes d'Ésus», *Ogam*, 10, 1958, pp. 3-29.

⇒小人(『ジョフレ』)、血の滴る槍、トネリコ

真紅の騎士　Chevalier Vermeil

この騎士はクレティアン・ド・トロワ作『グラアルの物語』に少しだけ登場し、少年ペルスヴァルに最初の武勇の機会を与える。カンクロワの森からやってきた「真紅の騎士」は、王宮に集う皆の前でアーサー王に挑戦を申しこんだ。「真紅の騎士」はワインで満たされた黄金の盃をアーサー王から奪うと、そのワインを王妃のドレスにぶちまけ、臣従の誓いを立てるよう王に命じた。ペルスヴァルは「真紅の騎士」と戦い、短槍で相手の目を刺し貫いて殺める。これと同じ動作でアイルランドの神話物語のルグ（Lug）神は邪眼を持つ巨人バロル（Balor）を打ち負かし、ホメロス作『オデュッセイア』のオデュッセウスは巨人ポリュペモス（Polyphemos）を倒している。「真紅の騎士」がアーサー王に挑戦した理由は、騎士が住んでいた領土の名を考慮すればあきらかになる。すなわち、カンクロワの森は5番目の王の世界にあたるのである。周知のとおり、アイルランドはもともと5つの地方に分けられており、それぞれの地方は「クィギズ（またはクィギド）」（cuighid、《5分の1》）とよばれ、このうちの4地方は東西南北に位置する王国であった。5番目の王国は他の4つの中央にあり、アイルランド上王の居住地タラ（Tara）があった。「真紅の騎士」

は5番目の王（つまり王の中の王）として、みずからの権利を求めた。（《熊＝王》（アルド＝リー Ard-ri）、つまり上王である）アーサーの権威に異議を唱え、自分の権威に服従させようとしたのである。

【書誌情報】 C. Sterckx, *Mythologie du monde celte,* Marabout, Paris, 2009, p. 170 (sur cuighid). Ph . Jouet, *Dictionnaire de la mythologie et de la religion celtiques,* Yoran Embanner, Fouesnant, 2012, pp. 140-141.

⇒ペルスヴァル

人狼　Loup-garou

（『アーサーとゴルラゴン』、マリー・ド・フランス作『ビスクラヴレットの短詩』、『メリヨンの短詩』に）くりかえし現れる神話的表象。人狼神話の成立については、ごく最近の研究によって子供の誕生の時期と羊膜をめぐるさまざまな信仰の重要性があきらかにされている。俗に「帽子をかぶって生まれた」とよばれる子供が人狼になるといわれている。母胎の中で胎児をつつんでいる羊膜が、生まれてくる子供の《形態》を決定づける。つまり羊膜は子供の《鋳型》であり、真の母胎なのである。そのため子供が頭上に羊膜をつけたまま生まれると、羊膜は子供の外在《魂》とみなされた。羊膜は子供にとって第二の皮膚にあたる。こうした羊膜には魔術的な力があると考えられている。人狼への変身を語るアーサー王物語群では、たとえば『ビスクラヴレットの短詩』が描いているように、脱いだ服を皮膚のメタファーとし、狼人間にそなわる動物的な性質をあらわにしている。ゴルラゴンとメリヨンが人間から狼になったり狼から人間にもどったりするには、それぞれの頭を杖か魔法の石でふれなければならない（頭はまさしく特定

赤子を連れ去る人狼
ルーカス・クラナッハによる版画（1520年）

の子供が生まれたときに羊膜を載せている身体部位である）。クロード・ルクトゥーが指摘したように、人狼信仰は魂という概念と関連のある体の分身をめぐる想像世界（イマジネール）の枠内におきなおしてみると、その理解が深まる。

【書誌情報】 C. Lecouteux, *Fées, Sorcières et Loups-garous au Moyen Âge,* Imago, Paris, (1992) 2012. C. Lecouteux, «Le loup-garou : le mythe au fil des sources», *Trictrac,* 5, 2012, pp. 46-55. C. Abry, N. Abry et M.-A. Cathiard, «Icelandic Thorgeirsboli as an alternative case of narrative binding of the hide and caul motifs to Ginzburg's ecstasies», *Trictrac. Journal of world mythology and folklore* (South Africa), 5, 2012, pp. 21-36.

【邦語文献】 篠田知和基『人狼変身譚　西欧の民話と文学から』大修館書店、1994年；渡邉浩司「フランス・アルプス地方の人狼伝承」石井正己編『現代に生きる妖怪

たち』三弥井書店、2017年、pp. 136-152。
⇒**ゴルラゴン、ビスクラヴレット、メリヨン**

ス

「スイカズラの短詩」 *Chèvrefeuille*

マリー・ド・フランスが書いた短詩の題名。マリーはトリスタンみずからが竪琴を演奏しながらこの短詩を作ったと述べている。トリスタンは植物のエンブレムを作るために（ハシバミの杖と組み合わせて）スイカズラを使った。ここでのスイカズラは、恋人たちだけに分かる暗黙のしるしとして使われている。マルク王により宮廷から追放されて、トリスタンは森の中で隠れて暮らしていた。そして王妃がその森をとおるはずだと知り、自分の存在を知らせようとする。ハシバミの木に絡みついたスイカズラのおかげで、イズーの視線はトリスタンの方へと引きよせられる。このようにスイカズラは恋人たちを永遠に結びつける絆の象徴として使われている。また絡みあう植物は、《私なくしてあなたはなく、あなたなくして私もない》という杖に刻まれた銘文と同じ意味であり、植物を介して複雑で象徴的意味が表わされている。それは古代ケルト人が（トリスタンがハシバミの杖に刻むのにもちいた）オガム文字と、そのオガム文字の意味を表すのに使われた植物（オガム文字には音声を伴う植物名があり、1文字がひとつの樹木に相当する）とのあいだに認めていた対応関係にもとづくものである。アイルランドの神話物語『美声のバレの話』（*Scél Baili Binnbérlaig*）によると、レンスター出身の女主人公アリン（Ailinn）は（イズーと同じように）フィアンセだったアルスター出身のバレ（Baile）の死を知り、悲しみのあまり息絶えてしまう。バレの墓にはイチイの木が、アリンの墓にはリンゴの木が生えてくる。それぞれの木を使ってアルスターとレンスターのドルイド僧たちは板を作り、それぞれの地方に伝わる物語を刻む。宮廷での祭りのときに王がこのふたつの板を並べてもつと、二度と引き離せなくなってしまう。このように木の板が占いに使われたことから、ケルト人にとって詩と音楽と占術が常に密接な関係にあったのはあきらかである。そのため「スイカズラの短詩」を、トリスタンを作者として霊感をえて作られた詩への礼賛だと考えたくなる。ハシバミとスイカズラのエンブレムは、ドイツ語で書かれたトリスタン物語群が伝える最後の（「死後の」）エピソードを先取りしている。トリスタンとイズーのそれぞれの墓から植物（バラの木とブドウの枝）が生えて絡みあったという記述が、ウルリヒ・フォン・テュールハイム作『ゴットフリート「トリスタン」第一続編』と、ハインリヒ・フォン・フライベルク作『ゴットフリート「トリスタ

執筆中のマリー・ド・フランス

ン」第二続編』に出てくる（これは原初の両性具有神話である）。古アイスランド語のサガでは、オークの木が葬送用の樹木として使われている。

【書誌情報】J. Vendryès, «L'écriture ogamique et ses origines», *Études celtiques*, 4, 1948, pp. 83-116. P. Gallais, *Genèse du roman occidental. Essais sur Tristan et Yseut*, Sirac, Paris, 1974, pp. 80-95. P. Gallais, «Les arbres entrelacés dans les romans de Tristan et le mythe de l'arbre androgyne primordial», dans : *Mélanges de langue et littérature médiévales offerts à P. Le Gentil*, SEDES et CDU, Paris, 1973, pp. 295-310. Ph. Walter, *Le Gant de verre. Le mythe de Tristan et Yseut*, Artus, La Gacilly, 1990, pp. 306-310. Du même auteur : *Tristan et Yseut. Le Porcher et la Truie*, Imago, Paris, 2006, pp. 224-232. W. Sayers, «Marie de France's *Chievrefoil*, Hazel Rods, and the Ogam Letters *Coll* and *Uillenn*», *Arthuriana* 14 (2004), pp. 3-16.

⇒トリスタン、ハシバミ

スヴネ・ゲルト　Suibhne Geilt

『ティゲルナハ（Tigernach）の年代記』（7世紀）、『アキル（Aicill）の書』（8世紀～9世紀）、『古老たちの語らい』（*Acallam na Senórach*）（12世紀）、『スヴネの狂乱』（1200～1500年）といった複数の古代文献に登場する、アイルランド東部ダール・ナラデ（Dál nAraide）の王。『スヴネの狂乱』（*Buile Suibne*）によれば、この不敬な王は聖ローナーン（Rónán）（664年没）に呪いをかけられ、放浪生活、非業の死、一族の消滅を予言される。この予言はマグ・ラト（Mag Rath）の戦い（637年）で現実のものとなる。その戦いでスヴネは発狂し、戦場を後にする（ジェフリー・オヴ・モンマス作『メルリヌス伝』の冒頭でメルリヌス（メルラン）も同じ運命をたどっている）。スヴネは7年間放浪した後、暗殺されてしまう。ゲール語の形容詞「ゲルト」（geilt）は、森への逃亡、裸の状態、野獣たちとの共生、菜食主義を引き起こす特別な狂気（「ゲルタハ（geltach）」）をさしている。複数のケルトの英雄たちがこうした狂気を経験している。狂気の契機となるのは、呪いか戦闘、またはその両方（スヴネ、マルジン、ライロケン、ムルヘルタハ・マク・エルカ Muirchertach mac Erca）、あるいは個人的な悲劇（クー・フリン、イヴァン、オルフェオ）である。

【書誌情報】J.-F. Nagy, «Introduction» de la réédition de *Buile Suibhne. The Frenzy of Suibhne*, édition et traduction de J. G. O'Keefe, Irish Texts Society, Londres, t. 13, 1913 (réédition de 1996 avec état de la question et bibliographie). Ph. Walter (dir.), *Le Devin Maudit. Merlin, Lailoken, Suibhne*, ELLUG, Grenoble, 1999.

⇒野人、メルラン

スラムライ　Llamrei

中世ウェールズの物語『キルフーフとオルウェン』に登場する、アーサー（アルシール）の雌馬の名。これは確実に雌馬であり、ギラルドゥス・カンブレンシス（Giraldus Cambrensis）作『アイルランド地誌』（*Topographia Hibernica*）第三部第25章でとり上げられている、アイルランド王の即位式で犠牲にされた種馬ではない。スラムライは4人の男を乗せられるほど頑強である。ウェールズの三題歌のひとつでは、アーサーの持ち馬はヘングロイン（Hengroen、《年老いた肌》）という皮肉をこめた名でよばれている。また、ネンニウスがラテン語で編纂した『ブリトン人史』に出てくるカバル（Cabal）は戦士アーサーの猟犬だと書かれているが、語源からみるとあきらかに「犬」ではなく（「カバッルス（*caballus）」に由来する）「馬」をさしている。

【書誌情報】 R. Bromwich, *The Welsh Triads*, University of Wales Press, Cardiff, 1961, p. C-CI et notes, CII note 4 et CIII. C. Gunyonvarc'h, *Le Sacrifice dans la tradition celtique*, Armeline, Crozon, 2005, pp. 91-103.

⇒馬、カバル

スール　Soule

中世期に慣例でおこなわれていた球技。現代のサッカー、ラグビー、ホッケーの原型にあたる（スールの規則は地方によって異なる）。古フランス語散文物語『メルラン』では、メルランが棒を使ってスールをおこなっている。自分を探しにやってきた人たちの姿を見たメルランは、スールをしていた子供のひとりに近づき、棒を振り上げて相手の両脚を叩く。するとその子供は泣きながらメルランに食ってかかり、「お前なんか父ちゃんもいないくせに」と悪口をいいはじめた。「スール」の語源は謎につつまれているが、この球遊びが（カルナヴァルから四旬節に向かうサイクルと関連し）儀礼的な性格をそなえていることは疑いがない。また、スールに使われる棒や木槌はケルトの神々の不気味な持ち物を想起させる。フランス・ブルターニュ地方のフォークロアでは、こうした棒が「メル・ベニゲット」（mell benniget）の名で伝わっている。これは瀕死の人の額にそっとおかれると、穏やかな死を招いてくれる金槌である。

【書誌情報】 J. Gricourt, «Un "mell benniget" gaélique», *Ogam*, 7, 1955, pp. 155-172. R. Vaultier, *Le Folklore pendant la guerre de Cent Ans d'après les lettres de rémission du Trésor des Chartes*, Guénégaud, Paris, 1965, pp. 191-195. J.-Ch. Berthet, «La soule et le problème de son étymon», *Recherches et Travaux* (Grenoble), 55, 1998, pp. 133-142.

【邦語文献】 池上俊一『賭博・暴力・社交―遊びからみる中世ヨーロッパ』講談社、1994年、pp. 97-100およびpp. 146-149。

⇒メルラン

スレンスレオウグ　Llenlleawg

中世ウェールズの物語『キルフーフとオルウェン』に登場するアーサー（アルシール）の戦友。このアイルランド人は、ディウルナッハが所有していた魔法の大釜をアーサーが奪いとる手助けをする。『アヌーヴンの略奪品』ではスルッフ・スレミノウグ（Llwch Lleminawg）がスレンスレオウグと同じ役割をしており、両者はあきらかに混同されている。確証はまったくないが、スレンスレオウグの名からは、ランスロ（Lancelot）の遠い雛形かもしれないという漠然とした印象を受ける。

セ

聖顔布　Véronique (ou Verrine)

ロベール・ド・ボロン作『聖杯由来の物語』によると、聖女ヴェロニック（ラテン語名ヴェロニカVeronica、作中ではヴェリーヌVerrine）は「聖顔布」を見せることで、ローマ皇帝ウェスパシアヌスが患っていたハンセン病を治す。この布は「マンディリオン」（Mandylion）ともよばれる。後ろ手に縛られ十字架に括りつけられていたキリストの血まみれの顔をヴェロニックがもっていた布で拭いたところ、キリストの顔が亜麻布（マンディリオン）に写し出された。この布はその後、奇跡をもたらすようになったという。したがって布に写っていたのは、キリストの本物の顔である（東方正教会の伝承によると、「マンディリオン」は古代エデッサ（Edessa）の王アブガル（Abgar）5世の病を治したとされる）。ヴェロニカの名をもちいた言葉遊びにより、「聖顔布」が「ヴェラ・イコン」（vera icon）、つまり《本物の聖像》とみなされたのはこうした事情による。この伝説については、ティルベリのゲルウァシウス（Gervais de Tilbury）が『皇帝の閑暇』（*Otia Imperialia*）第三部第25章で記している。ラン（Laon）にあった「聖顔」のイコンは、ジャック・ド・トロワ（Jacques de Troyes）が妹シビル（Sibylle）のために、（イタリアの）バリで1249年に購入したものである。シビルは、北フランスのティエラシュ（Thiérache）地方にあったシトー派修道院の院長を務めた。ジャック・ド・トロワ［1195～1264年］は、ラン（Laon）大聖堂の司教代理を務めた後、1255年にはローマ教皇アレクサンデル4世［在位1254～1261年］によりエルサレム総主教に任命された。そしてアレクサンデル4世の死後に教皇に選出されると、ウルバヌス4世を名乗った［在位1261～1264年］。

聖顔布
（フランス・メッス、聖ウケール教会）

【書誌情報】 C. Gaignebet, «Véronique ou l'image vraie», *Anagrom*, 7 et 8, 1976, pp. 45-70. Gervais de Tilbury, *Le Livre des merveilles. Divertissements pour un empereur (troisième partie)*, Les Belles Lettres, Paris, 1992, pp. 41-43［ティルベリのゲルウァシウス（池上俊一訳）『皇帝の閑暇』講談社学術文庫、2008年、pp. 64-66］.

【邦語文献】 横山安由美「『聖杯由来の物語』における聖顔布の表象可能性」フェリス女学院大学・国際交流学部紀要『国際交流研究』第10号、2008年、pp. 65-77。

⇒ウェスパシアヌス、ハンセン病

聖血 Saint Sang

キリストの「聖血」（または「御血（おんち）」）伝説は「聖杯」伝説と混同されることもあるが、その来歴は「聖杯」伝説よりもはるかに古く、聖職者や修道士たちの間で育まれた。ボードリ・ド・ブールグイユ（Baudri de Bourgueil）は、12世紀初頭に「聖血」信仰がノルマンディー地方のフェカン（Fécamp）修道院を中心に広まっていたと証言している。当時の宗教文献には、「聖杯（サン・グラアル）」とよばれる器への言及がまったくない。そのため、「聖杯」という想像上のオブジェが「聖血」伝承を広める契機になったとは考えられない。そもそも「聖血」伝承は「聖杯」よりも遥かに前から存在していた。（縁起譚としての性格を持った）宗教伝説で語られるところによれば、アリマタヤのヨセフとニコデモが最初にキリストの血を片方の手袋で受け、その後イチジクの木（ラテン語では「フィークス（ficus）」）の幹に入れられて西方へ運ばれ、フェカンの町にたどり着いたという。フェカンをさすラテン語の造語「フィークス・カンプス」（ficus campus）は、まさしく《イチジク畑》を意味しているように思われる（これはあきらかにまちがった語源解釈であり、「遡及的に」伝説を正当化するためのものである）。これがノルマンディー地方の「御血」信仰の起源だとされている。しかしこの信仰は他の場所でも広まっていた。［第二回十字軍遠征の折、フランドル伯］ティエリー・ダルザス（Thierry d'Alsace）（1110年頃～1168年）が1146年に聖地エルサレムで入手したとされる「御血」の数滴が、ブリュージュ（Bruges）の「聖血寺院」に保存されている。ちなみにティエリー・ダルザスは、クレティアン・ド・トロワが『グラアルの物語』を献呈したフィリップ・ダルザス（Philippe d'Alsace）（1191年に死去）の父にあたる。（茨の冠をふくむ）キリスト「受難」にまつわるほかの聖遺物は、1239年に聖ルイ（saint Louis）［ルイ9世、1214～1270年］によって購入され、その後パリのサント＝シャペル（Sainte-Chapelle、「聖なる礼拝堂」）におさめられた。サント＝シャペルは、購入された聖遺物を保管するため特別に造られた建物である。

【書誌情報】 P. Saintyves, *Les Reliques et les Images légendaires* ［1912］, Robert Laffont, Paris, 1987, pp. 897-1044. J.-G. Gouttebroze, *Le Précieux Sang de Fécamp. Origine et développement d'un mythe chrétien,* Champion, Paris, 2000.

⇒**聖杯**

聖杯（サン・グラアル） Saint Graal

「グラアル」がキリスト教化されて「聖杯（サン・グラアル）」として出てくるのはロベール・ド・ボロン作『聖杯由来の物語』からであり、13世紀初めに成立した散文物語群にも登場する。修道士エリナン・ド・フロワモン（Hélinand de Froidmont）の年代記の一節や（クレティアン・ド・トロワ以前の）12世紀のフランス語作品に出てくるごくわずかな言及では、「グラアル」は《大皿、深皿》をさすと明確に定義されていた。ロベール・ド・ボロンは「グラアル」のこうした意味を忘れたためか（あるいは無視したためか）、「グラアル」を《小さな器》（vaissel）へ変貌させ、キリストが「最後の晩餐」のときに、この食器を使って使徒たちと食事をともにしたと述べている。「グラアル」は固形の食べ物を入れる大皿から、液体を入れる容器へ

聖杯の出現
15世紀初頭のフランスの写本挿絵

とかわったのである。「グラアル」の変化の最終段階では、器の機能はキリストの聖血を受けとるというものになった。この役割を任されたのが、アリマタヤのヨセフである。「聖杯（サン・グラアル）」の機能と意味は、中世の物語作家たち自身によってふたつの言葉遊びから導き出された。ひとつ目の言葉遊びによると、「グラアル」（graal）は「円卓」の周りに集ったすべての会食者へ「意のままに（ア・グレ）」（à gré）食事を提供する。こうした宴は多くの場合、重要な宗教上の祭り（『聖杯の探索』では聖霊降臨祭）におこなわれた。ふたつ目の言葉遊びによると、「聖杯」でおこなわれる給仕は、神に選ばれた人々、つまり聖霊の７つの徳が象徴するキリスト教的な美徳をすべてそなえた騎士たちに神が与えた「恩寵（グラース）」（grâce）の証である。『聖杯の探索』では、ガラアドだけが「聖杯」による至高の聖別を経験し、「聖杯」とともに現世を離れる特権を手にする。こうして姿を消した「聖杯」は、もはや二度と姿を見せることはない。『ペルスヴァル第三続編』で「聖杯」、「聖槍」、銀の肉切台にともなわれて聖燭祭（2月2日）の前夜に亡くなるのは、（ガラアドではなく）ペルスヴァルである。キリスト教化された形をとってはいるが、「聖杯」には豊穣の大皿（または器）がもつ異教的な性格も残されており、さらにそこに食べ物を増殖させる聖体の奇蹟が追加されたのである。散文物語群で「聖杯」が出てくるのはコルベニック城であり、会食者たちに良い匂いがする美味しい食べ物を振舞ってくれる。城の名コルベニック（Corbénic）を「祝福された角笛（コール・ベニ）」（cor béni）と解釈する民間語源説により、豊穣の角の神話が想起される（写本挿絵の中には、

ゴネストロップの大釜

（前２～前１世紀）内側の右に獣たちに囲まれたケルヌンノス、内側の左にテウタテスをたたえる儀礼が彫られている。デンマーク国立博物館所蔵

「聖杯」を角杯の形で描いているものもある）。ヴォルフラム・フォン・エッシェンバハ以降の中世ドイツ語で書かれた物語では、「聖杯」に対応するオブジェ「グラール」（Grâl）に秘教的かつ霊的な意味合いが与えられている。天使が空から運んできた「聖石」としての「グラール」は、その守護をする騎士たちを養ってくれる。アルブレヒト・フォン・シャルフェンベルク作『新ティトゥレル』では、「グラール」は再び天の石から切り出された器になる。キリスト教の務めを果たす信者ならだれでも、「グラール」を眺めにいくことができるという。それでもキリスト教の信仰が地上で弱くなると、「グラール」は姿を消し、司祭ヨハネ（プレスター・ジョン）の国へと向かう。その国はインドにあり、天国に近かった。キリスト教的な「聖杯」が登場する主要作品は、『ペルスヴァル第二続編』、『ペルスヴァル第三続編』、『聖杯由来の物語』、『散文ランスロ』、『ペルレスヴォース』、『パルチヴァール』、ハインリッヒ・フォン・デム・テュールリーン作『王冠』である。『王冠』によると、「グ

中央をくりぬかれた円卓に登場した聖杯。左の扉越しに、カムロットまで川から流されてきた石から、剣を引き抜こうとしているガラアドの姿が見える。中世フランスの写本挿絵

ラール」は「血の滴る槍」から流れ落ちる３つの血の滴を受けとる黄金製の皿である。城主は行列が彼の前をとおりすぎるたびに、この３つの血の滴を飲む。その場面に居合わせたガーヴェイン（Gawein、ゴーヴァン）は、この謎について城の人々に尋ねる。そして、それが神の奇跡だと教えられるが、それ以上の説明はしてもらえないままに終わる。城でおこなわれていたのはまさしく、キリストの血による聖体拝領の儀式だった。問いを発することでガーヴェインは、悲嘆に暮れていた城の住人たち全員に新たな希望を与えた。この作品のこの場面には、ペルスヴァルに相当する人物の姿はまったく見られない。

【書誌情報】J. Frappier, «La légende du Graal : origine et évolution», dans : *Grundriss der romanischen Literaturen des Mittelalters*, t. 4. *Le roman jusqu'à la fin du XIII*ᵉ *siècle*, Winter, Heidelberg, 1978, pp. 292-331. D. Buschinger, A. Labia, D. Poirion, *Scènes du Graal*, Stock, Paris, 1987. R. S. Loomis, *The Grail : from celtic myth to christian symbol*, Princeton University Press, 1991 (réédition). Ph. Walter, *Album du Graal*, Gallimard, Paris, 2009 (Album de la Pléiade). J.-R. Valette, *La Pensée du Graal. Fiction littéraire et théologie (XII*ᵉ*-XIII*ᵉ *siècle)*, Paris, Champion, 2008. Du même auteur : «Signum sacrum et imaginaire du contenant : le Graal dans la *Queste del saint Graal*», Essai sur les contenants au Moyen Âge. *De l'écrin au cercueil*, dir. Cl. Thomasset et D. James Raoul, P.U.P.S., Paris, 2007, pp. 189-220.

【邦語文献】 天沢退二郎『幻想の解読』筑摩書房、1981年、pp. 9-38「聖杯物語群の展開」; 渡邉浩司ほか「〈聖杯伝説〉—その起源と展開を再考する」『ケルティック・フォーラム』第8号、2005年、pp. 29-41; 渡邉浩司「13世紀における古フランス語散文〈聖杯物語群〉の成立」中央大学『人文研紀要』第73号、2012年、pp. 35-59。

⇒グラアル、グラアルの謎、コルベニック、聖血

聖杯の探索　Quête du Graal

いわゆる《聖杯（グラアル）の探索》は、最初期から認められるアーサー神話

の精髄ではない。「グラアル」はアーサー王物語が展開していく中で、遅ればせに（1180年頃に）登場する。「グラアル」を有名にしたのは、クレティアン・ド・トロワの遺作である。『聖杯（サン・グラアル）の探索』（1235年頃）とは違い、『グラアルの物語』（1181年頃）のペルスヴァルは「グラアル」の「探索」に出立しているわけではない。なぜならこの作品では、だれひとりとして「グラアル」の噂を耳にしたことがなかったからである。つまりペルスヴァルは、「グラアル」の獲得を使命としていたわけではない。さらにゴーヴァンが「血の滴る槍」を探しに向かう決意を固めたのも、「グラアル」にまったく関心がなかったためである。13世紀以降になってようやく話題になる「聖杯の探索」は、ある古い神話の基層よりも文学的な伝説に属している。

しかしまた、（ウェールズ語による）最古のアーサー王物語が「異界」へ遠征に出るアーサー（アルシール）とその臣下たちを描いているのは事実である。アーサー一行は「異界」から普通は金属でできた不思議議な力をそなえたオブジェを

聖杯として描かれたグラアル（14世紀）（フランス国立図書館フランス語写本12577番）

もち帰るが、「聖杯」のことは知らなかった。事実、「聖杯（サン・グラアル）」が唯一の熱狂的な探索の対象となるのは、「グラアル」がキリスト受難のときに使われた聖遺物とみなされるようになってからのことである。こうした傾向は散文物語群（『散文ランスロ』や『散文トリスタン』）以降に強まり、「聖杯」がこうした散文物語群の主題にもなっている。「聖杯物語群」の作者たちは筋書き上の技法を駆使し、先に韻文で著されていた物語群を（散文化して）相互にとけあわせ、統一性をもたせたのである。

【書誌情報】 T. Todorov, *Poétique de la prose*, Le Seuil, Paris, 1971, pp. 129-150 (La quête du récit).

⇒グラアルの謎、航海、聖杯

聖母マリア　Vierge Marie

ネンニウスが編纂した『ブリトン人史』によると、アーサーはグウィニオンでサクソン軍を相手に戦ったとき、両肩に聖母マリア像を担いでいた（『カンブリア年代記』*Annales Cambriae*では、バドニス山の戦いで「十字架」を背負っていた）。（スコットランドの）ウィーデル（Wedale）の聖母マリア教会には、アーサーが担いだ聖母像の断片が保存されていたという。ジェフリー・オヴ・モンマス作『ブリタニア列王史』によると、アーサーが両肩にかけていたプリドウェン（「ブリテン」の意）という名の楯には、聖母マリアの姿が描かれていた。聖母の名は、アーサーが発した鬨（とき）の声でもある。『アーサー王の最初の武勲』によると、アーサー王は8月半ば（聖母被昇天の日）に宮廷を盛大に開いた。聖母の背後に隠されているのは支配権を保証するケルトの大女神であり、アーサーは聖母マリアと大女神の両方の庇護を受けて

いたことになる。アーサーのマリア崇敬から、神話学者ジョルジュ・デュメジルが《王権をめぐる古代のイデオロギー》とよんだものがあきらかになる。それはウェスタ（Vesta）女神に仕える巫女たちや軍神マルス（Mars）に仕える巫女たちが活躍した、古代ローマに支配的だったイデオロギーである。聖処女たちは戦いの機能と豊穣の機能を同時にになっており、（王が責任を負う）王権を強化する役割をもっていた。聖処女が潜在的にもちあわせている創造力を王がこのように自由に使うことができたため、聖処女は危難の時の頼みの綱となっていたのである。

【書誌情報】 G. Dumézil, *Mythe et Épopée,* t. 2, Gallimard, Paris, 1971, pp. 362-364.

⇒**アーサー、８月１日**

生命の木　Arbre de vie

『聖杯の探索』の本筋からの脱線部分で言及される木。ソロモン王が建造させた船の上に３つの紡錘形の木片が嵌め込まれた寝台が載せられ、その寝台には（この世で最良の騎士の手に渡るよう定められた）王家の剣があったと説明されている。寝台に嵌め込まれた３つの木片は「生命の木」に由来するものだった。紡錘型の木片の色がそれぞれ違っていたのは次のような経緯による。アダムとともに楽園を追われた時、イヴはエデンの木から果物がついていた枝を１本持ち去る（アイルランドの航海譚の代表作『ブランの航海』に出てくる、リンゴの木の枝が想起される）。イヴがその枝を地面に植えると、根づいて木が生えてくる。アダムとイヴが純潔を守っている間、その木は真っ白だった。ところが、ある金曜日にふたりがこの木の下で交わってアベルをもうけると、木は緑色に変わる。その後、この同じ木の下でアベルがカインに殺されると、木はすぐさま真っ赤になる。ジョエル・グリスヴァルドによると、これら３つの色はおそらくインド＝ヨーロッパ語族の三機能を象徴している。またこの原初の木は、「ムグナ（Mugna）のイチイ」をも想起させる。その木は毎年３種類の果物、すなわち褐色のドングリ、赤いクルミ、白いリンゴを実らせていたからである。（アイルランドの「歴史物語群」に属する）『フィーンギンの夜番』（*Airne Fíngein*）［９世紀頃成立］によれば、このイチイの木は楽園の木の新芽から生まれた。アイルランドに聳えるすべての木は、このイチイの木までさかのぼるという。３つの色は、リンゴの木が季節にあわせて見せる色でもある（春の開花期には白く、夏には初物が実り葉に覆われて緑色になり、最後に実が熟すと赤くなる）。ケルト起源（より正確にはゲール起源）の神話的なテーマが『聖杯の探索』のようなシトー会の影響が色濃い作品に見つかるのは、（シトー会の霊的な父）クレルヴォーの聖ベルナールがアイルランド・アーマーの司教聖マラキと親交が深かったからなのかもしれない。

【書誌情報】 C. Guyonvarc'h, *Textes mythologiques irlandais*, t. 1 (seul paru), Ogam-Celticum, Rennes, 1980, pp. 189-202 (*La Veillée de Fingen*). B. Rio, *L'Arbre philosophal*, L'Âge d'homme, Lausanne, 2001. Ph. Walter, *Galaad, le Pommier et le Graal,* Imago, Paris, 2004, pp. 151-170.

【邦語文献】 渡邉浩司『クレチアン・ド・トロワ研究序説』中央大学出版部、2002年（「３色の木」についてはpp. 249-251）。

⇒**リンゴ**

誓約　Vœu

誓約というのは言葉による誓いであり、単なる願い以上のものである。ケルト神話では、誓約は言葉にこめられた魔術的・宗教的な意味を前提にしている。こうした宣誓は、インド＝ヨーロッパ語族に特有の三機能［神聖性、戦闘性、豊穣性］を反映した文言がもちいられることの多い、儀礼的な枠組みの中でおこなわれる。たとえば15世紀に中英語で書かれた『アーサー王の誓約』では、アーサー王と３人の騎士［ガウェイン、ケイ、ボードウィン］がそれぞれ［インド＝ヨーロッパ語族の三機能のいずれかに対応した］特別な誓約をおこなっている。インド神話において「声」と「言葉」は擬人化されて体系化された抽象概念であり、世界を支配している。こうした言葉にそなわる遂行的な価値（発話行為自体が行為の実現となる価値）は、文字に支配的な価値がまったくなく、発せられた言葉だけに重きをおく諸文明で守られた。

【書誌情報】G. Dumézil, *Apollon sonore*, Gallimard, Paris, 1982, pp. 11-24. J. Haudry, *La Triade pensée, parole, action, dans la tradition indo-européenne,* Archè, Milano, 2009. Ph. Jouet, *Dictionnaire de la mythologie et de la religion celtiques*, Yoran Embanner, Fouesnant, 2012, pp. 900-901.

【邦語文献】 ヘスス・ロドリゲス＝ベラスコ（福井千春・渡邉浩司訳）「中世ヨーロッパ騎士団における誓約の意味」篠田知和基編『神話・象徴・文化III』楽瑯書院、2007年、pp. 553-570。

⇒強制的贈与、ボードウィン（ブリテンの）

聖霊降臨祭　Pentecôte

復活祭後の50日目におこなわれる祭り。夏の到来を寿ぐケルトのベルティネ祭（Beltaine）のキリスト教版にあたる。初期のアーサー王物語群によれば聖霊降臨祭にはとりわけ政治的な意味があり、王国の永続と繁栄を寿ぐための王の祭りだった。クレティアン・ド・トロワ作『ライオンを連れた騎士』の冒頭では、語り手が「聖霊降臨祭」（パントコスト Pentecoste）と「金がかかる」（コスト coste）で脚韻を作っている（アーサー王にとって祭りは《高くつく》からである）。この脚韻が示しているように、寛大さや気前の良さを見せることで、君主はみずからの権力が家臣におよんでいることを定期的に認めさせたのである。家臣は君主のもとに集い、敬意を表わした。ジェフリー・オヴ・モンマス作『ブリタニア列王史』やヴァース作『ブリュット物語』によると、アーサーの戴冠式が聖霊降臨祭に「軍団の町」（カーリオン）でおこなわれたため、毎年この日は戴冠記念日となった。そのため、聖霊降臨祭にアーサー王宮廷へ不意に異国の者が現れて事件を起こすと、王への挑戦という意味あいをもった。散文「聖杯物語群」の中の『聖杯の探索』では、聖霊降臨祭のもつ意味が宗教と伝道に関連したものへと傾斜していく（『聖杯の書』には聖霊降臨祭への言及が80回近く出てくる）。そして聖霊降臨祭の日には「聖杯」が「聖霊」のように出現し、「円卓」騎士団のメンバーに恩寵をもたらす（ガラアドが「円卓」騎士団の一員になるのも聖霊降臨祭のことである）。クレティアン・ド・トロワは『グラアルの物語』の中ですでに、［後に聖遺物としての「聖杯」へと変貌する］「グラアル」の最初の出現が聖霊降臨祭の時期だったと記している。

【書誌情報】Ph. Walter, *La Mémoire du temps*, Champion, Paris, 1989 (voir index). G.

Bertin éd., *Pentecôte, de l'intime au social,* Siloé, Nantes, 1997; voir en particulier: P. Verdier, «Le symbolisme calendaire de la Pentecôte et ses correspondances dans la littérature arthurienne» (pp. 247-257), J. Ribard, «Pentecôte et Graal» (pp. 289-297) et C. Letellier, «Les occurrences de la Pentecôte dans les romans de la Table Ronde» (pp. 299-312).

⇒暦、聖杯

ゼフィール　Zéphir

『ペルスフォレ』第一の書から第六の書に登場する堕天使。リュタン（小悪魔）の姿でセルヴ・カルボニエール（Selve Carbonnière）の沼に隠れ住み、そこをとおりかかる騎士たちを罠にはめていた。ゼフィールは（光のほかにも動物や人間の姿をとるなど）変幻自在であり、（物音や声を）まねることができた。そして動物の姿に少しずつ飽きはじめてからは、人間の姿を好むようになる。こうしてゼフィールは通行人たちを欺くリュタンから、スコットランド王国を守る予言者へと変貌する。空飛ぶ精霊の群れを先導するゼフィールは、エルカン（Hellequin、死者の軍勢を率いる巨人）を想起させる。悪ふざけ、排泄物への好み、生きている死者のような姿から、ゼフィールはカルナヴァル（カーニヴァル）との関連をもっているように思われる。ゼフィールの真の姿は分からないままであり、語り手は彼の姿をはっきりと描いていない（そのため本来の姿が何に似ているのかわからない）。ゼフィールはフードをかぶった老人に身をやつしていたり、黒い顔をした空飛ぶ精霊になったりする。ゼフィールは騎士エストネ（Estonné）と戯れることをとくに楽しんでいて、エストネをいたずらの主な標的にした。それだけでなく、エストネの後ろ盾にもなった。ゼフィールの介入は３段階の進展を見せる。１）まずはエストネを時折助けるために、間接的に介入する（第二の書では「地霊」として介入する）。２）つぎに住み慣れた沼を離れ、エストネとその一門を守り（エストネの息子の世話をする）、（嵐を起こしてローマ軍を撃退することで）エストネの国を守る（第三の書では「人間に仕える精霊」として介入する）。３）最後に予言者となる。その後ゼフィールの影響力はノルウェーまで広がり、彼の行動範囲はますます遠方までおよぶ（ゼフィールの活動は第四の書以降や物語の枠外で行われている）。彼がさまざまな形で介入したのは、エストネを後にこの世で最大の賢者となるメルランの祖先にするためだった。さらにゼフィールは物語の中で、ますますメルランと似ていった。また、ゼフィールがエストネの息子パスリヨンと多くの女性が懇ろになる手助けをしたことにより、アーサー王物語を彩る他の重要な騎士たちが生まれた。風の名をもつメルランの祖先ゼフィールは、メルランの父が風、気息、つまりブレーズ（Blaise）［メルランの母の聴罪司祭］であることを「遡及的に」裏づけてくれる。これはブレーズの名が《息を吹きかける》を意味するドイツ語「ブラーゼン（blasen）」と関連しているからである。

【書誌情報】 C. Lecouteux, *Les Nains et les Elfes au Moyen Âge,* Imago, Paris, 1988, pp. 84-85 (nouvelle éd 2013). C. Ferlampin-Acher, «Voyager avec le diable Zéphir dans le *Roman de Perceforest*: la tempête, la *Mesnie Hellequin,* la *translatio imperii* et le souffle de l'inspiration», dans: Th. Maus de Rolley et G. Holtz éd., *Voyager avec le diable: voyages réels, voyages imaginaires et* *discours démonologiques (XVe-XVIIe s.)*, P. U.P.S., Paris, 2008. Du même auteur : «Les discours de Zéphir, figure merlinienne dans *Perceforest*», *L'esplumeoir*, 10, 2011, pp. 7-19.

⇒パスリヨン、ブレーズ

セリドワーヌ　Célidoine

古フランス語散文物語『アリマタヤのヨセフ』によると、セラフェ（Séraphé、洗礼名はナシアン）が、妻フレジャンティーヌ（Flégentine）とのあいだにもうけた息子。セリドワーヌは妻サラサント（Sarracinte）［ラベル王の娘で、エヴァラック王の妻とは別人］との間に息子ナルピュス（Narpus）をもうける。そのためセリドワーヌは、ランスロやガラアドの祖先にあたる。ブリテン島へ赴いたセリドワーヌに、父はノルガル（Norgales）王国を託す。セリドワーヌは戦術や占星術に夢中だった。ペルシア王ラベルをキリスト教に改宗させたことへの報復として、ラベル王の臣下たちはセリドワーヌを１頭のライオンと一緒に船に乗せて海へ流す。しかしセリドワーヌは十字を切って見せ、ライオンをおとなしくしてしまう（この試練は、セリドワーヌが王に選ばれる資格をもった証である）。『聖杯の探索』によると、セリドワーヌはスコットランドで初めてキリスト教を奉じた王とされる。『アリマタヤのヨセフ』では、セリドワーヌの名の注解がなされており、《天に与えられた者》を意味すると記されている（これは偽語源的な再解釈である）。実際にはセリドワーヌの名は、慣例でスコットランドをさすラテン語「カレドニア」（Caledonia）をもとに作られたと思われる。セリドワーヌの名はさらに、燕の腹にあると考えられている宝石の名と同じである（ギリシア語「ケリードーン（chelidon）」は「燕」をさす）。この宝石は、精神異常の人々や眼病の治癒で知られ、どんな試みも成功へと導き、洞察力をもたらしてくれるという。セリドワーヌは燕のように空中を移動し、魔法を使ったかのように遠い岸辺まで運ばれて迫害者たちの手を逃れる。しかしこの物語では、空間移動は見えざる天使の手によるものだとされている。

【書誌情報】Marbode, *Poème des pierres précieuses*, Millon, Grenoble, 1996, pp. 36-37.

⇒ケリドン

占星術　Astrologie

ユリウス・カエサルは『ガリア戦記』第六巻14章で、ケルトの宗教の本質を要約している。それによると、ガリア人（大陸のケルト人）は魂は決して滅びることがないと信じており、ドルイド僧たちは「天体やその運行について、世界とその広さについて、万物の本性について、神々の威力や権能について」考察した多くのことを（若い修行者に）教えこんだという。このようにカエサルはケルト人が天文学を使いこなせることをたたえている。

〈天文学的知識〉　オブジェの製造にかかわる占星術師たちの姿が、アーサー王物語群に認められたとしても驚くにはあたらない。こうしたオブジェは夏至や冬至という宇宙的時間と関連しているからである（たとえば、クレティアン・ド・トロワ作『グラアルの物語』後半に出てくる「驚異の寝台」を参照）。ケルト神話に天文学が浸透していることは、考古学者たちが発掘したいくつかの品からも証明されている。1941年にブルノ（Brno）［チェコ共和国の都市］で発見されたケルト期の儀礼用の水差しの表面には宇宙の表象に満ちた世界がまるごと描かれており、それは紀元前３世紀初め

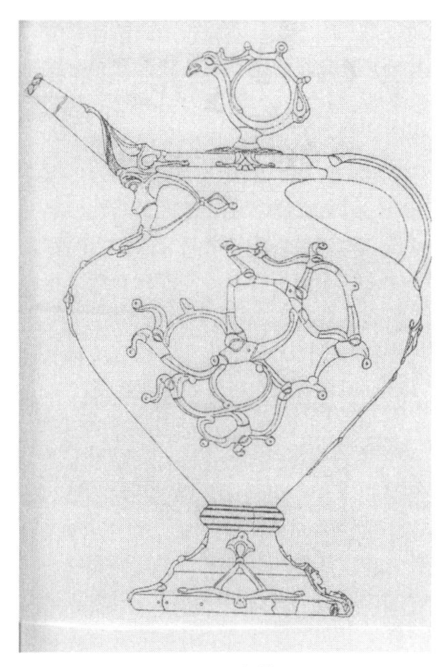

ブルノの水差し

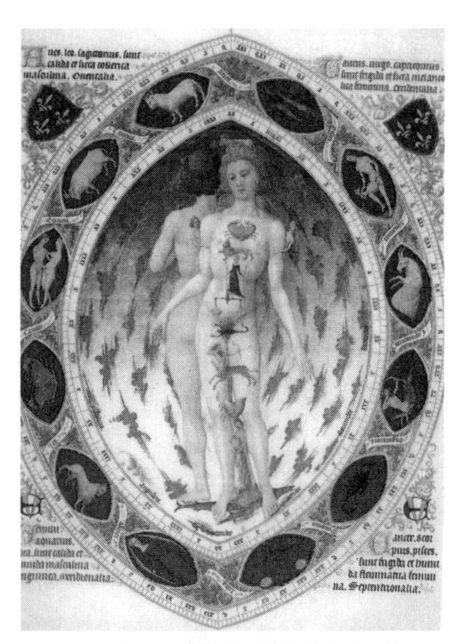

ランブール兄弟「占星術的人体図」

の夜空を再現したものである。これはドルイド僧たちの天文学的知識を伝える重要な証拠である。分析の結果、この水差しの図柄が描く夜空のふたつの区域はそれぞれ、（水差しの制作時期と考えられる）紀元前280年の「ベルティネ祭」（明るい季節が始まる頃）と「サウィン祭」（暗い季節が始まる頃）にブルノの上空に広がっていた蒼穹（そうきゅう）であることが分かった。正確には、6月14日と11月21日の夜が始まる頃の空を表わしている。水差しの表面にはふたつの網状装飾が施されており、そのうちのひとつに描かれた怪物たちの眼の配置は、おうし座で最も明るい恒星アルデバランをとりまく星々の配置に対応している。おうし座の近くには、ぎょしゃ座の恒星やオリオンが見られる。これにより、ケルト人が星辰神話を重要視していたことが裏づけられる。中世の物語群は、こうした星辰神話の記憶をはっきりとどめている。占者メルランが占星術師なのはもちろん偶然ではない。（熊）アーサーとりゅう座（ユテル・パンドラゴン）に隣接するおおぐま座とのつながりを、ささいなものとして扱うべきではない。月のサイクルも、「グラアル」の出現と無関係ではない。

〈中世期の貢献〉　すくなくともセビリアのイシドルス［560頃～636年］以来、原則として占星術と天文学は区別されてきた。しかし中世期には、学際的な立場から知識を統合するという考え方により、人間と星辰が照応するという理論が広まった。それによると、マクロコスモス（惑星）はミクロコスモス（人体）と照応関係にあった。これは占星術にもとづく医学の原則だった。人体の各部分に、黄道12宮のいずれかが対応する。おひつじ座は頭、おうし座は首、ふたご座は肺と腕、かに座は喉と胃、しし座は心臓、おとめ座は腸間膜、てんびん座は腰、さそり座は生殖器、いて座は腿、やぎ座は膝、みずがめ座はふくらはぎ、うお座は足を支配している。黄道帯のそれぞれの宮は、人間の本性を決定する４体質のひとつと関連した惑星自体が拠点としている場所である。たとえばメランコリーを生み出す土星は、（冬の星座にあたる）やぎ座とみずがめ座を拠点としている。「グラアル」伝承では、土星の重要性が際立っている。

【書誌情報】A. Maury, *La Magie et l'Astrologie dans l'Antiquité et au Moyen Âge*, Librairie académique, Paris, 1860〔アルフレッド・モーリー（有田忠郎・浜文敏訳）『魔術と占星術』白水社、1993年〕. W. E. Peuckert, *L'Astrologie. Son histoire, ses doctrines*, Payot, Paris, 1980. R. Klibansky, E. Panofsky, et F. Saxl, *Saturne et la Mélancolie*, Gallimard, Paris, 1989［レイモンド・クリバンスキー+アーウィン・パノフスキー+フリッツ・ザクスル（田中英道監訳）『土星とメランコリー――自然哲学、宗教、芸術の歴史における研究』晶文社、1991年］. B. Ribémont (dir.), *Observer, lire, écrire le ciel au Moyen Âge*, Klincksieck, Paris, 1991. C. Goudineau (dir.), *Religion et société en Gaule*, Errance, Paris, 2006. V. Kruta, *La Cruche celte de Brno. Chef d'œuvre de l'art. Miroir de l'Univers*, Faton, Dijon, 2007.

⇒**アーサー、アルトフィラ（ユ）ス、アンフォルタス、オリ、北、驚異の寝台、グウェンドレーナ、血の滴る槍、月（天体の）、ディアーヌ、ドラゴン、フロサン、メルラン、モルドレッド**

ソ

速歩（トロット）　Trot

⇒**ロロワ**

袖をつけた騎士

Chevalier à la Manche

中世ネーデルランド語による物語『袖をつけた騎士』の主人公。生後７日目にドーバーの海岸にすてられたため、両親を知らずに育った。その後拾われて成長した彼は、クラレット（Clarette）という名のワルウェイン（ゴーヴァン）の従妹に恋をし、戦いで名を上げた後に結婚する。成年に達すると、彼は母に会って出生の話を聞き、自分の名が「ミローデイス」（Miraudijs、対応するフランス語名はメロージス）だと知らされる。母親は息子を彼女の領国とスペインの後継者に指名する。しばらくして彼は牢につながれていた父を助け出す。物語は主人公の両親の正式な結婚により幕となる。主人公の異名「袖をつけた騎士」は、宮廷風礼節を受けついだ中世期の服装習慣によって説明できる。当時はまだ、袖があらかじめ縫いつけられた服は少なかった。袖は服を身にまとった後で、縫いつけられていたのである。そのため馬上槍試合のとき、貴婦人は自分の服の袖をお気に入りの騎士に授け、試合の最中に自分の騎士を《見分けられる》ようにした。（騎士たちは兜をかぶり武装して参戦したため、袖のおかげでお目あての騎士をより簡単に見つけられた）。袖の贈与には、恋人たちが交わす封臣契約の意味合いがあった可能性がある。つまり袖をつけた騎士は、意中の貴婦人に仕える者（奉仕する騎士）となったのである。ワルウェインの従妹は自分の袖を、ミローデイスに授けている。クレティアン・ド・トロワ作『グラアルの物語』にも《小袖》姫が登場し、馬上槍試合に参戦したゴーヴァンに敬意のしるしとして小袖を授けている。

【書誌情報】 Jacques le Goff, «Le rituel symbolique de la vassalité» in *Pour un autre Moyen Âge*, Gallimard, Paris, 1977, pp. 349-420［ジャック・ル・ゴフ（加納修訳）『もうひとつの中世のために―西洋における時間、労働、そして文化』白水社、2006年、pp. 405-493「家臣制の象徴儀礼」］.

【邦語文献】 小栗友一「〈ゴーヴァンと小袖姫〉と〈ガーヴァーンとオビロート〉―ヴォルフラムのクレチアン受容について」『名古屋大学言語文化部言語文化論集』第XIII巻第2号、1992年、pp. 3-15。

⇒メロージス

祖父ランスロ　Lancelot l'Aïeul

古フランス語散文物語『アリマタヤのヨセフ』に登場する、セリドワーヌから数えて6代目の子孫。「湖のランスロ」の祖父。ある公爵と結婚していた従姉妹のひとりに恋していた「祖父ランスロ」は、「危険な泉」で水を飲もうとしていたとき、従姉妹の夫（公爵）に殺される。公爵は「祖父ランスロ」の首を刎ねるが、公爵自身もその後に自分の居城へもどったとき、崩れ落ちてきた壁の石に押し潰されて息たえる。刎ねられた「祖父ランスロ」の首が泉の中に落ちるとすぐに、泉の水が沸騰しはじめた。斬られた首と泉とのつながりは、聖人伝に常套のテーマである（たとえば聖ドニDenis伝説を参照）。

⇒斬られた首

ソールズベリー　Salisbury

⇒サルズビエール

ソロモン　Salomon

旧約聖書に出てくるイスラエルの王。中世期にはソロモンの知恵と知識は評判が高く、ソロモンは諸学や神秘学の師とみなされていた。『聖杯の探索』によると、ソロモンはあらゆる宝石の力と薬草の効能に通じ、天球と星々の運行を熟知していた。しかしそれにもかかわらず、妻に欺かれてしまう（この件には、中世の学僧たちが抱いていた女性蔑視が反映されている）。『聖杯の探索』ではソロモンが象徴的な役割を演じており、キリスト教化された「聖杯（グラアル）」の神話と旧約聖書を（想像の上で）密接に結びつけている。そのためにもちいられたのは、中世期の聖書釈義が広めた予型論的解釈である（それはアナロジーにもとづく対比により、旧約聖書の人物のうちに新約聖書の人物の予型を読みとるというものである）。つまりダビデとその息子ソロモンは、ランスロとその息子ガラアドの遠い祖先にあたる。

ソロモンの舟に向かうガラアド

【書誌情報】 P. Saintyves, «Salomon, son pouvoir et ses livres magiques», *Revue des traditions populaires*, 28, 1913, pp. 410-425. E. Baumgartner, *L'Arbre et le Pain. Essai* *sur la* Queste del Saint Graal, SEDES, Paris, 1981, pp. 111-140.

⇒**不思議な革帯の剣**

〈タ〉

ダヴィド　David

⇒デイヴィッド

ダグネ　Daguenet

高貴な生まれの騎士で、アーサー王に仕える「道化」(fol)［この語は「狂人」も指す］。ダグネが登場するのは13世紀以降に創作された一連の散文物語である。『散文ランスロ』、『メルラン』や『アーサーの書』に続き、『散文トリスタン物語』、『ギロン・ル・クロトワ』、『メルランの予言』で重要な役割を果たしている。古くからの人物ではないダグネはステレオタイプから外れ、狂気そのものの代弁者となる。そして狂気はダグネという人物をとおして変貌を遂げていく。ダグネと対照をなすのは、狂人と予言者を兼ねるメルランである。メルランが発する言葉が非凡で本質をつくものであるのに対し、能弁なダグネの話は空疎なものである。辛辣な言葉を吐くダグネはアーサーの執事騎士で毒舌家のクウ寄りの人物に見られるが、このふたりもまた対照的である。ダグネが笑いを誘うのに対し、クウは宮廷の人々を苛立たせる。ダグネは彼と相対する人たちの鏡像なのである。『アーサーの書』によると、ゴーヴァンは「道化」ダグネの名を借りて、「大ぼら」を披露している。笑いを引きおこすという特徴だけに注目するとダグネの存在意義は薄くなってしまうが、ほかの作品群では面目を取り戻している。『散文ランスロ』や『散文トリスタン物語』に登場するダグネは、愛ゆえに「狂人」となったトリスタンやランスロを際立たせるべく登場しており、同じ狂人として響きあっている。『ギロン・ル・クロトワ』ではダグネが狂気におちいった経緯があきらかにされているのに対し、ほかの作品群ではダグネが生まれながらの狂人だとされている。『ギロン・ル・クロトワ』のダグネは、一番の親友に妻を奪われたため狂人になったという。一時的に狂気におちいったトリスタンやランスロとは異なり、ダグネの狂気は癒されぬものだった。『メルランの予言』によると、アーサーがメランコリーにおちいっているあいだ、ダグネは王宮の存続を守った。つまりダグネとアーサーは互いの役割を反転させており、道化（狂人）は王よりも賢明な存在となっている。このようにダグネは、恋愛や政治が契機となって生まれる悪しき狂気を、物語の形で表現している。その狂気は作品ごとに、ダグネの分身にあたるランスロやアーサーを前にして認められる。また、「ダグ」(Dag-) という語基は、固有名に見つかる古いケルト語で《良い》を意味する。

【書誌情報】C. Guyonvarc'h, «Notes d'étymologie et de lexicographie celtiques et gauloises. 7. Gaulois DAGOLITVS», *Ogam*, 11, 1959, pp. 284-285. J. Vendryès, *Lexique étymologique de l'irlandais ancien*, Presses du CNRS, Paris, 1959, D-8. J.-M. Fritz, «Daguenet ou le bouffon amoureux», in : D. Poirion éd., *Styles et Valeurs. Pour une histoire de l'art littéraire au Moyen Âge*, SEDES, Paris, 1990, pp. 37-73. Du même auteur : *Le Discours du fou au Moyen Âge*, P.U.F., Paris, 1992.

⇒狂人（道化）

竪琴弾き　Harpiste

古アイスランド語の写本が伝える『トリストラムとイーセンドのサガ』（1226年）の中のエピソードのひとつ（古フランス語韻文で書かれた「トリスタン物語」には見つからないエピソード）において、アイルランドの竪琴弾きが王妃イーセンド（イズー）を求めた。この竪琴弾きはマルキス（マルク）王の宮廷で何曲か演奏し、すべて弾き終えてから褒美を求めた。実際に竪琴弾きが求めたのはイズーの身柄だった。約束を破ることができなかった王は、王妃を竪琴弾きにわたしてしまう。そこでイーセンドを解放しようと考えたトリストラム（トリスタン）がヴィエール（手回し琴）を手にしてかなり長いあいだ演奏をつづけると、潮が満ちてアイルランド出身の竪琴弾きは沖に残しておいた船にもどれなくなってしまう。するとトリストラムは竪琴弾きに、馬で船まで送り届けられるよう、王妃の身柄を一時的に自分に託すよう求める。ところがトリストラムはイーセンドをとりもどすと、彼女を竪琴弾きに返すのを拒む。ヴィエール弾きのトリスタンが、狡知をもちいて竪琴弾きの立場を奪ってしまったのである。マリー・ド・フランス作『スイカズラの短詩』によれば、トリスタンは名うての竪琴弾きである。トリスタンは竪琴を弾きながら、イズーの思い出にこの短詩を作ったとされている。ジェルベール・ド・モントルイユ作『ペルスヴァル第四続編』では、トリスタンはイズーのために作った『スイカズラの短詩』をフラジョレット［フルート属の木管楽器］で演奏する。トリスタンは宮廷楽人に身をやつしてマルク王の宮廷へ出かけ、身許を知られることなくイズーに会う。『散文トリスタン物語』はさらに、マルク王の甥（トリスタン）にそなわる音楽的才能について力説している。竪琴（アイルランド語では「クリ

竪琴をひくトリスタン

ット（cruit)」）は戦争用に使われた管楽器や打楽器とは異なり、宮廷で使われた楽器である。アイルランドでは、竪琴弾きは詩人やドルイド僧と同じく重要な地位にあった。竪琴が奏でる音楽は神聖なものと考えられた。なぜなら竪琴は（その音楽が病を癒すことから）医術と関連していただけでなく、詩や占術とも関連していたからである。ダグダ（Dagda、《善良な神》）のもつ竪琴は、ルグ（Lug）神の持つ竪琴と同じく魔術的な力で知られていた。『アーサー王の最初の武勲』の中でメルランは竪琴弾きに変装して現れ、知恵を授ける有能な詩人の役割を演じている。

【書誌情報】F. Le Roux et C. Guyonvarc'h, *Les Druides*, Ouest-France, Rennes, 1986, pp. 292-295. Ph. Walter, *Tristan et Yseut. Le Porcher et la Truie*, Imago, Paris, 2006, pp. 241-268.

【邦語文献】　辺見葉子「竪琴弾きと呪詛的な眠り―中世アイルランド」吉田敦彦監修『比較神話学の鳥瞰図』大和書房、2005年、pp. 155-174。

⇒イズー、スイカズラ、トリスタン、盲目

ダニエル　Daniel

デア・シュトリッカーが中高ドイツ語で著した『花咲く谷のダニエル』の主人公。円卓騎士団に属するこの若き騎士は、アーサー王に戦いを挑んだマトゥーア王の許へ向かう。マトゥーアの国へ到着する前に、ダニエルは邪悪な小人［ユーラン（Juran)］を殺め、魔法の剣を奪いとる。その後、首のない怪物に襲われていた貴婦人の救出に駆けつける。その怪物はバシリスクと同じく、睨みつけるだけで相手を殺していた（そのためダニエルは、鏡を手にしてこの怪物を殺めることに成功する）。ダニエルは、マトゥーア王の巨人使者ふたりの首を刎ねた後、魔術師も殺める。その魔術師は、罪もない人々を捕まえては血を抜きとり、集めた血に体を浸して健康を取りもどそうとしていた。敵軍の最後の一群を倒すのにダニエルがもちいたのは、マトゥーアの国をうろつきまわっていた奇妙な獣の叫び声（古フランス語では「ブレ（braits)」）だった（この叫び声を耳にした敵軍は、身がすくんでしまう）。ダニエルはクルーゼ（Cluse）の王になる。

主人公が挑んだのは、選ばれし戦士階級の一員になるために慣例で経験しなければならない通過儀礼的な試練である（試練の最中には３人の巨人が現れる）。ダニエルの名は、イスラエルの預言者の名を想起させる。『旧約聖書』に登場するダニエルは知恵をそなえた少年であり、その偉業は騎士ダニエルの果たした偉業に匹敵する。しかし聖書のダニエルの名は、あるケルト語を覆い隠しているに違いない。そのケルト語はおそらく《大胆な、果敢な、雄々しい》を意味する形容詞「ダナ」（danae）や、ドルイドの魔法を体得したトゥアタ・デー・ダナン族（《大女神ダナの民》）の名に認められる神名ダヌ（Danu）と関連している。騎士ダニエルは、敵を倒すために何度となく策略や魔法をもちいている。

【書誌情報】G. Paris, *Histoire littéraire de la France*, Imprimerie nationale, Paris, 1888, t. 30, pp. 136-141.

【邦語文献】　土肥由美「ダニエルの剣―シュトリッカーの描く13世紀の騎士奉公」『続　剣と愛と―中世ロマニアの文学』中央大学出版部、2006年、pp. 219-264。

⇒叫び、マトゥーア

ダビデ　David

⇒デイヴィッド

ダムナス　Dampnas

『クラリスとラリス』に登場する魔術師の名。「誇り高き傲慢男（フィエール・オルグイユー）」(Fier Orgueilleux) という異名をもち、「ブロセリヤンドの森」にある「危険な城」を所有していた。ドルイドが操る神通力をもったダムナスは、四大元素を操って地震や嵐を引きおこしたり、人間を動物に変身させたりした。彼の名は、《地獄の刑罰を受けさせる》を意味する教会ラテン語「ダムナーレ」(damnare) に由来する。

【書誌情報】 F. Le Roux, «Le dieu druide et le druide divin», *Ogam*, 12, 1960, pp. 349-382. F. Le Roux et C. Guyonvarc'h, *Les Druides*, Ouest-France, Rennes, 1986, pp. 125-216.

⇒ブロセリヤンド

タリエシン　Taliesin

この名は《輝く額》を意味する。いにしえのウェールズ詩を伝えた偉大な詩人（バルド）のひとり。複雑な人物だが、本質的に詩人でありつづけるかぎりにおいては首尾一貫した人物である。詩人とは、フランソワーズ・ルルーとクリスティアン・ギュイヨンヴァルフの言葉をかりれば、《王と王宮向けのあらゆる詩を公に作るために（…）言葉を操るドルイド僧》のことである。語源的に見ると複合語°*gʷr̥-dhos* に由来する「バルド」は、《称揚詩を捧げる》者である。6世紀の終り頃、実在したタリエシンが複数の詩を作った。それはフレゲッド（Rheged）のイーリエン（Urien）王とその側近のために作られた、12編の賛美詩と死を悼むエレジーである（これらは真作とされている）。これに対して『アヌーヴンの略奪品』には、タリエシンは神話的な英雄として登場する。伝説上のタリエシンについての物語（1275年頃に言及が見つかる、完本が16世紀および17世紀の写本に収録されているウェールズ語の『タリエシン物語』*Hanes Taliesin*）は、特別な運命を背負った子供の物語をもとにして書かれている。この少年（グウィオン・バッハGwion Bach）は策略により詩才、予言能力、魔術を手に入れると、魔女（ケリドウェン）の追跡をかわすために動物や植物に変身して逃げる。そして後に第二の誕生を果たし、名前を変える（グウィオン・バッハはタリエシンになる）。生まれた赤子は舟に乗せられ海に流されるが、回遊する鮭のごとく河口で捕獲され、最後には王子（エルフィンElphin）によって育てられる。エルフィンとマエルグン（Maelgwn）王との競合関係は、タリエシンにとってドルイド僧としての力と社会的な名声が知れ渡っていることを示す絶好の機会となる。タリエシンはその言葉によって魔術的に介入し、（エルフィンの妻の貞節を証明することで）正義と（財宝を発見することで）王の繁栄をとりもどす。最終的にはタリエシンは、マエルグン王お抱えの24人の詩人（バルド）よりも優位に立つ。生まれ変わる前のタリエシンが行った一連の変身は、完璧な存在が見せるさまざまな姿というテーマを想起させる（タリエシンは実際に完璧な存在だった）。タリエシンが何ごとも熟知しているのは、前世にとりうるすべての姿で生きていたからである。鮭の姿のときに河口で捕獲された後、タリエシンは占者としての経歴を始める。これは「メルラン」のウェールズ名「マルジン」(Myrddin) が《海の子》をさすことを想起させる。ジェフリー・オヴ・モンマスは『メルリヌス伝』（第732～940行）の中で、タリエシンをテルゲシヌス（Thelgesinus）というラテン語名で再び登場させている。

テルゲシヌスはメルリヌス（メルラン）とともに、自然のさまざまな事物について長広舌をふるう。ここでは王侯から恐れられた詩人（バルド）の言葉につづいて、饒舌に語られる教訓的かつ百科全書的な話が披露されている。

【書誌情報】 R. Bromwich, *Trioedd Ynys Prydein*, University of Wales, Cardiff, 1961, pp. 509a-511. F. Le Roux et Ch. Guyonvarc'h, *Les Druides*, Ouest-France, Rennes 1986, p. 432 et p. 437 (sur le nom du barde). *L'Histoire de Taliesin*, dans : *Les Quatre Branches du Mabinogi*, traduit du moyen gallois, présenté et annoté par P.-Y. Lambert, Gallimard, Paris, 1993, pp. 333-336. Ph. Walter, «Taliesin, homme-saumon», dans C. Thomasset et D. James-Raoul éd., *Dans l'eau, sous l'eau. Le monde aquatique au Moyen Âge*, P.U.P.S., Paris, 2002, pp. 237-251. Ph. Jouet, *Dictionnaire de la mythologie et de la religion celtiques*, Yoran Embanner, Fouesnant, 2012, pp. 941-942.

【邦語文献】 木村正俊訳『タリエシンの詩』中央大学人文科学研究所編『ケルティック・テクストを巡る』中央大学出版部、2013年、第2章；中野節子「ウェールズの詩人タリエシンをめぐって―詩と物語の中から」『英学論叢―石井正之助先生古稀記念論文集』、1982年、pp. 219-232；松村一男『神話思考―I　自然と人間』言叢社、2010年、pp. 344-368。

⇒ケリドウェン、メルラン

タルタリー　Tartarie

ベルール作『トリスタン物語』で、ハンセン病患者に身をやつしたトリスタンが鳴らしていたがらがら［カスタネットの一種］をさす。タルタリーという語は、地獄の川タルタロス（Tartaros）と関連している。この川の名については、葬儀のミサでおこなわれる祈りの中で言及されている（亡くなった信徒の魂について《タルタロスに呑みこまれることのないようにして下さいますよう》という文言が唱えられる）。がらがらはまた慣例で、カルナヴァル（カーニバル）と四旬節の期間に悪魔祓いのために使われる。クロード・レヴィ＝ストロースはがらがらを《冥界の楽器》とよんでいる。がらがらは、生きている死者だとみなされたハンセン病患者と関連づけられている。

【書誌情報】 C. Lévi-Strauss, *Mythologiques. Du miel aux cendres*, Plon, Paris, 1966, pp. 347-408［クロード・レヴィ＝ストロース（早水洋太郎訳）『神話論理II　蜜から灰へ』みすず書房、2007年、pp. 466-548］.

⇒トリスタン、ハンセン病

短詩（レー）　Lai

ブリテン島から大陸へわたってきた詩人（バルド）や語り部たちが演目として扱っていた韻文形式の短い物語詩。こうした短詩は口承で伝えられ、数多くのアーサー王物語作品を生み出す源となった。「短詩」をさすフランス語「レー」（lai）は、《ツグミのさえずり》をさすケルト起源の「ロイズ」（loîd）に由来する。またこれに対応するドイツ語「リート」（Lied、《歌》）も、おそらく同系統のさらに古いケルト語に由来する。この呼称から、「短詩」は「武勲詩」と同じように歌われていたのではないかと推測される。「短詩」は驚異的なものを素材としていて、不可思議（「異界」の神々）との出会いにより多くの筋書きが展開していくという神話的な構造をそなえている。「短詩」は、神話的なテーマを扱った魔法民話の中世ブルターニュ版といっても過言ではない。アールネとトンプソンが作成しウターが増補した民話の国際話型が、大部分の「短詩」に認められる。マリー・ド・フランスが著した12編、作者不詳の約20編以外に、ほかの作者たちの短詩がいくつか残されている。中世フランス語版の形では現在失われてしまった短詩の中には、古アイスランド語に翻案された形で残されているものもある。「短詩」の大半は、12世紀から13世紀初頭にかけて作られたものである。「物語的短詩」(lai narratif) は、後の時代（13世紀の間）に登場する「抒情詩的短詩」(lai lyrique) と区別する必要がある。

【書誌情報】 J. Frappier, «Remarques sur la structure du lai. Définition et classement» dans: *La Littérature narrative d'imagination: des genres littéraires aux techniques d'expression*, Paris, 1961, pp. 23-39. J.-C. Payen, *Le Lai narratif*, Brepols, Turnhout, 1975 (réédition 1985).

【邦語文献】 渡邉浩司「《ブルターニュの短詩》に見られる《口承性》をめぐる考察」『ケルト――口承文化の水脈』中央大学出版部、2006年、pp. 153-176。

⇒イニョレ、エリデュック、カラドック、ガンガモール、ギジュマール、ギルデリュエック、ギヤドン、グラエラン、スイカズラ、ティドレル、ティヨレ、デジレ、トネリコ、ドーン、ビスクラヴレット、ふたりの恋人、ミロン、メリヨン、ヨネック、ランヴァル

タンタジェル　Tintagel

英語読みではティンタジェル。ドイツ語名はアイルハルトによればティンタヨール（Tintajol)、ゴットフリートによればティンタヨーエル（Tintajoel)。12世紀（つまりアーサー王が活躍したと推測される時代よりもずっと後の時代）の城の遺構が残る史跡。タンタジェルはトリスタン伝説のマルク王の居城であると同時に、複数の物語（なかでも『グラアルの物語』の「続編」群）に登場するアーサーの居城である。ロベール・ド・ボロン作『メルラン』によると、アーサー王が生を享けたのもこの城である。マルク王とアーサー王のふたりは、寝とられ亭主として「ブルターニュの素材」の中でもとくに有名である。マルクとアーサーは、タンタジェルが位置するコーンウォールとの地縁のために、いずれも妻を寝とられる運命にあったのだろうか？妻を寝とられた夫には角が生えると考えられていたが、コーンウォール（フランス語名コルヌアーユCornouailles）には「角」をさす「コルヌ」(corne) がふくまれているため、言葉遊びにより《角の生えた》(cornu) 場所だと解釈された。『トリスタン狂恋』によると、巨人たちが建設したタンタジェルの城は不可思議な場所とされ、1年に二度（冬と夏に）姿を消したという。アーサーに半神的な性質が備わっているのは、あきらかに「異界」と同一視されるタンタジェルの城で生を享けたからである。

【書誌情報】 E. M. R. Ditmas, «The invention of Tintagel», *Bulletin bibliographique de la Société internationale arthurienne*, 23, 1971, pp. 131-136. C. A. Raleigh Radford et M. Swanton, *Arthurian sites in the West*, University of Exeter, 1975, pp. 16-24. Ph. Walter, *Arthur, l'Ours et le Roi*, Imago, Paris, 2002, pp. 110-112.

⇒アーサー、アヌーヴン、マルク

ダンドラーヌ　Dandrane

『聖杯の至高の書』(通称『ペルレスヴォース』）の主人公の妹（ペルレスヴォースはクレティアン・ド・トロワ作『グラアルの物語』の主人公ペルスヴァルに対応する人物)。ダンドラーヌは漁夫王の姪にあたる（『聖杯の探索』や『ディド・ペルスヴァル』のペルスヴァルには妹がひとりいたが、その名前は伏せられたままである）。『ペルレスヴォース』によると、ダンドラーヌは「危険な墓地」の礼拝堂へ行き、「寡婦」［ペルレスヴォースとダンドラーヌの母］の敵を倒すのに必要な「聖骸布」のかけらを手に入れる。ダンドラーヌに漁夫王の死を伝えるのは神の声である。ダンドラーヌはアリストール（Aristor）に連れ去られるが、兄ペルレスヴォースによって助け出される。ダンドラーヌは「聖杯」城で亡くなる。ダンドラーヌを襲った悲劇は、おそらく彼女の名もふくめ、中世アイルランドの神話物語『ウシュリウの息子たちの流浪』（*Longas mac nUislenn*）の女主人公デルドレ（Deirdre）（古形はデルドリウDerdriu）の悲劇および「危険」を意味するその名と無関係ではない。

【書誌情報】J. Lods, «Symbolisme chrétien, tradition celtique et vérité psychologique dans les personnages féminins de *Perlesvaus*», dans : *Mélanges de langue et de littérature médiévales offerts à P. Le Gentil*, SEDES et CDU, Paris, 1973, pp. 505-522.

⇒ペルレスヴォース

タントリス　Tantris

『トリスタン狂恋』の中で、トリスタンが狂人に身をやつしてマルク王の宮廷に姿を見せたときにもちいた偽名。これは中世文学に認められる「逆さ言葉」の興味深い実例である。「逆さ言葉」は綴り字の位置をかえて別の語句を作る遊び（アナグラム）であるだけでなく、ポール・ズムトールの表現をかりれば《音の軽業》の名残でもあり、古い神話によく見られるものである。トリスタンの語る謎めいた話は、記憶術として使われた暗号化装置の部類に属している。

【書誌情報】P. Zumthor, *Langue, Texte, Énigme*, Le Seuil, Paris, 1975.

【邦語文献】 佐佐木茂美「タントリスとオルフェウス」『竪琴』第10号、1982年、pp. 19-31。

⇒トリスタン

チ

小さな岩山の妖精
Fée de la Petite Roche

「小さな岩山」（Petite Roche）に相当する古フランス語は、「ロッシュ・ムノール」（roche menor）。ジェルベール・ド・モントルイユ作『ペルスヴァル第四続編』に登場する。この妖精がアーサーに贈った椅子には、座席を占める資格のない者は座ることができなかった。ペルスヴァルが無事にこの椅子に座ると、6人の騎士たちが地面から生きたまま出てくる。彼らはペルスヴァル以前に資格がないまま座ろうとして失敗し、埋められていたのである。このモチーフは中世フランス語散文「聖杯物語群」に出てくる「危険な座席」のモチーフに連なるものであり、その起源がフォークロアにあることを証明する鍵となっている。巨石にまつわる神話やフォークロアでは、妖精は重要な役割を果たしている。一晩で類まれな記念碑を建立したり、空間と時間に作用する魔力を巨石に授けたりしているからである。

【書誌情報】P. Sébillot, *Le Folklore de France*, t. 7, *Les Monuments*, Imago, Paris, 1985.

⇒危険な座席

チェス　Échecs

ウェールズ語で「グウィズブウィス」(gwyddbwll、《木の知性》) とよばれるチェスは、同じウェールズ語で「ブランドゥヴ」(brandubh、《黒いカラス》) ともよばれている (後者はおそらくチェス盤の黒い升目を暗にさしている)。「ブランドゥヴ」という語はさらに、『フロナブウィの夢』に出てくるオワインのカラスたちを想起させる。この物語でふたりの戦闘指揮官、すなわちアーサー (アルシール) とオワインがグウィズブウィスの試合に夢中になっていたとき、オワインのカラスたちはアーサーの軍勢に攻撃をしかけた。チェスの試合には支配権が賭けられていた。支配権というのは、権力を授けてくれる精神的な権威だった。一騎討ちと同じく、チェスの試合はいわば神明裁判(しんめいさいばん)だった。勝者に味方するのは神々 (あるいは結局は同じことになるが、運命) だからである。チェスの試合には、結末を決する神の加護がなければ勝つことができない。チェスは試合に挑む人間たちに、異界の判断を正式に伝える任を負っている。ウェールズのメルラン (マルジン) の主人グウェンゾレイが所有していたチェス盤は、ブリテン島の13の財宝のひとつだった。チェスの駒は銀製で、黄金製のチェス盤の上を人の手を借りずに動き回った。こうした「魔法のチェス盤」のテーマは、たとえば『ペルスヴァル第二続編』に登場する。ペルスヴァルはこの物語で、姿の見えない相手とチェスの試合をしなければならなくなる。この相手は妖精だった (その正体はモルガーヌで、チェス盤の所有者でもあった)。『リゴメールの驚異』に出てくる象牙と黄金のチェス盤では、駒がひとりでに動き回る。チェス盤は、特定の騎士の紋章にも使われている (その典型例はパラメッドの紋章である)。

魔法のチェス盤で姿の見えない相手と試合をするペルスヴァル

グウィズブウィスをおこなうアーサーとオワイン (『フロナブウィの夢』)

【書誌情報】Ph. Walter, *La Mémoire du temps*, Champion, Paris, 1989, pp. 412-414.

⇒カラス、魔法のチェス盤

チェスのゲーム　Jeu d'échecs

⇒チェス

血の岩山　Roche Sanguin (ou Champguin)

クレティアン・ド・トロワ作『グラアルの物語』後半に登場する、大理石でできた宮殿。その開け放たれた大きな500の窓から見えるのは、布地を染める仕事にいそしむ盛装した貴婦人や乙女だけである。ミシェル・スタネスコが《不可思議な建築物》とよんだこの宮殿は、ジェフリー・オヴ・モンマス作『メルリヌス伝』に言及のあるメルリヌス（メルラン）のために作られた70の扉と窓をそなえた建物と同様に、天体観測所に似ている。また、北欧神話に出てくるヴァルホル（Valhöll）またはヴァルハラ（Walhalla）にも似ている。『グラアルの物語』の最後に出てくるこの宮殿は、ゴーヴァンが挑んできた冒険の旅に暦上の意味を与えている。「血の岩山（ロッシュ・サンガン）」（「サンガン（Sanguin）」の異本は「シャンガン（Champguin）」）では、染められた布地は血の色をしている。しかしながら別の写本では、貴婦人たちは布地を《染めている》（teignent）のではなく《織っている》（tissent）と記されている。妖精およびその雛形にあたる女神（モイライ Moirai）が織物や運命の糸と古くから結びついていることから、機織りや染色という仕事の象徴的な意味をあきらかにすることができる。ギリシアのオリュンポスでは、糸紡ぎと機織りは神々のおこなう仕事だった。ホメロス作『オデュッセイア』（第13歌102～112行）で言及されているニンフたちが布を織るイタケの洞窟と同じく、不可思議な宮殿は「異界」に位置している。そこでは、新プラトン派の哲学者ポルピュリオス（Porphyrios）の解釈によれば、魂の生成や再生がおこなわれる。ホメロスの描くナイアデス（Naïades）とよばれるニンフたちは、『グラアルの物語』の妖精たちと同じ機織り女である。（機織りに使う）石は身体の骨格を、緋色の布は肉と血液を表わしている。A・H・クラップは《運命》を意味する言葉の語源をあきらかにした。《運命》をさす言葉（古高ドイツ語「ウウルト（wurt）」、古ノルウェー語「ウルドゥル（urdhr）」、アングロ＝サクソン語「ウィルド（wyrd）」）は、《回転する》をさすインド＝ヨーロッパ語「ヴェルト」（vert）に由来し、そこから派生したのが《糸巻き》《糸巻き棒》をさす古高ドイツ語「ウィルト（wirt）」と「ウィルトル（wirtl）」、《回転する》をさすオランダ語「フォルウェレン（vorwelen）」である。

【書誌情報】 P. Saintyves, *Porphyre. L'Antre des nymphes suivi d'un essai sur Les grottes dans les cultes magico-religieux et dans la symbolique primitive,* Nourry, Paris, 1918. M. Stanesco, *D'armes et d'amours*, Paradigme, Orléans, pp. 181-199. Ph. Walter, *Gauvain, le Chevalier solaire*, Imago, Paris, 2013, pp. 259-279.

【邦語文献】 渡邉浩司「ゴーヴァンの異界への旅―クレティアン・ド・トロワ作『聖杯の物語』後半再読」『アーサー王物語研究―源流から現代まで』中央大学出版部、2016年、pp. 145-194（「血の岩山」についてはpp. 171-178）。

⇒アヌーヴン、イジェルヌ、ゴーヴァン、機織り女たち

血の滴る槍　Lance qui saigne

クレティアン・ド・トロワ作『グラアルの物語』に、「グラアル」とともに登場する謎めいた武具。クレティアンはこれを《人食い鬼の槍》、つまりアーサー王国を破壊する復讐の道具だと述べている（『ペルレスヴォース』によると、槍の先端で燃えている火は、アーサーの血に浸さないかぎり消せない）。アキレウスの槍やアイルランドの神話物語に出てくる槍と同じように、この槍には残忍な食人の性質がある（A・ブラウンの論考を参照）。またこの槍は、《その穂先から血が滴る白い槍》や《その穂先の鉄から血が滴る槍》とも記されている。（『グラアルの物語』の「続編」群以降）この槍は徐々に、十字架上のキリストの脇腹を突き刺した百人隊長ロンギヌスの槍と混同されていった。槍から流れ出る血は、槍が擬人化されていることを示唆している。槍からの出血は、《流血》をめぐる信仰［殺人犯が犠牲者に近づくと、その死体の傷口から血が流れ出すという迷信］から解釈されることもある（「流血」の項を参照）。神話的な観点から見れば、「血の滴る槍」はおそらく錆びついた槍をさしている（鉄から流れる血が「錆」に相当する）。オウィディウス（『祭暦』第五巻、910～954行）によると、赤錆が招く被害はロビガリア祭の時期におこるという（ロビグスが猛威を振るう危険な時期であり、「赤褐色の月」が出る頃に相当する。ロビグス（Robigus）という神名は、「錆」をさすフランス語「ルイユ（rouille）」のもとになった）。この錆びついた槍は、「荒れ地」という宇宙規模の大惨事を端的に表わしている。「荒れ地」を生み出す原因は、いくつかの天体（その中には「復活祭」の後にくる新月と、そのつぎの新月がふくまれる）の悪影響が招く大災害である。『グラアルの物語』の前半部分は、まさしくこの時期に展開している。

【書誌情報】 A. Brown, «The bleeding lance», *Publications of the modern language association of America*, 25, 1910, pp. 1-59. J. Marx, *La Légende arthurienne et le Graal*, P.U.F., Paris, 1952, pp. 257-270. Ph. Walter, *Perceval, le Pêcheur et le Graal, Imago*, Paris, 2004.

【邦語文献】 渡邉浩司「クレティアン・ド・トロワ作『聖杯の物語』前半における「血の滴る槍」の謎」宮本悟編著『フランス—経済・社会・文化の実相』中央大学出版部、2016年、第9章。

⇒流血、ロンギヌス

ちびのギヴレ　Guivret le Petit

クレティアン・ド・トロワ作『エレックとエニッド』に登場する権勢を誇る王で、エレックの友になる。「ギヴレ」（Guivret）は、《小さなマムシ》をさす「ギーヴル」（guivre）（またはヴイーヴル vouivre）の指小辞である。ギヴレは「小人」だと明示されているわけではないが、体が小さくとも勇気のある強い王である。一騎討ちでエレックに敗れて以降、ギヴレはエレックの友となる。ギヴレがエレックを敬愛し忠誠を尽くすことから、ギヴレという人物には世話好きな小人と主人公を守る良き精霊という属性があるといえるだろう。事実、ギヴレはエレックが死んだと思ったとき、生き返らせてもらおうとして自分の姉妹たちのもとへ運んでいる。このように救いの手を差し伸べることから、ギヴレは小人のオーベロン（Aubéron）に似ていると思われる。中世ウェールズの物語『ゲラint ト』では、「ちびのギヴレ」に相当する《小人の王》（ブレーニン・バッハン

Brenin Bychan）がさらにはっきりと冒険に挑むゲライント（エレック）の導き役となっている。

【書誌情報】V. Harward, *The Dwarfs of arthurian romance and celtic tradition*, Brill, Leyde, 1958, pp. 62-73.

⇒小人

チュロノエ　Tyronoe

ジェフリー・オヴ・モンマス作『メルリヌス伝』に登場する、8人いるモルゲン（Morgen、フランス語名モルガーヌ）の妹のうちのひとりの名。ティテン（Thiten）およびティトン（Thiton）と3人で1組になっている。ふたつのギリシア語名がジェフリー・オヴ・モンマスに着想を与えた可能性がある。ひとり目のテュロ（Tyro）はサルモネウス（Salmoneus）とアルキディケ（Alkidike）の娘で、河神エニペウス（Enipeus）に恋をした。ポセイドンがエニペウスに化けて彼女と交わり、双生児をもうけている。この名前はギリシアの文献にはっきりと見つかる。もうひとつの名チュロス（Tyros）は、ヘラクレスに愛されたフェニキアのニンフの名である。チュロスの犬は、緋色染料を採るのに使われた貝（アクキガイ）を見つけたという。チュロスへの言及は、テュロと比べると少ない。テュロとチュロスはいずれも、水域および水域の神々と深いかかわりをもっている。

【書誌情報】P. Grimal, *Dictionnaire de la mythologie grecque et romaine*, P.U.F., Paris, 1969, p. 467.

⇒9

ツ

月（天体の）　Lune

「グラアル」の物語群では、（天体の）月が聖なるオブジェの出現を知らせることが多い（たとえば『聖杯の探索（サン・グラアル）』がこれにあてはまる）。そのため「グラアル」に立ち会う人はすべて、《リュナティック》（lunatique）な人だと思われているようである。フランス語の《リュナティック》は慣例では「移り気な者」をさすが、ここでは占星術的な意味で「（天体の）月の影響を受けた人」をさしている。「聖杯（グラアル）」伝承の端緒となったクレティアン・ド・トロワ作『グラアルの物語』では、「赤褐色の月」（復活祭の後にくる新月から、つぎの新月までの期間）をめぐる信仰は、「グラアル」とともに登場する「血の滴る槍」とおそらく無関係ではなかった［「槍」から流れ出る「血」は、武具だけでなく早春の農作物をも襲う「赤錆」を象徴していたからである］。『グラアルの物語』以降、「槍」への関心は相対的に薄れ、「槍」と結びついていた血がもつ神話的な想像世界（イマジネール）は（キリストの血を受けた）「聖杯（グラアル）」へと移っている。

【書誌情報】P. Saintyves, *L'Astrologie populaire étudiée spécialement dans les doctrines et les Traditions relatives à l'influence de la lune*, Émile Nourry, Paris, 1937. B. Coussée, *Le Mystère de la lune rousse. Essai de mythologie populaire*, Coussée, Raimbeaucourt, 1996.

⇒占星術、血の滴る槍、リュネット

角笛の城　Château des Cors

『ペルレスヴォース』に出てくる、ある島の上に聳える城。島はケルト的「異界」に位置している。ペルレスヴォースは青銅のラッパに導かれてこの城に至る。そこは「異界」に特有の平和に支配されていた（島は富み栄えていた）。島に住む老人たちは、聖なる色の典型である白い服をまとっていた。老人たちはひげが長く白髪だったが、顔つきは老けているようには見えなかった（「黙示録」の老人たちが想起される）。こうしたパラドックスにより、老人たちは「異界」で流れる異なる性質の時間を表している。おそらくこの島ではもはや時間が止まっていたのかもしれない。最後にペルレスヴォースはひとつの禁忌を課される。それは彼が島を離れたければ、帆に赤い十字のしるしのついた船を見かけたら島にもどる約束をすることだった。

⇒シード、島、魔法の角杯

テ

ディアーヌ湖　Diane (lac de)

「湖の貴婦人」の住まいで、彼女はニニエンヌ（Ninienne）やヴィヴィアーヌとよばれることもある。物語作家たちはヴィヴィアーヌ（Viviane）とディアーヌ（Diane）（ラテン語名ディアナDiana）というふたつの名を、語尾が同じ音であるという理由で関連づけた。「聖杯物語群」に属する『メルラン続編』（『アーサー王の最初の武勲』）によると、ヴィヴィアーヌの父はローマの女神（ディアナ）とつながりがあった。彼自身ディオナス（Dyonas）という名だったのは、ディアナが名づけ親だったからである。そのため娘ヴィヴィアーヌも、ディアナの神話的属性を受けついでいる。ヴィヴィアーヌが生まれる前にディアナは、ディオナスの娘がこの世で一番の賢者を狂おしく愛するようになると定めていた。ヴィヴィアーヌ自身がディアナと同一視されていることもある。女狩人の姿や、夫の噂を耳にするのを嫌う嫉妬深い処女として登場するからである。魔法使いディアーヌが恋人フォニュス（Faunus）を消し去ったように、ヴィヴィアーヌがメルランを幽閉するとき、ふたりの女性はかなり類似している。ローマの神界の一員であるディアナは、月と誕生の女神であるギリシアの女神アルテミスと混同されてきた（ディアナはすでに植物、動物、人間の多産を守る女神となっていた）。ディアナ神話の影響を受けてはいるが、ヴィヴィアーヌ伝説はケルトの大女神の神話とも共鳴しあっている。ケルトの大女神とは、男神たちのもつ力をわが物にしようとしながら、男神たちの侵害から身を守ろうとする処女神である。ディアナの名はロマンス語の方言にも残り、「妖精」に続いて「魔女」をさすようになった。ルーマニア語で聖ヨハネ祭は「スンゼィエネ（sînziene）」（サンクタ・ディアナsancta Diana）とよばれるが、この言葉は数多くの民話で「妖精」をさしている（民話では「イレアナ・スンゼィアナ（Ileana Sînzeanaまたは Sînziana）」という固有名詞になっていることもある）。

【書誌情報】 A. Thomas, «Gloses provençales inédites», *Romania*, 34, 1905, pp. 201-202. P. Grimal, *Dictionnaire de la mythologie grecque et romaine*, P.U.F., Paris, 1969, pp. 123-124 (Diane) et p. 158 (Faunus). D. Lesourd, «Diane et les sorcières, étude sur les survivances de Diana dans les langues romanes», *Anagrom*, 1, décembre 1972, pp. 55-74. A. Cioranescu, *Dictionarul etimologic al limbii romane*, Saeculum, Bucarest, 2002, p. 854 (zîna).

⇒ヴィヴィアーヌ、妖精

デイヴィッド　David

聖書名ダビデ、フランス語名ダヴィド。ウェールズの守護聖人。6世紀にメネヴィアで修道院長を務めた。祝日は3月1日。ジェフリー・オヴ・モンマス作『ブリタニア列王史』ではアーサー王の叔父、ウェールズの1写本ではアーサー王の甥（姪）の息子、ウェールズ語版『ブリュット物語』ではアーサー王の従兄弟として、ダヴィドはアーサー王伝説に結びつけられた。アルモリカ（フランスのブルターニュ）では、福音伝道者の聖イヴィ（Ivi）という名で知られている。ダヴィドの名は、ジェルベール・ド・モントルイユ作『ペルスヴァル第四続編』に聖ダヴィ（saint Davi）の形で見つかるほか、ラハモン作『ブルート』ではセント・デオウィ（Seint Deouwi）およびメニヴェ（Meniue）というふたつの形でペンブルックシャーの地名としてあがっている。アーサーはダビデを含む系譜の中に位置づけられたことにより、ブリテン島に侵攻したサクソン軍の《異教》からキリスト教を守るケルトの王となっている。

【書誌情報】 *Les Petits Bollandistes*, Bloud et Baud, Paris, 1876, t. 3, pp. 81-82. E. R. Henken, *The Welsh Saints*, Brewer, Cambridge, 1991, pp. 192-196.

ディウルナッハ　Diwrnach

中世ウェールズの物語『キルフーフとオルウェン』に登場する「異界」の巨人。魔法の大釜を所有していた。[「ブリテン島の13の宝」のひとつとされる]「この大釜では、臆病者のために入れられた肉は焼けなかったが、勇者のために入れられた肉であればすぐに焼けた」。『アヌーヴンの略奪品』に登場する大釜にも、同じような特徴がそなわっている。民話の国際話型328番「少年が巨人の宝を盗む」では、思慮深い英雄しか手にすることのできない魔法の品々を、人食い鬼たちが所有している。

【書誌情報】 P.-Y. Lambert, *Les Quatre Branches du Mabinogi*, Gallimard, Paris, 1993, p. 377, note 178.

⇒巨人

庭園　Jardin

庭園というのはほとんどの場合果樹園であり、アヴァロン（「リンゴ畑」）の島を縮約した姿をしている。アーサー王物語群に出てくる庭園は妖精の住処で、女性が支配する「異界」を文学作品へ移し替えたものとなっている。「異界」には、《果樹園》、《ガラスの島》、《水晶の島》、《黄金の町》、《真実の地》、《生者の地》、《若者の地》、《約束の地》、《悦楽の平原》、《女人の島》、《福者の島》など、さまざまなよび名がある。こうしたすべての名前がアーサー王物語群に移され、その場所は不思議な果樹園により一貫して時間や死の拘束を免れることが示されている。またそこは恋愛のユートピアをめざす通過儀礼の場所でもある。ケルトの伝承に由来するさまざまな要素が、ラテン文学に由来する修辞学上のモデル（つまり《悦楽境》（ロクス・アモエヌスlocus amoenus））と混ざりあった。しかし庭園には、神話的な記憶がはっきりと残されている。その証拠に、庭園には軸になる樹木（その種類はケルト神話では有名である）があり、人の目には見えない場合もあるが確かに存在する囲いが、庭園の内部で奇妙な現象をおこす。そしてつねに花が咲き乱れる庭園では、美しい季節がずっとつづいている。ルノー・ド・ボージュー作『名無しの美丈夫』の「黄金島」にある「白い手の妖精」の庭園は女性が支配する楽園であり、アイルランドの航海譚『ブランの航海』(*Immram Brain*) に登場する「女人の国」を想起させる。その庭園では、この世のすべての樹木や鳥が見つかる。クレティアン・ド・トロワ作『クリジェス』によると、同じタイプの不思議な庭園が、建築家ジャンの建てた秘密の塔の隣りにある。

【書誌情報】 V. Huchard et P. Bourgain, *Le Jardin médiéval: un musée imaginaire*, P.U.F., Paris, 2002. Ph. Walter, «De la pommeraie celtique au verger arthurien: l'exemple d'*Érec et Énide* de Chrétien de Troyes» (colloque de Cracovie, juin 2000) dans: B. Sosien éd., *Imaginer le jardin*, Cracovie, Université Jagellonne, 2003, pp. 49-60. I. Weill, «Le jardin de la fée dans *Le Bel Inconnu* de R. de Beaujeu», *Senefiance*, 28, 1990, pp. 405-416.

【邦語文献】 渡邉浩司「《アーサー王物語》における《異界》―不思議な庭園とケルトの記憶」『異界の交錯(上)』リトン、2006年、pp. 127-148。

⇒アヴァロン(1)、アヌーヴン、宮廷の喜び、シード、島

ディオニーズ　Dionise

リゴメール国の女王。この国には悪しき魔法がかけられていて、アーサー王の騎士たちがその犠牲になっていた。ディオニーズの名は、(ディオニュソスDionysosに由来する) 聖ドニ (Denis) の名を想起させる。だがこの女王とその悪魔的な王国にそなわる神話的な性質をあきらかにするには、むしろディアナ (フランス語名ディアーヌDiane) の名から考えてみるべきだろう。ディアナはアイルランドの大女神アナ (Ana) の化身である。ディアナの信奉者たちは魔女であり、『リゴメールの驚異』には魔女集会(サバト)に特徴的な反キリスト教的な典礼の場面が一度ならず描かれている。たとえば、巨大な猫が棲みつき魔法の棺がおかれた幽霊屋敷、雷雨の間に忽然と姿を消す領主の妻、自分で殺めた騎士たちの首を餌にしてオオタカを養う領主、毛むくじゃらで角のある修道僧のような身なりをした黒い人物たちによる攻撃、などである。

【書誌情報】 C. Ginzburg, *Le Sabbat des sorcières*, Gallimard, Paris, 1992 [カルロ・ギンズブルグ (竹山博英訳)『闇の歴史―サバトの解説』せりか書房、1992年].

⇒アイルランド、リゴメール

蹄鉄　Fer à cheval

蹄鉄のひとつを失う馬のモチーフは、古代神話に属するものである (クレティアン・ド・トロワ作『グラアルの物語』後半ではゴーヴァンの馬が蹄鉄を失っている)。このモチーフは中世期の民謡にも見つかり、北フランスの詩人アダン・ド・ラ・アル (Adam de la Halle) が歌った《蹄鉄の外れたバヤール》に出てくる。この歌は慣例で、夏の聖ヨハネの祝祭や儀礼で歌われたものである。北欧神話にも類例があり、片脚を捻挫したり骨折したりする馬のモチーフが知られている。初期中世から蹄鉄はお守りとして使われ、特に縁結びの効果が期待されていた。馬の蹄鉄打ちが一般的におこなわれるようになったのは、通常9世紀だと考えられている。しかしケルト期の遺跡から、(紀元前2世紀、さらには紀元前5世紀といった) はるかに古い事例が見つかっている。

【書誌情報】 E. Mozzani, *Le Livre des superstitions*, Robert Laffont, Paris, 1995, pp. 720-727. V. Kruta, *Les Celtes. Histoire et* *dictionnaire*, Laffont, Paris, 2000, pp. 615-616. Ph. Walter, *Gauvain, le Chevalier solaire*, Imago, Paris, 2013, pp. 182-187.

⇒馬、鍛冶師

ティテン、ティトン　Thiten, Thiton

ジェフリー・オヴ・モンマス作『メルリヌス伝』に登場する、8人いるモルゲン（Morgen、フランス語名モルガーヌ）の妹のうちのふたりの名。ケルト諸語からこのふたつの名を説明するのは難しい。名前にはギリシア語の響きがあるため、ラテン語の文献を介してギリシアの神界（パンテオン）から借用された可能性が高いと思われる。アキレウスの母テティス（Thetis）は泉や河のニンフ（ナイアースNaïas）の中で最も美しく、（ホラティウス、ヒュギヌス、ウェルギリウス、オウィディウスなど）古代ローマの数多くの著作家の作品でふれられている。テティスと水域とのつながりは、モルゲンの姉妹たちとモルゲン自身にそなわる海の性質と合致している。しかしながら、ゲルマン語源説も除外すべきではない。フランス語の動詞「テテ」（têter、「乳を吸う」）のもとになった「テッテ」（Tette、「乳首」）は、西ゲルマン語「ティッタ」（*titta、英語「ティート（teat）」、イタリア語「テッタ（tetta）」に相当）に由来する。オスカール・ブロックとヴァルター・フォン・ヴァルトブルクによれば、「ゲルマン諸国からローマへ、数多くの乳母を連れてこさせた」ため、「ティッタ」（*titta）が後期ローマ帝国期のラテン語に入った可能性がある。こうした理由により、ティテンとティトン姉妹の名を《乳母》の意味で考える必要がある。なぜなら、このように妖精を乳母と定義づけることは、ケルト世界に由来する母神の図像表現と合致しているからである。

【書誌情報】P. Grimal, *Dictionnaire de la mythologie grecque et romaine*, P.U.F., Paris, 1969, pp. 456-457. O. Bloch et W. von Wartburg, *Dictionnaire étymologique de la langue française*, P.U.F., Paris, 2002, p. 632.

⇒グリテン、マゾエ、モルガーヌ、モロノエ

ティトゥレル　Titurel

ヴォルフラム・フォン・エッシェンバハによって『パルチヴァール』の前史として創作されたはずの物語に登場する、アンフォルタスの祖父。この物語の断片が現存している。アルブレヒト・フォン・シャルフェンベルク作『新ティトゥレル』によると、ティトゥレルは天上のエルサレムにならって、（スペインの）ムンサルヴェーシェに寓意的な「グラール」（Grâl）の神殿を建設した。ティトゥレルという名は、中世フランス語で書かれた作者不詳『ティドレルの短詩』の主人公の名ティドレル（Tydorel）を、ドイツ語で書き改めたものである。ティトゥレルから孫のアンフォルタスにいたる血縁には、神話的な論理がはたらいている。事実、漁夫王に相当するアンフォルタスの祖父がティトゥレルだとされているのは、水の精の息子であるティドレル自身に水の性質がそなわっていて、湖底に住む父のもとへ向かうからである。また神話学的に分析すると、漁夫王は『パルチヴァール』ではアンフォルタスの姿で登場しているが、クレティアン・ド・トロワが描いた本来の姿は「魚の王さま」である。そのため鮭の神話と関連づけて考える必要がある。中高ドイツ語で書かれた『パルチヴァール』を軸にして神話学的な観点から厳密に解釈すると、これらすべての人物をつなぎあわせることができる。こうしたことから、中世ドイツの翻案作者たちは今日の研究者たちとはちがった形で、さまざまな伝承に通じていたことが分かる。

⇒司祭ヨハネ、ティドレル、パルチヴァール

ティドゴラン　Tidogolain

ルノー・ド・ボージュー作『名無しの美丈夫』に登場する小人の名。アーサー王宮廷に向かう乙女エリー（Hélie）に同行した。エリーは魔法にかけられた姫君（ブロンド・エスメレ）を助けてくれる勇士を探しにきていた。宮廷では誰も冒険を引き受けない中で、「名無しの美丈夫」が申し出る。まだ一度も偉業を果たしたことがなかったのを理由に、エリーは「名無しの美丈夫」の出発を認めようとしない。しかしティドゴランがこの少年の肩をもち、かならずや武勇を見せてくれるだろうと述べる。ティドゴランは持ち前の予知能力から、この少年のことが分かっていた。その後ティドゴランはエリーと「名無しの美丈夫」に同行し、ブロンド・エスメレのいた「荒廃した町」（Gaste Cité）にたどりつく。ティドゴランの名の最初の部分「ティド」（tido-）は、《良い、好意的な》をさす「テイト（teuto）」に由来するウェールズ語「ティード（tud）」と関連している。『聖モーデ伝』（*Vie de saint Maudez*）は、《ブルトン人がテュテ（Tuthe）とよぶ、海の怪物のような姿をした悪霊》についてふれている（この悪霊の名は、《魔術的な》をさすアイルランド語「トゥアス（tuath）」と関連づけて考える必要がある）。ティゴランの名の後半部分「ゴラン」（golain）は、「ゴブラン」（gobelain）という語が縮約した形だと思われる。この「ゴブラン」は、鍛冶師をさすケルト語（アイルランド語「ゴヴァン（goban）」、ウェールズ語「ゴーヴ（gof）」、ブルトン語「ゴウ（gov）」）と関連づけて考える必要がある。ゴブランは、（12世紀の）『聖トーラン伝』（*Vie de saint Taurin*）に悪霊の姿で出てくる（トーランはフランス・ノルマンディー地方の町エヴルーÉvreuxの聖人）。フォークロアが伝えるゴブランは、家事や手仕事に忙殺されている世話好きな小人として知られている。これこそがまさしく、ティドゴランが『名無しの美丈夫』で果たしている役割である。ティドゴランは主人公の導き役として、旅に同行している。インド＝ヨーロッパ神話によると、英雄は鍛冶師による通過儀礼をへて、最初の偉業へ導かれることが多い。

【書誌情報】 Ph. Walter, Le Bel Inconnu *de Renaut de Beaujeu. Rite, mythe et roman*, P.U.F., Paris, 1996, pp. 198-211. A. Bousquet, *Légendes de Normandie*, Ouest-France, Rennes, 2004-2008, pp. 98-110. G. Dumézil, *Horace et les Curiaces*, Gallimard, Paris, 1942, pp. 130-132.

⇒ガングラン、小人

ティドレル　Tydorel

作者不詳『ティドレルの短詩』の主人公。ティドレルは、水の精とブルターニュの王妃とのあいだに生まれた息子である。ある夏の日にナント（Nantes）で、魅力的な騎士が王妃のもとを訪ねて求愛する。その見知らぬ騎士は馬で王妃を連れて湖へ行くと、王妃を馬から降ろし、みずからは馬に乗ったまま湖に入っていく。見知らぬ騎士は、王妃が男児を授かることを予言する。その男児には、夜眠る時にも決して目を閉じることがないという特徴があった。つまり魚の性質をそなえていたのである。この性質は、一時的に海の生物（特に鮭）の姿をとる（タリエシンのような）占者を想起させる。それだけでなく、ティドレルは太陽の属性をもそなえた人物である。太陽は西に沈むと、そこから水中へ降りていくからである。決して目を閉じることのないティドレルが毎夜楽しくすごせるよう、人々が交代でやってきては傍で物語を語った。ある時寡婦の息子が話をしにきて、眠らない者は人の子ではないと述べてティドレルに疑問を抱かせる。不安を覚えて思い悩んだティドレルは、母に自分はがだれの子なのかと尋ねる。母はティドレルの出生の秘密を語る。ティドレルは武装して馬に乗り、父に会うために湖の中へ入っていき、二度ともどってくることはなかったという。ティドレルの名はケルト起源であり、《輝く》を意味するアイルランド語の語根「トイズ（またはトイド）」(toid-）と《輝き、華麗さ、光彩》を意味する語「タズレ（またはタドレ）」(taidle）と関連していると思われる。この輝きはおそらく太陽に由来するものにほかならない。なぜなら太陽は、夜になり西の水中に沈んだときでさえも決して閉じることのない目だからである。ドイツの聖杯伝説に現れるティトゥレル（Titurel）という人物は、ティドレルのドイツ版にあたる。このティトゥレルは、アンフォルタス（『パルチヴァール』で漁夫王に相当する人物）の父にほかならない。

【書誌情報】 J. Vendryès, *Lexique étymologique de l'irlandais ancien*, Presses du CNRS, Paris, 1959, T-9 et T-95/96. A. H. Krappe, «The celtic provenance of the lay of *Tydorel*», *The Modern Language Review*, 24, 1929, pp. 200-204. J. Frappier, «À propos du lai de *Tydorel* et de ses éléments mythiques», dans : *Histoires, Mythes et Symboles,* Droz, Genève, 1976, pp. 219-244.

⇒小人、ティドゴラン

ディナビュック　Dinabuc

ヴァース作『ブリュット物語』に登場する、アーサー王と戦うモン＝サン＝ミシェルの巨人。ヴァースはジェフリー・オヴ・モンマス作『ブリタニア列王史』の記述を踏襲して、このエピソードを描いている。この巨人はスペインのオエル（Hoël）王の娘を誘拐して凌辱した。巨人の名（ラテン語名はディナブティウス Dinabutius）の語源は謎につつまれたままである。この名には《高み、丘》をさすゲール語の語根「ディンド」(dind）が含まれているのかもしれない。クロード・ルクトゥーが指摘したとおり、山が巨人の住処であるのと同じく、巨人は山の一部なのである。つまり巨人はまさしく地霊であるといえる。

【書誌情報】 J. Vendryès, *Lexique étymologique de l'irlandais ancien*, Presses du CNRS, Paris, 1959, D-90. C. Lecouteux, «Aspects mythiques de la montagne au Moyen Âge», *Le Monde alpin et rhodanien*, 1982, pp. 43-54. Ph. Walter, *Arthur, l'Ours et le Roi*, Imago, Paris, 2002, pp. 138-140.

⇒エレーヌ(1)、モン＝サン＝ミシェル

ティヨレ　Tyolet

作者不詳『ティヨレの短詩』の主人公。ティヨレはペルスヴァルと同じように社会から隔絶した場所で育てられ、狩猟のときに口笛を吹いて獣たちをおびきよせる術を妖精から学んだ。雄鹿の姿をした騎士に出会ったティヨレは、その後アーサー王宮廷に向かう。妖精であるローグルの王女が宮廷へやってきて、７頭のライオンに守られた白い雄鹿の足を切り落とすことのできる男と結婚すると宣言したため、ティヨレがその試練に挑んで成功する（この雄鹿は、ティヨレが最初に出会った雄鹿の騎士を想起させる）。ライオンを制したティヨレが倒れこんでいると、そこをとおりかかった騎士が雄鹿の足を横どりし、ティヨレに剣で切りかかって重傷を負わせる。その騎士は王宮に行き、自分こそが手柄を立てた本人だと吹聴するが、後に化けの皮を剥がされる。13世紀にネーデルランド語で書かれた物語『ランスロートと白い足の雄鹿』では、ティヨレと同じ手柄を立てるのはランスロート（ランスロ）である。ゴットフリート・フォン・シュトラースブルク作『トリスタンとイゾルデ』にも、よく似たエピソードが出てくる。それはドラゴン退治の話であり、ある男がトリスタンの手柄を横どりしようとする（民話の国際話型304番「狩人」）。『ティヨレの短詩』では、ドラゴンが7頭のライオンに、ドラゴンの舌が雄鹿の白い足におき換えられている。キリスト教世界でティヨレに対応する人物は聖テローである（もともとの名は聖「エロー（Éleau）」だが、聖（サンsaint）のtの文字を続けて発音すると「サン＝テロー」となるため、ここからテローThéleauの形が生まれた）。ウェールズ語の「エライン」（elain）は《雌鹿》をさす。語源から見るとティヨレは鹿科の動物であり、父の《似姿（サンブランス）》のような不可思議な雄鹿の足を切る運命にあったと考えられる。白鹿とティヨレというペアに見られる（父と息子の）神話的関係は、フィン（Finn、《白い者》）とオシーン（Oisín、オシアンOssian）との関係を踏襲したものである。オシーンは文字どおりには《子鹿》を意味する。ティヨレの物語は、ヘラクレスとアウゲ（Auge）の息子であるテレポス（Telephos）の物語と同じである。テレポスは生後まもなくすてられ、雌鹿に育てられた。テレポスの名には、雄鹿をさすギリシア語「エラポス」（elaphos）がふくまれている。テレポスはアキレウスの錆びついた槍で傷を負う。ティヨレの物語とペルスヴァルの物語が似ていることから、これらふたりの主人公を、ギリシア神話のプロテウス（Proteus）のような海神に相当する同じ神話的人物の化身だと考えることもできるのではないだろうか。

【書誌情報】H. Gaidoz, «Les langues coupées», dans : *Mélusine*, 3, 1886-1887, col. 304-307. L. Fleuriot, *Dictionnaire des gloses en vieux breton*, Klincksieck, Paris, 1964, p. 156 (eleuc). H. Braet, «Le lai de *Tyolet* : structure et signification» dans : J.-M. D'Heur éd., *Études de philologie romane et d'histoire littéraire offertes à Jules Horrent à l'occasion de son soixantième anniversaire*, Liège, 1980, pp. 41-46. Du même auteur : «Tyolet/Perceval : the father quest», dans : K. Varty, *An Arthurian Tapestry : Essays in Memory of Lewis Thorpe*, University Press of Glasgow, 1981, pp. 299-307. C. Gaignebet et J.-D. Lajoux, *Art profane et Religion populaire au Moyen Âge*, P.U.F, Paris, 1985, p. 97.

⇒**雄鹿、似姿（サンブランス）、ペルスヴァル**

ティンタジェル　Tintagel

⇒**タンタジェル**

ティンタヨーエル　Tintajoel

⇒**タンタジェル**

ティンタヨール　Tintajol

⇒**タンタジェル**

デジレ Désiré

作者不詳『デジレの短詩』の主人公。その名は「望まれた者」を意味している。子宝に恵まれなかった夫婦は、サン＝ジル＝デュ＝ガール（Saint-Gilles-du-Gard）への巡礼を終えた後、奇跡的に息子デジレを授かった。デジレは泉の近くで妖精に出会う。妖精はデジレに魔法の指輪を与え、ふたりの関係を秘密にする代わりに、富と愛を授けることを約束する（『ランヴァルの短詩』を参照）。ところがデジレが隠者に自分の罪を告白して秘密の関係について語ったため、妖精は姿を消しその力も失われてしまう。その後、王とともに森で狩りをしていたとき、デジレは思いがけず若者に出会い、もっていた指輪から自分の息子だと分かる。聖霊降臨祭の日に妖精はみずから王宮に戻り、デジレとのあいだにもうけたふたりの子供をお披露目する。この短詩と聖ジル（Gilles）伝説の共通点は、単なる暗示にはとどまらない。デジレが生を享けたのは両親が聖ジルに祈願したからであり、デジレの恋人になった妖精は聖ジルが可愛がっていた雌鹿（同じく妖精の化身）と同じ働きをしているからである。子宝に恵まれなかった老夫婦のもとに、超自然的な力がはたらいたことによって生まれた子供たち（たとえば洗礼者聖ヨハネや聖アレクシスAlexisなど）は、類まれな運命をたどる。デジレの場合は、妖精との出会いと、人間と妖精の性質をあわせもったふたりの子供たちの誕生がそれにあたる（ただし短詩では子供たちの話にはふれられていない）。

【書誌情報】 P. Saintyves, *Les Vierges mères et les Naissances miraculeuses*, Paris, 1908. M. Girault, *La Vie de saint Gilles*, Lacour, Nîmes, 1987.

⇒小人（『デジレの短詩』）、魔法の指輪、ヨネック

テッサラ Thessala

クレティアン・ド・トロワ作『クリジェス』に登場するフェニスの侍女で、魔法に通じていた。皇帝アリスとの結婚を強要されたフェニスのために、テッサラは魔法の水薬を用意してアリスにわたす。初夜にこの水薬を口にしたアリスは、フェニスを抱いたと錯覚する。この侍女がテッサラとよばれているのは、（ルカヌスLucanus『内乱』（*De Bello Civili*）第六巻、333～462行が記しているとおり）テッサリア（Thessalia）がなによりもメデイア（Medeia）や魔女たちの国だからである（クレティアンが『内乱』でテッサリアの名を見つけたのかもしれない）。プルデンティウス（Prudentius）（『シンマクス駁論』*Contra Symmachum* 第一巻、94～8）によると、魔術的な（あるいはテッサリアの）技を発明したのはメルクリウスである。メルクリウスは、テッサリアの魔術を体得した霊魂導師である。プルデンティウスによると、「メルクリウスはまさしくテッサリアの魔術を心得ている。聞いた話では、彼の杖は死者の魂を光の高みへと導く。しかし他の魂には死を宣告し、わずかに口を開けていた深淵へいきなりつき落とすこともある。メルクリウスにはこうしたふたつのことができる」。女魔術師とよばれるテッサラは良き魔術を使って恋人たちのためにはたらいている。テッサラにそなわる秘教的な知恵は、「ヒュブリス」（urbis、「傲慢、無法な振舞い」）よりも「メティス」（mètis、「機知、才覚」）の範疇に属している。テッサラの知恵は結局のところキリスト教的な世界観と合致しており、クリジェスに仕える建築家ジャンの完璧な知恵ともつながっている。

【書誌情報】R. L. Wagner, *Sorcier et Magicien*, Droz, Paris, 1939. M. Courrent, «La Thessalie, terre vouée au malheur», *Caietele Echinox*, 24, 2013, pp. 63-71.
⇒**クリジェス、黒魔術、ジャン、フェニス**

鉄の腕　Bras de Fer

ユオン・ド・メリー（Huon de Méry）作『反キリストの騎馬試合』（*Tournoiement de l'Antéchrist*）［1230年頃］に登場する「反キリスト」の家令。詩人ユオンと「鉄の腕」は、「ブロセリヤンドの森」にあった魔法の泉の近くでおこなわれた神の軍勢と地獄の軍勢の戦いに参加した。アーサーと配下の騎士たちは、地獄の軍勢側についた。これは『聖杯の探索』の中で詳述されている天上の騎士道と地上の騎士道との対立を、教訓的かつ寓意的に再解釈したものである。

【書誌情報】 Huon de Méry, *Le Tournoi de l'Antéchrist (Li tornoiemenz Antecrit)*. texte établi par Georg Wimmer, présenté, traduit et annoté par S. Orgeur, Paradigme, Orléans, 1995 (2e éd.).
【邦語文献】 ユオン・ド・メリー（篠田勝英訳）『反キリストの騎馬試合』『フランス中世文学名作選』白水社、2013年、pp. 233-296。
⇒**ブロセリヤンド**

デュルマール　Durmart

作者不詳の物語『デュルマール・ル・ガロワ』の主人公。名前につけられている《ル・ガロワ》は、（ペルスヴァルと同じく）「ウェールズ人」をさす。ウェールズおよびデンマークの王ジョゼファン（Jozefent）と王妃アンドリーズ（Andelise）の息子。成長したデュルマールは立派な騎士になる決意を固め、父の家令に預けられてすごすうちに、家令の妻に恋をする。その後、父のもとへもどったデュルマールは家令の妻のことを忘れ、巡礼の男からアイルランド王妃フェニーズ（Fénise）の噂を聞き、一度も会ったことがないのに理想の妻だと考える。デュルマールはフェニーズを探す旅に出立し、数多くの冒険を重ねる。冒険の中には、ブラン・ド・モロワ（Brun de Morois）が連れ去ったグニエーヴルの救出もふくまれている。デュルマールは最後にはアイルランド王妃と結婚する。その後、狩りの最中に不思議な声に命じられてローマへ向かったデュルマールは、法王を攻囲していた4人の異教徒の王を倒し、法王を助け出す。デュルマールの名は、形容詞「デュール」（dur）（フランス語では普通《固い》をさすが、ここでは《残忍な》の意）と、「熊」をさすウェールズ語（「アルス（arth）」）の組み合わせからなっている。イタリアのモデナ大聖堂の扉口に見つかるアーサーとその戦友を描いた浮彫り群像（1130年に完成）の中には、ブルマルトゥス（Burmaltus）の名が見つかる。この名前はデュルマールのラテン語名なのかもしれない。モデナ大聖堂に描かれた図柄は、複数のアーサー王物語（クレティアン・ド・トロワ作『荷車の騎士』や作者不詳の『イデール』）で語られている王妃グニエーヴルの誘拐に関係があるものである。

【書誌情報】 J. Stiennon et R. Lejeune, «La légende arthurienne dans la sculpture de la cathédrale de Modène», *Cahiers de civilisation médiévale*, 6, 1963, pp. 281-296.

ト

ドゥブグラス（ダグラス）
Dubglas (Douglas)

ネンニウスが編纂した『ブリトン人史』によると、第二、第三、第四、第五のアーサー対サクソン軍の戦闘がおこなわれた場所。ジェフリー・オヴ・モンマスは『ブリタニア列王史』143節でこの場所がヨーク近郊にあるとしたが、同書の別の箇所（191節）ではハンバー（Humber）川の南方に位置するとしている。ジョゼフ・ヴァンドリエスの『古アイルランド語語源事典』によると、この地名は《ダークブルー》や《黒い小川》をさすという 。ほかにも類似した地名（マン島の首都ダグラスDouglasなど）や河川名がある（フランスのドゥーDoubs川や、マリー・ド・フランスがウェールズの河川名としてあげたドゥエラスDuelasがある）。ダグラス（Douglas）川が流れる地方の名リンヌイス（Linnuis）には（『ブリトン人史』を伝える写本のひとつヴァティカン本によると）イニイス（Iniis）という別名がある。古アイルランド語「イニス」（Ynis）は「島」をさす。ウェールズにはアニス・ディラス（Ynys Dulas）という名の、アングルシー島の北東に位置する小島がある。アングルシー島に考古学上の遺跡が数多いのは、この島がドルイド僧ゆかりの地だからである。28点の環状列石（クロムレク）もこの島が古代には聖地だったことを証明している。この地域はウェールズの《母》であり、クラース・マルジン（Class Myrddin、《マルジン（メルラン）の地》）とよばれている。また、島（Ynis）およびアーサーと関連づけられたこのドゥブ＝グラス（Dub-*glas*）はおそらく、12世紀末の時点でアーサーとグラストンベリー（*Glas*-tonbury）とアヴァロン島が結びつけられていたことを説明してくれる。クロード・ゲニュベによると、タイセイ（大青）から採られた染料（アイルランド語では「グラス（glas）」のような青緑色の染料と、ケルトの伝承に出てくるガラスや「幸福の島々」がおそらく混同され、アヴァロン島が結果的にグラストンベリーと同定されたのではないかと考えられる。いずれにしても、ダグラスという場所はあきらかにケルトの聖性を帯びている。

【書誌情報】J. Vendryès, *Lexique étymologique de l'irlandais ancien*, Presses du CNRS, Paris, 1959, D 210-211. C. Gaignebet, article «Glastonbury dans la littérature médiévale» dans : *Dictionnaire des lieux et pays mythiques* (sous la direction d'O. Battistini et *alii*), Paris, Laffont, 2011, pp. 556-558.

⇒アグネード、カーリオン、グウィニオン、グレイン、ケリドン、トリブルイト、バッサス、バドニス

ドゥブリキウス　Dubricius

別名ドブリス（Debrice）またはド・ブリス（De Brice）。ウェールズ語ではダヴリーグ（Dyfrig）。6世紀のウェールズの聖人。その聖人伝には、水とかかわりのあるふたつの不思議な出来事が語られている。ひとつはこの聖人が奇跡的に空（から）の桶を水で満たしたというもの（「カナの奇跡」のケルト版）であり、もうひとつは聖人の死後にその聖遺物が水を沸騰させたというものである。四大元素を操る魔術的な力は、いにしえのドルイド僧たちにそなわっていた。ドゥブリキウスは、ドルイド僧をキリスト教化した姿である。ジェフリー・オヴ・モンマス作『ブリタニア列王史』と古フランス語散文物語群『聖杯の書』によると、カーリオン（レギオ市）の大司教を務めた彼は、アーサーに王冠を授けたことで知られている。魔術的な力をそなえていることから、ドゥブリキウスはメルランを想起させる。ガリアでメルランの属性を受けついだのは聖マルタン［ラテン語名マルティヌス］であるが、マルタンの聖職者仲間にまさしく聖ブリス（Brice）がいた（古フランス語では、「デュブリス（Dubrice）」と「ド・ブリス（De Brice）」の名が交互に出てくる）。ダヴリーグの母は、子供を身籠っていたときに父親から殺されそうになる。これは（14世紀の武勲詩）『コンスタンティノープルの美女エレーヌ』（*La Belle Hélène de Constantinople*）に認められる、両手を切られた娘（マヌキーヌManekine）の筋書きと同じである。こうした物語群に出てくる手無し娘（マヌキーヌ）は、ブリスと聖マルタン（Martin、メルランMerlinの名をキリスト教化した形）の母にあたる。つまり、ブリスと聖マルタンとの神話上のつながりは、神話的な観点から見るとデュブリスとメルランとのつながりに対応する。そもそもブリスは聖マルタンの同僚であり、トゥールの司教職をマルタンから受けついだ人物である。（ガリアでは）聖ブリスの祝日は11月13日であり、その翌日にドゥブリキウスの祝日がくる（ウェールズの暦によると11月14日）。また聖マルタンの祝日は11月11日に定められている。

【書誌情報】F. Lot, «L'épreuve de l'épée et le couronnement d'Arthur par Dubrice à Kaer Iudeu», *Revue celtique*, 21, 1900, pp. 1-9. E. R. Henken, *The Welsh saints : a study in patterned lives*, Brewer, Cambridge, 1991, pp. 197-198 (synopsis des motifs). *La Belle Hélène de Constantinople*, éd. C. Roussel, Droz, Genève, 1995.

⇒アーサー、カラス、メルラン

トゥルッフ・トルウィス
Trwch Trwyth

中世ウェールズの物語『キルフーフとオルウェン』に登場する神話的な猪で、アーサー（アルシール）がこの猪狩りをおこなう。トゥルッフ・トルウィスは両耳の間に、魔力をそなえたオブジェ（櫛、はさみ、ひげそり）をもっていた。アーサーの甥キルフーフは、麗しのオルウェンと結婚するために、これらのオブジェを獲得する必要があった。それはオルウェンの父親にあたる巨人アスバザデン・ペンカウル（Ysbaddaden Pencawr）の毛を剃るのに使うためだった（この筋書きは民話の国際話型313番「悪魔の娘」に相当する）。イタリア・オトラント大聖堂の敷石に描かれたモザイク画には、怪物的な猪を押さえつけようとしている男（おそらくアーサー）が描かれている。オック語による物語『ジョフレ』冒頭には別の神話的な雄牛（不可思議な人物が変身した姿）が登場し、アーサーを連れ去り岩山から投げすてようとする。トゥルッフの名はアイルランド語「トルク」（torc、《種豚》）に対応している。『ブリトン人史』（第73章）に名があがる「豚トロイント」（porcus Troynt）は、この「トルク」が変化したものである。［900年頃成立した、語源的な説明を試みた書物］『コルマクの語彙集』（*Sanas Chormaic*）によると、「オルク・トレート（またはトレース）」（orc treith）は《王の息子》を意味する。アーサーによるトゥルッフ・トルウィス狩りは、ヘラクレスによるエリュマントス（Erymanthos）の猪狩りや、メレアグロス（Meleagros）とテセウス（Theseus）とアタランテ（Atalante）によるカリュドーン（Kalydon）の猪狩りに似ている。

【書誌情報】 J. Vendryès, *Lexique étymologique de l'irlandais ancien*, Presses du CNRS, Paris, 1959, T-115. C. Sterckx, *Sangliers père et fils*, Société belge d'études celtiques, Bruxelles, 1998.

⇒キルフーフ

ドードーネ　Dôdône

ウルリヒ・フォン・ツァツィクホーフェン作『ランツェレト』に出てくるベヒフォレト（Behforet、「美しき森」）国内の城で、イーウェレト（Iweret）の居城。主人公ランツェレトはベヒフォレトでの試練に挑み、国の支配者イーウェレトを倒さなければならない。イーウェレトの娘にあたる麗しのイーブリスは、後にランツェレトの妻になる。泉の近くに聳えていた菩提樹の枝に掛けられていた鉄の銅鑼（どら）をランツェレトが槌で三度叩くと、武装したイーウェレトが出撃してくる。この道具立ては、ギリシア神話に出てくるドドナ（Dodona）の神託を、アーサー王物語がじかに借用したものである。ホメロスの時代から知られていたドドナの神託は、青銅の紐がついた鞭で青銅の盥を叩いたときに響く音から、神官が神意を伝えたものである。『ランツェレト』では主人公がイーウェレトを倒す。このエピソードの直後にランツェレトは、育ての親にあたる妖精女王が遣わした侍女から、自分の名と将来について知らされる。そのためドードーネ城がランツェレトに、彼を待ち受ける運命についての神託を授けたことになる。

【書誌情報】 C. B. Lewis, «The function of the gong in the source of Chrétien's *Yvain*», *Zeitschrift für romanische Philologie*, 47, 1927, pp. 254-270. Du même auteur : *Classical mythology and arthurian romance*, Oxford University Press, 1932. R. S. Loomis, «Additional notes and introduction», dans : U. von Zatzikhoven, *Lanzelet*, trad. de T. Kerth, Columbia University Press, New York, 1951, pp. 196-198.

⇒イーブリス、ランツェレト

「トネリコ」　Frêne (Le)

マリー・ド・フランス作『トネリコの短詩』に登場する、「ハシバミ」の双子の姉妹。中世では双子の誕生は母親が不倫におよんだ証だと信じられていたため、「トネリコ」は生後まもなくすてられてしまう。赤子の「トネリコ」は、修道院の近くにあった幹が四方に枝分かれしたトネリコの枝の間にすてられ、尼僧院長の姪として育てられる。ゴロンという名の騎士が、相手の身許を知らぬまま「トネリコ」に恋をし、妻にしようとする。ところが「トネリコ」の身許が分からなかったため、ゴロンに仕える騎士たちはゴロンに彼女と結婚しないよう勧める。その後ゴロンは、双子の姉妹とは知らぬまま「ハシバミ」と結婚する。しかし結婚式の当日、出自を示す銘文の刻まれた純金の指輪と薔薇の花模様が入った絹布が証拠となり、「トネリコ」が高貴な生まれであることがあきらかになる。ゴロンと「ハシバミ」との結婚は無効とされ、「トネリコ」はゴロンの妻に迎えられる。ヒロインは「トネリコ」という名前（フランス語では定冠詞つきの植物名）により、この木が神話的な姿を現したかのごとく描かれている。古代ギリシアでは、トネリコの木はメリアデス（Meliades）とよばれるニンフたちの住処だった。このように考えると、「トネリコ」もまた妖精なのかもしれない。北欧神話に出てくる宇宙樹ユグドラシルの神話を見ても分かるように、トネリコの木は古代北欧人の聖樹だった。それだけでなく、トネリコはケルト世界でも聖樹だった。その証拠に、フランスでは後にキリスト教化された町の名に、トネリコ（フランス語では「フレーヌ（Frêne)」）の語が見つかる。（ドローム県の）ノートルダム・ド・フレノー Notre-Dame-de-Fresneau、（カルヴァドス県の）ノートルダム・ド・フレネー Notre-Dame-de-Fresnay、（アン県の）サン・マルタン・デュ・フレーヌ Saint-Martin-du-Frêne などである。『トネリコの短詩』の筋書きは、『ガルラン・ド・ブルターニュ』（*Galeran de Bretagne*）と題する13世紀の作品の中で、新たに物語風に翻案されている。

【書誌情報】 F. Suard, «L'utilisation des éléments folkloriques dans le lai du *Frêne*», *Cahiers de civilisation médiévale,* 21, 1978, pp. 43-52. R. Boyer, «Yggdrasil», *PRIS-MA*, 5, 1989, pp. 127-138. Renaut, *Galeran de Bretagne*, trad. de J. Dufournet, Champion, Paris, 1996.

【邦語文献】 ステファニー・ブリュノ（渡邉浩司訳）「双子の姉妹の誕生—母神の足跡を辿って　紫式部『源氏物語』とマリ・ド・フランスの短詩『とねりこ』『エリデュック』との比較から」中央大学『仏語仏文学研究』第34号、2002年、pp. 57-90。

⇒白い槍、ハシバミ

ドラゴン　Dragon

西欧中世のドラゴンの歴史は、緩やかに零落していく歴史である。

〈キリスト教世界のドラゴン〉　もともと異教の宇宙創成説を支える位置にあり創造原理でもあったドラゴンは、キリスト教の浸透とともに排除すべき異常な怪物となっていく。アーサー王のほか、聖女マルト（Marthe)、聖ジョルジュ（Georges、ラテン語名ゲオルギウス)、聖ミシェル（Michel、ラテン語名ミカエル)、聖アルメル（Armel、《熊王》）など、数多くの聖人がドラゴン退治をおこなっている。これらの聖人は「ドラゴン殺し」とよばれ、唯一の名誉の称号となっていることが多い。聖人たちが戦いの末に倒すドラゴンは、聖人たちの引き立て役であった。このように勝利に終わる戦いをもちいて、教会は象徴的に異教に対するキリスト教の勝利を強調した。しかしながら、こうした古い儀礼的なシナリオに隠された神話は、はるかに多くの象徴的意味を持っている。確かにドラゴンの価値の低下は、キリスト教文化が確立したことによる。このことは、最初にユダヤ＝キリスト教が異教とはちがった形で世界の創造と生成を説明しようとしたことから理解できる。異教はまさしくドラゴンを宇宙創成説の冒頭に位置づけていた。『創世記』では、世界は神の手からじかに生まれていて、世界の創造は一度かぎりの出来事である。つまり世界は（永劫回帰（えいごうかいき）の神話のように）隠れた神々が関与し、周期的に創造をくりかえした結果生まれたものではないのである。

〈異教世界のドラゴン〉　ケルト人の伝統的な考え方によれば、ドラゴンは変幻自在の神がとった一時的な形態にすぎない。そうした神は、世界および人間の運命に規則的に介入してくる。中世ウェールズの物語『スリーズとスレヴェリスの冒険』（*Cyfranc Lludd a Llefelys*）では、戦う２匹のドラゴンが最後には２匹の豚に変身するが、豚はケルト人にとって祭祀の上で重要な象徴的意味をそなえた動物である。ケルトのドラゴンはこのように、世界に影響をおよぼしつづける神が一時的にとる姿にすぎない。またドラゴンは確かに貪食であるが、これは自然と宇宙の諸力がバランスを保つために必要な行為である。インド＝ヨーロッパ神話には《水を堰き止める》ドラゴンが出てくる。こうしたドラゴンには火の性質があるため、生き長らえるためには大量の水を飲みこまねばならない。時折ドラゴンが天の水を吐き出すため、雷雨が荒れ狂うのである。13世紀の百科全書文献は、こうした気象サイクルをより科学的に説明している。ゴスアン・ド・メッス（Gossouin de Metz）作『世界の姿』（*Image du monde*）（1245年）によれば、ドラゴンは空に蓄積される乾いた蒸気以外の何物でもないという。空気の熱さが強まればこの蒸気に火がつき、ひとたび燃え上がればとても早く移動する。この空飛ぶ火がそこで地上へ降り立ち、消滅してしまうのだという。

〈暦神話〉　ドラゴン、火、雷雨のあいだには、類推からつながりが生み出された。活動中だった宇宙のこうした原初的な諸力の性質を、ドラゴンは直接受けついでいる。聖人とドラゴンの対決は「夏の土用」の時期におこることが多い。それはまるで「夏の土用」が神話の時間の中心であるかのようである（だからといって１年のほかの時期に、ほかの聖人たちが同じ神話的シナリオをくりかえさないわけではない）。ここに現れているのはおそらく、世界を破壊する原理に対する季節的な戦いという暦神話の図式である。こうした破壊の原理に対応するのは、世界を干上がらせて（中世の物語群に見られる表現によれば）「荒れ地」へと変えてしまう恐れのある「夏の土用」のドラゴンである。このテーマには、神話の理解にとっても不可欠な別のテーマも隠されている。それは（８月１日頃におこなわれる）神的な父とその息子との戦いである。

〈ケルトのドラゴンにそなわる神的な力〉　メルランはドラゴンにそなわる魔術的な力を直接もちいている。『アーサー王の最初の武勲』によれば、アーサーが率いる軍団の先頭でメルランが操る幟は、火と炎を吐き敵軍を恐怖におとしいれるドラゴンでできている。つまりメルランはドラゴンを倒すのではなく、手なずけている。ドラゴンに元来そなわる力を、ブリトンの軍隊と民衆の保護という立派な目的に使っているのである。そうだとすれば、メルラン自身がドラゴンなのではないだろうか？　ギリシア神話のプロテウス（Proteus）のように変身が巧みなメルランは事実、自分が望む姿ならなんでもとることができ、その中には不思議な力をそなえた翼をもつ怪物（つまりドラゴン）の姿もふくまれている。メルランはドラゴンに備わる火の力を制御し、ドラゴンにまつわる秘密にも通じている。また、ヴェルティジエ王の塔が建設のたびに倒壊するのは、塔の下で２匹のドラゴンが戦いをくり広げるのが原因だと見抜いた。このように、ケルトのドラゴンにはアジアのドラゴンがもつ肯定的な価値が認められない。しかしそこに認められる意味は、少なくともキリスト教がドラゴンに押しつけた意味と比べれば、はるかに否定的な度合いが低いものとなっている。

〈語源〉　アイルランド語の「ドラグ」（draic）は、ラテン語の「ドラコー」（draco、《蛇、ドラゴン》）からの借用語である。さらに「ドラコー」というラテン語自体は、「蛇」、「鷲」、「ゴルゴン」、「交戦中の戦士」を形容するのに使われたギリシア語の「デルコマイ」

(derkomai、《見る》を意味し、視線の強さを強調する）までさかのぼる。ドラゴンは「縛める神」が見せる神話的な姿であり、その体は相手を麻痺させるようなからみあい、結び目、綱を示唆する。たとえばクレティアン・ド・トロワの『ライオンを連れた騎士』には、ライオンを締めつける蛇が出てくる。

メルランが手にしている（生きた）ドラゴンの形をした幟
（フランス国立図書館フランス語写本95番）

【書誌情報】 M. Bréal, *Mélanges de mythologie et de linguistique* (1882), Lambert-Lucas, Limoges, 2005, pp. 19-109. P. Chantraine, *Dictionnaire étymologique de la langue grecque*, Klincsieck, Paris, 1968, pp. 264-265. L. Botey (dir.), *El Drac en la cultura medieval*, Barcelona, 1987. *Cahier des Alpes Maritimes* («Drac. Symbolique et mythologie du dragon entre Rhône et Alpes»), 6, 1990. F. Durand et Ch. Sun, «Renversement européen du dragon asiatique», *Cahiers internationaux de symbolisme*, 86-88, 1997, pp. 15-26. M.-F. Gueusquin, *Le Mois des dragons*, Paris, Berger-Levrault, 1981［マリ=フランス・グースカン（樋口淳訳）『フランスの祭りと暦—五月の女王とドラゴン』原書房、1991年］. P. Paulsen, *Drachenkämpfer, Löwenritter und die Heinrichsage*, Cologne et Graz, Böhlau Verlag, 1966. A. Le Boeuffle, «Autour du dragon. Astronomie et mythologie», dans: *Les Astres* (actes du colloque de Montpellier), Presses de l'Université Paul Valéry, Montpellier, 1996, t. 1, pp. 53-63. Ph. Walter, *Mythologie chrétienne. Fêtes, Rites et Mythes du Moyen Age*, Paris, Imago, (2003) 2011［フィリップ・ヴァルテール（渡邉浩司・渡邉裕美子訳）『中世の祝祭』原書房、第2版2012年（初版2007年）］. V. Kruta, *Les Celtes. Histoire et dictionnaire*, Laffont, Paris, 2000, p. 581. J.-M. Privat éd. *Dans la gueule du dragon. Histoire. Ethnologie. Littérature*, Pierron, Sarreguemines, 2000.

【邦語文献】 フィリップ・ヴァルテール＋ジャン・ピエール・ジロー「中世の魔法使いメルラン伝における龍」『名古屋市立大学人文社会学部研究紀要』第6号、1999年、pp. 57-76；不破有理「紅いドラゴンの行方—ウェールズ伝承およびアーサー王年代記におけるドラゴンの表象」慶應義塾大学日吉紀要『英語英米文学』第52号、2008年、pp. 1-24；金光仁三郎『大地の神話—ユーラシアの伝承』中央大学出版部、2009年、第6章〜第8章。

⇒アーサー、アンブロシウス、イヴァン、ヴイーヴル、ウルソー⑵、ウートルドゥーテ、エフラム、エスカリボール、怪物、カラノーグ、ガラフュール、ギーヴル、5月1日、鮭、サンソン、8月1日、パンドラゴン、プフェターン、モルドレッド、モン=サン=ミシェル、ユテル、ライオン、ラール

トーラ・ド・ルージュモン
Taulat de Rougemont

オック語による物語『ジョフレ』に登場する、反抗的、衝動的かつ挑発的な戦士の典型。アーサー王宮廷での祝宴に現れ、王の臣下をひとり殺害する。トーラは自分に逆らったある騎士に残虐な刑を科していた（月に一度、鞭打ちをおこなった）。これはトーラが躁状態になると極端な行動に走ることを表わしており、こうした点で粗暴な巨人に似ている。トーラと赤い（ルージュ）山（モン）とのつながりは、敵対的で不穏な世界と彼とのつながりを裏づけてくれる。規範に背くこの人物は、（ジョルジュ・デュメジルが検討した）戦士の罪という神話的なテーマを再現している。それはインド＝ヨーロッパ語族の三機能に逆らう罪である（支配権に対する罪、戦士の名誉に対する罪、豊穣性に対する罪）。トーラ（Taulat）という名は、ゲール語の語根「トルグ」（tolg、《力、エネルギー》）を想起させる（類語には中低ドイツ語「ストルケレン」（stolkeren、《もったいぶる》）、リトアニア語「ステルグティ」（stelgti、《凝視する》）や「スタルグス」（stalgus、《尊大な》）がある）。ルージュモン（赤い山）という名には、（ジョルジュ・デュメジルがあきらかにした）インド＝ヨーロッパ神話に固有の色の象徴体系の中で、戦士階級を象徴する赤色がふくまれている。

【書誌情報】 J. Vendryès, *Lexique étymologique de l'irlandais ancien*, Presses du CNRS, Paris, 1959, T-102. G. Dumézil, *Heur et Malheur du guerrier*, Flammarion, Paris, 1985［ジョルジュ・デュメジル（高橋秀雄・伊藤忠夫訳）『戦士の幸と不幸』（『デュメジル・コレクション4』ちくま学芸文庫、2001年、所収）］.

⇒赤い騎士、ジョフレ

トリスタン　Tristan

英語名トリストラム（Tristram）、ドイツ語名トリスタンまたはトリストラント（Tristrant）、ウェールズ語名ドリスタン（Drystan）。伝説では王妃イズーの恋人。イズーの結婚相手は、トリスタンの伯父にあたるマルクである。12世紀から13世紀にかけてフランス語で書かれた物語群に着想を与えたケルトの素材は物語群よりも来歴が古く、その年代特定は難しい。

〈ドラゴン殺し〉　トリスタンはなによりもまず、怪物殺しである（トリスタンはル・モロルトや鶏冠状の鱗をつけたドラゴンと戦っている）。怪物に二度勝利したことにより、若きトリスタンは戦士階級の一員として正式に認められる。しかしながらトリスタンはル・モロルトと一騎討ちをしたとき毒槍で怪我を負い、穢れを負ってしまう（神的存在に逆らうという罪を犯したためである）。漂流する舟に乗せられたトリスタンは波間をさまよう（生まれた子供の遺棄というモチ

トリスタンによるドラゴン退治

（イタリア・ロンコロ城内の壁画、14世紀）

ーフの再現)。アイルランドに漂着したトリスタンは、イズーと知り合って怪我をなおしてもらう。

〈狩人〉 トリスタンをその名の語源から見ると、死と地下世界とのつながりがある伯父マルクとの対比により、アポロン的な天上の人物を具現していると考えられる。(ふたつめのtの後にrの入ったTristramと綴られることの多い) トリスタンの名の語源である可能性が高いのは、コーンウォール語 (ブリテン島のコーンウォールのケルト語)「トリ」(tri、《3》) と「ステレンヌ」(sterenn、《星》) の組み合わせである。これは狩人オリオンの星座を構成する3つ星にあたるが、確かにトリスタンは有名な狩人である。ベルール作『トリスタン物語』では、占星術に通暁した小人フロサンがトリスタンとオリオンをはっきりと結びつけている。名うての狩人だったトリスタンは (オデュッセウスOdysseusやアドニスAdonisと同じく) 猪のせいで怪我を負い、その傷口が定期的に開いてしまう。

〈狡知にたけた者〉 ドルイドの魔術を体得したトリスタンは、狡知の技を見せ音楽を奏でる (トリスタンは竪琴弾きである)。ウェールズの三題歌によるとトリスタン (ドリスタンDrystan) は極めて狡猾な豚飼いで、飼い豚の群れを決して他人に奪われることがなかった。このエピソードが示唆していると思われるのは、トリスタンの幼少年期と彼の知性を試すための通過儀礼的な試練である。トリスタンはある人物と戦った後に死を迎えるが、その相手はル・モロルトを想起させずにはおかない [トリスタンは傲慢男エストゥーの毒槍に刺されて致命傷を負う]。

〈メランコリー〉 トリスタンの名にまつわる言葉遊び (「決して笑ったことのない者」) により、トリスタンは恋の病に深く冒された憂鬱質の男として知られるようになった。そもそもこのモチーフは、トルバドゥール (南仏詩人) が歌った苦しみをともなう恋愛を想起させる。これはケルト神話にも見つかり、それによれば「異界」の存在とのつながりをもてばかならず、無気力の病や致命的な昏睡状態におちいることになる。たとえば [アイルランドの「アルスター物語群」に属する]『クー・フリンの病』(*Serglige Con Cualainn ocus oenét Emire*) では、主人公クー・フリン (Cú Chulainn) はふたりの鳥女に槍で危害を加えたため、その後昏睡状態におちいって1年間病床に就いた。このように体が衰弱することは、「異界」の女たちと接触をもったことの現れである。

〈楽師〉 また一方で、楽師としてのトリスタンに着想を与えて歌を作らせるのがイズーである。女流詩人マリー・ド・フランス (12世紀) は『スイカズラの短詩』の中で、トリスタンが (ケルトの) 竪琴を見事に弾いたと述べている。マリー・ド・フランスによればトリスタンは初めて短詩を作った人でもあり、王妃によせた愛の思い出としてその短詩を後世に残したという。『散文トリスタン物語』では楽師としてのトリスタンの役割が強調されており、トリスタンに詩想を与えることができたのはもちろんイズーだけだった。『散文トリスタン物語』によると、トリスタンは「聖杯」の探索にも参加している。トリスタンは、魔法の鈴をつけたプティクリューという名の不可思議な犬を連れていた。ベルール作『トリスタン物語』でプティクリューに代わって登場するユスダンは、狩猟のための訓練を受けた犬である。犬の存在は、トリスタンが宮廷風礼節を一層わきまえた主人公へと成長したことを示している。

【書誌情報】 Ph. Walter, *Tristan et Yseut. Le Porcher et la Truie*, Imago, Paris, 2006.

【邦語文献】 佐藤輝夫『トリスタン伝説—流布本系の研究』中央公論社、1973年；新倉俊一「剣—伴侶そして分かつもの」『フランス中世断章—愛の誕生』岩波書店、1993年、pp. 104-142；佐佐木茂美『「トリスタン物語」—変容するトリスタン像とその「物語」』中央大学人文科学研究所、2013年、人文研ブックレット30；渡邉浩司「アーサー王物語における固有名の神話学（その2）—トリスタンの名をめぐって」中央大学『人文研紀要』第49号、2003年、pp. 237-268。

⇒ガルルース、毛むくじゃらのユルガン、傲慢男エストゥー、タンタリス、ピクース、プティクリュー、ユスダン、ル・モロルト

ドリスタン　Drystan

⇒トリスタン

トリストウス　Tristouse

中世ネーデルランド語による物語『トーレック』の主人公の母の名。トリストウスは生まれてすぐに母にすてられ、出生を記した手紙とともに樽の中に閉じこめられた。海に流された樽は「低い川」の国に流れ着き、助け出された赤子にはトリストウスという名がつけられた（この名は遺棄された赤子の「悲しみ（トリ

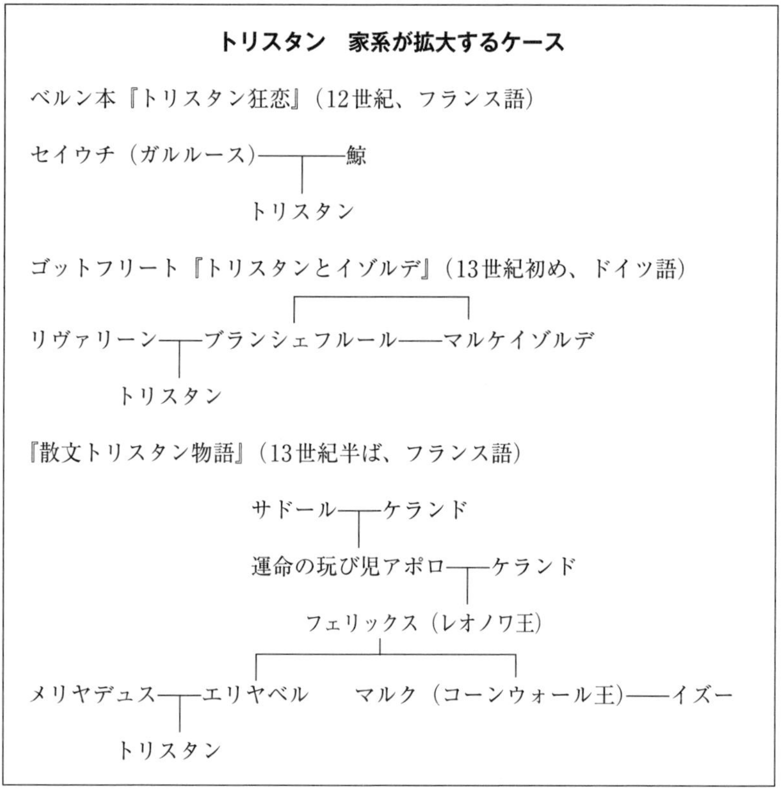

トリスタン　家系が拡大するケース

ベルン本『トリスタン狂恋』（12世紀、フランス語）

セイウチ（ガルルース）——鯨
　└ トリスタン

ゴットフリート『トリスタンとイゾルデ』（13世紀初め、ドイツ語）

リヴァリーン——ブランシェフルール——マルケイゾルデ（ブランシェフルールとマルケは兄妹）
　└ トリスタン

『散文トリスタン物語』（13世紀半ば、フランス語）

サドール——ケランド
　└ 運命の玩び児アポロ——ケランド
　　　└ フェリックス（レオノワ王）
　　　　　├ メリヤデュス——エリヤベル
　　　　　│　　└ トリスタン
　　　　　└ マルク（コーンウォール王）——イズー

ステスtristesse)」）と関連している）。トリストウスはイドール（Idor）王と結婚し、トーレックをもうける。彼女は憂鬱質だった（「一度も笑ったことのない乙女」の類型に入る）が、それでも三度笑っている。一度目は息子が生まれたとき、二度目は息子が冒険の旅に出たとき、三度目は息子がミロードと結婚したときである。トリストウスは、民間伝承の物語では豚飼い娘につけられている名である。民話の国際話型706番の異本の一つに出てくる、海に遺棄された「手無し娘(マヌキーヌ)」もこの名でよばれている。

【書誌情報】 G. Paris, *Histoire littéraire de la France,* Imprimerie nationale, Paris, 1888, t. 30, pp. 263-269. E. Cosquin, *Études folkloriques,* Champion, Paris, 1922, pp. 199-264 (Le lait de la mère et le coffre flottant).

トリストラム　Tristram

⇒トリスタン

トリストラント　Tristrant

⇒トリスタン

トリブルイト　Tribruit

ネンニウスが編纂した『ブリトン人史』によると、第10番目にアーサー対サクソン軍の神話的な戦闘がおこなわれた場所。この地名は、古ウェールズ語で書かれた9世紀の詩編『何者が門番か』（*Pa Gur*）では、「トラブルウィド」（Tryfrwyd）の形で現れる。この詩編の中で、アーサー（アルシール）とその臣下たちはエディンバラ（Eidyn）の山で「カンビン」（cynbin）（犬頭人たち）と戦っている。『何者が門番か』に登場するグールギー・ガルールウィド（Gwrgi Garwlwyd）という名の人物は、ウェールズの『ブリテン島三題歌』に登場する人狼と同じだと思われる。マリー・ド・フランスは『ビスクラヴレットの短詩』の中で「ガールワーフ」（Garwaf）という名をあげているが、これは「人狼」をさすサクソン語である。実際には、犬頭の戦士たちの存在は、仮面をつけたメンバーからなる古代ゲルマンの《宗教戦士団》によって説明できる。これは野獣戦士（ベルセルク）伝承の延長線上にあると考えられる。『ブリトン人史』が伝える戦いに北欧神話が不意に入りこみ、犬男という神話上の姿で（ゲルマン世界に属する）サクソン人を表わしているのである。トリブルイトという地名は、（『何者が門番か』の証言を信じるなら）ケルト人とサクソン人を隔てる北方の戦線を暗示している。

【書誌情報】 C. Lecouteux, «Les cynocéphales», *Cahiers de civilisation médiévale,* 24, 1982, pp. 117-128. G. Milin, «L'ethnographie fabuleuse antique et médiévale : la diffusion en Bretagne, pays de Galles, Irlande de la légende des hommes à tête de chien», dans : *Au miroir de la culture antique. Mélanges offerts au Président René Marache,* Presses Universitaires de Rennes, 1992, pp. 361-378. V. Samson, *Les Berserkir,* Presses du Septentrion, Lille, 2011.

⇒アグネード、カーリオン、グウィニオン、グレイン、ケリドン、ドゥブグラス、バッサス、バドニス

トール　Tor

円卓の騎士。アレスの息子として言及されることが多いが、作中にはあまり登場しない（トールへの言及が出てくるのは『グラアルの物語』の「続編」群、『クラリスとラリス』、散文物語群である）。トールはアーサー王から、アンガルド（Angarde）の城を授けられる。トールの名は、（中世ネーデルランド語の物語）『トーレック』の主人公の名トーレック（Torec）がこれに近いため、「猪」をさすゲール語（「トルク（torc）」）と関連づけて考える必要がある。そしてまた「雄牛」（古フランス語では「トール（taur）」）とも結びつける必要がある（この見方は父アレスが牛飼いであることにもつながる）。さらに『続メルラン物語』では、父親が息子トールをアーサーの宮廷で騎士に叙任してもらうときに、トールにそなわる騎士としての素養を自慢する。トールが王家の生まれであることをあきらかにするのはメルランである。アレスは養父にすぎず、トールの実父はペリノールである。トールの幼少年期の物語には、神話の遺産の痕跡が点在している。それは将来王となる人物が農夫や羊飼いのもとで秘かに育てられるという、インド・イラン＝ヨーロッパ世界に残る王家の伝説に属するものである。トールは、通過儀礼的な性格を持つ予備試練を克服し、みずからの王家の生まれをあきらかにする。

【書誌情報】R. Roberts, «Twrch Trwyth, Tortain, Tors fils Arés», *Bulletin bibliographique de la Société internationale arthurienne*, 14, 1962, pp. 91-98.

⇒**アレス、トーレック、ペリノール、幼少年期**

トルコ人　Turc

中英語で書かれたガウェインを主人公とする物語『トルコ人とガウェイン』に登場する人物。このトルコ人は『サー・ガウェインと緑の騎士』に出てくる「緑の騎士」の化身であり、新年がはじまる頃にアーサー王の宮廷に突然現れ、殴りあいを提案する。そこでガウェインがトルコ人に一撃を加えると、トルコ人は報復を後回しにして、ふたりで「異界」への旅に出る。旅の果てに、トルコ人は王宮で受けた一撃の報復をガウェインに行った後、剣でガウェインに首を刎ねてもらう。異教臭が漂うこの物語は、最終的にはキリスト教の道徳至上主義へと向かう。なぜならガウェインによって首を刎ねられたトルコ人は、立ち上って神の賛歌を歌うからである。

【書誌情報】V. Harward, *The Dwarfs of arthurian romance and celtic tradition*, Brill, Leyde, 1958, pp. 90-98. S. H. Madondo, «Le remaniement narratif de Sire Gauvain et le Chevalier Vert dans les poèmes anglais tardifs», dans : K. Watanabe et F. Vigneron éd., *Voix du mythe, science des civilisations. Hommage à Philippe Walter*, Peter Lang, Berne, 2012, pp. 209-219.

トーレック　Torec

中世ネーデルランド語で1255年から1265年にかけて書かれた物語『トーレック』の主人公。この作品は（今日では亡失した）古フランス語作品を翻案したものであり、1392年にルーヴルの図書館にその痕跡が残されていた。イドール（Ydor）王とトリストウス王妃の息子トーレックは、一族から盗まれた王冠をとりもどすために、一連の手柄をなし遂げる。トーレックには多くの武勇伝があり、7人の盗賊から乱暴されそうになっていた乙女を救ったり、12人の騎士を全員倒したり、ふたりの巨人や2頭のライオンと戦ったり、ブルアント（Bruant）と一騎討ちをしたりした。ブルアントが毒を塗った剣を使ったせいでトーレックは怪我を負う。しかし幸いにもブルアントの義理の姉妹ミロードが王冠をもっていて、しかもトーレックの怪我もなおしてくれる。トーレックは新たな戦いに挑み、なかでも魔法を掛けられた騎士との戦いでその魔法を解いてやる。その後トーレックがたどり着いた城には1年に一度《魔法の》舟が立ちよっていた。トーレックはその舟に乗り、ある島へ向かう。そこは賢者たちの住む島で、トーレックは3日間にわたり、堕落しつつあるこの世や美徳と悪徳や恋愛についての話を賢者から聞く。トーレックはミロードを愛していたが、彼女は彼が円卓の騎士全員を打ち負かさないかぎり結婚できないという。トーレックの雅びな振舞いや美徳に感心した円卓の騎士たちは、トーレックの試練を早く終わらせてあげようとして、自分たちの馬の鞍につけられていた吊起帯を切り、激突したときにすぐに落馬するようにした。こうしてトーレックはミロードと結婚し、最後には父の後をついで王になる。『トーレック』は、世つぎにあたる若者の活躍を語る幼少年期の物語であり、ふたつの民話の話型を踏襲している。それは国際話型560番「魔法の指輪」と、400番「失われたフィアンセ（または妻）を探しに出た男」である。

【書誌情報】 G. Paris, *Histoire littéraire de la France*, Paris, 1888, t. 30, pp. 263-269.

⇒黄金の輪、トリストウス、トール、船、マリオール、ミロード

トレビュシェ　Trébuchet

クレティアン・ド・トロワ作『グラアルの物語』と、ジェルベール・ド・モントルイユ作『ペルスヴァル第四続編』で言及されている鍛冶師。コトアトル（Cothoatre）湖の底に住んでいたトレビュシェは、ペルスヴァルの剣が折れた場合に修復することになっていた。コトアトル（またはエスコシュアトル Escossuatre）は、通過儀礼がおこなわれる北方に位置するスコットランドのスコットワトル（Scottewatre、フォース湾Firth of Forthにあたる）だと考えられてきた。トレビュシェの名は、彼が跛行であることを示唆している（動詞「トレビュシェ（trébucher）」は自動詞として「倒れる、転ぶ」、他動詞として「ひっくり返す」を意味する）。跛行は、ギリシア神話のヘパイストス（Hephaistos）、ローマ神話のウルカヌス（Vulcanus）や北欧神話のヴェルンド（Völundr）にいたるまで、ヨーロッパ神話に登場する高度な技を体得した鍛冶師たちに共通する特徴である。

【書誌情報】 E. Bik, «Le forgeron lacustre, "an inconsistent legend"» ?, *Cahiers de civilisation médiévale*, 35, 1992, pp. 3-25. C. Guyonvarc'h, «L'initiation celtique», *Connaissance des religions*, 8, mars 1993, pp. 340-351. Revue *Eurasie*, n° 11 (2002) et 12 (2003) «La forge et le forgeron». K. Ueltschi, *Le Pied qui cloche ou le Lignage des boiteux*, Champion, Paris, 2011.

【邦語文献】 渡邉浩司「ペルスヴァルに授けられた剣と刀鍛冶トレビュシェットの謎―クレチアン・ド・トロワ作『聖杯の物語』再読」『続　剣と愛と―中世ロマニアの文学』中央大学出版部、2006年、pp. 169-217。

⇒折れた剣、北

トレフリツェント　Trevrizent

ヴォルフラム・フォン・エッシェンバハが中高ドイツ語で著した『パルチヴァール』に登場する、主人公の母ヘルツェロイデ（Herzeloyde）の兄。つまりパルチヴァールの伯父にあたる。クレティアン・ド・トロワ作『グラアルの物語』に登場するペルスヴァルの伯父（森の隠者）と同じく、この隠者は主人公に通過儀礼を授け、さらには説教をおこなう重要な役割をになっている。トレフリツェントはパルチヴァールのために、「グラール（Grâl）」（聖石）の謎をすべて解きあかしてみせる。その中でも重要なのは、毎年「聖金曜日」になると１羽の鳩が空から降りてきて、「グラール」の上にホスティア（聖体）をおくという説明である。またトレフリツェントはパルチヴァールに、「グラール」の騎士である聖堂騎士（テンプレイゼTempleise）が守るべき政治上および宗教上の理想についても次のように説いている。「グラール」の騎士たちは、選ばれし者だけにあかされる大いなる秘密から俗人を遠ざけねばならず、その役割は「グラール」の王国を現世に隈なく広げることにあるというものである。こうした政治および宗教のユートピアはその後も長きにわたり、ヨーロッパの想像世界（イマジネール）につきまといつづける。トレフリツェントの名は決してクレティアン作『グラアルの物語』からの借用ではなく、おそらく都市名トレヴィーゾ（Treviso）を暗にさしている。「赤髭王（バルバロッサ）」の異名をもった神聖ローマ皇帝フリードリヒ１世が1164年に自由都市として認めたトレヴィーゾ［現イタリア北部ベネト州の都市］は、13世紀初めには文学の世界でも名声を博していたからである。トレヴィーゾの名は『パルチヴァール』のおかれた歴史、政治、イデオロギーの脈絡を想起させる。すなわち教皇党（ゲルフ）と皇帝党（ギベリン）の争いによって助長された、ローマ教皇と（ドイツの）神聖ローマ皇帝による覇権争いの影響を受けているのである。

【書誌情報】 E. Kantorowicz, *L'Empereur Frédéric II*, Gallimard, Paris, 2000 (édition originale : 1927). J. Évola, *Le Mystère du Graal et l'Idée impériale gibeline*, Éditions traditionnelles, Paris, 1980.

【邦語文献】 馬場勝弥「パルチヴァール・ノート（４）―トレフリツェント（１）」名古屋大学教養部・名古屋大学語学センター『紀要（外国語・外国文学）』第23号、1979年、pp. 279-290。

⇒隠者、パルチヴァール

トロン　Tronc

15世紀に書かれたフランス語散文物語『悲しみのイザイ』に登場する小人。トリスタンの息子にほかならない主人公イザイ（Ysaÿe）に仕えた従僕。トロンはその後、イザイの息子マルク（Marc）の従僕になる。モルガーヌとジュール・セザール（Jules César）の息子トロンは、課せられた使命を果たせば「不可思議の国」の王オーベロン（Aubéron）になる定めにあった。物語ではトロンの年齢は900歳を少し超えている。背丈がとても小さいトロンは、この世で最も醜い存在でもあった。女性嫌いで無慈悲なトロンは、仕える主人には忠誠を尽くすが、ほかの人たちに対しては残酷であることが多い。そして頭が小さく、ぼろをまとっていて、決して眠ることがない。従僕として主人から託された仕事は、家事でも拷問でもすべてこなした。従僕の小人全般にあてはまるように、トロンが主人によせる愛着は強く、主人も同じようにトロンへ強い愛着を見せた。そのため、イザイを倒そうとした敵がトロンを連れ去ると、イザイは気が変になってしまう。その後トロンはマルクに仕えるようになった。マルクがトロンを信頼しなかったため、ふたりの関係はイザイのときとは異なる様相を見せたが、それでも良好だった。物語の大団円でトロンは美貌のオーベロンとなり、「不可思議の国」へ向かった。トロンの名は、《（野菜や果物の）芯》（trognon）を意味している。

【書誌情報】 A. Martineau, «De la laideur à

la beauté : la métamorphose de Tronc en Aubéron dans le roman d'*Ysaÿe le Triste*», *Senefiance*, 43, 2000, pp. 371-381.

⇒小人

ドーン　Doon

作者不詳『ドーンの短詩』の主人公。この短詩は《悪魔の娘》の父親が課す難題に主人公が挑むという民話（国際話型313番）にあてはまるが、乙女みずからが悪魔の父の役割を演じているという特徴がある。

〈難題〉 ある貴婦人が求婚者たち全員に、たった1日で、ブリテン島の北から南まで進むという試練を命じる。しかしこの試練に成功しても、死にいたる寝台で眠るというふたつ目の試練を受けねばならない。ドーンは不思議な愛馬に乗って最初の試練に成功すると、寝台に入りこむのを拒むことでふたつ目の試練からうまく逃げる。そこで貴婦人は、ハクチョウが飛べるだけの距離を1日で進むという3つ目の試練を命じる。ドーンはこの試練にも成功し、貴婦人を妻に迎える。ドーンは妻が男児を出産することを予告し、妻に指輪を託す。そして、ドーンが一目で息子だと分かるよう、息子が大きくなったら指輪をわたすようにいう。その後ドーンは、妻子を残してひとりで故郷へもどる。長い年月が過ぎ、モン＝サン＝ミシェルで馬上槍試合が開催され、ドーンは相手の素性を知らぬまま息子と対戦する。指輪を見つけて対戦相手が息子だと分かり、最後には家族全員が再会を喜びあう。

〈語源〉 ドーンは、ケルトの大女神の名のひとつ（ダナDana）に相当する（これに対し、ウェールズの女神的存在はドーンDôn）。ケルトの大女神は、ドン（Don）やドナウ（フランス語名ダニューブDanube）といった河川名にその名を残している（ブリテン島には「ダヌ（*Danu）」という語根を含む河川名が7つあり、アバディーンで北海に流れこんでいるスコットランドのドン（Don）川はそのひとつである）。結婚を妨げる一連の試練は、ケルトの大女神が処女の身を執拗に守ろうとすることを表わしている。ハクチョウとの競争は、大女神が鳥（雁やハクチョウ）の姿をとることが多いことから、大女神自身との競争であるといえる。サンスクリット語の「ダーヌ」（Danu）は《敏捷さ》を意味する。さらに、貴婦人の居城ダヌボール（Daneborc）の名は、「大女神ダナの城市（ブールbourg）」と解釈できる。アイルランド語の「ドン」（donn）は《高貴な、気高い》を意味することから、支配権を授けてくれる女神の名と無関係ではないように思われる。ダナのギリシア版であるアルゴス王女ダナエ（Danae）がこの例にあてはまる。ウェールズのフォークロアでは、《ドーンの宮廷》（スリース・ドーン、Llys Dôn）は北極星に近いカシオペア座をさしている。命を奪う寝台の試練は主として魔法の枕によるものであり、（『ドロパトス』からシェイクスピアの『ヴェニスの商人』にいたるまで）ほかの物語にも見つかる。

【書誌情報】 G. Paris, «Lais inédits», *Romania*, 8, 1879, pp. 59-61. P. Gallais et M.-H. Varlet, «Le lai de Doon : la logique des images», *PRIS-MA*, janvier-juin, 1985, pp. 15-21. Y. Vadé, «Dragons au bord du fleuve», *Eurasie*, 7, 1997, pp. 51-76. Ph. Jouet, *Dictionnaire de la mythologie et de la religion celtiques*, Yoran Embanner, Fouesnant, 2012, pp. 344-345 (dôn) et p. 622 (Llys Don).

〈ナ〉

ナイチンゲール　Rossignol

マリー・ド・フランス作『ナイチンゲールの短詩』(『ラオスティックの短詩』)に登場する鳥［「ラオスティック(Laostic)」は「ナイチンゲール」をさすブルトン語であり、フランス語では「ロシニョル（rossignol)」］。この短詩によると、ある騎士の奥方が隣人の独身騎士と恋仲になり、毎晩窓越しにたがいの姿を目にしていた。夜中になると頻繁におき出すことを夫に問い質された奥方は、ナイチンゲールのさえずりに耳を傾けるためだといい繕う。残酷な夫は、家来たちに捕えさせたナイチンゲールを奥方の前で殺してしまう。奥方は1枚の絹布にあらましを記す文字を金糸で縫いとり、その中にナイチンゲールの亡骸を包んで、恋人のもとへ届けてもらう。つまり奥方の恋人がナイチンゲールになぞらえられている。

さえずる声が美しい鳥ナイチンゲールは、詩人と占者を表すメタファーである（ケルト人にとって、すべての鳥は神話の上で「異界」とつながっている)。トリスタンはドルイド僧になるために必要な種類の通過儀礼を経験していたため、(『恋人たちの語らい』によると）ナイチンゲールの鳴き声のほか、カケスやコウライウグイスの鳴き声も真似ることができた。通過儀礼をへた英雄はみな、鳥の言葉を理解し話すことができる（ジークフリートSiegfried、フィンFinn、メランプスMelampousなど)。ヴェーダ期のインドにおいては、「コーキラ」(kokila、「カッコウ」）がナイチンゲールに相当する。アルベルトゥス・マグヌス(Albertus Magnus)［ドイツのスコラ学者・神学者、1193頃～1280年］によれば、ナイチンゲールを食べると博識になるという。『イニョレの短詩』では、《ナイチンゲール》という異名をもつ騎士イニョレの男根と心臓の料理を、12人の貴婦人が口にしている。

【書誌情報】A. de Gubernatis, *Mythologie zoologique ou les Légendes animales*, Durand, Paris, 1874, t. 2, pp. 237-251. J.-M. Fritz, *Paysages sonores du Moyen Âge. Le versant épistémologique*, Champion, Paris, 2000, pp. 421-423. Ph. Walter, *Limba pasarilor. Mitologie, filologie si comparatism in mituri, basme si limbi ale Europei.* (Le langage des oiseaux), Editura Dacia, Cluj-Napoca, 2007 (en roumain).

⇒イニョレ

鳴きたてる獣　Bête Glatissante

複数の物語に登場する怪物。その姿が作品ごとに変化し、獣の象徴的意味がキリスト教のアレゴリーに引きずられているため、首尾一貫した解釈は困難である。『ペルレスヴォース』によると、この獣に相当するのは真っ白な雌犬であり、育てていた小犬たちにより「十字架」の下で貪り食われてしまう（この雌犬はユダヤ人たちによって殺されたキリストの象徴である）。ジェルベール・ド・モントルイユ作『ペルスヴァル第四続編』に出てくるのは妊娠中の雌の獣であり、そのお腹の中で12匹の子供が《鳴きたてていた》。ペルスヴァルに追われながらも、その獣は子供たちを生み落す。12匹の子供は母を貪り食った後で、共食いをはじめる（これは信徒たちのおしゃべりによりミサに支障が出たことを示すアレゴリーである）。13世紀以降になると、「鳴きたてる獣」はドラゴンと同じように泉や洞窟の近くに姿を見せる。この頃には、獣の姿と色が多種多様になっている（複数の動物の混成体となる）。こうして「鳴きたてる獣」はキリストの象徴ではなくなり、悪魔的な怪物になり下がってしまう。ミショー・ゴノー（Micheau Gonnot）が［1470年頃に］編纂したアーサー王物語集成に登場するのは、5種類の動物（蛇、グレーハウンド、ライオン、雄鹿、猪）の混成体であり、火と結びつけられている（獣の両眼は石炭のように輝き、燃える口をしている）。この獣がつねにさまざまな色をしているのは、悪魔の支配下にあることの証である。『ペルスフォレ』に登場するのは、5種類の動物（蛇、豹、ライオン、雄鹿、狼）の混成体である。この獣が洞窟近くに姿を見せたのは、日光浴をするためだった。獣の首を照らし出した光線がさまざまな色にかわり、獣を見つめる者の欲望の姿を取った。その光景を目のあたりにすれば、誰でも石のように身動きがとれなくなった。「鳴きたてる獣」はドラゴンよりも（ブリュネット・ラティーニ Brunetto Latiniらが著した）動物誌に出てくる「スキュタリス」(scytalis) に近く、怪物スキュラ（Scylla）を想起させる。物語では、「黄金の騎士」ネストール（Nestor）に怪我を負わされて逃げ去った獣は探索の対象になる。（小犬たちを生み落す）この怪物には「夏の土用」［フランス語では「小犬」をさす「カニキュール（canicule）」］の性質が備わっているため、南フランスの町タラスコンの怪獣タラスク（Tarasque）に似た存在である。複数の動物の混成体であるタラスクは、聖女マルタに退治される。

「鳴きたてる獣」を追うパラメッド

フランス南部の町タラスコンの怪獣タラスク

【書誌情報】W. Nitze. «The Beste Glatissant in Arthurian romance», *Zeitschrift für Romanische Philologie*, 56, 1936, pp. 409-418. E. Bozoky. «La Bête Glatissant et le Graal. Les transformations d'un thème allégorique dans quelques romans arthuriens», *Revue d'histoire des religions*, 1974, t. 188, pp. 127-148. C. Roussel, «Le jeu des formes et des couleurs : observations sur la Beste Glatissant», *Romania*, 1983, t. 104, pp. 49-82. L. Dumont, *La Tarasque*, Gallimard, Paris, 1987. C. Ferlampin-Acher, *Fées, Bestes et Luitons*, P.U.P.S., Paris, 2002, pp. 311-322.

【邦語文献】 蔵持不三也「タラスク再考」『ヨーロッパの祝祭』河出書房新社、1996年、pp. 151-225。

⇒怪物、パラメッド

ナシアン　Nascien

古フランス語散文物語『アリマタヤのヨセフ』に登場する、セラフェ（Séraphé）の洗礼名。オルブリック（Orberique）公。妻はフレジャンティーヌ（Flégentine）。エヴァラック（洗礼名はモルドラン）は、ナシアンの姉妹サラサント（Sarracinte）と結婚する。セリドワーヌとナルピュス（Narpus）がそれぞれナシアンの息子と孫であるため、ナシアンはランスロやガラアドの祖先にあたる。『アリマタヤのヨセフ』によると、ナシアンは「聖杯」に近づきすぎて盲目になるが、天使が現れて槍から流れ出た血の滴で目を擦ってくれたため、再び目が見えるようになる。同じモチーフが、ヤコブス・デ・ウォラギネの編纂した『黄金伝説』所収「聖ロンギヌス（Longinus）伝」にも登場する。聖霊によりモルドラン王が連れ去られると、ナシアンは首謀者の嫌疑をかけられて幽閉される。しかし神の奇跡によって解放され、雲により「渦巻島」へ運ばれていく。ナシアンはその島でソロモンの船を目撃し、船中に置かれていたダビデの剣を手にする。その後ナシアンが向かった小島に巨人が現れ、ナシアンがダビデの剣を抜くと、中ほどで折れてしまう。ナシアンに剣をもつ資格がなかったからである。ナシアンは最後にブリテン島へ行く。ナシアンの名をシリア語「ナスラヤ」（nasraya、「ナザレ人」）や、（キリストの系統樹に出てくる名）ナアソーン（Naasson）と関連づける説が出されているが、実際にはナシアンは《生まれてくる者》をさす（ちなみに《誕生》をさすポルトガル語の姓ナシメント（Nascimento）は、《キリストの》誕生を言外に匂わせている。これは「クリスマス」を指すフランス語で、語源的には「誕生」をさす「ノエル（Noël）」という姓に対応する）。異教徒だったナシアンは、キリスト教徒になる前はセラフェと名乗っていた。セラフェの名は、ヘブライのセラフィム（熾天使）を想起させる。セラフィムが天使の9階級で第一番目にあり、ヘブライ語で《燃える者》をさすのは、火による清めや懲罰をになっていたからである（『イザヤ書』6，2）。『アーサー王の最初の武勲』に出てくるもうひとりのナシアンは、『アリマタヤのヨセフ』に出てくるナシアンの息子ではなく、円卓の騎士としてアーサー側について数多くの武勇を見せる。『アーサーの書』では、ナシアンは「聖杯」の出現後に騎士としての生活を断念する。

【書誌情報】J. D. Bruce, «Galahad, Nascien and some other names in the Grail romances», *Modern Language Notes*, 33, 1918, pp. 129-137.

ニ

2月1日 Premier février

ケルトのインボルグ祭（Imbolc）に対応する。中世キリスト教の暦では、2月1日にキルデアの聖女ブリギッド（Brigit）の祝日（この聖女については、ギラルドゥス・カンブレンシスGiraldus Cambrensisが1188年頃に著した『アイルランド地誌』第2部第34～39章で興味深い証言を残している）、2月2日に聖母マリアお浄めの祝日（または聖燭祭）、2月3日に聖ブレーズの祝日が配置されている。この時期には（聖燭祭から聖ブレーズの祝日にかけて）熊祭りがおこなわれるほか、《熊》メルランおよび《熊》アーサーの懐胎、ペルスヴァルの死（『グラアルの物語』の「続編」群）がおきている。

【書誌情報】J.-M. Boivin, *L'Irlande au Moyen Âge. Giraud de Barri et la* Topographia Hibernica, Champion, Paris, 1993, pp. 224-226［ギラルドゥス・カンブレンシス（有光秀行訳）『アイルランド地誌』青土社、1996年、pp. 157-163］. C. Guyonvarc'h et F. Le Roux, *Les Fêtes celtiques*, Ouest-France, Rennes, 1995, pp. 83-97. V. Guibert de la Vaissière, *Les Quatre Fêtes d'ouverture de saison de l'Irlande ancienne*, Armeline, Crozon, 2003, pp. 149-231.

⇒アーサー（フランス文学）、ブレーズ、メルラン

肉切台（タイヨワール） Tailloir

《肉を切る》（タイエtailler）ために使う台。クレティアン・ド・トロワ作『グラアルの物語』に出てくる、「グラアル」と「血の滴る槍」とともに行列を構成する3つ目のオブジェ。「槍」が鉄、「グラアル」が金でできているのに対し、「肉切台」は銀でできている。こうした三者一組の金属がよびおこす神話的な意味は人類の歴史にかかわるものであり、「槍」の鉄が喚起する「鉄」の時代［理想的な「金」の時代と「銀」の時代に続く時期］が退廃し、救世主による《贖い》を待ちわびていることを示している。「肉切台」は、クレティアン・ド・トロワ以降に書かれた翻案作品や続編群では姿を消している。今日でもなお研究者がおこなう「グラアル」解釈ではほとんど、「肉切台」のしかるべき役割が忘れられてしまっている。しかしながら「グラアル」が大きな魚（カワカマス、ヤツメウナギ、鮭）を入れるのに使われる器だとすれば、「肉切台」との間にはあきらかに相補的な関係がある。「肉切台」もまた食卓で使われるからである。「肉切台」は、食器の上におく前に、魚の肉を切るのに使われる（また「槍」は鮭を捕まえるのに使うことができ、「槍」から流れる血はおそらく「槍」が傷つけた《知恵の魚》にそなわる神聖な性格を表わしている）。鉄にまつわる来歴の古い禁忌によれば、食べ物は絶対に直接鉄にふれてはならない。そのため食べ物はなんであれ、金（「グラアル」）と銀（「肉切台」）でできたオブジェにおかなければならないのである。

【書誌情報】Ph. Walter, *Perceval, le Pêcheur et le Graal*, Imago, Paris, 2004, pp. 181-244. E. Mozzani, *Le Livre des superstitions*, Robert Laffont, Paris, 1995, pp. 714-720.

⇒**グラアル、グラアルの謎、鮭、血の滴る槍**

似姿（サンブランス）　Semblance

クレティアン・ド・トロワ作『グラアルの物語』の中でもちいられている言葉。これにより（ペルスヴァルが目撃した）雪の上の３つの血の滴と、同時に彼の頭に浮かんだ愛するブランシュフルールの顔がアナロジーによって結びつき、意味をもつようになる（プレイヤッド版『クレティアン・ド・トロワ全集』所収『グラアルの物語』4197～4198行には、「ペルスヴァルは、槍の柄にもたれてじっとその「似姿（サンブランス）」に眺め入った」と記されている）。「似姿」というのは、中世期の想像世界（イマジネール）に特有の知的反応であり、現実のあらゆる領域の間をアナロジーで網羅するネットワークだと考えられた（これは、ミシェル・フーコーが分析した《相似》（similitudes）に相当する）。しかしながら、文学ではこうしたアナロジーは、ほとんどが民話や口頭伝承に由来する神話的な図式の影響を受けている。「似姿」は、《神話の原則》（ジルベール・デュランによれば、神話の非＝論理性）にもとづくメカニズムである。「神話の原則」は、「猫は猫であり、同時に人間や怪物にはなり得ない」、すなわち「Aは非Aではありえない」という同一性を求める論理的原則には従わない。神話では、同じ存在がこのように複数の性質をもつことは（たとえばさまざまな変身譚に見られるように）充分に可能である。神話上の「似姿」では、《狼》は同時に「人間」にもなりうるし（人狼のケース）、「雪の上の血の滴」は「顔」になりうるのである（こうした神話的なモチーフの記憶については、エマニュエル・コスカンが［『インドの民話と西欧』の中で］分析している）。「似姿」という概念は、ふたつの現実の間に論理的かつ合理的な同一性ではなく、隠喩（メタファー）のようなタイプの動的な関係を想定している。「似姿」がとらえる《隠喩のイコン的契機》（ポール・リクールが『生きた隠喩』でもちいた表現）は、紛れもなく神話的思考の礎である。「似姿」とは、神話によって可能となる同一性探しのゲームを、文学的に表現したものである。

【書誌情報】 E. Cosquin, *Les Contes indiens et l'Occident*, Champion, Paris, 1922, pp. 218-246. M. Foucault, *Les Mots et les Choses*, Gallimard, Paris, 1966［ミシェル・フーコー（渡辺一民・佐々木明訳）『言葉と物―人文科学の考古学』新潮社、1974年］. P. Ricoeur, *La Métaphore vive*, Le Seuil, Paris, 1975［ポール・リクール（久米博訳）『生きた隠喩』岩波現代選書、1984年］. G. Durand, *L'Imaginaire*, Hatier, Paris, 1994. Ph. Walter, «La vie des images et l'imaginaire médiéval», *PRIS-MA*, 26, 2010, pp. 161-172.

⇒**ブランシュフルール、変身**

ニニアーヌ　Niniane

⇒**ヴィヴィアーヌ**

ニュット　Nut

フランス語による一連の物語で名前が語られるイデールの父。作中人物としては唯一『イデール』にのみ登場し、アルメーニュ（Alemaigne、ドイツではなくスコットランドの地域名）の公爵とされている。『イデール』を別にすれば、ニュットへの言及は、イデールとの父子関係をあきらかにする場合にかぎられている。ニュットの名はおそらく、アイルランド神話の王ヌアドゥ（Nuadu）と無関係ではない。ヌアドゥは無敵の神剣をもっていた［その剣は鞘から抜かれるとヌアドゥの過去の偉業を語ったという］。中世ウェールズの物語『キルフーフとオルウェン』では、ニュットに似た名をもつニッズ（Nudd）が、グウィンの父の名としてあがっている。

【書誌情報】F. Le Roux, «Le roi Nodons/Nuada», *Celticum*, 6, 1963, pp. 425-454.

⇒イデール、グウィン、５月１日

ネ

ネタン　Netun

クレティアン・ド・トロワ作『イヴァンまたはライオンを連れた騎士』に登場する、残忍なふたりの男の父親の名。「最悪の冒険の城」に囚われていた娘たちの解放を望む騎士たちは、このふたりの男と戦った。ネタンの名は、ラテン語ネプトゥヌス（Neptunus）、あるいは中世期に悪霊へと凋落した異教の神をさす類似したケルト語に由来する可能性がある。『狐物語』（*Roman de Renart*）の第一枝編では、狐ルナールがイギリスからやってきたジョングルールに身をやつして狼イザングランの前に現れたとき、自分が披露できる「ブルターニュの素材」のレパートリーとして列挙した作品名の中で（現存しない）『ノトンの短詩』（*Lai de Noton*）の名をあげている。アイルランドのアキレウスとよばれる英雄クー・フリンの神話によれば、（別の「ネタン」ともいうべき）ネフタ（Nechta）の３人息子はアルスター王国にとって最悪の敵だった。この３人を倒す少年クー・フリン（Cú Chulainn）の名（「クラン（Culann）の犬」の意）に犬の名がふくまれているのは、イヴァンが戦友としてライオンを連れているのとまったく同じである。フォークロアでは「ネタン」や「ニュトン」（nuton）は洞穴に住んで生き延びる存在であり、毛むくじゃらの異形の姿で描かれている。彼らの活動は夜間にかぎられ、子供たちを誘拐し、サタンと交流をもっていた。

【書誌情報】E. Doudou, «Les origines de la légende des nutons», *Revue des traditions populaires*, 17, 1902, pp. 438-449. M. I. Gerhardt, *Old men of the sea. From Neptunus to old French luiton : the ancestry and character of a waterspirit*, Polak et Van Gennep, Amsterdam, 1967. G. Dumézil, *Mythe et Épopée*, t. 3, Gallimard, Paris, 1981. C. Sterckx, «Nûtons, lûtons et dieux celtes», *Zeitschrift für celtische Philologie*, 46, 1994, pp. 39-79. Ch. Abry et A. Joisten, «Le nuiton n'a qu'un œil au milieu du front…», *Tradition et Histoire dans la culture populaire*, Musée dauphinois, Grenoble, 1990, pp. 219-252.

【邦語文献】　渡邉浩司「クレチアン・ド・トロワ作『イヴァン』の「ネタン」をめぐって―「海の怪物」神話の視点から」篠田知和基編『神話・象徴・文化』楽浪書院、2005年、pp. 717-742。

ノガン　Noguent

マリー・ド・フランス作『ギジュマールの短詩』に登場する主人公ギジュマールの妹の名。古ブルトン語の「ノス」（noth、《姿、性質、外見》）と「グウィーン」（guinn、《白い、鮮やかな》）の組みあわせである。こうした名をもつ肌の白い女性はおそらく、ギジュマールが狩猟の最中に出会った白い雌鹿にほかならない。ノガンという人物は（名前があがるものの）この話のどこにも登場しないからである。この見方が正しければ、『ギジュマールの短詩』には兄妹の近親相姦の物語が隠されているのかもしれない。フォークロアでは「白い雌鹿の嘆き」と題する伝承歌謡が、こうした近親相姦の記憶をとどめている。

⇒白い雌鹿

ノケトラン　Noquetran

ギヨーム・ル・クレール作『フェルギュス』によると、メルランは長年この場所ですごしたとされる。またまさしくノケトランで、フェルギュスは象牙のライオン像の首から角笛とガンプ［頭、首、肩を覆う布］を奪いとらねばならなくなる。ここには番人として人食い鬼の化身である「黒騎士」がおり、試練に挑む数多くの騎士たちの命を奪ってきた。このエピソードは、民話の国際話型328番（「人食い鬼から財宝を盗む少年」）の図式にそって展開している。ノケトランの名には、語根「ノクト」（nokt、「夜」をさすラテン語「ノクス（nox）」に対応）がふくまれている。したがってノケトランは夜の王国である。

【書誌情報】 A.Magnusdottir, *La Voix du cor. La relique de Roncevaux et l'origine d'un motif dans la littérature du Moyen Âge (XIIe-XIVe siècle),* Rodopi, Amsterdam-Atlanta, 1998.

⇒魔法の角笛

ノーサンバランド　Northumberland

⇒ノルサンベルラント

ノルサンベルラント
Northumberland

英語読みではノーサンバランド。『聖杯の書』でブレーズとメルランが隠遁の場として使っていた森のあるイングランド北部の地方名。ブレーズはこの森で（メルランが口述する話を）書きとめた。これが「円卓」の偉大な書となり、ブレーズみずからによって『聖杯の書』とよばれている。森が北方に位置することは、（ギリシア人とケルト人が共通してもっていた世界の北方にまつわる神話によると）森が神聖であり、通過儀礼の場であることを証明している。伝統的なケルトの思想によれば、あらゆる知識は極北（あるいは北方）に由来する。こうした通過儀礼の素材は物語や神話の形をとることが多く、詩人によって暗唱されたり記憶されたりしていた（キリスト教世界になると、かつての詩人の役割をブレーズが代表する卓越した学僧が副次的に受けついだ）。

【書誌情報】 C. Guyonvarc'h, «L'initiation celtique», *Connaissance des religions,* 8, 1993, pp. 340-351.

⇒北

ハイタカ　Épervier

ティルベリのゲルウァシウス（Gervais de Tilbury）作『皇帝の閑暇』（*Otia Imperialia*）が収録する「エペルヴィエ城の貴婦人」によると、ハイタカは妖精が取る神話的な姿のひとつである。マリー・ド・フランス作『ランヴァルの短詩』では、「異界」の女王が１羽のハイタカと１匹の犬を連れて、裁きを待つランヴァルのもとへ姿を見せる。ハイタカを連れた貴婦人（常に妖精の化身）は、重要な季節のかわり目に行われる祭りや慣習のときにたたえられている（類例はクレティアン・ド・トロワ作『エレックとエニッド』や、ルノー・ド・ボージュー作『名無しの美丈夫』に見つかる）。ジャン・ダラス作『メリュジーヌ物語』では、メリュジーヌの姉妹メリヨール（Mélior）は、騎士になることをめざしている若者たちのために、夏の聖ヨハネ祭の日に慣例で、ハイタカをめぐる試練を準備した。それは数日間ハイタカのそばで眠らぬまま夜をあかすという試練だった（これは狩猟用の鳥を訓練するための伝統的な手法である）。『エレックとエニッド』では、ハイタカの祭りは復活祭の日に開催されている。ハイタカを手にすることができるのは、その恋人が最も美しい女性であることをほかの誰からも反論されることのない勇猛な騎士である。ハイタカは猛禽としての習性から、ワタリガラスやハシボソガラスと同じく戦闘の象徴的意味をになっている。そして変身能力をそなえた妖精がとる姿でもある（ハイタカに相当するギリシア語は「キルケ（kirkê）」）。ティルベリのゲルウァシウスが語る話に出てくるエペルヴィエ城（この場所はフランス南東部のドローム県ヴァランスValence近郊のエスペルヴェールEsperverに相当）の妖精は、ミサに参列するたび、福音書の朗読後ただちに教会を立ち去っていた。ところがある厳かな祭りの日に夫とその家臣が力ずくで引き留めたところ、貴婦人は飛び立ち、礼拝堂の一部が倒壊してしまったという。中世ウェールズの『タリエシン物語』（*Hanes Taliesin*）では、知恵と占術をもたらす魔法の鍋を所有していた魔女ケリドウェンは［後にタリエシンとして生まれ変わる少年グウィオン・バッハを追跡するために］さまざまな動物の姿に変身するが、その中にはハイタカの姿もふくまれている。司祭アンドレが『恋愛術』第二巻第八章でふれているアーサー王伝承によると、あるブリトン人騎士が森の中で出会った美しい乙女の愛をえるには、アーサー王宮廷の輝く宮殿にある黄金の止まり木にとまっているハイタカをもち帰らなくてはならない。ハイタカはつねに貴婦人に代わる存在であるか、貴婦人のメタファーである。そしてその場合の貴婦人は、おそらく妖精に他ならない。

【書誌情報】 J.-G. Gouttebroze, «La chasse au blanc cerf et la conquête de l'épervier dans *Érec et Énide», Mélanges de langue et de littérature médiévales offerts à Alice Planche*, Paris, Les Belles Lettres, 1984, pp. 213-224. R. Chanaud, «Le chevalier, la fée et l'hérétique : une ancêtre valentinoise de Mélusine, la dame du château de l'Épervier», *Le Monde alpin et rhodanien*, 1985, pp. 31-55. Gervais de Tilbury, *Le Livre des merveilles (Divertissements pour un empereur)*, trad. par A. Duchesne, Les Belles Lettres, Paris, 1992, pp. 68-70［ティルベリのゲルヴァシウス（池上俊一訳）『皇帝の閑暇』講談社学術文庫、2008年、pp. 118-122「エペルヴィエ城の貴婦人」］. L. Harf, *Les Fées au Moyen Âge*, Champion, Paris, 1984, pp. 392-395.

⇒**エニッド、エレック、慣例、シルセ、ジルフレ、パプゴー、変身**

ハクチョウ　Cygne

ハクチョウは、神話では雁と混同されることが多く、典型的な「異界」の鳥である。アイルランドの神話物語群では、妖精が変身してハクチョウの姿になることが多い。ハクチョウはケルト期の墓から出土した骨壺に描かれていることが多く、生命のサイクル（誕生と死）と結びついている。ハクチョウが周期的に姿を見せることで、突然運命があきらかになると考えられた。ハクチョウに渡り鳥としての習性があることはさまざまな文明で早くから認められていたため、姿を消すと周期的に「異界」へもどっていくのだと考えられた。つまりハクチョウは、この世の誕生までさかのぼる運命の秘密や（極北の）原初の伝承を保持する、通過儀礼をへた存在なのである。ジルベール・デュランによると、「太陽の鳥であるハクチョウ（ドイツ語ではシュヴァーンSchwan）の歌は、語源の上で同形性を共有する「光」と「言葉」の神話的な表出にすぎない」。マリー・ド・フランス作『ミロンの短詩』では、愛しあうふたりが無理やり引き離された後、ハクチョウを介して手紙の交換ができたため、ハクチョウは愛の伝令となっている。こうした策略は古代インドの大叙事詩『マハーバーラタ』にも見つかり、ハクチョウはナラ（Nala）王とダマヤンティー（Damayanti）姫との間を愛の伝令として往復した。中世ウェールズの『マビノギの４つの枝』の第二の枝「スリールの娘ブランウェン」（*Branwen Ferch Llŷr*）では、ブランウェンは不当にも幽閉されてしまう。そこで１羽のムクドリを手なづけ、手紙を羽根の中に忍ばせて兄のもとへ送り、幽閉の身を解くよう求める。

（ハクチョウを連れた騎士の伝説に認められるように）ハクチョウは「異界」からやってくる魂につき従う。類例は『ペルスヴァル第一続編』にも見つかり、槍が突き刺さったままの騎士の亡骸を乗せた船を曳いてアーサー王宮廷にやってくるのは、太陽の鳥としてのハクチョウである。北欧神話に出てくるヴァルキューレは亡くなった戦士たちを彼方へと運ぶ存在であるが、その中にハクチョウの名をもつスヴァンフヴィート（Svanhvit、《ハクチョウのように白い》）がいる。ケルト神話や北欧神話に登場するハクチョウ女たちは勇敢な戦士たちの導き役であり、それぞれがふさわしい戦士を選ぶのである。

ハクチョウの曳く太陽の船に乗った騎士
（ブーローニュ＝シュル＝メール市の公印、16世紀）

【書誌情報】 J. Déchelette, *Manuel d'archéologie préhistorique, celtique et gallo-romaine*, Picard, Paris, 1910, t. 2, pp. 418-444 (figuration de cygnes solaires). R. Boyer, «Les Valkyries et leurs noms», dans: J. Duchemin, *Mythe et Personnification*, Les Belles Lettres, Paris, 1980, pp. 39-54. I. Malaxecheverria, *Le Bestiaire. 1. Le bestiaire médiéval et l'archétype de la féminité*, Lettres modernes, Paris, 1982, pp. 75-94. C. Lecouteux, *Mélusine et le Chevalier au cygne*, Imago, Paris, 1997. I. Grange, «Métamorphoses chrétiennes des femmes-cygnes. Du folklore à l'hagiographie», *Ethnologie française*, 13, 1983, pp. 139-150. F. Le Roux et C. Guyonvarc'h, *Les Druides*, Ouest-France, Rennes, 1986, pp. 288-292. M. Guillery, «Le cygne dans la mythologie celtique», *Ordos*, 16, 1998 (L'Autre Monde: mythes, rites et symboles des Celtes), pp. 62-77.

【邦語文献】 上村くにこ『白鳥のシンボリズム―神話・芸術・エロスからのメッセージ』御茶の水書房、1990年；フィリップ・ヴァルテール（渡邉浩司訳）「白鳥の神話（日本とヨーロッパ）―ユーラシア神話学の視点から」『名古屋外国語大学外国語学部紀要』第18号、1998年、pp. 138-157。

⇒アンナ、イジェルヌ、雁、ゲールエ、11月1日、ドーン、ブラングミュエール、ロヘラングリーン

バゴメデス　Bagomèdes

『ペルスヴァル第二続編』に登場する騎士。バゴメデスはクウおよび3人の騎士との壮絶な戦いに敗れ、頭を下にして木に吊りさげられてしまう。その後ペルスヴァルに助けられ、宮廷に赴いてクウと対戦する。そしてクウと和解し、アーサー王の臣下となる。バゴメデスの名の後半部分「メデス」（-medes）は、ガリアの部族名メルディ（Meldi）のもとになっている《優しい、心地よい》をさす形容詞と関連づけて考える必要がある。メルディの名は、パリ東方にある町の名モー（Meaux）に引き継がれた。バゴメデスの名の前半部分は、ケルトの神バコ（Baco）を示唆している。バコの名は、（7世紀以前に書かれた）『聖マルセル行伝』（*Actes de saint Marcel*）に出てくる。（逆転が特徴的な神）サトゥルヌス（Saturnus）と関連づけられていたバコは、中世の文献によると豚とつながっていた。そうだとすると、バゴメデスの本来の姿は、皮をはがれて解体されるために足から吊るされた豚なのだろか？　一方で、英語の「ベイコン」(bacon) の語源にあたる古フランス語は、それ自体がゲルマン語に由来する。ここで想起されるのは、ウプサラ神殿の傍にあった巨大な木の上で同じように行われた絞首儀礼である（この儀礼はアダム・フォン・ブレーメン (Adam von Bremen) が『ハンブルク司教事績録』*Gesta Hammaburgensis ecclesiae pontificum* 第四巻27で記している)。木へ縛り付ける行為は、新約外典のひとつ『ペテロ行伝』第38章が伝える、頭を下にして十字架に架けられた聖ペテロの殉教も想起させる。

【書誌情報】 C. Guyonvarc'h, «Notes d'étymologie et de lexicographie gauloises et celtiques. XIX. 70. Gaulois BACO/BAGO, le dieu "distributeur"»?, *Ogam*, 16, 1964, pp. 195-199. Du Cange, *Glossarium*, article *Baco, Bacco, Bacho*. Adam de Brême, *Histoire des archevêques de Hambourg*, trad. J.-B. Brunet-Jailly, Gallimard, Paris, 1998.

⇒クウ

ハシバミ　Coudrier

神話的な意味をもつ小低木。ハシバミの実は、この世が誕生した頃からあった水源に落下し、知恵の鮭に食べられたとされる。ハシバミは聖樹であり、ドルイド僧が占い用の杖を作るのに使う木材だった。ケルト人たちは、地下水のありかを探知するためにハシバミを使っていた。マリー・ド・フランス作『スイカズラの短詩』によると、トリスタンは森でハシバミから杖を作り、それに伝言を刻みつけ、イズーを（魔術により）自分の方へ引きよせようとした。マリー・ド・フランス作『トネリコの短詩』では、「ハシバミ」と「トネリコ」は双子の姉妹である。ハシバミの実は民話において、結婚にかかわる重要な役割をもっている。

【書誌情報】 F. Le Roux et C. Guyonvarc'h, *Les Druides*, Ouest-France, Rennes, 1986, pp. 152-158. J. Courtès, *Le Conte populaire : poétique et mythologie*, P.U.F., Paris, 1986.

⇒スイカズラ、魔法の杖

パスリヨン　Passelion

『ペルスフォレ』第四の書から第六の書に登場するエストネ (Estonné) の息子で、ゼフィールが後ろ盾になる。父エストネはパスリヨンが生まれたとき、「信仰なきブリュイアン」(Bruiant sans Foi) により暗殺される。パスリヨンがエストネの復讐をするために石弓を手にして母の腹を引き裂いて生まれたことが原因となり、母は命を落とす。12歳で騎士に叙任されたパスリヨンは「信仰なきブリュイアン」を殺める。ゼフィールによってモルガーヌのもとへ連れていかれたパスリヨンは、従兄弟のベニュイック (Bénuic) とともにモルガーヌに育てられる（その見返りとしてゼフィールはモルガーヌにいくつかの魔法を教える)。その後パスリヨンはモルガネット (Morganette) と一夜をともにして彼女の母モルガーヌの怒りを買い、ゼフィールにとりなし役を頼んで助けてもらう。移り気で冗談好きなパスリヨンは、多くの女性と懇ろになる。そのためパスリヨンは（クローダス王、ル・モロルト、イズー、メルラン、ヴィヴィアーヌなど）アーサー王物語群を彩る重要な人物たちの祖先となっている。

【書誌情報】 F. d'Anjou, «Passelion, chevalier prodigieux du *Perceforest*» dans : H. Cazès éd., *Histoires d'enfants. Représentations et discours de l'enfance sous l'Ancien Régime*,

Presses de l'Université Laval, Québec, 2008, pp. 25-33.

⇒ゼフィール

機織り女たち Tisseuses

クレティアン・ド・トロワ作『イヴァンまたはライオンを連れた騎士』に登場する300人の乙女たち。「最悪の冒険の城」の領主に捕らえられ、ごくわずかな報酬と引き換えに機織りを強要されていた。このエピソードを（12世紀に資本主義が主導した工場制手工業を断罪するものとして）社会批評的に解釈すべきではない。中世ウェールズの物語『オワインの物語、あるいは泉の女伯爵』の中の『イヴァン』に対応する文脈と比較すれば、このエピソードのもつ神話的な意味があきらかになってくる。『オワイン』では、「黒い圧制者（ディー・トラウス）」（Du Traws）は美しいがみすぼらしい格好をした24人の女を城に幽閉していた。その夫たちは酒をふるまわれて酔っぱらい、「黒い圧制者」にひとり残らず殺されていた。オワインは「黒い圧制者」を力で圧倒し、女たちを解放する。囚われていた女の数が24人なのは、ギリシア神話のホーライ（Horai）と同じく「時間」を具現する存在だからである。「四季」の象徴でもあるホーライは、もともとは三者一組の姿をとっていたが、その後「12人姉妹」（1日の時間の巡りを司るホーライ）になった。同じ時間の象徴的意味が、『イヴァン』と『オワイン』のエピソードに認められる。『イヴァン』では、乙女たちが行った機織りが時の流れとのつながりを想起させる。『イヴァン』と『オワイン』ではいずれも、女たちの幽閉は時の停止を表わしている。太陽英雄であるイヴァン（オワイン）が時を再開させることで、宇宙的な秩序は回復するのである。

【書誌情報】Ph. Walter, «Moires et mémoires du réel chez Chrétien de Troyes. La complainte des tisseuses dans *Yvain.*» *Littérature*, 59, 1985, pp. 71-84 et «Le fil du temps et le temps des fées. De quelques figures du temps alternatif dans le folklore médiéval», dans : L. Couloubaritsis et J.-J. Wunenburger éd., *Les Figures du temps*, Presses Universitaires de Strasbourg, 1997, pp. 153-165. Ph. Jouet, *Dictionnaire de la mythologie et de la religion celtiques*, Yoran Embanner, Fouesnant, 2012, p. 1019.

⇒イヴァン

8月1日 Premier août

この日には、典型的な王の祭りであるケルトのルグナサド祭（Lugnasad）が行われた。この象徴的な日にアーサー王は夢で、熊とドラゴンが空中でくり広げる戦いを見る。この夢は、《熊》アーサーの力が勝利をおさめることを予告している。ケルトの伝承では、この時期には慣例でふたりの神話上の敵対者が対決することになっていた。ふたりの敵対者はたいていの場合キリスト教の聖人伝に移し替えられ、たとえば7月29日に祝日をもつ聖女マルト（Marthe，この名には「熊」をさすケルト語の語根「アルト（art-）」がふくまれている）と怪獣タラスク（Tarasque）の対決、あるいは8月16日に祝日を持つ聖アルメル（Armel、語源的には《熊の王》）と大蛇（ヴイーヴル）との対決という形をとっている。こうした対決が踏襲する「夏の土用」のお決まりのシナリオは、大地を干上がらせるドラゴン（あるいは縛める怪物）と、宇宙の秩序を回復する文化英雄との戦いを模倣したものである。クレティアン・ド・トロワ作『ライオンを連れた騎士』を彩るエピソードの大半は、この神話的な日付を中心に展開している。なかでも重要なエピソードがライオンと蛇（ドラゴン）の対決であり、蛇はライオンを締めつけて窒息させようとした［しかし主人公イヴァンがライオンを助け、蛇を倒す］。ルグナサド祭は語源から見ると、《ルグ（Lug）の結び目》の祭りとして定められていた。ここでの「結び目」はただたんに結婚の絆だけでなく、あらゆる形態の職人技にも関連している。大工から靴屋にいたる職人たちが見せる組立て、縫製、建設という作業に、「結ぶ」という行為が認められるからである（ルグはこうしたすべての職業の守護神である）。ルグナサド祭は、魔法の結び目を称える日でもある。キリスト教によっておとしめられ怪物になり下がってしまった縛める神は、この日に己の力を見せつける。そのためルグナサド祭には、相手を縛りつけたり、縛めを解いたりすることができた。ルグナサド祭にそなわる異教的な意味は、キリスト教では聖ペテロ鎖の記念日（8月1日）に受けつがれた。「ルグナサド」の「ナサド」（nasad）は、ラテン語「ネクトー」（necto、《巻きつける、縛る、つなぎあわせる、結びつける》、その目的分詞・対格は「ネクスム（nexum）」、不定法現在は「ネクテレ（nectere）」）、サンスクリット語「ナフヤティ」（nahyati、《彼は結びつける》）、アイルランド語「ナズム」（naidm、《結びつけたり縛ったりする行為、契約、保証》）、さらには古高ドイツ語「ネシュティロ」（nestilo、《結び目》）に対応している。比喩的な意味でとらえれば、結び目はこのように社会的な契約と同一視できるものであり、そのためルグナサド祭は政治的な祭りでもあったのである。

【書誌情報】A. Ernout et A. Meillet, *Dictionnaire étymologique de la langue latine*, Klincksieck, Paris, 1967, p. 435 (necto). N. Stalmans, *Les Affrontements des calendes d'été dans les légendes celtiques*, Société belge d'études celtiques, Bruxelles, 1995. C. Guyonvarc'h et F. Le Roux, *Les Fêtes celtiques*, Ouest-France, Rennes, 1995, pp. 113-163. V. Guibert de la Vaissière, *Les Quatre Fêtes d'ouverture de saison de l'Irlande ancienne*, Armeline, Crozon, 2003, pp. 353-579. Ph. Walter, «Le rêve arthurien du 1er août chez Geoffroy de Monmouth et Wace», *Randgänge der Mediävistik* (Berne), 2, 2013, pp. 29-51.

⇒**荒れ地、ギジュマール、白い雌鹿、ドラゴン、不思議な帯革の剣、魔法の指輪、ライオン**

バッサス　Bassas

ネンニウスが編纂した『ブリトン人史』によると、6番目にアーサー対サクソン軍の神話的な戦闘が行われた場所。この地名は解釈が難しく、実際の地理からは説明できない。ジョゼフ・ヴァンドリエスの『古アイルランド語語源事典』（B 22）によると、バッサスは《赤》という意味であり、《濃い緋色》をさす古英語「バズ」（basu）や「バゾ」（baso）、《赤い果物や漿果》をさすドイツ語「ベーレ」（Beere）と比較する必要がある。また、アイルランド語の「バス」（bas）や「ベス」（beth）は《死》も指す。『ブリトン人史』に書かれた戦いの文脈からこの地名を説明することは可能なのだろうか？　つまり、この戦いで亡くなった男たちの血で川が赤く染まったということである。A・カルノワによると、「バス」（bas）という語根は前インド＝ヨーロッパ語起源で「輝き」をさし、インド

＝ヨーロッパ語にも残されている。代表的な例として、パンノニアのバスントゥス（Basuntus)、ブルッティウム［現イタリア・カラブリア州］のバセントゥス（Basentus)、ドイツのバズィンバハ（Basinbach）などの河川名がある。

【書誌情報】A. Carnoy, *Dictionnaire étymologique du proto-indo-européen*, Publications universitaires de Louvain, 1955, pp. 94-95.

⇒**アグネード、カーリオン、グウィニオン、グレイン、ケリドン、ドゥブグラス、トリブルイト、バドニス**

バドニクス（山） Badonicus（Mons）

⇒**バドニス（山）**

バドニス（山） Badonis（Mons）

この山の英語名はベイドン、フランス語名はバドン（Badon)。ギルダス作『ブリタニアの破壊と征服』によるとバドニクス山（Mons Badonicus)。ネンニウスが編纂した『ブリトン人史』によると、12番目にして最後のアーサー対サクソン軍の神話的な戦闘が行われた場所。研究者たちは『ブリトン人史』とほかの文献（なかでもウェールズの年代記）とのあいだに矛盾があることを強く主張してきた。この矛盾のせいで、バドニスでの戦いが《史実に基づく》ものだと考えることはできなくなるためである。

ベイドン山の戦い（15世紀の絵画）

〈場所の特定〉 ジェフリー・オヴ・モンマス作『ブリタニア列王史』によると、バドニスはバース（Bath)（サマセット州）の古名であるという。サクソン人はこの町を「バーゾン」(Baþonおよび Baðon)、バーザンチェアステル（Baðanceaster）とよんでいた。『ブリトン人史』第67章には、フイッチ（Huich)（フウィッチェ Hwicce）地方の《バドニスの温泉が位置する》「熱い湖」への言及がある。バースは温泉地として、ローマ＝ブリテン時代（1世紀）から有名だった。この町からは、太陽の仮面を象った石碑が発掘されている。バースのローマ名アクアエ・スリス（Aquae Sulis）によって、この町に太陽（アポロン）信仰が定着していたことが証明されている。よく知られているように、アポロンは医術と占術の守護神であったため、同じ役割をになっていたケルトの神にとって代わったに違いない。

フランソワーズ・ルルーは、スリス（Sulis）という名前が刻まれた碑文のほとんどすべてが、ブリテン島で見つかっていることをあきらかにした。ヴァース作『ブリュット物語』によれば、バース［古フランス語では「バード（Bade)」］はユルジャン（Urgent）伯の町である（この伯爵の名前には複数の別名があり、その中にはトリスタン物語群に登場する「毛むくじゃらのユルガン（Urgan le Velu)」がふくまれている)。

〈終末論的神話〉『ブリトン人史』によれば、アーサーはバドニス山で、960人のサクソン人を1日で殺めた。この聖なる数は、ゲルマン神話の楽園ヴァルハラに住む戦士団を想起させるものである（古アイスランド語で書かれた歌謡集

「古エッダ」の1編『グリームニルの歌』によると、ヴァルハラは神々の12番目の住処である)。ヴァルハラの戦士たちは日常的に戦っている。彼らの呼称エインヘリャル(einherjar)は、《単独で戦う人たち》という意味である。ゲルマン的な数え方で「約100」が120という軍の単位に等しいことを考慮に入れれば、『グリームニルの歌』があげている戦士の数も960人ということになる。なぜなら約100人の8倍の選ばれた勇士たち(エインヘリャル)は、実際には(古代スカンディナヴィアの大きな単位)120人の8倍、つまり960人に相当するからである。彼ら戦士たちはそれぞれの扉から出撃していく。『ブリトン人史』はアーサーが殺めた敵兵の数960を最後に記すことで、彼が挑んだ(12番目の)最後の戦いに同じ終末論的な意味を与えている。『グリームニルの歌』と同じく、バドニスの戦いは世界終末の戦いである。この戦いによって戦士としてのアーサーの宿命が完結し、時のサイクルが閉じられるのである。

〈戦いの支配権〉 タキトゥスが『歴史』(巻4、73)でふれているバドゥヘンナ(Baduhenna)の森とよばれる聖林と、『ブリトン人史』が伝えるバドニスとの関連については、これまでだれも注目してこなかった。タキトゥス作『歴史』の校訂をおこなった現代の研究者たちの間でも謎のままである。実際には、「バドニス」(Badonis)と同じ語族に属し、語頭の「バドゥ(Badu-)」に対応するゲルマン語は複数存在する。たとえば古アイスランド語「ベズ」(böð)、古英語「ベアドゥ(beadu)」、古サクソン語「バドゥ(badu)」、古高ドイツ語「バトゥ(batu)」(最後のふたつは、人名としても使われている)などがある。これらの単語はいずれも、《戦い》を意味している。ユリウス・ポコルニーは、「ボドゥオ」(boduo)および「バドゥオ」(baduo)というケルト=ゲルマン語の語幹を想定している。ケルト語「ボドヴ」(bodb)がさすのは、戦いの支配権を象徴する鳥ハシボソガラスにほかならない。一方で、クリスティアン・ギュイヨンヴァルフによると、よく似たケルト語が消失したため、ゲルマン語がもっていた(《戦い》という)古い意味が(《ハシボソガラス》という)メタファーにおき換えられたと推察する必要があるという。こうしたことから、タキトゥスが名をあげたのはおそらくゲルマン人の土着の神であり、ケルト人たちが称えた戦いの至高女神(ボドヴ)と無関係ではないと思われる。戦いが聖なる森でおこなわれたことと、さらに戦死したローマ兵の数がタキトゥスによると900人だったことから、戦いの支配権をめぐる終末論的な神話が存在したという説が裏づけられている。タキトゥスがあげている[守備兵たちが戦死した場所]クルプトリックス(Cruptorix)というガリア名もまた、タキトゥスが実際にケルト神話のひとつを書き写したことを推測させるものである。結論としていえるのは、「ボドゥオ」(boduo)および「バドゥオ」(baduo)という同じ語幹は、ケルトとゲルマンの双方の文化圏で、バドニス(《戦い》)の名を説明するのに役立つということである。つまり12番目の(最後の)戦いは、(定義上「戦いの山」を指す)バドニス山でおきたと考えられる。クレティアン・ド・トロワ作『荷車の騎士』によると、バードマギュ(ボードマギュ)王が支配するゴール王国の主都は、[バドニスBadonis=バースBathに対応する]バード(Bade)である。

アクアエ・スリス（バース）で出土した、太陽の頭部を象ったローマ＝ブリテン期の石碑

【書誌情報】R. Bromwich et *alii, The Arthur of the Welsh*, University of Wales Press, Cardiff, 1991, pp. 2, 13-14, 22, 25-27. F. Le Roux, «Notes d'histoire des religions. 55. Brigitte et Minerve», *Ogam*, 22-25, 1970-1973, pp. 227-228. Tacite, *Annales. Livres IV-VI*, éd. et trad. de P. Wuilleumier et H. Le Bonniec, Les Belles Lettres, Paris, 1990, p. 68 (livre IV, chap. 68)［タキトゥス（国原吉之助訳）『年代記（上）』岩波文庫、1981年、p. 314］. F. Le Roux et C. Guyonvarc'h, *Morrigan, Bodb, Macha. La souveraineté guerrière de l'Irlande*, Ogam-Celticum, Rennes, 1983, pp. 102-111. A. Gautier, *Arthur*, Ellipses, Paris, 2007, pp. 175-201.

⇒アグネード、カーリオン、ケリドン、グウィニオン、グレイン、ドゥブグラス、トリブルイト、バッサス

パプゴー　Papegaut

『パプゴーを連れた騎士』（または『パプゴーの物語』）に登場する、人語を話す魔法の鳥。オウムと混同されることが多いが、おそらくはカケスをさしている。「カケス」（現代フランス語では「ジェ（geai）」）は、中世フランス語では「ゴー」（gault）とよばれていたからである。「ゴー」（gault）は、「パプゴー」（papegaut）という語の第三音節にあたる「ゴー」（gaut）の語源である（語頭にある「パプ（pape-）」はラテン語で《父》をさす愛称「パッパ（pappa）」に由来し、この鳥が擬人化されていることを特に強調している）。古代からカケスは、おしゃべりな鳥として有名である。カケス（カシドリ）についてヒルデガルド・フォン・ビンゲン［1098～1179年、ドイツの神秘家］が記しているところによると、この鳥は目にした動きをすべて模倣し、出会った人に人語で挨拶したという。13世紀以降、カケスは「マルクー」（marcou）とよばれたが、これは妖術師をさす民衆語である。アーサー王が手にする「パプゴー」はみずから、メルランのもつ知恵と記憶の継承者だと述べている（メルランは鳥の性質をそなえているからこそ、時折「エプリュモワール」（羽毛の抜け変わる場所）へと逃げこむのである）。パプゴーは物語中におきる冒険を解説し、アーサー王が信頼をよせる友になる。小人が世話をしていたパプゴーはそもそも、毎年決まった季節におこなわれた慣例競技の褒賞として、戦いを制した騎士に与えられることになっていた。その騎士は自分の恋人が最も美しい女性であることを証明するために、戦いで自分が最強の騎士だと示したのである。この儀礼は、クレティアン・ド・トロワ作『エレックとエニッド』で描かれる、ハイタカの祭りを想起させる。1443年以降、決まった季節におこなわれる競技や祭りで毎年「パプゴーの王」を選ぶ慣例が生まれた。弓矢をもちいて的に使われた（パプゴーとよばれる）鳥を撃ち落とし、最も腕の良かった者が王に選ばれ、1年間その座についた。アーサーは聖霊降臨祭にパプゴーの試練を制したため、彼の冒険は（この鳥とともに）次の聖霊降臨祭までつづくことになった。

【書誌情報】F. Godefroy, *Dictionnaire de l'ancienne langue française*, Vieweg, Paris, 1881, t. 5, p. 727. P. Victorin, «Un nain et un papegau : des muances de Merlin au XVe siècle dans *Ysaïe le Triste* et le *Chevalier au Papegau* ?», *L'Esplumoir*, 1, 2002, pp. 41-55. Ph. Walter, *Limba pasarilor* (Le langage des oiseaux), Editura Dacia, Cluj-Napoca, 2007 (en roumain).

⇒**エプリュモワール**

パプゴーを連れた騎士
Chevalier au Papegaut

『パプゴーの物語』で「無慈悲なリヨン」（Lion sans Merci）との一騎討ちを制した後に、アーサー王が手にした称号。アーサーに授けられたパプゴー（人語を話す魔法の鳥）は、冒険に挑むアーサーに同行する。15世紀に書かれたこの作品はアーサー王物語としては後期の部類に属し、（ヴァース作『ブリュット物語』や散文によるその翻案作品『アーサー王の最初の武勲』と同様に）主役のアーサーがことごとく偉業を成し遂げる珍しい作品のひとつである。慣例で「幼少年期」とよばれる物語に相当するかもしれないが、アーサーはすでに王として戴冠しており、実際にはもはや初陣ではなかった。実のところ、この作品はアーサーの幼少年期を大げさに仕立てあげたものである。

【書誌情報】M. Malfait-Dohet «La fonction épique d'Arthur dans le *Chevalier au Papegau*, voyage pseudo-initiatique du Moyen Âge finissant», *Ollodagos*, 5, 1993, pp. 183-226. D. Régnier-Bohler, «Arthur en enfances. *Le Chevalier au Papegau*», *PRISMA*, 13, 1997, pp. 91-106.

【邦語文献】 渡邉浩司「中世後期のアーサー王神話―『パプゴーの物語』をめぐって」篠田知和基編『文化英雄その他』比較神話学研究組織GRMC、2017年12月、pp. 125-134。

⇒**アーサー**

馬銜（はみ） Mors

『馬銜のない雌ラバ』で、アーサー王宮廷にやってきた乙女の依頼に応えて、ゴーヴァンはこの馬具の探索に向かう。このモチーフは決してパロディーではなく、重要な神話的意味をあきらかにしてくれる。すなわちケルト人の物質文化においてとくに重要な位置を占めていた、金属製品にかかわる意味である。馬の口にくわえさせる馬銜は馬の制御を可能にしてくれる道具であり、このように馬を手懐けることが表わす隠喩的な意味を理解する必要がある。古代ギリシアでは、馬銜は婚姻儀礼と結びついていた（ケルト世界でも同じだったはずである）。隠喩として理解するならば、馬銜を使って馬を手懐けることは、パートナーとなる女性を性的に支配することに等しい。

【書誌情報】M. Détienne et J.-P. Vernant, *Les Ruses de l'intelligence. La mètis des Grecs*, Flammarion, Paris, 1974, pp. 178-202. Ph. Walter, *Gauvain, le Chevalier solaire*, Imago, Paris, 2013.

【邦語文献】 渡邉浩司「『馬銜のない牝騾馬』と民話の国際話型AT325」中央大学『人文研紀要』第53号、2005年、pp. 177-198。

⇒**馬**

バヤール　Bayart

類まれな馬の名。作者不詳『ドーンの短詩』に登場する主人公ドーンの愛馬。バヤールはドーンを乗せて、たった1日でサザンプトン（イングランド南部）からエディンバラ（スコットランド）まで走り抜ける。バヤールに課されたふたつ目の試練は、1日でハクチョウが飛ぶよりも速く走破するというものだった。慣例では、鹿毛色（《赤褐色》）（ラテン語では「バディウス（badius）」）によってバヤールの名を説明することができる。『エーモンの4人息子の歌』（*Chanson des quatre fils Aymon*）には、別のバヤールという馬が登場する。ヒンドゥー神話に出てくる空飛ぶ馬は、バラハ（Balaha）という名である。

【書誌情報】 H. Dontenville, *Mythologie française*, Payot, Paris, 1948, pp. 154-177. M. Piron, «Le Cheval Bayart, monture des quatre fils Aymon et son origine dans la tradition manuscrite», *Romanica Gandensia*, 18, 1981, pp. 153-170. M. A. Wagner, *Dictionnaire mythologique et historique du cheval*, Le Rocher, Monaco, 2006, pp. 33-35.

【邦語文献】 渡邉浩司「『馬銜のない牝騾馬』における「永遠の独身」ゴーヴァン」『日本フランス語フランス文学会関東支部論集』第9号、2000年、pp. 1-10；「バヤール馬」『フランス民話集IV』中央大学出版部、2015年、pp. 315-316。

⇒馬、ドーン

バラアン　Balaan

英語名ベイラン（Balan）。後期流布本系『続メルラン物語』に登場するバラエン（Balaain）（英語名ベイリンBalin）の兄弟。「野人ドディネル」の祖型でもあるバラアンは、バラン（Balan）の名で出てくることもある。アーサー王に仕える騎士となるが、兄弟バラエンとの戦いで落命する。中英語で書かれた物語『アーサーとマーリン』によると、ベイリン（Balyn）の兄弟であるベイラン（Balan）は、ウルフィン（Ulfin）が殺害する巨人と同名である（『続メルラン物語』によると、ユルファン（Ulfin）が殺害するのはバランク（Balanc）という名のサクソン人である）。バラン（Balant）は、複数の武勲詩にくり返かえし登場するサラセン人の名前である。

【書誌情報】 A. Moisan, *Répertoire des noms propres de personnes et de lieux cités dans les chansons de geste françaises*, t. 2, vol. 3, Droz, Genève, 1986, p. 135.

⇒バラエン

バラエン　Balaain

英語名ベイリン（Balin）。後期流布本系『続メルラン物語』に登場する騎士。「野人バラエン（またはバランBalin）」や《双剣の騎士》ともよばれる。バラアン（Balaan）（英語名ベイランBalan）という名の兄弟がおり、アーサー王に仕えていた。「アヴァロンの貴婦人」に仕える侍女が運んできた剣の留め具を外すことができたのは、アーサーの騎士ではバラエンだけだった（つまりバラエンには、『双剣の騎士』の主人公メリヤドックと同じく、縛られていたものを解く力がそなわっている）。バラエンのもつ2本の剣は、神話に見られるような双子の特性だと考えられる（その証拠にバラエンとバラアンの名はほぼ同じで対になっている）。バラエンはロンギヌスの槍を使ってペルアン王に斬りつける。つまりバラエン本人が食らわせた「苦しみの一撃」のせいで、ブリテン島全体が荒廃してしまう。バラエンとバラアンはたがいに相手の身許を知らぬまま戦い、どちらも致命傷を負う。バラエンの名は、ガリアでのアポロン（Apollon）の異名ベレノス（Belenos、《輝く者》の意）に似ている。アンリ・ドンタンヴィルは地名の調査によって、このベレノス（*Belenos）という語根の派生形が広範に流布したことをあきらかにした。バラエンとバラアンは、その名前の類似により、（ダニエル・グリクールとドミニク・オラールが指摘した）《ケルトのディオスクロイ》神話、あるいは（フィリップ・ヴァルテールが指摘した）《ルゴウェス》（Lugoves）をそのまま踏襲した神話の記憶の中に刻まれている。「ルゴウェス」とは、ルグ（Lug）の双子または３つ子の兄弟のことである。シケリアのディオドロスが『神代地誌』第四巻56で伝えているところによると、「大洋沿岸に住むケルト人は、とりわけディオスクロイ両神を崇拝する民族であり、古来の伝承としてこの両神が大洋から出現したと主張している。また大洋沿岸地帯では、アルゴナウタイ一行やディオスクロイ両神にちなんだ名称がある地域がかなりの数存在している。」

【書誌情報】 D. C. Fowler, «The quest of Balin and the mark of Caïn», *Arthurian Interpretations*, 15-2, 1984, pp. 70-74. H. Dontenville, *Mythologie française*, Payot, Paris, 1973, pp. 101-111. D. Gricourt et D. Hollard, *Les Saints jumeaux héritiers de Dioscures celtes. Lugle et Luglien et autres frères apparentés*, Société belge d'études celtiques, 2005. Ph. Walter, «Le dieu celte Lug, le soleil et les cordonniers», dans: *Mythes, Symboles, Langues 3*, Rakuro, Nagoya, 2010, pp. 13-27.

⇒苦しみの一撃、バラアン、ペルアン、メリヤドック

パラメッド　Palamède

もともとはサラセン人騎士。バビロン王エスクラボール（Esclabor）の息子で、「見知らぬ者（メコニュ Méconnu）」という異名でよばれた。パラメッドの紋章に、彼が追跡していた「吠えたてる獣」が描かれることもあった。『散文トリスタン物語』によると、イズーに恋心を抱いていたパラメッドは、トリスタンから深い恨みをかった。洗礼を受けたパラメッドは、「円卓」の騎士になる。ランスロとの戦いで重傷を負ったパラメッドは、ゴーヴァンとの対戦で落命する。『散文トリスタン物語』および『ギロン・ル・クルトワ』によると、パラメッドがもっていた市松模様の楯は、チェス盤や格子縞（チェック）を思わせるものだった。パラメッドの名は、ホメロスの叙事詩に出てくる英雄パラメデス（Palamedes）の名でもある。パラメデスは中世期に、（チェッカーを始めとした）数多くのゲームの発明者と考えられていた。パラメ

３つの王冠が描かれた楯をもつアーサーと一騎討ちをおこなう、市松模様の楯をもつパラメッド

ッドの名は興味深い文化の指標であり、13世紀初頭のアーサー王世界に（とりわけラテン作家を介して知られていた）古代文学が浸透していたことを示している。紋章が示すとおりゲーム好きの騎士だったパラメッドだが、実は敗戦つづきだった。彼が冒険で味わったのは、いつも挫折と失望だけだったのである。

【書誌情報】E. Baumgartner, Le «Tristan en prose». *Essai d'interprétation d'un roman médiéval*, Droz, Genève, 1975, pp. 246-252. M. Pastoureau, «Héraldique arthurienne et civilisation médiévale. Notes sur les armoiries de Bohort et Palamède», *Revue française d'héraldique et de sigillographie*, 32, 1980, pp. 23-30.

バラントン　Barenton

クレティアン・ド・トロワ作『イヴァンまたはライオンを連れた騎士』やほかの複数の作品に登場する、雷雨を招く泉。泉の縁にある（エメラルドの大きな塊でできた）石板に水をかけると、凄まじい

バラントンの泉

（『イヴァン』の写本挿絵）イヴァンが、松の木にかかっていた金のたらいで水を汲み、それを石段にぶちまけると雷雨になる。その後、泉の番人である「赤毛のエスクラドス」とイヴァンが戦う。

バラントンの泉

（フランス・ブルターニュ地方）

雷雨がおきた。この泉を（「赤毛の」エクスラドスという名の）ひとりの騎士が守っていた。ここはケルト人たちが「異界」が位置すると考えた場所のひとつであり、妖精ローディーヌの住処だった。クレティアンはこの泉を（地理上の情報をほかには何も記さずに）《ブロセリヤンドの森》に位置するとしているが、複数の文献は同じ泉がブリテン島にあるとしている。この魔法の泉については、クレティアン以前にはヴァースが1160年に著した『ルー物語』（*Roman de Rou*）の中で言及している。1180年にはギラルドゥス・カンブレンシスが泉の場所をアルモリカ（フランスのブルターニュ地方）に位置づけており、ヴァンサン・ド・ボーヴェ（Vincent de Beauvais）も13世紀に同じ見解を示している。これらに対し、泉との関連でブロセリヤンドの名が現れるのは、ギヨーム・ル・ブルトン（Guillaume le Breton）が1214年から1219年頃に書いた詩においてである。ギヨームはフィリップ・オーギュスト〔フランス・カペー朝第七代の王〕

をたたえるために『フィリピッド』（*Philippide*）を著したが、その第六の書でアルモリカにあるブロセリヤンドの泉の驚くべき奇跡について記している。（クレティアン・ド・トロワを含む）複数の著作家がバラントンの名をあげているが、正確な位置を直接知っていたわけではないと思われる。しかしながら（バラントンやそのほかの場所にある）しかじかの泉の周辺に強く根づいた儀礼については、多くの証言が残されている。ブロセリヤンド以外のさまざまな泉でも同一の特徴がくりかえし認められることから、こうした伝承にとりわけ神話的な性格がそなわっていたと考えられる。バラントンは沸騰する水を湛えた泉である。こうした特性を泉の名前が示唆しており、バラントン（Barenton）の名はインド＝ヨーロッパ語の語根bher-（《発酵する、泡立つ》）と関連している。この語根はラテン語「フェルウェーレ」（fervere、《沸騰する》）、ドイツ語「ブルネン」（Brunnen、《泉》）、アイルランド語「ベルバム」（berbaim、《私は煮えたぎる》）といった語のもとになっている。現代の見方では沸騰したように見える水は炭酸ガスをふくんでいるにすぎないが、昔はこうした泉には神が宿っていると信じられていた（「水中の火」という神話的なテーマ）。こうした神には問いかけをすることが許されていた。泉の中にわずかなお金を投げ入れると、その神がお告げを出してくれた。また、《雷雨を招く泉》は、神託をもたらす泉であることが多い。『聖ブランダンの航海』（*Navigation de saint Brendan*）に登場するアイルランドの隠者バリント（Barint）の名は、バラントンの名に近い。バリントの名はバイリュン（Bairrfhionn）またはフュンヴァル（Fionnbharr、《白い頭》）に由来し、海上の泡立つ波を暗示している。こうしたことから、バリントはアイルランドの神マナナーン・マク・リル（Manannán mac Lir）を想起させる。海の「異界」の神マナナーンは、《大洋の息子（マク・リル）》である。

【書誌情報】 F. Bellamy, *La Forêt de Bréchéliant, quelques lieux d'alentour, les principaux personnages qui s'y rapportent,* Librairie Guénégaud, Paris, 1895 (réédition : 1979). C. Connochie-Bourgne, «La fontaine de Barenton dans l'*Image du monde* de Gossuin de Metz» dans : *Mélanges Foulon*, Rennes, 1981, t. 1, pp. 37-48. Ph. Walter, *Canicule. Essai de mythologie sur* Yvain *de Chrétien de Troyes*, SEDES, Paris, 1988.

【邦語文献】 渡邉浩司「クレチアン・ド・トロワ『イヴァン』にみる神話的主題—「バラントン神話」をめぐって」『フランス語フランス文学研究plume』第3号、1999年、pp. 22-33。

⇒イヴァン、エスクラドス、カログルナン、ブロセリヤンド、ローディーヌ

バルウアイ　Balbhuaidh

アイルランドのアーサー王物語『マドラ・ムイル（耳を切られた犬）の冒険』（*Eachtra an Mhadra Mhaoil*）に登場するスカンディナヴィア上王の息子。アーサー（アルトゥル）王に仕える若き騎士。「ランタンの騎士」によって臣下ともども捕縛されてしまったアーサーは、バルウアイを騎士に叙任し、全員が喉の渇きを癒せるよう水を汲みに行かせる。「美徳の泉」にやってきたバルウアイは、耳と尻尾のない灰色の犬に出会う。バルウアイはこの犬を連れて「ランタンの騎士」を探す旅に出かけ、騎士を討伐しようと考える。長い旅の果てにバルウアイは「ランタンの騎士」を捕まえ、みずからは最後にスカンディナヴィア（ロホラン）王となる。『インドの本』が語るところでは、バルウアイはアーサー王の死後、「赤い館」の城砦の主になる。先行研究によると、バルウアイはガラアドかゴーヴァンに対応する人物の可能性がある。

【書誌情報】J. -F. Nagy, «Arthur and the Irish», dans : H. Fulton, *A companion to Arthurian literature,* Blackwell, 2012, pp. 117-127.

⇒犬、ランタンの騎士

パルチヴァール　Parzivâl

ヴォルフラム・フォン・エッシェンバハ（1170年頃に生まれ、1220年頃に死去）が中高ドイツ語で著した物語『パルチヴァール』の主人公。クレティアン・ド・トロワ作『グラアルの物語』の主人公ペルスヴァルが漁夫王の怪我を癒せないのに対し、ガハムレトがヘルツェロイデ（Herzeloyde、《苦しむ心》）とのあいだにもうけた息子パルチヴァールは（漁夫王に相当する）アンフォルタスの怪我を癒し、みずからが「グラール」（Grâl、聖石）の王になる。さらにパルチヴァールは、クラーミデー（Clâmidê）の攻撃から救出したペルラペイレ（Pelrapeire）の女王コンドヴィーラームールス（Condwîrâmûrs）と結婚する（『グラアルの物語』のペルスヴァルは、クラマドゥーの攻撃から助けたボールペールの女城主ブランシュフルールと結婚しない）。パルチヴァールの物語は大筋で、クレティアンが描いたペルスヴァルの物語を踏襲している。ただしパルチヴァールは、不具王アンフォルタスの城を二度目に訪ねたとき、王の怪我を癒している。クレティアンの描くペルスヴァルが定まらない運命に翻弄された人物であるのに対し、ヴォルフラムの描くパルチヴァールは成功をおさめる主人公の典型である。『パルチヴァール』を基盤とする文学および政治上のユートピアは、登場人物たちが13世紀初頭の名門貴族と暗に結びつけられていることからあきらかである。

フェイレフィース（中央）と一騎討ちをおこなうパルチヴァール（左）

【書誌情報】J. Bumke, *Wolfram von Eschenbach*, Metzler, Stuttgart, 1991 (plusieurs rééditions).

【邦語文献】　馬場勝弥「『パルチヴァール』ノート（3）―アルトゥース・ロマンと『パルチヴァール』」名古屋大学教養部『紀要（外国語・外国文学）』第21号、1977年、pp. 183-195；小栗友一「『ペルスヴァル』と『パルチヴァール』―主人公の少年時代は両作品においてどのように描かれているか」『フランス中世宮廷騎士道物語のドイツにおける受容と翻案』（平成元年度科学研究費補助金（一般研究（B））研究成果報告書）、1990年、pp. 38-44；古沢ゆう子「パルチヴァールの悲劇的あやまち―『ピロクテーテス』におけるネオプトレモスとの比較」『ヨーロッパ精神とドイツ―出会いと変容』郁文堂、1992年、pp. 1-19。

⇒アンフォルタス、ガハムレト、トレフリツェント、ペルスヴァル

パルティニヤル　Partinial

マネシエ作『ペルスヴァル第三続編』

に登場する人物。「赤い塔」(Tour Rouge) の領主、エピノーグルの甥。パルティニヤルがゴオンデゼールを殺めたとき、振り下ろした剣が砕けた。残された剣の破片は、「聖杯(グラアル)」の典礼を終わらせることになる儀礼で、ペルスヴァルがつなぎあわせる運命となっていた。このエピソードは、「グラアル」の行列を構成するオブジェ(「剣」、「槍」「グラアル」、「肉切台」)が主題となっていた初期の物語において、金属の神話が重要だったことを示唆している。ペルスヴァルは一騎討ちでパルティニヤルを殺め、刎ねた首と相手の楯を「聖杯」城へもち帰る。パルティニヤルの名には、《赤い色》をさすゲール語の語根「パルタング」(partaing) がふくまれている。そのため、アーサー王物語に数多く出てくる《赤い》騎士と大差はない。またパルティニヤルの名には《熊》をさすケルト語の語根「アルト」(art) もふくまれている。

【書誌情報】J. Vendryès, *Lexique étymologique de l'irlandais ancien*, Presses du CNRS, Paris, 1959, P-4 (partaing).

⇒**折れた剣**

バン(ベノイック王) Ban de Bénoïc

散文「聖杯物語群」に登場するランスロの父。妻はエレーヌ。バンにはエクトール・デ・マレ (Hector des Marais) という名の私生児の息子もいる。バン王が治めるベノイック国は、ベリー地方に隣接している。ゴーヌ国のボオール王は兄弟にあたる。隣国のクローダス王から攻撃されて戦いに敗れたバンは、妻と生まれたばかりのランスロとともに逃亡を余儀なくされる。最後の砦だったトレーブ (Trèbe) の城市が焼け落ちるのを目のあたりにしたバンは、悲しみのうちに

バン王とエレーヌ王妃(左端)、ボオール王(右端)とエヴェーヌ王妃

息絶える。近習からの知らせを受けた妻エレーヌが亡きバンの許へ駆けつけているあいだにランスロが「湖の貴婦人」にさらわれたため、バンは同時に息子も失ったことになる。バンの剣はクールシューズ (Courechouse、《激怒した》) という名前だった。封建社会では「バン」(ban) という言葉は、領主が家臣に対してもつ(軍事上および法律上の)命令権をさした(バン王が国を失ったため、息子ランスロは国を追われた者となった)。アイルランド語「バン」(ban) は、《白い、光輝く、純粋な》をさす。バン王の名を祝福されたブラーン (Brân)(ベンディゲイドヴラーン、つまり「祝福されたブラーン」)の名と関連づける説もある。トマス・マロリーによると、王国の名ベノイック(ベンウィック)は、バイヨンヌ (Bayonne) やボーヌ (Beaune) ともよばれていたという。しかしながらベノイックの名は、フランス語の固有名「ブノワ」(Benoït) の語源にあたるラテン語「ベネディクトゥム」(benedictum、「祝福」) に由来する可能性が高い。

【書誌情報】J. Vendryès, *Lexique étymologique*

de l'irlandais ancien, Presses du CNRS, Paris, 1959, B-13.

【邦語文献】 渡邉浩司「新旧の主君へ尽くすべき忠節―『ランスロ本伝』の描く騎士ファリアン像」『英雄詩とは何か』中央大学出版部、2011年、pp. 209-236。

⇒エレーヌ（2)、ボオール、ランスロ、リヨネル

バンシー　Banshee

⇒貴婦人、妖精

ハンセン病　Lèpre

中世期に人々から恐れられていた病気。ハンセン病には（特に聖書と関連した）象徴的意味がこめられており、呪われたり罪を犯したりすることでこの病にかかると考えられていた。多くの文献に記されているように、ハンセン病は偽医学的な一連の信仰全体の中核を占めていた。当時、ハンセン病は性病とみなされていたのである。子供がハンセン病患者（あるいは赤毛）として生まれた場合、その母は必ず生理中に身ごもったと考えられた。ハンセン病は性交渉によって感染するとされたため、女性は自分がハンセン病にかかっていなくとも、他人に感染させる可能性があると思われていた（ベルール作『トリスタン物語』にこうした信仰が見つかる）。程度の差はあれ、こうした迷信の起源は性的な罪にあり、ハンセン病は体に現れた罪のしるしや道徳的な過ちへの報いとされた。ハンセン病は、危険で不浄なものとみなされた経血と関連づけられていた。こうしたことから、ハンセン病患者は、生理中に母の胎内に宿ったと考えられたのである。さらに生理中の女性は蛇のように有毒だと信じられていた。つまり生理中の女性は潜在的にハンセン病患者だとされていたのである。こうした女性は蛇の姿をとり、体を清めるために水浴している姿で描かれた。これは妖精が見せる（悪魔のような）顔のひとつであり、不浄で恐るべき動物性を示す顔である。そのためハンセン病の存在は、なんらかの兆しの役割を果たすことが多い。ハンセン病は混成体の姿をした不可思議な動物のもつ性質を表わしている。これは性的に穢れた貴婦人の姿をとる妖精メリュジーヌ（Mélusine）を想起させる。女性が性交渉の最中に、男性に病を感染させる可能性があると考えられていた。ベルール作『トリスタン物語』では、イズーはハンセン病患者たちから「ギーヴル」(guivre)（「ヴイーヴル」を指す古フランス語）とよばれている。ハンセン病は肌を蝕むため、蛇女は必然的にハンセン病患者である。ヘブライ語「サール（sar)」は、「うろこ」と「ハンセン病」の両方をさす。こうした迷信から、なぜハンセン病患者が治癒を望んで、若い処女や子供たちの汚れなき血を体に塗る必要に迫られたのかが分かる。性行為とは無縁の汚れなき血には、ハンセン病を治す力があると考えられたのである。ハンセン病のモチーフは、ロベール・ド・ボロン作『聖杯由来の物語』に登場する皇帝ウェスパシアヌスだけでなく、（『聖杯の探索』をはじめとする）さまざまな作品、なかでもオック語による物語『ジョフレ』にも見つかる。また、ハンセン病は吸血鬼神話にも姿を見せている。

【書誌情報】 A.Micha, «La légende de l'empereur malade», dans: *Mélanges J. Lods*, Presses de l'ENS, 1978, pp. 433-446. F. Bériac, *Histoire des lépreux au Moyen Âge*, Imago, Paris, 1988. D. Jacquart et C. Thomasset, *Sexualité et Savoir médical au Moyen Âge*, P.U.F., Paris, 1985. Sur le vampirisme : J. Marigny, *Le Vampire dans la littérature anglo-saxonne*, ANRT, Lille, 1985, t.1, pp. 17-60. Du même auteur : *La Fascination des vampires,* Klincksieck, Paris, 2009.

【邦語文献】 天沢退二郎「《宮沢賢治》と《アーサー王・聖杯》補足―自己犠牲の問題」『明治学院論叢』第561号、1995年、pp. 1-11；渡邉浩司「病を癒すゴーヴァンの血（『ランスロ本伝』「ガリア辺境」687～697節）」中央大学『仏語仏文学研究』第48号、2016年、pp. 1-21；ジャン・マリニー（池上俊一監修・中村健一訳）『吸血鬼伝説』創元社、1994年。

⇒ヴイーヴル、ガングラン

パンドラゴン　Pendragon

ロベール・ド・ボロン作『メルラン』に登場する、コンスタン（Constant）王の息子。三兄弟の次男にあたり、長兄はモワーヌ、末弟はユテル。『メルラン続編』によると、パンドラゴンの洗礼名はアウレリウス・アンブロシウス（Aurelius Ambrosius）だった。ボードゥアン・ビュトール作『コンスタン王の息子たちの物語』では、パンドラゴンはパンドラギュス（Pandragus）の名で登場し、バン（Ban）王の甥のひとりにあたる。そしてバン王の娘リバノールに恋をし、男女の双子をもうけている。『メルラン』のパンドラゴンは、王位を簒奪したヴェルティジエを殺め、ブリタニアの王位を継承する。しかし彼自身、侵攻してきたサクソン軍をブリトン軍がサルズビエール（ソールズベリー）平原で迎え撃った大合戦のさなかに落命する。メルランが「巨人族の輪舞」（ストーンヘンジの環状列石）を建立したのは、パンドラゴンを顕彰するためだった。パンドラゴンの名は、ケルト語「ペン」（pen-、《頭》）と、ラテン語「ドラコー」（draco、《蛇、ドラゴン》）に由来するケルト語「ドラグ」（draic）の組み合わせからなっている。したがってペンドラゴンは《ドラゴンの頭》を意味する。パンドラゴンの死後、弟のユテルが王位を受けつぎ、兄の名を自分の名に加えて、ユテル・パンドラゴンと名乗るようになった。

【書誌情報】 J. Vendryès, *Lexique étymologique de l'irlandais ancien,* Presses du CNRS, Paris, 1959, D 189.

⇒ヴェルティジエ、ドラゴン、ユテル・パンドラゴン

ヒ

ひげの城　Château des Barbes

『ペルレスヴォース』に登場する、数多くの不思議な住まいのひとつ。この城市の中にある森を通過するとき、騎士は通行料代わりに自分のひげを渡さなければならない。そのひげを、森に住む隠者たちは服を作るのに使っていた。ランスロは自分のひげと名誉を失わぬために戦い、それにより城の奥方と夕食をともにすることを許される。この食事と対をなすのは、ゴーヴァンが「聖杯」城で先に与った夕食である。ランスロは己の罪（王妃グニエーヴルとの不倫）を悔い改めることを拒んだため、罰として「ひげの城」での夕食にあずかることになった。「ひげの城」ではランスロに5つの料理が順に出されたが、読者にはその中身が示されていない。物語の作者は、食事の給仕についたぞっとするような人々について描写しているだけである。それは隷属状態に置かれた騎士たちで、手足に障害を負っていた。その中には鼻を切られた者、両目をえぐられた者、片手や片足の者がいた。５番目の給仕を行った人たちは各自が１本の剣だけを運んだが、それは奥方に首を刎ねてもらうためだった。このように残虐な行為が繰り広げられているこの城を、熱心なキリスト教信者である奥方が仕切っていた（城ではミサが１日に数回行われていた）。物語ではその後、奥方が悔い改め、亡くなった騎士たちの遺骸を運び出して、その見張りをした。これは謎めいた悔悛である。「ひげの城」という名は、中世期に使われた《バルボをおこなう》（faire barbo）という表現と関連づけて考える必要がある。キリスト教関連の文献の中で「バルボ」（barbo）は、悔悛へと誘う「幽霊」や「悪霊」をさす「ラルウァ」（larva）に相当する存在だった。

【書誌情報】J. Berlioz, «Masques et croque-mitaines. À propos de l'expression "Faire barbo" au Moyen Âge», *Le Monde alpin et rhodanien*, 1982, pp. 221-234.

【邦語文献】　渡邉浩司「クロックミテーヌとは何か」中央大学『人文研紀要』第45号、2002年、pp. 207-229。

ピクース　Picous

ベルン本『トリスタン狂恋』で狂人を演じるトリスタンが、マルク王に名を尋ねられたときに使った偽名。この名は慣例で小人や小妖精（リュタン）に付けられていた（おそらく《小さい》をさすイタリア語「ピッコロ（piccolo）」に由来）。ミレイユ・ドモールによると、（宮廷の道化のように）未来を予言する占い師であり、狼信仰とも関連のある神ピクス（Picus）の名残である可能性もある（ピクースと名乗ったトリスタンは自分が「ガルルース（galerous）」（セイウチ）の息子だと述べたが、この語が人狼を指す語（ルー・ガルー loup-garou）を変形したものであることから狼との関連が認められる）。ローマ神話では、ピクスはキツツキ（ヨーロッパアオゲラ pivert）でもある。この鳥は、《狂人》トリスタンと同じように卜占ができるとされていた。

【書誌情報】M. Demaules, «Picous ou l'énigme d'un nom dans la *Folie de Berne*», dans : *Par les mots et les textes. Mélanges C. Thomasset,* P.U.P.S., Paris, 2005, pp. 197-210. Ph. Walter, *Tristan et Yseut, Le Porcher et la Truie*, Imago, Paris, 2006, pp. 255-258.

⇒**トリスタン**

ビスクラヴレット　Bisclavret

マリー・ド・フランス作『ビスクラヴレットの短詩』に登場する人狼の名。変身譚自体は、羽衣を脱ぐと人間の姿になるという鳥女やハクチョウの子の民話を想起させる。これとは逆に、ビスクラヴレットは自分の服を脱いで狼の姿になっている。週に３日、狼の姿になっている間はずっと、脱いだ服を巨石の下に隠していた。こうした事情を知って脅えたビスクラヴレットの妻は、自分に恋する騎士に頼んで隠された服を盗んでもらい、夫が人間の姿にもどれないようにした。だがその後、人狼は森で出会った王に気に入られ、自分が陥った境遇に関心をもってもらえるようになった。そして邪悪な妻が人狼によって醜い容貌にされる（《鼻を噛み切られる》）という罰を受け、ビスクラヴレットはついに人間の姿にもどる。この短詩は、民話の国際話型449番（「皇帝の犬」）の型にあてはまる。変身時における衣服の役割は、母親の腹から頭に羊膜をかぶったまま出てくる赤子たちの話を連想させる。このように帽子

（羊膜）をかぶったまま生まれた子供は、人狼になる運命にあった。ビスクラヴレット（Bisclavret）の名は、ブルトン語の「ブレイス・ラヴァーレト」（bleiz lavaret、《人語を話す狼》）にもとずくと説明されてきた。また《短い半ズボンをはいた者》という呼称をさすという説は、ヴェストファーレン［ドイツ北西部］やヘッセン［ドイツ中央西部］のフォークロアに出てくる人狼をさす方言（「ベクセンボルフ（Böxenwolf）」＝《半ズボンをはいた狼》）に対応している可能性もある。しかしながら、M・ボイドが示したブルトン語による語源解釈の方が説得的であるように思われる。それは「ビス」（bis-）が「ブレイス」（bleiz、《狼》）、「クラヴレット」（clavret）が「クランヴ」（claff、《病気の、激怒した》）の派生語「クランヴェッド」（claffet）に由来するという説である。また「クランヴ」（claff）については、ウェールズ語で《病気の、ハンセン病の》をさす「クラヴ」（claf）や、古アイルランド語で《ハンセン病の、疥癬にかかった》をさす「クラヴ」（clam）と関連づけて考える必要もある。こうした解釈は、魔術師メルランのブルターニュ版ガングラフ（Guin-glaff）にもあてはまる。メルラン（メルリヌス）は、（ジェフリー・オヴ・モンマス作『メルリヌス伝』によれば）灰色の狼を連れているからである。このように病気から語源を解釈してみると、『ビスクラヴレットの短詩』では「狼瘡」［皮膚の慢性潰瘍性病変］をさすラテン語の医学用語「ルプス」（lupus）が人狼の妻に、とくに夫が《回復》した後で妻の鼻に移動していると説明できるだろう（クロード・トマセの論考を参照）。

【書誌情報】 J. Vendryès, *Lexique étymologique de l'irlandais ancien*, Presses du CNRS, Paris, 1959, B-59 (bled et blesc). C-112 (clam). N. Belmont, *Les Signes de la naissance. Étude des représentations symboliques associées aux naissances singulières*, Plon, Paris, 1971. C. Thomasset, «La femme sans nez», *Eidôlon*, 55, 2000 (Littérature et médecine II), pp. 57-62. G. Milin, *Les Chiens de Dieu. La représentation du loup-garou en Occident (XIe-XXe siècle)*, Centre de recherches bretonnes et celtiques, Brest, 1993. M. Boyd, «The ancients' savage obscurity : the etymology of Bisclavret", *Notes and Queries*, 60, 2013, pp. 199-202.

⇒ゴルラゴン、人狼、メリヨン

人食い鬼　Ogre

クレティアン・ド・トロワ作『グラアルの物語』によると、《ローグル王国（アーサー王国、つまり大ブリテン）はかつて人食い鬼の国だった》（ローグルLogresと人食い鬼をさすオーグルogreは韻を踏んでいる）。この伝説的な話は、13世紀に書かれた作者不詳の物語『巨人たち』（*Des grands géants*）の中で語られている。それによると、かつてブリテン島には巨人が住んでいた。アルビオン（Albion）という名の島を荒らし回っていた悪霊が人間女性とのあいだにもうけたのが、こうした巨人だった。彼らの母はギリシア生まれだったが、夫に対して陰謀を企てたために祖国を追われ、たまたまブリテン島へたどり着いたのだという。こうして生まれた巨人と戦ったのが、その後に島へやってきたブルートゥス（Brutus）をふくむトロイア人だった。この神話物語は、ジェフリー・オヴ・モンマスや聖アウグスティヌスの著作だけでなく、聖書外典の数編にも出てくる物語を利用している。

【書誌情報】 *Des Grantz Geantz*, éd. G. E.

Brereton, Oxford University Press, 1937. G. Huet, «Ogre dans le *Conte du Graal* de Chrétien de Troyes», *Romania*, 37, 1908, pp. 301-305. M. Delcor, «Le mythe de la chute des anges et de l'origine des géants comme explication du mal dans le monde dans l'apocalyptique juive. Histoire des traditions», *Revue de l'histoire des religions*, 95, 1976, pp. 3-53.

⇒**エピノーグル、エルカン軍団、オグラン、オルグイユー、巨人、グニエーヴル、毛むくじゃらのユルガン、血の滴る槍、ディウルナッハ、ノケトラン、緑の騎士、ローグル**

秘密の神名　Noms secrets de Dieu

クレティアン・ド・トロワ作『グラアルの物語』で語り手は入念に黙して語らないが、ペルスヴァルの伯父にあたる森の隠者は、数多くの秘密の神名をペルスヴァルの耳にささやいて覚えさせた。読者にはその名がまったくあかされない。『グラアルの物語』には、キリスト教の秘教的な要素がはっきりと認められる。秘密の神名をめぐる伝承は、ユダヤ教やイスラム教にも存在する。イブン・アラビー（Ibn Arabî）［イスラムの神秘主義哲学者、1165年～1240年］が唱えたスーフィズムを通じてイスラム世界も神名について思いを巡らし、スンニ派の神学者アル＝ラジ（Ar-Razi）が13世紀に『神名論』を著している。聖名論『オノマスティカ・サクラ』（*Onomastica sacra*）を著して中世期全体におよぶキリスト教の伝承を確立したのは、聖書のラテン語訳（ウルガタ訳）をおこなった聖ヒエロニムス［340年頃～420年頃］である。ヒエロニムスはこの著書の中で神名の長いリストを作成し、アドナイ（Adonaï）、エル（El）、エロイム（Eloïm）、エロエ（Eloé）などの名をあげている。魔術書の類は、中世期のみならずそれ以降も長きにわたって、こうした神名を唱える慣習を普及させた。

【書誌情報】A. Michel, «Noms divins», dans : A. Vacant et E. Mangenot, *Dictionnaire de théologie catholique*, Letouzey et Ané, Paris, 1931, t. 11, pp. 784-794. C. Gaignebet, «Jérôme ou le nom sacré : Hieron Onyma», *Ragile. Recherches esthétiques et théoriques III. De l'art du regard de l'art*, Paris, 1979, pp. 86-99.　C. Lecouteux, *Charmes, Conjurations et Bénédictions. Lexique et formules*, Champion, Paris, 1996, pp. 87-88.

⇒**隠者、鮭**

氷結した海　Mer betée

この名称は、ケルト人が思い描いた氷結した地獄を想起させる。12世紀に書かれたウェールズの詩編では、地獄は身を切るような寒さが支配する沼として描かれている。（グワルフマイの息子エイニオンEinion fab Gwalchmaiという詩人が1170年から1220年頃に作った「神への頌歌」には）「神よ、凍りつく水の激流、猛烈に波うつ厳しい地獄の大河からわたしをお守り下さい」という一節がある。こうした寒冷地獄（中期ブルトン語では「イーフェルン・イェーン（ifern ien）」）は、ギリシア神話のステュクス（Styx）川に匹敵する。「氷結した海」はなかでも、クレティアン・ド・トロワ作『荷車の騎士』の中で、「剣の橋」の下を流れる激流を説明する比喩表現として使われている。ゴール王国へ入るために《氷結した海》を思わせる激流を通過したランスロは、北の方角に見える地獄の風景と向きあうことになる。（対岸から見ると向こう岸にはライオンが２頭つながれているように見える）この幻の世界には、通過儀礼をへた勇者にしか近づくことができない［ランスロが「剣の橋」を渡り終えると、対岸から見えた2頭のライオンは幻だったことが分かる］。

【書誌情報】 J. Vendryès, «L'enfer glacé des Celtes», *Revue celtique*, 46, 1929, pp. 134-142.

⇒剣の橋

ビリ　Bili

クレティアン・ド・トロワ作『エレックとエニッド』に登場する、（聖霊降臨祭に行われた）エレックとエニッドの結婚式に参列した小人たちの王の名。《対蹠地（アンティポデス）の王》。中世の学僧たちは、地球の下側の半球に「地下の不可思議の国」が存在すると考えていた。エティエンヌ・ド・ルーアン（Étienne de Rouen）作『ノルマンのドラゴン』（*Draco Normannicus*）（1169年）によると、アヴァロン島は「対蹠地」にあるという。ビリは語源から見ると、《死ぬ》や《殺める》を意味する語根から作られた、ケルト人にとっての父神をさす名前である（アイルランド語では「ビレ（Bile）」、ウェールズ語では「ベリ（Beli）」）。これはユリウス・カエサルが『ガリア戦記』第六巻18で語る、ディス・パテル（Dis Pater、父なる神ディス）の話につながっている。カエサルによると、ガリア人はみな自分たちがディス・パテルの子孫であると吹聴していたという。またディス・パテルという呼称は《富の父》を意味する。（フォークロアの小人と同じく）この神は大地の内部と、（鉱石などの）地下資源を司っているからである。（9世紀から10世紀にかけて）ヴァンヌで司教を務めたビリ（Bili）の祝日6月23日は、夏至の時期に近い。

【書誌情報】 R. S. Loomis, «King Arthur and the Antipodes», *Modern Philology*, 38, 1940-1941, pp. 289-304 (repris dans *Wales and the arthurian legend*, Cardiff University Press, 1956, pp. 61-76). V. J. Harward, *The Dwarfs of arthurian romance and celtic tradition*, Brill, Leiden, 1958, pp. 33-42. L. Boia, *Entre l'ange et la bête. Le mythe de l'homme différent de l'Antiquité à nos jours*, Plon, Paris, 1995, pp. 79-82 (sur les antipodes).

⇒小人、ベリ

フ

フェニス　Fénice

クレティアン・ド・トロワ作『クリジェス』のヒロイン。ケルン生まれで、ドイツ皇帝の娘。コンスタンティノープル皇帝アリスと結婚するよう強要されるが、その後皇帝の甥にあたるクリジェスと恋仲になる。トリスタンの恋人イズーを思わせるフェニスは、召使のテッサラに魔法の水薬を作ってもらい、処女の身を守り続ける。初夜にこの水薬を口にしたアリスは妻を抱いたつもりになるが、実際には幻影を相手にしていた。夫との結婚生活から逃れるため、フェニスはテッサラが用意したふたつ目の水薬を飲んで死んだように見せかける。しかしこの策略が露見し、フェニスはクリジェスと逃亡せざるをえなくなる。ところがアリスが思いがけず憤死し、フェニスとクリジェスの結婚を遮るものがなくなる。フェニスの名は、死後に自分の灰から蘇る神話上の鳥（フェニックス）の名にちなんだものである（《偽りの死》のエピソードがその裏づけとなっている）。またフェニスは、鳥女または「ペドック」（鵞鳥足の女）の化身でもある。鳥女は（病気や変身など）さまざまな手段を使って、強要された結婚から逃れようとする（このテーマは聖女エニミーÉnimieや聖女オディールOdileなどの聖人伝にも見られる）。こうした鳥女にはまちがいなく不可思議な性質がそなわっている。

【書誌情報】 Ph. Walter, «Chrétien de Troyes et le mythe du phénix au XIIe siècle», dans : L. Gosserez éd., *Le Phénix et son autre*, Presses Universitaires de Rennes, 2013, pp. 221-228.

【邦語文献】 渡邉浩司『クレチアン・ド・トロワ研究序説』中央大学出版部、2002年、第II部第2章・第3章。

⇒イズー、雁、クリジェス

フェラン　Ferrant

作者不詳『グリグロワ』の主人公グリグロワが乗る馬の名。武勲詩にも登場するフェランという名は、《蹄鉄を打たれた》戦闘馬につけられている（「フェラン（ferrant）」という形容詞は「蹄鉄を打つ」を意味する）。アイルランドの叙事詩によると、クー・フリン（Cú Chulainn）の戦車の引き馬は「リアト・マハ」（Liath Macha、「マハの葦毛」）という名前である［クー・フリンが誕生したときに生まれた2頭のうちの1頭にあたる］。

【書誌情報】 A. Moisan, *Répertoire des noms propres de personnes et de lieux cités dans les chansons de geste françaises*, t. 1, vol. 1, Droz, Genève, 1986, p. 404.

⇒馬

フェルギュス　Fergus

ギヨーム・ル・クレール作『フェルギュス』の主人公。世間知らずな牛飼いの少年であるため、クレティアン・ド・トロワ作『グラアルの物語』に登場する愚直なペルスヴァルを想起させる（民話では「馬鹿のジャン」がこれに相当する）。フェルギュスの父は、スミヨイト（Soumilloit）（《眠りこんでいる者》）という名の富裕な農夫だった。スミヨイトという名は、平民に対する軽蔑の念のほかに、冬眠中の熊をも想起させる。フェルギュスの本当の姿は「熊のジャン」、つまり「野人」の息子であり（フェルギュスが不器用な性格なのはそのためである）、フェルギュスには（民話の国際話型301番「3人のさらわれた姫」の図式により）神話上の祖先と同じ英雄としての経歴が約束されている。アーサーから騎士に叙任されたフェルギュスは、ノケトラン（この項目を参照）での試練につづき、デュノーストル（Dunostre）では不思議な盾を奪いとるための一連の試練に成功する。その盾は（「聖杯」のように）光を発し、それを手にするものを無敵にした。「熊のジャン」と同じように、フェルギュスは自分の居城で敵に攻囲されていた王女ガリエンヌを救い出そうとする。そしてそのために敵軍の王の甥アルトフィラスとの一騎討ちに挑む。伯父にあたる王の加勢を受けるアルトフィラスも、「熊」を指すケルト語「アルト」（Art）をその名にとどめている。敵軍に勝利したフェルギュスは、最終的にガリエンヌを妻に迎える。「熊のジャン」の化身としてのフェルギュスの英雄的経歴は、夏の聖ヨハネ祭にはじまり、同じ祭りで終わる。フェルギュスの名は、《武者、英雄》を指す古アイルランド語「フェルグ」（ferg、《怒り》をさす語も「フェルグ（ferg）」である）と関連している。武勲詩には、フェルギュスの名に似た名を持つ巨人（フェラギュス Ferragus）が登場する。散文物語群では、フェルギュスは「聖杯」の探索に挑むトリスタンに同行している。

【邦語文献】 渡邉浩司「《伝記物語》の変容―ギヨーム・ル・クレール作『フェルギュス』をめぐって」中央大学『仏語仏文学研究』第39号、2007年、pp. 25-67。

⇒アルトフィラ（ユ）ス、ガリエンヌ、ノケトラン

フェロン・ダルバリュ
Félon d'Albarue

オック語による『ジョフレ物語』によると、「ジベルの妖精」に攻撃をしかけた騎士。人物を過小評価する「フェロン」（「不忠な」の意）という形容語が示すように、敵意を持った人物である。物語では地名として使われているアルバリュ（Albarue）はもともと、この人物の名をさしていたと思われる。アルバリュという名が想起させるのは、小さな体躯の「妖精王」オーベロン（Aubéron）である。オーベロンは事実、小人（あるいは中世期の呼称によればピグミー）である。『ジョフレ』では、奇妙なエピソードがフェロンと関連している。それによると、フェロンは1羽の不思議な鳥を使って鶴の群れ（妖精のメタファー）を追い立てた。このアルバリュが小人オーベロンの化身であるなら、鶴とピグミー（小人）の戦いを描く神話の再現を暗示しているのかもしれない。ジョフレはフェロンを屈服させ、フェロンの持っていた不思議な鳥をアーサー王に献上する。

【書誌情報】R. Mathieu, «Le combat des grues et des Pygmées», *L'Homme*, 30, 1990, pp. 55-73. Y. Berezkin, «Dwarfs and cranes», *Folklore* (Tartu), 36, 2007, pp. 75-96.

⇒ジベルの妖精

不可思議な武具　Armes féeriques

だれかが操ることもなく標的を直接攻撃する、魔法の剣、槍、弓矢のことである。固有の意志を持っているこうした武具は、その作成に魔法が関与しているため、「異界」に由来する可能性がきわめて高い。クレティアン・ド・トロワ作『荷車の騎士』では、真夜中に燃える槍が寝台で横になっていたランスロへ向けて飛来し、彼の体をつき刺そうとした。同じクレティアン作『グラアルの物語』後半では、不可思議の館にある「驚異の寝台」で横になっていたゴーヴァンを標的にして、弩や弓が数多くの矢を発射した。『小ブルターニュのアルテュス』（または『アルテュス・ド・ブルターニュ』）でも、アルテュスが同じ試練を経験している。さらに『剣の騎士』では、ある城主が美しい娘を誘惑しようとする男を寝室へ案内した。ギリシア神話の「ダモクレスの剣」のように寝台の上には1本の剣が吊り下げられていて、寝台で娘の横に眠る男の上に落ち、その体をつき刺したという。

こうした武具には神明裁判的な特徴があり、標的に対してひとつの判断を下す。武具が怪我を負わすことがなければ、標的となった人は罰を免れるか、無実を証明したことになる。あるいは支配権が授けられ、聖なる力や魔術を駆使できるようになる。

「不可思議な武具」は夜間の試練に現れることが多く、太陽英雄が挑む数多くの儀礼的な予備試練にかかわっている。こうした武具が登場するときには、雷鳴が響き、雷が落ちる。物語作品はこうした武具が《燃えるように輝き》、《周囲を照らし》、《雷鳴を轟かせる》と表現しており、閃光を始めとした本来武具にそなわる神話的な性質が数多く明示されてい

る。燃える武具は、太陽光線、雷雨、稲光を表わしている。

神話学的に見ると、武具を真っ赤に染める火は、真夜中の太陽が発しているものである。太陽は毎日黄昏時に死を迎えるが、夜間に生まれ変わり、明け方に再び姿を見せるからである。人の目には見えないものの（太陽エネルギー全体の中核である）この再生をもたらす火は、北方に位置する「異界」にある（この火が日中に人の目に見えないのは、古代の信仰によると、太陽が夜間に地下を進んでいるときに地球の下から発せられているためである）。

【書誌情報】 J. Marx, *La Légende arthurienne et le Graal*, P.U.F., Paris, 1952, pp. 284-288. Ph. Walter, *Gauvain, le Chevalier solaire*, Imago, Paris, 2013.

【邦語文献】 渡邉浩司「クレチアン・ド・トロワ以降の古仏語韻文作品におけるゴーヴァン像」篠田知和基編『神話・象徴・文学III』楽浪書院、2003年、pp. 481-518（このうち『剣の騎士』についてはpp. 482-486）。

⇒エスカリボール、鍛冶師、驚異の寝台

不具王　Roi Méhaigné

⇒漁夫王

不思議な帯革の剣
Épée aux étranges renges

形容詞「エトランジュ」(étranges）は《珍しい、まれに見る》という意味であり、「ランジュ」(renges）は剣の帯革をさしている（語源は《環、指輪》をさすフランク語「フリング（hring)」であり、《帯革》と同じ象徴的意味をもっている)。「ランジュ」はさらに「鞘の環」や「幅広ベルト」のほか、同じ幅広ベルトにつける「留め具」をさすようになった。アーサー王物語群では、受けとったものであれ見つけたものであれ、正式の所有者だけが魔剣を帯革で結んだり解いたりすることができた。このように「異界」に由来する武具と、これを所有することになる者とのあいだに特別な関係があることはあきらかである。このモチーフについては、ジョルジュ・デュメジルやミルチャ・エリアーデが考察したように、インド=ヨーロッパ世界の結び目の象徴的意味までさかのぼる。結んだり解いたりする行為は《魔術的・宗教的な威信》（エリアーデ）であり、選ばれし者だけに与えられたまさしく神聖なカリスマに由来する。こうした結び目にはかならず魔術的な性質がそなわっている。支配権そのものと同じく、「結び目は首領が握っている神秘的な力の象徴であり、その力は正義、行政、王と臣民の安全、すべての「権力」とよばれている」（ジョルジュ・デュメジル)。アーサー王物語群に登場する騎士の中で魔剣の結び目を解くことのできる者は、それにより支配権を行使するべくあらかじめ定められた（神聖な）運命を証明するのである。

「不思議な帯革の剣」を手に取るゴーヴァン

こうしたケースにあてはまるのが『双剣の騎士』に登場する騎士メリヤドゥック（メリヤドック）であり、ペルスヴァルも同じような剣を授かっている。『聖杯の探索』は、「不思議な帯革の剣」の由来を聖書に求めている。それによると、この剣はダビデ王の剣にほかならず、ソロモンが後にこれを鍛えなおさせ、ガラアドを迎えるために特別に作られた船の上に置いたのだという。この船は4千年の時をへて、貴重な剣を手にすることになる選ばれし騎士と出会う（そのためこの剣はキリスト教のアレゴリー解釈の礎となる）。

【書誌情報】G. Dumézil, *Ouranos-Varuna*, Adrien Maisonneuve, Paris, 1934. M. Éliade, *Images et Symboles*, Gallimard, Paris, 1952, pp. 120-163［エリアーデ（前田耕作訳）『イメージとシンボル』（『エリアーデ著作集』第四巻）せりか書房、1974年、pp. 125-163「《縛める神》と結び目のシンボリズム」］.

⇒**ガラアド、シバの女王、ソロモン、メリヤドック**

豚飼い　Porcher

（ホメロス作『オデュッセウス』のエウマイオスEumaiosのような）ギリシア神話の豚飼いと同じように、ケルトの豚飼いも重要な人物である。神聖な動物だと考えられている豚とのつながりから、豚飼いは重要な地位をえている。（アイルランドの神話物語）『ふたりの豚飼いの誕生について』（*De chophur in da muccida*）において、ケルトの豚飼いは神話的に定義されており、神のごときドルイド僧だと考えられている。豚飼いは、ダルボワ・ド・ジュバンヴィルが《動物の姿をしたドルイド僧と神々》と名づけた範疇に属している。そのため、豚飼いには変身能力がある。伝承によれば、ドルイド僧（《実に博識な人》）は基本元素（水、空気、火）を自由に操ることができるのを誇りにしていた。ドルイド僧はまた、呪術、医術、占術の秘密も握っていた。さまざまな神話物語の中で、ドルイド僧は望みどおりに姿を変え、地上に存在するどんな物や存在にも変身することができた。ウェールズ語による『ブリテン島三題歌』（*Trioedd Ynys Prydain*）のひとつによると、トリスタン（ドリスタンDrystan）はマルク（March）王の豚飼いだった。アルモリカ（フランスのブルターニュ地方）の聖人伝では、豚飼いの聖人はまれではなかった。11世紀にヴォルムス（Worms）の司教ブルヒャルト（Burchard）が指摘したところによると、豚飼いと牛飼いはパンや草や結んだ細いひもに呪文をかけ、それらを木々の中へ隠したり、交差路へ投げすてたりすることができたという。彼らが保持してきた魔術的なタイプの伝承の知恵は、ケルトの諸文献にも見つかる。

【書誌情報】C. Vogel, *Le Pécheur et la Pénitence au Moyen Âge*, Cerf, Paris, 1969, p. 88. P. Ni Chathain, «Swineherds, seers and druids», *Studia Celtica*, 14-14, 1978-1980, pp. 200-211; D. Poli, «Le divin porcher : un essai de comparaison», *Études celtiques*, 29, 1992, pp. 375-381. Ph. Walter éd., *Mythologies du porc*, Millon, Grenoble, 1999.

⇒**猪**

ふたりの恋人　Deux Amants (Les)

マリー・ド・フランス作『ふたりの恋人の短詩』に登場する名の知れぬ主人公たち。ピートル（Pîtres）（フランス・ユール県ルーヴィエLouviers郡の町）が物語の舞台となっている。妻を亡くし娘と離れたくなかった王は、危険な試練を乗り越えられる身体の強健な若者にしか娘との結婚を許さない。その試練とは、娘を両腕で抱きかかえながら、険しい丘の頂を登りきるというものだった。求婚者たちはみな次々に失敗する。王女は本命の若者が試練を乗り越えられるようにある策略を思いつき、医術に詳しい伯母に強壮剤を作ってもらう。しかし若者は試練を自力でなし遂げたいと考え、持参した強壮薬を飲むのを拒み、丘の頂に着くとすぐに疲労困憊して息絶えてしまう。王女もまた悲しみゆえに、恋人の亡骸の上で息絶える（この場面は、トリスタンとイズーの《恋死に》を想起させる）。この短詩はケルト起源だと思われるが、類例としては、ギリシア神話のヒッポダメイア（Hippodameia）の物語が有名である。この物語では、オイノマオス（Oinomaos、《ワイン好き》）の娘ヒッポダメイアを、ペロポネソスの王ペロプス（Pelops）が試練を乗り越えて勝ちとる。この物語では、結婚前の試練として、求婚者と娘の父親が戦車競走をおこなっている（この姿は、オリンピアのゼウス神殿の西の破風に刻まれている）。ペロプスは、オイノマオスの御者（ミュルティロス）を買収するという策略を立てた。御者の細工により競争中に車輪が外れ、王は戦車から投げ出されて死んでしまう。

ヒッポダメイアの名は《馬を飼い馴らす》者という意味であり、マリー・ド・フランスの短詩では求婚者が王女の乗り物の役割を果たしている。どちらの話でも、支配権の獲得を語る神話においては、女性が象徴的に馬と結びつけられた媒介となって登場している。この儀礼的試練の日付は短詩の中では記されていないが、ルグナサド祭（８月１日）におこなわれたにちがいない。なぜならこの祭日には、とりわけ丘や高台で遊びや集会がおこなわれていたからである。結婚へ向けた準備をはじめたり話しあったりするのもこの祭日だった。だからこそこの短詩の中でも、試練を見物するために群衆が押しよせたのである。

【書誌情報】M. MacNeill, *The Festival of Lughnasa*, Oxford University Press & Dublin, 1982. Y. de Pontfarcy, «Le lai des *Deux Amants* et la survie en Normandie d'un mythe celtique authentique», dans: *Actes du XIVe Congrès international arthurien*, Rennes, 1985, pp. 500-510.

⇒８月１日

沸騰する泉 Fontaine bouillonnante

「バラントンの泉」の水は沸騰している（炭酸ガスの現象は、水中に神が宿る証だと解釈されていた）。古フランス語の長編物語『散文ランスロ』において、主人公ランスロもある泉の水が沸騰しているのを目のあたりにする。ランスロはその泉の近くで虐殺された（自分と同じ名の）祖父の墓を発見する。ランスロはそばで目を光らせていた２頭のライオンを殺める。泉の水は、斬られた祖父の首が投げ込まれてから沸き立ちはじめたが、ランスロには沸騰を止めることができなかった。ガラアドだけが『聖杯の探索』で水の沸騰を止めることができる。水の沸騰は、聖なる泉に神託をもたらす力があることを強調している。

【書誌情報】Ph. Walter, *Canicule, Essai de mythologie sur Yvain de Chrétien de Troyes*, SEDES, Paris, 1988, pp. 117-154. C. Girbea, «La tombe aux lions ou le paysage de la mort dans le *Lancelot en prose*», dans: D. Toma éd., *Paysages d'ici et d'ailleurs*, Editura universitatii din Bucuresti, 2005, pp. 91-103. C. Sterckx, «De l'éruption du lac albain à la fontaine des lions du *Lancelot en prose*», dans: P.-A. Deproost éd., *Images d'origines, origines d'une image. Hommage à J. Poucet,* Presses Universitaires de Louvain, 2004, pp. 419-428. Du même auteur:«Le feu dans les eaux de l'Apollon gaulois», dans: G. Capdeville éd., *L'Eau et le Feu dans les religions antiques,* de Boccard, Paris, 2004, pp. 303-319.

⇒バラントン

プティクリュー　Petitcrû

（オックスフォード本『トリスタン狂恋』、ゴットフリート・フォン・シュトラースブルク作『トリスタンとイゾルデ』とその続編作家の作品、『サー・トリストレム』、『円卓（ターヴォラ・リトンダ）』によると）トリスタンが贈り物としてもらった犬。語源的には、《それほど成長しなかった者》（「クリュー（crû）」は動詞「成長する（croître）」に由来）、つまり小犬をさす。この動物はもともと妖精からの贈り物であり、異界（ゴットフリートによるとアヴェルーン［アヴァロン］、北欧のサガによるとエルフたちの国）からやってきた。ゴットフリート作『トリスタンとイゾルデ』（第25章）によると、この小犬の毛色は玉虫色で、どこを見るかによってその毛色はさまざまな色に見えた。この小犬の首につけられた鈴の音は、どんな悲しみも忘れさせることができた。トリスタンは、毛むくじゃらの巨人ウルガーン（ユルガン）を一騎討ちで破って［ウルガーンがスワーレス（Swales）の国に強制していた］貢物を捧げる悪習に終止符を打った報償として、この小犬をもらい受けた。トリスタンはこの犬をイゾルデ（イズー）に贈る。この不可思議な動物はみずからにそなわる音楽の力で、トリスタンとイゾルデを襲う恋のメランコリーを追いはらうのに一役買う（中世の医術によれば、音楽はメランコリー治療のひとつだった）。しかしイゾルデはプティクリューの鈴をもぎとることでみずからの恋愛感情と向きあい、恋の病から逃げないことを決意をする。不可思議な効果をそなえた鈴のモチーフについては、奇跡的な力を発揮するケルトの修道士たち（たとえばレオンLéonの聖ポールPaul）が鳴らす不思議な鐘と関連づけて考える必要がある。

【書誌情報】 A. H. Krappe, *Balor with the evil eye,* Columbia University Press, 1927, pp. 157-162 (Petitcrû).

⇒トリスタン、ユスダン

船　Navire

大型や小型の魔法の船は唯一の航路のみをたどり、それは人間界から「異界」へ、あるいは「異界」から人間界へとつづいている。こうした船はときに、運命を決する時期（なかでも11月1日周辺）に現れる。こうした船を操っている漕ぎ手の姿は普通は人の目には見えないため、船の本当の正体は曖昧なままになっている（こうした船は神の意思や「摂理」に属しているのだろうか、それともむしろ妖精や名もなき異教の神々の支配下にあるのだろうか）。そのため魂を運ぶこの乗り物は、次の段階ではアレゴリーとしての意味あいを帯びる。つまり船の向かう先が、乗船者の人生を変えてしまい、乗船者は予想外の運命をたどるのである。不可思議な船は、図像表現に多くの例が見つかる太陽の船と関連づけて考える必要がある。不可思議な船は太陽の乗り物として、太陽の運行に従っている。つまり東から西へ進み、（真昼には）南を（真夜中には）北を通過する。中世ネーデルランド語による物語『トーレック』によると、「冒険の船」は1年に一度しか姿を見せず、その船に乗って旅に出ると二度ともどることができなかった。トーレックはこうした規則を免れ、「イムラヴァ」（アイルランドの航海譚）とよぶにふさしい楽園への旅から帰還をしている。

【書誌情報】 D. Hue, «La nef magique dans les textes arthuriens des XIIe et XIIIe siècles», dans : *Actes du XXIIe Congrès international arthurien*, Rennes, 2008, 18 juillet L3, session 2 varia 11, pp. 2-10 http://www.uhb.fr/alc/ias/act/index.htm J. Déchelette, *Manuel d'archéologie préhistorique, celtique et gallo-romaine*, Picard, Paris, 1910, t. 2, pp. 418-426 (barque solaire).

【邦語文献】 佐佐木茂美「航行または舟の神話―せめぎあう彼岸と此岸」『Voies et "Vergiers" 中世フランス文学論文集第2巻（邦文編I）』明星大学出版部、2003年、pp. 31-41。

プフェターン　Pfetân

ヴィルント・フォン・グラーフェンベルク作『ヴィーガーロイス』に登場する、火を吐くドラゴンの名前。だれにも倒せなかったこのドラゴンを、ヴィーガーロイスがしとめた。プフェターンの名はおそらく、ギリシア神話に出てくるプレゲトン（Phlegeton）を縮約したものである。冥界を流れるこの火の川は、タルタロス（Tartaros）をひと巡りした後、支流コキュトス（Kokytos）と同じくアケロン（Acheron）河へ流れこんでいる。ヴィーガーロイスは、ラール王からもらった魔法の槍でプフェターンに致命傷を負わせる。（ワニ、雌ラバ、グリフォン、熊、孔雀、雄山羊といった）動物の混成体として描かれるプフェターンは、南フランスの町タラスコン（Tarascon）の怪獣タラスク（Tarasque）に似ている。

【書誌情報】 L. Dumont, *La Tarasque*, Gallimard, Paris, 1987. C. Lecouteux, «Der Drache», *Zeitschrift für deutsches Altertum*, 108, 1979, pp. 13-31.

【邦語文献】 渡邉浩司「ノーヴのタラスク」中央大学『中央評論』通巻第240号、2002年7月、pp. 80-86。

⇒ドラゴン

ブラシーネ　Blasine

中英語による作者不詳の物語『アーサーとマーリン』に登場するイゲルネ（Ygerne）（フランス語名イジェルヌ）の娘で、ガルロット（Garlot）のナントレス（Nantres）王と結婚する。ガラシン（Galathin、ガラアドに相当する人物）はブラシーネの息子である。ブラシーネの名は、ガリアの太陽女神の名「ベリサマ」（*Belisama、「とても輝かしい」）の縮約形に由来する可能性がある。物語では姉妹のベリセント（Belisent）と別人であるが、実際には姉妹そろって同じ神話上の元型にさかのぼると思われる。ブラシーネの名（フランス語読みではブラジーヌ）は音声上、ブレーズ（Blaise）という名と関連している可能性もある。

⇒ブリザーヌ

フラゼルフ　Rhydderch

古ウェールズ語でのフルネームは「フリゼルフ・ハエル・マプ・ティドワル・ティドクリッド」（Riderch hael map Tudwal Tutclyt）。6世紀末にスコットランドのブリトン人王国のひとつ、ストラスクライドの王だった。アダウナーン（Adamnán）作『聖コルンバ伝』（*Vita Columbae*）（7世紀末）にラテン語名ロデルクス（Rodercus）で登場するフラゼルフは、《トタルTothal（ティドワルTutdwal）の息子》とよばれ、《クライド（Clyde）川の石》（つまりダンバートンDumbarton）を支配していた。レオン・フルリヨによると、フラゼルフの名は《立派な外見をした》を意味するという。フラゼルフは573年にアルヴデリーズ（Arfderydd）の戦いで勝利をおさめた。また、かなり古い伝承では、グラスゴーの守護聖人ケンティゲルン（Kentigern）と同じ日に亡くなったとされ、それは612年（1月13日）のことだったという。さらに複数の作品がフラゼルフについて言及している。ネンニウスが編纂した『ブリトン人史』第63章にはフリゼルフ・ヘーン（Riderch Hen）の名がフレゲッド（Rheged）のイーリエン（Urien）とともにあがっているし、ウェールズ語による詩編（『リンゴの木』*Yr Afallennau*や『おお、子豚よ』*Yr Oianau*）にも名前が見つかる。ジェフリー・オヴ・モンマス作『メルリヌス伝』によると、ロダルクス（Rodarc(h)us）はメルリヌス（メルラン）の妹ガニエダを妻に迎えている。あるエピソード（254～346行）でメルリヌスは、笑いと予言により妹の王妃の不貞を暴露している（同じモチーフがライロケン伝説にも出てくる）。慣例でフラゼルフにそえられている形容語「ハエル」（hael、《寛大な》）は、レイチェル・ブロムウィッチによると、ファーネス（Furness）の修道士ジョスリン（Jocelyn）作『聖ケンティゲルン伝』第37章に言及のある、ある詩人が無分別に求めたすべての要望にフラゼルフが応えたエピソードによるものだという［『聖ケンティゲルン伝』はグラスゴー司教ジョスリン（在位1174～1199年）が修道士ジョスリンに執筆を依頼したもの］。『聖ケンティゲルン伝』と『メルリヌス伝』の推定創作年代や、寛大な施しをするケルト王の役割については、いまだはっきりした答えは見つかっていない。

【書誌情報】 L. Fleuriot, *Le Vieux Breton*, Klincksieck, Paris, 1964, § 10, II, 4, p. 37 (étymologie du nom propre). *Trioedd Ynys Prydein*, ed. par R. Bromwich, University of Wales Press, Cardiff, 1961, pp. 504-505.

ブラン　Bran

この騎士はブラン・ド・リス（Bran de Lis）とよばれていたため、3つの語がくっついてブランドリス（Brandelis）やブランダリス（Brandalis）という名前でもよばれていた。ノロワ（Norrois）またはイデール・ド・リス（Yder de Lis）の息子。兄弟にメリヤン（Méliant）、妹にギヨレット（Guillorette）がいる。『ペルスヴァル第一続編』によると、妹がゴーヴァン（アーサーの甥）に誘惑されて処女を奪われたため、ブランは最初ゴーヴァンへの復讐を考えていたが、後に和解する。ブランはケルト諸語で「カラス」をさす。カラスには、黒さ（邪悪さ）、破壊、激戦という観念が結びついている。この鳥は、魔術と戦いの支配権という重要なテーマと切り離すことができない（アイルランド語の「リス（lis）」は《怒り》をさすが、同じ綴りのラテン語「リース（lis）」は《論争、口論、争い》をさす）。また「リス（lis）」の語源と思われるウェールズ語「シス」（Llys）の主要な語義が《城》であることから、普通名詞（「城」）が固有名詞（地名リス）として使われたと考えられる。

【書誌情報】 F. Lot, «Celtica. Le château de Lis», *Romania*, 1895, p. 322. P. Gallais, «Gauvain et la Pucelle de Lis», *Mélanges de linguistique romane et de philologie médiévale offerts à M. Delbouille*, Duculot, Gembloux, 1964, pp. 207-229. C. Guyonvarc'h et F. Le Roux, *Morrigan, Bodb, Macha. La* *souveraineté guerrière de l'Irlande*, Ogam-Celticum, Rennes, 1983 (sur les noms et la symbolique du corbeau dans la mythologie celtique). H. Newstead, *Bran the Blessed in arthurian romance*, Columbia University Press, New York, 1939, pp. 70-85.

【邦語文献】 瀬戸直彦「真昼の神話について―ロマン・クルトワの場合」『ヨーロッパ文学研究』第39号、1992年、pp. 27-40。

⇒カラス

ブラン　Brun

ブランの名はインド＝ヨーロッパ語の語根*bher-に由来するものであり、髪や体毛の色をさし、換喩（メトニミー）により「熊」をさす（『狐物語』に登場するブランはまさしく、熊につけられた固有名である）。アーサー王物語には、ブランという名の人物が複数出てくる。文学作品それぞれの文脈から複数のブランは別人とされているが、それぞれが見せる振舞いや性格から、どのブランも熊の神話的特性を共有している。それは（民話『熊のジャン』に見られるように）戦闘的かつ獰猛（どうもう）で、人間女性を略奪するという熊にそなわる特性である。

1．クレティアン・ド・トロワ作『グラアルの物語』の「続編」群には、円卓の騎士として《無慈悲な》ブラン（Brun sans Pitié）が出てくる。『危険な墓地』に登場するブランは「赤い町」（Rouge Cité）の王で、一騎討ちでゴーヴァンに敗れる。このブランは週に４度、美しい乙女を泉に連れていき、冷たい水の中へ浸からせ、これに異を唱える騎士と戦っていた。

2．アーサーに敵対する騎士で、ブランラン（Branlant）城を所有していた。『ペルスヴァル第一続編』でこのブランは戦いに敗れてアーサーに臣従の誓いをすると、封土としてキリニ（Quilini）とバラディガン（Baradigan）を授かる。『デュルマール・ル・ガロワ』にアーサーの臣下として登場するブランは、『ペルスヴァル第一続編』のブランとおそらく同一人物である。このブランは他の作品にも出てくる（『散文ランスロ』と『散文トリスタン物語』では、「無慈悲なブレユス（Bréhus sans Pitié）」という名である）。

3．コルヌアーユのブラン・ド・ラ・ランド（Brun de la Lande）という名の騎士。『ペルスヴァル第二続編』によると、このブランは「物思いに耽った騎士」（Chevalier Pensif）の恋人を連れ去るが、ゴーヴァンとの戦いに敗れてこの女性を返還する。

4．ジェルベール・ド・モントルイユ作『ペルスヴァル第四続編』に登場するブラン・ド・レサール（Brun de l'Essart）は、ゴーヴァンとの戦いで亡くなる。このブランの父は、ユルパン・ド・ラ・モンターニュ（Urpin de la Montagne、「山のユルパン」）。

5．ブラン・ド・モロワ（Brun de Morois）（またはブラン・デ・マレBrun des Marais）。カルドロアン（Cardroain）の兄弟で、レ・モール（Les Mores）王の甥にあたる。『デュルマール・ル・ガロワ』によると、グニエーヴル王妃が丸腰のイデールをお供に連れていたとき、このブランは王妃を誘拐し、モロワ城へ連れていく。そしてデュルマールとの戦いに敗れてアーサー王のもとへ送られ、その後アーサーの臣下になる。『エスカノール』には４人のブランが一時的に登場する。それは順に、ブラン・ラヴェール（Brun l'Aver）、ブラン・ド・リス（Brun de Lis）（ブランドリスBrandelisとは別人）、ブラン・ル・プロフェス

(Brun le Prophés)、ブラン・デ・ウェーズ（Brun des Wez）である。ジェルベール・ド・モントルイユ作『ペルスヴァル第四続編』には、ブリュナモール（Brunamort）も登場する。この騎士はある馬上槍試合でマルク王側につき、ル・ゴーの浅瀬（Gué du Gaut）で激高して立派な騎士たちを殺めてしまう。妖精たちの住むブロセリヤンドの森を舞台にはじまる物語の主人公は、ブラン・ド・ラ・モンターニュ（Brun de la Montagne、「山のブラン」）である。遠回しな表現からなるこの名前はもちろん、「熊」をさしている。

【書誌情報】M. Praneuf, *L'Ours et les Hommes dans les traditions européennes*, Imago, Paris, 1989. *Enzyklopädie des Märchens*, article *Bär*. G. Issartel, *La Geste de l'ours. L'épopée romane dans son contexte mythologique, XIIe-XIVe siècle*, Champion, Paris, 2010. R. Trachsler, «Bréhus sans pitié: portrait-robot de criminel arthurien», *Senefiance*, 36, 1994, pp. 525-542.

⇒熊

ブラングミュエール　Branguemuer

『ペルスヴァル第一続編』に登場する人物。母はブランジュパール（Brangepart）という妖精だが、父ガンガミュエール（Guingamuer、またはガンガンミュエールGuinganmuer）は普通の人間にすぎない。ブラングミュエールの名は、母の名の最初の音節と、父の名の最後の音節を組み合わせたものである。ブラングミュエールが支配していた島々に、普通の人間は住むことができなかった。槍の断片で貫かれた彼の遺体は、１羽のハクチョウが曳く船でアーサー王宮廷まで運ばれてくる。ブラングミュエールの復讐を果たすのはゲールエであり、同じ槍の断片を使って敵を殺める。ブラングミュエールの遺体は最終的に、ある乙女によってハクチョウの曳く船に乗せられ、祖国へ送り返される。ブラングミュエールの名に含まれる「ブラン」(Bran）という音節は、隠喩として派生的に使われる《カラス》よりも、《(戦闘）隊長》という意味に近い。またこの音節は、ブラングミュエールの体を刺し貫いた武具をも示唆する。なぜなら古フランス語「ブラン」(bran）は（武勲詩『ルイの戴冠』に見られるように）《剣》をさしていたからである。古フランス語「ブラン」(bran）については、ポーランド語「ブロィン」(bron、《武器》)、チェコ語「ブラン」(bran、《武器、装備》）と関連づけて考えるべきだろう。

【書誌情報】J. Marx, «L'aventure de Guerrehés», *Cahiers de civilisation médiévale*, 6, 1963, pp. 139-143. F. Le Roux et C. Guyonvarc'h, *Morrigan, Bodb, Macha. La souveraineté guerrière de l'Irlande*, Ogam-Celticum, Rennes, 1983, pp. 143-169.

⇒11月１日、ハクチョウ

ブランジアン　Brangien

⇒ブランジアン　Brengien

ブランジアン　Brengien

イズーの乳母にして召使い。イズーと同じくアイルランド生まれ。ブランガン(Brangain)、ブラングウェン（Brengwain）という別名もある。ベルール作『トリスタン物語』によると、ブランジアンは夏の聖ヨハネ祭の日に誤って、トリスタンとイズーに愛の媚薬を飲ませてしまう。イズーの結婚初夜にブランジアンがイズーに代わって寝台へ入りこむが、マルク王はこの入れ替わりに気がつかない（これは民話の国際話型403番「すり替えられたフィアンセ」に見られるテーマである)。トマ作『トリスタン物語』でブランジアンは、愛しあうトリスタンとイズーのために、逢引きや伝言のやりとりをお膳立てする。ブランジアンは「白い手のイズー」の兄、カエルダンの恋人になる。ウェールズの『マビノギの4つの枝』の第二の枝によると、ベンディゲイドヴラーン(祝福されたブラーン)の妹はブランウェン(Branwen)という名である。この名はおそらく《白い》(gwen)《カラス》(bran)を意味している。しかしブロンウェン(Bronwen、《白い胸》)の方が本来の名前だと考えられており、こちらのほうがイズーの乳母の役割に合致する。このほかにも、同じ第二話でのブランウェンはマソルッフという名のアイルランド王と意に染まぬ結婚をさせられ、マルクと意に染まぬ結婚をさせられたイズーと同じ運命を経験している。こうした状況の類似は、偶然の産物ではないと思われる。

【書誌情報】 G. Huet, «L'antiquité du thème de la fiancée substituée», *Revue des traditions populaires*, 22, 1907, pp. 1-8. R. Bromwich, *The Welsh Triads*, University of Wales Press, Cardiff, 1961, p. 287. P.-Y. Lambert, *Les Quatre Branches du Mabinogi*, Gallimard, Paris, 1993, p. 357, note 1.

⇒イズー、薬草酒

ブランシュフルール Blanchefleur

クレティアン・ド・トロワ作『グラアルの物語』に登場する、ボールペール(Beaurepaire)の若き女城主。敵軍から攻囲されたがペルスヴァルに救われた。ブランシュフルール(「白い花」)という名前から、中世ウェールズの『マビノギの4つの枝』の第四の枝「マソヌウィの息子マース」(*Math Fab Mathonwy*)に出てくるブロデイウェッズ(Blodeuwedd、《花のような顔》)が想起されるかもしれない。ブロデイウェッズは、スレイ(Lleu、ルグLugのウェールズ版)に与えるためにマース(Math)とグウィディオン(Gwydion)が花々で作った女である。なぜならスレイは実の母アランフロッド(Aranrhod)から呪いをかけられ、地上で暮らすいかなる種族の女とも結婚できないことになっていたからである。ブランシュフルールの名には不可思議な白が含まれているため、彼女は「5月の貴婦人」または「5月の女王」の擬人化だとも考えられる。このことから彼女とペルスヴァルの出会いは春の《新緑》の時期だと思われる(クレティアンの『グラアルの物語』は、「木々が葉を茂らせる季節のことでした」という詩句ではじまっている)。これこそがおそらく、ペルスヴァルとブランシュフルールの結婚が叶わない神話上の理由であろう。つまり、結婚の時期が5月になってしまうからである。オウィディウスも「5月に結婚した女は長生きしたためしがありません。諺のいうとおりであれば、その理由もはっきりします。5月の嫁は災いの種と俗にいうからです」(『祭暦』第五巻、487行~490行)と記している。5月に結婚すると、(9か月後の2月に)生まれてくる子供がカルナヴァルの道化や生き返った死者の仲間になってしまうからである。

【書誌情報】 H. Gaidoz, «Le mariage en mai», *Mélusine*, 6, 1892-1893, col. 105-111. Sur la reine de mai : Ph. Walter, *La Mémoire du temps*, Champion, Paris, 1989, pp. 262-265.

⇒5月1日、5月の女王

ブランシュマル Blanchemal

ルノー・ド・ボージュー作『名無しの

美丈夫』に登場するガングランの母。ブランシュマルがゴーヴァンの恋人だった（妻ではなかった）ため、ゴーヴァンとのあいだにガングランが生まれた。ジェルベール・ド・モントルイユ作『ペルスヴァル第四続編』でブランシュマルは再び少しだけ姿を見せ、ゲルヌミュ（Gernemue）島に住んでいると記されている。妖精ブランシュマル［「ブランシュ」は「白い」の意］の名は当然のことながら不可思議な「白い貴婦人」や「白い幽霊」を示唆しており、彼女の住む島の名も彼女の神話的肖像を補ってくれる。ケルト諸語のすべてで「グアエルン」（guaern）は《沼》をさしており、ウェールズ語とブルトン語では「グウェルン」（gwern）は《ハンノキ》をさしている（ハンノキは湿気の多い場所に生えるため、「なおさら」沼地の近くを好む）。ハンノキに葬送の性質がそなわっているのは、「異界」と結びついているためである。ハンノキは異教の聖性を帯びていたため、キリスト教はそれを利用し、ハンノキが植えられていた場所をことごとくキリスト教化した（たとえばフランス南西部のサントンジュ Saintonge 地方にあるロマネスク様式の教会をもつ町オーネー Aulnayの名は「ハンノキ」に由来する）。つまり妖精ブランシュマルはハンノキの女王ということになる。「ブランシュマル」の名と「白い手（ブランシュ・マンBlanches Mains）」の名が似ていることから、『名無しの美丈夫』の作者（あるいはその典拠）が、元来ひとりだった妖精という神話的表象をふたりの異なる人物にしたのではないかと思われる。（ガングランに恋する妖精）「白い手の乙女」は、ガングランにとっての母親像にあたる妖精ブランシュマルと同一人物の可能性がある。

【書誌情報】 L. Fleuriot, *Dictionnaire des gloses en vieux breton*, Klincksieck, Paris, 1964, p. 181. Ch. Méla, *La Reine et le Graal*, Le Seuil, Paris, 1984, pp. 50-51.
⇒ガングラン

ブランダン　Blandin

オック語で書かれた作者不詳の物語『ブランダン・ド・コルヌアーユ』の主人公（物語にはブランダンの仲間として、ギヨ・アルディ・ド・ミラマール（Guillot Ardit de Miramar）が登場する）。ブランダンはコルヌアーユ出身の騎士。ポインター犬に導かれて「異界」へ入りこんだブランダンは、（中世アイルランドの航海譚『ブランの航海』の主人公ブランのように）リンゴの木の下で眠りこみ、やがて運命の妖精たちにおこされる。戦友ギヨとともに複数の巨人と戦った後で、ブランダンは鳥の言葉が分かるようになり、冒険の道を教えられる（いわば鳥の言葉がブランダンの運命を決めている）。ブランダンはギヨと別れ、1年後の「聖マルタン祭」の翌日（11月12日）に、1本の松の木で再会する約束をする。その後ブランダンは、父から魔法をかけられて眠ったままのブリヤンドという名の乙女に出会う。魔法を解除するためにブランダンは、大蛇、ドラゴン、サラセン人を順に殺害し、白いオオタカを手に入れる必要があった（これは三重の試練である）。このうち魔力をもったサラセン人の歯は、《猪の歯と同じほどの長さ》だった。アーサー伝承になじみの神話上の豚（トゥルッフ・トルウィス）の化身というべきこのサラセン人を殺めるには、歯を1本抜きとるだけでよかった（ここには、ウェールズの物語『キルフーフとオルウェン』に見られるアーサー神話の図式が見え隠れしている)。ブランダンはすべての試練に打ち勝ち、ブリヤンドに掛けられていた魔法を解く。そして「聖マルタン祭」の直後に、囚われていたギヨを探し出して助けると、「聖アントワーヌの祝日」(1月17日)にブリヤンドと結婚する。物語の筋書きは、民話の国際話型307番(「解放された王妃」)を踏襲しているが、話型313番(「悪魔の娘」)にもかなり近い。ブランダンの名は、アイルランド語「ブリアダン(またはブリアザン)」(bliadain)、コーンウォール語「ブリセン」(blythen)といった、「年」をさすケルト語と無関係ではない(そもそもブランダンはコーンウォール出身である)。(ある年の「聖マルタン祭」からその1年後までと)暦の枠内にはっきりと位置づけられたブランダンの英雄的な経歴は、ギリシア的な意味での「英雄」の経歴である。つまりブリヤンドが具現する「年」と「美しい季節」を征服する者がたどる経歴なのである。

【書誌情報】J. Vendryès, *Lexique étymologique de l'irlandais ancien*, Presses du CNRS, Paris, 1959, B-59 (*bliadain*). L. Fleuriot, *Dictionnaire des gloses en vieux breton*, Klincksieck, Paris, 1964, p. 86 (*blidan*). J. Haudry, *La Religion cosmique des Indo-Européens*, Arché, Milan et Paris, 1987, pp. 183-241.

【邦語文献】 中内克昌「ブランダン・ド・コルヌアーユ」『福岡大学人文論叢』第8巻第2号、1976年、pp. 401-412。

⇒**キルフーフ、トゥルッフ・トルウィス、ブリヤンド**

ブランチェフルール　Blantzeflur

フランス語名「ブランシュフルール」(Blanchefleur、「白い花」)に対応するドイツ語名。ただしペルスヴァルの恋人とは別人である。ブランチェフルールは、アイルハルト・フォン・オーベルク作『トリストラントとイザルデ』に登場するトリスタンの母の名(ゴットフリート・フォン・シュトラースブルク作『トリスタンとイゾルデ』ではブランシェフルールBlanscheflur、『サー・トリストレム』ではブランチフルールBlaunchefiourと呼ばれている)。これに対し北欧のサガでは、この女性はブレンシビル(Blensibil)とよばれている(この綴りは《白いシュビラ》をさす「ブランシュ・シビル(blanche sibylle)」に近い)。トマス・マロリー作『アーサーの死』では、エリザベス(Elizabeth)の名で登場する。マルケ(マルク)王の妹にあたり、兄と同じくコーンウォール生まれである。アイルハルトによると、トリストラント出産時の苦しみで亡くなる。(古フランス語による)『散文トリスタン物語』でも事情は同じであり、そのために生まれた子供はトリスタンと名づけられている。トリスタン(Tristan)の名には、産みの苦しみで亡くなった母の「悲しみ(トリステスtristesse)」)が刻まれている。中世フランス語韻文で書かれた最初期の物語群には、トリスタンの母の名とその人物像は記されていなかった。そのためドイツ語圏の翻案作家たちは、トリスタン伝承が黙して語らなかったと考えた部分を補ったのである。しかし(古フランス語韻文による『トリスタン狂恋』を伝えるベルン本やオックスフォード本で)狂人に身をやつしたトリスタンは、表向きには妄言に聞こえる話を語る中で、自分の両親にふれている。「俺の母は鯨でした、海の精(セイレン)みたいに海の中をあちこち動き回っていました」というトリスタンの台詞は、実際には比較神話学的な手法をもちいて解読する必要がある。海の精（フランス語では「シレーヌ（sirène)」）は、シリウス（Sirius）の影響をおよぼす（シリウスが喚起する「夏の土用」は獅子座に対応するため、トリスタンの生まれた時期をさしていると思われる）。トリスタンの母とされる「鯨」（フランス語では「バレーヌ（baleine)」）は、ユリウス・ポコルニーが検討したように、インド＝ヨーロッパ語の語根bhel-に基づいた言葉遊びに由来する。この語根は、（ガリアのアポロンの異名のひとつで、《輝く》や《光る》をさす「ベレノス（*Belenos)」、ならびにペアとなる女神の名「ベリサマ（*Belisama)」に由来する）「バレーヌ」（Baleine）にもとづく地名に使われている。また膨れ上がった動物としての「鯨」（ピエール・シャントレーヌの『ギリシア語語源辞典』によると、「鯨」をさすギリシア語「パライナ（phallaina)」は「男根」をさす「パロス（phallos)」と直接関連している）や、さらには「狂人」トリスタンを特徴づけるラテン語「フォリス」（follis、《空気でいっぱいの革袋》）とも関連している。このように考えると、光輝くこの母は処女懐胎によりトリスタンを生んだのかもしれない。

【書誌情報】J. Pokorny, *Indogermanisches Etymologisches Wörterbuch*, Francke, Bern, 1959, pp. 118-122. P. Chantraine, *Dictionnaire étymologique de la langue grecque*, Klincsieck, Paris, 1968, p. 1175. Ph. Walter, *Le Gant de verre. Le mythe de Tristan et Yseut,* Artus, La Gacilly, 1990, pp. 260-262. Du même auteur : *Tristan, le Porcher et la Truie, Imago,* Paris, 2006, pp. 117-118.

⇒**トリスタン**

ブリザーヌ　Brisane

『散文ランスロ』に登場する、漁夫王の娘エレーヌの世話役にあたる老女（魔女）。ブリザーヌはランスロに王妃グニエーヴルが「カッシアの城」にいると信じこませ、魔法の媚薬を飲ませた彼のもとへ漁夫王の娘を連れてくる。グニエーヴル本人と枕をともにしていると思いこんだランスロは、エレーヌとのあいだにガラアドをもうける。ブリザーヌの名には、ケルトの大女神ブリギッド（Brigit）の名の最初の３文字（Bri）と、「アイルランドの神々の母」とされるアナ（Ana）の名が含まれている。『コルマクの語彙集』（９世紀）によるとブリギッドは《医術の女神》であり、アナは実際にはブリギッドの別名である。また、ゲール語の「ブリヒト」（bricht）は《呪文、まじない、呪い、魔術的な力をもったオブジェ》をさしている。

【書誌情報】J. Vendryès, *Lexique étymologique de l'irlandais ancien,* Presses du CNRS, Paris, 1959, B-89. Ph. Walter, *Galaad, le Pommier et le Graal,* Imago, Paris, 2004, pp. 88-89.

⇒**ガラアド、ブラシーネ**

プリドウェン　Pridwen

ジェフリー・オヴ・モンマスは『ブリタニア列王史』第147節で、武装したアーサー王の姿を描いている。それによると、アーサーがもっていたプリドウェン（ウェールズ語で《ブリテン》をさす）とよばれる楯には、神の母である聖母マリアの姿が描かれていた。ネンニウスが編纂した『ブリトン人史』第56章には、聖母マリア像を肩に担いで戦うアーサーの姿が記されており、ジェフリーはこの記述を踏まえたのである。また『カンブリア年代記』（*Annales Cambriae*）には

516年頃におきた出来事として、戦いの模様が次のように異なる形で記されている。「バドニスの戦い、そこにてアーサーはわれらが主イエス・キリストの十字架を3日3晩両肩に担ぎ、ブリトン人は勝利した」。

⇒アーサー、バドニス

ブリヤンド　Briande

オック語による物語『ブランダン・ド・コルヌアーユ』のヒロイン。父親の魔法で眠りつづけていたブリヤンドは《悪魔の娘》（民話の国際話型313番）であり、若き主人公によって解放される時を待っていた。主人公がブリヤンドを手に入れるには、猪退治をふくむ通過儀礼の試練をへる必要があった（猪は怪物的な父親の分身である）。中世ウェールズの物語『キルフーフとオルウェン』では、キルフーフがオルウェン（Olwen、ウェールズ語で《白い足跡》の意）獲得のために一連の試練をへている。ブリヤンドはもうひとりのオルウェンであり、物語の中ではメタファーとして白いオオタカが彼女の分身となっている。主人公ブランダンは、ブリヤンドにかけられた魔法を解除するためにオオタカを獲得しなければならない。ブリヤンドは輝くばかりの美貌をそなえ、白い肌は眩しいほどだった。眠るブリヤンドには、7人の乙女がかしずいていた（7つの惑星と、週の7日に対応している）。ブリヤンドの名は、（《高い》と《輝かしい》を同時に指す）ケルト語の語根「ブリグ」（*brig-）と結びついているため、ブリヤンドは「美しい季節」のみならず、（アイルランドの）キルデア修道院の創設者である聖女ブリギッド（Brigit）とも関連をもってくる。ブリヤンドとブランダンの結婚は聖アントワーヌの祝日（1月17日）

オルウェン
（アラン・リー作の挿絵）

におこなわれるため、2月1日の聖女ブリギッドの祝日への序曲となっている。ブリヤンドにはまさしく（ブリギッドの祖国アイルランドをさす）イルランド（Yrlande）という名の妹がおり、イルランドはブランダンの親友ギヨ・アルディ（Guillot Ardit）と結婚する。

【書誌情報】 F. Le Roux, «Brigitte et Minerve», *Ogam*, 22-25, 1970-1973, pp. 224-231. J. Vendryès, *Lexique étymologique de l'irlandais ancien*, Presses du CNRS, Paris, 1959, B-89 et 90 (brig-).

⇒キルフーフ、トゥルッフ・トルウィス、ブランダン

ブリュニッサン　Brunissen

オック語による物語『ジョフレ』に登場する、モンブラン（Monbrun）国を支配する姫君。領国はたえず悲しみにつつまれていたが、それはブリュニッサンの宗主にあたる勇猛な騎士（メリヤン Méliant）が、トーラ・ド・ルージュモンによって監禁され拷問を受けていたためである。ジョフレは彼女の領国に繁栄をとりもどさせ、彼女を妻に迎える。ブリュニッサンは（民話の国際話型571番に出てくる）「一度も笑ったことのない乙女」の特徴をそなえている。また彼女の領国ではいつもうめき声、叫び声、嘆きの声が聞こえた。ブラン（Brun）をふくむ彼女の名は（雌）熊をさすあだ名であり、モンブラン（Monbrun）は《熊の山》である。モンブランにやってきたジョフレは、耐えがたい眠気に襲われる（この場面は、熊の冬眠を想起させる）。そしてブリュニッサンの臣下たちがジョフレに暴行を加える。これは動物的な振舞いである。アンダルタ（Andarta）（語根「アルト（Art）」は「ブラン（Brun）」と同じく「熊」をさす）は、フランス南東部のドローム県から出土したガロ＝ローマ期の碑文に見つかるガリアの女神名である。《大きな雌熊》（または《偉大な雌熊》）という意味は、「女神アルティオ（dea Artio）」（雌熊の女神）が具現する《支配権》の表象にあてはまる。アルティオを象ったブロンズ像は、スイスのベルン歴史博物館に所蔵されている。

女神アルティオと熊
（ベルン歴史博物館所蔵）

【書誌情報】H. Desaye, «Les divinités indigènes dans l'épigraphie latine des Voconces septentrionaux», *Histoire et archives drômoises*, 12, 1992, pp. 19-31.

【邦語文献】 渡邉浩司「ガリアの女神」松村一男・森雅子・沖田瑞穂編『世界女神大事典』原書房、2015年、pp. 362-374（「アルティオ」はpp. 362-363、「アンダルタ」はp. 364）。

⇒熊、ジョフレ

ブリュヌホルト Bruneholt

『クラリスとラリス』に登場する、ブロセリヤンドに住む妖精。仲間のマドワーヌとともに、眠っていた騎士ラリスを捕えて不可思議の国へと連れ去る。ベルン本『トリスタン狂恋』では、狂人のふりをしたトリスタンがブリュヌオー（Brunehaut）を妹として紹介している。民間伝承によると、王妃ブリュヌオーは妖精であり、街道を建設したとされる（北フランス・アルトワ地方には「ブリュヌオー街道」がある）。武勲詩のひとつ『オーベロン』（*Aubéron*）に登場するブリュヌオーは、オーベロンと聖ジョルジュの祖母にあたる。

【書誌情報】J. Vannérus, «La reine Brunehaut dans la toponymie et la légende», *Bulletin de la classe des lettres de l'Académie royale de Belgique*, 24, 1938, pp. 301-420. Ph. Walter, *Le Gant de verre. Le mythe de Tristan et Yseut*, Artus, La Gacilly, 1990, pp. 270-272.

⇒トリスタン、ブロセリヤンド、マドワーヌ、ラリス

ブリュノール Brunor

父ブリュノールと同名の、恐れを知ら

ぬ優れた騎士。兄弟にディナダン（Dinadan）がいる。「丈のあわない上着（コット）をまとった騎士」ともよばれたのは、サイズがまったくあっていない鎖帷子（コット・ド・マイユ）を身につけてアーサー王宮廷に現れたからである。ブリュノールは、父の仇討ちに成功したら鎖帷子を脱ぐと約束する。『散文トリスタン物語』では、ブリュノールは「聖杯」の探索に参加している。トマス・マロリー作『アーサーの死』によると、マルディサント（Maldisant、「悪口雑言を言う人」）という名の乙女は、ともに冒険の旅に出たブルーノー（Breunor、ブリュノールの英語名）が騎士との戦いで負け続けたために彼を口汚く罵倒する。しかし最後にはブルーノーと結婚する。

ブリヨカドラン　**Bliocadran**

ペルスヴァルの父。『グラアルの物語』を伝える15写本中２写本のみが伝える、クレティアン・ド・トロワ以降に書かれた作者不詳のプロローグに登場する［この２写本はロンドン・大英博物館追加36614写本、およびモンス市立図書館331 / 206写本］。この作品はクレティアン・ド・トロワ作『グラアルの物語』の《釈義（エリュシダシヨン）》という位置づけにあり、「ペルスヴァルの父はだれか？」、「なぜペルスヴァルは母と２人だけで森で暮らしているのか？」というふたつの疑問に答えようとしている。この作品によると、ペルスヴァルの父ブリヨカドランは12人兄弟からなる一族の最後の生き残りであり、息子が生まれた頃に馬上槍試合で命を落とした。そこで母は息子を騎士の道から永久に遠ざけようとして、人里離れた森で息子と暮らす決意を固める。ペルスヴァルの父がブリヨカドランとよばれているのはこの作品のみである。12世紀以降の武勲詩に見られるように、息子の武勇伝が父親の武勇伝を生み出した可能性がある。中期ウェールズ語「カドゥル」（cadr）は《美しい、力強い》、古ウェールズ語「ブレウ」（bleuまたはbleo）は《髪》を意味する。そのためブリヨカドランは《美しい髪の男》だと考えられる。ジョゼフ・ヴァンドリエスがローマ＝ブリテンの神「ベラトゥカドルス」（Belatucadrus）の存在について指摘しているとおり、この神話的表象および対応する中世期の存在が光の宇宙的サイクルと関連をもっていた可能性もすてきれない（「ベル（Bel）」はアポロンのガリアでの異名のひとつであり、５月１日に行われた「ベルティネ（Beltaine）祭」にその名を残している）。このように考えると、ブリヨカドランを含む12人の兄弟は１年の12ヵ月か、黄道12宮を象徴している。

【書誌情報】E. Brugger, «Bliocadran, the father of Perceval», dans : *Medieval studies in memory of Gertrud Schoepperle Loomis*, Paris et New York, 1927, pp. 147-195. H. Newstead, «Perceval's father and welsh tradition», *Romanic review*, 36, 1945, pp. 3-31. L. Fleuriot, *Dictionnaire des gloses en vieux breton*, Klincksieck, Paris, 1964, p. 85 (bleu, bleo) et p. 92 (cadr). J. Vendryès, *La Religion des Celtes* (avec les compléments bibliographiques de P.-Y. Lambert), Coop Breizh, Spézet, 1997.

⇒アラン、家系、島、ペリノール

ブリヨブレリス　**Bliobléris**

クレティアン・ド・トロワ作『エレックとエニッド』、ラウール作『ラギデルの復讐』、ジェルベール・ド・モントルイユ作『ペルスヴァル第四続編』、作者不詳『リゴメールの驚異』に登場する円卓の騎士。『名無しの美丈夫』では「危険な浅瀬」の番人として登場し、主人公ガングランとの一騎討ちで敗れる。『リゴメールの驚異』では、リゴメール城で魔法にかけられていたブリヨブレリスをゴーヴァンが救う。『グラアルの物語』の『釈義（エリュシダシヨン）』では、先述のゴーヴァンとの一騎討ちで敗北し、アーサー王宮廷へ送られて素晴らしい語り部となる。語り部としての役割と、名前がブレリ（Bréri、またはブリヨブリエリスBliobliéris、ブリヨブレエリスBliobléhéris）と似ているため、この人物は［トリスタン伝説の伝播に貢献した物語作者］ブレリや、［魔術師メルランから口述筆記をまかされた］司祭ブレーズ（Blaise）と関係があると考えられてきた。これとは別に、古ブルトン語には《狼の憤激》を意味する「ブレイユドゥバラ」（Bleidbara）という名字もある。これはインド＝ヨーロッパの戦士団伝承に登場する、野獣戦士の名かもしれない。以上のことから、語り部となる騎士ブリヨブレリスは、高度な戦闘能力のほかに詩的才能をもちあわせたアイルランドの「フィアナ戦士団」の戦士を思わせる人物である。

【書誌情報】 W. Kellermann, «Le problème de Bréri», dans : *Les Romans du Graal aux XIIe et XIIIe siècles*, Presses du CNRS, Paris, 1956, pp. 137-148. L. Fleuriot, *Dictionnaire des gloses en vieux breton*, Klincksieck, Paris, 1964, p. 79.

⇒ブレリ

ブルターニュ　Bretagne

ほとんどの場合、アーサーが支配する王国「大ブルターニュ」（グレートブリテン、ブリタニア）をさしている。（ジェフリー・オヴ・モンマス作『ブリタニア列王史』をヴァースが古フランス語で翻案した）『ブリュット物語』は、ブルートゥス（Brutus）［フランス語名ブリュット（Brut）］による建国神話の起源について伝えている（「ブリタニア」の名はブルートゥスにちなんでつけられた）。ロムルス（Romulus）の従兄弟にあたるブルートゥスは、トロイ戦争の生存者である。ブルートゥスによる島の建国神話は、競合関係にあったフランク族のトロイ起源説をおとしめようとするものだった。14世紀前半に書かれた物語『ペルスフォレ』によると、百年戦争の最中にこの建国神話は逆にイングランド人へはね返ってくることになった（この物語の描くブルートゥスは、ブリタニアの歴代の王と同じく、親殺しにして王殺しとされているからである！）。２世紀前のジェフリー・オヴ・モンマスやヴァースが描くブルートゥスはそのような姿ではなく、島を征服してブリトン人の王朝を創設した文化英雄だった。アーサーはそうした王のひとりに数えられている（ヴァースによるとアーサーは542年に亡くなった）。［ラテン語でアルモリカとよばれたフランスのブルターニュ半島をさす］「小ブルターニュ」という表現はかなり早くから使われはじめ、ヴァースもすでにもちいている。アーサーによる侵略が大陸にまで（アルモリカをはるかに越えた地域まで）およんでいたためである。こうした大小ふたつのブルターニュは、12世紀の史実に対応している。（書物の形によるアーサー伝説の流布を後押しした）プランタジネット朝の領土は、イギリス海峡をまたいで島と大陸の双方にあったからである。そのため、プランタジネット朝のアングロ＝ノルマン・アンジュー帝国の領土（これに王妃となったアリエノールが夫ヘンリー２世にもたらした大陸のアキテーヌ領も加わった）にとって、アーサーはイデオロギーの上で準拠すべき存在となった。『ブリュット物語』が描くアーサー王による侵略戦争はひとつの想像世界（イマジネール）を創り上げているが、その雛形としてアイルランドの島の神話を語った『アイルランド来寇の書』［11世紀に創作された虚構の史書］をあげることができるだろう。ブリタニアの起源を語った作品はほかにもあり、アーサー王物語群の中にその名残が見つかることもある（さらにジェフリー・オヴ・モンマスの著作にもそれはあてはまる）。ブルートゥスの到来以前、ブリテン島に住んでいたのは巨人族であり、ブルートゥスがこれを征服した。［ウェールズ国立図書館が所蔵する］（14世紀の写本）『フラゼルフの白い本』によると、ブリテン島はもともと《マルジン（メルラン）の地》とよばれていたという。そのため占者メルランは、ブリトン人の世界が誕生したときから存在する《原初的人間》なのである。

【書誌情報】E. Brugger, «Über die Bedeutung von *Bretagne, Breton* in mittelalterlichen Texten», *Zeitschrift für französische Sprache und Literatur*, 20, 1898, pp. 79-162. E. Faral, *La Légende arthurienne*, Champion, Paris, 1929, pp. 262-293 (la légende de l'origine troyenne des Francs). C. Beaune, *Naissance de la nation France*, Gallimard, Paris, 1985. E. Baumgartner, «Brut et les ancêtres d'Arthur», *PRIS-MA*, 11, 1995, pp. 139-148.

【邦語文献】 原聖『〈民族起源〉の精神史—ブルターニュとフランス近代』岩波書店、2003年。

⇒ケルト的

ブルツェッラ・ガイア　Pulzella Gaia

⇒陽気な乙女

ブルテル　Bretel

ロベール・ド・ボロン作『メルラン』に登場する、タンタジェル公の助言者のひとり。メルランがブルテルの姿になっていたのは、（みずからもタンタジェル公に変身していた）ユテルが公妃イジェルヌと枕をともにした夜のことである。『アーサー王の最初の武勲』によると、ブルテルは後にアーサーの助言者になり、サクソン軍対アーサーの戦いに積極的に参戦した。ブルテルの名はブルターニュ（Bretagne）の語根のみならず、聖女ブリジット（Brigitte）（またはブリットBrite）にも由来している。聖女ブリジットの祝日は２月１日であり、アーサーが母の胎内に宿ったと考えられる日、つまり聖燭祭（２月２日）の前日にあたる（聖燭祭の翌日は聖ブレーズの祝日にあたる）。（聖燭祭の日から翌日にかけておこわれる《熊祭り》で顔を炭で黒く塗るという）慣例は仮面で顔を隠す儀礼に相当し、アーサー懐胎の夜にユテルとメルランが行う変身とつながっている。

【書誌情報】Ph. Walter, *Arthur, l'Ours et le Roi*, Imago, Paris, 2002, pp. 101-124.

⇒アーサー、メルラン、ユテル・パンドラゴン

フレゲターニース　Flegetânîs

ヴォルフラム・フォン・エッシェンバハ作『パルチヴァール』で言及されている異教徒の名。フレゲターニースがアラビア語で書いた「グラール」（Grâl）の物語の最初の版を、プロヴェンツの人キオート（Kyôt）がドーレト（スペインのトレド）で発見した。キオートはこの

原典を頼りに『パルチヴァール』を書きあげ、最後にヴォルフラムが物語を完成させた。フレゲターニースという名を作っている「ファラク」(falak、「天」)と「サーニー」(thâni、「第二の」)というふたつのアラビア語は、占星術によると「第二天」(つまり水星天)を意味している[第一は月、第三は金星、第四は太陽天、火星、木星、土星とつづき、第八天は恒星天となる]。フレゲターニースは「それぞれの星がどのように周行し帰行するのかを予測する」ことができたという。フレゲターニースが実在の人物であれ虚構の人物であれ、『パルチヴァール』の象徴体系に占星術の知識が深く浸透していることにかわりはない。

【書誌情報】P. Ponsoye, *L'Islam et le Graal*, Arché, Milano, 1976. Ph. Walter, *Album du Graal*, Gallimard, Paris, 2009.

⇒占星術

ブレーズ　Blaise

ロベール・ド・ボロン作『メルラン』以降の作品では、メルランの母親の聴罪司祭だった師ブレーズは、メルラン本人が心を許す友になって口述筆記をまかされるようになる。そのためブレーズはアーサー王国の年代記作者であり、公式にはアーサー王物語の最初の作者にあたる。ブレーズはメルランが悪魔により生を享けた秘密に通じている。(物語群が覆い隠している)伝説の口承版によれば、実際にはブレーズがメルランの生みの親である可能性も否定できない。ドイツ語の「ブラーゼン」(blasen)は、よく知られている性的な意味のほかに、息を吹きかけるという動作を表わす。メルランの母親を妊娠させた男性夢魔(インクブス)自身にも、気息の性質がそなわっている。

獣たちに囲まれて祈る聖ブレーズ
(16世紀の三連祭壇画)

メルランとブレーズ

メルラン(左)は定期的にノルサンベルラントの森へ戻り、みずから体験した冒険と聖杯の物語を、母の聴罪師であるブレーズ(右)に書き取らせる。中世フランスの写本挿絵

〈2月3日の記憶〉　ブレーズは、カルナヴァルの時期の真っ只中の2月3日に祝日をもつ聖人を想起させる。ヤコブス・デ・ウォラギネが編纂した『黄金伝説』によると、(2世紀に)アルメニアのセバステで司教を務めた聖ブレーズ[ラテン語名ブラシウス(Blasius)、ギリシア語名ブラシオス(Blasios)]は森の中へ引きこもって動物たちとともに暮らし、動物たちと意思疎通ができた(これと同じく、メルランの仲間であり心を許す友だった師ブレーズはノルサンベル

ラント（ノーサンバランド）の森で暮らし、メルランが語る話を書きとめた）。聖ブレーズは魚の骨を飲みこんで窒息の危険があった子供を癒したため、喉の病に霊験あらたかとされた。聖ブレーズは鉄の櫛で拷問を受けた後に首を刎ねられたため、その拷問に使われた道具により毛梳き工、ラシャ製造業者、さらには布を扱うすべての職人の守護聖人となった。フランソワ・ラブレーによると、ガルガンチュアは聖ブレーズの祝日にあたる2月3日に生まれた。こうした神話と聖人伝の意味深長な文脈から、メルランが心を許す友としてのブレーズの名は、動物たちの主（「ブレイス（bleiz）」はブルトン語で《狼》をさす）とノルサンベルラントの森に隠遁したブレーズが書き記す任を負った占者の発する言葉をめぐる、異教の古代神話を蘇らせたのだと推論できる。ブレーズ（《狼》）とメルラン（《海の人》）との結びつきは現実のものではなく、神話的性質のものである。それは『ギヨーム・ダングルテール』（*Guillaume d'Angleterre*）という物語に登場する、マラン（Marin、《海の人》）とルヴェル（Louvel、「若い狼」）という双子のペアを思いおこさせる。さらにジェフリー・オヴ・モンマス作『メルリヌス伝』には、メルリヌス（メルラン）が灰色の狼とともにいたと記されている。

〈名前の語源〉 古代ギリシア世界（ピュタゴラスの学説）から受けつがれた中世の聖霊論から、ブレーズの名を理解することが可能である。中世期にはこの「ブレイス」（bleiz）という綴りは、相当数の人名の中でbleidの形をとっていた。ウェールズ語でこれに相当するのは「ブライズ」（bleidd）である。中世ウェールズの『マビノギの4つの枝』の第四の枝「マソヌウィの息子マース」（*Math Fab Mathonwy*）にはブレイズン（Bleiddwn、《狼の子》）という人物が出てくるが、この名前に見られるウェールズ語のdd-は英語の摩擦音th-のように発音される。ドイツ語「ブラーゼン」（blasen、《息を吹きかける》）、中期ネーデルランド語「ブラーゼン」（blazen、《膨らむ》）は、膨張、あるいは空気や気息で膨らんだ器官を想起させる。中世の想像世界では、クジラや狼にこうした特徴がそなわっていた（詩人フランソワ・ヴィヨンは15世紀の時点でもなお狼どもが「飢えてただ風を食らい」と説明している）。この表現は換喩であり、《膨れ上がった》動物たちをさしている。ブレーズは、彼自身の肉体の覆いを膨らませる精霊＝気息なのである。この気息には生気がある。（ギリシア的な意味での）この「ダイモン」は文字通りには精霊としての魂、「アニムス＝アニマ」である。喉は気息が生気を維持するために通過する場所であり、気息を制御すると同時に生きた気息に満ち溢れた言葉を発するところでもある。本来の言葉にそなわっているのは言語活動の道具となる以前の純粋な気息であり、それは物理的・生理学的な現れである。言葉をもっぱら知的に理解するときには、その背後に活動中の気息にそなわる物理的なエネルギーを同時に感じ取らなければならない。この気息は、処女懐胎を招いたスペルマとしての「ロゴス」のように創造的なものである（神は「聖霊」の《息吹》によって聖母マリアを懐胎させた）。

【書誌情報】 M. Détienne, *De la pensée religieuse à la pensée philosophique : la notion de daimon dans le pythagorisme ancien,* Les Belles Lettres, Paris, 1962. C. Gaignebet, *A plus haut sens*, Maisonneuve et Larose, Paris, 1986. Ph Walter, *Merlin ou le savoir*

du monde, Imago, Paris, (2000) 2014.
⇒メルラン

ブレリ　Bréri

何編かのアーサー王物語の典拠あるいは普及者として名があげられている人で、実在の人物と考えられている（なかでもトマ作『トリスタン物語』での言及を参照）。ウェールズ出身のギラルドゥス・カンブレンシス（Giraldus Cambrensis、フランス語名ジロー・バリGiraud de Barri）は『カンブリア地誌』（*Descriptio Cambriae*）（第17章）で、ブレリをラテン名で「ブレドヘリクス」（Bledhericus）とよんでいる。そのため、彼は3か国語（ラテン語、ウェールズ語、古フランス語）を操ることができたと推測される。しかしブレリとは名義にすぎない可能性もある（中世文学では慣例としてしばしば、想像上の後ろ盾や権威が援用されていた）。そのためブレリの名をブレーズ（Blaise）の名と関連づけることができる。ブレーズは散文「聖杯物語群」の中で、メルランが口述したアーサー王の時代の大年代記を執筆する任を負っていた人物である。

【書誌情報】W. Kellermann, «Le problème de Bréri», *Les Romans du Graal aux XIIe et XIIIe siècles*, Presses du CNRS, Paris, 1956, pp. 137-148.
⇒ブリヨカドラン、ブリヨブレリス

ブレンニウス　Brennius

ジェフリー・オヴ・モンマス作『ブリタニア列王史』に登場するベリヌス（フランス語名ベランBelin）の弟。この人物のモデルはおそらく、4世紀にローマへ侵攻したガリアの族長ブレンヌス（Brennus）である。この系統の名は人名だけでなく地名にも見つかり、ケルト文化圏全域に広がっている。たとえばブラン（Bran）という名はウェールズ語とアイルランド語に共通し、ガリア語にも「ブラノ」（Brano-）や「ブランノ」（Branno-）という形で出てくる。アイルランド神話のダグダ（Dagda）がアイルランド王として登場するのと同じく、神であったブランもブリタニア王へと姿をかえている。ブランは軍団を指揮する戦神である。

【書誌情報】J. T. Koch, «Brân, Brennos : an instance of early Gallo-Brittonic history and mythology», *Cambridge medieval celtic studies*, 20, 1990, pp. 1-20.
⇒ベリヌス

フロサン　Frocin

ベルール作『トリスタン物語』に登場する、占星術に通暁した小人。マルク王に仕えていたフロサンは、トリスタンとイズーの動きを見張り、星辰の運行を眺めることで、ふたりがいつ逢引きにおよぶのかをあらかじめ王に伝えた。トリスタンとイズーが逃亡し、「モロワの森」での生活をはじめた頃、フロサンはマルク王の耳が馬の耳だという秘密を暴露してしまい、王に首を刎ねられてしまう。フロサンの名は、「フロッグ」（frog、《蛙》）の派生語である可能性がある。

【書誌情報】M. Delbouille, «Le nom du nain Frocin», dans : *Mélanges de linguistique et de littérature romanes à la mémoire d'I. Frank*, Université de la Sarre, 1957, pp. 191-203. J. Berlioz, «Le crapaud, animal ambigu au Moyen Âge. Le témoignage des *exempla* et de l'art roman», dans : L. Bodson éd., *Regards croisés de l'histoire et des sciences naturelles sur le loup, la chouette, le crapaud dans la tradition occidentale*, Université de Liège, 2003, pp. 85-106.

【邦語文献】 佐佐木茂美「〈星占術師〉の介入（ベルール本『トリスタン』再考）」『竪琴』第29号、1992年、pp. 8-11；新倉俊一「王様の耳は馬の耳」『フランス中世断章―愛の誕生』岩波書店、1993年、pp. 208-226。

⇒占星術、マルク

ブロセリヤンド **Brocéliande**

（シャトーブリアンが『墓の彼方からの回想』第一の書・第六章でふれているように）ブロセリヤンドは、19世紀にはパンポン（Paimpont）の森だと考えられていた。しかしながらケルト期には、この森は開墾された荒れ地にすぎなかった。実際、ブロセリヤンドはケルトの記憶の中ではおそらく森の原型として存在したにすぎない。地理の上で正確な位置が分からない、夥しい数の《実在》の森がもつ特徴をよせ集めた場所だった。ブロセリヤンドの本来の姿は、「ネメトン」(nemeton)、つまり《聖域としての森》である。現在ではブロセリヤンドという名が定着しているが、これは中世の文献に出てくる「ブレシェリヤン」(Brecheliant)、「ブレシリアン」(Brecilien)、「ブリュセリエ」(Brucellier)といった名を改変したものである。これらの名は、「雑木林」をさす（ガリア起源の）「ブルイユ」（breuil）という語の系列に属している。冒険がくり広げられ、神々の住む「異界」でもあるケルトの森は、通過儀礼が行われる聖域である。つまり試練や冒険の場、「異界」の住人たちと対決する場でもあった。ブロセリヤンドは先祖代々受けつがれた（数多くの他の聖なる森と同じく）古代信仰や神話が息づいた森であるが、この伝説上の地名は中世期ではなく19世紀にロマン派の文人たちが考え出したものである。1820年、ポワニャール（Poignard）という名の治安判事がモンフォール＝シュル＝ムー（Montfort-sur-Meu）近郊にある巨石のひとつを《メルランの墓》と名付けた。ラ・マレット（la Marette）渓谷は1824年に《帰らずの谷》と名付けられたが、これはポワニャールの友人ブランシャール・ド・ラミュッス（Blanchard de la Musse）がつけた名である。

【書誌情報】C. Guyonvarc'h, «Nemeton. La forêt sanctuaire», dans : *Brocéliande ou l'obscur des forêts*, Artus, La Gacilly, 1990, pp. 34-36. F. Bellamy, *La Forêt de Bréchéliant ...*, Rennes, Plihon et Hervé, 1896 (réédition : La Découvrance, Rennes, 1995). M. Calvez, «Brocéliande et ses paysages légendaires», *Ethnologie française*, 19, 1989, pp. 215-226. F. Le Roux et C. Guyonvarc'h, *Les Légendes de Brocéliande et du roi Arthur*, Ouest-France, Rennes, 1997. Ph. Walter éd., *Brocéliande ou le Génie du lieu*, Presses Universitaires de Grenoble, 2002.

【邦語文献】 田辺保『ケルトの森・ブロセリアンド』青土社、1998年；辺見葉子「ブロセリアンド巡礼―「魔法の森」とケルティシズム」松田隆美・原田範行・高橋勇編『中世主義を超えて』慶應義塾大学出版会、2009年、pp. 1-26。

⇒ヴィヴィアーヌ、失われた岩山、帰らずの谷、ダムナス、鉄の腕、バラントン、ブラン（Brun）、ブリュヌホルト

フロリヤン **Floriant**

『フロリヤンとフロレット』の主人公。エリヤデュス（Elyadus）の息子。後にシュズィーユ（Suzille）（シチリア）王となる。妖精モルガーヌは、生まれてまもないフロリヤンを連れ去り、長きにわたってモンジベル（Montgibel）の居城にとめおく。成長したフロリヤンは武勇を重ね、やがてアーサー王宮廷にたどり着く。かつて家令だったマラゴ(Maragot)によって攻囲された母を救出したいというフロリヤンに、アーサー王は援軍を約束する。一方でコンスタンティノープル皇帝フィリメニス(Filimenis)は、マラゴから依頼を受けて救援に駆けつける。こうしてフロリヤンは皇帝の娘フロレット(Florette)と出会う。アーサー王の加勢をえたフロリヤンにマラゴ軍が敗北すると、フロリヤンはフロレットを娶り、フロアール(Froart)という名の息子をもうける。フロリヤンがその後に挑む一連の冒険は叙事詩的な性格のものであり、それによりローマをサラセン軍の支配から解放する。その間、フロリヤンはあえて《美貌の野人》(Beau Sauvage)と名乗る。妻の父フィリメニスが亡くなると、フロリヤンはコンスタンティノープルの帝国を受けつぐ。その後のある日のこと、狩りの最中にフロリヤンは眩い雄鹿を見つけて追跡するうちに、妖精モルガーヌの居城モンジベルにたどり着く。フロリヤンは連れてこられたフロレットとともに、モンジベルにその後ずっととどまったという。主人公がフロリヤンと名づけられたのは、5月に母がある庭園のリンゴの木の下で息子を身籠ったからである(ここでそれとなく言及されている脈絡は、トルバドゥール(南仏詩人)やトルヴェール(北仏詩人)が歌った抒情詩を通じてよく知られていた、新緑歌や5月祭である)。「花」と結びついたフロリヤンの名は(妻の名フロレットとも響き合っており)、12世紀中頃に著された(アーサー王物語には属さない)牧歌的な物語の主人公、フロール(Flore)とブランシュフルール(Blanchefleur、「白い花」)の名を想起させずにはおかない。「美貌の野人」という異名は、フロリヤンが2月生まれであることと関連している。葉のこんもり茂った5月の木々の下で母の胎内に宿ったフロリヤンが9か月後のカルナヴァルの最中に誕生するのは、野人が出現する典型的な季節だからである。モルガーヌの国へたどり着き、そこに永遠にとどまることになると、フロリヤンは野人のままでもとの姿にもどれなくなる。

【書誌情報】 H. Williams, Introduction et notes de son édition de l'œuvre : *Floriant et Florete*, University of Michigan Press, Ann Arbor, 1947, spécialement, pp. 26-40. W. Mannhardt, *Wald- und Feldkulte. Der Baumkultus der Germanen und ihrer Nachbarstämme*, Borntraeger, Berlin, 1875. L. Harf-Lancner, *Les Fées au Moyen Age. Morgane et Mélusine. La naissance des fées*, Champion, Paris, 1984, pp. 277-279. Ph. Walter, *La Mémoire du temps*, Champion, Paris, 1989, pp. 253-265 (fêtes de mai).

⇒野人

ブロン　Bron

アリマタヤのヨセフの義弟で、エニジュスの夫。ブロンにはアランをふくむ12人の息子がいた(ほかにも複数の娘がいた)。ブロンはアリマタヤのヨセフから「聖杯(サン・グラアル)」を受けとる。ブロンが「豊かな漁夫」とよばれたのは、アリマタヤのヨセフのテーブルに載せる魚を釣りあげたからである。このテーブルが「聖杯(グラアル)のテーブル」となる。ロベール・ド・ボロンは、(クレティアン・ド・トロワ作『グラアルの物語』に出てくる)漁夫王という完全に異教起源の人物を(魚の象徴的意味を介して)キリスト教的に再解釈した。そのとき、「受難」の前日にキリストが行った「最後の晩餐」に対応する聖体拝領を思わせる神話物語を創り出した。その神話物語を、実体変化（パンとワインという聖体の形色が実際にキリストの体と血に変わること）の秘儀の例証としたのである。ブロンはアーサー王の時代まで生き長らえ、「聖杯」をアイルランドの島で保持していた。ブロンは年老いた不具王だった。『散文ペルスヴァル』によると、ペルスヴァルが一連の冒険をへた後に出会うのは、彼の祖先にあたるこのブロンである。「聖杯（サン・グラアル）」を前にしてブロンは体の自由を取り戻すと、ペルスヴァルに「聖杯」と「槍」を授ける。その槍はロンギヌスがキリストの脇腹をつき刺すのに使ったものだった。ブロンはそのほかにも、アリマタヤのヨセフから伝え聞いていた秘密の言葉をペルスヴァルにあかす。それはヨセフがキリスト自身から授かっていた言葉だった。同じ『散文ペルスヴァル』によると、ブロンはペルスヴァルの祖父に相当するらしい。ブロンの名はブラン（Bran）の名が変形したものであり、なおかつエブロン（Hébron）の名が改変されたものだと考えられてきた。またこれとは別に『聖女ブリギッド伝』によると、聖パトリック（フランス語名パトリス）にはブルーン（Broon）という名の弟子がいた。

【書誌情報】 M. Insolera, «Robert de Boron, lo Pseudo-germano e Onorio Augustodunense. Il Graal e il mistero della transsustanziazione», *Romania*, 108, 1987, pp. 268-287. Ph. Walter, «Le Graal, le saumon et *l'ichthus*. Chrétien de Troyes et Robert de Boron», *Recherches et travaux* (Grenoble), 58, 2000, pp. 29-38.

⇒アラン、アリマタヤのヨセフ、エニジュス、エブロン、漁夫王

ブロンド・エスメレ　Blonde Esmérée

ルノー・ド・ボージュー作『名無しの美丈夫』のヒロイン。グラングラス（Gringras）王の娘。魔法にかけられ（大蛇の姿に変身させられていた）が、ガングランが接吻をおこなうと人間の姿に戻る。このエピソードは民話の国際話型307番（「魔法を解かれた王女」）の図式を踏襲している。ブロンド・エスメレの名は、換喩（メトニミー）により「黄金の髪をした貴婦人」をさしている。これはケルトの理想的な美女像であるだけでなく、支配権の象徴でもある。宮廷風文学の想像世界（イマジネール）では、ブロンドは太陽を象徴する黄金の色である。

⇒ヴィーヴル、ガングラン

ベイドン　Badon

⇒バドニス（山）

ベイラン　Balan

⇒バラアン

ベイリン　Balin

⇒バラエン

ヘヴロディス（エヴロディス）　(H)eurodis

ラテン語ではエウリュディケ（Eurydice）。ヘヴロディス（エヴロディス）というのは、中世期にエウリュディケ（Eurudikê）という名のニンフに与えられた名前である（ギリシア語で《広く裁く》をさすエウリュディケは、おそらく冥界の女神を形容する語である）。ギリシア神話によると、エウリュディケは毒蛇にかまれて死んでしまう。そこで夫のオルペウス（Orpheus）は冥界に下り、妻を地上へ連れ帰ろうとするが、失敗に終わる。6世紀にはフルゲンティウス（Fulgentius）が『神話学』（*Mitologia*、III, 10）で、エウリュディケを《思慮深い判断》のアレゴリーと解釈した。オーセールのレミギウス（Rémi d'Auxerre）は10世紀にもなお、エウリュディケを《知恵》（sapientia）の象徴と考えていた。また［6世紀に活躍したイタリアの哲学者］ボエティウスが『哲学の慰め』III, 12、第50～第55行で彼女をタルタロスの《恐るべき深遠》の象徴だと考えたのは、エウリュディケがもたらす愛と喜びが偽りの幸福であるにもかかわらず、オルペウスがそれを礎にして自分の人生を築いてしまったからである（これは原罪のテーマである）。これ以降の後続する数世紀のあいだにエウリュディケは、（ギヨーム・ド・コンシュGuillaume de Conchesやニコラス・トリヴェットNicolas Trivetにより）《人間の心に固有の情欲》、（アルノルフ・ドルレアンArnolphe d'Orléansやジョヴァンニ・デル・ヴィルジリオGiovanni del Virgilioにより）《悪徳》、（ピエール・ベルシュイールPierre Bersuireがおこなったオウィディウス作『変身物語』の注解により）《新しいイヴ》像とみなされた。14世紀に中英語で書かれたブルターニュの短詩『サー・オルフェオ』（*Sir Orfeo*）によると、「妖精王」による王妃ヘヴロディスの誘拐は、ギリシア神話の素材をケルトのテーマにあわせて仕立てあげた作品の興味深い例となっている。『サー・オルフェオ』には、嗜眠状態にあった奥方の誘拐（あるいは「駆落ち（アテドaithed）」）、果樹園、王の苦しみといったテーマが認められる。しかし和らげられた「荒猟（ワイルド・ハント）」のモチーフ、強硬症患者を思わせる王妃の眠り、ヘヴロディスという名前自体（語源にはないHの文字が名前の中に現れるのは、1330年頃である）が、英語圏の聴衆には「荒猟」を先導したヘロディアナ（Herodiana）、つまり《（死者たちの）軍勢を率いる幽霊》ヘレダインナ（Heredáinna）を連想させることは間違いない。ヘレダインナの名は、《死ぬ》をさす動詞の語根「ダー」（dá）に由来し、この語根は「強硬症（カタレプシー）」も意味している。

【書誌情報】 M.-T. Brouland, *Le Substrat celtique du lai breton anglais Sir Orfeo*, Didier, Paris, 1987. J. B. Friedmann, *Orpheus in the Middle Age*, Harvard University Press, Cambridge (États-Unis), 1970. R. Graves, *Les Mythes grecs*. Fayard, Paris, 1967 (Sur les déesses «Euru-dike» et chthoniennes).

⇒オルフェ、スヴネ・ゲルト

ベディヴィア　Bedivere

⇒ベドワイエ

ペトリュス　Petrus

フランス語名ピエール（Pierre）のラテン語形。想像上の人物。アリマタヤのヨセフの友人。ロベール・ド・ボロン作『聖杯由来の物語』で、キリストが「最後の晩餐」にもちいた杯を「グラアル」とよんだのがペトリュスである。その折にペトリュスは、（「グラアル（Graal）」という語と、「喜ばせる」を意味する動詞の活用形「アグレ（agrée）」との言葉遊びをもちいて）「グラアル」は見る者を誰でも《喜ばせる》と説明した。「グラアル」は、大ブリテン島へ向けて西方へ運ばれることになったとき、ペトリュスに委ねられる。ペトリュスはさらに、漁夫の手から逃げ出して海へもどることのできた魚のモチーフを、「聖杯（サン・グラアル）」と結びつけている［ペトリュスは「グラアル」とともにとどまり喜びを感じる人を、逃げおおせて充実感を感じた魚になぞらえている］。こうした魚のイメージは、『コーラン』第18章（61節）や、ペトロと関連したキリスト教外典にもとづく文学作品にも見つかる。

【書誌情報】C. Gaignebet, «Sarras», dans: *Dictionnaire des lieux et pays mythiques* (sous la direction d'O. Battistini et *alii*), Laffont, Paris, 2011, pp. 1082-1087.

⇒ブロン

ベドワイエ Bédoier

ラテン語名ベドウェルス（Beduerus）、英語名ベディヴィア（Bedivere）。ジェフリー・オヴ・モンマス作『ブリタニア列王史』やヴァース作『ブリュット物語』によると、アーサー王に仕えた献酌侍従。クレティアン・ド・トロワ作『エレックとエニッド』では、ベドワイエはチェスやテーブルゲームが得意だとされている。ジェフリーによると、ベドウェルスはローマ軍との戦いで亡くなっている。ベドウェルスは、ノルマンディーの町バイユー Bayeux（ラテン語バイオケ Baioce）の町の名と音声がよく似ているため、バイユーの創建者だと考えられている。『ブリュット物語』によれば、ベドワイエはバイユーに埋葬されたという。また同書にはモン＝サン＝ミシェルの巨人退治に向ったアーサーの手助けをしたと書かれている。ヴァース作『ブリュット物語』以降、ベドワイエは物語世界から姿を消し、アーサー王の酌係の役割をリュカンが務めるようになる。中英語で書かれた物語群では、ベディヴィアとルーカン（リュカン）は兄弟である。トマス・マロリーによると、ベディヴィアは死の縁のアーサーから任務を託される（王の依頼にこたえて、湖の中に名剣エクスカリバーを投げ入れる）。ベドワイエには手がひとつしかない。インド＝ヨーロッパ神話では酌係が不死の饗宴の準備を任されていたため、ジョルジュ・デュメジルが言うところの《アンブロシアの伝説サイクル》に属していると考えられる。そのためベドワイエは、（豊穣と多産を司るという）明確な役割をもつケルトの神を想起させる。

【書誌情報】G. Dumézil, *Le Festin d'immortalité*, Geuthner, Paris, 1924.

⇒リュカン

蛇 Serpent

ラテン語で蛇は「ドラコー」（draco）とよばれる。幻想的な生き物をさす「ドラック」（drac）や「ドラゴン」（dragon）は、「ドラコー」に由来する。しかし「ドラック」や「ドラゴン」のすべてが、本来の意味での「蛇」に相当するわけではない。フランス語で「蛇」をさす「セルパン」（serpent）は、《這う》をさすラテン語の動詞「セルポー」（serpo）から派生した形容詞「セルペンス」（serpens）に由来する。実際には、蛇とドラゴンの象徴的意味は同じである。

【書誌情報】«Serpents et dragons en Eurasie», *Eurasie*, n° 7, 1997, L'Harmattan, Paris. M. Bile, «Étymologies», dans : J.-M. Privat (dir.), *Dans la gueule du dragon. Histoire, ethnologie, littérature*, Pierron, Sarreguemines, 2000, pp. 121-133.

⇒カラノーグ、ドラゴン

ベラカーネ　Belacâne

ヴォルフラム・フォン・エッシェンバハ作『パルチヴァール』に登場する、主人公パルチヴァールの父ガハムレトの最初の妻。アフリカの伝説の国ツァツァマンクの女王。ベラカーネがガハムレトとのあいだにもうけたフェイレフィース（Feirefîz、《本当の息子》）は、異教徒ではあったが通過儀礼としての洗礼を受けることで、異母弟にあたるパルチヴァールとともに、「グラール」（Grâl）の城へ入ることが許される。ベラカーネの名はおそらく、旧約聖書に登場するシバの女王、ビルキス（Bilqis）を暗にさしている。

【書誌情報】 H. Adolf, «New light on oriental sources for Wolfram's *Parzival* and other grail romances», *Publications of the modern language association of America*, 62, 1947, pp. 306-324.

⇒ガハムレト、パルチヴァール

ベラン　Belin

⇒ベリヌス

ベリ　Beli

中世ウェールズの『マビノギの４つの枝』の第二の枝「スリールの娘ブランウェン」（*Branwen Ferch Llŷr*）によると、ベリはブリトン人の王たちの遠い祖先にあたる神的な存在であるため、アーサーの祖先でもある。この物語で《ベリ大王》（ベリ・マウル、Beli Mawr）とよばれているのは、彼が巨人だったからである。ベリの名は、［ガリアの太陽神アポロンの異名である］「ベレノス」（*Belenos,《輝かしい》）と関連づけて考えられてきた。ベリはブラーン（Brân）（ベンディゲイドヴラーン）の祖父か伯父にあたる（スリールの妻ペナルジンPenarddunは、ベリの娘や妹とされた）。そのためベリは、クレティアン・ド・トロワ作『エレックとエニッド』に言及のある「対蹠地（アンティポデス）」の王ビリ（Bili）を想起させる。ビリの名は、ブリヤン（Brian）（ブランBranの名が変形したものだろうか？）とも関連がある。

【書誌情報】 P.-Y. Lambert, *Les Quatre Branches du Mabinogi*, Gallimard, Paris, 1993, p. 358 note 5. C. Sterckx, «Les antipodes, Avalon et la mort de Lleu», dans : C. Bel et *alii* éd., *Contez me tout. Mélanges de langue et de littérature médiévales offerts à H. Braet*, Peeters, Louvain, 2006, pp. 307-312.

⇒ベリヌス、ビリ

ベリセント　Belisent

フランス語読みではベリザン（Bélisent）。（中英語による作者不詳の物語）『アーサーとマーリン』によると、イゲルネ（Ygerne）（フランス語名イジェルヌ）の娘でアーサーの姉妹にあたり、ロット王と結婚する。ガウェインはベリセントの息子である。ベリセントの名は、ガリアの太陽女神の名「ベリサマ」（*Belisama、《とても輝かしい》）に由来するのかもしれない。武勲詩には、（シャルルマーニュの娘をはじめとして）ベリッサン（Belissant）という名が複数見つかる。

【書誌情報】 A. Moisan, *Répertoire des noms propres de personnes et de lieux cités dans les chansons de geste*, t. 1, vol. 1, Droz, Genève, 1986, p. 229.

ベリナン　Bélinant

『散文ランスロ』に登場するふたりの人名。ひとりは巨人ガルオーに仕え、もうひとりはソルガル（Sorgales）王でドディネル（Dodinel）の父にあたる（ソルガル王ベリナンは、『アーサー王の最初の武勲』にも登場する）。どちらのベリナンも、ガリアの太陽神「ベレノス」（*Belenos）が姿を変えて物語に出てきたものである。

ペリニス　Périnis

王妃イズーに仕える小姓。イズーと同じようにアイルランド出身（ペリニスの名の語尾「イニス（inis）」がケルト諸語で「島」をさすのは、おそらくそのためである）。ベルン本『トリスタン狂恋』では、ル・モロルトがトリスタンとの一騎討ちで使った剣が刃こぼれし、ペリニスはトリスタンの身体に刺さったその刃の破片を預かっていた。運命の武具の破片を主人公にとっての（神的な）敵が保有するというモチーフは、北欧神話に見られるものである。北欧神話では、雷神トール（Thor）が投げつけた槌ミョルニル（Mjöllnir）と巨人フルングニル（Hrungnir）が投げた砥石が激突し、破壊された砥石の破片がトールの頭につき刺さっている。

【書誌情報】 G. Dumézil, *Mythes et dieux des Germains*, Leroux, Paris, 1939, p. 101.

⇒トリスタン、ル・モロルト

ベリヌス　Belinus

ジェフリー・オヴ・モンマス作『ブリタニア列王史』第45節と第46節によると、ベリヌスはグルグウィント・バルブトルック（Gurguint Barbtruc）の父。ベリヌスのモデルはおそらく、ガリアの太陽神アポロン（Apollon）の異名のひとつ「ベレノス」（*Belenos、《輝かしい》）である。ブレンニウス（Brennius）はベリヌスの弟にあたる。ベリヌスの名はフランス語名ベラン（Belin）の形で、『散文ペルスヴァル』にも出てくる。

【書誌情報】 W. Roscher, *Ausführliches Lexikon der griechischen und römischen Mythologie*, Olms, Hildesheim et New York, 1886-1890 (réédition : 1978), t. I-1, p. 755. H. Dontenville, *Mythologie française*, Payot, Paris, 1973, pp. 101-116.

⇒ブレンニウス

ペリノア　Pellinore

⇒ペリノール

ペリノール　Pellinor

リスティノワ王ペルアンの息子。中世フランス語韻文の物語群には出てこない。（1250年以降に書かれた）後期散文物語群には、ペルスヴァルの父として登場する。中英語の物語（『アーサーとマーリン』やトマス・マロリー作『アーサーの死』）では、ペリノール（英語名ペリノアPellinore）は「群島王」や「漁夫王」の名でよばれている。『アーサーの書』によると、ペリノールは「荒れ森」（Gaste Forêt）の王であり、「聖杯」の不思議な力をひどく疑っていた。そのため天からやってきた槍で両腿を刺され、怪我を負う。天の声はペリノールに、その怪我が治る日に彼がこの世を去ることになると予言する。クレティアン・ド・トロワは『グラアルの物語』の中で漁夫王を謎のままに残したが、この漁夫王をもとにして「遡及的」に創り出されたのが《不具》王ペリノールである。ペリノール、ペレスやペルアンからなる《不具王》の系譜は、神聖な怪我をめぐる同一の神話物語のさまざまな形でのくりかえしである。ペリノールに怪我を負わせた槍は、ギリシア神話のアキレウスの槍を想起させずにはおかない。アキレウスの父ペレウス（Peleus）もまた、結婚したときにケンタウロス族の智者ケイロン（Cheiron）から特別な槍を受けとっている。

【書誌情報】W. A. Nitze, «How did the Fisher King get his name ?», dans: U. Holmes éd., *Mediaeval studies in honor of J. D. M. Ford,* Harvard University Press, Cambridge, 1948, pp. 177-182.

⇒漁夫王、ペルアン、ペレス

ペルアン　Pellehan

後期流布本系『続メルラン物語』に登場するペルアン王は、クレティアン・ド・トロワ作『グラアルの物語』に登場する漁夫王を変形させた人物である。「危険な宮殿の城」(Château du Palais Périlleux) に住むこの「聖杯」王は、聖なるオブジェをもっていた。リスティノワ王国を支配するペルアンには、ガルラン（Garlan）またはガラン（Galant）という兄弟がいた。「聖杯」とともにあった槍によりバラエンから怪我を負わされたペルアンは、「苦しみの一撃」の犠牲者である（これは、クレティアン作『グラアルの物語』が描く漁夫王の怪我と「血の滴る槍」についての「遡及的な」解釈である)。ペルアンの名を、ウェールズ語による『ブリテン島三題歌』に言及のある「祝福されたブラーン（Brân)」の派生形として解釈する説が出されている。ブラーンが亡くなった人を蘇生させる鍋をもっていたからである。ブラーンは、妹のブランウェン（Branwen）がアイルランド王マソルッフ（Matholwch）に嫁ぐことになったとき、結婚祝いとして魔法の鍋を妹に授けている。ある戦闘のさなかにブラーンは片足か片脚に怪我を負い、魔法の鍋が壊れてしまう。ペルアンはまた、アイルランド神話に登場するダグダ（Dagda）を想起させる。ダグダもまた豊穣の鍋をもっていたからである。ドルイド的な神ダグダは、トゥアタ・デー・ダナン族の神々の序列の中で、ルグ（Lug）についで重要な位置にあった。このようにペルアン王は魔術的なオブジェをもつ王の化身だと考えられる。そしてその雛形にあたるウェールズ神話のブラーンのように、その体に負った怪我には通過儀礼的な意味あいがある。古ウェールズ語「ペセハヴ」(pelleham) が、形容詞の最上級で《最も遠い》を意味することから、ペルアンは始原の人物だと考えられる。ペルアンの名については、アイルランド語「ペル」(pell、《「動物の」皮》）をふくむ合成語という、別の語源的解釈も可能である。

【書誌情報】L. Fleuriot, *Dictionnaire des gloses en vieux breton,* Klincksieck, Paris, 1964, p. 282 (pelleham).

⇒ガラン（ガルラン)、漁夫王、苦しみの一撃、ペレス、リスティノワ

ベルキス　Bélchis

⇒ベルギス

ベルギス　Bergis

《やぶにらみの》(リ・ロイス、Li Lois）ベルギスとよばれる。名前にはベルキス（Belchis）という別名もある。『メロージス・ド・ポールレゲ』に登場する醜い騎士。カンパドワーヌ（Campadoine)、モンオー（Monhaut）のほか、複数の城の領主。息子にエピノーグル、義理の兄弟にメリヤン・ド・リス（Méliant de Lis）がいる。メロージスの表向きの訃報を信じたベルギスは、メロージスの恋人リドワーヌを軟禁し、息子と結婚させようとする。リドワーヌは伝令を介してゴルヴァン・カドリュに助力を求め、ゴルヴァン軍とベルギス軍の戦いが始まる。その戦いに身許を知られることなく参加したメロージスが活躍し、ベルギスはメロージスに臣従の誓いを立てる。そのためベルギスはリドワーヌの返還に応じざるをえなくなり、リドワーヌはようやく愛するメロージスとの再会を果たす。ベルギスは、松脂よりも黒い額の持ち主として描かれている。その醜さと意地の悪さから、ベルギスの名の語源はゲール語「ベルグ」(berg、《略奪者、強盗》）だと考えられる。この単語は呪文や妖術をも表わしている。

【書誌情報】 J. Vendryès, *Lexique étymologique de l'irlandais ancien*, Presses du CNRS, Paris, 1959, B 41 (berg).

⇒メロージス

ペルシヴェル　Percivelle

中英語の物語『ガレスのサー・ペルシヴェル』の主人公の名。この物語は、クレティアン・ド・トロワ作『グラアルの物語』よりもアングロ＝ノルマン語の民話から着想をえている。ペルシヴェルの物語は、ペルスヴァルの物語とはあきらかに一線を画している。「赤い騎士」はペルシヴェルの父を殺害する（父の名も息子と同じくペルシヴェルだった)。ペルシヴェルはガレス（ウェールズ）の森で山羊番をしながら幼少年期をすごし、母の館を離れるときには山羊の毛皮をまとった。そして野生の雌馬を手なづけて乗り物として使った。「赤い騎士」とその母を殺めたペルシヴェルは、猪を扱うようにふたりを火にかけて焼いた。ペルシヴェルは独身のまますごすわけではなく、救助に向かった「乙女たちの国」の女王ルファムール（Lufamour）を妻に迎える。この物語で最も重要なのは、ペルシヴェルが「グラアル」と出会わないという点である。そのため最初の《グラアルの英雄》は、ペルスヴァルではなくゴーヴァンだったではないかという推測がなり立つ。英雄の幼少年期を語るこの物語は、民話の国際話型650番（「怪力ジャン（ジョン、ハンス)」）に近い。

【書誌情報】 G. Paris, *Histoire littéraire de la France*, Imprimerie nationale, Paris, 1888, t. 30, pp. 254-261.

⇒ペレディール、幼少年期

ペルスヴァル　Perceval

クレティアン・ド・トロワ作『グラアルの物語』(1182年頃の作）に登場する、アーサー王に仕える騎士。「グラアル」を初めて目撃する人物。さまざまな冒険に挑み、生来そなわった騎士としての力量を若い頃からあきらかにしていく。しかし漁夫王の館で「血の滴る槍」と「グラアル」を目撃したときには、己の純朴さが災いして、救済をもたらすふたつの質問ができなかった。もしペルスヴァルがこのふたつの質問をしていれば、身体の自由を失っていた王（漁夫王）は健康をとりもどし、荒廃していた王国は呪いから解放されることになっていた。ペルスヴァルは（ケルト語の響きがまったくない）名前が示唆するように、「グラアル」を所有する漁夫王の館がある「谷」（ヴァル val）の秘密を《見抜く》（ペルセ percer）必要があったのである。事実、ペルスヴァルの名は、語源の言葉遊びから生まれている。こうした言葉遊びはクレティアンの続編作者たちにも受けつがれ、「ペルレスヴォース」(Perlesvaus、「谷を失う者」）や「ペルスフォレ」(Perceforêt、「森を通り抜ける者」）という名前が作り出されている。中世期の物語とは直接の関連はないが、（たとえば）フランス南東部のドーフィネ地方にはペルスヴァリエール（Percevalière)

という名の場所があり、谷の多い風景が広がっている。

〈宿命〉　三兄弟の３番目の子（末子）にあたるペルスヴァルは、初めて「グラアル」を目撃する騎士である。黄金製の「グラアル」（クレティアンの作品ではまだ「グラアル」はキリストの血を受けた「聖杯」ではない）は、他の魔術的なオブジェ（鉄製の「槍」や「剣」、銀製の「肉切台」）と関連している。そしてオブジェそれぞれがインド＝ヨーロッパ語族の三機能のいずれかに対応している［「グラアル」は第一機能＝主権性・神聖性、「剣」と「槍」は第二機能＝戦闘性・力強さ、「肉切台」は第三機能＝生産性・豊穣性に対応している］。（「異界」の国で目撃された）これらのオブジェは、ヘロドトス（『歴史』第四の書）がとり上げているスキタイ王家の神器と比較されてきた。ヘロドトスによるとこれらの神器［「盃」、「斧」、「犂」および「軛」］も同じように、三兄弟の末子が手に入れている。生まれながらに王位を継承する運命にあるペルスヴァルの物語は、クレティアン・ド・トロワ以降、アーサー王文学で描かれる「聖杯探索」を生む契機となる。しかし『グラアルの物語』のペルスヴァルは、厳密にいえば「グラアル」の《探索》に出たわけではない。彼はこのオブジェの存在を目撃するまで知らなかったからである。『グラアルの物語』の「続編」群では、ペルスヴァルは土星の影響を受けて「メランコリー」にとらわれ、遍歴騎士として探索をつづけている（雪の上に落ちた雁の血の滴を目にした後、ある年の聖金曜日に伯父の隠者からキリスト教の啓示を受けている）。

〈フィンとの類似〉　ペルスヴァルの幼少年期は、アイルランドの「フィアナ物語群」の中心人物フィン（Finn）の幼少年期と比較することによりあきらかになる。フィンの父クワル（Cumal）は、ペルスヴァルの父と同様に、息子が生まれる前に亡くなっている。フィンは誕生時にはデウネ（Demne）と名づけられ、ボドマル（Bodmall）とリアト・ルアフラ（Liath Luachra）という名のふたりの女ドルイドに預けられた。フィンの父を殺害したモルナ（Morna）一族に見つからぬよう、フィンは森の中で秘かに育てられた（ペルスヴァルの母が息子を森

クレティアン・ド・トロワ
『グラアルの物語』の写本挿絵

14世紀中葉のフランスの写本挿絵

（上左）ウェールズ風の服装をしたペルスヴァルが投槍を持ち、馬で狩りに出かける。

（上右）ペルスヴァルは森で騎士たちに出会うが、彼らを天使と勘違いし、その前でひざまずく。

（下左）ペルスヴァルが母の館を出立すると、母は悲しみのため気を失って倒れる。

（下右）ペルスヴァルは、アーサー王と王妃を侮辱した「真紅の騎士」を投槍で殺める。

の中で育てたのは、騎士道から遠ざけるためだった)。フィンはある試合で9人の敵を殺害する(ペルスヴァルは3人の敵を倒している。彼の対戦相手は順に、「真紅の騎士」とクラマドゥーおよびその家令である)。フィンはもともと父が所有していた「宝袋」(ペルスヴァルが「異界」で目撃した王家の神器に相当)をとりもどし、知恵の鮭を口にすることで通過儀礼をへる。こうしてフィンはついに獰猛な戦士団フィアナの頭目になる。フィンの偉業は、狩猟、魚釣り、占術もふくめた魔術と関連する。つまりフィンは単なる戦士ではなく、真の霊的な通過儀礼を経験した者なのである(ペルスヴァルにとっては、隠者からキリストの教えを学ぶことがこれにあたる)。『ティヨレの短詩』には、ギリシア神話のプロテウス(Proteus)のような原初的存在の化身である超自然的な父(雄鹿に変身する騎士)が登場する。この超自然的な父を媒介にペルスヴァルとフィンとの接点が見えてくる。

【書誌情報】K. Meyer, «Macgnimartha Find», *Revue celtique*, 5, 1881, pp. 195-204. Traduction anglaise par K. Meyer, «The boyish exploits of Finn», *Eriu*, 1, 1904, pp. 180-190. Ph. Walter, *Perceval, le Pêcheur et le Graal*, Imago, Paris, 2004.

【邦語文献】 渡邉浩司『クレチアン・ド・トロワ研究序説』中央大学出版部、2002年、第II部第1章および第III部第2章;渡邉浩司「ペルスヴァルに授けられた剣と刀鍛冶トレビュシェットの謎—クレチアン・ド・トロワ作『聖杯の物語』再読」『続　剣と愛と—中世ロマニアの文学』中央大学出版部、2006年、pp. 169-217。

⇒**折れた剣、輝く木、雁、漁夫王、グラアル、固有名詞、ゴルヌマン・ド・ゴオール、鮭、真紅の騎士、ティヨレ、トレビュシェ、秘密の神名、ブランシュフルール、ブリヨカドラン、ペリノール、ペルシヴェル、ペルレスヴォース、ペレディール、醜い乙女、幼少年期島**

ペルスフォレ　Perceforêt

1) 1313年に書きはじめられ1337年から1344年のあいだに完結した、中期フランス語による中世最大の長編物語。ジェフリー・オヴ・モンマス作『ブリタニア列王史』をおもな着想源としたこの物語は6つの書で構成されており、ブリテン島への文明の到来とアーサー王世界の前史を描いている。第一の書では、アレクサンドル大王(Alexandre le Grand)によるスコットランド王ガディフェールの戴冠、およびイングランド王ベティス(Bétis)の戴冠が語られる。第二の書では、ガディフェールとベティスがたがいの王国を訪ねあい、それぞれの国で権利と正義を確立させていく過程と、ガディフェール王が怪我を負い《不具王》となる経緯が語られる。第二の書から第四の書で語られているのは、ブリテン島に文明が徐々に広がっていくさまであり、第四の書にはふたつの王国の繁栄と凋落、ローマ軍による侵攻と破壊、新世代の騎士たちによる再興のはじまりが記されている。第四の書から第六の書には、新しい騎士たちによる王国の再建、キリスト教の到来と、キリスト教を奉ずる最初の王アルファザン(Arfasen)の戴冠によって異教が終焉するさまが描かれている。アーサー王伝承と非アーサー王伝承(その中には、ジャンヌ・ロッズによると「ロバの皮」、「青い鳥」、「青髭」、「シンデレラ」、「眠れる森の美女」などの民話がふくまれている)を素材とし、『ペルスフォレ』はさまざまなスタイル(そこには喜劇的な要素もふくまれる）をもちいてアーサーの系譜を新たに作りあげている。そしてアーサーの祖先として、ガディフェール、ペルスフォレ、アレクサンドル大王を組みこんでいる。

2）『ペルスフォレ』の主人公（第一の書から第六の書まで）。もともとはベティス（Bétis）とよばれていた。ペルスフォレはイングランドの王位に就いた後、ダルナン（Darnant）の森での冒険に最初に挑んだ騎士となる。魔術師とその邪悪な一族が支配するこの森でペルスフォレは騎士ダルナンと出会い、槍試合で戦う。そしてダルナンの魔法や変身をかわしつづけた後、小人と乙女の願いを聞き入れ、ダルナンの首を刎ねる。この森での冒険により、ベティスはペルスフォレ（「森を通り抜ける者」）とよばれるようになる（ペルスフォレの名はペルスヴァルの名をそっくり真似たものである）。イングランドとスコットランドの騎士たちがとりかこむダルナンの森は、数多くの驚異の舞台であり、その驚異はガラフュールが森での冒険を終わらせる第六の書までつづく。ベティスによって森に「至高神」（Souverain Dieu）の神殿とヌフシャステル（Neufchastel）という名の宮殿が建設される。宮殿の中に作られた大広間フラン・パレ（Franc Palais）にあるテーブルは、ブリテン島の最良の騎士たちを集めたフラン・パレ団の拠点となる（このテーブルは「円卓」を予示している）。イングランド王国はその後（ローマ軍により）滅ぼされ（第四の書）、ついで（ブリテン島の騎士たちの子孫により）再興される（第四の書から第六の書）。ペルスフォレは王位を息子ベティデス（Bétidès）に譲り（第四の書）、みずからはダルナンの森に隠遁して隠者ダルダノン（Dardanon）とともに瞑想にふける。しかしペルスフォレはブリテン島の最後の騎士団とローマの最後の軍団との最終決戦に介入して重傷を負い、リドワールによって「生命の島」（l'Ile de Vie）へ連れていかれ、第六の書までそこにとどまる。そして大ブリテン島にもどってまもなく息絶える。ペルスフォレの剣はガラフュールによって「不思議な石板」（Perron Merveilleux）につき刺され、これがアーサーの剣となる。古アイルランド語「ベシル」（beithir）が《熊、野獣、戦士》を意味することから、ベティス（＝ペルスフォレ）はまさしく《熊》アーサーにふさわしい神話上の祖先となる。

ペルスフォレを取り囲んでいた騎士たち（右）が、スコットランドで開催される馬上槍試合のために出立する（左）

【書誌情報】J. Vendryès, *Lexique étymologique de l'irlandais ancien*, Presses du CNRS, Paris, 1959, B-28 (beithir). J. Lods, *Le Roman de Perceforêt: origines, composition, caractères, valeur et influence,* Droz, Genève, 1951. Ch. Ferlampin-Acher, «Perceforest, texte historiographique, vraye histoire et cronicque de Bretaigne» dans : E. Baumgartner éd., *Dire et penser le temps au Moyen Âge. Frontières de l'histoire et du roman,* Presses de la Sorbonne Nouvelle, Paris, 2005, pp. 194-215 ainsi que : «A la

croisée des cultures : *Perceforest* roman arthurien tardif», *Travaux de littérature*, 2009, t. 22, pp. 81-91.
⇒**熊**

ベルティラック　Bertilak

中英語による物語『サー・ガウェインと緑の騎士』に登場する「緑の騎士」の本名。この騎士が全身緑の装いなのは、彼が樹木を具現する騎士であり、植物のサイクルや季節暦と関連しているからである。ベルティラックは、太陽神話にもとづく解釈や宇宙論的な解釈が可能である。『アレクサンドル物語』（*Roman d'Alexandre*）が描いているように、中世の想像世界（イマジネール）には太陽の木と月の木が存在した。つまりベルティラックは《太陽の木》ということになる。ゴーヴァンがおこなったように「太陽の木」の頭部を刎ねることは、冬至に起こる時の断絶を表している（斬首はクリスマスにおこなわれている）。それでも太陽は斬首後も生きつづけ、再生のサイクルを開始することから、太陽は不滅のままである。このモチーフは、斬られた首をみずからもち運ぶ聖人たちの伝説として聖人伝にも見つかる。

【書誌情報】 A. K. Coomaraswamy, *La Doctrine du sacrifice*, Paris, Dervy, 1978, pp. 101-138 (III. Sire Gauvain et le Chevalier Vert, Indra et Namuci).
⇒**ゴーヴァン、緑の騎士**

ベルナン　Belnain

『パプゴーの物語』に登場する、「フォール島」（l'Ile Fort）の王。フルール・ド・モン（Fleur de Mont、「山の花」）の父。馬上槍試合で致命傷を負ったベルナンは「異界」へ赴き、「名無しの巨人」（Géant sans nom）とよばれる息子とともにそこへとどまった。ベルナンは不思議な動物の姿に変身し、アーサーを「異界」へ招きよせた。そしてアーサーはベルナンとその息子に「異界」で出会い、このふたりに助けられて王国へ戻ることができた。そのためベルナンは息子とともに、幼いキリストを肩に乗せて川をわたった巨人クリストポルスやギリシア神話のカロンと同じく、渡し守の役割を演じている。ベルナンの名は、語源的には《美貌の（ベル）小人（ナン）》という意味である。そのため、邪悪な存在ではない。

【書誌情報】 P. Saintyves, «Saint Christophe, successeur d'Anubis, d'Hermès et d'Héraclès», *Revue anthropologique*, 10/12, 1935, pp. 309-355.
⇒**小人**

ペルレスヴォース　Perlesvaus

『聖杯の至高の書』（通称『ペルレスヴォース』）の主人公。この作品はいわばクレティアン・ド・トロワ作『グラアルの物語』の続編のひとつであり、多くの素材を本編からそのまま借りている。その典型例が主人公の名前「ペルレスヴォース」（《谷を失う者》）で、これはペルスヴァル（《谷をとおり抜ける者》）から直接着想をえたものである。ペルレスヴォースの名は、彼が生まれたときに父がその領土（カムロットの谷）を「レ・マレの領主」（Seigneur des Marais）に奪われたことに由来する（ペルレスヴォースはこうして父の遺産を失った）。母（イグライスIglaïsという名の「寡婦」）はアリマタヤのヨセフの姪、父（ジュラン・ル・グロJulain le Gros）はニコデモの孫だった。ペルレスヴォースにはダンドラーヌという名の妹がいる。『グラアルの物語』とは異なり、ブランシュフルールは登場せず、母（「寡婦」）も亡くなることはない。ペルレスヴォースは作品の最初の3分の1の部分で、みずからが漁夫王の城で犯した失敗（クレティアン作『グラアルの物語』への暗示）から立ちなおる。ペルレスヴォースは向かうところ敵なしで、「死の城（Château Mortel）の王」が漁夫王から奪った「聖杯」をとりもどし、妹をアリストール・ダモラーヴ（Aristor d'Amorave）の手から救う。ペルレスヴォースは「古い掟」（ユダヤ教）とたえず対立し、「新しい掟」（キリスト教）を強く勧める福音伝道の騎士として描かれている。しかしながら実際にペルレスヴォースがおこなったのは、古代ケルト人が女神の姿で表した支配権の獲得である。物語の最後の3分の1の部分は、アイルランドの「航海譚（イムラヴァ）」から着想をえた航海物語として展開する。ペルレスヴォースは「黒い隠者」（Noir Ermite）を追い求めて舟に乗りこみ、島から島へとわたり、神話的な「異界」へ何度も侵入する。ペルレスヴォースは、ライオンのような目つきをし、乙女のへそ（純潔の象徴）をもつという奇妙な姿をしている。《ライオンのような目つき》は、彼の動物としての姿を想起させ、荒猟師のテーマを思わせるものである。事実、ペルレスヴォースには荒猟師の特徴がいくつかそなわっている。身を潜めること（他人の盾を使ってたえず身を隠す）、しばしば物音を立てること、何度も激しい狂気に襲われること（たとえば「レ・マレの領主」に恐るべき罰を与えたケースがこれにあたる。領主に仕える騎士たちの血を溜めた桶の中で、領主を溺死させている）、狩猟と密接な関連がある貞潔のタブーなどがあげられる。ライオンはさらに、ペルレスヴォースに生来そなわる王家の血筋と太陽英雄の側面を同時に表わしている。

【書誌情報】 R. Deschaux, «Merveilleux et fantastique dans le *Haut Livre du Graal: Perlesvaus*», *Cahiers de civilisation médiévale*, 26, 1983, pp. 335-340. A. Saly, «Perceval-Perlesvaus, la figure de Perceval dans le *Haut Livre du Graal*», *Travaux de linguistique et de littérature*, 2, 1986, pp. 7-18.

【邦語文献】 植田裕志「異界の騎士ペルレスヴォー」『名古屋大学文学部研究論集』第157号（文学53）、2007年、pp. 15-35。

⇒航海

ペレス　Pellès

数多くの物語に登場するペルスヴァルおよびペルレスヴォースの伯父で、「寡婦」（ペルスヴァルの母）の兄。ペレスという名で登場する人物は、かならずしも同一人物ではないため混同されやすい。ペレスは漁夫王か、その父にあたる不具王であることが多い（クレティアン・ド・トロワ作『グラアルの物語』に登場する漁夫王は不具王であり、名があかされていない）。

『聖杯の探索』で「聖杯」の運び役を務めるのは、ランスロとのあいだにガラアドをもうけた、ペレスの娘エレーヌである。『聖杯の至高の書』（『ペルレスヴォース』）によると、隠者として暮らすペレスにはジョゼユス（Joseus）という名の息子がいる。ペルレスヴォースは（この作品ではペレスの兄弟にあたる）「漁夫王」の許で試練に失敗した後、ペレスの庵へもどる。暴力とは無縁の清らかな生活を選んだペレスは、妹（「寡婦」）が「レ・マレの領主」（Seigneur des Marais）から攻撃を受けたとき、助けに向かうことができない。ペレスの名は

「異界」の王プウィス（Pwyll）の名と比較されてきた。プウィスは、中世ウェールズの『マビノギの4つの枝』の第一の枝「ダヴェッドの領主プウィス」（*Pwyll Pendefig Dyfed*）の主人公である。古ウェールズ語の「ペス」（pell）は（時間の上で）《遠い》という意味である。そのためペレスは語源的には、往時の人物、ずっと昔の祖先ということになる。またペレスの名が、アイルランド語の「ペル」（pell、動物の《皮》）に直接由来する可能性もある。さらに聖人伝神話によれば体が不自由だったペレスは、「ペル」（Pell）ではじまる名をもつ別の人物、すなわち聖ペルラン（Pellerin）（またはペレグランPérégrin）とつながっている。この聖人は不治のハンセン病を患っていたが、キリストがハンセン病患者の仮面つまり《皮》を外したとされる。その《皮》はサン＝ドニの修道院付属教会に長いあいだ保存されていた。

体が不自由な王、あるいは「不具」王
（ル・マン図書館所蔵写本354番の挿絵）

【書誌情報】 J. D. Bruce, «Pelles, Pellinor and Pellean in the old French Arthurian romances», *Modern Philology*, 16, 1918, pp. 113-128 et pp. 337-350. R. S. Loomis, *Arthurian tradition and Chrétien de Troyes*, Columbia University Press, New York, 1949, pp. 142-145. L. Fleuriot, *Dictionnaire des gloses en vieux breton*, Klincksieck, Paris, 1964, p. 282.
⇒漁夫王、ペリノール、ペルアン

ペレディール　Peredur

中世ウェールズの物語『エヴロウグの息子ペレディール』の主人公の名前で、ペルスヴァルのウェールズ名にあたる（「エヴロウグ（Efrawg）」は人物名であるが、ヨークの町のウェールズ名でもある）。ペレディールは（ペルスヴァルの名とはちがって）完全にブリトニック語であり、『カンブリア年代記』（*Annales Cambriae*）の彼が落命した戦いにその名があがっている。ペレディールの話には、フランスのペルスヴァルの話との顕著なちがいがいくつも見られる。クレティアン・ド・トロワ作『グラアルの物語』の影響を受けてはいるが、『ペレディール』には『グラアルの物語』には認められない独自の特徴が残されている。その代表例である「悩みの王」のエピソードによると、湖に棲む「アザンク」とよばれる怪物が毎日ひとりずつ王の息子たちを殺していたが、最後にはペレディールがこの怪物を仕留める。またペレディールの通過儀礼は、一連の血なまぐさい儀礼を通じておこなわれる。なかでも特筆すべきは、3筋の血潮を流す槍と、大量の血に浸された男の斬られた首が入った盆（「グラアル」とよばれてはいないが「グラアル」に似た盆）の目撃である。フィリップ・ジュエによるとペレディールの名は、「パラトゥス」（Paratus）のような固有名に残る《立て直したり、片づけたり、気を配ったり、予告したりする人》を指す俗ラテン語「パラトル」（parator）から、島のブリテン語が借用した語（ブリトニック語「パロッド

(parawd)」)の可能性がある。

【書誌情報】 R. Bromwich, *The Welsh Triads*, University of Wales Press, Cardiff, 1961, pp. 488-491. P.-Y. Lambert, «Le héros Peredur», *Ollodagos*, 8, 1995, pp. 183-250. Ph. Jouet, *Dictionnaire de la mythologie et de la religion celtiques*, Yoran Embanner, Fouesnant, 2012, p. 801.

【邦語文献】 中野節子「ウェールズの英雄像を追って―『エヴラウクの息子ペレドゥルの物語』から」『大妻女子大学紀要』文系36号、2004年、pp. 276-286。

⇒ペルスヴァル

ヘンギストとホルサ
Hengist et Horsa

アングロ＝サクソン人がブリテン島に渡来し、テムズ川の河口に最初の植民地を作ったとき、軍を指揮していたのがヘンギスト(ラテン語名ヘンギストゥスHengistus)とホルサである。ブリテン島へのふたりの上陸については古代の歴史家たちの証言があり、賢者ギルダス(『ブリタニアの破壊と征服』第23章)によれば上陸は428年頃とされる。尊者ベーダ(Beda)『アングル人教会史』(*Historia ecclesiastica gentis Anglorum*)第15章によれば、ピクト人の撃退を望んだヴォルティゲルンの要請にこたえて450年頃に来島したという。ところがピクト人と戦うために来島したはずのアングル人は、最初に同盟を結んだブリトン人に反旗を翻す。そこでブリトン人はアンブロシウス＝アウレリアヌス指揮のもとでサクソン人と戦い、バドニス山で最初の勝利をおさめる。ベーダによると、ヘンギストとホルサ兄弟の祖先にはウォーダンWoden(オーディンOdin)がいたという。ふたりの神話的起源はネンニウスが編纂した『ブリトン人史』(9世紀)だけでなく、エゼルウェアルド(Æthelweard)が『アングロ＝サクソン年代記』(10世紀末)にもとづいて著した年代記でもふれられている。ヘンギストとホルサは(ジェフリー・オヴ・モンマス作『メルリヌス伝』などの)ラテン語の著作にも現れるほか、(ヴァースやロベール・ド・ボロンが著した)古フランス語による物語ではアンジス(EngisまたはAngis)の名で登場する。ヘンギストとホルサは、史実よりも伝説に属している。ふたりの名前は(hの音による)頭韻で結びつけられていることから、ふたりは神話上の双子であったと考えられる。(ケルト起源ではなく、完全にゲルマン起源である)ふたりの名はそれぞれ《種馬》と《馬》をさし、とりわけヴェーダ神話の双子神アシュヴィン(Aśvin、サンスクリット語「アシュヴァ(áśvah)」は《馬》の意)を想起させる。さらにヘンギストとホルサによるブリテン島でのサクソン人の植民地の建設は、レムス(Remus)とロムルス(Romulus)という双子によるローマ建設に似ている。そのためヘンギストとホルサは、インド＝ヨーロッパ神話に出てくる馬とのかかわりが深い双子が偽歴史の中へ移し替えられた存在となっている。

【書誌情報】 J.-P. Mallory, *À la recherche des Indo-européens. Langue, archéologie, mythe*, Le Seuil, Paris, 1997 (1re éd. 1989), p. 154 et p. 161. G. Dumézil, *Le Roman des jumeaux. Esquisses de mythologie*, Gallimard, Paris, 1994. M.-A. Wagner, *Dictionnaire mythologique et historique du cheval*, Éditions du Rocher, Monaco, 2006, pp. 91-93.

⇒ヴォルティゲルン

変身 Métamorphose

「異界」に属する存在は、変身により

生者の世界へ入ってきたり、あるいはその場を後にして自分の世界へもどったりする。ケルト人によると神々は普通、動物の姿で現れ、人間を神々の世界へと誘う。ケルトの神々は決して人間の姿をしておらず、むしろ動物の姿をしている。魔女ケリドウェン（大女神の化身）は［逃げ出した少年グウィオン・バッハを追跡するために］順に雌のグレーハウンド、カワウソ、ハイタカ、黒い雌鶏に変身する。ケルト諸語では、《縛る》と《変身する》という行為を指す動詞は同じである。神話物語群における変身は、実際には魔術とドルイドの知恵に属している。魔術師自身が変身することもあれば（たとえば人狼や、雄鹿に変身するメルランのケース）、魔術師が第三者を変身させることもある（メルランがユテル王をタンタジェル公の姿に変身させるケース）。オック語による物語『ジョフレ』では、アーサー王宮廷の騎士のひとりが（物語の冒頭では）雄牛に、（物語の最後では）鳥に変身している。この鳥は、タルウォス・トリガラヌス（Tarvos Trigaranus、パリの船乗りたちがユピテル神に奉献した装飾柱の一角に描かれた、1頭の雄牛と3羽の鶴）の記憶をとどめる稀有な例である。騎士はこの鳥の姿でアーサー王を連れ去る。王の安否を心配した騎士たちは皮を剥いだ5頭の牛を怪鳥に与えようとする［その後、鳥は誰も気づかぬうちに宮廷へ戻り、王を地面に降ろすとみずからも騎士の姿に戻る］。変身のテーマはケルト美術にも、その造形的な表現が見つかる。（人間、植物、動物、象徴といった）性質を異にする諸要素が、たいていはひとつの同じイメージの中でとけあい、存在の移ろいゆく形態を示している。輪廻（あるいは転生）は神の変身とは異なり、古代ローマの著作家たちが記すケルトの信仰に属している。

タルウォス・トリガラヌス

【書誌情報】F. Le Roux, «Introduction générale à l'étude de la tradition celtique», *Ogam*, 19, 1967, pp. 340-350. P. Brunel, *Le Mythe de la métamorphose*, Arman Colin, Paris, 1974［ピエール・ブリュネル（門田眞知子訳）『変身の神話』人文書院、2004年］. V. Kruta, *Les Celtes. Histoire et dictionnaire*, Laffont, Paris, 2000, p. 729. C. Noacco, *La Métamorphose dans la littérature française des XIIe et XIIIe siècles*, Presses Universitaires de Rennes, Rennes, 2008.

⇒**ウルソー(2)、エプリュモワール、雄鹿、カドック、グニエーヴル、ケリドウェン、ケリドン、ジルフレ、白い雄鹿、白い手、人狼、ダムナスタリエシン、トゥルッフ・トルウィス、似姿(サンブランス)、ハイタカ、豚飼い、ブロンド・エスメレ ハクチョウ、宝石、魔法の指輪、ミュルデュマレック、メリヨン、メルラン、モルガーヌ、ユテル、ラール**

ペンタグラム　Pentacle

中英語による物語『サー・ガウェインと緑の騎士』によると、ペンタグラム（ペンタクル）とはガウェインがもつ楯の上に純金色で描かれていた５角の星形で、かつてソロモンが創案したしるしである。物語に出てくる表現によれば、《終りのない飾り結び》である。インドでは同じシンボルが「シュリーヴァトサ」(shrivatsa) とよばれている。『サー・ガウェインと緑の騎士』はペンタグラムに、キリスト教の視点から見た一連の寓意的な解釈を結びつけようとしたが、これはあきらかに古代の異教的な意味がペンタグラムにそなわっていたためである。魔術の手引書は、生まれた子供が羊膜をかぶっていた場合には、その羊膜にペンタグラムを描くよう命じていた（こうした子供は俗に《帽子をかぶって生まれた》子供とよばれる）。ところで『ゴーヴァンの幼少年期』によると、ゴーヴァン（ガウェイン）にはまさしくこうした誕生のしるしがあったと思われる。楯に描かれたペンタグラムには、悪魔祓いのはたらきがある。完全な結び目を描いた魔法のしるしは、騎士に敵対する者を必ず縛り上げると考えられた（いかなる魔法も結ぶ＝縛るという行為である）。ペンタグラムは、ギリシア神話の戦闘女神アテナがもちいた神楯に対応する。バビロニアの『タルムード』(*Talmud*、６世紀）によると、ペンタグラムは精霊や悪霊に対して力を発揮した。

【書誌情報】 M. Eliade, *Images et Symboles,* Gallimard, Paris, 1952 (le symbolisme des nœuds), pp. 120-163［ミルチャ・エリアーデ（前田耕作訳）『イメージとシンボル』(『エリアーデ著作集』第四巻）せりか書房、1974年、pp. 125-163「《縛める神》と結び目のシンボリズム」]. C. Lecouteux, *Charmes, Conjurations et Bénédictions. Lexique et formules,* Champion, Paris, 1996, p. 91. Ph. Walter, *Gauvain, le Chevalier solaire,* Imago, Paris, 2013, pp. 56-57.

⇒ゴーヴァン

ベンディゲイドヴラーン
Bendigeidfran

文字どおりには「祝福されたブラーン (Brân)」の意（「ベンディゲイド (bendigeid)」はラテン語起源）。ウェールズの伝承に属する神話上の人物。彼の話は中世ウェールズの『マビノギの４つの枝』の第二の枝「スリールの娘ブランウェン」(*Branwen Ferch Llŷr*) で語られており、ブリテン島の王としてアイルランド王マソルッフ (Matholwch) と戦った。ブラーンは浅瀬の海を歩いてわたることができる巨人である（キリストを担いで河を渡った聖クリストフ［ラテン語名クリストポルス］を参照）。ブラーンは大洋に住んでおり、亡くなった戦士を蘇らせることのできる魔法の大釜をもっていた。アイルランド人との戦いのさなかに足に毒矢を受けたブラーンは、戦友たちに自分の首を刎ねるように頼む。ロンドンに埋葬されたブラーンの首は町を守る聖遺物となり、ブラーンの首がその場にとどまるかぎりブリテン島への侵攻は不可能となった。アーサー王がブラーンの首を掘りおこすことになるが、それは王にとって不運のはじまりだった。なぜならそのことがサクソン軍の侵攻を招き、甚大な被害をもたらすからである。クレティアン・ド・トロワ作『エレックとエニッド』によると、ブランディガン (Brandigan) という町には斬られた首をかけた杭でできた柵があった。ルノー・ド・ボージュー作『名無しの美丈夫』やクレティアン・ド・トロワ作『グラアルの物語』の「続編」のいくつかに言及のある、はるか彼方にある（島の）王国の名は、（ブランディガンに対応する）バラディガン（Baradigan）である。アイルランドの航海譚（『フェヴァルの息子ブランの航海』）には、別のブラン（Bran）が登場する。この航海譚では、女だけが住む不可思議な島をめざすブランの船旅について語られている

【書誌情報】 A. H. Krappe, «Bendigeit Vran», *Études celtiques*, 3, 1938, pp. 27-37. H. Newstead, *Bran the Blessed in arthurian romance*, New York, Columbia University Press, 1939. F. Delpech, «Finistères, têtes coupées et monuments talismaniques», *Studia indo-europaea*, 1, 2001, pp. 171-212.

【邦語文献】 松村賢一『ケルトの古歌「ブランの航海」序説』中央大学出版部、1997年。

⇒斬られた首

ホ

宝石　Pierres précieuses

不可思議なオブジェの描写に宝石が出てくると、そのオブジェが「異界」に由来することを示すケースが多い（たとえばクレティアン・ド・トロワ作『ライオンを連れた騎士』の「バラントンの泉」には、4個のルビーが支えるエメラルドの石板がある）。宝石はさらに、（変身、病気の治癒、秘密の贈り物など）さまざまな状況で魔術的な役割を果たしている。宝石の効能を正しく記載している宝石鉱物誌は、その内容の一部を（古代ギリシアの宝石鉱物誌、さらには古代ローマのプリニウスの『博物誌』といった）古代の知恵から受けついでいる。聖書にも（聖ヨハネの『黙示録』22章に）宝石が現れることから、中世期の学僧たちは宝石に関する深遠な知識を網羅しようとした。さまざまな知識の大全を作ろうとしたスコラ学派の影響で、宝石鉱物誌は占星術の知識を取りこむようになった。

【書誌情報】 Marbode, *Poème des pierres précieuses*, Millon, Grenoble, 1996 (trad. du texte latin). *Grundriss der romanischen Literaturen des Mittelalters*, t. 6, pp. 185-190 (liste des lapidaires en langue romane). T. Miguet, «L'escarboucle médiévale, pierre de lumière», *Marche romane*, 29, 1979, pp. 38-60. C. Lecouteux, *Dictionnaire des pierres magiques et médicinales*, Imago, Paris, 2011.

【邦語文献】 馬場勝弥「『パルチヴァール』ノート(5)—ヴォルフラムと宝石」名古屋大学総合言語センター『言語文化論集』第IX巻第2号、1988年、pp. 93-113；佐佐木茂美「『散文トリスタン物語』における「鉱物誌」ないしその出典に関する一考察—鉱物の介入と『物語』の企み」『Voies et "Vergiers" 中世フランス文学論文集第3巻（邦文編II）』明星大学出版部、2004年、pp. 1-25。

⇒ヴイーヴル、驚異の泉、驚異の寝台、グラアル、ソロモン、バラントン、魔法の角笛、魔法の指輪

ホエルス　Hoelus

フランス語名オエル（Hoël）。ジェフリー・オヴ・モンマス作『ブリタニア列王史』で重要な役割を演じている。この年代記によると、ホエルスはアーサー（アルトゥールス）の親族であり、アルモリカのブルトン人の王である。フランス・ブルターニュ地方（アルモリカ）の伝説上の王であるホエルスは、アーサーの妹（名前は一度も出てこない）の息子であるため、アーサー王の甥にあたる。

「オエルの国」(terre Hoël) という表現は、アルモリカをさす。このほかにもフランス語の物語群に、オエルという名の人物が複数出てくる。モン＝サン＝ミシェルの巨人に連れ去られて凌辱されたエレーヌの伯父もそのひとりである。トリスタンの妻となる「白い手のイズー」の父も、オエルという名である。カラドック・オヴ・スランカルヴァン (Caradoc of Llancarvan) 作『ギルダス伝』(*Vita Gildae*) (12世紀初め) によると、アーサー王の支配下にありながら反逆した戦士は、フェイル (Hueil) (オエルの別名) という名だった。あるスコットランド王の息子フェイルは23人の弟とともにブリテン島の北方でアーサーと対決したが、マン島でアーサーに殺されてしまう [フェイルの弟のひとりギルダスは、兄弟たちとは異なり隠者となった]。このエピソードを解釈する上で鍵となるのは、24という数 (12ヵ月の2倍) が表わす時間の象徴的意味である。また古ブルトン語「ハウル」(houl) は、《太陽》を意味している。

【書誌情報】 L. Fleuriot, *Dictionnaire des gloses en vieux breton*, Klincksieck, Paris, 1964, p. 214 (houl). Gildas Le Sage, *Vies et Œuvres*, trad. de C. Kerboul-Vilhon, Sautron, Éditions du Pontig, 1997, pp. 161-170 (*Vie de saint Gildas*). Ph. Jouet, *Dictionnaire de la mythologie et de la religion celtiques*, Yoran Embanner, Fouesnant, 2012, p. 552 et p. 1019.

⇒エレーヌ(1)、白い手のイズー、ディナビュック

ボオール　Bohort

『散文ランスロ』に登場する父子の名。父ボオールはナシアンの子孫であり、ジョナアン (Jonaan) とイザイ (Isaie) の孫息子にあたる。ボオールの父ランスロは、物語の主人公ランスロの祖父にあたる。ボオールはエヴェーヌ (Évaine) の夫で、リヨネルとボオールの父であり、ランスロの叔父にあたる。仇敵クローダスが、ボオールの領国ゴーヌ (Gaunes) (またはガンヌGannes) を占拠した。ボオール王の息子で同名のボオールは、ランスロの本従弟にあたる。このボオールは「円卓」騎士団の中でもとくに名高い騎士のひとりであり、ペルスヴァルとガラアドとともに「聖杯」の探索のメンバーに選ばれる。この3人のうち、アーサー王宮廷に帰還するのはボオールだけである。古フランス語散文物語『アーサー王の死』によると、ボオールはランスロ側につき、隠者として生涯を終える。ボオールは、アーサー騎士団の崩壊後に生きのびた稀な人物である。ボオールの名は、《槍で戦う、馬上槍試合をおこなう、穂尖のない太い槍を使って試合をする、槍的をつく》(W・フォン・ヴァルトブルク『フランス語語源辞典』) を意味する動詞「ブオルデ」(behorder) と関連づけて考える必要がある。このようにボオールは巧みな槍の使い手なのである (使う槍には穂尖がついていない)。興味深いことに、従兄のランスロ (Lancelot) の名にも、「槍」をさす「ランス」

聖杯の探索からアーサー王宮廷に帰還したボオール

(lance) がふくまれている。

【書誌情報】W. von Wartburg, *Französisches Etymologisches Wörterbuch*, Klopp, Bonn, 1928, t. 1, p. 357 (bihurdan).

⇒ランスロ、リヨネル

誇り高き城 Château Orgueilleux

クレティアン・ド・トロワ作『グラアルの物語』に登場する、「異界」の女使者「醜い乙女」が名をあげている城塞。「誇り高き城」は566人のすぐれた騎士たちによって守られており、騎士たちにはそれぞれ恋人がいた。「誇り高き城」は『グラアルの物語』の『第一続編』では、「富裕な傭兵騎士」、『第二続編』ではオルグイユーによって支配されている。またこの城は「危険な城」ともよばれている。「誇り高き城」にそなわる最も重要な特徴は、防御についている人の数である。興味深いことに566という詳しい人数から、北欧神話とケルト＝アーサー王神話とが対応していると考えられる。北欧戦士にとっての楽園ヴァルハラには540の扉があり、そこから毎日兵士が戦いへと飛び出していく。つまり「誇り高き城」を守る566人の騎士は540の扉から出陣する戦士団、すなわち北欧のエインヘリャル (einherjar、《単独で戦う者》、または《ただひとつの軍隊に属している者》) に似ている。いずれのケースでも騎士 (戦士) の総数が特別な数となっており、暦のサイクルと関連した数秘学から説明が可能である。

【書誌情報】R. Simek, *Dictionnaire de la mythologie germano-scandinave*, Éditions du Porte-Glaive, Paris, 1996, t. 2, pp. 347-349. C. Lecouteux, *Dictionnaire de mythologie germanique,* Imago, Paris, 2005, pp. 237-238 (nouvelle éd. 2014).

⇒オルグイユー

墓地 Âtre

古フランス語「アートル」(âtre) は、教会の周囲に位置する墓地として使われていた、聖別された区画のことである (フランス北部の町ルーアンのレートル・サン＝マクルー (l'Aître Saint-Maclou) は、今日まで残る共同墓地である)。作者不詳の『危険な墓地』は13世紀に著された、ゴーヴァンが主人公の韻文物語のタイトルである。この作品では重要なエピソードのひとつが、幽霊たちの出没する墓地で展開する。ゴーヴァンが腰を下ろした墓の中には、美しい乙女が横になっていた。その乙女の話によると、父の再婚後に継母が乙女の美貌をねたみ、妖術を使って乙女の理性を奪った。乙女はその後、人間の姿をしていた悪魔に病をなおしてもらった。墓地へ連れてこられた乙女は、悪魔から毎晩、快楽の相手を強要されていたという。乙女から助けを求められたゴーヴァンは、悪魔を倒して乙女を解放する。このエピソードは、エマニュエル・コスカンやA・H・クラップが分析したインドの民話に出てくる、《魂のない身体》の話と筋書きが同じである。

【書誌情報】A. H. Krappe, «Sur un épisode de *l'Âtre périlleux*», *Romania,* 58, 1932, pp. 260-264. C. Lecouteux, *Fantômes et Revenants au Moyen Âge,* Imago, Paris, (1986) 2009. H. Mozzani, *Le Livre des superstitions*, Laffont, Paris, 1995, pp. 449-454.

【邦語文献】 渡邉浩司「13世紀フランスの《ゴーヴァン礼賛》―『危険な墓地』をめぐって」中央大学『仏語仏文学研究』第40号、2008年、pp. 37-83；渡邉浩司「フランス中世後期の共同墓地―ルーアンのレートル・サン＝マクルー」中央大学『中央評論』通巻第268号、2009年、pp. 106-111。

⇒悪魔、ゴーヴァン

ボードゥー　Beaudoux

ゴーヴァンがウェールズ王の娘とのあいだにもうけた息子。ロベール・ド・ブロワ作『ボードゥー』の主人公。この物語は、最初《ふたつの楯を持つ騎士》と呼ばれた若者の幼少年期を伝えている。若者は、ボーテ（Beauté）の侍女が持参した「名誉の剣」（l'épée Honorée）を鞘から抜くことに成功する。それはボーテを妻に娶る権利を手にするための試練だった。だが結婚までにボードゥーは、裏切り者エルモレユス（Ermoleüs）だけでなく、とくにボーテに結婚を強要したマルドワーヌ（Mardoine）と戦わねばならなかった。その後、ボードゥーは馬上槍試合に身許を隠して参戦し、さまざまな甲冑を身にまとって戦う中で、父親のゴーヴァンとも対戦する。そして最後にはボーテと結婚する。（愛の奉仕という）宮廷風物語の常套的なテーマを誇張し、父と息子がたがいに相手の身許を知らぬまま繰り広げる互角の戦いをふくむどちらかといえば教育的な意味合いの強い物語に、（ボードゥーやボーテという）寓意的な名前が使われているのである［ボードゥーは「優しき（ドゥー）美丈夫（ボー）」、ボーテは「美」の意］。

【書誌情報】 J. H. Fox, *Robert de Blois, son œuvre didactique et narrative*, Nizet, Paris, 1950.

⇒ゴーヴァン、至純愛

ボードウィン（ブリテンの）
Baldwin of Britain

フランス語名ボードワン・ド・ブルターニュ（Beaudoin de Bretagne）。中英語で書かれた物語『アーサー王の誓約』に登場するアーサーに仕える騎士。狩猟のときにアーサー、ガウェイン、ケイを前にボードウィンがおこなった誓約は、決して自分の妻に嫉妬しない、だれにも贈り物を拒まない、決して敵の前で死を恐れない、というものだった。この３つの誓約は、ジョルジュ・デュメジルが提唱したインド＝ヨーロッパ語族の三機能に対応している［三機能とは第一機能＝神聖性、第二機能＝戦闘性、第三機能＝豊穣性を指す］。同じ誓約は、アイルランドのコハナトの女王メドヴ（Medb）が性的な快楽と王国の支配権を授けるにあたって、候補になる男に求めた３つの条件に認められる［それは嫉妬せず、恐怖を知らず、物惜しみしないという条件だった］。

【書誌情報】 C. Sterckx, «Meadhbh de Connaught et Beaudoin de Bretagne», *Studia indo-europea*, 2, 2005, pp. 53-57.

⇒誓約

ボードマギュ　Baudemagu

クレティアン・ド・トロワ作『荷車の騎士』に登場するゴール国の王。「何人たりともそこから戻れない国」とよばれるゴール国は、冥界にほかならない。ボードマギュにはメレアガンという名の息子がいる。ゴール国の首府はバード（Bade）である（この町はサマセット州のバースと同定されている）。ボードマギュの別名バードマギュ（Bade-magu）は、首府の名バードと関連していると思われる。王の名の後半部分「マギュ」（magu）は、ケルト語の語根「マガロス」（*magalos）に由来する。「マガロス」はさまざまな名字の中で使われており、「首領、王子、王」をさす。つまりボードマギュの名は、《バードの王》を意味している。

【書誌情報】 R. S. Loomis, «Baudemaguz», *Romania*, 63, 1937, pp. 383-393.

⇒ゴール、バドニス、メレアガン

魔剣　Épées magiques

魔剣にはそれを作り上げた鍛冶師だけが知る秘密がそなわっているが、そのほかにも『双剣の騎士』が描いているように、剣の刃や柄に刻まれたしるしや碑文から魔力が発揮されることもある。刻まれている文字は常に解読が必要であり、使われている記号体系の働きは意味が紛らわしいため、呪文、悪魔祓い、祝祷に似ている。剣は記号がちりばめられた難解な判じ物となり、そこには（護符、お守り、魔除けなど）ほかの媒体に使われることもある図柄や文字が見つかる。剣に刻まれているのは単なるサイン（鍛冶師のサイン）だったり、言葉の（現代的な）意味での《広告》としての商標だったりする可能性がある。剣が発するオーラは、使い手にとっては肯定的に、敵対者にとっては否定的に働くと考えられている。カンタベリーで14世紀に書かれた年代記によると、鍛冶師ガラン（Galant）が鍛えたゴーヴァンの剣には韻文による碑文が刻まれ、キリストが14歳のときに鍛えられた剣だとされている。

【書誌情報】P. Meyer, «L'inscription en vers de l'épée de Gauvain», *Romania*, 34, 1905, pp. 98-100. C. Lecouteux, *Charmes, Conjurations et Bénédictions. Lexique et formules, Champion*, Paris, 1996；*Le Livre des grimoires,* Imago, Paris, 2002；*Le Livre des talismans et des amulettes*, Imago, Paris, 2005.

【邦語文献】 大林太良・吉田敦彦『剣の神・剣の英雄―タケミカヅチ神話の比較研究』法政大学出版局、1981年；リシャール・トラクスラー（渡邉浩司訳）「余剰な1本の剣―古フランス語韻文物語『双剣の騎士』をめぐって」中央大学『仏語仏文学研究』第49号、2017年、pp. 85-120。

⇒鍛冶師、ガラン、トレビュシェ、ペンタグラム

魔術　Magie

⇒黒魔術

マゾエ　Mazoe

ジェフリー・オヴ・モンマス作『メルリヌス伝』に登場する、8人いるモルゲン（Morgen、フランス語名モルガーヌ）の妹のうちのひとりの名。このマゾエという名は、『アレクサンドル物語』（*Roman d'Alexandre*）に登場する好戦的な女人族アマゾネスの名マゾーヌ（Masone）の縮約形だと考えられる。

⇒グリテン、ティテン、モルガーヌ、モロノエ

マトゥーア　Matur

デア・シュトリッカー作『花咲く谷のダニエル』に登場するクルーゼ（Cluse）の王。近づくことができない不思議な国に住んでいる。クルーゼ（cluse）という語はラテン語「クルーサ」（clusa）に由来し、《峠》、《峡谷》、山間の《隘路》をさし、この王国をとり巻く切り立った山を表わしている。マトゥーア王が使者に選んだ怪力を誇る3人の巨人は、ダニエルとアーサーの臣下たちに倒される。マトゥーア自身も、アーサー王との一騎討ちで敗北する。中世ウェールズの『マビノギの4つの枝』の第四の枝「マソヌウィの息子マース」（*Math Fab Mathonwy*）の主人公マース（Math）の名は「熊」をさす古いケルト語にもとづくもので、これと同系統の語がマトゥーアの名にも認められる。《熊》アーサーと熊の特徴をそなえた敵たちとの戦いを描く戦士の通過儀礼神話が、山・巨人・熊という3つの要素に集約されている。

【書誌情報】 J. Vendryès, *Lexique étymologique de l'irlandais ancien*, Presses du CNRS, Paris, 1959, M-24.

⇒熊、ダニエル

マドワーヌ　Madoine

『クラリスとラリス』に登場する、「妖精たちの谷」に住む妖精。マドワーヌはモルグ（Morgue）およびブリュヌオー（Brunehaut）と結びつけられており、伝統的な母神の三者一組を作っている。ラリスに恋をしたマドワーヌは、ラリスの子供を授かる。マドワーヌの名は、「ドミナ」（DOMINA）の文字を並べ替えて作られている。なぜならマドワーヌは「貴婦人」の典型であり、執拗なまでに男を支配しようとしていたからである。マドワーヌは魔法で楽師たちを作り出したり、（魔女集会のように）人々をある場所から別の場所へ空中移動させたりすることができた。マドワーヌは魔法の力でラリスを捕え、さらにゴーヴァンやイヴァンのような騎士たちも捕らえて愛するラリスのとり巻きにしようと考えた。しかし結局、マドワーヌの悪しき行動はラリスによってつづけられなくなる。

【書誌情報】 L. Harf-Lancner, *Les Fées au Moyen Âge. Morgane et Mélusine. La naissance des fées*, Champion, Paris, 1984, pp. 338-343.

魔法の角杯　Cor enchanté

（ロベール・ビケ作『角杯の短詩』に登場する）象牙製の不可思議なオブジェ。彫刻や宝石で装飾され、つけられている銀の輪には100もの純金製の小さな鈴が下がっている。この角杯を指ではじくと鈴の音が響きわたり、その音色を耳にした人たちの記憶は失われる（この特徴はアイルランドの航海譚『フェヴァルの息子ブランの航海』に登場する、白い花をつけたリンゴの木の枝を想起させる。その枝から流れ出る音色を耳にした者は寝入ってしまう）。これは魔法の角杯であり、「異界」からもたらされたものである。妻を寝とられた男たちは、この角杯の中身を飲むことができない。角杯に注がれた飲み物が、自分に降りかかってきてしまうからである。これにより角杯は妻たちの不貞を暴いてみせる。アーサー王宮廷に集まった王たちは全員この魔法の角杯を試して笑い者になるが、唯一角杯の中身を飲むことのできたカラドックは贈り物としてこの不思議な品をもらい受ける。短詩の作者（ロベール・ビケ）によると、この角杯はカルリヨン（カーリオン）の教会に保管されていたという（中世期には教会の所蔵する宝物に、象牙の角笛（オリファント）が数多くふくまれていた）。同じエピソードはハインリッヒ・フォン・デム・テュールリーン作『王冠』にも登場し、妻の貞節を試すテストがクリスマスの日におこなわれ、そこで使われた角杯はトレドの魔術師によって作られている。同じエピソードが『ペルスヴァル第一続編』にも見つかり、そこに登場する角杯は水をワインに変えることもできる。その角杯には「ボエネ」(Boënet)、「ブノワ」(Beneoiz)、「ボノエック」(Bonoëc）といった名前がつけられていた（この名の語源にあたるラテン語「ベネディクトゥム（benedictum)」は「ベネ」(bene、《良く》）と「ディケレ」(dicere、《いう》）の過去分詞の組み合わせで、「良くいわれたこと」つまり「祝福」を意味する)。実際にこの角杯は《神託をもたらし》、独自の話し方をする。つまり知性を備え、真実を暴露するのである。角杯の名前は（「コール・ブノワ」(Cor-benoit、「聖なる角（杯)」）と解釈可能な）地名コルベニー（Corbény）を想起させるが、「バン」(ban）および「ベン」(ben）はウェールズ語で《角》のほか《音色、音楽》も意味している。またジョルジュ・デュメジルによると、カフカス山脈に住んでいたナルト族の神話に同じ力を備えた盃が出てくる。こうした魔法の角杯は、アルニムとブレンターノが収集したドイツの民謡集『少年の魔法の魔笛』［1806～1808年］にも再登場する。その後作曲家グスタフ・マーラー［1860～1911年］が、この民謡集をもとに歌曲を作っている。

【書誌情報】 A. R. Magnusdottir, *La Voix du cor. La relique de Roncevaux et l'origine d'un motif dans la littérature du Moyen Âge (XIIe-XIVe siècle),* Rodopi, Amsterdam-Atlanta, 1998, pp. 277-304.

【邦語文献】 佐佐木茂美「Corの問題―ケルト系伝説素材にもとづくコント・挿話群の形成」『明星大学研究紀要（人文学部)』第18号、1982年、pp. 13-23。

⇒ギーヴル、宮廷の喜び、ノケトラン、マボナグラン、マンゴン

魔法のチェス盤　Échiquier magique

中世ネーデルランド語による物語『ワルウェイン』によると、主人公ワルウェイン（フランス語名ゴーヴァン）は、空中を飛び去っていったチェス盤を獲得するために「異界」へと旅立つ。こうしてワルウェインは不可思議な冒険へと誘われる。民話の国際話型551番「息子たちが父親のために不思議な薬を探す」では、チェス盤は民話の筋書きの発端として使われ、「父」の命を受けた「息子」が「命の水」や「不思議な鳥」を探しに「異界」へと旅立つ（『ワルウェイン』では、民話の「息子」と「父」に相当するのはそれぞれ、ワルウェインとその伯父アーサー王である)。このタイプの民話の主要なテーマのとおりに主人公は一連の試練を果たし、他人のために美しい王女を獲得しなければならない。しかし主人公が王女に恋をしてしまい、王女を手放したくなくなる（これは「トリスタン伝説」の筋書きと同じである)。探索中の主人公に動物が救いの手を差し伸べてくれるが、『ワルウェイン』では狐がこれに相当する。人語を話すこの狐はもともと、ある国の王子（ローヘス）だったが、継母により魔法で狐に変身させられていたのである。

空飛ぶチェス盤を追いかけるワルウェイン

【書誌情報】G. Huet, «Un roman néerlandais du cycle d'Arthur et un conte populaire», *Revue des traditions populaires*, 31, 1916, pp. 164-175.

【邦語文献】 栗原健「中世ネーデルランドのアーサー王文学－ワルウェインをめぐって」『アーサー王物語研究―源流から現代まで』中央大学出版部、2016年、pp. 197-230。

魔法の杖 Baguette magique

中世ラテン語による物語『アーサーとゴルラゴン』によると、ある男が生まれた日に芽を出した木があった。その若木を切り落として作った杖で男の頭を叩きながら狼になるようにいうと、男は人狼に変身する定めにあったという。これはジェームズ・ジョージ・フレーザーが『金枝篇』の中でふれている、外在魂（external soul）に相当する。ウェールズの『マビノギの４つの枝』の第四の枝「マソヌウィの息子マース」（*Math Fab Mathonwy*）では、マース（Math）は彼の足支え女ゴエウィン（Goewin）に危害を加えたふたりの甥を罰するために、「魔法の杖」を使っている。この杖で叩かれたひとりは雌鹿に、もうひとりは雄鹿にかえられた。同じ杖で叩かれた猪子は、ハンサムな若者に変身する。マースが手にしていた杖は女たちの処女性を試すのにも使われ、ただ杖を跨ぐだけで女たちが処女か否かが分かった。『マビノギの４つの枝』の第三の枝「スリールの息子マナワダン」（*Manawydan Fab Llŷr*）には別の杖が登場し、この杖で叩かれたハツカネズミは若い女の姿にもどる。聖パトリックがもっていた杖は、アイルランドから蛇たちを追い出すのに使われた。アイルランドでは、ハシバミの木は呪術に使われていた。アイルランドの神話物語群に属する『エーダインへの求婚』（*Tochmarc Étaíne*）によると、ミディル（Midir）神の妻となったエーダイン（Étaín）はミディルの前妻によってハシバミの杖で叩かれ、水たまりにかえられてしまう。ミディル神の方は、ハシバミの枝を投げつけられて、片目を失ったことがある〔ミディルは医術神ディアン・ケーフトに目を治してもらう。しかしこの事件の原因を作った里子オイングスに、その代償としてアリル王の娘エーダインを要求したのである〕。

【書誌情報】F. Le Roux et C. Guyonvarc'h, *La Société celtique dans l'idéologie trifonctionnelle et la Tradition religieuse indo-européenne*, Ouest-France, Rennes,

1991, pp. 176-179. Ph. Jouet, *Dictionnaire de la mythologie et de la religion celtiques*, Yoran Embanner, Fouesnant, 2012, p. 269 (coudrier).

⇒ゴルラゴン、人狼、ハシバミ

魔法の枕　Oreiller magique

マリー・ド・フランス作『ギジュマールの短詩』によると、この枕で頭を休めれば、決して白髪にならずにすむという。つまりこの枕は、「異界」に逗留したときにえられるような常若の力を授けてくれる。魔法の枕がもたらす眠りは、「異界」へ向かう旅の発端となる。クレティアン・ド・トロワ作『クリジェス』では、眠りのモチーフが「魔法の枕」の存在を示唆している。またアイルハルト・フォン・オーベルク作『トリストラントとイザルデ』では、イザルデがトリストラントを想うがあまりの苦しみを忘れるために魔法の枕を使っている。このモチーフは、生まれた子供が頭にかぶっていることのある羊膜と関連した、いくつかの魔術的な信仰の特徴に通じるところがある。こうした羊膜は赤子が母親の胎内で使う《枕》なのである。枕と寝台の飾りは、北欧の物語では魔術的な役割をもっている。たとえば『エイルの人々のサガ』(*Eyrbyggja saga*) では、ヘブリーズ出身の女魔法使いソルグンナ (Thorgunna) がこうした寝具をもっている。

【書誌情報】 H. Newstead, «Kaherdin and the enchanted pillow : an episode in the Tristan legend», *Publication of the Modern Language Association of America*, 65, 1950, pp. 290-312. Ph. Walter, «Thorgunna, the seal woman from Ireland», *Mythes, Symboles, Images*, Rakuro, Chiba (Japon), 2013, pp. 1-8.

⇒ギジュマール、ドーン

魔法の指輪　Anneau magique

結婚指輪は、夫婦をたがいに《結びつけている》。古代の信仰では、左手の薬指に付けられた指輪は、臓器の中心である心臓に力を及ぼすと考えられていた。ギリシアの文法家アピオン (Apion) の著作によると、エジプトの神官たちが死体の解剖をおこなったとき、左手の薬指から心臓にいたる非常に細い唯一の神経を発見したという。

神話的な次元では、魔法の指輪はより広範に、縛ったり結びつけたりする魔術の性質を帯びている。魔術的かつ宗教的な力を握る「縛める神（または女神)」の特別な形の象徴である「魔法の指輪」は、魔法を引きおこしたり、解除したりすることができる（象徴的には結んだり解いたりする行為がこれにあたる)。つまり「魔法の指輪」を手にすることで、指輪の贈り主がもっていた魔法の力の一部を授かることになる。このモチーフは「魔法民話」に見られるトポスのひとつである。通常は妖精たちが、守ろうとする人たちに指輪を授ける。クレティアン・ド・トロワ作『ライオンを連れた騎士』では、捕らわれて殺害される危険のあったイヴァンは、リュネットから姿が見えなくなる指輪をもらう。同じクレティアン作『荷車の騎士』や、ウルリヒ・フォン・ツァツィクホーフェン作『ランツェレト』によると、ランスロ（ランツェレト）の育ての親である「湖の貴婦人」がランスロに授けた指輪は、あらゆる魔法を解除することができた。マリー・ド・フランス作『ヨネックの短詩』では、鳥の騎士（ミュルデュマレック）が「異界」へもどった後、彼を訪ねてきた恋人に指輪をわたしている。その指輪をはめているかぎり、恋人を責め苛もうとした人はだれであれ、過去のことをなにひとつ思い出さなくなるという。『リゴメールの驚異』では、ランスロがある妖精から指輪をはめられて魔法にかかり、記憶を失ってしまう。ゴーヴァンがこの指輪を破壊し、ランスロに記憶をとりもどさせる。指輪は身許をあきらかにする印にもなる。たとえばマリー・ド・フランス作『トネリコの短詩』の大団円では、それまで素性の分からなかった主人公の高貴な素性が、指輪によりあきらかになる。このように指輪が身許をあきらかにする働きは、魔法のオブジェ全般に与えられた保護機能である。また、一時的に所有者のもとを離れた指輪に残された神明裁判的な働きでもある（海に投げ捨てられたものの、数日後に漁師に釣り上げられた魚から発見された「ポリュクラテスの指輪」がその典型例である)。「魔法の指輪」には宝石で飾られたものもあり、その場合の指輪の価値は宝石による。ギリシア神話によると、プラトンが（『国家』、359で）ふれている「ギュゲスの指輪」は、地震で避けた大地の中から出てきたものである。ある巨人の死体の指からこの指輪を抜き取ったギュゲスは、この指輪をはめた者の姿が人には見えなくなることを知る。その魔力は、指輪の玉受けを自分の手の内側へ回したときだけに発揮された。作者不詳の『メリヨンの短詩』によると、主人公メリヨンは台座にふたつの石（ひとつは白、もうひとつは真紅）がはめられた魔法の指輪をもっていた。頭上に白い石を置かれたメリヨンは人狼に変身し、真紅の石でふれられると人間の姿にもどった。

総じて「魔法の指輪」は元来、神の力の領域に属している。ドラウプニル（Draupnir）という名の指輪は、オーディン（Odin）が握っている魔術的かつ宗教的な支配権の象徴である。

【書誌情報】 P. Saintyves, «L'anneau de Polycrate», *Revue de l'histoire des religions*, 1912, pp. 49-80. G. Dumézil, *La Courtisane et les Seigneurs colorés*, Gallimard, Paris, 1983, pp. 200-205. C. Lecouteux, *Le Livre des grimoires*, Imago, Paris, 2002, pp. 131-148. Du même auteur : *Le Livre des talismans et des amulettes*, Imago, Paris, 2005.

【邦語文献】 佐佐木茂美「〈イズーのエメラルド〉（ベルール本の指輪返還の場面・その一考察)」『佐藤輝夫卒寿記念論文集』1993年、pp. 137-149；浜本隆志『指輪の文化史』白水社、1999年；渡邉浩司「ゴーヴァンによる医療行為とインド＝ヨーロッパ語族の医学理論」篠田知和基編『神話・象徴・儀礼II』樂瑯書院、2015年、pp. 35-54。

⇒変身、妖精、メリヨン

魔法の輪舞　Carole magique

妖精に魔法をかけられた騎士たちが巻き込まれる、悪魔にとりつかれたような激しい踊り。騎士たちは重要な季節のかわり目に、（巨石でできた）「異界」と同一視される場所で永遠に踊り続ける。呪われた踊り手たちというモチーフは、キリスト教の聖職者により再解釈され、12世紀以降に説教師たちによって広められた。このモチーフは、中世末期に流行する「死の舞踏」を先取りしている。「カロル」（carole）という言葉（《歌いながら行う輪舞》）は、８世紀からラテン語に見つかる。「カロル」の語源と思われるラテン語は《輪舞》をさす「コルス」（chorus）で、この言葉は《コーラスのフルート伴奏者》を指す後期ラテン語「コラウラ」（choraula）の派生語か、あるいは《歌・音楽を伴う踊り》をさす古典ラテン語「コレーア」（chorea）に由来する民衆ラテン語「コレオラ」（choreola）の派生語である。ラテン語

「コルス」(「輪舞」)の最初期の例は、『聖エリギウス(エロワ)伝』(7世紀)に出てくる。この聖人伝の輪舞は、夏の聖ヨハネ祭を祝っておこなわれた夏至の踊りである(呪われた踊り手たちの話は、1年のもうひとつの至点にあたるクリスマスに展開する)。輪舞はその儀礼的な性格により季節のかわり目におこなわれ、待ち受ける危険を象徴的に追いはらおうとするものである。

「魔法の輪舞」に加わったランスロ

【書誌情報】W. Von Wartburg, *Französisches Etymologisches Wörterbuch*, Klopp, Bonn, 1928, t. 2, p. 644 (choraula). P. Verrier, «La plus vieille citation de carole», *Romania*, 58, 1932, pp. 380-421.

【邦語文献】 フィリップ・ヴァルテール(渡邉浩司・渡邉裕美子訳)『中世の祝祭』原書房、第2版2012年(初版2007年)、p. 199。

⇒アマンゴン、メロージス

マボナグラン　Mabonagrain

クレティアン・ド・トロワ作『エレックとエニッド』に登場する、「真紅の甲冑を身につけた騎士」ともよばれる巨人。意中の貴婦人との約束により、マボナグランはエヴラン王の居城にあった庭園に、番人としてとめおかれていた。マボナグランは庭園に入ってきたエレックの首を刎ねようとするが、逆に打ち負かされてしまう。こうしてエレックは「宮廷の喜び」の冒険を制し、魔法の解除に成功する。『グラアルの物語』の「続編」群によると、マボナグランはアーサー王宮廷の騎士であり、エヴランの甥にあたる。また『アーサーの書』のマボナグランは、小人の名である(巨人が小人になったり、小人が巨人になったりしても、神話では驚くにあたらない)。マボナグランの名は、マボン(Mabon)とエヴラン(Évrain)の名の組み合わせとして読むことができる。さらにグラン(Grain)という接尾辞が、碑文で有名なガリアのアポロンの異名に由来するという説も出されている。そもそもマボナグランが暗い季節の太陽のごとく囚われの身だったことから、「宮廷の喜び」エピソードを季節神話的に解釈することが可能である。ヨーロッパのフォークロアでは、5月1日に角笛を鳴らす慣例が認められる[マボナグランを倒したエレックは、角笛を鳴らしている]。そのためこのエピソードは、暦の上では5月1日頃に位置づけられる。

【書誌情報】W. Roscher, *Ausführliches Lexikon der griechischen und römischen Mythologie*, Olms, Hildesheim et New York, 1886-1890 (réédition : 1978), T. I-2, col. 1738-1740 (Grannus). E. Philipot, «Un épisode d'Érec et Énide. La Joie de la Cour. Mabon l'enchanteur», *Romania*, 25, 1896, pp. 258-294. J.-C. Lozac'hmeur, «A propos de l'origine du nom de Mabonagrain», *Études celtiques*, 17, 1980, pp. 257-262. A. Magnusdottir, *La Voix du cor*, Rodopi, Amsterdam/Atlanta, 1998, pp. 206-235.

マボン　Mabon

ルノー・ド・ボージュー作『名無しの美丈夫』に登場するエヴランの兄弟。妖術師（《魔術師》）だったマボンは、ブロンド・エスメレを大蛇（ヴイーヴル）の姿に変え、スノードンの町を荒らし回った（スノードンSenaudonは《古い町》をさすラテン語名「セノ＝ドゥヌム(Seno-dunum)」に由来する）。そのためスノードンは、「荒廃の町」と化す。大柄なこの人物は、雷のような轟音を立て、額の真ん中から角が生えていて、火を吐いた。マボンを倒すのはガングランである。『ペルスヴァル第一続編』のマボンはアーサー王に仕える騎士のひとりとして登場し、（妖術師の素質を買われて）魔術師とよばれている。ほかにもクレティアン・ド・トロワ作『エレックとエニッド』ではマボナグラン(Mabonagrain)、『エスカノール』ではナボン（Nabon）という名で登場している。武勲詩に登場するマボンは、サラセン人の名前である（時に魔術師の名としても出てくる）。その名のとおり、マボンはウェールズ神話のマボン（Mabon）やガリア神話のマポノス（Maponos）の直接の後継者であり、いずれもケルト語で《息子》を意味する。この神が大陸で知られていたことは、1971年にシャマリエール（Chamalières）で発掘されたガリア語の呪詛の書版から分かる。ガロ＝ローマ時代に作られた浅浮彫りのアポロンを象ったものには、角を生やした蛇をともなうものが見つかることもある。

【書誌情報】J. Vendryès, *Lexique étymologique de l'irlandais ancien*, Presses du CNRS, Paris, 1959, M1 et M2 (macc). R. Bromwich, *The Welsh Triads*, pp. 433-436. A. Moisan, *Répertoire des noms propres de personnes et de lieux cités dans les chansons de geste*, Droz, Genève, 1986, t. 1, vol. 1, p. 658. B. Sergent, «Maponos : la malédiction», dans : *La Magie. Actes du colloque de Montpellier*, Publications Université Montpellier 3, 2000, t. 1, pp. 197-217. Ph. Walter, Le Bel Inconnu *de Renaut de Beaujeu. Rite, mythe et roman*, P.U.F., Paris, 1996, pp. 188-194.

⇒エヴラン、宮廷の喜び、グロアダン、魔法の角笛、マボナグラン

マリオール　Mariole

中世ネーデルランド語による物語『トーレック』に登場する、主人公トーレックの祖母。マリオールは生まれたときに遺棄された。「赤い島」のブリアント(Briant）王が猪狩りの最中に、ある木の中に彼女が座っているのを見つける。彼女がもっていた王冠には、不可思議な力が宿っていた。「山のブルアント(Bruant)」は彼女から王冠を奪うが、最終的には彼女の孫にあたるトーレックが再び奪いかえす。古フランス語「マリヨル」(mariole）は、《聖母マリアの小さな絵姿または肖像、転じて聖人を象ったほかのすべての小像》を意味する。

【書誌情報】F. Godefroy, *Dictionnaire de l'ancienne langue française*, Vieweg, Paris, 1881, t. 5, p.176 (mariole).

マリョドー　Mariado

ゴットフリート・フォン・シュトラースブルク作『トリスタンとイゾルデ』によると、マリョドーは最初トリスタンの友人だったが、トリスタンが自分と同じくイゾルデ（イズー）に恋心を抱いていることを知り、恐るべき恋敵となった。何編かのトリスタン物語に登場するカリヤド（Cariado）は、おそらく同一人物である。ゴットフリートによると、マリョドーは夢で、猪が口から吹いた泡でマルケ（Marke）王の寝台を汚すのを見る（猪はトリスタンを表している）。それは冬のことだった。目を覚ましたマリョドーはイゾルデのもとへ行き、イゾルデの寝台でトリスタンの姿を見つける。そこでマルケ王にトリスタンを告発する。この幻夢は、トリスタンと豚との神話的な古いつながりを裏づけてくれる（ウェールズの三題歌のひとつによると、トリスタン（ドリスタンDrystan）はマルク（March）王の豚飼いである）。

【書誌情報】 Ph. Walter, *Tristan et Yseut, le Porcher et la Truie*, Imago, Paris, 2006.

⇒猪、トリスタン

マーリン　Merlin

⇒メルラン

マルキス　Markis

⇒マルク

マルク　Marc

ゴットフリート・フォン・シュトラースブルク作『トリスタンとイゾルデ』ではマルケ（Marke）、修道士ローベルト作『トリストラムとイーセンドのサガ』ではマルキス（Markis）。ケルト語の「マルク」は《馬》を意味している。12世紀のベルール作『トリスタン物語』で語られる神話的エピソードによると、王妃イズーの夫で騎士トリスタンの伯父にあたるコーンウォールのマルク王は、馬の耳をしている。この話は、民話の国際話型782番（「ミダスとロバの耳」）に属している。それによると君主は（角を生やしていたり、ロバや馬の耳をしていたりなど）動物的な特徴をそなえており、それを人に知られたくないと思っている。君主がひげそり人（床屋）をことごとく殺めるのは、秘密を握られていたからである。あるとき、床屋が死を免れたのは、秘密を暴露しないと約束したからである。それでも秘密の厳守に耐えられなくなっ

マルク王とイズーの結婚式

トリスタンとイズーの密会を
大松の上から覗きこむマルク王

た床屋は、ある樹木に秘密を打ちあけてしまう。その後、その樹木の木片を使って作られた楽器が話や歌を始め、衆目の前で王の秘密を暴露してしまう。ロバの耳をしたミダス王の話は類話のひとつであるが、トリスタン物語がギリシア神話に由来するわけではなく、いずれもインド＝ヨーロッパの共通の伝承までさかのぼる。馬の特徴を介してマルクは、アポロンと同じように天空の世界とつながりのあるトリスタンとの対比から、地下世界の王だと考えられる。

【書誌情報】 F. Gourvil, «Le nom propre Marc'h "cheval", ses dérivés et composés dans l'anthroponymie brittonique», *Ogam*, 7, 1955, pp. 59-62. G. Milin, *Marc aux oreilles de cheval*, Droz, Genève, 1991.

⇒馬、フロサン

マルケ　Marke

⇒マルク

マルジン　Myrddin

⇒メルラン

マンゴン　Mangon

ロベール・ビケ作『角杯の短詩』に登場するモレーヌの王。アーサー王宮廷へ不思議な角杯を送り届ける。この角杯を叩くと、つけられている100もの小さな鈴が、妙なる音色を響かせる（これは「異界」の調べである）。さらに妻帯者がこの角杯を使えば、自分の妻がほかの男に寝とられたかどうかが判明する。妻を寝とられた男や嫉妬深い男がこの角杯を手で握ると、角杯の中身がその男にぶちまけられた。つまり、愛しあう男女が申告どおりに貞節を守っているかを確かめることができるのである。マンゴン（またはアマンゴンAmangon）の名は、カフカス神話に登場するアモンガエ（Amongae）の名と酷似している。アモンガエは不思議なオブジェ（壺または盃）をさしており、（カフカス地方の神話的な民族）ナルトの伝説に登場する。アモンガエの名は、インド＝ヨーロッパ語の語根「メン」（*men）と関連づけて考える必要がある。この語根は、ラテン語「（アド）モネーレ」（(ad)monere、「気づかせる」）や、ドイツ語「マーネン」（Mahnen、「警告する」）に残されている。カフカス地方に住むオセット人に伝わるこの不思議な盃は、未来ではなく過去を《啓示する》。ジョルジュ・デュメジルが指摘したように、この盃は「過去の行為だけを知っていて、だれかが述べた偉業が本当かどうかを超自然的な力で証明してくれる」。

【書誌情報】 G. Dumézil, *Romans de Scythie et d'alentour*, Payot, Paris, 1978, pp. 227-236 (Le cratère du Nomarque et le Nartamongae). A. Magnusdottir, *La Voix du cor*, Rodopi, Amsterdam-Atlanta, 1998 (avec une traduction intégrale du lai du *Cor*, pp. 379-384). G. Eckard, «Le Graal discriminant, le cor et le révélateur des Nartes», *Actes du XVIIIe Congrès international de linguistique et de philologie romanes*, Niemeyer, Tübingen, 1988, pp. 395-404.

⇒アマンゴン、モレーヌ

マント　Manteau

『マントの物語』では、貴婦人たちが愛する男たちに示す貞節の度合いに応じて長くなったり短くなったりする魔法のマントについて語られている。さらに、魔法のマントが出てくる場面はいくつかの物語にも見つかる。代表例は中世ドイツの物語（ハインリッヒ・フォン・デム・テュールリーン作『王冠』とウルリヒ・フォン・ツァツィクホーフェン作『ランツェレト』）と、古アイスランド語による翻案作品（『マントのサガ』）である。魔法のマントは妖精が作ったものであり、アーサー王宮廷に集うすべての貴婦人が順番にまとわねばならない。非の打ちどころがなかったのは騎士カラドックの恋人だけであり、彼女がマントをまとうと身の丈にぴたりとあう。妖精が仕立てた衣装をさまざまな女性が身にまとおうとするのは、民話『シンデレラ』に出てくるガラスの靴の試練の異本だと考えられる。

【書誌情報】P. Delarue et A. Dauzat, «Des fautes d'orthographe à la pantoufle de Cendrillon», *Le Monde*, 24 janvier 1951, Réponses diverses en date des 7 février 1951, 14 mars 1951, 30 mars 1951, 28 mars 1951.

【邦語文献】白木和美「Ulrich von Zatzikhoven 作 *Lanzelet*におけるMantelprobeをめぐって」東京都立大学人文学部『Metropole』第31号、2010年、pp. 1-14。

ミ

湖の貴婦人　Dame du lac

⇒ヴィヴィアーヌ

緑の騎士　Chevalier Vert

「緑の騎士」の異名で『サー・ガウェインと緑の騎士』に登場するこの人物（本名はベルティラック）は、季節のフォークロアと関連している。また植物では、クリスマスのモミの木に象徴される「フェイユー」（Feuillu）という儀礼上の人物を想起させる。この男は《半ば人食い鬼》で、クリスマスの日に全身緑色

自分の首を抱えてアーサー王宮廷を立ち去る「緑の騎士」

（『サー・ガウェインと緑の騎士』の写本挿絵）

の装いでアーサー王宮廷へ現れる。その時、片手でヒイラギの小枝を振りかざしていた。「緑の騎士」はガウェインに首を刎ねられてもすぐに自分の首を拾い上げ、死ぬことはなかった。その様子は、彼が手にしていたヒイラギという常緑樹だけでなく、冬至の太陽を思わせた。あきらかに、この斬首儀礼には季節的な性格がそなわっている。『サー・ガウェインと緑の騎士』の第30詩節にはホーリー・ヘッド（Holy Head、「聖なる頭」。ウェールズ北部のホーリーウェル（Holywell、「聖なる泉」）に相当）という地名が出てくるが、それにより著名なウェールズの聖女ウィニフレッド（Winifred）が暗示されている。この聖女は首を刎ねられた後、自分の首を拾い上げた（祝日は11月2日）。

【書誌情報】A. H. Krappe, «Who was the Green Knight ? », *Speculum*, 13, 1938, pp.

206-215. S. H. Madondo, «Le remaniement narratif de *Sire Gauvain et le Chevalier vert* dans les poèmes anglais tardifs», dans : K. Watanabe éd. *Voix des mythes, science des civilisations*, Peter Lang, Berne, 2012, pp. 211-214.

⇒斬られた首、ベルティラック

醜い乙女　Demoiselle Hideuse

クレティアン・ド・トロワ作『グラアルの物語』の中で、ペルスヴァルの前に姿を見せる不吉な人物。鹿毛色（赤毛は「欺瞞」の象徴）の雌ラバにまたがり鞭を手にしたこの乙女は、「グラアル」の城でペルスヴァルが犯した過ちを数え上げ、彼に呪いの言葉を投げかける。乙女は「悪夢」を象徴する人物であり、その姿は詳細に描かれている（乙女の身体はさまざまな動物の混成体である）。「醜い乙女」は、インド神話に登場する「ラークシャサ」（羅刹）とよばれる怪物（『ラーマーヤナ』に登場する悪魔の一団）と驚くほど類似している。「醜い乙女」は発する言葉が不幸をもたらす魔女の元型にあたり、ヴォルフラム・フォン・エッシェンバハ作『パルチヴァール』では魔女クンドリーエ（Kundrîe）の姿で登場している。姿こそ醜くて嫌悪感をもよおさせるが、この乙女は実は支配権の化身であり、贖い手である選ばれし英雄が行う武勇を待っている。物語ではペルスヴァルが試練に失敗したため、「醜い乙女」は彼に痛烈な皮肉を浴びせる。

【書誌情報】 A. Saly, «La demoiselle hideuse dans le roman arthurien», dans : *Mythes et Dogmes*, Paradigme, Orléans, 1999, pp. 31-55. A. Coomaraswamy, *La Doctrine du sacrifice*, Dervy, Paris, 1997, pp. 139-161 (l'épouse hideuse).

【邦語文献】 渡邉浩司「クレチアン・ド・トロワ『聖杯の物語』における「醜」のレトリック」名古屋仏文学会『フランス語フランス文学研究Plume』第4号、1999年、pp. 12-23。

⇒ヴイーヴル、恐ろしい接吻、誇り高き城

醜い似姿　Laide semblance

『アーサーの書』に登場する怪物で、その姿を見た者は命を落とした。この怪物には、バシリスク［蛇の尾を持つ伝説上の動物］やメドゥサ［三姉妹の怪物ゴルゴのひとり］と同じ神話的特徴がそなわっている。ある騎士が亡くなった女（幽霊）とのあいだにもうけたこの怪物は、あちこちの海域で死を蔓延させた。ユダ・マカバイによって捕えられたこの怪物は、メルランの介入により、サタリー（Satalie）の海の深淵へ閉じこめられた。「醜い似姿」は、仮面の神話と関連している。「マスカ」（masca）は俗ラテン語ですでに《仮面》を意味していたが、中世ラテン語では（643年以降）《魔女》や《亡霊、悪霊》の意味でも使われている。幽霊をめぐる想像世界（イマジネール）では、《黒き者》、《妖術師》、《悪霊》は混同されている。

【書誌情報】 L. Harf-Lancner, «Le gouffre de Satalie, survivances médiévales du mythe de Méduse», *Le Moyen Âge*, 94, 1988, pp. 73-101. C. Ferlampin-Acher, *Fées, Bestes et Luitons*, P.U.P.S., Paris, 2002, pp. 304-310.

⇒ドラゴン、メルラン

耳を切られた犬
Chien aux oreilles coupées

アイルランドのアーサー王物語『マドラ・ムイルの冒険』（*Eachtra an Mhadra Mhaoil*）の主人公。実際にはインド王の息子でアラスタン（Alastann）という名だったが、継母（リヴァルン

Libearn）によって魔法で犬の姿にかえられていた。マドラ・ムイル（《耳を切られた犬》の意）は、アーサー（アルトゥル）王に仕えるバルウアイという名の若き騎士に同行し、「ランタンの騎士」からアーサー王を救い、逃亡した「ランタンの騎士」を見つけ出すためにいくつかの国をとおる。最後には「ランタンの騎士」を生け捕りにし、もとの人間の姿にもどると、「素晴らしいアラスタン」（Alastann Iongantach）の名で母国（インド）へもどる。父王の死後、アラスタンはインド王となる。この物語は、民話の国際話型449番（「皇帝の犬」、あるいは『千夜一夜物語』所収の話にちなんで「シディ・ヌウマン」）の筋書きを踏襲している。

【書誌情報】 G. Milin, «Pour une lecture ethnologique *d'Arthur et Gorlagon*, conte de loup-garou du XIVe siècle», *Kreiz*, 2, 1993, pp. 163-199. J.-F. Nagy, «Arthur and the Irish», dans : H. Fulton, *A companion to Arthurian literature*, Blackwell, 2012, pp. 117-127.

【邦語文献】 平島直一郎「アイルランド語文学におけるアーサー王（Arturアルトゥル）伝承」『ケルティック・フォーラム』第19号、2016年、pp. 31-32。

⇒ランタンの騎士

ミュルデュマレック　Muldumarec

マリー・ド・フランス作『ヨネックの短詩』に登場する鳥の騎士。ミュルデュマレックの名は中期ブルトン語の３語を組み合わせたものであり、「マレック」（marec）は《騎手、騎士》、「ミュール」（mul）または「ミール」（mil）は《動物》、「デュー」（du）は《黒い》を意味する。この《黒い動物の騎士》は実際に、黒っぽい羽毛が生えた狩猟用の鳥であるオオタカの姿になることができる。ミュルデュマレックが変身能力をもっているのは、「異界」の存在だからである。彼には予言能力もあり、恋人の女性にヨネックという息子が生まれることをあらかじめ知らせている。ミュルデュマレックはさらに、所有していた不可思議な品々を、はるばる異界まで訪ねてきた恋人に託している。それは敵の記憶を消し去る指輪、魔法の剣、貴婦人を人間世界へ連れ戻してくれる上着である（つまり３つの魔法の贈り物である）。アファナシエフの民話のひとつ「鷹フィニストの羽根」には、マリー・ド・フランスの短詩と共通するモチーフが数多く認められる。この鳥の騎士が串刺しにされて死ぬ場面は、幽霊や吸血鬼を退治する手段を思いおこさせる。

【書誌情報】 J. Grisward, «Les trois dons de l'oiseau-prophète. Esquisse sur *Yonec*», dans : M. Zink éd., *L'Hostellerie de Pensée*, P.U.P.S., Paris, 1995, pp. 187-194. Ph. Walter, «Yonec, fils de l'ogre ?», dans : *Plaist vos oïr bone cançon vallant ? Mélanges de langue et de littérature médiévales offerts à F. Suard*, Presses Universitaires du Septentrion, Lille, 1999, pp. 993-1000.

⇒人食い鬼、ヨネック

ミロード　Miraude

中世ネーデルランド語による物語『トーレック』に登場する、ブルアント（Bruant）の義理の姉妹の名。彼女はブルアントがトーレックの祖母から奪った王冠を、ブルアント本人から受けとった。ミロードは、トーレックがブルアントとの戦いで負った怪我を治すことのできる唯一の人物であり、最終的にはトーレックの妻となる（イズー、トリスタン、ル・モロルトの項目を参照）。ミロードに妖精としての性質がそなわっているのは疑いない。なぜなら彼女は、トーレックの母が誕生する以前の筋書きにあたる、物語の前半にすでに姿を見せているからである。妖精としての彼女は、人間が連綿と経験する世代という時間の拘束を免れている。ミロードの名は、《驚異的な、驚くべき、桁外れの》を意味するラテン語「ミランダ」(miranda)と関連している。

【書誌情報】 G. Paris, *Histoire littéraire de la France,* Imprimerie nationale, Paris, 1888, t. 30, pp. 263-269.

⇒**トーレック**

ミロン　Milon

マリー・ド・フランス作『ミロンの短詩』の主人公。ミロンは未婚の姫君とのあいだに不義の息子をもうける。生まれた子供は、母方の伯母のもとへ隠すように送られた。自分の素性を知らぬまま立派に成長した若者は、モン＝サン＝ミシェル近郊で開催された馬上槍試合で、(相手の身許を知らぬまま) 父ミロンと対戦する。ミロンの息子は類まれな騎士であり、その物語は太陽英雄の誕生神話を踏襲している (誕生後に遺棄され、隠されて育ち、彗星のごとく現れて武勇を見せる)。大筋において、この短詩はアイルランドの英雄クー・フリン (Cú Chulainn) が女武者アイフェ (Aífe) とのあいだにもうけた息子の物語を連想させる。9世紀に成立したアイルランドの神話物語『アイフェのひとり息子の最期』(*Aided Oenfir Aífe*) によると、クー・フリンとその息子はたがいの身許を知らぬまま戦い、一騎討ちで父が我が子を殺めてしまう。モン＝サン＝ミシェルの地形と聖なる位置は、ミロンの息子の話を太陽神話と結びつけている。

【書誌情報】 Jan de Vries, «Le conte irlandais *Aîded Ôenfir* Aîfe et le thème dramatique du combat du père et du fils dans quelques traditions indo-européennes», *Ogam,* 9, 1955, pp. 122-138.

⇒**モン＝サン＝ミシェル**

民話　Conte

中世期には、「民話 (コント)」という語は、ほぼ現代的な意味をさしていた。それは口頭伝承にもとづく伝承物語であり、筋書きによって大きな単位に分割できる特殊なモチーフ群の配列が特徴となっている。中世の物語作家たちは、自分たちが語る話の内容を創り出したわけではない。ラテン文学が伝えてきた物語 (たとえばウェルギリウス作『アエネイス』は『エネアス物語』の着想源である) や、《ブルターニュの素材》の起源にあたるいにしえのケルト文化圏 (アイルランド、ウェールズなど) 出身の語り部たちが伝えてきた物語を翻案したのである。20世紀の民俗学者たち、なかでもフィンランド学派に属する研究者たちは、世界中に伝わる民話の数が無限ではないことを証明した。民話は逆に、かぎられた数の「話型」(テールタイプ) とよばれる語りの枠組みに従っている (アールネとトンプソンが作成し、ハンス＝イェルク・ウターが改訂した民話の話型目録を参照)。そのため、数多くのアーサー王物語にも話型の図式を認めることができる。たとえばクレティアン・ド・トロワ作『グラアルの物語』前半は、民話の国際話型303番 (「魚の王さま」) に対応している。「エクセンプラ」(宣教師が説教に用いた逸話) 集成の中には、こうした同じ話型の萌芽が認められる。現代になって《魔法民話》と名づけられた民話群は、少なくとも1千年以上にもおよぶ歴史を誇っている。12世紀以降に口承で伝えられてきた民話が文字で書きとめられたことにより、古代神話までさかのぼるこうした先祖代々の口承物語の痕跡が残された。また書きとめられたことにより、民話はその伝播や内容に大きな変更をこうむることにもなった。

【書誌情報】M. Zink éd. *Réception et Identification du conte depuis le Moyen Âge*, Publications de l'Université de Toulouse Le Mirail, 1987. J. Berlioz et *alii, Formes médiévales du conte merveilleux*, Stock, Paris, 1989. Ph. Walter, *Perceval, le Pêcheur et le Graal*, Imago, Paris, 2004 (pour le conte type n° 303). H. J. Uther, *The Types of International Folktales : A Classification and Bibliography*. Parts I–III. Helsinki, Suomalainen Tiedeakatemia (Academia Scientiarum Fennica), 2011. Part I : Animal Tales, Tales of Magic, Religious Tales, and Realistic Tales, with an Introduction. Part II : Tales of the Stupid Ogre, Anecdotes and Jokes, and Formula Tales. Part III : Appendices. (révision de l'ancien catalogue d'Aarne-Thompson) ［ハンス=イェルク・ウター（加藤耕義訳）『国際昔話話型カタログ』小澤昔ばなし研究所、2016年］.

【邦語文献】 長野晃子「フランスの昔話」『東洋大学紀要教養課程篇』第17号、1978年、pp. 23-54；松原秀一『中世ヨーロッパの説話―東と西の出会い』中公文庫、1992年；神沢栄三「クレチアン・ド・トロワと魔法昔話」明治学院大学『言語文化』第3号、1985年、pp. 11-20。

⇒（カッコで添えられた数字は、当該項目の中で触れられている国際話型の番号である）悪魔（331）、イタチ（612）、オグラン（328）、カドック（717）、ガラガンドレイス（313）、雁（709）、驚異の泉（314）、グエンガスアン（513A）、グニエーヴル（313）、グラエラン（400）、クリジェス（314）、剣の橋（313）、ゴルヌマン（910）、ディウルナッハ（328）、ティヨレ（304）、ドーン（313）、ノケトラン（328）、ビスクラヴレット（449）、フェルギュス（301）、ブランジアン（403）、ブランダン（307, 313）、ブリヤンド（313）、ブリュニッサン（57）、ブロンド・エスメレ（307）、ペルシヴェル（650）、魔法のチェス盤（551）、マルク（782）、メリオン（301）、メリヨン（449）、ラフエル（300）

ム

無慈悲なブレユス　Bréhus sans Pitié

⇒ブラン（Brun）

無人の城　Château désert

訪れた旅人を迎えてくれるものの人の姿がまったく見あたらない「無人の城」は、頻繁に出てくるモチーフである。つねに「異界」に位置するこうした城館は、アイルランドの航海譚に見つかる。「無人の城」を支配しているのは不可思議であり、人間界の法則には従っていない。ときに魔法をかけられたりだれかが悪事をはたらいたりしたために、「荒れ地」に変貌していることもある。「無人の城」を訪ねる人にはかならず予備試練が待ち受けており、ただひとりの英雄だけに成功が約束されている。このモチーフには救済論的な性格が強く残されている。問題の場所にかけられている禁忌や呪いをかならず解除してくれる、選ばれし英雄を待ち望んでいるからである。「無人の城」は冥界神話に属している。しかしモチーフとしては残存したが、もともとそなわっていた葬送との関連は失われてしまった。

【書誌情報】E. Bozoky, «Roman médiéval et conte populaire : le château désert», *Ethnologie française*, 4, 1974, pp. 349-356.

⇒航海

ムンサルヴェーシェ
Munsalvaesche

ヴォルフラム・フォン・エッシェンバハ作『パルチヴァール』に登場する「グラール」(Grâl) 城の名。この名はフランス語《モン・ソヴァージュ》(Mont Sauvage) に相当し、「荒涼とした山」という意味である。城の廃墟のみが残るヴィルデンベルク (Wildenberg) の名が (あるドイツ語の物語の中で) フランス語に訳されてモンサルヴァージュ (Monsalvage) となり、これがムンサルヴェーシェとなった。ヴィルデンベルクは、ドイツ・バイエルン州北西のオーデンヴァルト (Odenwald) 山塊の中にある (『パルチヴァール』の中でヴォルフラムは、みずからもバイエルン出身であることを匂わせている)。「荒涼とした山 (モン・ソヴァージュ)」という表現に神話的な響きがあるのは、野人 (オム・ソヴァージュ homme sauvage) がこの山と関連しているからである。デア・プライアーが著した『タンダライスとフロールディベル』に登場する「サルヴァシュ・モンターン」(Salvasch Montân、「荒涼とした山」) には、《大柄で恐るべき姿をした数多くの男女の野人》や、《肌が黒く怪物のような体躯の大きな女たちが》見つかる。この不可思議で聖なる山は、魔女集会（サバト）がおこなわれたり、超自然的な存在が出没したりする場所を想起させる。アルブレヒト・フォン・シャルフェンベルク作『新ティトゥレル』によると、山の名の解釈はアレゴリーへと変わり、「サルヴァシュ」(Salvasch) 山は《救済の山》と理解されている。なぜなら《その山では、何もかもが苦難や不幸を免れている》からである。

【書誌情報】H. Kunis, *Wildenberg. Die Gralsburg im Odenwald,* Schäfer, Leipzig, 1935. C. Lecouteux, *Au-delà du merveilleux,* P.U.P.S., Paris, 1998, p. 129.

⇒野人

メシア思想　Messianisme

アーサー神話には、終末論とメシア思想の傾向がはっきり認められる。こうした傾向はアーサー自身だけでなく、普通の人間には実現不可能な偉業を果たすことがあらかじめ運命づけられた (救世主（メシア）として期待される) 数多くの騎士からも分かる。こうしたメシア思想は、進歩の観念とは無縁のいわゆる《伝統的な》社会に浸透している、循環する時間という考え方に内在するものである。(ミルチャ・エリアーデによって)《永劫回帰（えいごうかいき）》とよばれたこうした時間は、衰退と再生のサイクルを前提にしている。古代神話をとどめる物語群を翻案した中世の物語作家たちは、聖書を古いケルトの異教を非神話化するために役立て、最終的に聖書が提供するキリスト教の人物や図式にケルトの英雄たちをとけこませた。その典型例がガラアドであり、メルランの予言が何度も予告した通り、ガラアドは「聖杯」の冒険をすべて終わらせて騎士道伝説の歴史に幕を下ろす。ガラアドは、世俗の騎士道とは異なる霊的な騎士道の「救世主」なのである。アヴァロン島に向かってこの世を離れたアーサー王について、(ヴァース作『ブリュット物語』

が記すように）ブリテン島に伝わる数々の予言は王の帰還が近いと伝えている。（『ブリュット物語』の最後で）はっきりと《予言者》とよばれているメルランは、アーサー王の死の信憑性をひどく疑っている。アーサーは、同じように人間界への帰還を地下で待ちわびている（「赤髭王（バルバロッサ）」の異名をもった神聖ローマ皇帝フリードリヒ１世をはじめとした）ほかの多くの英雄たちの仲間である。しかし、キリスト教の影響を強く留めた散文物語群になると、アーサーが現世にもどることはない。なぜならアーサーの帰還は、この世の終末に神が決めることだからである。このようにキリスト教徒の希望が、ブリトン人の最後の希望にとって代わっている。

【書誌情報】 P. Saintyves, «Les morts qui poursuivent leur vie sous la terre ou dans leurs tombeaux en attendant l'heure de revenir parmi les hommes», *Revue d'ethnographie et des traditions populaires*, 33, 1928, pp. 71-82. M. Eliade, *Le Mythe de l'éternel retour. Archétypes et répétition*, Gallimard, Paris, 1969［エリアーデ（堀一郎訳）『永遠回帰の神話―祖型と反復』未来社、1963年］. J.-C. Cassard, «Arthur est vivant ! Jalons pour une enquête sur le messianisme royal au Moyen Âge, *Cahiers de civilisation médiévale*, 32, 1989, pp. 135-146.

⇒アーサー、ガラアド

メリアドクス　Meriadocus

13世紀にラテン語で書かれた作者不詳の『カンブリア王メリアドクスの物語』の主人公。メリアドクスの名は、ジェフリー・オヴ・モンマスが『ブリタニア列王史』第五巻第九章で言及している、島のブリトン人をアルモリカ（フランスのブルターニュ）へ移住させた伝説上の人物コナヌス・メリアドクス（Conanus Meriadocus、フランス語名コナン・メリヤドゥックConan Mériadeuc）を暗にさしている。またこれとは別に、ウェールズ北部デンビーシャーのサンエルゥイ（Llanelwy、現在のセント・アサフ）近郊には、メイリアドッグ（Meiriadog）という名の町がある。メリアドクスにそえられた《カンブリア王》という称号はおそらく、コナヌスと関連づけられることの多いカドウァラドルス（Cadualadrus、ウェールズ語名カドワラドル）に与えられた《カンブリア人の首領》という肩書きを拡大解釈したものである。メリアドクスの物語は、神話的な図式に則って書かれた伝説上の年代記である。その神話的な図式は来歴が古く、ユーラシア全域に見つかる。実際に物語が踏襲しているのは、ある子供が神託により君臨する王にとって危険な存在になるといわれたために遺棄され、その後拾われて人里離れた場所で育てられるという筋書きである。数多くの試練の果てに、主人公は君主として認められ、王朝の祖となる。これはオットー・ランクが分析した英雄神話の典型例である。メリアドクス（《偉大な君主》）の名は、ウェールズ語メレディック（Mereduc）やマレディッズ（Maredudd、アルモリカのブルトン語メリヤデックMériadecに相当）をラテン語化したものである。メリアドクスの名からは、ウェールズ語の姓名メレディス（Meredith）が派生している。ヴァンヌ（Vannes）の司教であった聖メリヤデック（Mériadec）は、７世紀に活躍したと考えられている。

【書誌情報】 O. Rank, *Le Mythe de la naissance du héros* (1909), Payot, Paris, 1983 (sur le schème mythique)［オットー・ランク（野田倬訳）『英雄誕生の神話』人文書院、1986年］.

Ph. Jouet, *Dictionnaire de la mythologie et de la religion celtiques*, Yoran Embanner, Fouesnant, 2012, pp. 594-596. P.-Y. Lambert, «A propos de Meriadec et de Muiredach», *Britannia Monastica*, 17, 2013, pp. 15-25.

【邦語文献】 ジャン＝シャルル・ベルテ（渡邉浩司・渡邉裕美子訳）「中世ラテン語散文物語『カンブリア王メリアドクスの物語』」中央大学『中央評論』通巻第299号、2017年、pp. 227-236。

メリオン　Melion

中世ネーデルランド語による物語『トーレック』に登場する騎士。物語の中のメリオンはラフエルとともに、邪悪な男にさらわれ井戸の中へ連れていかれたモルリハント（Morligant）王の娘を助けに向かう。メリオンはラフエルが握っていた綱を伝って、井戸の下へ降りていく。メリオンは井戸の底で、幽閉された40人の乙女とともに邪悪な男がいるのを見つける。メリオンは邪悪な男を殺め、乙女たちが井戸から外へ出るのを助ける。しかしメリオンが井戸から地上にもどる順番がくると、ラフエルは綱を中へ投げ入れてしまう。しかも乙女たちを宮廷に連れ帰り、自分が命の恩人だと述べる。井戸の中でメリオンは、２匹の犬、２羽の鷹、１頭の（空飛ぶ）不可思議な馬を見つける。そしてこの動物たちに助けられながらなんとか井戸の外へ出て、ラフエルの裏切りを告発する。捕らえられたラフエルがすぐに殺害され、メリオンはモルリハント王の娘と結婚する。この物語は、民話の国際話型301番（「地下世界から解放された王女たち」）の筋書きを踏襲している。

【書誌情報】 G. Paris, *Histoire littéraire de la France*, Imprimerie nationale, Paris, 1888, t. 30, p. 267.

⇒トーレック

メリヤドック　Mériadoc

『双剣の騎士』の主人公。『カンブリア王メリアドクスの物語』の主人公メリアドクスとは別人。ちなみに「双剣の騎士」は、作中での主人公の異名である。メリヤドック（メリヤドゥックMériadeuc）は、ブレエリス（Bléhéris）が「双子塔の湖の貴婦人」（Dame du Lac des Jumelles）とのあいだにもうけた息子で、父の死後「ブランクモールの谷」（Vaux de Blanquemore）と「双子塔の湖」の領主となった。メリヤドックの異名には由来がある。彼は騎士叙任のときにアーサー王から最初の剣を授かる。その後アーサー王宮廷を訪ねてきたロール・ド・カラディガンが彼女の脇に帯革でつけていた魔剣をメリヤドックが外し、２本目を獲得する。それまで決してだれにも外せなかったこの２本目の剣は、実はメリヤドックの父が所有していたものである。主人公が本名（メリヤドックは《偉大な領主》の意）を知るのは物語の結末近くであり、３本目の剣を使ってゴー・ド・ノルヴァルの怪我を治したときのことである。ある泉の近くで見つけたその剣を鞘から抜くと、鮮血が流れ出た。この剣によって怪我を負ったゴー・ド・ノルヴァルの傷口に、メリヤドックが同じ剣を刺し入れる。すると剣はゴーの怪我をなおし、鮮血が消え去った刃にメリヤドックの名が現れる。それは主人公の祖父の名でもあった。怪我を招くと同時に癒す武具の類例は、ヴォルフラム・フォン・エッシェンバハ作『パルチヴァール』のアンフォルタスが負った怪我との関連で見つかる。

【邦語文献】 渡邉浩司「３本目の剣を祖国に残すメリヤドゥック—13世紀古フランス

語韻文物語『双剣の騎士』を読む」『続英雄詩とは何か』、中央大学出版部、2017年、pp. 197-232。

⇒バラエン、魔剣

メリヤドール　Méliador

フロワサール作『メリヤドール』の主人公。スコットランドの王位継承者であるエルモンディーヌ（Hermondine）という名の姫君の求婚者たちのために馬上槍試合が開催され、勝者に姫君が与えられることになる。この試合を見事に制するのがメリヤドールである。物語は無気味な騎士カメル・ド・カモワが、エルモンディーヌ姫に求愛するところからはじまる。メリヤドールの素晴らしさは、その名前が暗示するとおりである。メリヤドック（Mériadoc）というケルト名がメリヤドールへと変化したという仮説、さらにはその名が（黄金の太陽という）騎士の紋章に使われたエンブレムから、メリヤドール（Méliador）の名は黄金（フランス語では「オール（or）」）と、（太陽の火の車輪に乗って天へ上ったイスラエルの預言者）エリヤ（フランス語名エリー Elie）または（ギリシア神話の太陽神）ヘリオス（Helios）の組み合わせからなっていると考えられる。この説が正しければ、黄金の太陽という紋章は、メリヤドールにそなわる太陽の性質を裏づけている。

⇒カメル・ド・カモワ

メリヨン　Mélion

作者不詳『メリヨンの短詩』の主人公。アーサー王に仕える騎士。すでにほかの男に恋したことがある女性とは絶対に恋をしないという誓いを立てたため、意にそうような女性が見つからず、アーサー王宮廷を去らざるをえなくなる。メリヨンは王から与えられた封土の森で狩りをしていたとき、１頭の雄鹿について行き、美しい乙女（アイルランドの王女）と出会う。乙女はこれから先ずっとメリヨンを愛しつづけるといい、メリヨンの妻になる。その後、別の狩りのとき、メリヨンの妻は見つけたばかりの雄鹿の肉をどうしても食べたいといい出す。その雄鹿を捕まえるために、メリヨンは妻に彼の指輪を渡し、彼を狼に変身させるよう頼む。妻が指輪の台座にはめられた白い石を夫の頭におけば夫は狼になり、指輪の真紅の石を夫の頭におけば、夫は再び人間にもどれるという。しかしメリヨンが狼に変身した後、妻がもとの姿にもどそうとしなかったため、メリヨンは狼の姿のままさまよう羽目におちいる。狼のメリヨンはアイルランドへ向かい、10頭の狼を仲間として従え、国中を荒らし回る。罠がしかけられて10頭の狼はしとめられるが、メリヨンは生きのびる。アイルランド王と和解するためにお忍びでアイルランドへやってきたアーサー王を、狼の姿のメリヨンは見つける。アーサー王に気に入られともに行動することを許された狼のメリヨンは、妻を連れ去った者を宴席で見つけて襲いかかり、それを契機に狼がメリヨンであると判明する。最後は狼の頭に指輪が載せられ、メリヨンは人間の姿にもどる。この短詩は、民話の国際話型449番（「皇帝の犬」）を踏襲しており、『千夜一夜物語』やペトロニウス作『サテュリコン』にも類話が見つかる。『メリヨンの短詩』は決して、マリー・ド・フランス作『ビスクラヴレットの短詩』や作者不詳の『アーサーとゴルラゴン』の下手な書き換えではない。猟犬の群れのモチーフは、たとえばギリシア神話のドロン（Dolon）に認められる、野獣戦士に課される通過儀礼の物語を思わせるものである。人狼メリヨンは、雄鹿狩りから全面戦争へと移っていく戦士団の人間狼の一員なのである。この戦士団のメンバーは、通過儀礼とは無縁の人々を恐怖におとしいれ、独自の略奪権を行使する（動物を盗んだり、大殺戮を犯したりする）。野獣戦士の通過儀礼が冬におこなわれることから、11人の人狼は（クリスマスから公現祭までつづく「12日間」の）11の夜を連想させる。この特別な期間には動物の仮面をつける儀礼がおこなわれる。メリヨンの名前自体は、ラテン語の「ミーレス」(miles、「兵士」）に近いゲール語「ミール」(mil、《兵士》）と関連していると考えられる。神話上の人物ミール（Míl）は、『アイルランド来寇の書』(*Lebor Gabála Érenn*)［11世紀に創作された虚構の史書］によれば、アイルランドの最初期の住民すべての祖先であり、その名は《戦い》を意味する「ミレト（mileto)」に由来している。

【書誌情報】 J. Vendryès, *Lexique étymologique de l'irlandais ancien*, Presses du CNRS, Paris, 1959, M- 51. A. Ernout et A. Meillet, *Dictionnaire étymologique de la langue latine*, Klincksieck, Paris, 1967, p. 402. L. Gernet, *Anthropologie de la Grèce antique*, Flammarion, Paris, 1982, pp. 201-223 (Dolon le loup). G. Milin, «Pour une lecture ethnologique d'*Arthur et Gorlagon*, conte de loup-garou du XIVe siècle», *Kreiz*, 2, 1993, pp. 163-199. M. Éliade, *Initiation, rites, sociétés secrètes*, Gallimard, Paris, 1959, pp. 181-224［ミルチャ・エリアーデ（前野佳彦訳)『加入礼・儀式・秘密結社』法政大学出版局、2014年、pp. 159-201］.

⇒**人狼**

母の無罪を主張するメルラン

母はメルランの父が誰か分からないため火刑を宣告された。この場でメルランは、裁判官自身が不義の子であるという真実を公にする。中世フランスの写本挿絵。

ヴォルティゲルン王の前で予言を読み上げる7歳のメルラン

2人の下には、王の塔の崩壊の原因である、赤いドラゴンと白いドラゴンが描かれている。

メルラン　Merlin

英語名マーリン、ラテン語名メルリヌス（Merlinus）。ウェールズ人にとっての神話上の予言者。元来アーサー王伝説とは無関係だったが、1135年頃に統合された。

〈名前の語源〉 ウェールズの伝承によれば、メルランの名はマルジン（Myrddin）であり、《海の人》（*morij:n）、すなわち《水中で暮らす人》をさす。この語源から、メルランはマン島の名祖である神、リル（Lir）の息子（《海》の息子）マナナーン（Manannán）に似た存在だと考えられる。なかでもメルランに似ているのがギリシア神話のプロテウス（Proteus）で、メルランはそのケルト（ウェールズ）版である。「海の老人」とよばれるプロテウスは、あざらしの番をする原初的存在である（プロテウスの名は《最初の》をさすギリシア語「プロートス（prôtos）」を示唆している）。メルランはプロテウスと同じようにこの世の誕生に立ち会ったため、現世のあらゆる事柄に通じている。プロテウスはメルランと同じように、恐るべき姿や捕えどころのない姿に変身した後で予言をおこなう。プロテウスとメルランの類似は、ギリシア人とケルト人が共有していた古（いにしえ）の神話遺産によって説明が可能である。

〈予言能力〉 ウェールズの諸文献やジェフリー・オヴ・モンマス作『メルリヌス伝』では、アーサーはメルランの周りに一度も出てこない。このことから、かつての伝説の中ではメルランはアーサー王とは独立した存在だったと考えられる。『メルリヌス伝』第21行によると、メルリヌス（メルラン）は《王にして予言者だった》（rex erat et vates）。メルランに初めて言及した文献は、おそらく『リンゴの木（アル・アヴァスレナイ）』（*Yr*

熊のように毛むくじゃらの姿で生まれたメルラン

きこり姿の神エスス

Afallennau）と題されたウェールズ語の詩編である。この詩編に登場するマルジン（メルラン）は、親しかった人たちが戦いで落命した後に発狂して森へ逃げこみ、野人のような暮らしをした。ジェフリー・オヴ・モンマスは1150年頃に著した『メルリヌス伝』の中で、ウェールズ語の詩編と同じ話を記している。それによると、王であり予言者だったメルリヌス（メルラン）は戦いで敗北を喫し、狂気の発作に襲われてしまう。そのため、彼はカレドニアの森で灰色の狼とともに野人のように暮らした。こうした狂気の状態でメルリヌスは数多くの予言をおこない、ほかのふたりのドルイド僧、テルゲシヌス（T(h)elgesinus、タリエシン）とマエルディヌス（Maeldinus、フランス語名マエルダンMaeldin）とともに自然の神秘について瞑想した。（『ブリタニア列王史』の中で）ジェフリー・オヴ・モンマスがメルリヌス（メルラン）とウーテル（Ut(h)er、ユテル）を初めて結びつけたのにつづき、ロベール・ド・ボロンはメルランとアーサー王伝説をしっかりとつなげた。ロベールが語るメルランの出生譚では、メルランは人間の処女とインクブス（男性夢魔）とのあいだに生まれたが、悪魔や神のような存在になることはなく、生来もっていた力をアーサーとその王国のために使っている。

〈変身能力〉 メルランはユテル・パンドラゴンをコーンウォール公爵夫人イジェルヌの夫の姿にかえることで、アーサー王誕生のお膳立てをした。メルランは予言者であるだけでなく変身能力もそなえており、たとえば５本の角がある雄鹿、老人、子供、あるいは森の人、農夫、さらには（『続メルラン物語』でのように）修道僧にも変身することができた。（メルランのアイルランド版スヴネのように）鳥への変身は、メルランの住処とされる「エプリュモワール」から推測できる。メルランが唯一おこなう動物への変身は、雄鹿への変身である。雄鹿はケルト人にとって聖獣であり、礼拝用のオブジェにその姿が数多く描かれている。たとえば有名な「ゴネストロップの大釜」［現在コペンハーゲンの国立博物館所蔵］では、雄鹿の角をはやした人物が動物たちに囲まれている。この人物はドラゴン（神々が取る動物の姿）をふくむ、野獣たちの支配者である。メルランは魔法を使うことで野獣の性質をもつため、その姿になることができる。『おお、子豚よ』（*Yr Oianau*）と題されたウェールズ語の詩編でのメルランは、別の聖獣である豚を連れて登場している。メルランは豚（猪）を親友として扱い、心ゆくまで話しかける。ウフィニェ（Euffigneix）（フランス・オート＝マルヌ県）で出土したガリアの像（１世紀）は男神を象ったもので、その胸には猪が１匹垂直におかれている。ロベール・ド・ボロンは『メルラン』の中で予言者メルランを、大きな斧を担ぎ、大きな靴を履き、ぼろぼろになった短い外套（チュニック）をまとい、髪の乱れたきこりの姿で描いている。この姿は、ルテティア（フランス語名リュテスLutèce）の船乗りたちが奉献した装飾柱の一角に描かれた鍛冶神（エススEsus）を想起させる。またメルランは予言をするとき、その前に必ず儀礼的な笑いを見せる。

〈創意の才〉 メルランにそなわる建築家としての才能は、サクソン人との戦いで落命したブリトン人兵士をたたえる記念碑をサルズビエール（ソールズベリー）近郊に造ったときにあきらかになる。これはストーンヘンジの環状列石であり、メルランがアイルランドから魔法で空中移動させた巨石を使って造られた（実際にはこの巨石建造物はケルト世界よりもはるか昔に作られたものである)。その直後に、メルランはユテルのために「円卓」を作った。

〈遺伝〉 メルランの父(インクブス)は当然人の目には見えないため、メルランは幼少年期に《父なし子》とよばれた。メルランは(キリストのように)人間の処女から生まれているが、その懐胎は聖書のモデルとは一線を画しており、メルランの父親は「聖霊」ではなく悪霊である。なぜなら悪霊たちは「反キリスト」を作り出そうとしていたからである。メルランに備わる二重性(父から見れば悪魔(サタン)の子、母から見れば清らかなキリスト教徒の子)は、陽気でありながらも憂鬱質な性格に現れている。(「聖杯」と関連した最後のさまざまな冒険を予告する)キリスト教的な「聖杯」の預言者へと変貌したメルランは、元来もっていた占者としての役割を失い、彼の存在自体が解体してしまう。

〈行方不明〉(『アリストテレスの短詩』」が描く)アリストテレスのように、メルランはひとりの女によせた愛ゆえに、その女から笑い者にされてしまう。(13世紀に書かれた『アーサー王の最初の武勲』、『続メルラン物語』、『メルランの予言』によると)妖精ヴィヴィアーヌ(またはニニエンヌ)はメルランからいくつかの魔法を学んだ後、メルランを人の目には見えない牢の中へ永遠に閉じこめてしまう。その後時折、不思議な碑文が「聖杯」探索の途上にあるさまざまな人の前に出現し、運命の警告や予告を投げかけたが、これは閉じこめられたメルランのしわざである。

〈神話暦〉 ロベール・ド・ボロン作『メルラン』のメルランは、生まれたときに熊に似ていたことから、神話上の熊とその暦と無関係ではないと思われる。すなわちメルランは、聖燭祭(2月2日)から聖ブレーズの祝日(2月3日)にかけての夜に母の胎内で生を享け、9か月後の聖マルタンの祝日(11月11日)の頃に生まれたと考えられるのである。すべての熊がマルタンとよばれてはいないだろうか? 「笑う人」メルランの名は、キリスト教神話では聖マルタン(Martin)(《熊》をさす語根「アルト(art)」をふくむ)と聖イレール(Hilaire、ラテン語名ヒラリウス Hilarius、《笑う人》)とのつながりを想起させる。このように「熊」メルランは、熊の属性をもつアーサーの誕生をお膳立てしている。

【書誌情報】 P. Zumthor, *Merlin le Prophète*, Payot, Lausanne, 1943; reprint : Slatkine, Genève, 1973. Ph. Walter, *Merlin ou le Savoir du monde*, Imago, Paris, (1999) 2014. Du même auteur : «Merlin, le loup et saint Blaise», *Mediævistik*, 11, 1998, pp. 97-111. «Merlin et les dragons», dans : J.-M. Privat (éd.), *Dans la gueule du dragon. Histoire. Ethnologie. Littérature*, Pierron, Sarreguemines, 2000, pp. 173-184.

【邦語文献】 中野節子「メルズィンからマーリンへ—予言の詩人と魔法使いをめぐって」『山梨英和短期大学紀要』第18号、1985年、pp. 31-50;ジャック・ベルリオーズ(渡邉浩司訳)「制御不可能な老賢者—西欧中世の「教訓逸話」文学におけるマーリン」『アジア遊学』第68号、2004年、pp. 75-82;渡邉浩司「老賢者の日欧比較—メルランとサルタヒコをめぐって」中央大学『人文研紀要』第39号、2000年、pp. 43-68。

⇒アントワーヌ、ヴィヴィアーヌ、エプリュモワール、円卓、熊、苦しみの山、叫びブレーズ、タリエシン、ドラゴン、予言、メルランの墓、笑い

メルランの墓　Tombeau de Merlin

妖精ヴィヴィアーヌを溺愛していたメルランは、自分の知る魔法のすべてを彼女に教えてしまう。しかしこの妖精はメルランを厄介払いしようとする。メルランが姿を消した話にはふたつのバージョンがあり、本当の《墓》が唯一登場するのは『続メルラン物語』である。メルランは弟子にあたるヴィヴィアーヌとともに、ふたりの恋人が眠る墓の近くにあった「危険な森」(Forêt Périlleuse) の中で立ち止まる。ヴィヴィアーヌはその機会を利用してメルランに《魔法をかけ》、まったく身動きできない状況へ追いこむ。それから地下室へメルランを投げこみ、そこへ永遠に閉じこめてしまう。その4日後、ボードマギュが墓の中でまだ生き長らえていたメルランに話しかけ、救い出そうとする。しかし妖精ヴィヴィアーヌ以外だれにも敷石を動かすことはできない（もちろんヴィヴィアーヌは敷石を動かそうとはしない)。墓に入るしばらく前に、メルランは竪琴の音色でとおりがかりの人たちを動けなくするふたりの魔術師に出会い、逆にふたりの自由を奪って墓穴の中へ投げこんで殺めた。ふたりの墓の中にメルランが点した火は、アーサー王が亡くなるまで消えることがない。この永遠の火は、だれも中に入ることができない円形の生垣に囲まれたキルデア (Kildare) の聖女ブリギッド (Brigit) の火を想起させる。メルランの《墓入れ》のモチーフには文学的な側面が強いが、幽霊が出没したり何ものかが住みついたりしている石にまつわる巨石のフォークロアとつながっている。民間伝承では、メンヒルやドルメンは妖精やほかの超自然的な人物たちの住処である。ケルト神話における土墳、塚、巨石は「異界」の場所である。『散文ペルスヴァル』や『メロージス・ド・ポールレゲ』によれば、メルランは巨石として描かれている「エプリュモワール」の中へ完全に引きこもる。この住まいの名から、メルランの羽毛が抜け替わったことが推測できる。こうした羽毛の抜け替わりは、ここでは（サンスクリット語的な意味での）最後の《化身》(つまり《さまざまな姿をとることのできるこの世を超えた存在が地上に現われること》) だと考えられる。

【書誌情報】L. H. Loomis, «Arthurian tombs and megalithic monuments», *Modern Language Review*, 26, 1931, pp. 408-426.　A. H. Krappe, «L'enserrement de Merlin», *Romania*, 60, 1934, pp. 79-85. P. Sébillot, *Le Folklore de France*. t. 7, *Les Monuments*, Imago, Paris, 1985, pp. 63-71 (les tumulus).

⇒ヴィヴィアーヌ、エプリュモワール、シード

メルリヌス Merlinus

⇒メルラン

メレアガン　Méléagant

ゴール国のボードマギュ王の息子。クレティアン・ド・トロワ作『荷車の騎士』で、メレアガンはキリスト昇天祭［復活祭後40日目］にアーサー王宮廷から王妃グニエーヴルを奪い、ゴール国に連れ去る。ランスロは王妃を助け出すために、メレアガンとの一騎討ちを三度おこなう。三度目の対決の後、ランスロはメレアガンの首を刎ねる。これはインド＝ヨーロッパ神話の中の、戦士が経験する通過儀礼の神話図式に則ったものである（典型例はホラティウス三兄弟の末弟とクリアティウス三兄弟の戦い)。ガストン・パリスおよびフェルディナン・ロットが指摘して以来、クレティアン作

ランスロとメレアガンの戦い

『エレックとエニッド』に登場するエレックとエニッドの結婚式に参列した「ガラスの島」の領主マエロアス（Maheloas）またはモロアス（Moloas）が、メレアガンの雛形だと考えられてきた。カラドック・オヴ・スランカルヴァン（Caradoc of Llancarvan）作『聖ギルダス伝』（*Vita Gildae*）では、サマセットの王メルワース（Melvas）がグニエーヴル（グウェンワルGuennuvar）を連れ去っている。語源的に見ると、メルワースは「マエル」（Mael、「王」）と「ワース」（was、「死」）の組み合わせからなっているため、冥界の王だと考えられる。そのため、5月1日周辺（キリスト昇天祭の頃）に王妃グニエーヴルが誘拐されることは、ふたりの君主が「夏の女王」を奪い合うという、古い儀礼上のテーマに似ているように思われる。オック語（南仏語）で書かれた古い民謡「4月の女王のバラッド」によると、王妃を奪い合うふたりの恋敵は、冬と夏という対極にあるふたつの季節の王である。

【書誌情報】 G. Paris, «Études sur les romans de la Table Ronde», *Romania*, 10, 1881, pp. 465-496 et XII, 1883, pp. 459-534. F. Lot, «Études sur la provenance du cycle arthurien», *Romania*, 24, 1895, pp. 497-528. P. Bec, *Anthologie des troubadours*, Stock, Paris, 1979, pp. 60-62 (Ballade).
【邦語文献】 渡邉浩司「ログル王国の乙女たちによる3日間の断食（クレティアン・ド・トロワ『荷車の騎士』3530－37行）―インド＝ヨーロッパ神話の3つ首怪物の記憶」中央大学『人文研紀要』第84号、2016年、pp. 113-146。
⇒グニエーヴル、グラストニア、ランスロ

メロージス・ド・ポールレゲ
Méraugis de Portlesgués

ラウール・ド・ウーダン作『メロージス・ド・ポールレゲ』の主人公。円卓の騎士。「名のない町」へ残してきた愛するリドワーヌ（Lidoine）を探しに向かう途中で、メロージスは「輪舞（カロル）の城」へ立ちよる。その城へ入りこんだ騎士はだれでも踊りたい気持ちを抑えられなくなり、時の経過にも気づくことなく踊り続ける。このエピソードはアイルランドの航海譚、なかでも『マイル・ドゥーンの航海』（*Immram Curaig Maíle Dúin*、9世紀以前の作）に登場する「黒装束をまとい嘆き叫ぶ者たちの島」や「笑う者たちの島」を想起させる。さらにこうした踊りがおこなわれる時期は、1年の暦の中ではっきりと決まっている。それは冬至の時期に対応する。冬至は語源的には太陽が動くのをやめ（「至点」の語源は「ソール＝スターレ（sol-stare）」、「太陽が動かぬままである」）、時が中断されたように思われる時期である。冬至には慣例でクリスマスの輪舞（カロル）という異教起源の踊りがおこなわれていたため、キリスト教の宣教師たちはこれに激しい非難を浴びせた。「呪われた舞踏」や「死の舞踏」というキリスト教的なテーマは、こうしたクリスマスの輪舞から生まれたものである。メロージスの名は、『エーモンの4人息子』(*Quatre Fils Aymon*)伝説に登場する魔術師モージス(Maugis)の名をふくんでいる。中世ネーデルランド語による物語『袖をつけた騎士』の主人公ミローデイス(Miraudijs)は、フランス語のメロージスに対応する。メロージスの名は、フルリー＝メロジス(Fleury-Mérogis)やマランジュ＝シルヴァンジュ(Marange-Silvange)などのフランスの地名に見つかる。「マラージュ」(marage)は《海の、海岸や水域に位置する、海からきた》を意味する古フランス語の形容詞である。この意味は、生後まもなくドーバーの海岸にすてられたミローデイスにあてはまる。ポールレゲという名は、「ポール」(port、《通り道》)、「レ」(lès、《〜の近く》)、「ゲ」(gués、《浅瀬》)の組み合わせからなっている。13世紀の伝承(『散文トリスタン物語』)によると、メロージスはマルク王が姪のひとりであるラビアーヌ(Labiane)と無理やり交わってもうけた息子とされている。マルクがラビアーヌを殺めてメロージスを森の中にすてた。メロージスはその後、森番に拾われて育てられたという。

【書誌情報】 F. Godefroy, *Dictionnaire de l'ancienne langue française*, Vieweg, Paris, 1881, t. 5, p.160 (*marage*). F. Lot, «Études sur la provenance du cycle arthurien», *Romania*, 1895, pp. 325-326. P. Verrier, «La plus vieille citation de carole», *Romania*, 58, 1932, pp. 380-421. Ph. Walter, *La Mémoire du temps*, Champion, Paris, 1989, pp. 447-448.

【邦語文献】 渡邉浩司「クレチアン・ド・トロワ以降の古仏語韻文作品におけるゴーヴァン像」篠田知和基編『神話・象徴・文学III』楽浪書院、2003年、pp. 481-518(『メロージス・ド・ポールレゲ』については pp. 498-503);松村賢一『異界への通路—中世アイルランドの航海譚をめぐって』人文研ブックレット32、中央大学人文科学研究所、2014年。

⇒**ウートルドゥーテ、ゴルヴァン・カドリュ、サグルモール、袖をつけた騎士、ベルギス、ラキス**

メロート　Melôt

ゴットフリート・フォン・シュトラースブルク作『トリスタンとイゾルデ』に登場する不忠の小人で、《アキターニエン(Aquitanien)の小人》とよばれる。メロートはトリスタンとイゾルデを監視する(つまりベルール作『トリスタン物語』に登場する小人フロサンの役割をになっている)。アイルハルト・フォン・オーベルク作『トリストラント』でメロートに対応する人物は、アキタイン(Aquitain)とよばれている。この名前はさらに、マリー・ド・フランス作『エキタンの短詩』の主人公の名を想起させる。エキタン(Equitan)の肩書は「ナンの領主」であるが、この「ナン」(Nauns)が「小人(ナン)」(Nains)をさすのではないかと考えられた。メロートの名は、ラクダ皮の外衣(チュニック)をさす(教会ラテン語)「メーロータ」(melota)をもとにしているのかもしれない。この外衣を羊飼いや聖書の預言者たちがまとっていた(中世期に修道士たちがまとった外衣は、羊かアナグマの皮でできていた)。また中世ラテン語の「メーロータ」は、アナグマそのものをさす言葉だった(アナグマをさすラテン語「タクソー(taxo)」

は、ガリア語「タスゴス（tasgos）」に由来する）。そのためメロートは、ケルト世界における小人（アザンク）の原初の姿であるビーバーとつながっている。中世期の小人たちは、「ピローシー」（pilosi、《毛深い者たち》）という大まかな範疇でまとめられていることが多い。

【書誌情報】 C. Lecouteux, *Les Nains et les Elfes au Moyen Âge*, Imago, Paris, (1988) 2013.

⇒アザンクン、小人、フロサン

モ

モイーズ　Moïse

アリマタヤのヨセフが「最後の晩餐のテーブル」をモデルにして作った「聖杯（グラアル）のテーブル」には、ひとつだけ空席があった。その空席に座ろうとしたのが、偽りの信者モイーズである。「聖杯のテーブル」の空席は、キリストの最後の晩餐のときのユダの席を想起させる。「聖杯のテーブル」の空席には、選ばれたひとりの騎士しか座ることができなかった（その騎士は、ロベール・ド・ボロン作とされる『散文ペルスヴァル』ではペルスヴァル、『聖杯の探索』ではガラアドである）。モイーズが空席に座ると、彼が席を占めた場所が崩れ、彼は深淵に呑みこまれてしまう。偽善者につけられたモイーズ［モーセのフランス語名］というヘブライ起源の名は、旧約（ユダヤ教）の代表者たちが「聖杯」をめぐるキリスト教の秘儀にかかわることができないことを示唆している。

【書誌情報】 E. Kennedy, «Pourquoi Moÿse ?», *Cahiers de recherches médiévales*, 5, 1998, pp. 33-42.

⇒円卓

盲目　Cécité

『アーサー王の最初の武勲』（『聖杯の書』第一巻720節）では、メルランはアーサー王宮廷に盲目の竪琴弾きの姿で登場する。ここでは盲目は身体障害ではなく、透視力の持ち主であることを表す超自然的かつ超人的なしるしである。つまり運命の秘密を知るために高度な通過儀礼を経験したことを表わしている。古代ギリシアの信仰によれば、才能に恵まれた詩人ホメロスは盲目だと考えられていた。ゲルマンの神オーディン（Odin）は、透視力と引き換えに片目を犠牲にしている。

【書誌情報】 F. Le Roux, «Le guerrier borgne et le druide aveugle. La cécité et la voyance», *Ogam*, 13, 1961, pp. 331-342.

⇒メルラン

もてなし好きの主人　Hôte hospitalier

アーサー王物語に登場する探索の旅に出た騎士は、不思議な住まいで、寛大で気が利く主人のもてなしを受ける。こうした歓待は社会的義務に属し、王権制度の礎となっている。これについては（アイルランドの『ウラケフト・ベク』（*Uraicecht Becc*）、すなわち《小さな入門書》とよばれている）法律の文書で規定がなされているほどである。歓待は先祖代々伝わる慣例に則っておこなわれる。また神話的な脈絡によれば歓待とは、不思議な性格をそなえた試練のかたちをとる通過儀礼に先立っておこなわれる慣例のことである。『剣の騎士』でゴーヴァンが名のあかされない人物から受ける歓待が、このケースに当てはまる。この作品で、乙女の父親にあたる館の主人は、ゴーヴァンを「危険な寝台」の試練へと向かわせる。同じく想起されるのは、クレティアン・ド・トロワ作『グラアルの物語』の漁夫王から惜しみない歓待を受けるペルスヴァルである。その後ペルスヴァルは、謎めいた「グラアル」の行列に立ち会うことになる。

【書誌情報】 Ph. Jouet, *Dictionnaire de la mythologie et de la religion celtiques*, Yoran Embanner, Fouesnant, 2012, p. 550. R. S. Loomis, «The visit to the Perillous Castle : a study of the arthurian modifications of an irish theme», *Publications of the modern language association of America*, 48, 1933, pp. 1000-1035. J. Larmat, «Le motif de l'hospitalité dans le Conte du Graal», *Annales de la Faculté des lettres de Nice*, 29, 1977, pp. 57-66. A. Montandon éd., *Le Livre de l'hospitalité : accueil de l'étranger dans l'histoire et les cultures*, Bayard, Paris, 2004.

【邦語文献】 渡邉浩司「クレチアン・ド・トロワ以降の古仏語韻文作品におけるゴーヴァン像」篠田知和基編『神話・象徴・文学III』楽浪書院、2003年、pp. 481-518（『剣の騎士』についてはpp. 482-486）。

⇒無人の城

モリアーン　Moriaen

フランス語名モリアン（Morien）。中世ネーデルランド語韻文で書かれた物語『モリアーン』の主人公。ペルシェファエル（Perchevael、フランス語名ペルスヴァル）の兄アグロファエル（Acglovael、フランス語名アグロヴァル Agloval）の息子。モリアーンが「黒騎士」という異名でよばれていたのは、彼の肌が真っ黒でモール人の国出身だったからである。父アグロファエルは、モリアーンの母となる女性と親しくなった後で姿を消した。成長したモリアーンは父を探し出そうとする。巨大な体躯をしたモリアーンは、粗野で垢抜けない若者だった。旅の途中で出会ったワルウェイン（Walewein、フランス語名ゴーヴァン）とランスロート（Lanceloet、フランス語名ランスロ）は、父の行方を追っていたモリアーンに同行する（このふたりの騎士からモリアーンは騎士道を学ぶ）。冒険の末にモリアーンは父を探し出し、母との結婚をお膳立てする。モリアーンの真っ黒な肌は、母がモール人かサラセン人であることから説明がつく（サラセン女というのは、中世期には《妖精》をさす言葉でもあった）。9世紀には、モルゲン（Morgen、ウェールズ語では男性名詞）はモリエン（Morien）と発音されていた。

【書誌情報】 H. Leclercq, article «Sarrasins», dans : *Dictionnaire d'archéologie chrétienne et de liturgie*, Letouzey, Paris, 1950, t. 15-1, col. 905-906.

⇒モール人

モルカデス　Morcadès

モルガデス（Morgadès）やノルカデス（Norcades）という別名がある。クレティアン・ド・トロワ作『グラアルの物語』の「続編」群によると、ユテル・パンドラゴンとイジェルヌの娘の名であるらしい。モルカデスはゴーヴァン、アグラヴァン、ガウリエ、ゲールエ、モルドレッド、クラリッサンの母親であり、おそらくはソルダムール（Sordamour）の母親でもある。モルガデスという別名がモルガーヌ（Morgane）と酷似しているため、アーサーの異父姉妹にあたる同一人物をさしているにちがいない。モルカデスがオルカニーのロット王の妻であることから、その名はオルカニー（Orcanie）という地名から作られたと思われる。『グラアルの物語』では、モルカデスは「異界」にある宮殿、「血の岩山（ロッシュ・サンガン）」城に住んでいる。

【書誌情報】 L. A. Paton, *Studies in the fairy mythology of arthurian romance,* Ginn Publishers, Boston, 1903. M. Blaess, «Arthur's sisters», *Bulletin bibliographique de la Société internationale arthurienne,* 8, 1956, pp. 69-77.

⇒オルカニー、モール人

モルガーヌ　Morgane

モルガーヌの名の語源については、多くの議論がある。

〈海の女〉《海から生まれた女》(*mori-genos）という語源説に則って考えるなら、モルガーヌは波の泡から生まれたギリシア神話のアプロディテのように、さまざまな神話に出てくる数多くの海の女の仲間になる。アイルランドの神話物語（10世紀の作品『ネイ湖の氾濫』）によると、ある女の不注意で魔法の泉から流れ出た水のせいでアルスター王国は水没し、エッカ（Ecca）王とその臣下全員が溺死する。ただひとり生き残った王の娘リー・バン（Lí Ban）は、湖底の部屋で1年暮らした後、鮭に変身する。300年後に聖コムガル（Comgall）がリー・バンに洗礼を施し、ムイルゲン（Muirgen、《海から生まれた女》、または《海の野人》を意味するムイルゲルトMuirgeilt）と名づけ、聖女にしたという。9世紀のブルトン語「モールモラン」（mormoroin）は《海の処女》を意味し、ラテン語「シーレーン」（siren）の注解に使われている。ラテン語で書かれたトレギエ（Tréguier）の聖テュグドュアル（Tugdual）の『伝記』（1060年の作品）の一節によると、グエンガル（Guengal）という名の美貌の若者が《海の女たち》にさらわれ、海底に連れていかれたという。ケルトの想像世界（イマジネール）には、モルヴェルク（morverc'h、《海の娘たち》）、マリー・モルガント（mary morgand）、モルガーヌという海の精（セイレン）の名をもち、性的関係によって相手の命を奪うことが多いさまざまな海の妖精が出てくる。アーサー王物語群に登場するこうした女性は、神話上の母神の子孫にあたる。ケルト人にとって母神は、支配権、王権、戦争だけでなく、豊穣性や母性をも具現する存在だったからである。中世期には、このような母神は妖精とよばれるようになった。このことから妖精とは、みずからにそなわる変身能力や「異界」との永続的なつながりだけでなく、人間の運命に影響をおよぼす恐るべき力も意味すると考えられる。

フレデリック・サンズ「モルガン」(1864年)

〈戦闘女神〉　別の語源解釈から考えると、モルガーヌが《大女王》(*mor-rigain）をさす可能性もある。モルガーヌは「ボドブ・カタ」(Bodb catha、《戦いのハシボソガラス》)ともよばれている。モルガーヌが具現する王権の礎は戦いにある。モルガーヌは実際に、アイルランドの古い神話文献に出てくる。アイルランド版アキレウスに相当する武者クー・フリン(Cú Chulainn)とモリーガン(Morrígain)という名の戦闘女神とのあいだの揉め事は、アイルランドの叙事物語群の主要なテーマとなっている。モリーガンは(他にもさまざまな変身を見せるが)ハシボソガラスの姿でクー・フリンの前に姿を現して魔術的な言葉を発し、英雄に死をもたらす。アイルランドの戦闘女神たちは、実はボドヴ(Bodb)、マハ(Macha)、モリーガンの三姉妹であった。これはおそらく同一の女神が見せた3つの姿であり、三柱の別々の女神というよりも三重の姿をした女神だと考えられる。不吉な女神は、武者たちに激しい怒りをおこさせて死にいたらしめようとする。ボドヴ(《ハシボソガラス》)という本来の名は狂乱や暴力を意味し、亡骸を食らうハシボソガラスの姿をした女神をさしていた。アイルランドの神話文献が明示しているように、ボドヴの姉妹であるマハとモリーガンも鳥に変身することができ、ひとつの軍隊をまるごと破滅に追いこむことが可能な荒れ狂う女として描かれている。戦闘や殺戮の場面の前には必ず不吉な叫び声が響きわたり、ほとんどの場合高名な人物たちの死が予告された。

〈亡霊女王〉 このようにモルガーヌが死との関連をもっていることから、モルガーヌという名の3つ目の語源解釈が証明可能になる。「モル」(mor)というシラブルが幽霊、亡霊、魔女と関連づけられるため(ドイツ語「マール(Mahr)」、ロシア語「キキーモラ(kikimora)」を参照)、モルガーヌは《亡霊の女王》だと解釈できるのである。ケルトの戦闘女神は、ハクチョウの姿で戦士たちの上を飛びまわる北欧神話のヴァルキューレや、ギリシア神話のケーレス(Keres、ケールたち)と似た役割をしている。こうした女神は、悪霊や魔女やフクロウを従えて戦場を飛びまわる鳥の姿で描かれている。こうした女神たちが死を招く特徴として、恐るべき叫び声を発して特定の戦士たちを狂気へと追いこむことがある。戦闘女神によって恐怖にとりつかれるとさまざまな弊害が生まれるが、そのひとつに心と体のいずれにも影響をおよぼす《精神異常をもたらす狂気》(「ゲルタハト(geltacht)」)がある。アイルランドの「フィン物語群」に属する散文作品『フィントラーグの戦い』(*Cath Finntrága*)は、この病に侵された王の敗北を物語っている。王が呪われた場所はその後、精神に異常をきたした者がこぞって治癒を求めて向かう巡礼地となった。戦闘女神と精神異常をもたらす狂気とのつながりは、フォークロアにも見つかる。フォークロアには、鳥の姿に変身した妖精たちが子供たちに襲いかかり、神経症にしてしまうという話がある。そのためこうした妖精はたとえば、ケルトの暦の中でも「ハロウィン」のような鍵になる時期に、《病気をもたらす悪霊》の姿で現れるのかもしれない。「ハロウィン」の雛形は、前キリスト教時代のアイルランドの祭り「サウィン」(Samain)である。民話にはこうした特殊性が残されていることもある。魔女だけでなく、運命を左右する妖精が出没する時期は、クリスマスから公現祭(1月6日)までの「12夜」に集中しているからである。「12夜」は、ケルトの「ハロウィン」に相当する。モルガーヌは、このように特定の季節に出没する幽霊の範疇に属している。「妖精」をさすフランス語「フェ」(fée) は、《運命》をさすラテン語の中性名詞「ファートゥム」(fatum) の複数形「ファータ」(fata) に由来する。

〈両義的な存在〉 生来そなわっている両義性のためにモルガーヌは、自分が保護する人たちに善行を施す良き妖精と、自分の周囲に死と破壊を撒き散らす血と復讐に飢えた恐るべき女神とのあいだを揺れ動いている。もちろん中世のキリスト教はあきらかにモルガーヌをおとしめようとした。モルガーヌの具現する抗しがたい運命は、人間の自由意思を認めるキリスト教的な見方とは相容れないからである。モルガーヌには病気を治す力がそなわっているため、有益な役割を果たすこともある。たとえばクレティアン・ド・トロワの物語群では、狂気におちいったイヴァンを正気にもどすのはモルガーヌの膏薬である。そのためモルガーヌは破壊的な力を示すだけではなく、むしろ貴婦人を称揚する宮廷風礼節を体得した気高い人々を守っている。しかしながらこうした治癒能力も、妖精の自尊心が傷つけられた場合には、ひどく有害なものへと反転する可能性がある。13世紀の中世フランス語散文「聖杯物語群」に出てくるある場所が、モルガーヌを端的に示している。恋人ギュイヨマール (Guyomar) にすてられたモルガーヌは、「帰らずの谷」を実際に作り出す。この場所は妖婦（ファム・ファタル）としての彼女の性格を映し出している。この谷はケルトの「異界」を、宮廷文学へ移し替えたものである。「偽りの恋人たちの谷」ともよばれる「帰らずの谷」は、呪われた場所である。恋人たちにとっての煉獄のようなこの谷で、妖精モルガーヌは幻覚や魔法を使って、不実な振舞いを

モルガーヌがアーサーに、ランスロが壁に描いた王妃との不倫の場面を示す

見せた騎士たちをことごとく引きとめる。ここでのモルガーヌは、飽くことなき残酷さと、行きすぎた恋の嫉妬を見せている。ランスロはモルガーヌに選ばれ、犠牲者となる。王妃グニエーヴルを愛していたランスロが、モルガーヌにいいよられても決して応えようとはしなかったからである。しかもモルガーヌはランスロに対して、愛と憎しみの両方の気持ちを抱いていた。自然な感情ではランスロの愛を手に入れられなかったため、モルガーヌはランスロを意のままにしようとして呪文や魔法の飲み物にまつわる知識を総動員するが、結局は失敗に終わる。ランスロは何とかこの邪悪な魔女の支配を逃れるのに成功する。

〈妖女(ファム・ファタル)〉 中世フランス語散文で書かれた『アーサー王の死』でも、モルガーヌは、復讐心からアーサー王世界を没落させるために独自のやり方で加担する。モルガーヌは兄弟のアーサー王に、グニ

エーヴル王妃とランスロの不倫を暴露する。反論の余地がない不倫の証拠として、モルガーヌはアーサー王に、ランスロが幽閉されていたときに描いたフレスコ画を見せる。そこにはランスロ自身の不倫場面が描かれていた。アーサー王世界の崩壊を招く恐るべき戦争は、アーサーとモルドレッドとの一騎討ちで幕となる。モルドレッドは、アーサーが姉妹にあたるモルガーヌとのあいだにもうけた不義の息子である。このようにモルガーヌは、アーサー王世界を崩壊に追いこむ大惨事の首謀者であり、この悲劇に登場する役者全員を操って破滅的な結末へつき落す。フランス語で書かれた物語群では、アーサーとモルガーヌの恋愛関係はほとんど語られていない。この関係が表立って描かれている物語は、トマス・マロリーが中英語でまとめ上げた『アーサーの死』である。アーサー王物語で描かれる独占欲の強い女の背後には複雑な人物が隠されており、それは古代ケルトの運命の女神の名残である。残酷で人心操作に長けたモルガーヌは、不気味な魔女の姿と重なりあっている。男たちから嫌われても、モルガーヌはたえず彼らの愛を追い求める。彼女のすべての悲劇は、愛されることがないために生じている。恋愛でかならず不幸な目にあうモルガーヌは、信じられぬほど残酷な形で失恋の復讐をする。人食い鬼のごときモルガーヌの性格は、何編かの作品が彼女を醜女として描いているところに現れている。醜女という設定は、悪魔的で淫乱な誘惑者モルガーヌに対して、キリスト教世界が最終的に下した拒絶の証である。『続メルラン物語』は、モルガーヌが良き妖精から悪しき妖精へと変貌した経緯を説明している。すなわち色欲と悪魔に苦しめられ、モルガーヌは悪魔から男たちをだます手練手管を学んだのである。この物語でのモルガーヌは、一連の殺人や自殺を引きおこす者となっている。またグニエーヴルに対抗し、大切な恋人アカロンのためにアーサー王を亡き者にしようとさえする。モルガーヌには、狙った相手を動けなくしてしまう力がある。モルガーヌの陰謀に対抗するのは、妖精ヴィヴィアーヌである。

〈三者一組の女神〉　ウェールズの学僧ジェフリー・オヴ・モンマスが著した『メルリヌス伝』によると、モルガーヌはモルゲン（Morgen）とよばれ、８人の妹とともにアヴァロン島に住んでいた。８人の妹の名は順に、モロノエ、マゾエ、グリテン、グリトネア、グリトン、ティテン、チュロノエ、ティトンである。この全部で９人のグループは、実際には３組の３人グループからなっている（それぞれの組で名前のイニシャルが同じであり、M、G、Tである）。アダン・ド・ラ・アル（Adam de la Halle）作『葉陰の劇』（*Jeu de la Feuillée*）によると、モルガーヌにはふたりの仲間（アルジルArsileとマグロールMaglore）がおり、３人の女で１組を作っている。至高女神たちがとっていた三者一組という原初の形態がこのように再構成されている。古代の石碑に描かれたこうした母神は、マトレス（Matres）やマトロナエ（Matronae）とよばれていた。こうした三者一組の中では、モルガーヌ（モルゲン）が支配的な位置を占めているように思われる。妹たちに占術を教えていることから分かるように、アヴァロンの女王はまさしくモルガーヌである。この占術は、モルガーヌが師匠メルランから教えてもらったものである。モルガーヌは薬草に詳しく、治癒術、変身術、飛行術を体得している。フェルディナン・ロットによると、中英語の作品群に出てくるモーガン・「ル」・フェイ（Morgan *le* Fay）という表現（「ル」は男性名詞につく定冠詞）は、モルガン（Morgan、またはモルカンMorcant）がブリトン人やウェールズ人の間では男性名詞だったことから説明がつくという。

【書誌情報】 F. Lot, «Nouvelles études sur la provenance du cycle arthurien. Morgue la Fée et Morgan Tud», *Romania*, 28, 1899, pp. 321-328. R. S. Loomis, «Morgain la fée and the Celtic Goddesses», *Speculum*, 20, 1945, pp. 183-203 et «Morgain la fée in oral tradition», *Romania*, 80, 1959, pp. 337-367. P. Mertens-Fonck, «Morgane, fée et déesse», *Mélanges Rita Lejeune*, Duculot, Gembloux, 1969, pp. 1067-1076. M. Bhreathnach, «The sovereignty goddess as goddess of death ?», *Zeitschrift für celtische Philologie*, 39, 1982, pp. 243-262. F. Le Roux et C. Guyonvarc'h, *Morrigan-Bodb-Macha. La souveraineté guerrière de l'Irlande*, Ogam-Celticum, Rennes, 1983 (2e éd.). L. Harf-Lancner, *Les Fées au Moyen Âge. Morgane et Mélusine. La naissance des fées*, Champion, Paris, 1984.

【邦語文献】 渡邉浩司「メリュジーヌとモルガーヌ－ケルトの大女神の化身たち」『流域』第69号、2011年、pp. 56-64。

⇒9、グリテン、ティテン、マゾエ、モルカデス、モロノエ、リバノール

モール人　Mor

クレティアン・ド・トロワ作『イヴァンまたはライオンを連れた騎士』の冒頭、イヴァンがブロセリヤンドの森へ向かう途中に「モール人に似た自由農民」に出会うという一節がある。こうした直喩タイプの表現に出てくる「モール」（Mor）は、いくつかの固有名の音節に見つかる。モール人というのは、野人、神話的な人物、農村に住む日焼けした人（自由農民）、さらには「異界」との境にある異教の国々の住人などが混ざりあってでき上がった不気味な存在である。モール人は肌の黒い人である。この黒という色は、中世の想像世界（イマジネール）ではキリスト教世界のかなたにある世界に属していることを表わしている（その意味では、モール人はサラセン人と同類である。サラセン人とはイスラム教徒だけをさすのではなく、むしろ非キリスト教徒だと理解すべきである）。神話的な次元では、モール人はガリアの神オグミオス（Ogmios）のような、ケルトの神々の属性を受けついでいる。モール人はたいてい棍棒を手にしており、出会う人々を魅了したり、動けなくしたりする力をそなえている。（モール人は「荒猟（ワイルド・ハント）」を先導する巨人エルカンの祖型にあたり、キリスト教の聖人に姿をかえて聖モール（Maur）の名で中世の聖人伝に数多く登場している。またコルシカ島のフォークロアでは、異教徒の姿をしたモール（Maure）人として出てくる。ケルト諸語では「モール」（mor）は《大きな》をさす形容詞だが（モール人が巨大な体躯なのはそのためである）、《亡霊、幽霊》などをさす名詞でもある。

【書誌情報】 F. Le Roux, «Le dieu celtique aux liens. De l'Ogmios de Lucien à l'Ogmios de Dürer», *Ogam*, 12, 1960, pp. 209-234.

⇒エルカン軍団、モルガーヌ、ランドモール

モルドラン　Mordrain

⇒エヴァラック

モルドレッド　Mordred

英語名モードレッド。ヴァース作『ブリュット物語』によると、アーサーの甥。

他の作品群では両親の名があげられており、父はオルカニーのロット王、母はモルカデス（Morcadès）（モルガーヌMorganeとオルカニーOrcanieが混ざりあった名前）である。そのためモルドレッドは、ゴーヴァン、アグラヴァン、ガウリエ、ゲールエの弟にあたる。『ブリュット物語』でアーサーは、ローマ皇帝との決戦のため大陸へ向かうとき、王国の後事をモルドレッドに託している。その立場を利用してモルドレッドは王妃を誘惑すると、つぎには王位を簒奪してアーサー王への反乱を企てる。モルドレッドはアーサーとの最終決戦で落命する。中世フランス語散文「聖杯物語群」では、モルドレッドが不義の子として誕生するというモチーフがもちこまれ、これはトマス・マロリーまで受けつがれていく。そこではモルドレッドがアーサーと異父姉妹モルガーヌとのあいだに生まれた息子だとされている。モルドレッドの性格が卑劣なのは、人倫にもとる交わりによって彼が生を享けた日の影響によるものだと考えられる。『続メルラン物語』によると、モルドレッドが生まれた５月１日は、「ドラゴンの月」がはじまる日にあたる（『メルランの予言』では、モルドレッドはドラゴンという象徴的な姿で描かれている）。つまりモルドレッドは、魔女集会（サバト）が開かれる「赤褐色の月」の時期に生まれている（そのため、破壊的な赤褐色が象徴する運命のしるしを抱えている）。受胎のサイクルに逆らう形で折悪しく、月経中の母の近親相姦によって生を享けたモルドレッドは不吉な面を受けついでいる。モルドレッドは、みずからも悪事の首謀者となる（モルドレッドMordredの名には、母親の名モルガーヌMorganeの最初のシラブルがふくまれており、「死（モールmort）」の宿命がもたらされることになる）。生後まもなく遺棄されたモルドレッドは、同じ日に生まれたほかの子供たちとともに船に乗せられて海に流される。だがモルドレッドだけがこの試練を生き延びる。このことは、モルドレッドが母の胎内に宿った日が、夏の土用の枠内にある８月１日であることを裏づけている。なぜならキケロが注解をおこなっている占星術にもとづく古代の格言によると、夏の土用の時期に生まれたり母の胎内に宿ったりした者はだれであれ、溺死することはないからである。

【書誌情報】 J. D. Bruce, «Mordred's incestuous birth», *Medieval studies in memory of G. Schoepperle Loomis*, Paris, New York, 1927, pp. 197-208. Y. Fuwa, «An "unhappy" hero. Mordred, Arthur's incestuous son», *Iris* (Grenoble), 23, 2002, pp. 27-36.

【邦語文献】 小路邦子「スコットランド抵抗の象徴　モードレッド」『アーサー王物語研究』中央大学出版部、2016年、pp. 109-143。

⇒アーサー、近親相姦、モルカデス、モルガーヌ

モレーヌ　Moraine

ロベール・ビケ作『角杯の短詩』に登場する、マンゴン王が支配する国。モレーヌの名は島の名ムリアス（Murias）を想起させる。この島はアイルランド神話に出てくる世界の北方の島々のひとつで、通過儀礼がおこなわれる場所だった。

【書誌情報】 F. Le Roux, «Les îles au nord du monde», *Hommage* à *Albert Grenier,* Latomus, Bruxelles, 1962, t. 2, pp. 1051-1062.

⇒北、島、マンゴン

モロノエ　Moronoe

ジェフリー・オヴ・モンマス作『メルリヌス伝』に登場する、8人いるモルゲン（Morgen、フランス語名モルガーヌ）の妹のうちのひとりの名。この名は、古ブルトン語の「モラン」（moroin）およびコーンウォール語「モリーン」（moroin）と、ウェールズ語「モルゥイン」（morwyn、《娘、処女》）によって説明が可能である。（魔術や占術といった）神的な力を行使する女性にとって処女性は、絶対に必要で重要な条件だった。

【書誌情報】 L. Fleuriot, *Dictionnaire des gloses en vieux breton*, Klincksieck, Paris, 1964, p. 260 (moroin). G. Sissa, *Le corps virginal*, Vrin, Paris, 1987.

⇒9、グリテン、ティテン、マゾエ、モルガーヌ

モーロルト　Morolt

⇒ル・モロルト

モロワ　Morrois

古フランス語の発音では「モロイス」。ベルール作『トリスタン物語』で、流謫の身にあったトリスタンとイズーが逃げこんだコーンウォールの森。モロワの候補地としては、（イギリスのコーンウォールにある）トゥルロ（Truro）地方に位置する場所があげられたことがある。古文書ではその場所の名は「モレスク」（Moresc）や「モレイス」（Moreis）と記されている。このように実在が想定される「モロワの森」にも、人跡未踏の世界で必ず見つかる重要な神話的特徴が残されている（「ソヴァージュ」（sauvage、「人跡未踏の」）という形容語は、「シルウァ」（silva、《森》）から派生したラテン語の形容詞「シルウァーティクス」（silvaticus、「森の」）に由来する）。この森は、モール人（Mor(t) / Maur）の住む領域である。モール人は中世期の物語群で「野人」をさす典型的な名であるが、幽霊の幻影をさしている可能性もある。中世期の森はつねに恐るべき世界であり、手つかずの荒涼とした自然がもつ隠された力に支配されている。オグランという名の奇妙な隠者は、ここに居を構えている。実際にトリスタンとイズーは、「モロワの森」で野人の男女として暮らす。トリスタンは森の中で一時的に戦士としての資格を失い、野生の状態へと失墜する。トリスタンはもはや（不要となった）剣を使うことはなく、弓を使う。図像表現では慣例で、野人や荒猟師が弓

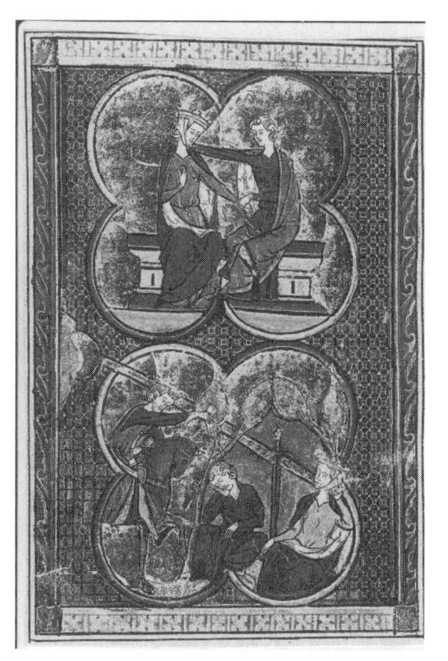

モロワの森（「梨物語」

見つめあうトリスタンとイズー（上）；「モロワの森」で剣を間に置いて眠るトリスタンとイズーのもとへやってきたマルク王（下）（『梨の物語』の写本挿絵）

を手にしている。トリスタンとイズーの敵対者たちは不気味な噂のあるこの森へやってきて首を刎ねられ、その生首が木々に吊るされた。これは戦士が行った生贄儀礼のあきらかな痕跡である。こうした儀礼はアイルランド神話で知られ、これにより森は不可侵の神域という評判をえる。

【書誌情報】F. Le Roux, «La branche sanglante du roi d'Ulster et les têtes coupées des Salyens de Provence», *Ogam*, 10, 1958, pp. 139-154. Ph. Walter, «La tête coupée du Morrois (Béroul, v. 1658-1749)», dans: J. Chocheyras éd., *De l'aventure épique à l'aventure romanesque. Hommage à André de Mandach*, Peter Lang, Berne, 1997, pp. 245-255.

【邦語文献】 新倉俊一「モロワの森の恋人たち」『ヨーロッパ中世人の世界』ちくま学芸文庫、1998年、pp. 220-261。

⇒斬られた首、野人

モワーヌ　Moine

ロベール・ド・ボロン作『メルラン』に登場する、コンスタン（Constant）王の長男。ユテルとパンドラゴンの兄であることから、モワーヌはアーサーの父方の伯父にあたる。家令ヴェルティジエに翻弄されたモワーヌは、サクソン軍との戦いで敗北を喫した後、ヴェルティジエの歓心をえようとした12人の男によって殺害される。メーヌ（Maine）やメネット（Mainet）（叙事詩に同名の人物が出てくる）ともよばれるモワーヌの名（「修道士」の意）は、彼が修道院で育てられたことに由来する。ボードゥアン・ビュトール作『コンスタン王の息子たちの物語』では、モワーヌはイヴォワーヌ（Ivoine）の名で登場する（この名は母イヴォワールIvoireの名にちなんでつけられた）。モワーヌがふたりの弟ユテルとパンドラゴンとともに作っている三者一組は、（ジョルジュ・デュメジルがあきらかにした）インド＝ヨーロッパ語族の三機能にもとづいており、三兄弟のそれぞれが三機能のいずれかを具現している。修道士になるための教育を受けたモワーヌは主権性と宗教（第一機能）、パンドラゴンは戦闘性（第二機能）、アーサーの父となるユテルは豊穣性（第三機能）に対応する。ただしユテルはふたりの兄の死後、戦闘性と主権性をもあわせもつ存在となっている。

【書誌情報】J. Grisward, «Uterpendragon, Arthur et l'idéologie royale des Indo-Européens (structure trifonctionnelle et roman arthurien)», *Europe*, 654, 1983, pp. 111-120.

⇒ヴェルティジエ、パンドラゴン、ユテル

モン＝サン＝ミシェル
Mont-Saint-Michel

ノルマンディー地方にある有名な山で、「聖ミシェル（ミカエル）の山」の意。古代に異教の信仰場所だったガルガン山（Mont Gargan）をキリスト教化したもの。この山ではさまざまな戦いがおこなわれているが、戦いの当事者は（『ミロンの短詩』や『ドーンの短詩』のように）父とその息子であることが多く、戦いの日時は暦の上で重要な時期（季節の変わり目）にあたっている。この季節神

モン＝サン＝ミシェル

話を解く鍵は、ヴァース作『ブリュット物語』に見つかる。それは熊とドラゴンが戦うエピソードである（それぞれ《熊》アーサーと、その父ユテル・パンドラゴンにあたる）。このエピソードの象徴的な内容を支配しているのは、神話的な意味である。つまり熊とドラゴンの戦いは、新旧の太陽の交代劇により新旧の神＝英雄の対立を表わしている。アンリ・ドンタンヴィルは、キリスト教が定着するはるか以前から聖地だったこの山に、太陽信仰の痕跡があったことをあきらかにした。こうした異教神話の一部は再利用されて、ギヨーム・ド・サン＝ペール（Guillaume de Saint-Pair）作『モン＝サン＝ミシェル物語』（*Roman du Mont-Saint-Michel*、1160年頃の作）にとりこまれている。モン＝サン＝ミシェルの神話的意味は、前キリスト教的な聖なる時間と空間という脈絡の中におきなおすことであきらかになる。すなわち、キリスト教はこうした異教の時間と空間を受けついだのである。3つの大岩または巨石が、1年の決まった時期の太陽の位置を標識に用いて、空間を構成している。トンブレーヌ（Tombelaine）島、モン＝サン＝ミシェル、モン＝ドル（Mont Dol）が作る3つの丘は、三角形をなしている。モン＝サン＝ミシェルの大修道院付属教会はある軸にそって建てられており、その軸に沿って1年の決まった時期に太陽が南西のモン＝ドルの方へ沈み、北東のアヴランシュ（Avranches）の方で昇る。キリスト教世界全域で、聖ミシェルを祀る11月8日の祭日には太陽は西のモン＝ドルに沈み、5月8日（春の聖ミシェル祭）には太陽は大修道院付属教会の軸にある東から昇る。このように教会の建築者たちは、定められた複数の標識によって識別できる太陽運行の空間と時間の軸に従って、教会の建つ方角を決めたのである。立地による太陽運行の意味合いを考慮すれば、モン＝サン＝ミシェルで展開する物語の出来事はすべて、英雄神話や太陽信仰にもとづくという解釈がおのずと可能になる。

【書誌情報】 H. Dontenville, *Mythologie française*, Payot, Paris, 1973, pp. 75-127. E. Dupont, *Les Légendes du Mont-saint-Michel* (1911), Éditions OCEP, Coutances, 1986. M. Déceneux, *Contes et légendes du Mont Saint-Michel*, Ouest-France, Rennes, 2007 (avec bibliographie). *Chroniques latines du Mont Saint-Michel*, Presses Universitaires de Caen, Caen, 2009. Guillaume de Saint-Pair, *Le Roman du Mont-Saint-Michel (XIIe siècle)*, Presses Universitaires de Caen, Caen, 2009.

【邦語文献】 フィリップ・ヴァルテール（渡邉浩司・渡邉裕美子訳）『中世の祝祭』原書房、第2版2012年（初版2007年）、第9章。

⇒巨人

モンテスクレール　Montesclaire

攻囲されていた乙女（「黄金の輪をもつ乙女」）の住処。この乙女は「不思議な帯革の剣」をもっていた。アーサー神話では、妖精のごとき女はたいてい魔法の武具を所有している。この乙女を助け出し、剣を獲得するのがゴーヴァンである。『ペルスヴァル第一続編』には、同じエピソードが剣への言及がないまま出てきている。モンテスクレールは、雷雨の時に突然現れる強烈な光、すなわち「稲光（エクレール）」の「山（モン）」をさす。そのためこの山の名は「不思議な帯革の剣」の由来と無関係ではないと考えられる。事実、雷や雷鳴は伝統的に、魔法の武具の由来となっている（そのため魔法の武具はたいてい燃えていたり、あるいはそういった名前をつけられたりしている)。スエトニウス(『ローマ皇帝伝』第七巻、ガルバ)が伝えるケルト=イベリア人[古代イベリア半島にいたケルト人の一派]の神話によると、カンタブリア地方のある池の中に雷が落ち、そこから12本の斧が見つかった。そしてこれらの斧は《紛うことなき最高の権力のしるし》だと考えられたという。

【書誌情報】 P. Saintyves, *Les Reliques et les Images légendaires*, Laffont, Paris, 1987 (réédition de l'ouvrage de 1912), pp. 980-1044 (Talismans et reliques tombés du ciel).

⇒不思議な帯革の剣

薬草酒　Vin herbé

妖精（イズーの母）によって作られ、トリスタンとイズーが飲み干すことになるこの愛の飲料（アングロ＝ノルマン語では「ラヴドリンク（lovedrinc）」）は、多くの場合《媚薬》（フィルトルphiltre）とよばれている。しかし12世紀には《媚薬》という語はなかった。「薬草」酒というのは、薬草を漬けこんだワインのことである。植物の魔術が植物の効能を細かく観察していたケルト人によく知られていたため、この酒が生み出された。『タリエシン物語』（*Hanes Taliesin*）の魔法使いケリドウェンは、知恵をもたらす魔法の大釜に毎日さまざまな植物を入れながら、まるまる1年沸騰させつづけた。中世の魔術と妖術で活用されつづけたこうしたレシピや伝統には、もともと医術的な意味があった。それは大プリニウスが証言するとおりである。プリニウスは古代の植物の百科全書をふくむ『博物誌』（*Naturalis Historia*）を執筆するため、ドルイド僧たちが口頭で伝えていた知識をもちいている。ケルトの文献に愛の飲料は出てこないが、忘却の霊薬への言及であれば見つかり、薬草酒の効用と驚くほど多くの共通点がある。こうした薬草酒の性質はトリスタン物語群だけでなくヴァーグナーの歌劇にいたるまでよく知られており、酒を口にした途端イズーとトリスタンは果すべき義務や守るべき禁忌を忘れてしまう。そもそも薬草酒は、コーンウォールのマルク王との結婚を無理強いされたイズーのために作られたものである。マルク以外の男のことを彼女に忘れさせるのが目的だった。このように愛の飲料を飲めば、イズーはまったく面識のない男を愛することになっていた。この媚薬を夏の聖ヨハネ祭（6月24日）の日に飲んだことは重要である。この飲料には「聖ヨハネの薬草」が使われており、聖ヨハネ祭に摘まれた草がもつ催淫効果は、中世初期から知られていたからである。媚薬が飲まれたのは1年で昼が最も長い日であるが、この日には太陽の力が最大になるのと同時に、昼の天体（太陽）が夜の天体（月）のためにその力を失いはじめる日でもある。こうした昼と夜の逆転現象がもつ象徴的な意味の導入は、紛れもなくトリスタン物語の想像世界（イマジネール）の鍵である。人間の意思をことごとく追い払ってしまうワインの効力は、運命を重視する世界観に属している（もちろん運命という観念は、神の「恩寵」しか認めない中世キリスト教の考えとは無縁である）。ところで薬草酒の味が苦いのは、字義どおりの意味と比喩的な意味を兼ねている。これを飲んだ恋人たちの体内では憂鬱質の体液が優勢になり、ふたりを死へと導いていくからである。

媚薬を飲むトリスタンとイズー
（中世フランスの写本挿絵）

【書誌情報】 G. Huet, «Coutumes superstitieuses de la Saint-Jean au haut Moyen Âge», *Revue des traditions populaires*, 25, 1910, pp. 461-465. M. Préaud, «Le vin et la mélancolie» dans : *L'imaginaire du vin*, Laffitte, Marseille, 1983, pp. 199-207. Ph. Walter, *Le Gant de verre. Le mythe de Tristan et Yseut*, Artus, La Gacilly, 1990, pp. 123-152. Du même auteur : *Tristan et Yseut. Le Porcher et la Truie*, Imago, Paris, 2006, pp. 133-160.
⇒イズー、ブランジアン

野人（野人男または野人女）
Sauvage（homme ou femme）

中世の想像世界（イマジネール）で鍵となる人物。いにしえの神の化身として登場し、古代神話に出てくる複数の存在（パンPan、ファウヌスFaunus、ケルト神話のダグダDadgaなど）に相当する。「野人」に相当するフランス語「ソヴァージュ(sauvage)」は、《森に住む人》をさすラテン語「シルウァーティクス(silvaticus)」に由来する。つねに森という聖なる世界との関連をもつ「野人」は、（樹木の幹の中で暮らし、いわば樹木と一体化しているため）樹木人間であり、民俗学者フレーザーの言葉を使えば《植物の聖霊》である。ウェールズの神話詩『木々の戦い』（*Kat Godeu*）は、（おそらくは神々である）木々が人間のように戦いあう場面を描いている。戦い

野人女とその子供
ロワール県アンビエルル教会内の聖職者席の側張り（16世紀）　胸、手、足、膝が無毛であることから、普通の女性が体中に毛をまとって変装した可能性もある。はだけた左胸は、長じて英雄となる子供に野人の女が乳を与える伝説を思い起こさせる。

合う木々は、この古めかしい表象がアニミズムを淵源にもつことを証明してくれる。「野人」はヴィルト・マア（Wild Mâa）や「フェイユー」(Feuillu)（スイス・アッペンツェルAppenzell地方のシルヴェスタークラウスSilvesterklaus）の姿でカルナヴァル（カーニバル）儀礼に現れるほか、中世期に作られた数多くの絵画や彫刻作品にも認められる。「野人」には女性版も存在する。ヴォルムス（Worms）の司教ブルヒャルト（Burchard）（965～1025年）が根絶しようとした信仰によれば、《目に見える身体をもった、シルフとよばれる野原に住む女たちがいるという。シルフたちはみずからが望むときに恋人たちの前に姿を現わして一緒に快楽に耽り、望みどおりに隠れたり、姿を消したりすることができる》。シルフというのは「セッラーナ」(serrana)、つまり森の中をさまよう数多くの野人女のことであり、妖精の別名である。したがって神話的な次元では、不可思議な存在と男女の野人にちがいはない。このふたつを別個の存在に仕立て上げたのは文学であり、両者は（魔術的な力、特別な場所とのつながり、人間的な性質と超自然的な性質を同時にそなえているという両義性など）同じ神話的特徴を有している。

樹木の空洞の中にいる野人（フランス国立図書館フランス語写本2366番）

【書誌情報】 R. Bernheimer, *Wild men in the middle ages. A study in art, sentiment and demonology,* Harvard University Press, Cambridge (États-Unis), 1952. P. O'Rian, «A study on the irish legend of the wild man», *Eigse*, 14, 1972, pp. 179-206. T. Husband, *The Wild man, medieval myth and symbolism,* Metropolitain Museum of Art, New York, 1980. C. Gaignebet et J.-D. Lajoux, *Art profane et Religion populaire au Moyen Âge,* Paris, P.U.F, 1985.

【邦語文献】 伊藤進「野人、このヨーロッパの内なる怪物」『中京大学教養論叢』第38巻第3号、1997年、pp. 111-146；伊藤進『森と悪魔―中世・ルネサンスの闇の系譜学』岩波書店、2002年；ウィリアム・アンダーソン（板倉克子訳）『グリーンマン―ヨーロッパ史を生きぬいた森のシンボル』河出書房新社、1998年。

⇒巨人、ケリドン、熊、緑の騎士

野人ドディネル　Dodinel le Sauvage

円卓の騎士。「野人」という異名には、謎めいた過去が秘められている。中高ドイツ語で書かれたウルリヒ・フォン・ツァツィクホーフェン作『ランツェレト』によると、ドディネス（Dodines、ドディネルのドイツ語名）は森で暮らし、遍歴騎士たちに宿を提供した。このように振舞うドディネスは、旅人たちをもてなして果たすべき使命を教える民話の人物に似ている。ドディネルは1年の半分をアーサー王宮廷で、残りの半分を森で過ごした可能性があるという説が出されている。彼が一時的に野人となるのは事実、アーサー王世界の只中にアイルランドの「フィアナ戦士団」の慣例と風習が息づいていることの証である。「フィアナ戦士団」は、11月から5月まではアイルランドの村民と暮らしていたが、5月から11月までは人里離れたところに（特に森の中に）住んでいた。この戦士団の一員になるためには、肉体的にも精神的にも類まれな能力を証明する必要があり、それだけでなく詩や音楽の才能も求められた。しかしドディネルにはちがう特徴があり、野人として孤立して生活していた。そのため、ペルスヴァルのように幼少年期を森ですごし、その後そこで身につけた田舎風の素朴な性格のままだったと考えることもできる。ドディネルが型どおりの騎士として最も素晴らしいはたらきをするのは『クラリスとラリス』であり、卓越した音楽の才能で人々を魅了する。ドディネルには魔法の愛馬がおり、その足は決して沼の中に沈むことがなかった。フランス語の動詞「ドディネ」（dodiner）は、14世紀以降に用例が見つかる。この動詞は《はかりにかける》を意味したが、その後《揺する》をさすようになった。ロジャー・シャーマン・ルーミスは、ドディネルが《おめでたい少年》をさすと考えた。イタリアの歌物語（カンターレ）『カルドゥイーノ』によると、主人公の父はドンディネッロ（Dondinello）という名前である。アーサー王に寵愛されたドンディネッロは、嫉妬したほかの臣下たちによって毒殺されてしまう。

【書誌情報】 G. Huet, «Deux personnages arthuriens», *Romania*, 43, 1914, pp. 96-100. R. S. Loomis, *Arthurian tradition and Chrétien de Troyes*, Columbia University Press, New York, 1949, pp. 339-340 et p. 482.

⇒**野人**

ユ

誘拐　Enlèvement

王族（あるいは神族）の女性の誘拐は、インド＝ヨーロッパ語族の神話群の筋書きにおいて重要な要因である。その典型例が（古代インドの叙事詩『ラーマーヤナ』の）シーター（Sītā）の誘拐、あるいは（ホメロス作『イリアス』の）ヘレネ（Helene）の誘拐である。

アイルランドの叙事文学に、「駆落ち（アテド）」（aithed）とよばれる神話物語のジャンルがある。このジャンルでは、王の甥や臣下にあたる若き主人公によって王妃が誘拐される経緯が語られていた。こうした駆落ちという語りの図式は『トリスタン物語』の主要部分であり、アイルランドの『ディアルミドとグラーネの追跡』（*Tóraigheacht Dhiarmada agus Ghráinne*）、『美声のバレの話』（*Scél Baili Binnbérlaig*）［主人公はバレBaileとアリンAilinn］、『ウシュリウの息子たちの流浪』（*Longas mac nUislenn*）［主人公はノイシウNoísiuとデルドレDeirdre］などの物語にも見つかる。クレティアン・ド・トロワ作『荷車の騎

野人が誘拐した女性を助け出そうとする騎士（オックスフォード写本、ボドリー264番）

士』や作者不詳の『散文ランスロ』に認められるメレアガンによる王妃グニエーヴルの誘拐は、同じ神話図式を踏襲したものである。誘拐という行為を、結婚と関連したインド=ヨーロッパ起源のさまざまな慣例の枠組みの中におきなおして考える必要がある。

【書誌情報】 P. Gallais, *Genèse du roman occidental. Essais sur Tristan et Iseut et son modèle persan,* Sirac, Paris, 1974. G. Dumézil, *Mariages indo-européens,* Payot, Paris, 1988.
⇒イズー、オルフェ、グニエーヴル、デュルマール、ヘヴロディス(エヴロディス)、メレアガン、ランスロ

ユーサー・ペンドラゴン　Uther Pendragon

⇒ユテル

ユスダン　Husdent

トリスタンの飼い犬(ポインター犬)の名。主人公の仲間というよりも、紛れもない分身である。イヴァンが《ライオンを連れた騎士》であるのと同じく、トリスタンは《犬を連れた騎士》である。13世紀の物語群でマルク王の甥(トリスタン)が連れていたどちらかといえば消極的な犬(プティクリュー)とは逆に、ユスダンはより積極的で飼い主との連帯感が強い犬である。ユスダンの性質はトリスタンとほぼ同じで、擬人化によって表わされている。ベルール作『トリスタン物語』のユスダンは、飼い主と別れて涙を流す。『サー・トリストレム』では、ユスダンは愛の媚薬を飲みこんでしまう。古代ケルト人にとって犬は戦士の補佐役であることが多く、戦いにも参加していた。マルク王に使える占星術師の小人フロサンは、トリスタンとオリオンを結びつけた。その共通点は、ふたりとも狩人で、さらに連れていた補佐役の犬によって飼い主たちを神話的に定義づけられているというものである。オリオンの犬はシリウスとよばれ、「夏の土用」の星座である大犬座の首星となっている(「夏の土用」をさすフランス語「カニキュール(Canicule)」は《小さな雌犬》の意)。そのためトリスタンの犬は、狩人である飼い主の神話的な出自を強調している。つまりトリスタン自身も「夏の土用」生まれなのである。ユスダンの名は、犬をさすゲルマン語の語根(中高ドイツ語「フント(hunt)」とその女性形「ヒュンディン(hündin)」)を想起させるように思われる[ユスダンに相当する犬の名は、アイルハルト・フォン・オーベルク作『トリストラントとイザルデ』ではウータント(Utant)、ゴットフリート・フォン・シュトラースブルク作『トリスタンとイゾルデ』ではヒューダン(Hiudan)]。

【書誌情報】 Ph. Walter, *Le Gant de verre. Le mythe de Tristan et Yseut,* Artus, La Gacilly, 1990, pp. 251-255. Du même auteur : *Tristan et Yseut, le Porcher et la Truie,* Imago, Paris, 2006, pp. 122-128.
【邦語文献】 佐佐木茂美「『散文トリスタン物語』とHudentおよびその子孫の介入」『明星大学研究紀要　日本文化学部・言語文化学科』第5号、1997年、pp. 150-160;小竹澄栄「トリスタンの愛犬」東京都立大学人文学部『人文学報』第343号、2003年、pp. 77-111。
⇒犬、トリスタン、プティクリュー

ユテル(後にユテル・パンドラゴン)　Uter puis Uterpendragon

英語名ユーサー・ペンドラゴン、ラテ

北天の星座（りゅう座とおおぐま座）
熊＝アーサーはドラゴンの息子
（アーサーはユテル・パンドラゴンの息子だからである）16世紀の天体図

ン語名ウーテル・ペンドラゴン。コンスタン（Constant）王の三男。モワーヌとパンドラゴンの弟。ユテルは（民話に見られるような）三男という恵まれた地位にあり、兄たちが挫折した試練に成功し、アーサー王の父となる。兄パンドラゴンが戦死した後、ユテルは自分の名に兄の名を加えてユテル・パンドラゴンと名乗り、ブリテン島の王位を継承する。ユテルとパンドラゴンはもともと別人だった。この名前全体がケルト起源というわけではない。「ユテル」（uter）はケルト語の「ウアト」（uath、《恐怖》）、「ウアフタル（uachtar）」および「オホタル（ochotar）」（《恐ろしい》）に由来する（アイルランドのクー・フリンCú Chulainn伝説には、ウアトUathという名の巨人が出てくる）。「ペン」（penn）も「頭」をさすケルト語である。しかし「ドラゴン」（dragon）はラテン語起源である。このようにユテル・パンドラゴンの名は、《ドラゴンの頭をした恐ろしい人》をさしている。ふたり兄弟の名が並置されたことにより、冗語法的な意味あいが生まれている。神話的な観点から見れば、アーサーはドラゴンの息子である（北の空には「おおぐま座」の近くに「りゅう座」がある）。ユテルはメルランの魔法によりタンタジェル公の姿になって公妃と枕をともにし、アーサーをもうけている。こうしたアーサー誕生の逸話は、ヘラクレス誕生の逸話と似ている（ヘラクレスは、アルクメネAlkmeneとその夫アムピトリュオンAmphitryonの姿に変身したゼウスとの間に生まれた息子である）。ユテルが（メルランの指示どおりに）手わたされた草で顔をこすってタンタジェル公の姿に変身したのは、2月2日におこなわれる熊祭りの儀礼をそのまま再現したものである。ラハモン作『ブルート』によると、ユテル・パンドラゴンの幟には、ドラゴンの頭がつけられている。

【書誌情報】J. Parry, «Geoffroy of Monmouth and the paternity of Arthur», *Speculum*, 13, 1938, pp. 271-277. L. Fleuriot, *Dictionnaire des gloses en vieux breton,* Klincksieck, Paris, 1964, p.74 (arotrion). Ph. Walter, *Arthur, l'Ours et le Roi*, Imago, Paris, 2002, pp. 101-124.

⇒ドラゴン、パンドラゴン、ユルファン

ユリアン　Urien

ウェールズ語名イーリエン。6世紀末に実在した人物。フレゲッド（Rheged）の王。フレゲッドはカンバーランド（Cumberland）地方（カーライル地方）に位置した北方ブリトン人の王国である。イーリエンは編年史や年代記にも登場し、古ウェールズ語ではウルブゲン・マプ・キンバルフ（Urbgen map Cinmarc）、中期ウェールズ語ではイーリエン・マプ・カンヴァルフ（Uryen map Kynuarch）、つまりカンヴァルフの息子イーリエンとよばれている。古形ウルブゲン（Urbgen）は、古いケルト語「オールボゲノス」（°ôrbogĕnos）に由来する。レイチェル・ブロムウィッチはこの語を《高貴な生まれの》と解釈している。ネンニウス（『ブリトン人史』第63章）は、ノーサンブリアのアングル人と戦ったブリトン人連合の筆頭にウルブゲンの名をあげている。さらに、詩人タリエシンの数編の詩がイーリエンに捧げられており、それによるとイーリエンが双子をもうけたことが分かる。その娘はモルヴィーズ（Morfudd）、息子はオワインである。ジェフリー・オヴ・モンマスは『ブリタニア列王史』（第九章、9）の中で、ウリアヌス（Urianus）がマリー（Moray、現グレンモアGlenmore）の王であり、ふたりの兄弟がいると述べている。またこの箇所には、おそらく情報が付け加えられたためか、（『カエルヴァルジンの黒本』*Llyfr Du Caerfyrddin*などの）古い情報が再録されている。ウリアヌスのふたりの兄弟は、スコットランド王アングセルス（Anguselus、ウェールズのアラウンArawnに対応）と、ロドネシア（Lodonesia）王ロット（Loth、ウェールズのスレイLleuに対応）である。中世フランス語あるいはウェールズ語で書かれたアーサー王物語群では、ユリアン（イーリエン）はもはや脇役にすぎない。もしくはイヴァンが《ユリアン王の息子》とよばれているように、名前だけが登場する人物でしかない。『散文ランスロ』では、ユリアンは当初アーサーの敵だったが、後にはアーサー王に味方する円卓の騎士となる。ユリアンはお気に入りの甥ボードマギュに王国を譲った後、みずからは隠者となる。ユリアン（イーリエン）に相当する実在した歴史上の王が（推定されるアーサーの没年以降の）570年頃に王位にあったとしても、物語に登場するのは神話上の人物である。[後期流布本物語群の『続メルラン物語』によれば］ユリアンは妖精モルガーヌの夫だとされている。（16世紀のペニアルス写本147番が伝える）ウェールズの物語には、フレゲッドのイーリエンという名で、オワイン（イヴァン）の父として登場している。浅瀬で彼が交わった相手は洗濯女であり、異界（アヌーヴン）の王女だった。サウィン祭（11月1日）のフォークロアによく登場する夜の洗濯女は、女神モルガーヌの化身である。9世紀のウェールズ語では、ウルブゲン（Urbgen）の名はウルゲン（Urgen）と発音されていた。

【書誌情報】R. Bromwich, *Trioedd Ynys Prydein*, University of Wales Press, Cardiff, 1961, pp. 516-520. Ph. Walter, *Canicule, Essai de mythologie sur Yvain de Chrétien de Troyes*, SEDES, Paris, 1988, p. 152.

⇒アヌーヴン、イヴァン、オワイン、モルガーヌ

ユルガン　Urgan

⇒毛むくじゃらのユルガン

ユルファン　Ulfin

ユルファン（Urfin）やユルサン（Ursin）という別名もある。パンドラゴン、ユテル・パンドラゴン、アーサーの助言者。（ロベール・ド・ボロン作『メルラン』によると）メルランの魔法でユテル・パンドラゴンがタンタジェル公の姿に変身してイジェルヌと同衾したとき、ユルファンは公の助言者ジョルダン（Jordain）の姿になってユテル・パンドラゴンに同行していた。アーサー懐胎の直接の証人であるユルファンは、アーサー王にすべての経緯をあかすことができた。ユルファンはサクソン軍を相手にアーサーがおこなった戦いに参戦し、「円卓」の騎士になる。ユルフ（ulf-）ではじまる彼の名は、ゲルマン語で狼を表わす名前に相当する（中高ドイツ語で《狼》は「ヴォルフ（wolf）」）。またユルファンには、「熊」をさすラテン語「ウルスス（ursus）」に由来するユルサン（Ursin）という別名もある。狼と熊は2月の儀礼の中でもとくに、（熊祭りがおこなわれる）2月2日から3日にかけての夜に姿を見せる。そのため熊が活動する夜に、ユルファン（ユルサン）が「熊」アーサーの懐胎にかかわるのは当然である。また、アオスタ（Aosta、イタリア北西部）の聖ウルス（Ours）［「熊」の意］の祝日は2月1日である。

【書誌情報】 Ph. Walter, *Arthur, l'Ours et le Roi*, Imago, Paris, 2002, pp. 101-124.

陽気な乙女　Demoiselle Joyeuse

イタリア語では「ポンツェラ・ガイア」（Ponzela Gaia）または「プルツェッラ・ガイア」（Pulzella Gaia）［「ポンツェラ」や「プルツェッラ」は「乙女」、「ガイア」は「陽気な」の意］。作者不詳の歌物語（カンターレ）のヒロイン。古フランス語には、これに相当するモデルが見つからない。ガルヴァーノ（Galvano、ゴーヴァンのイタリア語名）は恐るべき無敵の蛇と戦わねばならなかった。蛇はその後、美しい乙女に変身し、ガルヴァーノに愛を告白する。物語のつづきは、マリー・ド・フランス作『ランヴァルの短詩』にとてもよく似ている。「陽気な乙女」はアイルランド神話に出てくる「醜い乙女」の化身として民話の国際話型401番「鹿に変えられた王女」の伝承にも属しており、ルノー・ド・ボージュー作『名無しの美丈夫』に登場するヴイーヴルを想起させる。

【書誌情報】 C. Donà, «La Ponzela Gaia e le forme medievali di AT 401», dans : L. Morbiato éd., *La Fiaba e alti frammenti di narrazione popolare*, Olschki, Florence, 2006, pp. 1-21. Du même auteur : «Les cantari et la tradition écrite du conte populaire», *Cahiers de Recherches Médiévales et Humanistes*, 20, 2010, pp. 225-243.

⇒ヴイーヴル、恐ろしい接吻、蛇、醜い乙女、ランヴァル

幼少年期　Enfances

ひとりの主人公に焦点をあてているアーサー王物語の多くは、「幼少年期」の物語、つまり主人公の《最初の武勲》を扱っている。主人公の出自は謎につつまれていて、特別な懐胎と誕生により並々ならぬ偉業を果たす運命を背負っている（そのほとんどが太陽英雄である）。幼少年期は、アイルランドの神話物語の下位ジャンルのひとつだった（このジャンル名に相当するゲール語は「マクグニーウラダ（macgnimrada）」である）。こうした物語の中で最も有名なのが『クー・フリンの幼少年期の功績』（*Macgrimrada Con Culainn*）である。ウェールズ語「マビノギ」（mabinogi）は《幼少年期の偉業》をさしていたにちがいないと思われる。主人公がたどる経歴は大抵の場合、結婚により幕を閉じる（それは太陽英雄

と女性との聖婚である)。主人公は一介の騎士から王の地位まで登りつめる。これこそが王の伝説の定義であり、古代イランに由来しインド＝ヨーロッパの古い遺産に属する物語群がその傍証となっている。主人公の両親のどちらかが王族や神族に属し、主人公自身は自分の出自を長い間知らぬまま育つ。主人公が人知れず幼少年期をすごすのは、身分の低い家族で養子として育てられるからである。その後、成長していくつかの偉業を果たして人々の関心を惹くようになり、同世代の若者たちの中で抜きん出た存在になる（主人公が最初に挑む戦いは重要な決め手となり、相手は３つ首の怪物であることが多い。戦いを制した後に主人公の名があかされる)。そして最後に、王に即位する。数々の戦いの予備試練的な性格はつねに通過儀礼タイプの力学に由来するものであり、インド＝ヨーロッパ語族の三機能の図式を踏襲している可能性がある（試練はそれぞれ魔術や聖なるもの、戦争、多産と関連する)。こうした経歴をたどる登場人物は、クレティアン・ド・トロワの作品では『エレックとエニッド』のエレック、『クリジェス』の主人公クリジェス、『ライオンを連れた騎士』のイヴァン、作者不詳『双剣の騎士』のメリヤドゥック（Mériadeuc)、ルノー・ド・ボージュー作『名無しの美丈夫』のガングラン、ギヨーム・ル・クレール作『フェルギュス』の主人公フェルギュス、『デュルマール・ル・ガロワ』の主人公デュルマール、『イデール』の主人公イデールで、『フロリヤンとフロレット』のフロリヤンも同じ系列に属している。主人公がたどるこうした経歴は、(王になることのない）ゴーヴァン、トリスタン、ランスロにもあてはまる。この３人はこうしたモデルとは一線を画しており、トリスタンとランスロは（『散文トリスタン』と『散文ランスロ』という）長大な散文物語の主人公となっている。このふたつの散文物語は、口承で伝えられてきた（とくに民話タイプの）語りの図式と物語との間に新たな関係を築いた。

【書誌情報】J. Vendryès, *Lexique étymologique de l'irlandais ancien,* Presses du CNRS, Paris, 1959, M1-M2. H. Pernot, *Mythes astrals et traditions littéraires. Le thème de Grisélidis. Les fiançailles du soleil,* Maisonneuve, Paris, 1944. C. Guyonvarc'h, «Les exploits d'enfance de Cuchulainn», *Ogam*, 11, 1959, pp. 206-215 et pp. 325-335. G. Widengren, «La légende royale de l'Iran antique», *Latomus*, 45, 1960, pp. 225-237. F. Wolfzettel, «Zur Stellung und Bedeutung des Enfances in der altfranzösichen Epik», *Zeitschrift für französische Sprache und Literatur*, 83, 1973, pp. 317-348 et 84, 1974, pp. 1-32. E. Baumgartner, «Quelques réflexions sur le motif des enfances dans les cycles en prose du XIIIe siècle», *Perspectives médiévales*, 3, 1977, pp. 58-63. F. Bader, «Rhapsodies homériques et irlandaises», dans : R. Bloch, *Recherches sur les religions de l'Antiquité classique,* Droz, Genève, 1980, pp. 9-83. P.-Y. Lambert, *Les Quatre Branches du Mabinogi,* Gallimard, Paris, 1993, pp. 12-13.

⇒ゴーヴァン、ジベルの妖精、トリスタン、トール、トーレック、パプゴーを連れた騎士、ペルシヴェル、ボードゥー、ランツェレト、鷲少年

妖精　Fée

アーサー王物語群に登場する妖精を、外見から普通の人間女性と区別できるような特徴はなにもない。強いていえば極端に美しいか、あるいはまれにではあるが極端に醜いことが妖精の証である。妖精の特徴はそれよりも発する言葉にあり、なにかの前触れや運命や魔法とかかわっている。語源辞典を紐解くと、「妖精」をさすフランス語「フェ」(fée) は（《運命》をさすラテン語「ファートゥム (fatum)」の複数形）「ファータ」(fata) に由来することが分かる。それでも語源辞典は、「ファートゥム」の語源にふれることまではしていない。「ファートゥム」は《話す》を意味するラテン語の欠如動詞［活用形の一部を欠く動詞］「ファーリー」(fari) に由来する。つまり妖精は本質的に言葉の女神であり、魔術的と形容できるような言葉を使って相手にはたらきかける。古フランス語の動詞「ファエ」(faer) は（発する言葉により）《魔法をかける》や《呪文を唱える》を意味する（ラテン語「カルメン (carmen)」は、聖なる祈りをさす）。つまり「ファエ」という動詞は、声の魔法により相手に運命を背負わせることをさしている。運命とは妖精の言葉が実現することであるが、その運命は言葉が発せられて初めて現実のものとなる。アーサー王文学では妖精の発する言葉の持つ遂行的な機能に、どれだけ注意してもしすぎることはない。妖精が話をするときにはつねに、未来へはたらきかけているからである。

【書誌情報】 Ph. Walter, «Une fée nommée Parole», dans: A. Caiozzo et N. Ernoult, *Femmes médiatrices et ambivalentes. Mythes et imaginaires*, Arman Colin, Paris, 2012, pp. 227-236.

【邦語文献】 長野晃子「フランスの昔話の妖精」『東洋大学紀要教養課程篇』第18号、pp. 1-95；増山暁子「イタリア民話のFata（仙女）考」『国立音楽大学研究紀要』第18集、1983年、pp. 157-166；キャロル・ローズ（松村一男監訳）『世界の妖精・妖怪事典』原書房、2003年；辺見葉子「妖精信仰と魔女裁判」安田喜憲編『魔女の文明史』八坂書房、2004年、pp. 299-326。

⇒**アイルランド、イズー、ヴィヴィアーヌ、黄金島、乙女たちの岩山、ガンガモール、貴婦人、ギジュマール、グニエーヴル、9、グラエラン、5月の女王、支配権、小さな岩山の妖精、血の岩山、庭園、トネリコ、プティクリュー、ブランシュマドワーヌ、マル、ミロード、モルガーヌ、ラリー、ランヴァル、リドワール、ローディーヌ**

予言 Prophétie

イギリス諸島の古代ブリトン人は、予言に強い関心をよせていた。しかし「予言」とよばれていたのは、厳密にいえば《文学ジャンル》のひとつではなく（なぜならこうした予言はかつては、シビラの予言と同じく文字で書きとめられてはいなかったからである）、ケルトの宗教に認められる聖なるものの起源までさかのぼる伝統だった。占術というのは、神の世界から届くメッセージを聞きとる技術である。占術は占者という媒介をとおしておこなわれ、占者は人間と動物だけでなく神とも相通ずるところがある。ギリシア＝ローマ世界と同じく、ケルトの占術も（呪文や治療目的のまじないにより）音楽と詩だけでなく、医術とも結びついていた。そのためブリトン人の予言を詩的美学へと還元してしまうのは、文化的な観点から見れば短絡的である。なぜなら実際にはまったく逆のことがおきていたからであり、（脚韻、頭韻、リズムなど）形式上の技法を駆使して作られた詩は、占いの呪文や実践から生まれたからである。神々が発した聖なる言葉である予言は、共同体全体の生活にかかわり、共同体の運命を宇宙的な次元へと組み入れる。こうした予言の言葉は謎めいていることが多く、その難しさゆえに多岐にわたる解釈が生まれ、史実上の出来事と響きあうようになった。15世紀になってもまだ、メルランのいくつかの予言にジャンヌ・ダルク（Jeanne d'Arc）［1412－1431年］の登場を読みとることが可能だと考えられていたほどである。5世紀から6世紀にかけてブリトン人がサクソン人を相手に戦いをくり広げたときには、侵略者たちに立ち向うブリトン人にとって、予言は心理的な武具の役割を果たした。予言は、敗北という運命に逆らって未来の勝利を予告することでブリトン人の愛国主義を維持した。このように論戦的な伝統とたもとを分かち、「聖杯物語群」は終末論的な思想を育み、メルランの予言がそれを正当化する任を負った。なかば聖書の威厳をまとったメルランは、（もともとは何の関係ももっていなかった）アーサー王世界と「聖杯」の正式な予言者となった。メルランは、世俗の騎士道を終わらせてメシアとなるガラアドの到来を予言する。予言が用いる暗号化された言葉には、神話物語群の重要な図式がふくまれている。そこでは紋章学のコードから着想をえていることの多い動物の象徴的意味がもちいられたり、夢や幻影に共通するレトリックが共有されたりしている。

【書誌情報】 P. Zumthor, *Merlin le Prophète*, Payot, Lausanne, 1943; reprint : Slatkine, Genève, 1973. L. Fleuriot et J.-C. Lozac'hmeur, «La littérature prophétique chez les Bretons», dans : *Récits et Poèmes celtiques. Domaine brittonique. VIe-XVe siècles*, Stock, Paris, 1981, pp. 71-79.

⇒ガングラフ、メルラン

ヨネック　Yonec

マリー・ド・フランス作『ヨネックの短詩』の主人公。ミュルデュマレック（鳥の騎士）がある既婚女性とのあいだにもうけた不義の子。

〈宿命〉　4月に入った頃（4月の朔日（ついたち）から逆に数日もどった時期、つまり3月25日「聖母マリアへの受胎告知」の祝日周辺）に母が身ごもったため、ヨネックは（キリストと同じように）その9か月後の冬至の時期、クリスマスに誕生する。したがってヨネックは太陽の子である。カーリオン（カルリヨン）の聖アアロン（Aaron）の祝日（7月1日）、すなわち太陽が夏の力を有する時期に、ヨネックは（実父の命を奪った）義父を殺める。ヨネックの母が妊娠した状況は、ペルセウスの母が妊娠した話を想起させる。ペルセウスの母はヨネックの母と同じように塔の中に幽閉され、黄金の雨に変身したゼウスによって身籠る。そのためペルセウスは父神のもつ太陽と酷暑にまつわる性質を受けついでいる。

〈ケルトの神ルグの化身〉　ヨネックの母が妊娠した状況は、太陽神ルグ（Lug）の母が妊娠した状況と驚くほど似ている。フォウォレ（Fomoire）族の巨人バロル（Balor）は、孫のせいで命を落とすと予言され、一人娘エトネ（Ethne）を塔の中に閉じこめ、どんな男にも会えないようにした。だがある英雄（ディアン・ケーフトDian Céchtの息子キアンCian）が魔術師に助けられて塔の中に入りこんでエトネと知りあい、ふたりの交わりから3つ子が生まれる。3つ子の祖父バロルは赤子たちを溺死させるよう命じる。しかし3人のうちのひとり（後のルグ神）は命拾いし、鍛冶神ゴヴニウ（Goibniu）の見習いとなる。

〈語源〉　ヨネックの名は、《望まれた

者》をさす古ブルトン語「エデイユネティック（edeiunetic）」（《願望》をさす「ユーン（iun）」に由来）から説明できる。また『エントリッヒャー語彙集』（*Endlichers Glossar*、9世紀）では、ルグドゥヌム（Lugdunum、「ルグの城砦」）はデジレ（Désiré）山だと解説されている［「デジレ」は「望まれた」の意］。これは《望まれた者》ヨネックとルグの神話的なつながりを裏づけてくれる（この証言は地名からも裏づけられる。フランス北部・ソンム（Somme）県のモンディディエ（Montdidier）には聖リュグル（Lugle）と聖リュグリアン（Luglien）崇敬が認められるが、地名の後半部分ディディエ（Didier）は《望まれた者》をさすラテン語「デーシーデリウス（desiderius）」に由来する）。このように、『ヨネックの短詩』はまさしく願望の賛歌なのである。

【書誌情報】 T. P. Cross, «The celtic origin of the *Lay of Yonec*», *Revue celtique*, 31, 1910, pp. 413-471. A. H. Krappe, *Balor with the evil eye*, Institut des études françaises, Columbia University, 1927, pp. 1-43. R. Illingworth, «Celtic tradition in the *Lay of Yonec*», *Études celtiques*, 9, 1960-1961, pp. 501-520. R. Bromwich, «Celtic dynastic themes and the arthurian lays», *Études celtiques*, 9, 1960-1961, pp. 439-474. L. Fleuriot, *Dictionnaire des gloses en vieux breton*, Klincksieck, Paris, 1964, p. 155 (edeiunetic) et 235 (iun).

⇒カーリオン、魔法の指輪、ミュルデュマレック

喜びの砦　Joyeuse Garde

『散文ランスロ』に登場するこの城が、もともと「苦しみの砦」とよばれていたのは、この城砦を攻撃する騎士たちを否応なく死に追いやっていたからである。ノルサンベルラント（ノーサンバランド）のハンバー川のすぐ近くにあったこの城塞の所有者は、ブランデュス・デ・ジル（Branduz des Iles）だった。この城塞はランスロの最初の武勇伝の舞台となっている。騎士に叙任されたランスロは一連の冒険をへていくが、この段階ではまだ無名であり、ただたんに《白騎士》とよばれていた。ジョルジュ・デュメジルの分析によれば、筋書き全体は、インド＝ヨーロッパ戦士が自分の価値を証明するための儀礼である、三重の戦いという図式に従って展開する。エピソードを形作っているこの三重性は、二度にわたって認められる。ひとつ目は、3つの異なる盾を順にもちいておこう、三重の戦いという形態をとる。ふたつ目は、3つの試練という形態を取るが、その試練自体が連続しておこるため、全体に一貫性がある。最初の試練は3つの城門を順に打ち破っていくものだった（そのために主人公は3つの盾を必要とする。最初の盾、2番目の盾、3番目の盾はそれぞれ、ランスロの力を2倍、3倍、4倍にしてくれる）。この最初の試練は「白騎士」に、魔術的・法的な意味での支配権を授けている（なぜならランスロが盾を手にすれば魔術的な力を得ると説明されているからである）。第二の試練により「白騎士」が挑むことになる武勇は肉体的な力（戦闘力）を必要とするが、その力はギリシア神話の英雄テセウス（Theseus）の怪力を想起させる。ランスロは城壁の内側にあった墓地で重い墓板（古代の巨石の残映）を軽々ともち上げるが、それは実は彼自身の墓石だった（テセウスは同じような大岩を軽々ともち上げ、父が残した剣とサンダルを見つける）。ランスロは、墓板に刻まれていた碑文を見て自分の名を知ったのである。

「悲しみの砦」の騎士たちと戦うランスロ

３つ目の試練が想起させるのは、悪霊の住処としての城砦の性格である。ランスロが地下室に入りこみ、柱の中に見つけた箱を開けると、そこから恐るべき騒音が響きわたる。悪霊がそこから逃げ出すと、城砦の住人たちはみな生きる喜びを取り戻す（城市が再び繁栄し、豊かになる）。エピソード全体は、ジョルジュ・デュメジルが分析したように、三者一組の災禍を伝えるインド＝ヨーロッパ神話の図式をかなり忠実に踏襲している。鍵となっているのは、この城塞におよぶランスロの支配権で、城砦はランスロの所有地となった。その後、彼が追われる立場になると、（グニエーヴルとともに）身を隠す場所になる。ランスロが埋葬されるのもこの城塞である。『散文トリスタン物語』では、ローグル王国の「喜びの砦」はトリスタンとイズーの居城となっている。

【書誌情報】 G. Dumézil, *Horace et les Curiaces*, Gallimard, Paris, 1942. Du même auteur : «Triades de calamités et triades de délits à valeur trifonctionnelle chez divers peuples indo-européens», *Latomus*, 14, 1955, pp. 170-185. D. Poirion, «La Douloureuse Garde», dans : J. Dufournet éd., *Approches du Lancelot en prose*, Champion, Paris, 1984, pp. 25-48.

【邦語文献】 渡邉浩司「『ランスロ本伝』の《苦しみの砦》エピソードをめぐる考察」中央大学『仏語仏文学研究』第45号（2013）、pp. 1-33。

⇒ランスロ

〈ラ〉

ライオン　Lion

クレティアン・ド・トロワ作『イヴァンまたはライオンを連れた騎士』の中で、イヴァンは蛇（ドラゴン）と戦っていたライオンを助ける。イヴァンはドラゴンを殺め、ライオンを救い出す。ライオンは感謝の気持ちを表わすために、新たな主人となったイヴァンの足許へ行って体をすりよせ、忠実な仲間にしてほしいと懇願する。この思いがけぬ助勢のおかげでイヴァンは戦いをことごとく制し、比類なき偉業を達成する。中世の聖人伝では、同じモチーフが別の形で表現されている。たとえば聖人が動物の脚に刺さっていたとげを抜いてあげると、それ以降その動物が聖人にとって一番忠実な仲間になる。こうした動物はライオン（聖ヒエロニムスの場合）であったり、熊（聖アヴァンタンAventinの場合）であったり、狼（聖ゴアルGoalの場合）であったりする。動物の象徴的意味が変遷していく過程で、12世紀以降ライオンは百獣の王として熊にとって代わり、王族を象徴する動物になった。ライオンが王族の血を尊重し、君主に頭を下げて敬意を示すのはそのためである。

このモチーフの異本として、ライオンが必ず王との戦いで負けるというものがある（クレティアン・ド・トロワ作『グラアルの物語』では、ゴーヴァンがライオンを倒している）。イヴァンとゴーヴァンはとりわけ王族の一員にふさしい存在である。王族を象徴するライオンは、皇族を象徴する鷲と対立している。占星術では、獅子座の守護星は太陽であり、夏の土用の時期に対応している。

《蛇》ドラゴンからライオンを救い出すイヴァン（フィレンツェ国立図書館Cod. Pal.写本556番）

【書誌情報】 M. Bloch, *Les Rois thaumaturges*, Gallimard, Paris, 1983, pp. 256-258［マルク・ブ

ロック（井上泰男・渡邊昌美訳）『王の奇跡』刀水書房、1998年、pp. 279-281]. T.-M. Chotzen, «Le lion d'Owein et ses prototypes celtiques», *Neophilologus*, 18, 1933, pp. 51-58 et pp. 131-136. F. Châtillon, «La reconnaissance du lion», *Revue du Moyen Âge latin*, 36, 1980, pp. 5-13. Ph. Walter, *Canicule, Essai de mythologie sur Yvain de Chrétien de Troyes*, SEDES, Paris, 1988, pp. 187-216. M. Pastoureau, *L'Ours : histoire d'un roi déchu*, Le Seuil, Paris, 2007 [ミシェル・パストゥロー（平野隆文訳）『熊の歴史―〈百獣の王〉にみる西洋精神史』筑摩書房、2014年].

【邦語文献】 フィリップ・ヴァルテル（渡邉浩司訳）「神話的な物語―クレチアン・ド・トロワ作『獅子の騎士』」『世界文学』第90号、1999年、pp. 1-7。

⇒イヴァン、ゴーヴァン

ライロケン　Lailoken

スコットランド伝承に登場する森の狂人。ライロケンについて記しているのは、（1147年から1164年までグラスゴー司教を務めたハーバートHerbertの命を受けた聖職者が書いた）『聖ケンティゲルン伝』の中に挿入された12世紀の断片作品２点、（1174年から1199年までグラスゴー司教を務めたジョスリンJocelinが、ファーネスFurnessの修道士ジョスリンJocelinに依頼して書かせたもうひとつの）『聖ケンティゲルン伝』[ケンティゲルンKentigernは６～７世紀に活躍したとされるグラスゴーの司教]、ボウアー（Bower）作『スコットランド年代記』（1447年頃）である。ライロケンはこれらの文献で、直接的に（《メルリュヌム》（Merlynum））あるいは暗示的に（《ヴォルティゲルンの予言者》）、メルランと同一視されている。ウェールズ語の綴り（「マルジン（Myrddin）」）ではなくラテン語の綴り（「メルリュヌ（ス）（Merlynu [s]）」）が使われていることから、ジェフリー・オヴ・モンマス作『メルリヌス伝』がスコットランドに伝わっていたと推測できる。最も説得力のあるライロケンの語源は、古ウェールズ語「スラスロガン」（llallogan、《双子》）である。さらに『ヘルゲストの赤本』に収録されている『マルジンとその妹グウェンジーズの対話』（*Cyvoesi Myrddin a Gwenddyd y Chwaer*）という題のウェールズ語の詩編によれば、グウェンジーズはマルジンを何度も「スラスロガン」とよんでいる。ライロケン伝説には、ドルイド僧の呪いと関連した神話的なテーマが複数見つかる。それは、野人、ケルト人の凍てつくような地獄（ラヴィルマルケ作『バルザス＝ブレイス』所収「スコラン（Skolan）の歌（グウェルス）」を参照）、予言能力、罪を贖うための三重死といったテーマである。占者と関連した双子のモチーフは、占者とその分身（守護霊）との絆から説明できる。メルランのケースのように、占者の分身が狼のこともある。

【書誌情報】 H. L. D. Ward, «Lailoken or Merlin Silvester», *Romania*, 22, 1893, pp. 504-526. A. O. H. Jarman, «Lailoken a llallogan», *Bulletin of the Board of Celtic Studies*, 1937, pp. 8-27. D. Laurent, «La gwerz de Skolan et la légende de Merlin», *Ethnologie française*, 1, 1971, pp. 19-54.

【邦語文献】 西岡健司「同時代人の見た12世紀の「スコットランド」―２つの『聖ケンティゲルン伝』の作者の目を通して」日本カレドニア学会編『スコットランドの歴史と文化』明石書店、2008年、pp. 35-52；ジャン＝シャルル・ベルテ（渡邉浩司・渡邉裕美子訳）「ライロケン―中世スコットランドの野人＝占者」中央大学『中央評論』通巻第302号（2017年冬号）所収。

⇒三重死、メルラン

ラキス　Laquis

『メロージス・ド・ポールレゲ』に登場する騎士。ランパグレス（Lampagrès）（ランパデスLampadés）の出身。ラキスはメロージスとの一騎討ちで敗れ、伝言を携えてウートルドゥーテのもとへ遣わされる。ウートルドゥーテはラキスに槍試合を強要し、勝利するとラキスの左目を刺し貫く。メロージスは報復としてウートルドゥーテを倒し、その右手を切り落とす。片目の男（ラキス）と片腕の男（ウートルドゥーテ）の対比は、ジョルジュ・デュメジルが検討したインド＝ヨーロッパ神話のテーマにつながっている。デュメジルが例としてあげているのは、北欧神話のオーディン（Odin、片目の神）およびチュール（Tyr、片手の軍神）との対比と、ローマ史に登場する（戦いで片目を失った）ホラティウス・コクレス（Horatius Cocles、「コクレス」は「隻眼」の意）および（敵王の前でみずから右手を焼いた）ムキウス・スカエウォラ（Mucius Scaevola、「スカエウォラ」は「左利き」の意）との対比である。

【書誌情報】G. Dumézil, *Mythe et Épopée*, t. 1, Gallimard, Paris, 1986, pp. 424-428 et III, pp. 271-281.

⇒ウートルドゥーテ、メロージス

ラギデル　Raguidel

ラウール作『ラギデルの復讐』に登場する騎士。物語の発端では、グエンガスアンの槍に貫かれたラギデルの遺体を乗せた舟が、アーサー王のもとに漂着する。遺体にそえられていた手紙には、アーサーに仕える騎士たちがラギデルの復讐を果たすよう書かれていた。グエンガスアンを倒すのはゴーヴァンである。ラギデルの恋人は、４つの車輪がついた乗り物の上におかれた盾の上に、ラギデルの亡骸を寝かせた。この乗り物は、ケルトの王侯たちの墓から発掘された葬送の車を想起させる。ラギデルの遺体を運ぶ車は舟に載せられて波間を漂い、復活祭の日にルーエラン（Rouelent）の町に漂着する。移動祝日である復活祭の日取りが最も遅い時期にあたると、祭りは聖トロペ（Tropez）の祝日である５月１日周辺になる。聖トロペは首を刎ねられた後、１匹の雄鶏と１頭の犬とともに舟に乗せられて波間を漂った人である。コンポステラの聖ヤコボも殉教後に、同じ海の旅を「死後に」経験している。神話学的には、こうした航海は暦上の重要な季節のかわり目に位置づけられる。ラギデルの名は、リギデル（Riguidel）という姓と関連づけて考える必要がある。リギデルの名は、《王》を指す「リー」（ri-）と、《美しい》をさす古ブルトン語「グウェデール」（guedel、ウェールズ語「グウェダウル（gwedawl）」に対応）からなっている。

【書誌情報】L. Fleuriot, *Dictionnaire des gloses en vieux breton*, Klincksieck, Paris, 1964, p. 185 (guedel) et p. 296 (ri). Ph. Walter, «Le voyage de Saint Tropez : 29 avril-17 mai», *Uranie*, 4, 1994, pp. 133-150.

【邦語文献】渡邉浩司「〈アーサー王物語〉とクマの神話・伝承」『中央大学経済学部創立100周年記念論文集』2005年、pp. 531-549（『ラギデルの復讐』についてはp. 534）。

ラフエル　Raguel

中世ネーデルランド語による物語『トーレック』に登場する、裏切りをはたらく騎士。この物語でメリオンは、幽閉されていた40人の乙女を解放するが、ラフエルがその手柄を横どりした。ラフエルは民話の国際話型300番（「ドラゴン殺し」）に登場する、英雄の手柄を横取りする男の役割を演じている。ラフエルの名は、旧約聖書外典に出てくる大天使の名である。

ラベル　Label

古フランス語散文物語『アリマタヤのヨセフ』に登場する、異教徒のペルシア王。ある島へやってきて、10歳だったセリドワーヌに出会う。セリドワーヌからキリスト教への改宗を勧められたラベルは、洗礼を受けた翌日に亡くなる。ラベルにキリスト教徒になる決意をさせたのは、４つの象徴的な夢だった。（花瓶が蛇によって台無しにされる）最初の夢は、セリドワーヌによると、ラベルが自分と枕をともにすることを拒んだ妹を５月１日に殺めたことを表わしていた。またラベル王が妹との近親相姦におよんだこの日は、アーサー王と異父姉妹との近親相姦から生まれた息子モルドレッドの誕生日でもある。この５月１日という日付は、ベルティネ祭が行われる日である（ベルティネBeltaineのベルBelは、太陽神ベルBelまたはベレノスBelenosをさしており、ラベルLa-belの名にもふくまれている）。

【書誌情報】 M. Demaules, «Songe, secret et conversion : à propos du roi Label dans l'*Estoire del saint Graal*», *Bulletin bibliographique de la Société internationale arthurienne*, 59, 2007, pp. 402-421.

⇒セリドワーヌ

ラーリーエ　Lârîe

ヴィルント・フォン・グラーフェンベルク作『ヴィーガーロイス』のヒロイン。ラール王の娘。窮地に追いこまれた彼女を助け出してくれる勇敢な騎士と結婚することにしていた。数々の試練の果てに、ヴィーガーロイスがラーリーエを妻に迎える。ラーリーエにはまちがいなく妖精としての性質がある。

ラリス　Laris

ケルンのアンリ（Henri）王の息子。妹にあたるガスコーニュの王妃リデーヌ（Lidaine）は、ラリスの親友クラリス（Claris）と再婚する。ラリスは最初は妖精マドワーヌ（Madoine）の支配下にあったが、その後ユリアン（Urien）王の娘マリーヌ（Marine）に恋をし妻に迎える。ラリスは、マリーヌをめぐって恋敵タラス（Tallas）と争った後、デンマークとケルンの王として戴冠する。『クラリスとラリス』のラリスは、物語の前半で親友クラリスとともに一連の武勇をなし遂げ、後半では単独で名をあげる。ラリスの名は、アイルランドの魔術神リル（Lir、《海、大洋》）の名と関連づけることができる。ラリスの運命に魔法が介入することは、リルとの神話的なつながりから理解できる。ラリスが恋をしたマリーヌの名も、海と関連している（「マリーヌ」は「海の」を指す形容詞「マラン（marin）」の女性形）。

ラール　Lâr

ヴィルント・フォン・グラーフェンベルク作『ヴィーガーロイス』に登場する王の名。かつてはコルンティーン（Korntîn）王国の支配者だった。この王国の名はフランス語のコランタン（Corentin）に対応している。古フランス語散文「聖杯物語群」に登場する地名カンペールコランタン（Quimpercorentin）が傍証となる。グロイスのローアス（Rôaz von Glois）という異教徒に偽りの友情で欺かれてだまし討ちにあい、ラール王は領国を奪われてしまう。またこの国は、プフェターンとよばれるドラゴンにも悩まされていた。ラールは初めに王冠を戴いた動物の姿でヴィーガーロイスの前に現れ、のちに変身して人間の姿になり、ヴィーガーロイスに魔法の槍をわたす。それはプフェターンを退治することができる唯一の武器だった。ラールはその他にも、プフェターンが発する致命的な悪臭にもちこたえられるよう、魔法の木の花を授ける。ラールの名はまちがいなくケルト起源であり、《海》をさすリル（Lir）と関連する。このリルの息子にあたるのがマナナーン（Manannan）（マン島の名祖）である。「異界」の至高神であるマナナーンには、（『ヴィーガーロイス』のラールと同じく）変身能力がある。リルに対応するウェールズ語形はスリール（Llŷr）である。アイルランドのリルは、継母によってハクチョウにかえられて900年間すごした子供たちの父親である（この継母はリルの後妻アイフェ Aífeである）。ゲール語で書かれた『リルの子たちの悲劇』（*Aided Chlainne Lir*）が語るこの筋書きは、ハクチョウの子供たちをめぐる中世の伝説と関連づけて考える必要がある。『ヴィーガーロイス』のラール王は、女主人公ラーリーエの父である。ジェフリー・オヴ・モンマス作『ブリタニア列王史』第31章に登場する王レイア（Leir）や、シェイクスピア作『リア王』（*King Lear*）の主人公は、ラールと同一人物である。

ランヴァル　Lanval

マリー・ド・フランス作『ランヴァルの短詩』の主人公で、アーサー王に仕える騎士。王に忘れられ、奉仕に対して本来ならはらわれるべき報酬が与えられなかったため、ランヴァルは王宮を離れる。その後、気晴らしに馬で出かけ、偶然川のほとりで名の知れぬ妖精に出会う（妖精はモルガーヌにほかならない）。妖精は自分からランヴァルに愛を告白し、ふたりの関係を秘密にするのであれば愛と財貨と権力を与えると約束する。ただし秘密を洩らした場合には、姿を消してしまうだろうと彼女は述べる（このような禁忌をふくむ契約は、人間と「異界」の存在が交わす原初的な様式の契約である）。最初のうちは守っていた約束を、ランヴァルはその後やぶることになる。ランヴァルは王妃グニエーヴルからの求愛を拒んだとき、彼の恋人に仕える侍女でさえ王妃よりも美しいと述べて、王妃の機嫌を損ねてしまう［こうしてランヴァルは恋人の存在をあかしてしまう］。ランヴァルは自分の無罪を証明するよう命じられるが、モルガーヌは彼のもとから去ってしまっていた。法廷で死罪がいいわたされようとしていた「ぎりぎりのところで」駆けつけた妖精モルガーヌに救われ、ランヴァルは無罪放免となる［判決が下され、妖精がその場を後にしようとすると、ランヴァルは大きく跳躍し、彼女の馬の背に飛び乗る］。ランヴァルは妖精モルガーヌに馬でアヴァロン島へ連れていかれ、二度ともどってこなかったという（遠回しに彼の死を伝えている）。この短詩でとり上げられているのは、現世へやってきて選んだ人間を彼方へと連れ去る「異界」の至高女神である。この短詩のアイルランド版が『コンラの異界行』（*Echtrae Chonnlai*）に見つかる。コンラ（Connla）はある女がつぶやいた魔術的な言葉とリンゴによって幻惑され、帰る望みのないまま「異界」へと向かう。コンラは水晶の舟に乗って妖精についていく。また目をつけた人間を迎えにやってくるケルトの妖精は、北欧のヴァルキューレ神話を想起させる（ただしヴァルキューレが選ぶのは、戦闘で亡くなった戦士だけである）。

【書誌情報】L. Harf-Lancner, *Les Fées au Moyen Âge. Morgane et Mélusine. La naissance des fées*, Champion, Paris, 1984. C. Guyonvarc'h et F. Le Roux, *La Légende de la ville d'Is*, Ouest-France, Rennes, 2000, pp. 17-60. Ph. Walter, «La fée, le chien et l'épervier. De l'identité de Morgane et de Mélusine» dans : G. Hily et *alii* éd., *Deuogdonion. Mélanges offerts en l'honneur du Professeur Claude Sterckx*, Rennes, Centre de recherches bretonnes et celtiques, 2010, pp. 697-710.

⇒アヴァロン、ブラン（Bran）、モルガーヌ

ランスロ　Lancelot

英語名ランスロット。アーサー王に仕える騎士。ウェールズ語による物語群やヴァース作『ブリュット物語』にはあきらかに登場していない。ランスロが初めて登場するのは、クレティアン・ド・トロワがフランス語で著した物語『荷車の騎士』である。ゴール国の王子メレアガンがアーサー王宮廷から王妃グニエーヴルを連れ去り、ランスロが王妃を救い出す。（3つ首怪物を具現する）メレアガンとの三度にわたる戦いをへてランスロは、神話的な「異界」であるゴール王国

ランスロの冒険

「剣の橋」の通過(左)；3頭のライオンとの戦い(中央)；メレアガンとの戦い(右)

荷車上のランスロ

(大英図書館所蔵の写本挿絵)

荷車上のランスロ

(フランス国立図書館所蔵の写本挿絵)

に捕らわれていた王妃とほかの人々を解放する。13世紀になるとランスロは、『散文ランスロ』の主役となり、ランスロを軸にしたさまざまな冒険物語が数多く作り出されていく。さらわれた王妃と再会するために、ランスロは罪人を運ぶ不名誉な荷車に乗るという屈辱に耐えなければならない（これが「荷車の騎士」という異名の由来である）。ゴール国へ向かう巨大な剣でできた橋（「剣の橋」）の通過は危険をともなうが、これは地獄下り（「カタバーズ（catabase）」）に似ている。ランスロは王妃グニエーヴルに仕える騎士であり、王妃を狂おしいほど愛していた。ランスロの名が定冠詞つきの「アンスロ」（l'ancelot）、つまり「小さな召使い」（ラテン語の「アンキラ（ancilla）」にもとづく）と誤って再解釈されたために、「至純愛（フィーヌ・アモール）」の規則に従う宮廷風の恋人というはまり役が創り出された可能性も否定できない。ランスロが抱いた王妃グニエーヴルへの道ならぬ恋は、古フランス語散文で書かれた『アーサー王の死』が語るように、アーサー騎士団の崩壊とアーサー王国没落の原因となった。ランスロの神話的な前史は、ウルリヒ・フォン・ツァツィクホーフェンが中高ドイツ語で著した物語（『ランツェレト』）によりいくらかあきらかになる。それによると、生まれたときに（「取り替えっ子」のごとくに）妖精に連れ去られた主人公は、幼少年期を湖中にあった不可思議な国ですごしている（これが「湖のランスロ」という異名の由来である）。ランスロの出自はおそらくアルモリカ（フランスのブルターニュ）にあり、ウェールズ起源ではないという説が出されている（ランスロは《ガリア》で生まれ、彼の両親はガリアの一地方を支配していたからである）。

〈語源〉 フェルディナン・ロットは、ランスロの名がケルト起源ではないと主張した。ロットは（イングランドのヘレフォードシャーにある）「ランスルック」（Lansuluc）という古い地名をあげてはいるものの、ゲルマン語「ラントベルト（Lantbert）」の指小辞にあたる「ランスラン（Lancelin）」をランスロの名と関連づける説を重視している。ランスロの神話起源を説明するため、アイルランドの英雄たち（ルグLugやクー・フリンCú Chulainn）とのさまざまな比較がおこなわれてきた。だが実は、ランスロの名はラテン語の「ランケア」（lancea、《軽い長槍》）の指小辞としてしか考えられない。「ランケア」という語自体は、ケルト起源（古代ローマの学者ウァロによればケルト・イベリア起源）の言語からラテン語に入ったものである。なぜなら「ランケア」は、ローマ世界にはもともとなかった武具であり、ケルト人からもちこまれたものだからである。

【書誌情報】A. Ernout et A. Meillet, *Dictionnaire étymologique de la langue latine*, Klincksieck, Paris, 1967, p. 339 (lancea). F. Lot, «Etudes sur la provenance du cycle arthurien», *Romania*, 25, 1896, pp. 12-14. R. Bromwich, *The Welsh Triads*, University of Wales Press, Cardiff, 1961, pp. 414-416. J. Markale, *Lancelot et la chevalerie arthurienne*, Imago, Paris, 1985. D. Boutet, «Lancelot, préhistoire d'un héros arthurien», *Annales ESC*, 44, 1989, pp. 1229-1244. M. Stanesco, *D'armes et d'amours*, Paradigme, Orléans, 2002, pp. 129-140 (l'enfant aimé des fées).

【邦語文献】 神沢栄三「Chrétien de Troyes : *Chevalier de la Charrette*における二重のプロット」『名古屋大学文学部研究論集』第58号、1973年、pp. 109-122；C・

スコット・リトルトン+リンダ・A・マルカー（辺見葉子+吉田瑞穂訳）『アーサー王伝説の起源—スキタイからキャメロットへ』青土社、1998年（新装版2017年）、pp. 107-148「ランスロットと〈ロットのアラン〉」；渡邉浩司「ログル王国の乙女たちによる3日間の断食（クレティアン・ド・トロワ『荷車の騎士』3530－37行）—インド＝ヨーロッパ神話の３つ首怪物の記憶」中央大学『人文研紀要』第84号、2016年、pp. 113-146。

⇒ヴィヴィアーヌ、エレーヌ⑵、グニエーヴル、クローダス、剣の橋、固有名詞、ゴール、バン（ベノイック王）、ランツェレト

ランスロット　Lancelot

⇒ランスロ

ランタンの騎士
Chevalier à la Lanterne

アイルランド語では「リーディレ・アン・ローフラン」(Rídire an Lóchrainn)。アイルランドのアーサー王物語『マドラ・ムイルの冒険』(*Eachtra an Mhadra Mhaoil*) に登場する騎士。アーサー（アルトゥル）王が狩りをしていたとき、この騎士はアーサー王配下の者全員だけでなく、アーサー王本人にも打ち勝ち、ことごとく縛り上げてしまう。ただひとり、バルウアイという名の少年だけは、まだ若くてひげのない少年だったため許される。バルウアイは《耳を切られた犬》に助けられ、「ランタンの騎士」から、騎士を不死身にしていた３つの宝物（杯、鉢、指輪）を奪う。敗北した「ランタンの騎士」は、「耳を切られた犬（マドラ・ムイル）」をもとの人間の姿にもどす。その後マドラ・ムイルは父王の死後、アラスタン（Alastann）の名でその跡をついでインド王になる。「ランタンの騎士」はルグの化身である。ルグ (Lug) の名はインド＝ヨーロッパ語の語根 leuk-（「輝く」）に由来し、アイルランド語の「ロヘ」(loche、《稲妻》）や「ルアハ」(luach、《光輝く》）と関連している。

【書誌情報】J.-F. Nagy, «Arthur and the Irish», dans : H. Fulton, *A companion to Arthurian literature,* Blackwell, 2012, pp. 117-127.

⇒バルウアイ

ランツェレト　Lanzelet

ランスロのドイツ語名。ウルリヒ・フォン・ツァツィクホーフェン作『ランツェレト』の主人公。生まれてまもなく湖の妖精に連れ去られ、湖の妖精女王の島で育てられたランツェレトは、ドードーネ城主イーウェレト（Iweret）を倒した後になってようやく、妖精女王の侍女から自分の素性を知らされる。そして物語の大団円で、城主イーウェレトの娘イーブリスと結婚する。ランツェレトの物語は、クレティアン・ド・トロワ作『荷車の騎士』の物語をただ単にくりかえしているわけではない。『ランツェレト』の冒頭には、主人公の幼少年期から、成長してアーサー王宮廷に向かうまでが詳しく描かれている（これに対しクレティアンは、主人公ランスロの幼少年期にまったくふれていない）。物語は（亡き父の領国ゲネウィースGenewîsの新王となる）ランツェレトの戴冠式と、イーブリスとの結婚により幕を閉じる。これに対しクレティアン作『荷車の騎士』では、ランスロが最後にどんな地位を獲得したか分からないままである。主人公が自分の名前を知らされるエピソードは、いずれの作品の構成においても、その象徴的な意味の点でも、中心的な位置を占めている。『ランツェレト』で主人公が名を知らされるのはドードーネ城のエピソードの直後であり、このエピソードを契機にランツェレトはアーサー王宮廷に迎えられ、最終的には封建社会の一員となる。誘拐されたアーサー王の妃（ドイツ語名ゲノフェルGenover、フランス語名グニエーヴル）が解放される件は、クレティアン作『荷車の騎士』では中心的なエピソードだったが、『ランツェレト』ではエピソード群の中のひとつにすぎない。ランツェレトが物語中で立ち向かう（「恐ろしい接吻」を始めとした）さまざまな試練はフランス語で著された別の作品群にも見つかるが、そこではランスロの関与はまったく見られない。『ランツェレト』は、「ブルターニュの素材」全体にくりかえし出てくる神話的なエピソードの集成となっている。

【書誌情報】 R. S. Loomis, «Additional notes and introduction», dans : U. von Zatzikhoven, *Lanzelet*, trad. de T. Kerth, Columbia University Press, New York, 1951, pp. 157-232.

⇒イーブリス、ドードーネ、ランスロ

ランドモール　Landemore

『グリグロワ』の女主人公ボーテ（Beauté、「美」の意）とその姉の生まれ故郷。馬上槍試合を前にグリグロワはこの地に赴き、騎士に叙任してもらう。ランドモールの名は、「ランド」と「モール」からなるが、このうち「ランド」（lande）はアイルランド語の「ラン」（landまたはlann）、ウェールズ語の「サン」（llan）と同系で、《平野》《開けた空間》をさす。一方の「モール」（more）は（武勲詩のみならず、アーサー王物語にも登場する）「サラセン人」と同義である。中世の作品に登場する「サラセン人」（男性形は「サラザン（sarrasin）」、女性形は「サラジーヌ（sarrasine）」）は不可思議な人物や非キリスト教徒をさし、アラブのイスラム教徒だけをさしていたのではない。ランドモールという地名は、ボーテに備わる不可思議な性質を裏づけている。

⇒グリグロワ

リ

リヴァリーン　Rivalin

ドイツ語で書かれたトリスタン物語群だけに言及のある、トリスタンの父の名（ゴットフリート・フォン・シュトラースブルク作『トリスタンとイゾルデ』によれば別名カネーレングレス（Kanelengres）、『サー・トリストレム』によれば別名ローランドRouland）。フランス語韻文によるトリスタン物語群には、この名は出てこない。（「反乱」を指すラテン語「レベッリウム（rebellium）」に由来する）古フランス語「リヴェル（rivel）」または「ルヴェル（revel）」（《謀反、反乱》）をもとに作られたリヴァリーン（Rivalin）の名は、この人物がたどる運命と、物語中で唯一彼にかかわる重要なエピソードを説明している。主筋にあたるブルターニュの大公モルガーン（Morgan）に対して反乱をおこしたリヴァリーンは、モルガーンの攻撃を受けて領土（大ブリテン島のローノイスLohnois王国）を失う。リヴァリーンはコーンウォールのマルケ（Marke）王に仕え、王の妹ブランシェフルール（Blanscheflur）と結婚する。大半の物語作家たちが伝えるところによると、リヴァリーンはトリスタンが生まれる前に亡くなっている。そのためトリスタンは父の封土を没収され、相続権を奪われた子供となっている。

リゴメール　Rigomer

リゴメールとは、女王ディオニーズが支配するアイルランドの魔法を掛けられた城と、その城をふくむ王国の両方をさす。この名は『リゴメールの驚異』という物語のタイトルにふくまれている。リゴメールは複数の騎士（なかでもゴーヴァンとランスロ）にとって探索の場である。騎士は探索の途上で数多くの冒険に挑み、不可思議な人物と対決する。ゴーヴァンは選ばれた騎士となり、すべての魔法や呪いを解除する。この物語は数多くの点で、（11世紀に創作された『アイルランド来寇の書』*Lebor Gabála Érenn*が描く）アイルランド来寇の話の中でも、トゥアタ・デー・ダナン（Tuatha Dé Danann）族（塚の下に住んでいる妖精族）の魔術にかんする話を想起させる。フランソワ・ラブレーが著した物語には、聖リゴメール（祝日は8月24日）への言及がある。この聖人はマイユゼ（Maillezais、フランス西部ポワトゥー地方の町）で崇敬されていた。ラブレー作『第四の書』第38章には《聖リゴメールの腕》への言及があるが、リゴメールの名にふくまれる「リグ」（rig-）はゲール語で《前腕》をさす。

【書誌情報】Th. E. Vesce, «Celtic material in *Les Merveilles de Rigomer*», *Romance Notes*, 11 : 3, 1970, pp. 640-646. M.-L. Chênerie, «Un recueil arthurien de contes populaires au XIIIe siècle : les *Merveilles de Rigomer*», dans : *Réception et Identification du conte depuis le Moyen Âge*, éd. Michel Zink et Xavier Ravier, Université de Toulouse-Le Mirail, Toulouse, 1987, pp. 39-49.

⇒アイルランド、サグルモール、ディオニーズ

リス　Ris

⇒リトン

リスティノワ　Listinois

「リス」（Lis）に相当するウェールズ語「シス（Llys）」は「城」をさす。リスティノワは、（後期流布本系『続メルラン物語』に登場する）ペルアンの王国の名である。ペルアンが「苦しみの一撃」を受けた後、「荒れ地の王国」とよばれるようになる。

【書誌情報】F. Lot, «Celtica. Le château de Lis», *Romania*, 1895, p.322.

リドワール（妖精女王）
Lidoire (Reine Fée)

『ペルスフォレ』第一の書から第六の書に登場するスコットランドの女王。夫ガディフェールが怪我を負ったため、妖術を学んで妖精女王となる（第二の書）。ガディフェール王が狩猟の最中にル・トールのせいで怪我を負ったと考えたリドワールは激怒し、悔悛の衣を毎朝まとうようル・トールに命じる。これによりル・トールは首が9つある雄牛の姿になり、この贖罪は7年つづくといいわたされた。リドワールは数多くの妖術を操って、ブランシュ（Blanche、自分の娘）、プリヤンド（Priande、騎士エストネの恋人）、リリヨップ（Liriope、ル・トールの恋人）、フラミーヌ（Flamine、彼女の息子ガディフェールの恋人）、ネロネス（Néronès、彼女の息子ネストールNestorの恋人）という5人の乙女を庇護していた。ゼフィールの女性版にあたるリドワールは、この乙女たちに近づこ

うとする騎士に罰を与える。たとえば庭にいた乙女たちに話しかけたエストネは、熊の姿にかえられてしまう。リドワールは騎士たちの眼前に乙女たちの姿をさらすこともあった（裸で水浴中のブランシュを騎士リヨネルに見せた）。それにより乙女たちをわがものにしようと熱望した騎士たちは、武勇を示そうとつき進んだ。リドワールは隠者ダルダノン（Dardanon）とともに《聖処女の息子》（キリスト）の到来を予言し（第四の書）、キリスト教に改宗して、ローマ軍の侵攻の頃からひ孫のアルファザン（Arfasen）が《福音》をもたらすときまで、「生命の島」に隠遁する（第六の書）。

⇒ゼフィール、ル・トール

リトン（リヨン、リス）

Riton (Rion, Ris)

ヴァース作『ブリュット物語』に登場する、巨人の王。戦いで倒した王たちから髭をむしりとり、自分のマントの縁飾りとして使っていた。アーサーはアレーヴ（Araive）山でリトンを亡き者にしたという。リトンは熊のような毛むくじゃらの巨人だった。ケルト起源であるリトンの名はその女性形（リトナRitonaやプリトナPritona）が碑文に見つかることから判明している。またリトンの名には「通り道」や「浅瀬」をさす語がふくまれている。そのためリトンは、アーサー王物語の騎士たちが対戦を余儀なくされる、浅瀬の番人すべての原型にあたる。『双剣の騎士』によると、リス（Ris、リトンの別名）はアーサーに自分でむしりとった髭を送って寄越し、臣従の誓いをするよう命じた。神話的に解釈すれば、リスは《熊》の属性をもつアーサーがみずから体毛を剃るよう命じることで、怪力を奪いとろうとしたのである（類例は旧約聖書の『士師記』16章に見つかり、サムソンが髪の毛を切られて怪力を失っている）。ヘロドトスが『歴史』（巻4、64）で指摘するように、古代スキタイの兵士が戦闘で殺害した敵兵に対しておこなった慣習として、敵兵の死体から剝ぎとった皮を縫いあわせてマントを作るというものがあった。

【書誌情報】 P.-M. Duval, «Ritona», dans : Y. Bonnefoy, *Dictionnaire des mythologies*, Flammarion, Paris, 1999, t. 2 pp. 1761-1762［イヴ・ボンヌフォワ編（金光仁三郎ほか訳）『世界神話大事典』大修館書店、2001年、p. 668「リトナ」］. G. Dumezil, *Romans de Scythie et d'alentour*, Paris, Payot, 1978, p. 254.

【邦語文献】 渡邉浩司「〈ひげ剥ぎ〉の文学的肖像—群島王リヨンをめぐって」中央大学『仏語仏文学研究』第42号、2010年、pp. 9-33。

⇒浅瀬

リバノール　Libanor

バン（Ban）王の娘。従兄のパンドラギュス（Pandragus、コンスタン王の3人息子のひとり）が、リバノールの恋人になる。バン王は娘を守ろうとして、「乙女の高貴な塔」（Noble Tour de la Pucelle）に幽閉する。しかしサタンに助けられ、パンドラギュスはリバノールのもとにたどりつく。リバノールはパンドラギュスとのあいだに、双子（息子と娘）をもうける。こうした筋書きは、マリー・ド・フランス作『ヨネックの短詩』や、ギリシア神話のダナエ（Danae）がペルセウス（Perseus）を身籠る話を想起させる。リバノールが初めて登場するのは、ボードゥアン・ビュトール作『コンスタン王の息子たち』である。リバノールの名は父親バン（Ban）の名をもとにして作り出された可能性が高いが、

「妖精」を指す普通名詞として使われることもある（「異界」の女神は「バン・シー（ban-shee）」とよばれている）。アイルランド語のリー・バン（Lí Ban）は、《女性の美しさ》を意味する固有名詞である。リー・バンは、アイルランド神話に出てくるセイレン（水の精）で、ネイ湖との結びつきがある。海神マナナーン・マク・リル（Manannán mac Lir）の妻もリー・バンという名であり、姉妹にはファン（Fann）がいる。『クー・フリンの病』（*Serglige Con Cualainn ocus oenét Emire*）によると、リー・バンとファン姉妹のせいでクー・フリン（Cú Chulainn）は《病》床に就いている。

【書誌情報】 C. Guyonvarc'h, «La maladie de Cuchulainn» dans : *Patrimoine littéraire européen. 3. Racines celtiques et germaniques*, De Boeck, Bruxelles, 1992, pp. 194-221.

⇒モルガーヌ

流血　Cruentation

殺人犯が犠牲者に近づくと、その死体の傷口から血が流れ出すという迷信（こうした事例は、クレティアン・ド・トロワ作『イヴァンまたはライオンを連れた騎士』、『グラアルの物語』の「続編」群、『モリアーンの物語』、『ペルレスヴォース』などに描かれている）。この迷信は、犠牲者が死後も信号を発しつづけるという、神明裁判の一形態だと考えられる。

【書誌情報】 H. Platelle, «La voix du sang : le cadavre qui saigne en présence de son meurtrier» dans : *La Piété populaire au Moyen Âge*, Paris, 1977, t. 1, pp. 161-179. J.-J. Vincensini, «Entre pensée savante et raison narrative : le clerc médiéval et le motif du "saignement accusateur" (ou *cruentation*)», dans : D. James-Raoul et O. Soutet éd., *Par les mots et les textes. Mélanges de langue, de littérature et d'histoire des sciences humaines offerts à Claude Thomasset*, P.U.P.S., 2005, pp. 835-857.

⇒イヴァン、血の滴る槍

リュカン　Lucan

《酒倉長》リュカンとよばれ、アーサー王の食卓で酌係を担当した。リュカンはこの仕事を、ベドワイエとともにおこなった。オック語による物語『ジョフレ』ではリュガン（Lugan）、『イデール』ではリュガン（Lugain）、リュギュサン（Lugucin）、リュギュカン（Lugucain）とよばれている。こうしたことからルグ（Lug）との神話上のつながりがとくにはっきりしている。アイルランド神話のルグは、飲食物の製造をふくむあらゆる製造の技術を体得した万能神である。インド＝ヨーロッパ神話の酌係は、ギリシア神話ではアンブロシア、ヒンドゥー神話ではソーマの準備と給仕をまかされていた。祝祭日にアーサー王を囲んでおこなわれ、（酌係が取り仕切る）儀礼上の食事は、ギリシア神話でオリュンポスの神々が宴で堪能したアンブロシアの名残である。古フランス語散文物語『アーサー王の死』では、アーサーは「異界」へ旅立つ前に、熊が獲物を圧死させるかのようにリュカンを抱きしめてその命を奪ってしまう。

【書誌情報】 G. Dumézil, *Le Festin d'immortalité*, Paris, Geuthner, 1924.

【邦語文献】　渡邉浩司「現世を離れる直前に〈熊〉に戻ったアーサー王―中世フランス語散文『アーサー王の死』が描く酒倉長リュカンの圧死をめぐって」『ユリイカ』第45号・第12巻、2013年、pp. 177-188。

⇒ベドワイエ

リュネット　Lunet

クレティアン・ド・トロワ作『イヴァンまたはライオンを連れた騎士』に登場する、イヴァンに援助の手を差し伸べる妖精。（泉の領主だった「赤毛のエクスラドス」を殺めた）イヴァンは領主の臣下たちに追われて捕まりそうになるが、リュネットから姿の見えなくなる指輪を授かる。そのおかげでイヴァンは捕まらずに済み、命拾いする。その後、イヴァンは不当な告発を受けて火刑を宣告されたリュネットを「ぎりぎりのところで」救い出す。リュネットの役割は、イヴァンとローディーヌの出会いをお膳立てしたり、仲たがいしたふたりが和解できるようにとり計らったりすることだった。リュネットを森や山や泉の守護女神としてのアルテミスやディアナ、あるいは原初的な女神アルティオ（Artio）の化身や、妖精ローディーヌ本人の分身だと考える説も出されている。アーサー王宮廷でリュネットは、「騎士道の太陽」ゴーヴァンに惹かれる。語り手はその箇所で、その日「太陽」と「月」がこっそり会ったと述べている。この言葉遊びにより女性は《小さな月》（リュネット）（「月（リュンヌlune）」の指小辞）とされた。またリュネットの名（ウェールズ語名リネッドLuned）は、「姿」をさすウェールズ語「リン（lun）」（「シン（llun）」）からも説明が可能である。リネッドの名にはさらに新しい形としてエリネッド（Eluned）があるが、このうち「エル」（el-）は《数多い》、《イン》（iun-）は「欲望」をさしているようである。いずれにせよクレティアンがもちいたリュネットという名は、複数のケルト語を再解釈して生まれたものである。

【書誌情報】M. Stanesco, *D'armes et d'amours,* Paradigme, Orléans, 2002, pp. 79-96.

【邦語文献】渡邉浩司『クレチアン・ド・トロワ研究序説』中央大学出版部、2002年、第Ⅱ部第4章。

⇒イヴァン、ローディーヌ

リヨネル　Lionel

ゴーヌ（Gaunes）国のボオール王とその妻エヴェーヌ（Évaine）とのあいだに生まれた長男。弟に父と同名のボオールがいる。ベノイック国のバン王はリヨネルの伯父で、ランスロは従兄にあたる。リヨネルの名は、生まれたときに胸に真紅のライオンのあざがあったことによる（このあざは、後に王に選ばれることになる前兆である）。ランスロと同じく、幼少年期には「湖の貴婦人」に育てられる。そのためリヨネルはランスロの幼なじみで、以後もずっと親友の間柄である。騎士に叙任されてまもなく、リヨネルは1頭のライオンを殺める（王になる定めであることを示す新たな前兆）。弟のボオールと激しい諍いをおこしたとき、稲光が兄弟のあいだに落ちてふたりを引き離し、戦いをやめさせた。リヨネルは一貫してランスロの味方をしつづけた。ランスロはそれに報いるため、リヨネルをゴーヌ国の王にする。『アーサー王の死』では、リヨネルはモルドレッドの長男メルアン（Mélehan）との戦いで命を落としている。

【書誌情報】M. Bloch, *Les Rois thaumaturges,* Gallimard, Paris, 1983, pp. 246-256［マルク・ブロック（井上泰男・渡邊昌美訳）『王の奇跡』刀水書房、1998年、pp. 266-279］. M. de Combarieu, «Enfantines. Étude sur les enfances de Lionel et de Bohort dans le *Lancelot en prose*», *PRIS-MA,* 12, 1996, pp. 133-155.

リンゴ　Pomme

リンゴは、ケルト文化圏全域で、聖なる果物だと考えられている。このようにリンゴの木と実が重要視されたのは、少なくともその理由の一端に食糧不足の社会が抱える特別な事情がある。ほかの果物とは異なり、リンゴは摘みとられた後も比較的長もちする。アイルランドの神話物語の中には、リンゴにそなわる魔術的なはたらきにふれたものがいくつかある。『フェヴァルの息子ブランの航海』(*Immram Brain mac Febail*) に出てくるリンゴの木の枝には、赤金のリンゴの実が３つついていた。この実を揺すると極めて心地よい調べが響きわたり、耳にする者はだれであれ苦悩や悲しみを感じなくなった。この枝をきっかけに、ブラン (Bran) は不思議な「女人の島」へ向けて旅立つ。『コンラの異界行』(*Echtrae Chonnlai*) によると、「異界」からやってきた妖精は、彼女に恋をしたコンラ (Connla) にリンゴを１個投げる。それによりコンラは妖精に惹きつけられ、最終的にはふたりで「異界」へ向かったという。『トゥレンの息子たちの最期』(*Aided Chlainne Tuirenn*) では、トゥレンの３人息子が (ルグLugの父キアンCianを殺害したため)、ヘスペリデスの園からリンゴをもち帰るようルグから命じられた。それは《どれだけ食べても、つねに減ることがない》リンゴだった。リンゴはウェールズ文化圏でも同じように重要視された。メルラン (マルジン) と関連したウェールズの詩編 (『リンゴの木 (アル・アヴァスレナイ)』*Yr Afallennau*) には、リンゴの木は島の木として登場する (つまりリンゴの木だけでアヴァロン島を示唆した)。メルランはリンゴの木の下で予言をおこない、木に覆い隠された聖なる森の主となっていた。中世ウェールズの物語『エルビンの息子ゲライント』によると、リンゴの木は「霧の垣」の真ん中に聳えていた。これに相当するのがクレティアン・ド・トロワ作『エレックとエニッド』に出てくる庭園の木で、その果物を庭園の外へもち出すことはできなかった。「異界」のリンゴの木の実を人間界にもち帰ってから食べると、恐るべき毒物へとかわった (類例は作者不詳の『ガンガモールの短詩』や、『アーサー王の死』の騎士アヴァルラン［アヴァロン(2)の別名］のエピソードに見つかる)。ケルトの信仰では、リンゴは原初の伝承に由来する知性を授けてくれるものである。リンゴを水平に切ると、中に星形の５角形が見つかる。リンゴはケルト文化圏においては、聖なる知識をもたらす果物の典型だった。エデンの園に生えていた「善悪の知恵の木」(『創世記』にはその種類が記されてはいない) が中世期になってリンゴの木とされたのは、おそらくこうした事情による。

【書誌情報】 J. L. Le Quellec et B. Sergent, *La Pomme. Contes et Mythes*, Maison du conte, Chevilly-Larue, 1995. B. Rio, *L'Arbre philosophal,* L' Âge d'homme, Lausanne, 2001. Ph. Walter, «De la pommeraie celtique au verger arthurien : l'exemple d'*Érec et Énide* de Chrétien de Troyes», dans : B. Sosien éd., *Imaginer le jardin*, Université Jagellonne, Cracovie, 2003, pp. 49-60.

【邦語文献】　渡邉浩司「アーサー王物語における異界―不思議な庭園とケルトの記憶」細田あや子・渡辺和子編『異界の交錯（上巻）』リトン、2006年、pp. 127-148。

⇒**アヴァロン**(1)、**アヴァロン**(2)

ル

ルー・ド・ラ・ゴーディーヌ
Roux de la Gaudine

『クラリスとラリス』に登場する、メリヤン・ド・リス（Méliant de Lis）を捕まえて縛り首にしようとした不忠の騎士。ルー（Roux、「赤毛男」）はラリスとの戦いで落命する。アーサー王物語によると、赤毛の人物はつねに騎士道の掟を破り、生まれつき性悪だとされている。古代の格言はこう伝えている、「ライオンを見れば分かるように黄金色の肌の人には度胸があり、狐を見れば分かるように赤い肌の人はずる賢い」（伝アリストテレス『観相学』*Physiognômia*、67）。

【書誌情報】M. Delcourt, *Pyrrhos et Pyrhha*, Les Belles Lettres, Paris, 1965, pp. 13-30.

⇒赤い騎士

ル・トール　Thor (Le)

『ペルスフォレ』第一の書から第四の書に登場するスコットランドの騎士。エストネ（Estonné）の従兄弟。（邪悪な魔術師ダルナンDarnantの孫娘である）リリヨップ（Liriope）の恋人。リリヨップは、包囲陣を作ってスコットランド王ガディフェールを救出しようとしていたル・トールを助ける。ル・トールは、アレクサンドル大王がリリヨップに約束したセルヴ・カルボニエール（Selve Carbonniere）の領土の奪還をまかされて、ガディフェールに巨大な猪が領土内にいることをあかす。ガディフェール王がその猪狩りの最中に重傷を負い、妖精女王リドワールはガディフェールが怪我を負ったのはル・トールのせいだと考えた。ル・トールは罪を贖ってリリヨップと結婚するため、7年間、贖罪の気持ちがおこるたびに悔悛の衣をまとうことを約束する。毎朝抗うことのできない気持ちに捕えられたル・トールは、夕方まで首が9つある恐るべき雄牛に変身した。みずからも悔悛の衣を身につけることを約束したリリヨップのとりなしにより、この罰は1年間へと短縮される。リリヨップは夕方から朝まで雌のグレーハウンドに変身した。このふたりの変身、とくに衣服の役割は、狼憑き（リカントロピー）伝説を想起させる。ペルスフォレがとりなし役となって妖精女王をなだめ、この悔悛は中止される。これは作者不詳の『メリヨンの短詩』で、狼に変身していたメリヨンがアーサーのとりなしにより人間の姿にもどることができたのと同じである。ル・トールは7回変身することになっていたが、7回目はペルスフォレのとりなしで悔悛が中止された。サイクルの完結と新たな更新を示すために使われた悔悛の年数である7は、7度の変身におき換えられている。この変身は動物の本性から人間の本性への回帰と、リリヨップとの結婚によるル・トールの社会復帰を表わしている。なかでも狂気および白い雌グレーハウンドのモチーフによって、ル・トールは荒猟師の和らげられた姿になっている。

【書誌情報】L. Harf-Lancner. «La métamorphose illusoire: des théories chrétiennes de la métamorphose aux images médiévales du loup-garou». *Annales ESC*, 1985, t. 40, pp. 208-226. C. Lecouteux. *Chasses fantastiques et Cohortes de la nuit au Moyen Âge*, Imago, Paris, 2013.

⇒ガディフェール、ペルスフォレ、変身

ル・モロルト　Morholt (Le)

ゴットフリート・フォン・シュトラースブルク作『トリスタンとイゾルデ』で

はモーロルト（Morolt）。トリスタンとイズーの悲恋物語に登場するイズーの母方の伯父で、アイルランド王妃の兄弟。ギリシア神話のミノタウロス（Minotauros）のように、定められた日にコーンウォールのマルク王の宮廷へやってきて、貢物として若者たちを要求した。連れ去られた若者たちはその後、永遠に姿を消した。この人食い鬼（オーグル）のごとき人物は（島の）「異界」の王である。トリスタンは一騎討ちでル・モロルトを殺め、この犠牲をともなう慣例に終止符を打つ。亡くなったル・モロルトは雄鹿の毛皮で縫いつけられる。しかしトリスタンはこの戦いで怪我を負ってしまい、その傷口から異臭が発せられ、伝染する可能性があった。神話学的に見れば、ル・モロルトは聖なる怪物である。接触すればかならず穢れをもたらすものは神聖である。なぜなら聖なるものは不可侵でありつづけるはずだからである（これにより「反対推論から」ル・モロルトには神的な性質がそなわっていることになる）。トリスタンはル・モロルト殺害により穢れを負うことになったが、

トリスタンとル・モロルトの戦い

その穢れはコーンウォール全体に感染する危険があった。そのためトリスタンは漂流する舟に乗せられる。その舟がアイルランドに着岸し、トリスタンはその地でル・モロルトの姪（イズー）に出会い、怪我をなおしてもらう。ル・モロルトの名は語源から見ると、《海の豚》をさす可能性がある。この語源解釈については、ティルベリのゲルウァシウス（Gervais de Tilbury）が『皇帝の閑暇』（*Otia Imperialia*）の中で披露しているイルカの話と関連づけて考える必要がある。ゲルウァシウスによると、イルカ（《海の豚（porcus marinus）》）は人間が変身した姿である。そしてイルカの姿をしているときに怪我を負うと、怪我をさせた当人にしかその治癒はできないという。13世紀以降には、ル・モロルトは神話的属性をほぼ失い、一介の騎士になってしまう（『続メルラン物語』、『ギロン・ル・クルトワ』、中世ドイツ語によるトリスタン物語群）。

【書誌情報】Ph. Walter, *Tristan et Yseut. Le Porcher et la Truie*, Paris, Imago, 2006, pp. 107-111.

⇒**アイルランド、雄鹿の石板、乙女たちの岩山、傲慢王グルムーン、小人のトリスタン、サンソン（聖）、トリスタン、ペレニス、ミロード**

ロ

老王（「グラアルの」）

Vieux Roi (du Graal)

クレティアン・ド・トロワ作『グラアルの物語』に登場する、漁夫王の館の一室に引き籠ったまま姿を現さない、謎の人物。ペルスヴァルの伯父のひとりであ

る隠者によると、この人物は漁夫王の父にあたる 。この老王は「グラアル」の奉仕を受けており、ホスティア（聖体）のほかには何も食べずに生き長らえている。（中世の聖人伝には頻繁に出てくる）こうした聖体の奇跡は、苦行者としての王の姿を覆い隠している。こうした苦行をおこなう王の類例は、古代インドの文学に見つかる。この老王の人物像は、クレティアン作『グラアルの物語』の続編群であきらかにされている。なかでもジェルベール・ド・モントルイユ作『ペルスヴァル第四続編』では、老王はエヴァラック（洗礼名モルドラン）の名で登場している。

【書誌情報】 H. Adolf, «Le Vieux Roi, clef de voûte du *Conte du Graal*», dans : *Mélanges R. Lejeune*, Duculot, Gembloux, 1969, t. 2, pp. 945-955. A. Saly, «Roi ermite, roi ascète», *PRIS-MA*, 16, 2000, pp. 289-301.

【邦語文献】 天沢退二郎『幻想の解読』（筑摩書房、1981年、pp. 39-58「漁夫王とその父をめぐって」）。

⇒隠者としての王、漁夫王

老婆　Vieille

（贖罪規定書をはじめとした）中世初期の古い文献で「ウェトゥラ」（vetula）の名で言及されている「老婆」は、中世末期の数多くの文献に見つかるすべての「魔女」にとっての神話上の祖先にあたる。オック語（南仏語）による物語『ジョフレ』で詳しく描かれている「老婆」は、毛深くて皺だらけで痩せこけ、唇は分厚く、歯は赤褐色で、口ひげをはやしていた。しかも骨太で痩せ細り、爪が長く伸びた両足はむくんでいたが、緋色の絹のブリオー［チュニック風のシンプルな衣服］の上に、アーミンで飾られた深紅のマントをまとっていた。「老婆」の醜さは身につけた衣装の豪華さと対照的だが、こうした衣服の詳細には神話的な起源が隠されている。赤色のマントは、聖なる知識を象徴している。このマントは、アイルランド神話にドルイドの神やドルイド教師陣の首領として登場するダグダ（Dagda）のマントに対応する。ダグダにはルアド・ロエサ（Ruad Rofesa、「偉大なる知恵をもつ赤き者」）という異名がある。「老婆」にも魔術的な隠れた知識がそなわっている。「老婆」がとくに存在感を発揮しているのは、ジャン・ド・マン（Jean de Meung）による『薔薇物語』（*Roman de la Rose*）後編と『ペルスフォレ』である。この人物は、民間伝承になじみの「四旬節の老女」や《四旬節女》（シシュファスChicheface）に相当する。

【書誌情報】 F. Le Roux, «La religion des Celtes», dans : *Histoire des religions*, Gallimard, Paris (Encyclopédie de la Pléiade), 1982, p. 793. C. Ferlampin, «Le sabbat des vieilles barbues dans *Perceforêt*», *Le Moyen Âge*, 99, 1993, pp. 471-504. J. Agrimi et C. Crisciani, «Savoir médical et anthropologie religieuse. Les représentations et les fonctions de la *vetula* (XIIIe-XVe siècles)», *Annales ESC*, 1993, pp. 1281-1308. J.-P. Boudet, «Femmes ambivalentes et savoir magique : retour sur les *vetule*», dans : A. Caiozzo éd., *Femmes médiatrices et ambivalentes. Mythes et imaginaires*, Armand Colin, Paris, 2012, pp. 203-213.

⇒ガディフェール、ブリザーヌ、醜い乙女、醜い似姿

ロオ　Lohot

円卓騎士団の一員。『ペルレスヴォース』によると、グニエーヴル王妃がアーサー王とのあいだにもうけた息子（ロオ誕生の話は、『アーサー王の最初の武勲』に描かれている）。ロオには、戦いで倒した敵の体の上で眠るという特殊な習性があった。こうしたロオの眠りのモチーフは、熊とその冬眠と密接に結びついている。なぜなら、ロオは《熊》の属性をもつアーサーの息子だからである。クウはロオが戦いで倒した巨人ログランの体の上で眠っているのを見つけ、巨人退治の栄誉を横どりしようと考える。そこで首を刎ねてロオを殺し、ログランを討ち果たした勇者としてアーサー王宮廷に赴く。その後しばらくして、ロオの生首を小箱に入れた乙女がアーサー王宮廷に現れ、生首が中に入った小箱は首を刎ねた本人にしか開けることができないと述べる。こうしてロオ殺害の真相が露見する。アーサー王の息子は、中高ドイツ語の物語『ランツェレト』にもローウート（Lôût）の名で登場する。『散文ランスロ』が伝える別の伝承によると、ロオは病死したことになっている。

【書誌情報】 J. D. Bruce, «Arthur's son Lohot», *Romanic review*, 3, 1912, pp. 179-184. G. Huet, «Deux personnages arthuriens», *Romania*, 43, 1914, pp. 100-102. W. A. Nitze, *Le Haut Livre du Graal : Perlesvaus*, The University of Chicago Press, 1937, t. 2, pp. 303-306.

【邦語文献】 植田裕志「ロオの死―『ペルレスヴォー』における編み合わせの手法について」『名古屋大学文学部研究論集』第163号、2009年、pp. 69-95。

⇒**アムル、熊**

ログラン　Logrin

『ペルレスヴォース』でアーサー王の息子ロオが倒した巨人の名。ログランの名は、もともと巨人たちの国だったローグル（Logres）に由来する可能性がある。クウは、ロオが巨人を倒して眠っていたところへ現れ、ロオの首を刎ねて殺し、次にログランの首を刎ねてアーサー王宮廷へもち帰り、巨人を退治した英雄のふりをする（他人の手柄を横取りするモチーフは、民話の国際話型304番「狩人」に見られる）。実際に、作中のログランはドラゴンの役割を演じている。なぜならログラン殺害の直後に、「ドラゴンを連れた騎士」が報復としてアーサー王のもとへ、王の配下の騎士たちの死体を届けるからである。したがって、ログランとドラゴンは神話上結びついている（ちなみに「ドラゴンを連れた騎士」は巨人として描かれており、騎士のもつ楯には炎を吐くドラゴンの頭がつけられている）。

⇒**ドラゴン、ロオ**

ローグル　Logres

英語名ログレス。アーサーの王国をさす特別な呼称。根拠とされるのは（少なくともネンニウスが編纂した『ブリトン人史』以来）慣例でおこなわれてきたブリタニアの3分割である。それによると、ブリタニアはキムリ（ウェールズ）、アルバン（スコットランド）、ロエグル（イングランド）という3つの《島》（実際には王国）に分けられていた。ジェフリー・オヴ・モンマス作『ブリタニア列王史』によると、この3つの王国をブルートゥス（Brutus）の3人の息子（次男カンベルCamber、三男アルバナクトゥスAlbanactus、長男ロクリヌスLocrinus）がそれぞれ所有し、王国は支配者の名にちなんでそれぞれカンブリア（Kambria）、アルバニア（Albania）、レーグリア（Loegria）とよばれた。クレティアン・ド・トロワは『グラアルの物語』の中で、ローグルはかつて「人食い鬼」の地だったと述べている。ジェデオン・ユエによると、「人食い鬼（オーグル）」(ogre) というフランス語の初出は『グラアルの物語』だという。事実、ヴァース作『ブリュット物語』や13世紀に書かれた作品『巨人たち』(*Des grands géants*) では、ブリテン島の先住民族は巨人だったとされている。

【書誌情報】 R. Bromwich, *The Welsh Triads*, University of Wales Press, Cardiff, 1961, p. cxxv-ccxxvi. G. Huet, «Ogre dans le *Conte du Graal*», *Romania*, 37, 1908, pp. 301-305.

⇒人食い鬼

ログレス　Logres

⇒ローグル

ロット　Loth

Lotと綴られることもある。ヴァース作『ブリュット物語』でのロットはロエノワ (Loënois) の王であるが、大半の物語ではロットの王国はオルカニーである。『ブリュット物語』によると、アーサーがユリアン王の兄弟にあたるロットに妹アンナまたはエンナを嫁がせたため、ロットはアーサーの仲間になる。アーサーの妹がモルカデス (Morcadès) ともよばれたのはおそらく、オルカニー (Orcanie) 王国の名に影響されたためであろう。ロットは、ゴーヴァン、アグラヴァン、ゲールエ、ガウリエ、モルドレッド、クラリッサンの父である。しかしながら (『ゴーヴァンの幼少年期』によると) ロットはゴーヴァンの父親だと推定されるにすぎず、ほかの作品群ではモルドレッドの実の父でもない。ロットのウェールズ語形がスレイ (Lleu) であることから、ロットをアイルランドの神ルグ (Lug) の化身だと考えることもできるのではないだろうか。

【書誌情報】 J. Loth, «Le roi Loth dans les romans de la Table ronde», *Revue celtique*, 16, 1895, pp. 84-88.

⇒オルカニー、近親相姦、クラリッサン、モルドレッド、ユリアン

ローディーヌ　Laudine

クレティアン・ド・トロワ作『イヴァンまたはライオンを連れた騎士』に登場する泉の妖精。その姿は (ジャン・フラピエによると)《泉そのものを擬人化し、神格化したもの》である。水域 (川、泉、海) や樹木 (ここでは泉に張り出している松の木) とつながりがあるのが、ケルトの妖精の特徴である。(ケルト人がつねに聖域だと考えた) 泉との結びつきが強い妖精は、その夫 (水域の番人) と挑戦者との一騎討ちの後で勝者と結婚しなければならない。ローディーヌの名はおそらく、(ルグLugというケルト名をもとに作られた) ラテン語「ラウドゥネンシス」(Laudunensis) に由来する。ローディーヌは太陽神 (ルグ) の陪神なのかもしれない。ローディーヌは、聖婚信仰とつながりのある妖精 (ケルト起源のいにしえの至高女神の化身) の雛形に連なる存在である。

【書誌情報】 P. Gallais, *La Fée à la fontaine et à l'arbre*, Rodopi, Amsterdam-Atlanta, 1992.

【邦語文献】 渡邉浩司『クレチアン・ド・トロワ研究序説』中央大学出版部、2002年、第II部第4章。

⇒イヴァン、バラントン

ローヘス　Roges

フランス語読みではロージェス (Rogès)。中世ネーデルランド語で書かれた物語『ワルウェイン』に登場する、人語を話す狐。もともとある国の王子だったが、継母により魔法で狐の姿にかえられた。狐姿のローヘスが魔法のチェス盤を探すワルウェイン（Walewein、フランス語名ゴーヴァン）を助けることができたのは、「異界」に向かう道を知っていたからである。よく似た名前の人物（ロジェアールRogéar）が登場するブルターニュの民話（「ペロニックのばか（Péronnik l'Idiot）」）は、ペルスヴァルの物語と似ている。この魔術師が支配するケルグラス（Kerglas）の城（ガラスの国）には、（「グラアル」のような）黄金の盥と、炎のように輝くダイヤモンドの槍が出てくる。ローヘスの名は、赤色および（狐の）赤毛がもつ象徴的意味と関連している。

【書誌情報】 I. Crahay, *Aux sources féeriques du Conte du Graal. Péronnik l'Idiot et Perceval le nice,* Peter Lang, Berne, 2013.

⇒魔法のチェス盤

ロヘラングリーン　Loherangrîn

ヴォルフラム・フォン・エッシェンバハ作『パルチヴァール』の主人公パルチヴァールの息子。１羽のハクチョウが曳く舟に乗って彼方にあった祖国から出立し、アントヴェルプ（Antwerp、アントワープ）の岸辺に上陸したロヘラングリーンは、ブラーバント（Brabant、ブラバント）を支配する女王に仕える。そして彼の身許を決して問わないことを条件に、女王と結婚する。女王は約束を守ると誓うが、数年後にはとうとう禁じられていた質問をしてしまう。するとハクチョウの曳く舟が再び現れ、ロヘラングリーンは姿を消す。

そもそもこの伝説は、ジャン・ド・オートセイユ（Jean de Haute-Seille、ラテン語名ヨハンネス・デ・アルタ・シルウァ Johannes de Alta Silva）がラテン語で著した『ドロパトス』（*Dolopathos*）［1185年頃］においてすでに形作られていた。ヴォルフラムはこれを「グラール（Grâl、聖石）」の伝承へ結びつけたのである。ヴォルフラムは、フランス語名ローアングラン（Lohengrin）に相当するドイツ語名としてロヘラングリーン（Loherangrîn）という綴りをあてたが、これはローアングランの語源に相当する《ロエラン・ガラン》（Lohera(i)n G(a)rin、「ロレーヌ人ガラン」）が縮約した形である。そしてまた、『ロレーヌ人ガラン』（*Garin le Lorrain*）は（少なくとも12世紀以降）、中世のロタリンギア（Lotharingia）を舞台にした重要な叙事詩群に属していた。ロタリンギアというのは、ヴェルダン条約（843年）以降、東フランク王国と西フランク王国がその支配権をめぐって争っていた地域である。ヴォルフラムはロヘラングリーンをブラーバントの領主とすることで、フランスをはじめとしたヨーロッパでの教皇の覇権を阻止しようともくろむゲルマンの帝国主義思想を、想像上のロタリンギアにあてはめた。つまり「グラール」の

ハクチョウが曳く船に乗ってやってきた騎士

想像世界(イマジネール)を政治上のユートピアへと向けたのである。神聖ローマ帝国と教皇庁との覇権抗争の只中で、ヴォルフラムの描いた「グラール」は皇帝党（ギベリン）の大義として使われた。「グラール」の文学神話はこうして、ロタリンギアが係争地となったために、現実の政治神話へと変貌したのである。

【書誌情報】 G. Poisson, *L'Origine celtique de la légende de Lohengrin*, Champion, Paris, 1913. J. Evola, *Le Mystère du Graal et l'Idée impériale gibeline*, Éditions traditionnelles, Paris, 1980. D. Goulet, «Le rôle d'Arthur et du Graal dans *Lohengrin*», *Le Moyen Âge*, 90, 1984, pp. 39-63. Ph. Walter, «*Lothringerepen* et *Lohengrin*: *romanische Literaturen*», dans: *Lexikon des Mittelalters*, Münich, Artemis Verlag, 1992, t. 5, col. 2080-2081 et 2137-2138 (en allemand). Du même auteur: «Géographie et géopolitique dans la légende d'*Hervis de Metz*», *Olifant*, 13-3/4, hiver 1988, pp. 141-163. «The Lotharingian Border: historical realities and imaginary geopolitics», dans: L. Boia et A. Oroveanu éd., *The Borders of Europe. An international symposium*, Editura Universitatii din Bucuresti, 2007, pp. 141-159 (en anglais).

【邦語文献】 小栗友一「白鳥の子の物語－中世ラテン語の『ドロパトス』とその翻訳」日本独文学会東海支部『ドイツ文学研究』第30号、1998年、pp. 1-13。

⇒パルチヴァール

ロール・ド・カラディガン

Lore de Caradigan

『双剣の騎士』に登場する、城市カラディガンの女王。アーサー王に臣従を誓っていた。ロールは、ブレエリス（Bléhéris、メリヤドックの父）が剣とともに埋葬されていた「荒廃した礼拝堂」での冒険に挑む。ロールがブレエリスの剣を手に入れて自分の脇に帯革で結びつけると、たちまち剣は外れなくなってしまう。そこでロールは帯革を解いて剣を外すことのできる騎士を夫に迎えることにするが、それはメリヤドックである。騎士叙任の時にアーサー王から剣を授かった彼は、新たな剣を手にして「双剣の騎士」となり、ロールとの結婚前に冒険の旅へと出立する。これはマリー・ド・フランス作『ギジュマールの短詩』に出てくる奥方の帯のモチーフを想起させる。ギジュマールは別離のときに貞節を約束していた奥方の脇腹のあたりに帯を固く締めるが、この帯はギジュマール以外のだれにも解くことができなかった。メリヤドックの名は『ギジュマールの短詩』にも出てくるが、主人公の恋敵にあたるこの人物は、奥方の帯を解くことができない。ロール（Lore）の名は、（武具の鉄よりも価値の高い）貴金属「黄金（オールor）」（定冠詞をそえると「ロール（l'or）」になる）との言葉遊びを示唆しており、メリヤドックの妻となるこの王妃が具現する王族の威厳を象徴している。ロールの名は、「時間」をさすギリシア語「ホーラ」（hora）や、季節の変化を司るギリシア神話の女神ホーライ（Horai）と関連している可能性もある。

ロロワ　Lorois

（作者不詳『速歩（トロット）の短詩』に登場する）ブルターニュの騎士で、生前のおこないに応じて対照的な扱いを受けるふたつの女性たちのグループの騎馬行列を目撃する。第一グループは見事に着飾った80人の乙女たちで、全員が立派な白い儀仗馬に乗り、どの乙女のそばにも軍馬に乗った恋人が伴走していた（男女あわせて160人である）。儀仗馬は素早い足取りで進んだが、ほとんど静止しているように見えた（馬は側対歩、つまり同じ側の２本の足を同時に上げたり下げたりする走り方だった）。乙女たちにつづいて現れたのは80人の貴婦人であり、それぞれが恋人を連れ、先の乙女たちと同じように着飾っていた（この一団も男女あわせて160人である）。第二グループは裸足でぼろ着をまとった100人の乙女たちで、黒い馬に乗り、後ろに同じような格好の男性100人を連れていた（男女あわせて200人である）。この騎馬行列グループは（短詩の題名通り）速歩で進み、頭上には雪が降り、雷が轟いていた。最後に速歩で揺られて疲れ果てた貴婦人が独り現れて、ロロワに騎馬行列全体の意味を説明してくれる。それによると、最初のグループの女性たちは生前愛の神に忠実に仕えて恋人を愛し、２番目のグループの女性たちは愛をなおざりにしていたという。こうした宮廷風礼節にもとづく解釈は、実際には、馬が暦の上で重要な役割を果たすという神話図式を覆い隠している。４月の騎馬行列は、聖マルクの祝日（４月25日）（マルクはケルト諸語で《馬》をさす）から聖フィリップの祝日（５月１日）（フィリップの名は《馬を可愛がる者》を意味する）にかけての時期におこなわれた可能性が高い。この時期は、冬から夏への大転換期にあたる（ケルトの暦によると、夏は５月１日にはじまる）。『ベリー公のいとも豪華なる時祷書』の５月の暦図には、貴族が慣例でおこなっていた５月の行列行進が描かれている。『速歩の短詩』の騎馬行列全体は、季節暦を支配する数秘術によって構成されている。全体で520人になる男女の騎手（この数は52の10倍）は、１年の52週に相当する［このうち第一グループの320人＝32週は「春」を、第二グループの200人＝20週は「冬」を表わしている］。類話は『ペルレスヴォース』のほか、司祭アンドレの『恋愛論』にも見つかる。

【書誌情報】André le Chapelain, *Traité de l'amour courtois*, trad. de C. Buridant, Klincksieck, Paris, 1974, pp. 84-90［アンドレーアース・カペルラーヌス（瀬谷幸男訳）『宮廷風恋愛について―ヨーロッパ中世の恋愛指南書』南雲堂、1993年、pp. 57-66］. K. Watanabe, «Le défilé des femmes mortes dans le lai du *Trot*», *Iris*, 18, 1999, pp. 73-83.

【邦語文献】 渡邉浩司「『速歩の短詩』に現れる騎馬行列―「荒猟師」神話の視点から」中央大学『人文研紀要』第35号、1999年、pp. 19-53。

⇒**馬、５月１日**

ロンギヌス　Longinus

フランス語名ロンジャン（Longin）。キリストの脇腹を槍で刺し貫いた、ローマの百人隊長。『ヨハネによる福音書』（19、34）には、この百人隊長の名は記されていない。ロンギヌスの名は《槍》をさすギリシア語「ログケー」（logkhé）をもとにして作られたものであり、キリストの受難を語る外典の物語に登場する。聖ロンギヌスの生涯を伝える話を世に知らしめたのは、９世紀に（ドーフィネ地方の）ヴィエンヌ大司教だったアドン（Adon）である。ヤコブス・デ・ウォラギネはロンギヌスにまつわるこうした神話伝承を『黄金伝説』の中に収録した（ロンギヌスの祝日３月15日は、アリマタヤのヨセフの祝日の前々日にあたる）。ロンギヌスの槍は1099年、アンティオキアの町を陥落させた第一回十字軍のときに発見された。夢のお告げにより、南フランス出身のピエール・バルテレミー（Pierre Barthélémy）という名の巡礼者が聖槍(せいそう)を発見するにいたったという。この槍はコンスタンティノープルで保管され、聖土曜日に皇帝が聖槍(せいそう)の礼拝をおこなった。マントヴァ［イタリア北部］の住人の主張によると、町に初めてキリスト教を伝えた聖ロンギヌスの遺骸は、キリストの血を受けとるのにロンギヌスが使った盃とともに、自分たちの町で発見されたという。その場所がグラダーリ（Gradari）とよばれるようになったのは、「クラーテール」（crater、ギリシア語で「壺」の意）がイタリア語では「グラータ」（grata）といわれるからである。『ペルスヴァル第一続編』の作者はあきらかに、クレティアン・ド・トロワ作『グラアルの物語』に出てくる「血の滴る槍」を「ロンギヌスの槍」と同一視している。

【書誌情報】R. J. Peebles, *The Legend of Longinus and its connection with the Grail*, Furst Company, Baltimore, 1911. J. de Voragine, *La Légende dorée* (trad. A. Boureau), Gallimard, Paris, 2004, pp. 244-245 et pp. 1189-1190.

⇒血の滴る槍

〈ワ〉

鷲　Aigle

ジェフリー・オヴ・モンマスは『ブリタニア列王史』の中で二度にわたり、鷲による不思議な予言についてふれている。シャフツベリーの城塞を建設していたとき、1羽の鷲が言葉を発したという（29節）。『ブリタニア列王史』の別の箇所では、予言をおこなう鷲の数が増えている。ジェフリーは40の島があるルモノイ湖（スコットランド）について語っている。この島々には屹立する60の岩があり、それぞれの岩には60個の鷲の巣が懸かっていた。「鷲たちは毎年群れ集い、大きな叫び声を一斉にあげて、王国で起こる不思議な出来事を告げ知らせたものだった」（149節）。ところでギラルドゥス・カンブレンシスは公然と、こうした鷲の予言をメルランによるものとした。中世ウェールズの『マビノギの4つの枝』の第四の枝「マソヌウィの息子マース」（*Math Fab Mathonwy*）によると、鷲に変身したスレイ（Lleu、アイルランドのルグ神に相当）は木の上で身を震わせて自分の腐肉を落とし、これを豚がむさぼり食うように仕向けることで、グウィディオン（Gwydion）に予言能力を授けている［この場面を目撃したグウィディオンは鷲の正体をスレイだと確信し、人間の姿にもどしている］。アイルランド神話によれば、鷲は鮭や雄鹿とともにこの世のはじまりから棲息している原初的動物に属している。そのため鷲には、通過儀礼を授ける力と予言をおこなう力がある。（太陽を直視できる唯一の鳥とされる鷲は）太陽とのつながりが深く、アーサー王の騎士たちの紋章にも使われている。

【書誌情報】 F. Le Roux et C. Guyonvarc'h, *Les Druides*, Ouest-France, Rennes, 1986, pp. 270-273 et pp. 322-329. Geoffroy de Monmouth, *Histoire des rois de Bretagne*, trad. par M. Mathey-Maille, Les Belles Lettres, Paris, 1992〔ジェフリー・オヴ・マンモス（瀬谷幸男訳）『ブリタニア列王史』南雲堂フェニックス, 2007年〕. Giraud de Barri, *Expugnatio Hibernica* I, 3 cité par C. Sterckx, *Des dieux et des oiseaux. Réflexions sur l'ornithomorphisme de quelques dieux celtes*, Société belge d'études celtiques, Bruxelles, 2000, p. 61.

⇒**予言**

鷲少年　Fils de l'Aigle

アイルランド語のアーサー王物語『鷲少年の冒険』（*Eachtra Mhacaoimb an Iolair*）の主人公。ソルハ（Sorcha）の王にはふたりの息子がいた。長男はリスタルド（Riostard）、次男はショーン（Seaghán）という名だった。父の死後リスタルドが王となるが、ショーンが兄を殺害して王位を簒奪する。ショーンは（妊娠中だった）兄の妻に、男子が生まれたら殺すように命じる。リスタルドの妻が男の子を出産すると、現れた鷲が赤子を連れ去って海を越えて運び、アーサー（アルトゥル）王のマントの裾の上に赤子をおいて姿を消す。アーサーには子供がいなかったため、この子を跡つぎとして育てることにし、《鷲少年》と名づける。数年後、成長した少年がハーリングの試合で活躍したとき、その生い立ちが分からなかったためにアーサー王の実の息子ではないとみんなから侮られる。アーサー王から騎士に叙任してもらった少年は、自分の出生の秘密を探るための旅に出る。やがて少年は灰色の馬に乗った女に出会い、彼女をアーサー王のもとへ連れていく。女はどうしても夫と別れたいと考えており、そのためにアーサー王の助力が必要だったからである。王はこの女を守ろうとしたが、夫が妻をとりもどすのに成功し、連れ帰ってしまう。「鷲少年」はこの気の毒な女を探す旅に出る。旅の途中で少年は、インド王の娘である金髪のニアヴ（Niamh、アイルランド語で《美》の意）を発見する。ニアヴはグルグ（Grug）、グラグ（Grag）、グラガン（Gragan）という名の３人の巨人にさらわれ、塔の中に幽閉されていた。少年は何とか巨人たちを倒すが重傷を負い、ニアヴから看護を受ける。「鷲少年」とニアヴは結婚の約束をした後、灰色の馬に乗った女とその残酷な夫の探索に出発する。そしてついに「鷲少年」はこの卑劣な騎士を見つけて殺害する。そして「鷲少年」が騎士の妻をアーサー王の許へ連れ帰ると、アーサーはこの女と結婚する。「鷲少年」は、（アーサーの妻となった女から贈られた）魔法の馬に乗って、再び自分の出自を探る旅に出る。やがて少年は、嘆き悲しむ母と姉に出会う。（ソルハ王）ショーンが、（少年の祖父にあたる）スキティア王に宣戦布告し、「鷲少年」の母方の伯父がふたり殺されていたからである。母は息子の身許が分からぬまま、戦争中におきたことをすべて打ちあける。そこで「鷲少年」は伯父ショーンを討ちとる。それから少年が祖父（スキティア王）に自分の幼少年期を語ると、少年の出自が家族全員に伝わり、みなが再会を喜ぶ。「鷲少年」はソルハの新王となり、ニアヴと結婚する。鷲による主人公の誘拐は、鷲に変身したゼウスに誘拐されたガニュメデス（Ganymedes）が神々の酌係になったというギリシア神話のみならず、鷲に育てられたギルガメシュ（Gilgamesh）の神話をも想起させる。ケルト人の間では、鷲はルグ（Lug）神との結びつきが強い鳥である。ルグはまさしく鷲に変身する。『鷲少年の冒険』には王の幼少年期について語られているが、この主人公の出自は太陽神の誕生を想起させるものである。

【書誌情報】 C. Sterckx, *Des dieux et des oiseaux : réflexions sur l'ornithomorphisme de quelques divinités celtes*, Société belge d'études celtiques, Bruxelles, 2000. J.-F. Nagy, «Arthur and the Irish», dans : H. Fulton, *A companion to Arthurian literature*, Blackwell, 2012, pp. 117-127. Ph. Jouet, *Dictionnaire de la mythologie et de la religion celtiques*, Yoran Embanner, Fouesnant,

2012, pp. 72-73 (aigle).
【邦語文献】 平島直一郎「アイルランド語文学におけるアーサー王（Arturアルトゥル）伝承」『ケルティック・フォーラム』第19号、2016年、pp. 31-32。
⇒鷲

笑い　Rire

占者（メルラン）の笑いと戦士（アーサー）の笑いがある。アーサー王はモン＝サン＝ミシェルの巨人を退治した後、高笑いして身を揺さぶっている。ヴァース作『ブリュット物語』（第3003～3004行）では、「笑い（リール）」（rire）は「怒り（イール）」（ire）と韻を踏んでいる。このふたつの言葉の結びつきは、ジョルジュ・デュメジルがあきらかにしたインド＝ヨーロッパ戦士が伝統的に備えていた神話的な特徴から説明がつく。ギリシアでもケルト人や北欧人の間でも、狂気にとりつかれた戦士は実力以上の力を見せ、発作的に暴力を振るって勝利を確実にした。野獣戦士が見せるこうした興奮状態は、粗暴でありながらなかば神聖な怒りに似ており、笑いはこうした怒りが制御不能であることを表わしている。現代の心理学では、攻撃性の解除とよばれるだろう。（有名な武勲詩の主役）ローラン（Roland）の笑いはこうした笑いの類例のひとつである。シケリアのディオドロス（Diodoros Sikeliotes）は（『歴史叢書』*Bibliotheke Historike*第22巻９）で紀元前279年にケルト人がデルフォイへ進軍したことを記し、ケルト人の首領（ブレンノスBrennos）が神殿の彫像群を前に勝利の高笑いを見せたと力説している。メルランの笑いがこうした笑いと異なるのは、表面的なことにすぎない。メルランは予言をおこなう前に笑うが、この高笑いはひらめきの証である。笑いが引きおこすのは、突然垣間見られた運命の謎を解きあかす知性のひらめきである。こうした笑いにはおそらく、（語源的な意味での）神懸りの証が認められるにちがいない。つまり、霊感を授ける神が占者に憑依し、人間に隠された真実をあかすのである。これは戦士の《怒り》とは異なる神聖な《怒り》を表わしたものであるが、この２種類の「怒り」には明白な類似点も認められる。笑いというのは、人智のおよばぬ力が占者の精神を支配したことが顔に表われたものである。

【書誌情報】G. Dumézil, *Horace et les Curiaces*, Gallimard, Paris, 1942 (sur la fureur guerrière). Ph. Walter, *Merlin ou le Savoir du monde*, Imago, 2000, pp. 147-157. M. Dijoux, «Roland rit», *Iris*, 34, 2013, pp. 173-182.
【邦語文献】 ジャン・ヴェルドン（吉田春美訳）『笑いの中世史』原書房、2002年；渡邉浩司『クレチアン・ド・トロワ研究序説』中央大学出版部、2002年、pp. 70-72。

ワルウアニウス　Waluuanius

⇒ゴーヴァン

ワルウェイン　Walewein

⇒ゴーヴァン

作品の推定成立年代

6世紀

516年　バドニスの戦いが起きたとされる年（『カンブリア年代記』［ラテン語］による）
537年　カムランの戦いが起きたとされる年（『カンブリア年代記』［ラテン語］による）
540年　ギルダス『ブリタニアの破壊と征服』［ラテン語］
542年　アーサー王が亡くなったとされる年（ジェフリー・オヴ・モンマスとヴァースによる）

8世紀

伝ネンニウス『ブリトン人史』［ラテン語］
ベーダ『アングル人の教会史』（ブリテン島の歴史のアングロ＝サクソン版）［ラテン語］

10世紀

『スヴネの狂乱』［ゲール語］
『アヌーヴンの略奪品』［ウェールズ語］

11世紀

『何者が門番か』（アーサーと門番の対話）［ウェールズ語］
1090年　リフリス・オヴ・スランカルヴァン『カドクス伝』
『キルフーフとオルウェン』［ウェールズ語］

12世紀

1125年　ウィリアム・オヴ・マームズベリー『歴代イングランド王の事績』［ラテン語］
1135年　ウィリアム・オヴ・マームズベリー『グラストンベリー修道院史』［ラテン語］
　　ジェフリー・オヴ・モンマス『メルリヌスの予言』［ラテン語］
1138年　ジェフリー・オヴ・モンマス『ブリタニア列王史』［ラテン語］
1151年　ジェフリー・オヴ・モンマス『メルリヌス伝』［ラテン語］
1155年　ヴァース『ブリュット物語』（古フランス語による最初のアーサー王物語）
　　マリー・ド・フランス『短詩集』［フランス語］
1165年　ベルール『トリスタン物語』［フランス語］
1170年　クレティアン・ド・トロワ『エレックとエニッド』［フランス語］
　　アイルハルト・フォン・オーベルク『トリストラントとイザルデ』（ドイツ語によるアーサー王文学の登場）
1170～1176年　トマ『トリスタン物語』［フランス語］
1175～1200年　『トリスタン狂恋』（ベルン本とオックスフォード本）［フランス語］

1176年　クレティアン・ド・トロワ『クリジェス』［フランス語］
1177年　クレティアン・ド・トロワ『ランスロまたは荷車の騎士』および『イヴァンまたはライオンを連れた騎士』［フランス語］
1180～1185年　ハルトマン・フォン・アウエ『エーレク』［ドイツ語］
1181年　クレティアン・ド・トロワ『グラアルの物語』［フランス語］
1183年～1210年　ラウール『ラギデルの復讐』［フランス語］
1184年　司祭アンドレ『恋愛論』［ラテン語］
1185年　ルノー・ド・ボージュー『名無しの美丈夫』［フランス語］
1185～1200年　ロベール・ド・ボロン『聖杯由来の物語』［フランス語］
1190年　ロベール・ビケ『角杯の短詩』［フランス語］
『ペルスヴァル第一続編』［フランス語］
『マントの物語（短詩）』［フランス語］
ルノー『イニョレの短詩』［フランス語］
『サンザシの短詩』、『ガンガモールの短詩』［フランス語］
1190～1210年　『デジレの短詩』、『メリヨンの短詩』、『ティドレルの短詩』、『ティヨレの短詩』［フランス語］

13世紀
（フランス語散文作品の登場）

1200年　『ゲライント』、『オワイン』、『ペレディール』（ウェールズの物語群）
ハルトマン・フォン・アウエ『イーヴェイン』［ドイツ語］
ヴォルフラム・フォン・エッシェンバハ『パルチヴァール』［ドイツ語］
1200～1210年　『ペルスヴァル第二続編』［フランス語］
（ロベール・ド・ボロン作）『聖杯由来の物語』と『メルラン』の散文化［フランス語］
『ドーンの短詩』、『速歩（トロット）の短詩』［フランス語］
1200～1225年　『イデール』［フランス語］
パイヤン・ド・メジエール『馬銜のない雌ラバ』［フランス語］
『聖杯の探索』［フランス語］
1203～1210年　ウルリヒ・フォン・ツァツィクホーフェン『ランツェレト』［ドイツ語］
1204～1215年　ヴィルント・フォン・グラーフェンベルク『ヴィーガーロイス』［ドイツ語］
1204～1216年　ラハモン『ブルート』［英語］
1210年　『剣の騎士』［フランス語］
ゴットフリート・フォン・シュトラースブルク『トリスタンとイゾルデ』［ドイツ語］
『ブリヨカドラン』［フランス語］
（『グラアルの物語』の）『釈義（エリュシダシヨン）』［フランス語］
『ゴーヴァンの幼少年期』［フランス語］
1210～1255年　デア・シュトリッカー『花咲く谷のダニエル』［ドイツ語］
ヴォルフラム・フォン・エッシェンバハ『ティトゥレル』［ドイツ語］
1215～1220年　『散文ペルスヴァル』［フランス語］
1215～1255年　『散文ランスロ』（『ランスロ本伝』）［フランス語］
1220年　マネシエ『ペルスヴァル第三続編』［フランス語］

1225年　ギヨーム・ル・クレール『フェルギュス』［フランス語］
1225～1235年　『メロージス・ド・ポールレゲ』［フランス語］
1225～1228年　『ジョフレ』［オック語］
1225～1250年　『アンボー』［フランス語］
1226～1290年　アイスランドのサガ（『エレクス』、『イーヴェン』、『パルセヴァル』）、アイスランド語版『短詩集』
1226年　修道士ローベルト『トリストラムとイーセンドのサガ』［アイスランド語］
1227年　ジェルベール・ド・モントルイユ『ペルスヴァル第四続編』［フランス語］
1230年　『グリグロワ』［フランス語］
ウルリヒ・フォン・テュールハイム『ゴットフリート「トリスタン」第一続編』［ドイツ語］
1230～1235年　『ペルレスヴォース』［フランス語］
『アリマタヤのヨセフ』［フランス語］
『アーサー王の死』［フランス語］
1235年　『双剣の騎士』［フランス語］
『デュルマール・ル・ガロワ』［フランス語］
『恋人たちの語らい』［フランス語］
『アーサー王の最初の武勲』［フランス語］
1230～1240年　『ギロン・ル・クロトワ』［フランス語］
『続メルラン物語』［フランス語］
1240年　『聖杯の物語』（後期流布本サイクル）［フランス語］
1240～1270年　デア・プライアー『花咲く谷のガーレル』『メーレランツ』『タンダライスとフロールディベル』［ドイツ語］
1245年　ポルトガル版『聖杯の探索（デマンダ）』（イベリア半島でのアーサー王文学の登場）
1250年　『散文トリスタン』［フランス語］
『危険な墓地』［フランス語］
ジャン『リゴメールの驚異』［フランス語］
カスティリャ版『聖杯の探索（デマンダ）』
『占者メルリンの断末魔』［カスティリャ語］
『散文ランツェロト』［ドイツ語］
『ヴィーガムーア』［ドイツ語］
エルドリス・ド・コルヌアーユ『シランスの物語』［フランス語］
ロベール・ド・ブロワ『ボードゥー』［フランス語］
『アーサーの書』［フランス語］
1250～1275年　『フロリヤンとフロレット』［フランス語］
1250～1300年　『アーサーとマーリン』［英語］
1268年　『クラリスとラリス』［フランス語］
1270年　ハインリヒ・フォン・フライベルク『ゴットフリート「トリスタン」第二続編』［ドイツ語］
1270～1275年　アルブレヒト・フォン・シャルフェンベルク『新ティトゥレル』［ドイツ語］
1272～1298年　ピサのルスティケッロ『アーサー王物語集成』［フランス語］
1276年　『メルランの予言』［フランス語］

1280年 『メリアドクスの物語』［ラテン語］
『ワルウアニウスの成長記』［ラテン語］
ジラール・ダミアン『エスカノール』［フランス語］
1290年 『アーサーとゴルラゴン』［ラテン語］
コンラート・フォン・シュトフェル『ガウリエル・フォン・ムンタベル』［ドイツ語］
『アーサー王の死をめぐる真実の物語』［ラテン語］
ボードゥアン・ビュトール『コンスタン王の息子たちの物語』［フランス語］

14世紀

1300年 『アルテュス・ド・ブルターニュ』［フランス語］
イタリア語版『散文トリスタン』
『サー・トリストレム』［英語］
『フロナブウィの夢』［ウェールズ語］
『ブランダン・ド・コルヌアーユ』［オック語］
『ブラン・ド・ラ・モンターニュ』［フランス語］
『トリストラムとイーソッドのサガ』［アイスランド語］
1313～1344年 『ペルスフォレ』［フランス語］
1320年 『リベアウス・デスコヌス』［英語］
『ガレスのサー・ペルシヴェル』［英語］
『サー・ローンファル』［英語］
1331～1336年 『ラッポルトシュタインのパルツィファール』［アルザス語］
1340年 『サー・ガウェインと緑の騎士』［英語］
1350年 『イウェインとガウェイン』［英語］
1360年 頭韻詩『アーサーの死』［英語］
1365～1380年 フロワサール『メリヤドール』［フランス語］
1375～1400年 『アーサーのワズリン湖奇譚』［英語］

15世紀

1400年 『孤児アレクサンドル』［フランス語］
スタンザ形式の『アーサーの死』［英語］
『サー・ガウェインとカーライルのカール』［英語］
『パプゴーを連れた騎士』［フランス語］
『悲しみのイザイ』［フランス語］
1425年 『アーサー王の誓約』［英語］
1430年 ヘンリー・ラヴリッチ『聖杯の物語』（『アリマタヤのヨセフ』の英訳）および『マーリン』（『メルラン』の英訳）
1450年 『アーサーとガングラフの対話』［ブルトン語］
『サー・ガウェインの武勇談』［英語］
『サー・ガウェインとラグネル姫の結婚』［英語］

　　　『サー・ガウェインの結婚』［英語］
1470年　トマス・マロリー『アーサーの死』［英語］
1475～1500年　ウルリヒ・フュエトラー『冒険の書』［ドイツ語］
1482年　『湖のランスロット』［英語］
　　　『ゴラグロスとガウェイン』［英語］
1490年　『トリスタン物語（アストリア・トリスタン）』［ウェールズ語］
1500年　『トルコ人とガウェイン』［英語］
　　　『散文アリマタヤのヨセフ』［英語］
　　　『アーサー王とコーンウォール王』［英語］

アーサー王物語総覧

（校訂本・翻訳）

以下のリストを読みやすくするため、フランス語以外の作品については特に断片写本は取り上げていない。各作品の欧文タイトルはイタリック体の太字で示すが、校訂本が作品と同じタイトルの場合はこれを繰り返さず、書誌情報のみを記した。〈　〉で示された年代は、作品の推定成立年代である。邦訳がある場合は適宜記した。

ケルト文化圏（ウェールズ、アイルランド、ブリテン島、ブルターニュ）

Combat des arbrisseaux (Kat Godeu)
『木々の戦い（カド・ゴザイ）』
校訂本：Gwenogvryn Evans, *Facsimile and text of the Book of Taliesin*, Llanbedrog, 1913, pp. 23-27.
現代フランス語訳：C. Guyonvarc'h　dans : J.-C. Polet éd., *Patrimoine littéraire européen*, t. 3 : *Racines celtiques et germaniques*, De Boeck, Bruxelles, 1992, pp. 310-316.

Les Dépouilles de l'abîme (Preiddeu Annwn)
『アヌーヴンの略奪品』
中期ウェールズ語・韻文、60行　〈900年頃〉
校訂本：Gwynogvryn Evans, *Facsimile and edition* [du *Livre de Taliesin*] , Llanbedrog, 1910, fol. 54-16 à 56-13.
現代英語訳（電子化テキスト）：Sarah Higley　http://lib.rochester.edu/camelot/annwn.htm
別の英語訳：«*The spoils of Annwn,* an early arthurian poem», *Publications of the modern language association of America*, 56, 1941, pp. 887-936.

Dialogue entre Arthur et Guinclaff
『アーサーとガングラフの対話』
中期ブルトン語、247行　〈1450年頃〉
校訂本・現代フランス語訳：E. Ernault, *Annales de Bretagne*, 38, 1928, pp. 627-674.

Folie de Suibhne (Buile Suibhne)
『スヴネの狂乱』
ゲール語・韻文と散文　〈10世紀から確認されている〉
校訂本：J. G. O'Keefe, Irish texts society, Dublin, 1913.
現代フランス語訳（《文学的な》翻訳）：S. Heaney, *Les Errances de Sweeney*, Le Passeur, Nantes, 1994.

Gereint (Le Conte de Gereint, fils d'Erbin)
『エルビンの息子ゲライントの物語』
ウェールズ語・散文 (Cf.『エレックとエニッド』)〈1200年〉
校訂本：C. P. Morgan, *A critical edition of Chwedyl Gereint vab Erbin*, thèse Oxford.
現代フランス語訳：P.-Y. Lambert, *Les Quatre Branches du Mabinogi*, Gallimard, Paris, 1993, pp. 282-330.
邦訳：中野節子訳『マビノギオン—中世ウェールズ幻想物語集』(JULA、2000年) 所収『エルビンの息子ゲライントの物語』。

Histoire du chien aux oreilles coupées (Eachtra an Mhadra Mhaoil)
『マドラ・ムイル (耳を切られた犬) の冒険』
アイルランド語
校訂本・現代英語訳：*Two irish Arthurian romances. Eachtra an Mhadra Mhaoil, Eachtra Mhacaoimh-an-Iolair. The story of The Crop Eared Dog, the Story of Eagle Boy*, éd. de R. A. Stewart Macalister (1908), Irish texts society, Dublin, 1998.

Histoire du Fils de l'Aigle (Eachtra Mhacaoimh-an-Iolair)
『鷲少年の冒険』
アイルランド語
校訂本・現代英語訳：*Two irish Arthurian romances. Eachtra an Mhadra Mhaoil, Eachtra Mhacaoimh-an-Iolair. The story of The Crop Eared Dog, the Story of Eagle Boy*, éd. de R.A. Stewart Macalister (1908), Irish texts society, Dublin, 1998.

Kulhwch et Olwen
『キルフーフとオルウェン』
ウェールズ語・散文 〈11世紀末〉
校訂本：R. Bromwich et S. Evans, *Cuhlhwch and Olwen. An edition and study of the oldest Arthurian tale*, Cardiff, 1992.
現代フランス語訳：*Les Quatre Branches du Mabinogi*, traduction de P.-Y. Lambert, Gallimard, Paris, 1993, pp. 121-164.
邦訳：中野節子訳『マビノギオン—中世ウェールズ幻想物語集』(JULA、2000年) 所収『キルフッフとオルウェン』。

Owein ou le Conte de la dame à la fontaine
『オワインまたは泉の女伯爵の物語』
ウェールズ語・散文 (Cf.『イヴァンまたはライオンを連れた騎士』)〈1200年〉
校訂本：R. Thomson, *Owein or Chwedyl Iarlles y Ffynnawn*, Institue for advanced studies, Dublin, 1968.
現代フランス語訳：P.-Y. *Lambert, Les Quatre Branches du Mabinogi*, Gallimard, Paris, 1993, pp. 209-236.
邦訳：中野節子訳『マビノギオン—中世ウェールズ幻想物語集』(JULA、2000年)

所収『ウリエンの息子オウァインの物語、あるいは泉の貴婦人』。

Pa Gur (Dialogue d'Arthur avec le portier)
『何者が門番か』(アーサーと門番の対話)
ウェールズ語・韻文断片 〈10世紀または11世紀〉
校訂本：B. F. Roberts dans : R. Bromwich éd., *Astudiaethau ar yr Hengerdd. Studies in old Welsh poetry*, Cardiff, 1978, pp. 300-309.

Peredur (L'Histoire de Peredur fils d'Evrawc)
『エヴロウグの息子ペレディールの物語』
ウェールズ語・散文 (Cf.『グラアルの物語』)〈1200年〉
校訂本：G. W. Goetinck, *Historia Peredur vab Efrawc*, Cardiff, 1976.
現代フランス語訳：P.-Y. Lambert, *Les Quatre Branches du Mabinogi*, Gallimard, Paris, 1993, pp. 237-281.
邦訳：中野節子訳『マビノギオン―中世ウェールズ幻想物語集』(JULA、2000年)所収『エヴラウクの息子ペレドゥルの物語』。

Sean O'MULCONRY, ***La Quête du Saint Graal (Lorgaireacht an tSoidhigh Naomhtha)***
ショーン・オマルコンリー『聖杯の探索』
ゲール語 〈1450年〉
校訂本：Sh. Falconer, Institute for advanced studies, Dublin, 1953.

Songe de Ronabwy (Breudwyt Ronabwy)
『フロナブウィの夢』
ウェールズ語・散文 〈1300年〉
校訂本：M. Richards, *Breudwyt Ronabwy*, Cardiff, 1948.
現代フランス語訳：P.-Y. Lambert, *Les Quatre Branches du Mabinogi*, Gallimard, Paris, 1993, pp. 186-205.
邦訳：中野節子訳『マビノギオン―中世ウェールズ幻想物語集』(JULA、2000年)所収『ロナブイの夢』。

Ystoria Trystan
『トリスタン物語(アストリア・トリスタン)』
ウェールズ語 〈15世紀末〉
校訂本：Ifor Williams, «Trystan ac Esyllt», *The Bulletin of the Board of celtic studies*, 5, 1929-1931, pp. 115-129.
現代フランス語訳：D. Johnson et J.-C. Lozac'hmeur, «Un exemple de saga brittonique. L'*Ystoria Trystan*», dans : *De l'aventure épique à l'aventure romanesque. Hommage à André de Mandach*, Peter Lang, Berne, 1997, pp. 231-243.

中世ラテン語圏

ANDRÉ LE CHAPELAIN, ***Traité de l'amour courtois***
司祭アンドレ『恋愛論』
ラテン語・散文 〈1184年〉 アーサー王関連の章を含む。
校訂本：E. Trojel, *Andreae Capellani regii Francorum de Amore libri tres*, Copenhague, 1892 (réédition : Munich, 1972).
現代フランス語訳：C. Buridant, *Traité de l'amour courtois*, Klincksieck, Paris, 1974.
邦訳：アンドレーアース・カペルラーヌス（瀬谷幸男訳）『宮廷風恋愛について』南雲堂、1993年。

Arthur et Gorlagon
『アーサーとゴルラゴン』
ラテン語・散文 〈1290年〉
校訂本：G. L. Kittredge, «Arthur and Gorlagon», *Studies and notes in philology and literature*, 8, 1903, pp. 149-275.
現代フランス語訳：Ph. Walter, dans : *Arthur, Gauvain et Mériadoc. Récits arthuriens latins du XIIIe siècle*, ELLUG, Grenoble, 2007, pp. 24-61.
邦訳：高木麻由美・橋本万里子訳「アーサー王とゴーラゴン王」『立命館文学』第617号、2010年、pp. 47-65。

Les Enfances de Gauvain (De ortu Walwani)
『ワルウアニウスの成長期』
ラテン語・散文 〈1280年〉
校訂本：J. D. Bruce, *Historia Meriadoci and De ortu Waluuani, two romances of the XIIIth century in latin prose*, Vandenhoeck and Ruprecht, Göttingen, 1913.
現代フランス語訳：C. Marc et Ph. Walter, dans : Ph. Walter dir., *Arthur, Gauvain et Mériadoc. Récits arthuriens latins du XIIIe siècle*, ELLUG, Grenoble, 2007, pp. 76-165.
邦訳：瀬谷幸男訳『アーサーの甥ガウェインの成長期』論創社、2016年。

GEOFFROY DE MONMOUTH, ***Histoire des rois de Bretagne (Historia regum Britanniae)***
ジェフリー・オヴ・モンマス『ブリタニア列王史』
ラテン語・散文 〈1138年〉
校訂本：N. Wright, Brewer, Cambridge, 1985.
現代フランス語訳：L. Mathey-Maille, Les Belles Lettres, Paris, 1992.
邦訳：瀬谷幸男訳、南雲堂フェニックス、2007年。

GEOFFROY DE MONMOUTH, ***La Vie de Merlin (Vita Merlini)***
ジェフリー・オヴ・モンマス『メルリヌス伝』
ラテン語・韻文、1529行 〈1151年〉

校訂本：B. Clarke, University of Wales Press, Cardiff, 1973.
現代フランス語訳：C. Bord et J.-Ch. Berthet, dans : Ph. Walter (dir.), *Le Devin maudit. Merlin, Lailoken, Suibhne. Textes et études*, ELLUG, Grenoble, 1999, pp. 49-171 (avec reproduction du texte latin de B. Clarke).
邦訳：瀬谷幸男訳『マーリンの生涯』南雲堂フェニックス、2009年。

GILDAS, *Décadence de la Bretagne (De excidio Britanniae)*
ギルダス『ブリタニアの破壊と征服』
ラテン語・散文 〈540年〉
校訂本・現代フランス語訳：C. Kerboul-Vilhon, *Saint Gildas, De excidio Britanniae. Décadence de la Bretagne*, Editions du Pontig, Sautron, 1996 (avec le texte de l'édition Mommsen ［1898］ reproduit par M. Winterbotton, Phillimore, Londres, 1978).

Histoire de Mériadoc (Historia Meriadoci)
『メリアドクスの物語』
ラテン語・散文 〈1280年〉
校訂本：J. D. Bruce, *Historia Meriadoci and De ortu Waluuani, two romances of the XIII*[th] *century in latin prose*, Vandenhoeck and Ruprecht, Göttingen, 1913.
現代フランス語訳：J.-C. Berthet, dans : Ph. Walter dir., *Arthur, Gauvain et Mériadoc. Récits arthuriens latins du XIII*[e] *siècle*, ELLUG, Grenoble, 2007, pp. 168-297.

JOHN OF GLASTONBURY, *Antiquité de l'église de Glastonbury*
ジョン・オヴ・グラストンベリー『グラストンベリー修道院年代記』
ラテン語・散文 〈1340年〉
校訂本：J. P. Carley, *The Chronicle of Glastonbury Abbey. An edition of John of Glastonbury's Cronica sive antiquitates Glastoniensis Ecclesiae*, The Boydell Press, Woodbridge, 1985.
現代フランス語訳（抄訳）：J. Hirstein, dans : M. Stanesco dir., *La Légende du Graal dans les littératures européennes, Anthologie commentée*, Livre de Poche, Paris, 2006, pp. 859-876.

Pseudo-NENNIUS, *Histoire des Bretons (Historia Britonum)*
伝ネンニウス『ブリトン人史』
ラテン語・散文 〈9世紀〉
校訂本：J. Morris, Londres et Chichester, 1980.
現代フランス語訳：C. Kerboul-Vilhon, Editions du Pontig, Sautron, 1999.

La Véritable Histoire de la mort du roi Arthur
『アーサー王の死をめぐる真実の物語』
ラテン語・散文 〈1290年〉

校訂本：M. Lapidge, An edition of the *Vera Historia de morte Arturi, Arthurian literature*, 1, 1981, pp. 79-93.
現代フランス語訳：M. Furno, dans : Ph. Walter dir., *Arthur, Gauvain et Mériadoc. Récits arthuriens latins du XIIIe siècle*, ELLUG, Grenoble, 2007, pp. 64-73.

フランス語圏

［「古フランス語」は12〜13世紀、「中期フランス語」は14〜15世紀］

Alexandre l'Orphelin
『孤児アレクサンドル』
中期フランス語・散文　〈1400年〉
校訂本：C. E. Pickford, *Alixandre l'orphelin, a prose tale of the fifteenth century*, Manchester University Press, 1951.

Artus de Bretagne
『アルテュス・ド・ブルターニュ』
中期フランス語・散文　〈1300年〉
校訂本：(Fac-similé de l'édition de Paris, 1584), N. Cazauran et C. Ferlampin-Acher, Presses de l'ENS, Paris, 1996.

L'Âtre périlleux
『危険な墓地』
古フランス語・韻文、6676行　〈1250年〉
校訂本：B. Woledge, Champion, Paris, 1936 (CFMA 76).
現代フランス語訳：M.-L. Ollier, dans : D. Régnier (dir.), *La Légende arthurienne. Le Graal et la Table ronde*, Laffont, Paris, 1989, pp. 607-708.

BAUDOUIN BUTOR, *Le Roman des fils du roi Constant*
ボードゥアン・ビュトール『コンスタン王の息子たちの物語』
古フランス語・散文　〈13世紀末〉
校訂本：L. Thorpe, «The four rough drafts of Bauduins Butors», *Nottingham mediaeval studies*, 12, 1968, pp. 3-20；13, 1969, pp. 49-64；14, 1970, pp. 41-63 et L.-F. Flutre, «Le Roman de Pandragus et Libanor par Baudouin Butor, texte inédit de la fin du XIIIe siècle», *Romania*, 94, 1973, pp. 57-90.

BEROUL, *Roman de Tristan*
ベルール『トリスタン物語』
古フランス語・韻文、4485行（写本は冒頭と末尾が欠落）〈1165年〉
校訂本：A. Ewert, Oxford, 1939. E. Muret, Champion, Paris, 1947, 4e édition (CFMA 12).
校訂本・現代フランス語訳：Ph Walter, *Tristan et Iseut. Les textes français*, Livre

de Poche, Paris, 1989.
邦訳：佐藤輝夫『トリスタン伝説―流布本系の研究』（中央公論社、1981年）所収、佐藤輝夫訳（ベルール作・流布本系）；『フランス中世文学集1』（白水社、1990年）所収、新倉俊一訳。

BICKET Robert, *Lai du Cor*
ロベール・ビケ『角杯の短詩』
古フランス語・韻文、600行　〈1190年〉　Cf.『マントの物語』
校訂本：Ph. Bennett, *Mantel et Cor, deux lais du XII*[e] *siècle*, Université d'Exeter, 1975.
現代フランス語訳：A. R. Magnusdottir, *La Voix du cor. La relique de Roncevaux et l'origine d'un motif dans la littérature du Moyen Âge (XII*[e]*-XIV*[e] *siècle),* Rodopi, Amsterdam-Atlanta, 1998, pp. 379-384.

Blandin de Cornouaille
『ブランダン・ド・コルヌアーユ』
オック語・韻文、2394行　〈14世紀〉
校訂本：P. Meyer, *Romania*, 2, 1873, pp. 170-202.
現代フランス語訳：J. Ch. Huchet, dans : D. Régnier (dir.), *La Légende arthurienne. Le Graal et la Table ronde*, Laffont, Paris, 1989, pp. 925-956.

Bliocadran
『ブリヨカドラン』
古フランス語・韻文、800行　〈1210年〉
校訂本：*Bliocadran, a prologue to the Perceval of Chrétien de Troyes*, éd. par L. D. Wolfgang, Niemeyer, Tübingen, 1974.
現代フランス語訳：M. Stanesco, dans : *La Légende du Graal dans les littératures européennes, Anthologie commentée*, Livre de Poche, Paris, 2006, pp. 475-489.

Brun de la Montagne
『ブラン・ド・ラ・モンターニュ』
中期フランス語・韻文、3926行（欠落部分あり）〈14世紀〉
校訂本：P. Meyer, Société des Anciens textes français, Paris, 1875.

Brunor ou le vallet a la cote mal taillée
『ブリュノール、または丈のあわない上着を羽織った少年』
古フランス語・韻文断片、144行
校訂本：G. Paris, *Romania*, 26, 1897, pp. 276-280.

Le Chevalier à l'épée
『剣の騎士』
古フランス語・韻文、1206行　〈1210年〉
校訂本：R. C. Johnston et D. D. R. Owen, *Two old french Gauvain Romances*,

Edimbourg et Londres, 1972.
現代フランス語訳：E. Baumgartner, dans : D. Régnier (dir.), *La Légende arthurienne. Le Graal et la Table ronde*, Laffont, Paris, 1989, pp. 511-532.

Le Chevalier aux deux épées
『双剣の騎士』
古フランス語・韻文、12352行　〈1235年〉
校訂本：W. Foerster, Halle, 1877.
現代フランス語訳：D. de Carné, Classiques Garnier, Paris, 2012.

CHRÉTIEN DE TROYES
クレティアン・ド・トロワ
５作品全体の校訂本・現代フランス語訳（ギヨの写本による）：D. Poirion (dir.), Chrétien de Troyes, *Œuvres complètes,* Gallimard, Paris, 1994 (Pléiade).
リーヴル・ド・ポッシュ（Livre de Poche）《レトル・ゴチック》（Lettres gothiques）叢書（さまざまな写本を底本にした対訳版）：*Erec et Enide* par J.-M. Fritz, 1992 ; *Cligès* par Ch. Méla et O. Collet, 1994 ; *Le Chevalier de la Charrette* par Ch. Méla, 1992 ; *Le Chevalier au Lion* par D. Hult, 1994 ; *Le Conte du Graal,* par Ch. Méla, 1990.

Erec et Enide
『エレックとエニッド』
古フランス語・韻文、6950行　〈1170年〉

Cligès
『クリジェス』
古フランス語・韻文、6702行　〈1176年〉

Le Chevalier de la Charrette
『荷車の騎士』
古フランス語・韻文、7112行　〈1178年〉
邦訳：クレチアン・ド・トロワ（神沢栄三訳）『ランスロまたは荷車の騎士』、『フランス中世文学集２』（白水社、1991年）所収。

Le Chevalier au Lion
『ライオンを連れた騎士』
古フランス語・韻文、6808行　〈1178年〉
邦訳：クレティアン・ド・トロワ（菊池淑子訳）『獅子の騎士』平凡社、1994年。

Le Conte du Graal
『グラアルの物語』
古フランス語・韻文、9066行　〈1181年〉
邦訳：クレチアン・ド・トロワ（天沢退二郎訳）『ペルスヴァルまたは聖杯の物語』、

『フランス中世文学集２』（白水社、1991年）所収。

Claris et Laris
『クラリスとラリス』
古フランス語・韻文、30370行　〈1268年〉
校訂本：C. Pierreville, Champion, Paris, 2008.
現代フランス語訳：C. Pierreville, Champion, Paris, 2007.

Le Conte du Mantel **(ou *Le Manteau mal taillé*)**
『マントの物語』（または『丈のあわないマント』）
古フランス語・韻文、962行　〈1190年〉
校訂本・現代フランス語訳：N. Koble, *«Le Lai du cor» et «Le Manteau mal taillé». Les dessous de la Table ronde*. Édition, traduction, annotation et postface, Presses de l'ENS, Paris, 2005.

Le Conte du Papegau
『パプゴーの物語』
中期フランス語・散文　〈1400年〉
校訂本：F. Heuckenkamp, Halle, 1896.
現代フランス語訳：H. Charpentier et P. Victorin, Champion, Paris, 2004.

Seconde Continuation du Perceval
『ペルスヴァル第二続編』［クレティアン・ド・トロワ『グラアルの物語』の第二続編］
古フランス語・韻文、13000行　〈1200年〉
校訂本：W. Roach, Philadelphie, 1971.
現代フランス語訳（抄訳）：S. Hannedouche, *Perceval et le Graal (Les Continuations)*, Triades, 1968.

Donnei des Amants
『恋人たちの語らい』
古フランス語・韻文、231行　〈1235年〉
現代フランス語訳：Ph. Walter, *Tristan et Yseut. Les poèmes français*, Le Livre de poche, Paris, 1989, pp. 315-328.

Durmart le Gallois
『デュルマール・ル・ガロワ』
古フランス語・韻文、15998行　〈1235年〉
校訂本：J. Gildea, Villanova, 1965.
現代フランス語訳：D. Régnier-Bohler (dir.), *Récits d'amour et de chevalerie*, Laffont, Paris, 2000.

Elucidation
『釈義（エリュシダシヨン）』

古フランス語・韻文、484行 〈1210年〉
校訂本：W. Thompson, *The Elucidation, a prologue to the «Conte du Graal»*, New York, 1932.

Enfances Gauvain
『ゴーヴァンの幼少年期』
２つの古フランス語・韻文断片（160行と552行）〈1210年〉
校訂本：P. Meyer, *Romania*, 39, 1910, pp. 1-32.

L'Estoire del saint Graal. **Voir : *Joseph d'Arimathie***
『聖杯由来の物語』 Cf.『アリマタヤのヨセフ』

Floriant et Florete
『フロリヤンとフロレット』
古フランス語・韻文、8278行 〈1250～1275年〉
校訂本・現代フランス語訳：A. Combes et R. Trachsler, Champion, Paris, 2003.

Folie Tristan de Berne
『トリスタン狂恋』ベルン本
古フランス語・韻文、584行 〈1175～1200年〉
校訂本・現代フランス語訳：Ph. Walter, *Tristan et Yseut. Les poèmes français*, Livre de poche, Paris, 1989, pp. 277-305.
邦訳：『フランス中世文学集１』（白水社、1990年）所収、新倉俊一訳。

Folie Tristan d'Oxford
『トリスタン狂恋』オックスフォード本
古フランス語・韻文、998行 〈1175～1200年〉
校訂本・現代フランス語訳：Ph. Walter, *Tristan et Yseut. Les poèmes français*, Livre de poche, Paris, 1989, pp. 229-275.
邦訳：『フランス中世文学集１』（白水社、1990年）所収、新倉俊一訳；天澤衆子訳『もの狂いトゥリスタン』思潮社、1992年。

FROISSART, ***Méliador***
フロワサール『メリヤドール』
中期フランス語・韻文、21831行 〈1365～1380年〉（２つの稿本がある）
校訂本：A. Longnon, Société des anciens textes français, Paris, 1895-1899, 3 vol.
フランス語訳（部分訳）：F. Bouchet, dans : D. Régnier (dir.), *La Légende arthurienne. Le Graal et la Table ronde*, Laffont, Paris, 1989, pp. 1039-1078.

GERBERT DE MONTREUIL, ***Quatrième Continuation de Perceval***
ジェルベール・ド・モントルイユ『ペルスヴァル第四続編』［クレティアン・ド・トロワ『グラアルの物語』の第四続編］

古フランス語・韻文、17090行 〈1227年〉
校訂本：M. Williams, Champion, Paris, 1922-1925. M. Oswald, 1975.
現代フランス語訳（部分訳）：Th. Revol, dans : *La Légende du Graal dans les littératures européennes. Anthologie commentée*, Livre de Poche, Paris, 2006, pp. 679-714. Ch. Marchello-Nizia éd., *Tristan et Yseut. Les premières versions européennes*, Gallimard, Paris, 1995, pp. 975-1010 (épisode de Tristan ménestrel).

GIRARD D'AMIENS, ***Escanor***
ジラール・ダミアン『エスカノール』
古フランス語・韻文、25938行 〈1280年〉
校訂本：R. Trachsler, Droz, Genève, 1994.

Gliglois
『グリグロワ』
古フランス語・韻文、2942行 〈1230年〉
校訂本：C. H. Livingston, Cambridge (États-Unis), 1932.
現代フランス語訳：M.-L. Chênerie, dans : D. Régnier (dir.), *La Légende arthurienne. Le Graal et la Table ronde*, Laffont, Paris, 1989, pp. 709-747.

Gogulor
『ゴギュロール』
失われた物語の短い断片
校訂本：Ch. Livingston, *Romania*, 66, 1940, pp. 85-93.

GUILLAUME LE CLERC, ***Fergus***
ギヨーム・ル・クレール『フェルギュス』
古フランス語・韻文、6984行 〈1225年〉
校訂本：W. Frescon, William H. Allen, Philadelphie, 1983.
現代フランス語訳：R. Wolf-Bonvin, Stock/Moyen Âge, Paris, 1990.

Guiron le Courtois
『ギロン・ル・クルトワ』
古フランス語・散文 〈1230～1240年〉
梗概：R. Lathuillère, *Guiron le courtois. Étude de la tradition manuscrite et analyse critique*, Droz, Genève, 1966.
校訂本・現代フランス語訳（部分訳）：R. Trachsler et *alii, Guiron le courtois. Une anthologie*, Alessandria, Edizioni dell'Orso (Gli Orsatti, 22), Alessandria, 2004. Édition de la troisième branche : V. Bubenicek, Walter de Gruyter, 2014.

HELDRIS DE CORNOUAILLE, ***Le Roman de Silence***
エルドリス・ド・コルヌアーユ『シランスの物語』
古フランス語・韻文、6706行 〈1250年頃〉
校訂本：L. Thorpe, Cambridge, 1972.

現代フランス語訳：F. Bouchet, dans : D. Régnier-Bohler éd., *Récits d'amour et de chevalerie,* Laffont, Paris, 2000, pp. 459-557.

Humbaut
『アンボー』
古フランス語・韻文、3618行（欠落部分あり）〈1225～1250年〉
校訂本：M. Winters, Brill, Leyde, 1984.
現代フランス語訳：M.-L. Chênerie, dans : D. Régnier (dir.), *La Légende arthurienne. Le Graal et la Table ronde*, Laffont, Paris, 1989, pp. 533-582.

Ilas et Solvas
『イラスとソルヴァス』
短い韻文断片、120行
校訂本：E. Langlois, dans : *Mélanges E. Picot,* t. 1, Paris, 1913, pp. 383-389.

Jaufré
『ジョフレ』
オック語・韻文、10956行 〈1225～1228年〉
校訂本：C. Brunel, Société des Anciens textes français, Paris, 1943, 2 vol.
校訂本・現代フランス語訳：R. Lavaud et R. Nelli, *Les Troubadours,* t. 1, Desclée, Paris, 1960.

JEHAN, *Les Merveilles de Rigomer*
ジャン『リゴメールの驚異』
古フランス語・韻文、17270行（未完）〈1250年〉
校訂本：W. Foerster et H. Breuer, Dresde, 1908-1915.
現代フランス語訳（部分訳）：M.-L. Chênerie, dans : D. Régnier (dir.), *La Légende arthurienne. Le Graal et la Table ronde,* Laffont, Paris, 1989, pp. 957-1037.

Joseph d'Arimathie (L'Histoire du Saint Graal)
『アリマタヤのヨセフ』（『聖杯由来の物語』）
古フランス語・散文 〈1230～1235年〉
校訂本・現代フランス語訳（短編）：G. Gros, *Le Livre du Graal,* Gallimard (Pléiade), Paris, 2001, t. 1, pp. 1-567.
校訂本（長編）：J.-P. Ponceau, *L'Estoire del Saint Graal,* Champion, Paris, 1997 (CFMA, 120 et 121) .

LAIS ANONYMES
作者不詳の短詩

Lai de Désiré
『デジレの短詩』
古フランス語・韻文、764行 〈1190～1208年〉

校訂本：P. M. O'Hara Tobin, *Les Lais anonymes des XIIe et XIIIe siècles*, Droz, Genève, 1976, pp. 157-205.
現代フランス語訳：A. Micha, *Lais féeriques des XIIe et XIIIe siècles*, GF-Flammarion, Paris, 1992, pp. 104-149.
邦訳：『中世ブルターニュ妖精譚』（関西古フランス語研究会、1998年）所収、森本英夫訳「デジレ」。

Lai de Doon
『ドーンの短詩』
古フランス語・韻文、286行 〈13世紀前半〉
校訂本：P. M. O'Hara Tobin *Les Lais anonymes..., op. cit.*, pp. 319-333.
現代フランス語訳：A. Micha, *Lais féeriques..., op. cit.*, pp. 292-311.
邦訳：『中世ブルターニュ妖精譚』（関西古フランス語研究会、1998年）所収、坂下由紀子訳「ドーン」。

Lai de l'Epine
『サンザシの短詩』
古フランス語・韻文、513行 〈12世紀末〉
校訂本：P. M. O'Hara Tobin, *Les Lais anonymes..., op. cit.*, pp. 255-288.
現代フランス語訳：A. Micha, *Lais féeriques..., op. cit.*, pp. 224-255.
邦訳：『中世ブルターニュ妖精譚』（関西古フランス語研究会、1998年）所収、岩本篤子訳「エピーヌ」。

Lai de Graelent
『グラエランの短詩』
古フランス語・韻文、732行 〈1178～1230年〉
校訂本：. M. O'Hara Tobin, *Les Lais anonymes..., op. cit.*, pp. 83-125.
現代フランス語訳：A. Micha, *Lais féeriques..., op. cit.*, pp. 18-61.
邦訳：『中世ブルターニュ妖精譚』（関西古フランス語研究会、1998年）所収、川口陽子訳「グラエラント」。

Lai de Guingamor
『ガンガモールの短詩』
古フランス語・韻文、678行 〈1170年以降〉
校訂本：P. M. O'Hara Tobin, *Les Lais anonymes..., op. cit.*, pp. 137-155.
現代フランス語訳：A. Micha, *Lais féeriques..., op. cit.*, pp. 62-103.
邦訳：『中世ブルターニュ妖精譚』（関西古フランス語研究会、1998年）所収、伝田久仁子訳「ガンガモール」。

Lai du Lecheor
『放蕩者の短詩』
古フランス語・韻文、122行 〈1178～1230年〉

校訂本：P. M. O'Hara Tobin, *Les Lais anonymes..., op. cit.*, pp. 347-358.
現代フランス語訳：A. Micha, *Lais féeriques..., op. cit.*, pp. 332-341.
邦訳：『中世ブルターニュ妖精譚』（関西古フランス語研究会、1998年）所収、本田忠雄訳「放蕩者」。

Lai de Mélion
『メリヨンの短詩』
古フランス語・韻文、592行　〈1180～1204年〉
校訂本：P. M. O'Hara Tobin, *Les Lais anonymes..., op. cit.*, pp. 289-318.
現代フランス語訳：A. Micha, *Lais féeriques..., op. cit.*, pp. 256-291.
邦訳：『中世ブルターニュ妖精譚』（関西古フランス語研究会、1998年）所収、伊藤了子訳「メリオン」。

Lai de Nabaret
『ナバレの短詩』
古フランス語・韻文、48行　〈13世紀初め〉
校訂本：P. M. O'Hara Tobin, *Les Lais anonymes..., op. cit.*, pp. 359-364.
現代フランス語訳：A. Micha, *Lais féeriques..., op. cit.*, pp. 343-347.
邦訳：『中世ブルターニュ妖精譚』（関西古フランス語研究会、1998年）所収、伊藤了子訳「ナバレ」。

Lai du Trot
『速歩（トロット）の短詩』
古フランス語・韻文、304行　〈1200～1220年〉
校訂本：P. M. O'Hara Tobin, *Les Lais anonymes..., op. cit.*, pp. 335-346.
現代フランス語訳：A. Micha, *Lais féeriques..., op. cit.*, pp. 312-331.
邦訳：『中世ブルターニュ妖精譚』（関西古フランス語研究会、1998年）所収、伊藤了子訳「トロット」。

Lai de Tydorel
『ティドレルの短詩』
古フランス語・韻文、490行　〈1170～1210年〉
校訂本：P. M. O'Hara Tobin, *Les Lais anonymes..., op. cit.*, pp. 207-226.
現代フランス語訳：A. Micha, *Lais féeriques ..., op. cit.*, pp. 150-179.
邦訳：『中世ブルターニュ妖精譚』（関西古フランス語研究会、1998年）所収、本田忠雄訳「ティドレル」。

Lai de Tyolet
『ティヨレの短詩』
古フランス語・韻文、705行　〈12世紀末～13世紀初め〉
校訂本：P. M. O'Hara Tobin, *Les Lais anonymes..., op. cit.*, pp. 237-253.
現代フランス語訳：A. Micha, *Lais féeriques..., op. cit.*, pp. 181-223.

邦訳：『中世ブルターニュ妖精譚』（関西古フランス語研究会、1998年）所収、森本英夫訳「ティオレ」。

Lancelot
『散文ランスロ』（『ランスロ本伝』）
古フランス語・散文 〈1215～1225年〉
校訂本・現代フランス語訳（短編）：E. Hicks, A. Berthelot, M. Demaules, J.-M. Fritz, M.-G. Grossel, *Le Livre du Graal*, t. 2 et 3, Gallimard (Pléiade), Paris, 2003-2009.
長編（底本は複数の異なる写本）：
校訂本：A. Micha, Droz, Genève, 1978-1983, 9 vol. (TLF 247, 249, 262, 278, 283, 286, 288, 307 et 315).
現代フランス語訳（長編）：
Lancelot du Lac 1 et 2, (F. Mosès et M.-L. Chênerie (d'après l'édition Kennedy), Livre de Poche, Paris, 1991 et 1993, 2 vol.
Lancelot du Lac. 3. La Fausse Guenièvre (éd. et trad. F. Mosès), Livre de Poche, Paris, 1998.
Lancelot du Lac. 4. Le Val des amants infidèles (éd. Y. Lepage et trad. M.-L. Ollier), Livre de poche, Paris, 2002.
Lancelot du Lac. 5. L'Enlèvement de Guenièvre (éd. Y. Lepage et trad. M.-L. Ollier), Livre de poche, Paris, 1999.

Le Livre d'Artus
『アーサーの書』
古フランス語・散文 〈1250年〉
校訂本：H. O. Sommer, *The Vulgate version of the Arthurian romances*, Washington, 1913, t. 7.

MANESSIER, ***La (Troisième) Continuation de Perceval***
マネシエ『ペルスヴァル第三続編』［クレティアン・ド・トロワ『グラアルの物語』の第三続編］
古フランス語・韻文、10073行 〈1220年〉
校訂本：W. Roach, Philadelphie, 1983.
校訂本・現代フランス語訳：M.-N. Toury, Champion, Paris, 2004.

Le Manteau mal taillé. Voir : ***Conte du Mantel***
『丈のあわないマント』 Cf. **『マントの物語』**

MARIE DE FRANCE, ***Lais (Guigemar, Equitan, Le Frêne, Bisclavret, Lanval, Les Deux Amants, Yonec, Le Rossignol, Milon, Le Pauvre Malheureux, Le Chèvrefeuille, Eliduc).***
マリー・ド・フランス『短詩集』（「ギジュマール」、「エキタン」、「トネリコ」、「ビスクラヴレット」、「ランヴァル」、「ふたりの恋人」、「ヨネック」、「ナイチンゲール」、

「ミロン」、「不幸な男」、「スイカズラ」、「エリデュック」)
古フランス語・韻文、最も短い「スイカズラ」は118行、最も長い「エリデュック」は1184行　〈1160～1170年〉
校訂本：A. Ewert, Blackwell, Oxford, 1944.
現代フランス語訳：Ph. Walter, *Lais*, Gallimard (Folio/classique), Paris, 1999.
邦訳：森本英夫・本田忠雄訳『レ』東洋文化社、1980年；月村辰雄訳『12の恋の物語』岩波文庫、1988年。

Mélior
『メリヨール』
古フランス語・韻文・短い断片、104行　〈13世紀〉
校訂本：D. Ross, *Medium Aevum*, 40, 1971, pp. 104-108.

Merlin
『メルラン』
古フランス語・散文　〈1200～1212年〉
校訂本（長編）：A. Micha, Droz, Genève, 1980 (TLF 281).
現代フランス語訳（長編）：A. Micha, Flammarion/GF, Paris, 1994.
校訂本・現代フランス語訳（短編）：A. Berthelot, *Le Livre du Graal,* Gallimard (Pléiade), Paris, 2001, t. 1, pp. 569-805.
邦訳：ロベール・ド・ボロン（横山安由美訳）『魔術師マーリン』講談社学術文庫、2015年。

Mort le roi Artu
『アーサー王の死』
古フランス語・散文　〈1230～1235年〉
校訂本（長編）：J. Frappier, Minard-Droz, Paris-Genève, 1964.
現代フランス語訳（長編）：M. Santucci, Champion, Paris, 1991.
校訂本・現代フランス語訳（短編）：M. Speer et Ph. Walter, *Le Livre du Graal,* t. 3, Gallimard (Pléiade), Paris, 2009, pp. 1179-1486.
邦訳：『フランス中世文学集４』（白水社、1996年）所収、天沢退二郎訳。

PAIEN DE MAISIERES, ***La Mule sans frein (ou La Demoiselle à la mule)***
パイヤン・ド・メジエール『馬銜のない雌ラバ』（または『雌ラバに乗った乙女』）
古フランス語・韻文、1136行　〈1200～1225年〉
校訂本：R. C. Johnston et D. D. R. Owen, *Two Old French Gauvain Romances,* Edimbourg et Londres, 1972.
現代フランス語訳：R. Wolf-Bonvin, dans : D. Régnier (dir.), *La Légende arthurienne. Le Graal et la Table ronde,* Laffont, Paris, pp. 583-604.

Perceforêt
『ペルスフォレ』

中期フランス語・散文　〈1313～1344年〉
校訂本：J. Taylor, Droz, Genève, 1979. G. Roussineau, Droz, Genève, Deuxième partie, 2 t., 1999 et 2001. Troisième partie, 3 t., 1988, 1991, 1993. Quatrième partie, 2 t., 1987. Cinquième partie, 2 t., 2012. Sixième partie, 2 t., 2015.

Perceval en prose
『散文ペルスヴァル』
古フランス語・散文　〈1215～1220年〉
校訂本：B. Cerquiglini, *Le Roman du Graal (ms. de Modène)*, 10/18, Paris, 1981.
現代フランス語訳：E. Baumgartner, dans : D. Régnier (dir.), *La Légende arthurienne. Le Graal et la Table ronde*, Laffont, Paris, 1989, pp. 354-430.

Perlesvaus (ou le Haut Livre du Graal)
『ペルレスヴォース』（または『聖杯の至高の書』）
古フランス語・散文　〈1230～1235年〉
校訂本・現代フランス語訳：A. Strubel, *Le Haut Livre du Graal*, Livre de poche, Paris, 2007.

Première Continuation du Perceval
『ペルスヴァル第一続編』［クレティアン・ド・トロワ『グラアルの物語』の第一続編］
古フランス語・韻文、短編は9509行、長編は19606行　〈短編は1190年〉
校訂本：W. Roach, Philadelphie, 1949-1956, en 4 vol. 第1巻「中編」、第2巻「長編」、第3巻「短編」。
校訂本・現代フランス語訳（短編）：C. A van Coolput-Storms, Livre de poche, Paris, 1993. M. Szkilnik, dans : D. Régnier (dir.), *La Légende arthurienne. Le Graal et la Table ronde*, Laffont, Paris, 1989, pp. 431-507.

Premiers Faits du roi Arthur **(anciennement «Suite Vulgate du *Roman de Merlin*»)**
『アーサー王の最初の武勲』（旧名『流布本系メルラン物語続編』）
古フランス語・散文　〈1235年〉
校訂本・現代フランス語訳（短編）：I. Freine Nunes, A. Berthelot, Ph. Walter, *Le Livre du Graal*, t. 1, Gallimard (Pléiade), Paris, 2001, pp. 807-1662.

Prophéties de Merlin
『メルランの予言』
古フランス語・散文　〈1276年〉
校訂本：L. A. Paton, New York et Londres, 1926-1927, 2 vol. À compléter par : A. Berthelot, Fondation Bodmer, Paris, 1992.

Quête du Saint Graal
『聖杯の探索』
古フランス語・散文　〈1220～1225年〉
校訂本（長編）：A. Pauphilet, Champion, Paris, 1923 (CFMA 33)

現代フランス語訳（長編）：A. Béguin et Y. Bonnefoy, Le Seuil, Paris, 1965.
校訂本・現代フランス語訳（短編）：G. Gros, dans : *Le Livre du Graal*, t. 3, Gallimard, Paris, 2009, pp. 807-1177.
邦訳：天沢退二郎訳、人文書院、1994年。

RAOUL, ***La Vengeance Raguidel***
ラウール『ラギデルの復讐』
古フランス語・韻文、6182行 〈1183～1220年〉
校訂本：G. Roussineau, Droz, Genève, 2004.
現代フランス語訳：S. Hériché-Pradeau, Champion, Paris, 2009.

RAOUL DE HOUDENC, ***Méraugis de Portlesguez***
ラウール・ド・ウーダン『メロージス・ド・ポールレゲ』
古フランス語・韻文、5908行 〈1225～1235年〉
校訂本・現代フランス語訳：M. Szkilnik, Champion, Paris, 2004.

RENAUT, ***Lai d'Ignauré***
ルノー『イニョレの短詩』
古フランス語・韻文、664行 〈1185年〉
校訂本：G. S. Burgess et L. C. Brook, *The Old French lays of Ignaure, Oiselet and Amours*, Brewer, Cambridge, 2010, pp. 69-113.
現代フランス語訳：D. Régnier-Bohler, *Le Coeur mangé : récits érotiques et courtois des XIIe et XIIIe siècles*, Stock, Paris, 1979.

RENAUT DE BEAUJEU, ***Le Bel Inconnu***
ルノー・ド・ボージュー『名無しの美丈夫』
古フランス語・韻文、6266行 〈1185年〉
校訂本：G. P. Williams, Champion, Paris, 1929.
現代フランス語訳：M. Perret et I. Weill, Champion, Paris, 1991.

ROBERT DE BLOIS, ***Beaudous***
ロベール・ド・ブロワ『ボードゥー』
古フランス語・韻文、4610行 〈1250年〉
校訂本：J. Ulrich, *Œuvres complètes*, Berlin, 1889-1895.
校訂本・現代フランス語訳：J.- Ch. Lemaire, Editions de l'Université, Liège, 2008.

ROBERT DE BORON, ***Le Roman de l'histoire du Graal (*****ou *****Joseph d'Arimathie*** **en vers)**
ロベール・ド・ボロン『聖杯由来の物語』（または韻文『アリマタヤのヨセフ』）
古フランス語・韻文、3514行 〈1185～1201年〉
校訂本：W. A. Nitze, Champion, Paris, 1927.
現代フランス語訳：A. Micha, Champion, Paris, 1995.
邦訳：横山安由美訳、『フランス中世文学名作選』（白水社、2013年）所収。

Le Roman de Brut en prose
『散文ブリュット物語』
中期フランス語・散文　〈14世紀〉
校訂本：H. Pagan, *Prose Brut to 1332*, Anglo-norman text society, Manchester, 2011.

Le Roman du Graal (cycle post-vulgate du pseudo-Robert de Boron)
『聖杯の物語』（伝ロベール・ド・ボロンの後期流布本系）
古フランス語・散文　〈1240年〉
校訂本：F. Bogdanow, *La Version post-vulgate de la Queste del Saint Graal et de la Mort Artu*, Société des anciens textes français, Paris, 1991-2001. 5 vol. en 4 t.
（『デマンダ（聖杯の探索）』のポルトガル版とカスティリャ版から存在が推定される失われた物語群を、仮定に基づいて再編したもの）

RUSTICIEN DE PISE, ***Compilation arthuriennee (Guiron le courtois. Cycle du Lancelot-Graal. Tristan en prose).***
ピサのルスティケッロ『アーサー王物語集成』（『ギロン・ル・クルトワ』、『ランスロ＝聖杯』、『散文トリスタン』）
古フランス語・散文　〈1272～1298年〉
校訂本：F. Cigni, *Il Romanzo arturiano di Rustichello da Pisa*, Cassa di risparmio di Pisa, 1994.

Suite du Roman de Merlin (anciennement ***Huth-Merlin)***
『続メルラン物語』（旧名・フス本『メルラン続編』）
古フランス語・散文　〈1230～1240年〉
校訂本：G. Roussineau, Droz, Genève, 2006.
現代フランス語訳：S. Marcotte, Champion, Paris, 2006.

THOMAS, ***Roman de Tristan***
トマ『トリスタン物語』
古フランス語・韻文断片、約3300行　〈1170～1176年〉
校訂本・現代フランス語訳：Ph. Walter, *Tristan et Yseut. Les textes français*, Livre de poche, Paris, 1989, pp. 329-481.
邦訳：佐藤輝夫『トリスタン伝説―流布本系の研究』（中央公論社、1981年）所収、佐藤輝夫訳（トマ作・風雅体本）;『フランス中世文学集１』（白水社、1990年）所収、新倉俊一訳。

Tristan en prose
『散文トリスタン物語』
古フランス語・散文　〈1250年〉
校訂本：R. L. Curtis, t. 1, Munich, 1963 ; t. 2, Leyde, 1973 ; t. 3, Cambridge, 1985. Puis Ph. Ménard, dir., Droz, Genève, 1987- 1997, 9 vol.

フィリップ・メナール監修の各版に対応する現代フランス語訳：t. 1, Paris, Champion, 1990 et t. 2 à 9, Editions Universitaires du Sud, Toulouse, 1994-1999.

WACE, *Roman de Brut*
ヴァース『ブリュット物語』
古フランス語・韻文（「アーサー王一代記」に相当する部分は4728行）〈1155年〉
校訂本（全体）：I. Arnold, *Roman de Brut*, Société des anciens textes français, Paris, 1938-1940.
（「アーサー王一代記」の部分のみの）校訂本と現代フランス語訳：E. Baumgartner et I. Short, *La Geste du roi Arthur*, 10/18, Paris, 1993.（ジェフリー・オヴ・モンマス『ブリタニア列王史』中の対応箇所も掲載）
邦訳：ヴァース（原野昇訳）『アーサー王の生涯』、『フランス中世文学名作選』（白水社、2013年）所収。

Yder
『イデール』
古フランス語・韻文、6769行 〈1200～1219年〉
校訂本・現代フランス語訳：J.-Ch. Lemaire, *Le Romanz du reis Yder*, EME Editions, Bruxelles, 2010.

Ysaÿe le Triste
『悲しみのイザイ』
中期フランス語・散文 〈15世紀〉
校訂本：A. Giacchetti, Publications de l'Université de Rouen, Rouen, 1989.
現代フランス語訳：A. Giacchetti, Publications de l'Université de Rouen, Rouen, 1993.

ドイツ語圏

［「中高ドイツ語」は南部の「高地ドイツ語」を指し、３つの時代に区分される：初期中高ドイツ語（1050~1170年）、中期中高ドイツ語（1170~1250年）、後期中高ドイツ語（1250~1500年）。今日では1350~1650年のドイツ語を「初期新高ドイツ語」とみる見方が一般的である］

ALBRECHT VON SCHARFENBERG, *Jüngerer Titurel (Le Nouveau Titurel)*
アルブレヒト・フォン・シャルフェンベルク『新ティトゥレル』
中高ドイツ語、6207詩節（１詩節4行）〈1270～1275年〉
校訂本：W. Wolf, Berlin, 1955.
現代フランス語訳（部分訳）：A. Sziraky, dans : M. Stanesco dir., *La Légende du Graal dans les littératures européennes, Anthologie commentée*, Livre de Poche, Paris, 2006, pp. 1050-1064.

EILHART VON OBERG, ***Tristrant und Isalde***
アイルハルト・フォン・オーベルク『トリストラントとイザルデ』
中高ドイツ語・韻文、9524行 〈1170～1190年〉
校訂本：D. Buschinger, *Tristrant*, Kümmerle, Göppingen, 1976.
現代フランス語訳：R. Pérennec, dans : Ch. Marchello-Nizia dir., *Tristan et Yseut. Les premières versions européennes*, Gallimard, Paris, 1995, pp. 261-388.
邦訳：小澤昭夫訳『トリスタン物語』（前編・後編）、『北陸学院短期大学紀要』第19号、1987年、pp. 149～166；第20号、1988年、pp. 135～157（12世紀末のものと推定される3つの写本断片、すなわちレーゲンスブルク断片、マクデブルク断片、シュタールガルト断片が伝える1075行の邦訳）；小竹澄栄訳『トリストラントとイザルデ』国書刊行会、1988年（15世紀末に無名の作家が散文訳して出版した民衆本の邦訳）

GOTTFRIED VON STRASSBURG, ***Tristan***
ゴットフリート・フォン・シュトラースブルク『トリスタンとイゾルデ』
中高ドイツ語・韻文、19548行 〈1210年〉
校訂本：W. Spiewok, *Das Tristan-Epos Gottfried von Strassburg*, Berlin, 1989.
現代フランス語訳：D. Buschinger, dans : Ch. Marchello-Nizia dir., *Tristan et Yseut. Les premières versions européennes*, Gallimard, Paris, 1995, pp. 389-635.
邦訳：石川敬三訳、郁文堂、1976年。

HARTMANN VON AUE, ***Erec***
ハルトマン・フォン・アウエ『エーレク』
中高ドイツ語・韻文、10135行 〈1180～1185年〉
校訂本：A. Leitzmann, 6e édition revue par Chr. Cormeau et K. Gärtner, Max Niemeyer, Tübingen, 1985 (Altdeutsche Textbibliothek, 39).
邦訳：『ハルトマン作品集』（郁文堂、1982年）所収、平尾浩三訳。

HARTMANN VON AUE, ***Iwein***
ハルトマン・フォン・アウエ『イーヴェイン』
中高ドイツ語・韻文、8166行 〈1200年〉
校訂本：H. Naumann et H. Steinger, *Hartmann von Aue, Erec. Iwein*, Wissenschaftliche Buchgesellschaft, Darmstadt, 1933 (réimpr. : 1964).
邦訳：『ハルトマン作品集』（郁文堂、1982年）所収、リンケ珠子訳。

HEINRICH VON FREIBERG, ***Deuxième Continuation du Tristan de Gottfried***
ハインリヒ・フォン・フライベルク『ゴットフリート「トリスタン」第二続編』
中高ドイツ語・韻文、6890行 〈1270年〉
校訂本：D. Buschinger, *Heinrich von Freiberg, Tristan*, Kümmerle, Göppingen, 1982.
現代フランス語訳：D. Buschinger, dans : Ch. Marchello-Nizia dir., *Tristan et Yseut. Les premières versions européennes*, Gallimard, Paris, 1995, pp. 691-779.

HEINRICH VON DEM TÜRLIN, ***Diu Krone (La Couronne)***
ハインリッヒ・フォン・デム・テュールリーン『王冠』
中高ドイツ語・韻文、30042行　〈1230年〉
校訂本：F. P. Knapp et M. Niesner, *Heinrich von dem Türlin, Die Krone (Verse 1-12281)*, Niemeyer, Tübingen, 2000 et A. Ebenbauer et F. Kragl, *Heinrich von dem Türlin, Die Krone (Verse 12282-30042)*, Niemeyer, Tübingen, 2005.
現代フランス語訳：D. Buschinger, *La Couronne,* Champion, Paris, 2010.
邦訳：林邦彦・渡邊徳明訳『王冠（1）』、早稲田大学大学院文学研究科・ドイツ語ドイツ文学コース『アンゲルス・ノヴス』37号、2010年、pp. 50-72；林邦彦訳『王冠⑵～⑻』、同誌38号、2011年、pp. 59-88；39号、2012年、pp. 117-137；40号、2013年、pp. 92-109；41号、2014年、pp. 93-108；42号、2015年、pp. 16-36；43号、2016年、pp. 1-27；44号、2017年、pp. 30-49（10112行まで）。

KONRAD VON STOFFEL, ***Gauriel de Muntabel***
コンラート・フォン・シュトフェル『ガウリエル・フォン・ムンタベル』
中高ドイツ語・韻文、5670行　〈13世紀末〉
校訂本：W. Achnitz, *Gauriel von Muntabel, Der Ritter mit dem Bock,* Tübingen, Niemeyer, 1997 (TTG, 46).

Lancelot en prose (Prosa-Lancelot)
『散文ランツェロト』
中高ドイツ語・散文　〈1250年頃〉
校訂本・現代ドイツ語訳： R. Kluge et H.-H. Steinhoff, 2 vol., Deutsche Klassiker Verlag, Francfort-sur-le-Main, 1991.

Der PLEIER, ***Meleranz***
デア・プライアー『メーレランツ』
中高ドイツ語・韻文、12840行　〈1240～1270年〉
校訂本：K. Bartsch, mit einem Nachwort von A. Hildebrand, Olms, Hildesheim, 1974 ; réimpression de l'édition de Stuttgart, 1861.

Der PLEIER, ***Tandareis et Flordibel***
デア・プライアー『タンダライスとフロールディベル』
中高ドイツ語・韻文、18339行　〈1240～1270年〉
校訂本：F. Khull, Verlags Buchhandlung Styria, Graz, 1885.

Der PLEIER, ***Garel du Val fleurissant (Garel von dem blühenden Tal)***
デア・プライアー『花咲く谷のガーレル』
中高ドイツ語・韻文、21310行　〈1240～1270年〉
校訂本：W. Herles, M. Halosar, Vienne, 1981.

Rappoltsteiner Parzifal
『ラッポルトシュタインのパルツィファール』（『新パルツィファール』）

中世アルザス語・韻文、36984行　〈1331～1336年〉
校訂本：Ph. Colin et C. Wisse, *Der nüwe Parzeval*, éd. Karl Schorbach, Karl J. Trübner, Strasbourg, Londres, 1888 (Elsässische Literaturdenkmäler aus dem XIV-XVII Jahrhundert).

Der STRICKER, *Daniel du Val fleurissant (Daniel von dem blühenden Tal)*
デア・シュトリッカー『花咲く谷のダニエル』
中高ドイツ語・韻文、8480行　〈1210～1225年〉
校訂本：M. Resler, Tübingen, 1983.

ULRICH FÜETRER, *Das Buch der Abenteuer (Le Livre des aventures)*
ウルリヒ・フュエトラー『冒険の書』
中高ドイツ語、5646詩節（1詩節7行）〈1475～1500年〉
校訂本：H. Thoelen et B. Bastert, Kümmerle, Göppingen, 1997, 2 vol.
第1巻『騎士と聖杯の物語』(*Die Geschichte der Ritterschaft und des Grals*)（「聖杯城の騎士たち（*Von den Templeysen*）」、「トロイア戦争（*Vom Kampf um Troja*）」、「メアリン（*Von Mörlin*）」、「ガーモレット（*Von Gamoreth*）」、「チーオーナハトーランダー（*Von Tschionachtolander*）」、「パルチヴァールとガーバン（*Von Parzival und Gaban*）」、「ローアルグリーム（*Von Lohargrim*）」)、第2巻『2つ目の書』(*Das annder púech*)（「ヴィーゴーライス（*Von Wigoleis*）」、「ザイフリート（*Von Seyfrid*）」、「メーレランス（*Von Melerans*）」、「イーバン（*Von Iban*）」、「ペアズィバイン（*Von Persibein*）」、「ポイティスリーア（*Von Poytsilier*）」、「フロルディマール（*Von Flordimar*）」)
現代フランス語訳（部分訳）：A. Sziraky, dans : M. Stanesco dir., *La Légende du Graal dans les littératures européennes, Anthologie commentée*, Livre de Poche, Paris, 2006, pp. 1066-1077.

ULRICH VON TÜRHEIM, *Première Continuation du Tristan de Gottfried*
ウルリヒ・フォン・テュールハイム『ゴットフリート「トリスタン」第一続編』
中高ドイツ語、3731行　〈1230～1235年〉
校訂本：W. Spiewok, *U. von Türheim, Tristan und Isolde (Forsetzung des Tristan-Romans Gottfried von Strassburg)*, Université de Picardie, Amiens, 1992.
現代フランス語訳：D. Buschinger, dans : Ch. Marchello-Nizia dir., *Tristan et Yseut. Les premières versions européennes*, Gallimard, Paris, 1995, pp. 637-689.

ULRICH VON ZATZIKHOVEN, *Lanzelet*
ウルリヒ・フォン・ツァツィクホーフェン『ランツェレト』
中高ドイツ語・韻文、9444行　〈1203～1210年〉
校訂本：K. A. Hahn, Francfort-sur-le-Main, 1845 (réimpression : Berlin, 1965)
現代フランス語訳：R. Pérennec, ELLUG, Grenoble, 2004.
邦訳：平尾浩三訳『湖の騎士ランツェレト』同学社、2010年。

Viegoleis, le Chevalier à la roue
『フィゴレイス（車輪の騎士）』
デンマーク語・散文　1493年に印刷されたドイツ語の行商本を16世紀にデンマーク語に翻訳したもの。
校訂本：Jacobsen, Olrik, Paulli, *Danske folkeboger fra 16. Og 17 arh,* t. 5, Copenhague, 1921.
現代フランス語訳：C. Lecouteux et A.-E. Delavigne, P.U.P.S., Paris, 2000.

Wigamur
『ヴィーガムーア』
中高ドイツ語・韻文、6100行、〈1250年〉
校訂本：D. Buschinger, Göppingen, Kümmerle Verlag, 1987 (G.A.G. 320) .

WIRNT VON GRAFENBERG, ***Wigalois, le Chevalier à la roue (Wigalois der Ritter mit dem Rade)***
ヴィルント・フォン・グラーフェンベルク『車輪の騎士ヴィーガーロイス』
中高ドイツ語・韻文、11708行　〈1204～1215年〉
校訂本：J. M. N. Kapteyn, *Wigalois, der Ritter mit dem Rade von Wirnt von Grafenberc,* Klopp, Bonn, 1926.
現代フランス語訳：C. Lecouteux et V. Lévy, ELLUG, Grenoble, 2001.

WOLFRAM VON ESCHENBACH, ***Parzival***
ヴォルフラム・フォン・エッシェンバハ『パルチヴァール』
中高ドイツ語・韻文、24694行　〈1200年〉
校訂本：K. Lachmann, Berlin, 1965 (plusieurs rééditions).
現代フランス語訳：E. Tonnelat, Aubier-Montaigne, Paris, 1934, 2 vol.
邦訳：加倉井粛之・伊東泰治・馬場勝弥・小栗友一訳、郁文堂、1974年。

WOLFRAM VON ESCHENBACH, ***Titurel***
ヴォルフラム・フォン・エッシェンバハ『ティトゥレル』
中高ドイツ語、170詩節（1詩節4行）〈1210～1260年〉
校訂本・現代ドイツ語訳：J. Bumke et J. Heinzle, *Titurel,* mit der gesamten Parallelüberlieferung des *Jüngeren Titurel,* kritisch herausgegeben, übersetzt und kommentiert, Niemeyer, Tübingen, 2006.
邦訳：伊東泰治・馬場勝弥・小栗友一・有川貫太郎・松浦順子訳、名古屋大学総合言語センター『言語文化論集』第I巻、1980年、pp. 239-256；第II巻、1980年、pp. 319-329。

北欧文化圏

［以下の作品中、『エレクスのサガ』、『トリストラムとイーセンドのサガ』、『イーヴェンのサガ』、『マントのサガ』、『パルセヴァルのサガ』と『ヴェルヴェンの話』は、当

初はフランス語原典から古ノルウェー語に翻案されたものであるが、当初の翻案とされる古ノルウェー語の写本は現存せず、作品群は古アイスランド語の写本によって今日まで伝えられている。また『ブリトン人のサガ』と『メルリーヌースの予言』については、古ノルウェー語で翻案された後アイスランドでさらに翻案されたという説と、ラテン語から直接古アイスランド語に翻案されたという説が出されている。]

Breta Sögur (Saga des rois bretons)
『ブリトン人のサガ』
古アイスランド語・散文 〈13世紀（1226年以降）〉（ジェフリー・オヴ・モンマスとヴァースの翻案）
校訂本：J. Helgason, *The Arnamagnaean Manuscripts 371, 4to ; and 675, 4 to*, Munksgaard, Copenhague, 1960.

Erex Saga (Saga d'Erec)
『エレクスのサガ』
古アイスランド語・散文 〈13世紀（1226年以降）〉
校訂本：F. W. Blaisdell, *Erex saga Artuskappa*, Reitzels (Editiones Arnamagnæanæ, Series B, 19), Copenhagen, 1965.
現代英語訳：F. W. Blaisdell et M. Kalinke, *Erex Saga and Ivens Saga : the Old Norse Versions of Chrétien de Troyes's Erec and Yvain*, University of Nebraska Press, Lincoln et Londres, 1977.
邦訳：林邦彦訳『北欧のアーサー王物語』（麻生出版、2013年）所収。

Frère ROBERT, ***Tristrams Saga og Isöndar (Saga de Tristan et Yseut)***
修道士ローベルト『トリストラムとイーセンドのサガ』
古アイスランド語・散文 〈1226年〉
校訂本：G. Brynjulfsson, *Saga af Tristran ok Isönd*, Copenhague, 1878.
現代フランス語訳：D. Lacroix, *Tristan et Yseut. Les poèmes français. La saga norroise*, Paris, Livre de poche, 1989. R. Boyer, dans : Ch. Marchello-Nizia dir., *Tristan et Yseut. Les premières versions européennes*, Gallimard, Paris, 1995.

GUNNLAUGR LEIFSSON, ***Merlínusspá (Les Prophéties de Merlin)***
グンロイグル・レイフソン『メルリーヌースの予言』
古アイスランド語、171詩節（1詩節8行）〈13世紀（1226年以降）〉
校訂本：Finnur Jónsson et Ernst A. Kock 電子化テキスト：http://www.hi.is/~eybjorn/ugm/skindex/gleifs.html.

Ivens Saga (Saga d'Yvain)
『イーヴェンのサガ』
古アイスランド語・散文 〈13世紀（1226年以降）〉（古スウェーデン語・韻文による翻案も現存している）
校訂本：F. W. Blaisdell, Reitzels (Editiones Arnamagnæanæ, Series B, 18),

Copenhagen, 1979.
現代英語訳：F. W. Blaisdell et M. Kalinke, *Erex Saga and Ivens Saga : the Old Norse Versions of Chrétien de Troyes's Erec and Yvain*, University of Nebraska Press, Lincoln et Londres, 1977.
邦訳：林邦彦訳『北欧のアーサー王物語』（麻生出版、2013年）所収。

Möttuls saga (Lai du Mantel)
『マントのサガ』
古アイスランド語・散文　〈13世紀（1226年以降)〉
校訂本：G. Cederschiöld et F.-A. Wulff, *Versions nordiques du fabliau français «Le mantel mautaillié». Textes et notes*, Lund, Gleerup ; Leipzig, Weigel ; Paris, Nilsson, 1877. 電子化テキスト：https://archive.org/details/versionsnordiqu00mantgoog
現代英語訳：M. E. Kalinke, *Norse Romance*. Vol. 2 : *Knights of the Round Table*, Brewer, Cambridge, 1999.

Parcevals Saga (Saga de Perceval) et Valvens thattr (Histoire de Gauvain)
『パルセヴァルのサガ』と『ヴァルヴェンの話』
古アイスランド語・散文　〈1225～1250年〉
校訂本：E. Kölbing, *Riddarasögur: Parcevals saga, Valvers þáttr, Ivents saga, Mírmans saga*, Trübner, Strasbourg, 1872.
再版・現代英語訳：K. Wolf (éd) et H. Maclean (trad.) dans : M. E. Kalinke, *Norse romance*, Brewer, Cambridge, 1999, pp. 103-216.
現代フランス語訳（抄訳)：D. Lacroix, dans : *La Légende du Graal dans les littératures européennes*, Livre de poche, Paris, 2006, pp. 1191-1200.

Strengleikar (Lais)
『短詩集』
古ノルウェー語　〈1226～1270年〉
校訂本・現代英語訳：R. Cook et M. Tveitane, *Strengleikar. An old norse translation of twenty-one old French lais*, Norsk Historisk Kjeldeskrift-Institutt, Oslo, 1979.
マリー・ド・フランス作『短詩集』や作者不詳の短詩を古ノルウェー語で翻案したもの。
—Guiamar「グイアマル」(pp. 11-41) = Guigemar「ギジュマール」
—Eskia「エスキア」(pp. 42-63) = Le Frêne「トネリコ」
—Bisclaret「ビスクラレト」(pp. 85-99) = Bisclavret「ビスクラヴレット」
—Laustik「ナイチンゲール（ラウスティク)」(pp. 101-105) = Laostic「ナイチンゲール（ラオスティック)」
—Désiré「デジレ」(pp. 106-133)
—Tidorel「ティドレル」(pp. 135-141)
—Chetovel「不幸な男」(pp. 143-147) = Chaitivel「不幸な男」
—Doun「ドウン」(pp. 148-157) = Doon「ドーン」
—Tveggia elscandi lio「ふたりの恋人」(pp. 160-167) = Deux Amants「ふたりの

恋人」
　—Gurun「グルン」(pp. 168-181)　該当するフランス語版なし
　—Milun「ミルン」(pp. 183-193)
　—Geitarlauf「スイカズラ」(pp. 195-199) = Chèvrefeuille「スイカズラ」
　—Janual「ヤヌアル」(pp. 212-227) = Lanval「ランヴァル」
　　校訂本・現代フランス語訳：P. Aebischer dans : Marie de France, *Le Lai de Lanval,* Droz et Minard, Genève et Paris, 1958, pp. 87-125.
　—Jonet「ヨネト」(pp. 229-245) = Yonec「ヨネック」
　—Grelent「グレレント」(pp. 278-290) = Graelent「グラエラン」

Tristram et Isodd (La Petite Saga de Tristan)
『トリストラムとイーソッドのサガ』
古アイスランド語・散文　〈14世紀〉
校訂本：B. Vilhjalmsson, *Riddarasögur* vol. 6. Islendingasagnautgafan, Haukadalsutgafan, Reykjavik, 1949-1951, pp. 85-145.
現代フランス語訳：A. Magnusdottir et H. Tétrel, *Histoires des Bretagnes.* 3. *La Petite Saga de Tristan,* Centre de recherches bretonnes et celtiques, Brest, 2012, pp. 31-60.

英語圏

[「古英語」は8世紀から11世紀、「中英語」は12世紀から15世紀]

The Alliterative Morte Arthure
頭韻詩『アーサーの死』
中英語・韻文、4346行
校訂本：L. D. Benson , *King Arthur's Death : The Middle English Stanzaic Morte Arthur and Alliterative Morte Arthure,* 1994. 電子化テキスト：http://d.lib.rochester.edu/teams.
邦訳：清水阿や訳、ドルフィンプレス、1986年。

Arthour et Merlin
『アーサーとマーリン』
中英語・韻文、9938行　〈1330年〉（ロベール・ド・ボロン『メルラン』を自由に翻案したもの）
校訂本：O. D. Macrae-Gibson, ed., *Of Arthour and of Merlin,* Oxford University Press, 1979.
現代フランス語訳：A. Berthelot, ELLUG, Grenoble, 2014.

The Awntyrs of Arthur at the Terne Wathelyne
『アーサーのワズリン湖奇譚』
中英語・韻文、715行

校訂本：T. Hahn, *Sir Gawain : Eleven Romances and Tales,* Medieval Institute Publications, Kalamazoo, 1995. 電子化テキスト：http://d.lib.rochester.edu/teams.
現代英語訳：L. Hall, *The Knightly Tales of Sir Gawain,* Brewer, Chicago, 1976, pp. 49-72.
邦訳：清水あや訳注『中世韻文アーサー王物語３篇』（ドルフィンプレス、1994年）所収『アーサーの不思議』。

The Avowyng of Arthur
『アーサー王の誓約』
中英語・韻文、1060行
校訂本：T. Hahn, *Sir Gawain : Eleven Romances and Tales,* Medieval Institute Publications, Kalamazoo, 1995. 電子化テキスト：http://d.lib.rochester.edu/teams.
現代英語訳：L. Hall, *The Knightly Tales of Sir Gawain,* Brewer, Chicago, 1976, pp. 127-151.
邦訳：清水あや訳注『中世韻文アーサー王物語３篇』（ドルフィンプレス、1994年）所収『アーサー王、ガウェイン卿、ケイ卿、およびブレタンのボードウィン卿による誓約』。

The Carle of Carlisle
『カーライルのカール』
中英語・韻文、500行
校訂本：T. Hahn, *Sir Gawain : Eleven Romances and Tales,* Medieval Institute Publications, Kalamazoo, 1995. 電子化テキスト：http://d.lib.rochester.edu/teams.
邦訳：境田進訳『パーシィ古英詩拾遺（下巻）』開文社出版、2007年、pp. 298-309「カーライルのカルル」。

CHESTER Thomas, *Sir Launfal*
トマス・チェスター『サー・ローンファル』
中英語・韻文、1044行　〈14世紀〉
校訂本：*The Middle English Breton Lays,* Edited by Anne Laskaya and Eve Salisbury, Kalamazoo, Medieval Institute Publications (Middle English Texts Series), 1995.電子化テキスト：http://d.lib.rochester.edu/teams.
邦訳：中世英国ロマンス研究会訳『中世英国ロマンス第２集』篠崎書林、1986年、pp. 65-106。

The Greene Knight
『緑の騎士』
中英語・韻文、515行
校訂本：T. Hahn, *Sir Gawain : Eleven Romances and Tales,* Medieval Institute Publications, Kalamazoo, 1995. 電子化テキスト：http://d.lib.rochester.edu/teams.
邦訳：境田進訳『パーシィ古英詩拾遺（上巻）』開文社出版、2007年、pp. 272-285「緑衣の騎士」。

The Jeaste of Sir Gawain
『サー・ガウェインの武勇談』
中英語・韻文、541行
校訂本：T. Hahn, *Sir Gawain : Eleven Romances and Tales*, Medieval Institute Publications, Kalamazoo, 1995. 電子化テキスト：http://d.lib.rochester.edu/teams.
現代英語訳：L. Hall, *The Knightly Tales of Sir Gawain*, Brewer, Chicago, 1976, pp. 109-125.

Joseph of Arimathie (otherwise called The Romance of the Seint Greal)
『アリマタヤのヨセフ』(別名『聖杯の物語』)
中英語・韻文、709行 〈1350年〉
校訂本：W. W. Skeat, *Joseph of Arimathie otherwise called The Romance of the Seint Greal*, Early English Text society, Londres, 1871. 電子化テキスト：http://quod.lib.umich.edu.

King Arthur and King Cornwall
『アーサー王とコーンウォール王』
中英語・韻文、303行
校訂本：T. Hahn, *Sir Gawain : Eleven Romances and Tales*, Medieval Institute Publications, Kalamazoo, 1995. 電子化テキスト：http://d.lib.rochester.edu/teams.
邦訳：境田進訳『パーシィ古英詩拾遺（上巻)』開文社出版、2007年、pp. 20-29。

The Knightly Tale of Golagras and Gawain
『ゴログラスとガウェインの騎士物語』
中英語・韻文、1362行 〈15世紀後半〉
校訂本：T. Hahn, *Sir Gawain : Eleven Romances and Tales*, Medieval Institute Publications, Kalamazoo, 1995. 電子化テキスト：http://d.lib.rochester.edu/teams.
現代英語訳：L. Hall, *The Knightly Tales of Sir Gawain*, Brewer, Chicago, 1976, pp. 73-108.

Lancelot of the Laik
『湖のランスロット』
中英語・韻文、3487行
校訂本：A. Lupack, *Lancelot of the Laik and Sir Tristrem*, Medieval Institute Publications, Kalamazoo, 1994. 電子化テキスト：http://d.lib.rochester.edu/teams.

LAYAMON, *Le Brut*
ラハモン『ブルート』
中英語・韻文、14560行 〈13世紀初め〉
校訂本：G. L. Brook et R. F. Leslie, *Layamon's Brut,* Oxford University Press, 1963-1978.
校訂本・現代フランス語訳（部分訳)：M.-F. Alamichel, *De Wace à Lawamon,*

Publications de l'association des médiévistes anglicistes de l'enseignement supérieur, Paris, 1995, 2 vol. 別の校訂本（電子化テキスト）：http://quod.lib.umich.edu.
邦訳：ラヤモン（大槻博訳）大阪教育図書、1997年。

Lybeaus Desconus
『リベアウス・デスコヌス』
中英語・韻文、2252行
校訂本：G. Shuffelton, *Codex Ashmole 61: A Compilation of Popular Middle English Verse*, Medieval Institute Publications, Kalamazoo, 2008. 電子化テキスト：http://d.lib.rochester.edu/teams.
邦訳：境田進訳『パーシィ古英詩拾遺（下巻）』開文社出版、2007年、pp.45-98「リビアス・ディスコニアス卿」。

LOVELICH Henry**, *The History of the Holy Grail***
ヘンリー・ラヴリッチ『聖杯の物語』
中英語・8音節詩　〈1430年〉
校訂本：F. J. Furnivall, Early English Text society, Londres, 1874-1905, t. 20, 24, 28, 30, 45.

LOVELICH Henry**, *Merlin***
ヘンリー・ラヴリッチ『マーリン』
中英語・8音節詩　〈1450年〉
校訂本：E. A. Kock, Early English Text society, 1904-1932, t. 92, 93 et 185.

MALORY Thomas**, *Le Morte d'Arthur***
トマス・マロリー『アーサーの死』
中英語・散文　〈1469～1470年に完成〉
校訂本：J. W. Spisak, *A New Edition of sir Thomas Malory's Le Morte d'Arthur based on the Pierpont Morgan copy of William Caxton's edition of 1485*, University of California Press, Berkeley, 1983.
現代フランス語訳：P. Goubert, *Le Roman du roi Arthur et de ses chevaliers de la Table ronde*, L'Atalante, Nantes, 1994, 2 vol. 電子化テキスト：http://quod.lib.umich.edu.
邦訳：井村君江訳『アーサー王物語（I）～（V）』筑摩書房、2004～2007年（底本はキャクストン版）；中島邦男・小川睦子・遠藤幸子訳『完訳アーサー王物語（上）（下）』青山社、1995年（底本はヴィナーヴァ版）。

The Marriage of Sir Gawain
『サー・ガウェインの結婚』
中英語・韻文、217行
校訂本：T. Hahn, *Sir Gawain : Eleven Romances and Tales*, Medieval Institute

Publications, Kalamazoo, 1995. 電子化テキスト：http://d.lib.rochester.edu/teams.
邦訳：境田進訳『パーシィ古英詩拾遺（上巻）』開文社出版、2007年、pp. 44-51。

Prose Merlin
『散文マーリン』
中英語・散文
校訂本：J. Conlee, Medieval Institute Publication, Kalamazoo, 1998. 電子化テキスト：http://d.lib.rochester.edu/teams.

Sir Cleges
『サー・クレジェス』
中英語・韻文、576行
校訂本：A. Laskata et E. Salisbury, *Middle english Breton Lays,* 1995. 電子化テキスト：http://d.lib.rochester.edu/teams.
邦訳：中世英国ロマンス研究会訳『中世英国ロマンス集　第３集』篠崎書林、1993、田尻雅士訳。

Sir Degare
『サー・デガレ』
中英語・韻文、1103行
校訂本：A. Laskata et E. Salisbury, *Middle english Breton Lays*, 1995. 電子化テキスト：http://d.lib.rochester.edu/teams.
邦訳：中世英国ロマンス研究会訳『中世英国ロマンス集　第２集』篠崎書林、1986、pp. 1-38。

Sir Gawain and the Carle of Carlisle
『サー・ガウェインとカーライルのカール』
中英語・韻文、660行
校訂本：T. Hahn, *Sir Gawain : Eleven Romances and Tales,* Medieval Institute Publications, Kalamazoo, 1995. 電子化テキスト：http://d.lib.rochester.edu/teams.
現代英語訳：L. Hall, *The Knightly Tales of Sir Gawain*, Brewer, Chicago, 1976, pp. 15-32.
邦訳：柴田良孝訳『サー・ガウェンとカーライルの無骨城主』『東北学院大学論集』第75号、1984年、pp. 1-37。

Sir Gawain and the Green Knight
『サー・ガウェインと緑の騎士』
中英語・韻文、2530行
校訂本：J. R. R. Tolkien and E. V. Gordon. Second Edition, revised by Norman Davis. Oxford at the Clarendon Press, 1967.
フランス語訳：J. Dor, *Sire Gauvain et le Chevalier vert*, UGE 10/18, Paris, 1993.
邦訳：池上忠弘訳『サー・ガウェインと緑の騎士』専修大学出版局、2009年。

Sir Landeval
『サー・ランデヴァル』
中英語・韻文、538行
校訂本：R. Zimmermann, *Sir Landeval*, Hartung, Königsberg i. Pr., 1900.
フランス語訳：*Les Lais bretons moyen-anglais*, traduits et présentés par Jean-Jacques Blanchot et *alii*, Brepols, Turnhout, 2010, pp. 43-77.
邦訳：『中世ブルターニュ妖精譚』（関西古フランス語研究会、1998年）所収、田尻雅士訳。

Sir Orfeo
『サー・オルフェオ』
中英語・韻文、602行
校訂本：A. J. Bliss, Oxford, 1954 ; 2nd ed. 1966.
邦訳：中世英国ロマンス研究会訳『中世英国ロマンス集　第2集』篠崎書林、1986、pp. 39-63 『オーフェオ王』（オーヒンレック写本）；『中世英国ロマンスへのいざない—田尻雅士遺稿集』英宝社、2008年、pp. 105-130、田尻雅士訳『オルフェオ王』（アッシュモール写本）。

Sir Percyvell of Gales (Sire Perceval)
『ガレスのサー・ペルシヴェル』
中英語・韻文、2288行　〈1370年頃〉
校訂本：M. F. Braswell, *Sir Perceval of Galles and Ywain and Gawain*, 1995. 電子化テキスト：http://d.lib.rochester.edu/teams.
フランス語訳：D. Gerner, dans : *La Légende du Graal dans les littératures européennes, Anthologie commentée*, Livre de Poche, Paris, 2006, pp. 772-810.

Sir Tristrem
『サー・トリストレム』
中英語・韻文、3509行
校訂本：A. Crépin, *Sir Tristrem* édité par André Crépin, Presses du Centre d'Études Médiévales, Amiens, 2002.
現代フランス語訳：A. Crépin, dans : Ch. Marchello-Nizia dir., *Tristan et Yseut. Les premières versions européennes*, Gallimard, Paris, 1995, pp. 923-964.
別の校訂本（電子化テキスト）：http://d.lib.rochester.edu/teams.
邦訳：古賀允洋訳「中英語『サア・トリストレム』」、『飛行』第33号、2000年、pp. 2-16；第34号、2001年、pp. 96-111；第35号、2002年、pp. 55-74；第36号、2003年、pp. 91-108； 第37号、2004年、pp. 85-99； 第38号、2005年、pp. 61-73； 第39号、2006年、pp. 81-92；第40号、2007年、pp. 62-72。

Stanzaic Morte Arthur
スタンザ形式の『アーサーの死』
中英語・韻文、3970行

校訂本：L. D. Benson, *King Arthur's Death : The Middle English Stanzaic Morte Arthur and Alliterative Morte Arthure,* 1994. 電子化テキスト：http://d.lib.rochester.edu/teams.
邦訳：清水阿や訳『八行連詩アーサーの死』、ドルフィンプレス、1985年。

The Turke and Sir Gawain
『トルコ人とガウェイン』
中英語・韻文、337行
校訂本：T. Hahn, *Sir Gawain : Eleven Romances and Tales*, Medieval Institute Publications, Kalamazoo, 1995. 電子化テキスト：http://d.lib.rochester.edu/teams.
邦訳：境田進訳『パーシィ古英詩拾遺（上巻)』開文社出版、2007年、pp. 35-44。

The Wedding of Sir Gawain and Dame Ragnelle
『サー・ガウェインとラグネル姫の結婚』
中英語・韻文、855行
校訂本：T. Hahn, *Sir Gawain : Eleven Romances and Tales*, Medieval Institute Publications, Kalamazoo, 1995. 電子化テキスト：http://d.lib.rochester.edu/teams.
現代英語訳：L. Hall, *The Knightly Tales of Sir Gawain*, Brewer, Chicago, 1976, pp. 153-175.
邦訳：柴田良孝訳『サー・ガウェンとラグネル姫の結婚』『東北学院大学論集』第72号、1981年、pp. 1-40。

Ywain and Gawain
『イウェインとガウェイン』
中英語・韻文、4032行
校訂本：M. F. Braswell, *Sir Perceval of Galles and Ywain and Gawain*, 1995. 電子化テキスト：http://d.lib.rochester.edu/teams.

ネーデルランド語圏

Ferguut (Fergus)
『フェルフート』
中期ネーデルランド語・韻文、5604行 〈13世紀（1240年以降)〉
校訂本・現代英語訳：D. F. Johnson et G. H. M. Claassens, *Ferguut. Romance of Fergus, Dutch Romances II,* Brewer, Cambridge (Arthurian Archives, 7), (2000) 2012.

Lanceloet en het hert met de witte voet (Lancelot et le Cerf au pied blanc)
『ランスロートと白い足の雄鹿』
中期ネーデルランド語・韻文、851行 〈1225～1325年〉
校訂本：W. J. A. Jonckbloet, *Lanceloet en het hert met de witte voet,* dans : *Lancelotcompilatie,* La Haye, 1846-1849, vv. 22271-23121, pp. 151-157.

校訂本・現代英語訳：D. F. Johnson et G. H. M. Claassens, *Lanceloet en het hert met de witte voet. Lanceloet and the stag with the white foot,* dans : *Dutch Romances III,* 2003, pp. 521-561.
現代フランス語訳：B. Finet, *Récits arthuriens en moyen néerlandais,* ELLUG, Grenoble, 2012, pp. 265-323.

Lancelot-Graal (cycle romanesque)
ネーデルランド語版『ランスロ＝聖杯』（聖杯物語群）

1. *Lanceloet (Lancelot du Lac)*
『ランスロート』
中期ネーデルランド語・韻文、36930行 〈1320～1325年〉
校訂本：W. J. A. Jonckbloet, *Roman van Lancelot (XIIIe eeuw).* Naar het (eenig bekende) handschrift der Koninklijke Bibliotheek, 2 vol., La Haye, 1846-1849, vol. 1, vv. 17-36947, pp. 1-247.

2. *Queeste van den Grale (La quête du Graal)*
『聖杯の探索』
中期ネーデルランド語・韻文、11154行 〈1320～1325年〉
校訂本：W. J. A. Jonckbloet, 1846-1849, vol. 2, vv. 1-11154, pp. 1-76.

3. *Arturs doet (La mort d'Arthur)*
『アーサーの死』
中期ネーデルランド語・韻文、13054行 〈1320～1325年〉
校訂本：J. W. A. Jonckbloet, 1846-1849, vol. 2, vv. 26996-40050, pp. 187-275.

4. *Merlijn-continuatie (Suite du Merlin)*
『メルリン続編』
中低ドイツ語による翻案・韻文、25820行 〈1420～1425年〉
原典は1326年のローデウェイク・ファン・フェルトヘム（Lodewijk van Velthem）の作品。
校訂本：J. van Vloten, *Jacob van Maerlants Merlijn.* Naar het eenig bekende Steinforter handschrift uitgegeven, Leyde, 1880, pp. 114-405.

PENNINC et VOSTAERT, ***Roman van Walewein (Roman de Gauvain)***
ペンニンクとフォスタールト『ワルウェインの物語』
中期ネーデルランド語・韻文、11198行 〈1260年〉
校訂本・現代英語訳：David F. Johnson et Geert H. M. Claassens, *Dutch Romances.* Vol. I : *Roman van Walewein,* Woodbridge et Rochester, Brewer (Arthurian archives, 6), 2000.

Perchevael (Perceval)
『ペルシェファエル』
中期ネーデルランド語・韻文、5598行 〈1320～1325年〉

校訂本：S. I. Oppenhuis de Jong, *De Middelnederlandse Perceval-traditie. Inleiding en editie van de bewaarde fragmenten van een middelnederlandse vertaling van de Perceval of Conte du Graal van Chrétien de Troyes en de Perchevael in de Lancelotcompilatie,* Verloren, Hilversum, 2003. (Middelnederlandse Arturromans, n° 9).

Roman van Walewein ende Keye (Roman de Gauvain et de Keu)
『ワルウェインとケイの物語』
中期ネーデルランド語・韻文、3668行 〈1320～1325年〉
校訂本・現代英語訳：D. F. Johnson et G. H. M. Claassens, *Walewein and Keye,* dans : *Dutch Romances III : Five interpolated romances from the Lancelot Compilation,* Brewer, Cambridge, «Arthurian Archives», n° 10, 2003, pp. 368-523.

Roman van Moriaen (Roman de Morien)
『モリアーンの物語』
中期ネーデルランド語・韻文、4716行 〈1260～1325年〉
校訂本：Jan Te Winkel, *Roman van Moriaen,* J. B. Wolters, Groningue, 1978.
現代英語訳：J. L. Weston, *Morien,* dans : *Arthurian romances unrepresented in Malory's Morte d'Arthur,* Londres, 1901, vol. 4.
現代フランス語訳：B. Finet, ELLUG, Grenoble, 2009.

Roman van den Riddere metter mouwen (Le Roman du Chevalier à la manche)
『袖をつけた騎士の物語』
中期ネーデルランド語・韻文、4020行 〈1300～1320年〉
校訂本・現代英語訳：D. F. Johnson et G. H. M. Claassens, *Die riddere metter mouwen. The knight with the sleeve,* dans : *Dutch romances III : Five interpolated romances from the Lancelot Compilation,* Brewer, Cambridge, 2003, pp. 196-367.
現代フランス語訳：B. Finet, *Récits arthuriens en moyen néerlandais,* ELLUG, Grenoble, 2012, pp. 7-243.

Roman van Torec (Le Roman de Torec)
『トーレックの物語』
中期ネーデルランド語・韻文、3844行 〈1262～1325年〉
校訂本・現代英語訳：D. F. Johnson et G. H. M. Claassens, *Torec,* dans : *Dutch Romances III : Five interpolated romances from the Lancelot Compilation,* Brewer, Cambridge, 2003, pp. 562-727.
現代フランス語訳：B. Finet, ELLUG, Grenoble, 2015.

Van MAERLANT Jacob, *Historie van den Grale («Histoire du Graal»)*
ヤーコフ・ファン・マーラント『聖杯の物語』
中低ドイツ語による翻案・韻文、1607行 〈1420～1425年〉
原典は1261年のマーラント（Maerlant）の作品。
校訂本：T. Sodmann, *Jacob van Maerlant, Historie van den Grale und Boek van*

Merline. Nach der Steinfurter Handschrift herausgegeben, Cologne et Vienne, 1980, pp. 115-160.

Van MAERLANT Jacob, *Boek van Merline («Livre de Merlin»)*
ヤーコフ・ファン・マーラント『メルリンの書』
中低ドイツ語による翻案・韻文、8483行 〈1420～1425年〉
原典は1261年のマーラント（Maerlant）の作品。
校訂本：T. Sodmann, 1980, pp. 161-425.

Wraak voor Ragisel (La Vengeance Raguidel)
『ラヒセルの復讐』
中期ネーデルランド語・韻文、3414行 〈1320～1325年〉
校訂本・現代英語訳：D. F. Johnson et G. H. M. Claassens, *Wraak voor Ragisel. Die Wrake van Ragisel,* dans : *Dutch Romances III, Five interpolated romances from the Lancelot Compilation*, Brewer, Cambridge, «Arthurian Archives», n° 10, 2003, pp. 50-195.

イベリア半島

El Baladro del sabio Merlin (Le Cri du devin Merlin)
『占者メルリンの断末魔』
カスティリャ語・散文 〈1498年の作であるが、最古の部分は13世紀まで遡る〉
校訂本：A. Bonilla y San Martin, *El Baladro del sabio Merlín, primera parte de la Demanda del Sancto Grial,* dans : *Libros de caballerias. Primera parte : Ciclo arturico-ciclo carolingio*, Bailly-Baillière, Madrid, 1907, pp. 3-162.
別の校訂本：P. Bohigas, *El Baladro del sabio Merlín,* d'après l'édition de Burgos de 1498. Talleres de Gráficas, Barcelone, 1957-1962, 3 t.

Demanda (Quête) portugaise du Saint Graal
ポルトガル版『聖杯の探索（デマンダ）』
古ポルトガル語・散文（カスティリャ版より古い版）〈1245年〉
校訂本：I. Freire Nunes, Imprimerie nationale, Lisbonne, 2005 (2e éd.).

Demanda (Quête) castillane du Saint Graal
カスティリャ版『聖杯の探索（デマンダ）』
古カスティリャ語・散文 〈1250年〉
校訂本：Bonilla y San Martin, *La Demanda del Sancto Grial*, Madrid, 1907, pp. 163-338.
現代フランス語訳：V. Serverat et Ph. Walter, *La Quête du Saint Graal et la Mort d'Arthur*, ELLUG, Grenoble, 2006.

Guillem de TORROELLA, *La Faula*
ギリェム・ダ・トゥルエリャ『物語（ファウラ）』

カタロニア語・韻文、1265行 〈1370～1374年〉
校訂本：P. Bohigas, J. Vidal Alcover, Edicions Tàrraco, Tarragona, 1984.

José de Arimateia
『アリマテイアのジョゼ（アリマタヤのヨセフ）』
古ポルトガル語・散文
校訂本：Ivo de Castro, *Estudo e edição do códice ANTT* 643, Faculdade de Letras, Universidade de Lisboa, 1984.

Lancelot du Lac (Lançarote de Lago)
『湖（ラーゴ）のランサローテ』
カスティリャ語・散文
校訂本：A. Contreras Martin et H. L. Sharrer, *Lanzarote del Lago*, Centro de Estudios Cervantinos, 2006.

REXACH, *Storia del Sant Grasal (Histoire du Saint Graal)*
レシャック『聖杯（サン・グラサル）の物語』
カタロニア語・散文 〈1380年〉
校訂本：V. Crezscini e V. Todesco, *La Versione catalana della inquiesta del San Graal secondo il codice dell'Ambrosiana di Milano,* Institut d'estudis catalans, Barcelone, 1917.
現代フランス語訳（部分訳）：F. Bezler, dans : *La Légende du Graal dans les littératures européennes, Anthologie commentée*, Livre de Poche, Paris, 2006, pp. 1125-1134.

Tristan de Léonois
『レオニスのトリスタン』
カスティリャ語・散文
校訂本：G. T. Northup, *El Cuento de Tristan de Leonis*, University of Chicago Press, 1928.

イタリア語圏

Astor et Morgane (Astore e Morgana)
『アストーレとモルガーナ』
40詩節（1詩節8行）〈14世紀〉
校訂本：D. Delcorno Branca, *Cantari fiabeschi arturiani*, Luni, Milan, 1999, pp. 85-94.

Carduino
『カルドゥイーノ』
72詩節（1詩節8行）〈14世紀〉
校訂本：P. Rajna, *I Cantari di Carduino,* Romagnoli, Bologne, 1873, pp. 1-45.

現代フランス語訳：Ph. Walter, *Le Bel Inconnu. Rite, mythe et roman*. P.U.F, Paris, 1996, pp. 327-344.

Le Faux Écu (Il Falso Scudo)
『偽りの盾』
81詩節（1詩節8行）〈14世紀〉
校訂本：D. Delcorno Branca, *Cantari fiabeschi arturiani*, Luni, Milan, 1999, pp. 65-84.

Evangelista FOSSA, *Gauvain amoureux (Innamoramento di Galvano)*
エヴァンジェリスタ・フォッサ『恋におちたガルヴァーノ』
58詩節（1詩節8行）〈14世紀〉
校訂本：D. Delcorno Branca, *Cantari fiabeschi arturiani,* Luni, Milan, 1999, pp. 95-109.

La Joyeuse Pucelle (Ponzela Gaia)
『ポンツェラ・ガイア（陽気な乙女）』
108詩節（1詩節8行）、ヴェネチア方言　〈14世紀〉
校訂本：B. Barbiellini Amidei, *Ponzela Gaia. Galvano e la donna serpente*, Luni, Milan et Trente, 2000.

Lasancis
『ラザンチス』
10詩節（1詩節8行、欠落部分あり）〈14世紀〉
校訂本：D. Delcorno Branca, *Cantari fiabeschi arturiani,* Luni, Milan, 1999, pp. 110-112.

Galaad de l'Obscure Vallée (Galasso della Scura Valle)
『暗き谷のガラッソ』
40詩節（1詩節8行）〈14世紀〉
校訂本：D. Delcorno Branca, *Cantari fiabeschi arturiani,* Luni, Milan, 1999, pp. 125-134.

Tristan et Lancelot au perron de Merlin (Cantare quando Tristano e Lanciellotto conbatetero al petrone di Merlino)
『トリスターノとランチェッロットがメルリーノの大石のところで戦った時の歌物語（カンターレ）』
42詩節（1詩節8行）〈14世紀〉
校訂本：P. Rajna, *I Cantari di Carduino,* Romagnoli, Bologne, 1873, pp. 46-64.

Quête du Saint Graal (La Inchiesta del san Gradale)
『聖杯（サン・グラダーレ）の探索』
トスカナ語・散文　〈14世紀〉

校訂本：M. Infurna et F. Zambon, *La Inchiesta del san Gradale. Volgarizzamento toscano della Queste del Saint Graal*, Florence, Olschki, 1993.

La Table ronde ou l'Histoire de Tristan (Tavola Ritonda)
『ターヴォラ・リトンダ（円卓またはトリスターノの物語）』
散文　〈1325～1350年〉
校訂本：F. L. Polidori, *La Tavola Ritonda o l'istoria di Tristano*, Gaetano Romagnoli, Bologna, 1864-5 (réédition : M. J. Heijkant, *La Tavola Ritonda*, Milano-Trento, 1997).
現代英語訳：A. Shaver, *Tristan and the Round Table. A Translation of the Tavola Ritonda*, Center for Medieval and Early Renaissance Studies, State University of New York, Binghamton, 1983.
現代イタリア語訳：R. Cardini, *La Tavola Ritonda*, Istituto dell'Enciclopedia italiana Treccani, 2009.
現代フランス語訳（短い断片）：J. Risset, dans : Ch. Marchello-Nizia dir., *Tristan et Yseut. Les premières versions européennes*, Gallimard, Paris, 1995, pp. 1059-1071.

Tristan (Tristano riccardiano)
リッカルディアーノ版『トリスタン』
ウンブリア＝トスカナ語版・散文　〈13世紀末〉
校訂本：M. J. Heijkant, Pratiche editrice, Parme, 1991.

参考文献

Jurgis BALTRUSAITIS, *Le Moyen Âge fantastique*, Flammarion, Paris, 1993.
(ユルジス・バルトルシャイティス、西野嘉章訳『幻想の中世―ゴシック美術における古代と異国趣味』リブロポート、1985年)

Michel BREAL, *Mélanges de mythologie et de linguistique* (1882), Lambert-Lucas, Limoges, 2005.

Jacques BRIARD, *Mythes et Symboles de l'Europe préceltique. Les religions de l'âge du bronze (2500-800 avant J.-C.)*, Errance, Paris, 1987.

Roger CAILLOIS, *Approches de l'imaginaire*, Gallimard, Paris, 1974.

Ernest CASSIRER, *La Philosophie des formes symboliques*, Minuit, Paris, 1972.
(エルンスト・カッシーラー、木田元訳『シンボル形式の哲学（１）～（４）』岩波文庫、1989～1997年)

— *Langage et Mythe*, Minuit, Paris, 1973.

— *Essai sur l'homme*, Minuit, Paris, 1975.

Emmanuel COSQUIN, *Les Contes indiens et l'Occident*, Édouard Champion, Paris, 1922.

Joseph COURTES, *Le Conte populaire : poétique et mythologie*, P.U.F., Paris, 1986.

Ernst Robert CURTIUS, *La Littérature européenne et le Moyen Âge latin*, P.U.F., Paris, 1956.
(Ｅ.Ｒ.クルツィウス、南大路振一・岸本通夫・中村善也訳『ヨーロッパ文学とラテン中世』みすず書房、1971年)

Marcel DÉTIENNE, *L'Invention de la mythologie*, Gallimard, Paris, 1992.

— (en collaboration avec J. -P. Vernant) *Les Ruses de l'intelligence. La mètis des Grecs*, Flammarion, Paris, 1974.

Henri DONTENVILLE, *Mythologie française*, Payot, Paris, 1973.

— *Histoire et Géographie mythiques de la France*, Maisonneuve et Larose, Paris, 1973.

— *La France mythologique*, Tchou, Paris, 1966.

［Georges DUMÉZIL］ *L' Œuvre de Georges Dumézil. Catalogue raisonné* (par H. Coutau-Bégarie), Economica, Paris, 1998.

Gilbert DURAND, *Les Structures anthropologiques de l'imaginaire*, Bordas, Paris, 1960 (nombreuses rééditions).

— *L'Imagination symbolique*, P.U.F., Paris, 1964 (réédition : 1989).
(ジルベール・デュラン、宇波彰訳『象徴の想像力』せりか書房、1970年)

— *Science de l'homme et Tradition*, Berg international, Paris, 1979.

— *L'Âme tigrée. Les pluriels de psyché*, Denoël, Paris, 1980.
— *La Foi du cordonnier*, Denoël, Paris, 1984.
— *Figures mythiques et Visages de l'œuvre. De la mythocritique à la mythanalyse*, Dunod, Paris, 1992 (1ère édition : 1979).
— *L'imaginaire. Essai sur les sciences et la philosophie de l'image*, Hatier, Paris, 1994.
— *Champs de l'imaginaire*, ELLUG, Grenoble, 1996.
— *Introduction à la mythodologie*, Albin Michel, Paris, 1996.
— (en collaboration avec Chaoying Sun), *Mythe, Thèmes et Variations*, Desclée de Brouwer, Paris, 2000.
— *Structures. Eranos 1*, La Table ronde, Paris, 2003.
— «Comment se métisse l'imaginaire ?», *Iris*, 34, 2013, pp. 39-54.
Mircea ELIADE, *Images et Symboles. Essais sur le symbolisme magico-religieux*, Gallimard, Paris, 1952.
（ミルチャ・エリアーデ、前田耕作訳『イメージとシンボル』せりか書房、1974年、エリアーデ著作集第4巻）
— *Mythes, Rêves et Mystères*, Gallimard, Paris, 1957.
（ミルチャ・エリアーデ、岡三郎訳『神話と夢想と秘儀』国文社、1972年）
— *Aspects du mythe*, Gallimard, Paris, 1963.
（ミルチャ・エリアーデ、中村恭子訳『神話と現実』せりか書房、1973年、エリアーデ著作集第7巻）
— *Le Mythe de l'éternel retour : archétypes et répétition*, Gallimard, Paris, 1969.
（ミルチャ・エリアーデ、堀一郎訳『永遠回帰の神話―祖型と反復』未来社、1963年）
— *Le Sacré et le Profane,* Gallimard, Paris, 1965.
（ミルチャ・エリアーデ、風間敏夫訳『聖と俗―宗教的なるものの本質について』法政大学出版局、1969年）
— *La Nostalgie des origines. Méthodologie et histoire des religions*, Gallimard, Paris, 1971.
— *Méphistophélès et l'Androgyne*, Gallimard, Paris, 1962.
— *Initiation, Rites, Sociétés secrètes*, Gallimard, Paris, 1959.
（ミルチャ・エリアーデ、前野佳彦訳『加入式・儀式・秘密結社　神秘の誕生―加入礼の型についての試論』法政大学出版局、2014年）
— *Forgerons et Alchimistes*, Flammarion, Paris, 1977.
（ミルチャ・エリアーデ、大室幹雄訳『鍛冶師と錬金術師』せりか書房、1973年、エリアーデ著作集第5巻）
James G. FRAZER, *The Golden Bough, Cambridge*, 1890. Traduction française : *Le Rameau d'or*, Paris, 1927. Réimpression : R. Laffont, Paris, 1981, 4 vol.
（フレーザー、永橋貞介簡訳『金枝篇』全5巻、岩波書店、1951～1952年；神成利男訳『金枝篇―呪術と宗教の研究』全8巻＋別巻1、国書刊行会、2004年から刊行

中）
Northrop FRYE, *Le Grand Code. La Bible et la Littérature*, Le Seuil, Paris, 1984.
（ノースロップ・フライ、伊藤誓訳『大いなる体系―聖書と文学』法政大学出版局、1995年）
Claude GAIGNEBET et Jean-Dominique LAJOUX, *Art profane et Religion populaire au Moyen Âge*, P.U.F., Paris, 1985.
Carlo GINZBURG, *Le Sabbat des sorcières*, Gallimard, Paris, 1989.
（カルロ・ギンズブルグ、竹山博英訳『闇の歴史―サバトの解読』せりか書房、1992年）
René GIRARD, *La Voix méconnue du réel. Une théorie des mythes archaïques et modernes,* Grasset, Paris, 2002.
Jean HAUDRY, *La Religion cosmique des Indo-Européens*, Archè, Milan et Paris, 1987.
— *La Triade pensée, parole, action dans la tradition indo-européenne*, Archè, Milan, 2009.
Hans Robert JAUSS, *Pour une esthétique de la réception*, Gallimard, Paris, 1978.
André JOLLES, *Formes simples*, Le Seuil, Paris, 1972.
（アンドレ・ヨレス、高橋由美子訳『メールヒェンの起源』講談社学術文庫、1999年）
Carl-Gustav JUNG et Charles KERENYI, *Introduction à l'essence de la mythologie*, Payot, Paris, 1993.
（カール・ケレーニー＋カール・グスタフ・ユング、杉浦忠夫訳『神話学入門』晶文全書、1975年）
Alexandre H. KRAPPE, *La Genèse des mythes*, Payot, Paris, 1938.
Claude LECOUTEUX, *Les Monstres dans la pensée médiévale européenne*, P.U.P.S., Paris, 1993.
— *Au-delà du merveilleux. Essai sur les mentalités du Moyen Âge*, P.U.P.S., Paris, 1998 (2e éd.).
Jacques LE GOFF, *L'Imaginaire médiéval*, Gallimard, Paris, 1985.
（ルゴフ『中世の想像世界（イマジネール）』所収の３つの論文「キリスト教と夢」、「西洋中世の荒野＝森」、「ブロセリアンドのレヴィ＝ストロース」の邦訳は、ジャック・ルゴフ（池上俊一訳）『中世の夢』（名古屋大学出版会、1992年）に収録）
— *À la recherche du temps sacré. Jacques de Voragine et La* Légende dorée, Perrin, Paris, 2011.
Claude LÉVI-STRAUSS, *La Pensée sauvage*, Plon, Paris, 1962.
（クロード・レヴィ＝ストロース、大橋保夫訳『野生の思考』みすず書房、1976年）
— *Anthropologie structurale,* Plon, Paris, 1958.
（クロード・レヴィ＝ストロース、荒川幾男・生松敬三・川田順三・佐々木明・田島節夫訳『構造人類学』みすず書房、1972年）
— *Mythologiques. Le Cru et le Cuit*, Plon, Paris, 1964.
（クロード・レヴィ＝ストロース、早水洋太郎訳『神話論理Ｉ　生のものと火を通

したもの』みすず書房、2006年）
Eleazar MELETINSKY, *The Poetics of myth,* translated by G. Lanoue and A. Sadetsky, Routledge, New York et Londres, 1998.
Max MÜLLER, *Mythologie comparée,* Laffont, Paris, 2002 (1re éd. 1873-1878).
（フリードリヒ・マックス・ミュラー、山田仁史訳『比較神話学』—『比較宗教学の誕生』国書刊行会、2014年、所収）
Paul RICŒUR, *La Métaphore vive*, Le Seuil, Paris, 1975.
（ポール・リクール、久米博訳『生きた隠喩』岩波書店、1984年）
— *Temps et Récit*. t. 1, Le Seuil, Paris, 1983.
（ポール・リクール、久米博訳『時間と物語Ⅰ』新曜社、1987年）
Geza ROHEIM, *Les Portes du rêve*, Payot, Paris, 1973.
— *L'Animisme, la Magie et le Roi divin*, Payot, Paris, 1988 (pour la traduction française).
Pierre SAINTYVES, «De la méthode à suivre dans l'étude des rites et des mythes», *Revue de l'Université de Bruxelles,* avril 1911, pp. 505-523.
Tzvetan TODOROV, *Symbolisme et Interprétation*, Le Seuil, Paris, 1978.
（ツヴェタン・トドロフ、及川馥・小林文生訳『象徴表現と解釈』法政大学出版局、1989年）
— *Théories du symbole*, Le Seuil, Paris, 1977.
（ツヴェタン・トドロフ、及川馥・一之瀬正興訳『象徴の理論』法政大学出版局、1987年）
Jean-Jacques WUNENBURGER, *Philosophie des images*, P.U.F., Paris, 1997.
— *La Vie des images*, Presses Universitaires de Grenoble, Grenoble, 2002.
— *L'Imaginaire*, P.U.F., Paris, 2003.

辞書・事典・索引類

Antti AARNE, *The Types of folktale, a Classification and Bibliography*, translated and enlarged by Stith Thompson, Helsingfors, 1961, 2e éd. (FFC 184).
Robert W. ACKERMAN, *An Index of the Arthurian names in Middle English*, Stanford University Press, 1952.
Geoffrey ASHE, *A Guidebook to Arthurian Britain*, Aquarian, Wellingborough, 1983.
Eduard BÄCHTOLD-STÄUBLI et Hanns HOFFLANN-KRAYER, *Handwörterbuch des deutschen Aberglaubens*, Walter de Gruyter, Berlin, 1927-1942, 10 vol.
S. BARING-GOULD et J. FISCHER, *Lives of the British Saints*, Cymrroddorion Society, Londres, 1907-1913.
Peter BARTRUM, *A Welsh classical dictionary : people in history and legend up to about A.D. 1000*, National Library of Wales, Aberystwyth, 1993.
Olivier BATTISTINI, Jean-Dominique POLI, Pierre RONZEAUD, Jean-Jacques VINCENSINI (dir.) , *Dictionnaire des lieux et pays mythiques*, Laffont, Paris, 2011.

Jean-Claude BELFIORE, *Grand Dictionnaire de la mythologie grecque et romaine*, Larousse, Paris, 2010.

BÉNÉDICTINS DE PARIS, *Vies des saints et des bienheureux selon l'ordre du calendrier avec l'historique des fêtes*, Letouzey et Ané, Paris, 1935-1959, 13 vol.

Yves BONNEFOY (dir.), *Dictionnaire des mythologies*, Flammarion, Paris, 1999, 2 vol.
（イヴ・ボンヌフォワ編、金光仁三郎ほか共訳『世界神話大事典』大修館書店、2001年）

Robert BOSSUAT, *Manuel bibliographique de la littérature française du Moyen Âge*, D'Argences, Melun, 1951 (avec suppléments).

Pierre BRUNEL, *Dictionnaire des mythes féminins*, Le Rocher, Monaco, 2002.

Rachel BROMWICH, *Trioedd Ynys Prydein. The Welsh Triads*, University of Wales Press, Cardiff, 1961 (Notes to personal names, pp. 263-523).
— *Medieval Welsh Literature to c. 1400 including Arthurian studies*, University of Wales Press, Cardiff, 1996.

Albert CARNOY, *Dictionnaire étymologique du proto-indo-européen*, Publications universitaires, Louvain, 1955.

Jean-Christophe CASSARD et *alii, Dictionnaire d'histoire de Bretagne*, Skol Vreizh, Morlaix, 2008.

Michel CAZENAVE, *Encyclopédie des symboles*, Librairie générale française, Paris, 1996 (reprise de H. Biedermann, *Knaurs Lexikon der Symbole*).
（ハンス・ビーダーマン、藤代幸一監訳『図説世界シンボル事典』八坂書房、2000年）

Danièle CHAUVIN, André SIGANOS et Philippe WALTER, *Questions de mythocritique. Dictionnaire*, Imago, Paris, 2005.

Jean CHEVALIER et Alain GHEERBRANT, *Dictionnaire des symboles : mythes, rêves, coutumes, gestes, formes, figures, couleurs, nombres*, Laffont, Paris, 2005.
（ジャン・シュヴァリエ＋アラン・ゲールブラン共編、金光仁三郎ほか共訳『世界シンボル大事典』大修館書店、1996年）

F. CIGNI, *Bibliografia degli studi italiani di materia arturiana* (1940-1990), Schena, Fasano, 1992.

Ronan COGHLAN, *Illustrated encyclopedia of Arthurian legends*, Barnes and Noble, Londres, 1995.
（ローナン・コグラン、山本史郎訳『図説アーサー王伝説事典』原書房、1996年）

R. G. COLLINGWOOD et R. P. WRIGHT, *The Roman inscriptions of Britain. I. Inscriptions on stone*, Oxford, 1965.

T. P. CROSS, *Motif Index of early irish literature*, Indiana University Press, Bloomington, 1952.

Paul DELARUE et Marie-Louise TENEZE, *Le Conte populaire français. Catalogue raisonné*, Maisonneuve et Larose, Paris, 1957-1984, 4 vol.

Daniela DELCORNO BRANCA, «Sette anni di studi sulla letteratura arturiana in Italia (1985-1992)», *Lettere italiane*, 44, 1992.

Dictionnaire topographique de la France comprenant les noms de lieux anciens et modernes, Paris, 1861-1953, 34 vol.

DU CANGE, *Glossarium ad scriptores mediae et infimae latinitatis*, Graz, 1954, 5 vol. (1re édition : Francfort sur le Main, 1681).

Enzyklopädie des Märchens. Handwörterbuch zur historischen und vergleichenden Erzählforschung («Encyclopédie du conte. Dictionnaire de recherche comparée et historique sur le conte»), éd. Kurt RANKE et *alii*, W. de Gruyter, Berlin, New York, depuis 1975.

Alfred ERNOUT et Antoine MEILLET, *Dictionnaire étymologique de la langue latine. Histoire des mots*, Klincksieck, Paris, 1967.

D. H. FARMER, *The Oxford Dictionary of saints*, Clarendon Press, Oxford, 1978.

Léon FLEURIOT, *Dictionnaire des gloses en vieux breton*, Klincksieck, Paris, 1964.

Louis-Fernand FLUTRE, *Table des noms propres avec toutes leurs variantes figurant dans les romans du Moyen Âge écrits en français ou en provençal et actuellement publiés ou analysés*, Centre d'études supérieures de civilisation médiévale, Poitiers, 1962.

Louis FRÉDÉRIC, *Dictionnaire de la civilisation indienne*, Laffont, Paris, 1987.

E. G. GARDNER, *The Arthurian Legend in italian literature*, Dent, Londres, 1930.

André-Marie GERARD, *Dictionnaire de la Bible*, Laffont, Paris, 1989.

Frédéric GODEFROY, *Dictionnaire de l'ancienne langue française et de tous ses dialectes du IXe au XVe siècle*, Kraus Reprint, New York, 1961 (1re édition : 1880-1902). Consultable en ligne.

Miranda J. GREEN, *Dictionary of celtic myth and legend*, Thames and Hudson, Londres, 1992.
（ミランダ・J.グリーン、井村君江監訳『ケルト神話・伝説事典』東京書籍、2006年）

Pierre GRIMAL, *Dictionnaire de la mythologie grecque et romaine*, P.U.F., Paris, 1969.

Jakob et Wilhelm GRIMM, *Contes pour les enfants et la maison*, traduction de N. Rimasson-Fertin, Corti, Paris, 2009, 2 vol.
（グリム兄弟（ヤーコプとヴィルヘルム）『子供と家庭の童話集』 金田鬼一訳『グリム童話集』（改訂版）岩波文庫、全5冊、1979年；高橋健二訳『グリム童話集』小学館、全3冊、1976年；野村泫訳『完訳グリム童話集』ちくま文庫、2005～2006年）

Grundriss der romanischen Literaturen des Mittelalters. t. 4, vol. 1 et 2 (partie documentaire). Winter, Heidelberg, 1978 et 1984.

Anita GUERREAU-JALABERT, *Index des motifs narratifs dans les romans arthuriens français en vers (XIIe-XIIIe siècle)*, Droz, Genève, 1992.

Félix GUIRAUD et Joël SCHMIDT, *Mythes. Mythologie. Histoire et dictionnaire*, Larousse, Paris, 1996.

Alfred HOLDER, *Alt-celtischer Sprachschatz*, Teubner, Berlin, 1896-1907.

Philippe JOUET, *Éléments de symbolique celtique. Rythmes et nombres*, Editions Label LN, Ploudalmézeau, 2012.

— *Dictionnaire de la mythologie et de la religion celtiques*, Yoran Embanner, Fouesnant, 2012.

Douglas KELLY, *Chrétien de Troyes : an analytic bibliography*, Grant and Cutler, Londres, 1975.

— *Supplement 1*, Tamesis, Londres, 2002.

Venceslas KRUTA, *Les Celtes. Histoire et dictionnaire. Des origines à la romanisation et au christianisme*, R. Laffont, Paris, 2000.

Pierre-Yves LAMBERT, *La Langue gauloise*, Errance, Paris, 1994.

Norris J. LACY éd., *The Arthurian Encyclopedia*, Garland, New York, 1986.

Claude LECOUTEUX, *Charmes, Conjurations et Bénédictions. Lexique et formules*, Champion, Paris, 1996.

— *Dictionnaire de mythologie germanique*, Imago, Paris, (2005) 2014.

— *Le Livre des talismans et des amulettes*, Imago, Paris, 2005.

— *Dictionnaire des pierres magiques et médicinales*, Imago, Paris, 2011.

Françoise LE SAUX, *A companion to Wace*, Brewer, Cambridge, 2005.

Gwench'lan LE SCOUEZEC, *Le Guide de la Bretagne*, Breizh, Spézet, 1989.

Jacques MERCERON, *Dictionnaire des saints imaginaires et facétieux en France et en Belgique francophone du Moyen Âge à nos jours*, Le Seuil, Paris, 2002.

André MOISAN, *Répertoire des noms propres de personnes et de lieux cités dans les chansons de geste françaises et les œuvres étrangères dérivées*, Droz, Genève, 1986, 5 vol.

C. et R. MOORMAN, *An Arthurian Dictionary*, University of Mississipi Press, Jackson, 1978.

Sabatino MOSCATI, Otto H. FREY, Venceslas KRUTA et *alii*, *Les Celtes*, EDDL, Paris, 2001.

Marianne MULON, *L'Onomastique française. Bibliographie des travaux publiés jusqu'en 1960*, La Documentation française, Paris, 1977. http://www.archivesnationales.culture.gouv.fr/chan/chan/onomastique-francaise-01.pdf

Michel PASTOUREAU, *Armorial des chevaliers de la Table ronde : étude sur l'héraldique imaginaire à la fin du Moyen Âge*, Le Léopard d'or, Paris, 2006.

—*Les Chevaliers de la Table ronde : représentation symbolique du Graal*, Editions du Gui, Lathuile, 2006.

Jean-Paul PERSIGOUT, *Dictionnaire de mythologie celtique*, Imago, Paris, 2009.

Petit Dictionnaire encyclopédique de la Bible, sous la direction de P.-M. BOGAERT et *alii*, Brepols, Turnhout, 1992.

Julius POKORNY, *Indogermanisches Etymologisches Wörterbuch*, Francke, Berne & Munich, 1958-1959, 2 vol.

Louis REAU, *Iconographie de l'art chrétien*, P.U.F., Paris, 1955-1959, 5 vol.

Alain REY, *Dictionnaire historique de la langue française*, Le Robert, Paris, 1992.

W. H. ROSCHER, *Ausführliches Lexikon der grieschichen und römichen Mythologie*, Georg Olms Verlag, Hildesheim et New York, 1978.

Pierre SAINTYVES, «Bibliographie», dans : P. Saintyves, *Les Contes de Perrault et les Récits parallèles. En marge de la légende dorée. Les reliques et les images légendaires*, Robert Laffont, Paris, 1987, pp. 1111-1128.

Harvey SHARRER, *A Critical Bibliography of Hispanic Arthurian Material. 1. Texts : the prose romance cycles*, Grant et Cutler, Londres, 1977.

Rudolf SIMEK, *Dictionnaire de la mythologie germano-scandinave*, Le Porte-Glaive, Paris, 1996, 2 vol.

Wolfgang SPIEWOK et Danielle BUSCHINGER, *Histoire de la littérature allemande du Moyen Âge*, Nathan, Paris, 1992.

Sean O SUILLEABHAIN et Reidar Th. CHRISTIANSEN, *The Types of the Irish Folktale*, Suomalainen Tiedeakatemia, Helsinki, 1967.

Bernard TANGUY, *Dictionnaire des noms de communes, trèves et paroisses du Finistère*, Chasse-Marée / Ar-men, Douarnenez, 1990.

Stith THOMPSON, *Motif-Index of Folk Literature. A classification of narrative elements in folktales, ballads, myths, fables, medieval romances, exempla, fabliaux, jest-books and local legends*, revised and enlarged edition by S. Thompson, Indiana University Press, Bloomington, Londres, 1975, 6 vol.

Adolf TOBLER et Ernest LOMMATZSCH, *Altfranzösisches Etymologisches Wörterbuch. Eine Darstellung des galloromanischen Sprachschatzes*, Steiner. Wiesbaden, 1925-1976.

Hans-Jörg UTHER, *The Types of International Folktales : A Classification and Bibliography*. Parts I – III. Suomalainen Tiedeakatemia (Academia Scientiarum Fennica), Helsinki, 2011. Part I : Animal Tales, Tales of Magic, Religious Tales, and Realistic Tales, with an Introduction. Part II : Tales of the Stupid Ogre, Anecdotes and Jokes, and Formula Tales. Part III : Appendices.
(ハンス＝イェルク・ウター、加藤耕義訳『国際昔話話型カタログ　分類と文献目録』小澤昔ばなし研究所、2016年)

Marc-André WAGNER, *Dictionnaire mythologique et historique du cheval*, Le Rocher, Monaco, 2006.

Philippe WALTER, *Mythologie chrétienne. Fêtes, Rites et Mythes du Moyen Âge*, Imago, Paris, (2003) 2011 (3e édition revue et corrigée).
(フィリップ・ヴァルテール、渡邉浩司・渡邉裕美子訳『中世の祝祭　伝説・神話・起源』原書房、初版2007年、第2版2012年)

Walter von WARTBURG, *Französisches Etymologisches Wörterbuch*, Klopp, Bonn,

1928- 2003.
G. D. WEST, *An Index of Proper Names in French Arthurian Verse Romances 1150-1300*, University of Toronto Press, 1969.
— *An Index of Proper Names in French Arthurian Prose Romances*, University of Toronto Press, 1978.
Michel ZINK et Geneviève HASENOHR, *Dictionnaire des lettres françaises. Le Moyen Âge*, Fayard, Paris, 1992.

神話・アーサー王文学・ケルトの伝承

Lesley ABRAMS et James P. CARLEY éd., *The Archaeology and History of Glastonbury Abbey*, The Boydell Press, Woodbridge, 1991.
Leslie A. ALCOCK, *Arthur's Britain*, Allen Lane, Londres, 1971.
Martin AURELL, *La Légende du roi Arthur, 550-1250*, Perrin, Paris, 2007.
Richard BARBER, *The Holy Grail. Imagination and belief*, Penguin Allen Lane, Londres, 2004.
W. R. BARRON éd., *The Arthur of the English. The Arthurian Legend in medieval English life and literature*, University of Wales Press, Cardiff, 1999.
Bruce BEATIE, «Patterns of myth in medieval narrative», *Symposium*, 25, 1971, pp. 101-172.
Howard BLOCH, *Étymologie et Généalogie. Une anthropologie littéraire du Moyen Âge français*, Le Seuil, Paris, 1989.
Fanny BOGDANOW, *The Romance of the Grail. A study of the structure and genesis of a thirteenth century Arthurian romance*, Manchester University Press et New York, 1966.
Père BOHIGAS, «La matière de Bretagne en Catalogne», *Bulletin bibliographique de la Société internationale arthurienne*, 13, 1961, pp. 81-98.
Daniela BRANCA DEL CORNO, *I Romanzi Italiani di Tristano e la Tavola Ritonda*, Olschki, Florence, 1968.
—*Il Romanzo Cavalleresca medievale*, Sansoni, Florence, 1974.
—«Le storie arturiane in Italia» dans : P. Boitani et *alii* éd., *La Spazio letterario del medioevo. 2. Il medioevo volgare*, Salerno, Rome, 2003, t. 3 (La ricezione del testo), pp. 385-403.
Rachel BROMWICH (éd.), *The Arthur of the Welsh*, Cardiff University Press, 1991.
Maria Gabriela BUESCU, *Perceval e Galaaz, cavaleiros do Graal*, Instituto de cultura portuguesa, Lisbonne, 1991.
Keith BUSBY, *The illustrated Manuscripts of Chrétien's* Perceval, Brill, Leiden et Utrecht, 1986.
Danielle BUSCHINGER et Wolfgang SPIEWOK, *König Artus und der heilige Graal. Studien zum spätarturischen Roman und zum Graals-Roman in europäischen*

Mittelalter, Reineke Verlag, Greifswald, 1994.

I Cantari. Struttura e tradizione. Atti del convegno internazionale di Montréal (1981), Olschki, Florence, 1984.

Franco CARDINI et *alii, Il Santo Graal*, Giunti, Florence, 1998.

Amaury CHAUOU, *L'Idéologie Plantagenêt. Royauté arthurienne et monarchie politique dans l'espace Plantagenêt (XIIe - XIIIe siècle)*, Presses Universitaires de Rennes, Rennes, 2001.

Marie-Luce CHÊNERIE, *Le Chevalier errant dans les romans arthuriens en vers des XIIe et XIIIe siècles, Droz*, Genève, 1986.

Geert H. M. CLAASENS et David JOHNSON éd., *King Arthur in the medieval Low Countries,* Mediaevalia Lovaniensia, Louvain, 2000.

Anne-Marie D'ARCY, *Wisdom and the Grail. The Image of the vessel in the* Queste del Saint Graal *and Malory's* Tale of the Sankgreal, Four Court Press, Dublin, 2000.

Thierry DELCOURT, *La Légende du roi Arthur*, Le Seuil & Bibliothèque nationale de France, Paris, 2009.

Myles DILLON et Nora CHADWICK, *The Celtic Realms*, Weidenfeld et Nicolson, Londres, 1967. Traduction française : *Les Royaumes celtiques,* Armeline, Crozon, 2001.

Erdmuthe DÖFFINGER-LANGE, *Der Gauvain-Teil in Chrétiens Conte du Graal. Forschungsbericht und Episodenkommentar*, Winter, Heidelberg, 1998.

Francis DUBOST, *Aspects fantastiques de la littérature narrative médiévale (XIIe - XIIIe siècle). L'Autre, l'Ailleurs, l'Autrefois*, Champion, Paris, 1989, 2 vol.

Sigmund EISNER, *The Tristan Legend. A study in sources,* Northwestern University Press, Evanston, 1969.

William J. ENTWHISTLE, *The Arthurian Legend in the literature of the spanish Peninsula*, Dent et Dutton, Londres et New York, 1925.

Arzel EVEN, «Sources médiévales pour l'étude de l'antiquité celtique», *Ogam*, 9, 1957, pp. 45-66.

Annie FAUGERE, *Les Origines orientales du Graal chez Wolfram von Eschenbach. État des recherches*, Kümmerle Verlag, Göppingen, 1979.

Christine FERLAMPIN-ACHER, *Fées, Bestes et Luitons. Croyances et merveilles,* P.U.P.S., Paris, 2002.

Bernadette FILOTAS, *Pagan Survivals, Superstitions and Popular Cultures in Early Medieval Pastoral Literature*. Pontifical Institutes of Mediaeval Studies, Toronto, 2005 (Studies and texts, 151).

R. H. FLETCHER, *Arthurian materials in the chronicles*, Ginn, Boston, 1906.

Jean FRAPPIER, *Chrétien de Troyes et le Mythe du Graal. Étude sur* Perceval ou le Conte du Graal, SEDES, Paris, 1972.
（ジャン・フラピエ、天沢退二郎訳『聖杯の神話』筑摩叢書、1990年）

— *Autour du Graal*, Droz, Genève, 1977.

Irène FREIRE NUNES, *Le Graal ibérique et ses rapports avec la littérature française*, Presses Universitaires du Septentrion, Lille, 1997.

Pierre GALLAIS, *L'Imaginaire d'un romancier français de la fin du XII*[e] *siècle (Description de la* Continuation Gauvain), Rodopi, Amsterdam & Atlanta, 1989, 4 vol.

E. GARDNER, *The Arthurian Legend in Italy*, Dent et Dutton, Londres et New York, 1930.

Miranda J. GREEN éd., *The Celtic World*, Routledge, Londres, 1995.

Christian GUYONVARC'H, *Magie, Médecine et Divination chez les Celtes*, Payot, Paris, 1997.

— *Le Sacrifice dans la tradition celtiqu*e, Armeline, Crozon, 2005.

Laurence HARF-LANCNER et Dominique BOUTET éd., *Pour une mythologie du Moyen Âge*, Presses de l'ENS, Paris, 1988.

Guillaume ISSARTEL, *La Geste de l'ours. L'Épopée romane dans son contexte mythologique. XII*[e]*-XIV*[e] *siècle*, Champion, Paris, 2010.

W. H. JACKSON et S. A. RANAWAKE éd., *The Arthur of the Germans*, University of Wales Press, Cardiff, 2000.

Philippe JOUET, *Études de symbolique celtique*, Label LN, Ploudalmézeau, 2012.

Marianne KALINKE, *King Arthur, north-by-northwest. The* matière de Bretagne *in old norse-icelandic romances*, Reitzel, Copenhague, 1981.

Elspeth KENNEDY, *Lancelot and the Grail*, Oxford University Press, 1986.

William KIBLER éd., *The Lancelot-Grail cycle. Text and transformations*, University of Texas Press, Austin, 1994.

Norris J. LACY, Douglas KELLY, Keith BUSBY éd., *The Legacy of Chrétien de Troyes*, Rodopi, Amsterdam, 1987-1988, 2 t.

Pierre-Yves LAMBERT, *Les Littératures celtiques*, P.U.F., Paris, 1981.

Claude LECOUTEUX, *Fées, Sorcières et Loups-garous au Moyen Âge. Histoire du double*, Imago, Paris, (1992) 2012.

— *Les Nains et les Elfes au Moyen Âge, Imago*, Paris, (1997) 2013.

— *Démons et Génies du terroir au Moyen Âge*, Imago, Paris, 1995.

— *Fantômes et Revenants au Moyen Âge,* Imago, Paris, (1996 2e éd.) 2009.

— *Chasses fantastiques et Cohortes de la nuit au Moyen Âge*, Imago, Paris, 1999 (nouvelle éd. sous le titre *Chasses infernales et Cohortes de la nuit au Moyen Âge*, 2013).

— (en collaboration avec Ph. Marcq), *Les Esprits et les Morts. Croyances médiévales*, Champion, Paris, 1990.

Paule LE RIDER, *Le Chevalier dans le* Conte du Graal *de Chrétien de Troyes*, SEDES, Paris, 1978.

Françoise LE ROUX et Christian GUYONVARC'H, *Morrigan, Bodb, Macha. La*

Souveraineté guerrière de l'Irlande, Ogam Celticum, Rennes, 1983.
— *Les Druides*, Ouest-France, Rennes, 1986.
— *La Société celtique*, Ouest-France, Rennes, 1991.
— *La Civilisation celtique*, Payot, Paris, 1995.
— *Les Fêtes celtiques*, Ouest-France, Rennes, 1995.
— *Les Légendes de Brocéliande et du roi Arthur*, Ouest-France, Rennes, 1997.
— *Les Druides et le Druidisme*, Ouest-France, Rennes, 1995.
Roger Sherman LOOMIS, *Arthurian Tradition and Chrétien de Troyes*, Columbia University Press, New York, 1949.
— *Celtic Myth and Arthurian Romance*, Columbia University Press, New York, 1927.
— *The Grail : from Celtic myth to Christian symbols*, University of Wales Press, Cardiff, 1963.
— *Arthurian Literature in the middle ages*, Clarendon Press, Oxford, 1959.
Jean-Claude LOZACHMEUR, *L'Énigme du Graal. Aux origines de la légende de Perceval*, Mens sana, Turquant, 2011.
Proinsias MACCANA, *Celtic Mythology*, Hamlyn, London, New York, Sydney, Toronto, 1970 (plusieurs réimpressions).
（プロインシァス・マッカーナ、松田幸雄訳『ケルト神話』青土社、1991年）
Asdis R. MAGNUSDOTTIR, *La Voix du cor. La relique de Roncevaux et l'origine d'un motif dans la littérature du Moyen Âge (XIIe-XIVe siècle)*, Rodopi, Amsterdam-Atlanta, 1998.
Anne MARTINEAU, *Le Nain et le Chevalier. Essai sur les nains français du Moyen Âge*, P.U.P.S., Paris, 2003. Catalogue des nains arthuriens (pp. 153-253).
Jean MARX, *La Légende arthurienne et le Graal*, P.U.F., Paris, 1952.
— *Les Littératures celtiques*, P.U.F., Paris, 1967.
Alfred MAURY, *Croyances et Légendes du Moyen Âge*, Champion, Paris, 1896.
Charles MELA, *La Reine et le Graal*, Le Seuil, Paris, 1984.
Bernard MERDRIGNAC, *Les Vies de saints bretons durant le haut Moyen Âge. La culture et les croyances en Bretagne (VIIe-XIIe siècle)*, Ouest-France, Rennes, 1993.
Alexandre MICHA, *Étude sur le* Merlin *de Robert de Boron*, Droz, Genève, 1980.
John MORRIS, *The Age of Arthur. A history of the British Isles from 350 to 650*, Weidenfield and Nicolson, Londres, 1973.
John MORRIS, éd., *Arthurian sources*. Phillimore, Chichester, 1995. Vol. 1 : Introduction, Bibliography, Notes, Index. Vol. 2 : Annals and Charters. Vol. 3 : Ecclesiastics and lay people. Vol. 4 : Places & Peoples, & Saxon Archaeology. Vol. 5 : Genealogies and Texts. Vol. 6 : Studies in dark-age history.
Margaret MURRAY, *The Divine King in England. A Study in anthropology*, Faber and Faber, Londres, 1954.
René NELLI éd., *Lumière du Graal. Études et textes*, Les Cahiers du Sud, Paris, 1951.

Alfred NUTT, *Studies on the legend of the Holy Grail with especial reference to the hypothesis of its celtic origin*, David Nutt, Londres, 1888.

T. F. O'RAHILLY, *Early Irish History and Mythology*, Dublin Institute of Advanced Studies, Dublin, 1946.

Lucy A. PATON, *Studies in the fairy mythology of Arthurian romance*, Ginn, Boston, 1903.

Albert PAUPHILET, *Études sur la* Queste del Saint Graal, Champion, Paris, 1921.

Jean-Charles PAYEN, «L'Enracinement folklorique du roman arthurien», *Travaux de linguistique et de littérature (Mélanges Rychner)*, 16, 1978, pp. 427-437.

Hubert PERNOT, *Mythes astrals et Traditions littéraires. Le thème de Grisélidis. Les fiançailles du soleil*, Maisonneuve, Paris, 1944.

René PERENNEC, *Recherches sur le roman arthurien en vers en Allemagne aux XIIe et XIIIe siècles*, Kümmerle, Göppingen, 1984, 2 t.

Daniel POIRION, *Le Merveilleux dans la littérature française du Moyen Âge*, P.U.F., Paris, 1982.

— *Résurgences. Mythe et Littérature à l'âge du symbole (XIIe siècle)*, P.U.F., Paris, 1986.

Pio RAJNA, «Gli eroi brettoni nell'onomastica italiana del secolo XII», *Romania*, 17, 1888, pp. 161-185 et pp. 355-365.

John Revell REINHARD, *The Survival of the geis in medieval romance*, Max Niemeyer Verlag, Halle, 1933.

John RHYS, *Celtic Folklore*, Clarendon Press, Oxford, 1901.

— *Studies in Arthurian legend*, Clarendon Press, Oxford, 1891.

Jacques RIBARD, *Du Mythique au Mystique. La littérature médiévale et ses symboles*, Champion, Paris, 1995.

— *Symbolisme et Christianisme dans la littérature médiévale*, Champion, Paris, 2001.

Les Romans du Graal dans la littérature des XIIe et XIIIe siècles, Presses du CNRS, Paris, 1956.

Anne ROSS, *Pagan Celtic Britain. Studies in iconography and tradition*, Routledge, Londres, 1967.

Sagas de chevaliers. Riddarasögur, P.U.P.S., Paris, 1985.

Antoinette SALY, *Image, Structure et Sens. Etudes arthuriennes*, CUER-MA, Aix-en-Provence, 1994.

— *Mythes et Dogmes. Roman arthurien. Épopée romane*, Paradigme, Orléans, 1999.

Francesca Canadé SAUTMAN éd., *Telling tales. Medieval narratives and the folk tradition*, Saint Martin's Press, New York, 1998.

Jean-Paul SAVIGNAC, *Merde à César ! Les Gaulois, leurs écrits retrouvés*, La Différence, Paris, 1994.

Gertrude SCHOEPPERLE LOOMIS, *Tristan and Isolt. A Study of the sources of the romance* [1913] . Second ed., expanded by a bibliography and a critical essay on Tristan Scholarship since 1912, by R. S. Loomis, Franklin, New York, 1963, 2 vol.

Paul SEBILLOT, *Le Folklore de France*, Imago, Paris, 1982-1986 (8 vol.).

Giandomenico SERRA, «Le date più antiche della penetrazione in Italia dei nomi di Artù e Tristano», *Filologia romanza*, 2, 1955, pp. 225-237.

Michel STANESCO, *D'armes et d'amours*, Paradigme, Orléans, 2002.

Jacques STIENNON et Rita LEJEUNE, «La légende arthurienne dans la sculpture de la cathédrale de Modène», *Cahiers de civilisation médiévale*, 6, 1963, pp. 281-296.

Claude STERCKX, *Mythologie du monde celte*, Paris, Hachette Livre (Marabout), 2009.

Michelle SZKILNIK, *L'Archipel du Graal. Étude sur* l'Estoire del Saint Graal, Droz, Genève, 1991.

J. S. P. TATLOCK, *The Legendary History of Britain*, University of California Press, Berkeley, 1950.

Richard TRACHSLER, *Merlin l'enchanteur. Étude sur le* Merlin *de Robert de Boron*, SEDES, Paris, 2000.

R. F. TREHARNE, *The Glastonbury Legends. Joseph d'Arimathie, the Holy Grail and King Arthur*, The Cresset Press, Londres, 1967.

Karin UELTSCHI, *La* Mesnie Hellequin *en conte et en rime. Mémoire mythique et poétique de la recomposition*, Champion, Paris, 2008.

Jean-René VALETTE, *La Poétique du merveilleux dans le* Lancelot en prose, Champion, Paris, 1998.

—*La Pensée du Graal. Fiction littéraire et théologie (XIIe-XIIIe siècle)*, Champion, Paris, 2008.

Joseph VENDRYES, *La Religion des Celtes*, Coop Breizh, Spézet, 1997.

Marco VILLORESI, *La Letteratura cavalleresca. Dai cicli medievali all'Ariosto*, Carocci editore, Rome, 2000.

Jean-Jacques VINCENSINI, *Motifs et Thèmes du récit médiéval*, Nathan, Paris, 2000.

Philippe WALTER, *Canicule essai de mythologie sur* Yvain *de Chrétien de Troyes*, SEDES, Paris, 1988.

—*La Mémoire du temps. Fêtes et calendriers de Chrétien de Troyes à* La Mort Artu, Champion, Paris, 1989.

—*Merlin ou le Savoir du monde*, Imago, Paris, (2000) 2014.

—*Arthur, l'Ours et le Roi*, Imago, Paris, 2002.

—*Perceval, le Pêcheur et le Graal*, Imago, Paris, 2004.

—*Galaad, le Pommier et le Graal*, Imago, Paris, 2004.

—*Tristan et Yseut. Le Porcher et la Truie*, Imago, Paris, 2006.

—*Gauvain, le Chevalier solaire*, Imago, Paris, 2013.

—*Album du Graal*, Gallimard (Album de la Pléiade, 48), Paris, 2009

—«Myth and regeneration of literature from a multidisciplinary perspective», *Trictrac : Journal of world mythology and folklore* (University of South Africa), 1, 2006, pp. 1-21.

—*Para una arqueologia del imaginario medieval*, UNAM (Universidad nacional autonoma de Mexico), Mexico, 2013.

—«Du chamanisme arthurien. Strates culturelles et réflexes cognitifs», dans : *Eroi dell'estasi. Lo sciamanismo come artefatto culturale e sinopia letteraria*, A cura di Alvaro Barbieri, Verona, Edizioni Fiorini, 2017, pp. 121-138.

Mary WILLIAMS, *Essai sur la composition du roman gallois de* Peredur, Champion, Paris, 1909.

Jessie WESTON, *From Ritual to Romance*, Doubleday, Garden City, 1957.

（Ｊ.Ｌ.ウェストン、丸小哲雄訳『祭祀からロマンスへ』法政大学出版局、1981年）

—*The Legend of Sir Gawain*, David Nutt, Londres, 1897.

—*The Legend of Sir Lancelot du Lac. Studies upon its origin, development, and position in the arthurian romantic cycle*, David Nutt, Londres, 1901.

Francesco ZAMBON, *Robert de Boron e i segreti del Graal*, Olschki, Florence, 1984.

Paul ZUMTHOR, *Introduction à la poésie orale*, Le Seuil, Paris, 1983.

—*La Lettre et la Voix. De la «littérature» médiévale*, Le Seuil, Paris, 1987.

—*La Mesure du monde*, Le Seuil, Paris, 1993.

（ポール・ズムトール、鎌田博夫訳『世界の尺度　中世における空間の表象』法政大学出版局、2006年）

項目一覧

〈カ〉

ゴルレイル　Gorleil
ゴルロイス　Gorlois
ゴロン　Goron

〈サ〉

魚釣り　Pêche
魚の騎士　Poisson chevalier
サグルモール　Sagremor
鮭　Saumon
叫び　Brait
サドール　Sador
サラス　Sarras
サルズビエール　Salesbières
３　Trois
三重死　Triple mort
サンソン（聖）　Samson (saint)
司祭ヨハネ（プレスター・ジョン）　Prêtre Jean
至純愛（フィーヌ・アモール）　*Fine amor*
嫉妬深いマラン　Marin le Jaloux
シード　Síd
支配権　Souveraineté
シバの女王　Reine de Saba
ジベル山　Mont Gibel
ジベルの妖精　Fée de Gibel
島　Ile
シャパリュ　Chapalu
ジャン　Jean
11月１日　Premier novembre
庶子イヴァン　Yvain le Bâtard
ジョフレ　Jaufré
シルセ　Circé
ジルフレ　Girflet
白い雄鹿　Blanc Cerf
白い手（の貴婦人または乙女）　Blanches Mains (La Dame ou Pucelle aux)
白い手のイズー　Yseut aux Blanches Mains
白い雌鹿　Biche Blanche
白い槍　Blanche Lance
真紅の騎士　Chevalier Vermeil
人狼　Loup-garou
「スイカズラの短詩」　*Chèvrefeuille*
スヴネ・ゲルト　Suibhne Geilt
スラムライ　Llamrei
スール　Soule
スレンスレオウグ　Llenlleawg
聖顔布　Véronique (ou Verrine)
聖血　Saint Sang
聖杯（サン・グラアル）　Saint Graal
聖杯の探索　Quête du Graal
聖母マリア　Vierge Marie
生命の木　Arbre de vie
誓約　Vœu
聖霊降臨祭　Pentecôte
ゼフィール　Zéphir
セリドワーヌ　Célidoine
占星術　Astrologie
速歩（トロット）　Trot
袖をつけた騎士　Chevalier à la Manche
祖父ランスロ　Lancelot l'Aïeul
ソロモン　Salomon

〈タ〉

ダグネ　Daguenet
竪琴弾き　Harpiste
ダニエル　Daniel
ダムナス　Dampnas
タリエシン　Taliesin
タルタリー　Tartarie
短詩（レー）　Lai
タンタジェル　Tintagel
ダンドラーヌ　Dandrane
タントリス　Tantris
小さな岩山の妖精　Fée de la Petite Roche
チェス　Échecs
チェスのゲーム　Jeu d'échecs
血の岩山　Roche Sanguin (ou Champguin)
血の滴る槍　Lance qui saigne
ちびのギヴレ　Guivret le Petit
チュロノエ　Tyronoe
月（天体の）　Lune
角笛の城　Château des Cors
ディアーヌ湖　Diane (lac de)
デイヴィッド　David
ディウルナッハ　Diwrnach
庭園　Jardin
ディオニーズ　Dionise
蹄鉄　Fer à cheval
ティテン、ティトン　Thiten, Thiton

〈ヤ〉

〈ラ〉

ロール・ド・カラディガン　Lore de Caradigan
ロロワ　Lorois
ロンギヌス　Longinus

〈ワ〉

鷲　Aigle
鷲少年　Fils de l'Aigle
笑い　Rire

(注) 原書の以下の項目の見出し語は、原綴りに変更しています。

Amfortas（⇒Anfortas）
Badon（Mont）（⇒Badonis (Mons)）
Beaudoin de Bretagne（⇒Baldwin of Britain）
Bélacane（⇒Belacâne）
Béli（⇒Beli）
Belin（⇒Belinus）
Bélisent（⇒Belisent）
Blancemal（⇒Blanchemal）
Blantzefleur（⇒Blantzeflur）
Bran Bendigeit（⇒Bendigeidfran）
Brennus（⇒Brennius）
Célidon（⇒Celidon）
Diornach（⇒Diwrnach）
Dodone（⇒Dôdône）
Flégétanis（⇒Flegetânîs）
Ganiéda（⇒Ganieda）
Gormon Coeur Fier（⇒Gurmûn Gemuotheit）
Gwendoleu（⇒Gwenddoleu）
Gwynn（⇒Gwyn）
Hoël（⇒Hoelus）
Karrioz（⇒Karriôz）
Lar（⇒Lâr）
Larie（⇒Lârîe）
Llenlleawc（⇒Llenlleawg）
Loherangrin（⇒Loherangrîn）
Longin（⇒Longinus）
Mazoé（⇒Mazoe）
Mélion 1（⇒Mélion）
Mélion 2（⇒Melion）
Mélot（⇒Melôt）
Mériadoc 1（⇒Meriadocus）
Mériadoc 2（⇒Mériadoc）
Monsalvage（⇒Munsalvaesche）
Morien（⇒Moriaen）
Moronoé（⇒Moronoe）
Owein（⇒ Owain）
Parzival（⇒Parzivâl）
Phétan（⇒Pfetân）
Pulcella Gaia（⇒Pulzella Gaia）
Rogès（⇒Roges）
Sid（⇒Síd）
Torch Troyth（⇒Trwch Trwyth）
Trévrizent（⇒Trevrizent）
Tyronoé（⇒Tyronoe）
Wigalois（⇒Wîgâlois）

訳者あとがき

本書は、フィリップ・ヴァルテール（Philippe Walter）著『アーサー王神話事典』（*Dictionnaire de mythologie arthurienne*）（イマゴ出版、2014年）の全訳です。邦題は内容の充実度から、『アーサー王神話大事典』としました。中世フランス文学がご専門のヴァルテール氏はこれまで、ヨーロッパ中世盛期の物語作品の中でも、「アーサー王物語」の神話学的分析に取り組んでこられました。パリのイマゴ出版からは十数年以上前から、『メルランあるいは世界の知恵』（2000年）、『アーサー、熊と王』（2002年）、『ガラアド、リンゴの木と聖杯』（2004年）、『ペルスヴァル、漁夫と聖杯』（2004年）、『トリスタンとイズー、豚飼いと雌豚』（2006年）、『太陽騎士ゴーヴァン』（2013年）をあいついで上梓されています。またヴァルテール氏の活躍は作品の校訂や現代フランス語訳の分野でも目覚ましく、クレティアン・ド・トロワ作『クリジェス』および『イヴァンまたはライオンを連れた騎士』、マリー・ド・フランス作『短詩集』、『トリスタンとイズー』などの対訳本も出されています。

作品校訂の分野で特筆すべきは、パリのガリマール出版から刊行された３巻本『聖杯の書』です（第１巻・2001年、第２巻・2003年、第３巻・2009年）。『聖杯の書』が収録しているのは、『アリマタヤのヨセフ』、『メルラン』と『メルラン続編』（または『アーサー王の最初の武勲』）、『散文ランスロ』（または『ランスロ本伝』）、『聖杯の探索』、『アーサー王の死』からなる「聖杯物語群」です。英米の研究者はこの物語集成を慣例で「流布本物語群（ウルガタ・サイクル）」とよんでいます。13世紀中頃までに成立したこの長大な物語絵巻は、以前はオスカー・ゾンマー（Oskar Sommer）が20世紀初頭に刊行した校訂本（底本は大英図書館所蔵の写本群）でしか読めませんでした。ヴァルテール氏は亡き師匠ダニエル・ポワリヨン（Daniel Poirion）氏の遺志を継いで編集責任者となり、ボン大学図書館526番写本を底本にした『聖杯の書』の刊行を、９人の研究者グループで実現させたのです。15世紀にトマス・マロリーが著した『アーサーの死』は、中世フランス語散文で書かれたこの「聖杯物語群」を主な着想源としていました。『聖杯の書』の底本に使われたボン大学図書館526番写本（筆写は1286年）については、ヴァルテール氏が2011年8月に中央大学駿河台記念館でおこなった講演原稿の拙訳をご参照下さい（フィリップ・ヴァルテール「『聖杯の書』または13世紀散文《聖杯物語群》の誕生」、中央大学『仏語仏文学研究』第44号、2012年、pp. 211-234）。

「アーサー王物語」の原典紹介においてヴァルテール氏が果たしてきたもうひとつの大きな功績としては、フランス・グルノーブル大学出版局（通称ELLUG）で氏が立ち上げた「ヨーロッパ中世」（Moyen Âge européen）というコレクションを忘れてはなりません（ちなみにグルノーブル第三大学は2016年にグルノーブル第一大学および第二大学と統合し、グルノーブル・アルプ大学（通称UGA）となりました）。大半が対訳本の形で出版され、中世ドイツ文学ではヴィルント・フォン・グラーフェンベルク作『ヴィーガーロイス』やウルリヒ・フォン・ツァツィクホーフェン作『ランツェレト』、中世ネーデルランド文学では『モリアーンの物語』、『袖をつけた騎士の物語』、『ランスロートと白い足の雄鹿』、中世イベリア文学ではフアン・ビバス作『聖杯の探索（デマンダ）』、中世英文学では『アーサーとマーリン』、中世ラテン語の作品ではジェフリー・オヴ・モンマス作『メルリヌス伝』（『マーリンの生涯』）、作者不詳の『ワルウアニウスの成長期』（『アーサーの甥ガウェインの成長期』）および『カンブリア王メリアドクスの物語』のほか、アイスランドのサガやポルトガルの神話物語の抄訳もあります。このようにヴァルテール氏は「アーサー王物語」研究を進めるにあたり、中世フランス語の韻文・散文で書かれた作品だけでなく、中世ヨーロッパのさまざまな言語で書かれた作品群もつねに念頭におかれていました。『アーサー王神話大事典』は、こうした氏の長年にわたる「アーサー王物語」研究の集大成として構想・実現されました。

本書は「序」に続いて約600からなる項目がならび、最後に「作品の推定成立年代」（6世紀から15世紀まで）、言語別にまとめられた「アーサー王物語総覧（パノラマ）」（校訂本と現代フランス語訳や現代英語訳などのリスト）、「参考文献」がそえられています。「アーサー王物語」を対象にした事典はこれまで英語圏で複数刊行されており、たとえばG・D・ウェストがトロント大学出版局から1969年と1978年に刊行した2冊は、中世フランス語韻文と散文で著されたアーサー王物語の固有名詞を網羅的にひろいあげた索引です。これに対してヴァルテール氏が刊行した『アーサー王神話大事典』は、登場人物索引でも作品事典でもなく、神話的な特徴が明瞭な固有名詞（人名と地名）やモチーフ・概念を厳選し、ケルト文化圏の遺産を受け継いだ「アーサー王神話」の古層に迫っています。ヴァルテール氏は主としてケルト諸語から、神話の支柱である固有名詞の語源説明に挑み、随所で新説を披露しておられます。事典項目の中には短い書誌リストが添えられたものもあり、⇒で記された相関語から出発して特定のテーマやモチーフを横断的にたどることができるように工夫されています。世界中の「アーサー王物語」ファンのみならず研究者にとっても、本書が必携の書となることはまちがいないでしょう。

フィリップ・ヴァルテール氏の経歴やこれまでの研究業績については、拙訳『中世の祝祭』（原書房、初版2007年、第2刷2012年、第3刷2015年）の「訳者あとがき」の中で詳しく紹介しました。ここでは2007年以降に単行本として上梓されたものにかぎり、そのタイトルを紹介するにとどめます。なおタイトルにつけた番号は、『中世の祝祭』の「訳者あとがき」に掲載したリストからの通し番号です。

1　研究書

⒂ 『鳥たちの言葉―ヨーロッパの神話・民話・言語における神話学・文献学・比較研究』（2007年）（*Limba pasarilor. Mithologie, filologie si comparatism in mituri, basme si limbi ale Europei*, Cluj-Napoca, Editura Dacia）（ルーマニア語）

⒃ 『メリュジーヌ、蛇と鳥』（2008年）（*Mélusine, le serpent et l'oiseau*, Paris, Imago）

⑰ 『聖杯アルバム』(2009年)(*Album du Graal,* Paris, Gallimard)(240点の図版を掲載)
⑱ 『中世の想像世界(イマジネール)の考古学のために—中世期のキリスト教教会暦と文学における異教の神話と儀礼』(2013年)(*Para una arqueología del imaginario medieval. Mitos y ritos paganos en el calendario cristiano y en la literatura del Medioevo,* édition et traduction en espagnol par Cristina Azuela, México, Universidad Nacional Autónoma de México)(スペイン語)
⑲ 『太陽騎士ゴーヴァン』(2013年)(*Gauvain, le chevalier solaire,* Paris, Imago)
⑳ 『アーサー王神話大事典』(2014年)(本書)
㉑ 『中世の民間信仰』(2017年)(*Croyances populaires au Moyen Age,* Paris, Editions Jean-Paul Gisserot)
㉒ 『私の鵞鳥おばさん—妖精民話における神話とフォークロア』(2017年)(*Ma mère l'Oie. Mythologie et folklore dans les contes de fées,* Paris, Imago)

2　編著書

⑼ 『聖杯の書』第三巻(2009年)(『ランスロ本伝』「ランスロの探索第二部」、『聖杯の探索』、『アーサー王の死』)(*Le Livre du Graal, Tome III : Lancelot (La Seconde Partie de la quête de Lancelot), La Quête du saint Graal, La Mort du roi Arthur,* Paris, Gallimard, Bibliothèque de la Pléiade, édition et traduction sous la direction de Philippe Walter)
⑽ 『幽霊・亡霊・ポルターガイスト・祖霊』(コリン・ブラガとの共編)(2011年)(*Fantômes, Revenants, Poltergeists, Mânes, Caietele Echinox,* vol. 21, en collaboration avec Corin Braga)

3　中世文学作品の校訂・編訳

⑼ 『アーサー・ゴーヴァン・メリヤドック—13世紀のラテン語によるアーサー王物語』(校訂・現代フランス語訳・注、ジャン=シャルル・ベルテ、クロディーヌ・マルク、マルティーヌ・フュルノとの共著)(2007年)(*Arthur, Gauvain, Mériadoc. Récits arthuriens latins du XIIIe siècle* traduits et commentés par Jean-Charles Berthet, Claudine Marc, Martine Furno et Philippe Walter, sous la direction de Philippe Walter, Grenoble, ELLUG)
⑽ クレティアン・ド・トロワ『イヴァンまたはライオンを連れた騎士』および『ランスロまたは荷車の騎士』とラファエル前派の絵画集(2014年)(Chrétien de Troyes, *Yvain ou le Chevalier au Lion – Lancelot ou le Chevalier de la Charrette* illustrés par la peinture préraphaélite, traduction en français moderne de Philippe Walter pour *Yvain* et Daniel Poirion pour *Lancelot,* Paris, Diane de Selliers)(『イヴァン』と『ランスロ』の現代フランス語訳をそれぞれフィリップ・ヴァルテールとダニエル・ポワリヨンが担当。ラファエル前派による180点の図版を掲載)

『中世の祝祭』(原タイトルは『キリスト教神話』)の独創性については、篠田知和基編『神話・象徴・文化III』（楽瑯書院、2007年）所収の拙稿「フィリップ・ヴァルテール『キリスト教神話』再読」で詳しくふれさせていただきました。上述リストの中では、以下の著作について紹介した書評をご参照下さい。

『メリュジーヌ、蛇と鳥』　中央大学『仏語仏文学研究』第41号、2009年3月、pp. 225–238.

『聖杯の書』『聖杯アルバム』　中央大学『中央評論』第61巻3号（通巻第269号）、2009年10月、pp. 190–191.

『太陽騎士ゴーヴァン』　中央大学『仏語仏文学研究』第47号、2015年2月、pp. 223–254.

『私の鵞鳥おばさん』　中央大学『中央評論』69巻1号（通巻第299号）、2017年5月、pp. 305–308.

ここに列挙されたタイトルからも分かるとおり、ヴァルテール氏のご研究は「アーサー王物語」にとどまらず、中世から現代にいたるヨーロッパのフォークロアや神話伝承全般にも関連しています。たとえばイマゴ出版から2017年に刊行された『私の鵞鳥おばさん』は、鳥女という表象を介して「妖精民話」の問題に正面から向き合った野心的な著作です。シャルル・ペローの『童話集』の新しい読み方を提案するこの著作は、「アーサー王物語」の理解を一新する鍵をもたらしてくれます。なぜならアーサー王物語の多くは、「妖精民話」にほかならないからです。クレティアン・ド・トロワの遺作『ペルスヴァルまたはグラアルの物語』は「聖杯（グラアル）神話」誕生の契機となった重要な作品ですが、この物語の前半は民話の国際話型303番「魚の王さま」の筋書きを踏襲しています。

大の親日家であるヴァルテール氏は、1995年12月に初来日されて以来、2015年春までに21回来日され、篠田知和基氏が主宰する比較神話学組織（通称GRMC）の研究集会では毎回、斬新で貴重な報告をされてきました。2008年に構想され2016年8月に勉誠出版から刊行された篠田知和基・丸山顕徳編著『世界神話伝説大事典』は、全世界50地域を1500もの項目で網羅した画期的な大事典ですが、ヴァルテール氏は８つの大項目（イベリア神話、ケルト神話、ジプシー神話、フランス神話、ルーマニア神話、フィンランド神話、バスク神話、カフカス神話）と、214もの小項目（前述の８地域のほかにアルメニア、ヨーロッパのフォークロア、聖書、キリスト教聖人伝を含む）を執筆されています。このようにヴァルテール氏は日仏の架け橋となり、本邦の比較神話研究に多大な貢献をされてきました。

ヴァルテール氏は1990年にフランス・グルノーブル第三大学に赴任されて以来、定年退職をむかえられた2013年まで中世フランス文学を講じ、後進の指導に熱心に取り組んでこられました。このうち1999年１月からご定年まで、氏は同大学にある想像世界（イマジネール）研究所（通称CRI）の所長をつとめられ、学際的な研究の成果を全世界へ発信するために尽力されました。こうした学術的な貢献が高く評価され、氏はフランス政府から2007年には教育功労勲章オフィシエ章を、2013年にはコマンドゥール章を授与されました。また2008年６月には、ルーマニアのアルバ・ユリア（Alba Iulia）

大学から名誉博士号を授与されています。2012年10月29日には、パリ16区にあるフランス極東学院でヴァルテール氏還暦記念論集『諸神話の声・諸文明の学』（*Voix des mythes, science des civilisations. Hommage à Philippe Walter*, Peter Lang）の贈呈式が開催され、約40名の研究者仲間が式典に参加しました。フルール・ヴィニュロン（Fleur Vigneron）氏とともに私が編集したこの論文集には、10カ国にまたがる総勢37名が寄稿し、ヴァルテール氏の幅広い研究領域が反映されています。この論文集は⑴インド＝ヨーロッパ神話、⑵ヨーロッパ中世の神話と文学、⑶フォークロアと民間伝承、⑷神話批評と神話分析という四部構成をとっていますが、こうしたすべての分野に通じたヴァルテール氏の博覧強記ぶりが『アーサー王神話大事典』にも認められます。

本書は中世期にフランス語のみならず、さまざまな言語で書かれたアーサー王物語群全般を対象にしており、なおかつ固有名詞の語源解釈にケルト諸語が援用されているため、カタカナ表記は困難をきわめました。そのため各方面の専門家にご協力をあおぐ必要がありました。中世ドイツ文学および中世北欧文学については小栗友一氏と林邦彦氏、中世フランス文学については佐佐木茂美氏、アイルランド語については松岡利次氏と辺見葉子氏と田付秋子氏、ウェールズ語とウェールズ文学については森野聡子氏と小池剛史氏、コーンウォール語については吉岡治郎氏、ブルトン語については別役昌彦氏、イタリア語については増山暁子氏、古英語については唐澤一友氏、中英語については小路邦子氏、ネーデルランド語については栗原健氏、古高・中低ドイツ語については若松功一郎氏、サンスクリット語については沖田瑞穂氏からご教示いただきました。そのほかにも数多くのみなさんがわれわれをサポートして下さいました。ここに特記しお礼申し上げます。なお固有名詞のカタカナ表記については、古代ギリシア・ローマの主要な神名・祭名および著者名の長音を無視したほかは、できる限り原音主義を尊重しました。

また私事になりますが、この事典の翻訳に挑むことができたのは、職場の元同僚で私にとっては父親のような金光仁三郎氏（中央大学名誉教授）の長年にわたるご指導のおかげです。金光先生は私が名古屋外国語大学から中央大学へ移籍してまもなく、ジャン・マルカル著『ケルト文化事典』（大修館書店、2002年）の共訳者として私を指名し、事典翻訳の模範を示して下さいました。15年の歳月をかけてご学友たちとともに『世界シンボル大事典』（大修館書店、1996年）と『世界神話大事典』（大修館書店、2001年）の翻訳を実現された金光先生から賜わった数々の助言は、私にとってかけがえのない財産となっています。金光先生への感謝の気持ちをあらためてここに記させていただきます。

出版事情が厳しいこの時代に、『中世の祝祭』に続き『アーサー王神話大事典』にも深い関心を寄せて下さり、編集を通じて訳者と労苦をともにして下さった寿田英洋氏と廣井洋子氏には、心からの謝意を捧げたいと思います。これまで原書房からは、本書の眼目である「アーサー王神話」を理解するための先駆的な著作が数多く出版されています。事典類ではローナン・コグラン著『図説アーサー伝説事典』（山本史郎訳、1996年）が重要な役割を果たしてきました。山本史郎氏はこのほかにも一般読者向けの書籍を数多く訳出しておられ、アンドレア・ホプキンズ著『図説アーサー王物語』(1995年)、デイヴィッド・デイ著『図説アーサー王の世界』(1997年)、クリストファー・スナイダー『図説アーサー王百科』(2002年)、ロザリンド・カーヴェン著『アーサー王伝説─七つの絵物語』(2012年)といった訳書は、豊富な図版とともに読者をアーサー王世界へと誘ってくれます。ごく最近では180以上の豊富な図版を掲載した、マーティン・J・ドハティ(伊藤はるみ訳)『図説アーサー王と円卓の騎士』(2017年)が原書房から刊行されています。

『アーサー王神話大事典』の訳出は妻の裕美子との共同作業であり、著者ヴァルテール氏はわれわれからの数えきれないほど多くの質問に対し、いつも迅速かつていねいにお答え下さいました。その過程で見つかった誤植や修正を要する文章については、ヴァルテール氏に了解をえて訂正しました。また、[ ]をはさんで補った注は、読者の便宜をはかって訳者がつけくわえたものです。ただ物語の内容にかかわる部分では、[ ]を使わずに原文にはない補足的な説明を追加し、各項目の内容がより分かりやすくなるようつとめました。図版については、『アーサー王神話大事典』の原書に掲載されたもの以外に、日本語版オリジナルのものもふくまれています。翻訳については最善をつくしたつもりですが、思わぬ誤記やまちがいが残っているかもしれません。読者からの寛容なるご指摘をお待ちしたいと思います。

翻訳作業の過程では、奮闘する妻と私を、娘と息子がつねに温かく見守ってくれました。刊行されたこの訳書をようやく子どもたちに見せることができ、ほっと胸をなでおろしています。

2018年1月

訳者を代表して
渡邉浩司

◆著者略歴

フィリップ・ヴァルテール（Philippe Walter）

1952年、フランス・モゼル県メッス生まれ。グルノーブル第三大学名誉教授。1999年から2013年まで同大学想像世界（イマジネール）研究所所長。文学博士。専攻は中世フランス文学・比較神話学。中世から現代までのヨーロッパの神話伝承・フォークロアに通じ、中世フランスの文学作品の神話学的分析に取り組んでいる。研究書（単著）に『土用の神話』（1988）、『時間の記憶』（1989）、『ガラスの手袋』（1990）、『「名無しの美丈夫」―儀礼・神話・物語』（1996）、『クレティアン・ド・トロワ』（1997）、『メルランあるいは世界の知恵』（2000）、『アーサー、熊と王』（2002）、『キリスト教神話』（2003）［邦訳は『中世の祝祭』原書房、2007］、『ペルスヴァル、漁夫と聖杯』（2004）、『ガラアド、リンゴの木と聖杯』（2004）、『トリスタンとイズー、豚飼いと雌豚』（2006）、『メリュジーヌ、蛇と鳥』（2008）、『太陽騎士ゴーヴァン』（2013）、『アーサー王神話事典』（2014）（本書）、『中世の民間信仰』（2017）など。中世フランス文学の作品の校訂や現代フランス語訳には、『トリスタンとイズー』、クレティアン・ド・トロワ『クリジェス』と『イヴァン』、マリー・ド・フランス『短詩集』、『オーカッサンとニコレット』、『聖杯の書』（プレイヤッド版全3巻）などがある。

◆訳者略歴

渡邉浩司（わたなべ・こうじ）

名古屋大学大学院文学研究科博士課程（仏文学）満期退学。フランス・グルノーブル第三大学大学院に学ぶ。文学博士（課程博士）。中央大学経済学部教授。専攻は中世フランス文学。著書に『クレチアン・ド・トロワ研究序説』（中央大学出版部、2002）、編著書に *Voix des mythes, science des civilisations. Hommage à Philippe Walter* (Peter Lang, 2012)、『アーサー王物語研究』（中央大学出版部、2016）など、共著書に『フランス中世文学を学ぶ人のために』（世界思想社、2007）、『神の文化史事典』（白水社、2013）、『世界女神大事典』（原書房、2015）など。共訳書にJ・マルカル『ケルト文化事典』（大修館書店、2002）、P・ヴァルテール『中世の祝祭』（原書房、2007）、『フランス民話集Ⅰ～Ⅴ』（中央大学出版部、2012～2016）などがある。

渡邉裕美子（わたなべ・ゆみこ）

愛知県立大学外国語学部フランス科卒業。名古屋大学大学院文学研究科修士課程（仏文学）修了、同博士課程中退。翻訳家。共訳書にC・スティール＝パーキンス『写真集アフガニスタン』（晶文社、2001）、『要塞都市アントルモン見学ガイド』（アントルモン考古学協会、2003）、P・ヴァルテール『中世の祝祭』（原書房、2007）がある。

アーサー王神話大事典

●

2018年2月10日　第1刷

著者………フィリップ・ヴァルテール
訳者………渡邉 浩司
渡邉 裕美子
装幀………川島進デザイン室
本文組版・印刷………株式会社ディグ
カバー印刷………株式会社明光社
製本………小高製本工業株式会社

発行者………成瀬雅人
発行所………株式会社原書房
〒160-0022　東京都新宿区新宿1-25-13
電話・代表 03(3354)0685
http://www.harashobo.co.jp
振替・00150-6-151594
ISBN978-4-562-05446-6